SCRIPTORVM CLASSICORVM

BIBLIOTHECA OXONIENSIS

OXONII

E TYPOGRAPHEO CLARENDONIANO

SOPHOCLIS FABVLAE

RECOGNOVERVNT
BREVIQVE ADNOTATIONE CRITICA INSTRVXERVNT

H. LLOYD-JONES

LITTERARVM GRAECARVM
IN VNIVERSITATE OXONIENSI PROFESSOR EMERITVS

ET

N. G. WILSON

COLLEGII LINCOLNIENSIS APVD OXONIENSES SOCIVS

OXONII
E TYPOGRAPHEO CLARENDONIANO

OXFORD
UNIVERSITY PRESS

Oxford University Press, Great Clarendon Street, Oxford OX2 6DP

Oxford University Press is a department of the University of Oxford.
It furthers the University's objective of excellence in research, scholarship,
and education by publishing worldwide in

Oxford   New York

Auckland Cape Town Dar es Salaam Hong Kong Karachi
Kuala Lumpur Madrid Melbourne Mexico City Nairobi
New Delhi Shanghai Taipei Toronto

With offices in

Argentina Austria Brazil Chile Czech Republic France Greece
Guatemala Hungary Italy Japan South Korea Poland Portugal
Singapore Switzerland Thailand Turkey Ukraine Vietnam

Oxford is a registered trade mark of Oxford University Press
in the UK and in certain other countries

Published in the United States
by Oxford University Press Inc., New York

© Oxford University Press 1990

British Library Cataloguing in Publication Data

Data available

Library of Congress Cataloging in Publication Data

Sophoclis fabulae: recognoverunt brevique adnotatione critica
instruxerunt / H. Lloyd-Jones et N. G. Wilson
(Scriptorum classicorum bibliotheca Oxoniensis)
Greek text: prefatory and critical matter in English.
Includes bibliographical references.
1. Mythology. Greek—Drama.—I. Lloyd-Jones, Hugh.—II. Wilson,
Nigel Guy.—III. Title.—IV. Series.
PA4413.A2—1990—882'.01—dc20—89-35913

ISBN 978-0-19-814577-6

12 14 15 13

Printed in Great Britain on acid-free paper by
CPI Antony Rowe, Chippenham, Wiltshire

PREFACE

READERS will no doubt be surprised to open an Oxford Classical Text and find the preface written in English. Both the editors would have been willing to follow the time-honoured custom of drafting it in Latin, but they were impelled by two considerations to prefer the international language of modern times. One is that for the description of certain details concerning manuscripts, palaeography, and the transmission of texts, English can be as precise and succinct as Latin, in which the rendering of technical terms requires an element of paraphrase. The other factor, which weighed with us more, is that it can no longer be presumed in all countries where Greek is studied that the reader will be equally well or better acquainted with Latin. Indeed it has probably never been true in Greece itself. For these reasons we feel little regret at the choice of the vernacular, and hope that readers of this edition will find the preface a more useful guide than it would have been otherwise.

Few Greek texts of the classical period are well preserved, and Sophocles is no exception to this general rule. It is important to emphasize this, since from time to time scholars assume or even assert that it is not so. An eminent authority on English literature, R. W. Chapman, once wrote: 'The causes to which it is due that the text of Shakespeare is less certain than that of Sophocles are well known.'[1] It is not for us to express an opinion about the text of Shakespeare, but we can state with confidence that the text of Sophocles requires a fairly substantial apparatus criticus. There are many passages where it is scarcely possible to know what the author wrote, since he took pleasure in experimenting with the syntactical resources of Attic Greek and his text was then exposed to the

[1] Phyllis N. Jones (ed.), *Twentieth-Century English Critical Essays, First Series* (Oxford, 1933), 273.

hazards of manuscript transmission for nearly two thousand years. If this edition were designed principally for the use of other professional scholars, we might have made it our policy to obelize more of the unsolved difficulties. But the Oxford series is aimed at a wider circle of readers, and in order to give them a text which can be read with few interruptions we have sometimes chosen to adopt a reading which is far from certain but seems to us to be the nearest approximation to the truth. This policy has led us to adopt a number of emendations which may seem radical. Readers of our text must not infer that such emendations are to be regarded as definitive corrections which restore the words of Sophocles beyond all doubt.

At the end of the nineteenth century the discovery in Egypt of thousands of papyri, some of them dating back to the Ptolemaic period, made it seem likely that the text of Greek authors would soon be greatly improved by the fresh readings supplied from ancient copies, not yet corrupted by medieval scribes. In the case of Sophocles such hopes proved illusory. He seems not to have been among the most popular authors, and most of the papyri of the seven fully preserved plays which have come to light are of little significance. Though we cite their readings from time to time they do not require special mention here. The exception is P.Oxy. 2180, which thanks to a recent re-examination by W. S. Barrett, has been found to contain several valuable readings.

The modern editor is therefore obliged to base his text on the same medieval manuscripts that have been available for the last hundred years or more. But he enjoys two advantages over his predecessors. In recent years more of the manuscripts have been collated accurately and a number of important variant readings have been discovered. In this respect R. D. Dawe has made a contribution of permanent value. At the same time advances in Greek palaeography and in our knowledge of the conditions in which ancient literature was studied in Byzantium permit a more precise evaluation of the importance to be assigned to various manuscripts or groups of manuscripts. Our edition goes further than any other in the exploitation of the results of recent research, and in the following paragraphs we offer in a nutshell an account of the significant manuscripts.

Although there are about two hundred manuscripts of Sophocles, the majority containing at most three plays, it seems that the editor need only concern himself with the following:

(i) The l family, of which there are three members.

(a) Laurentianus 32. 9 (L), written probably soon after the middle of the tenth century. This famous codex, so important also for Aeschylus and Apollonius Rhodius, has often been thought of as the best witness to the text of Sophocles. Recent work has shown, however, that other branches of the tradition have many valuable readings to offer. L's most notorious shortcoming is the omission of *OT* 800, subsequently added in the margin in a hand recognized by A. Turyn to be that of the scribe of A (Paris. gr. 2712).[2] There are a number of passages where L's readings must be rated inferior to those of other families. Although we have relied largely on published collations, we have found that they are not entirely accurate, and working from the excellent facsimile[3] we have occasionally been able to give a more precise account of what is in L, removing for instance the misconception that it offers a *vox nihili* at *El.* 769, or that a contemporary hand made the correction *supra lineam* at *OT* 297.[4] In many places L is illegible, because later owners made alterations, usually obliterating the original reading.

(b) Leiden, BPG 60A (Λ), a palimpsest of which very little can now be read. It was probably written by the same scribe as L and appears to be a copy from the same exemplar. The readings were

---

[2] *TAPA* 80 (1949), 140; see also pl. II of his *Studies in the Manuscript Tradition of the Tragedies of Sophocles* (Urbana, Ill., 1952).

[3] E. M. Thompson and R. C. Jebb, *Facsimile of the Laurentian Manuscript of Sophocles* (London, 1885).

[4] In the former passage the truth was suspected already by J. Irigoin, *REG* 64 (1951), 450 n. 2; in the latter Pearson appears to have understood the position rightly, whereas Dawe misleads.

published by H. J. Scheltema.[5] He seems to have done his work thoroughly, and our examination suggested that there is nothing more to be done. L and Λ must be twins, not exemplar and copy, as is shown by a number of variants. At *Aj.* 778, *El.* 169, 198, 991, *OT* 510 Λ is correct or nearer to the truth than L, whereas the converse is true at *Ph.* 110 and *OC* 535. No page of Λ is fully legible and the total number of readings recovered is very small. We have thought it desirable to cite almost all of them.

(*c*) Laurentianus 31. 10 (K, formerly known as Lb), written in the second half of the twelfth century and therefore second oldest among the complete manuscripts. The hand is identifiable as that of a prolific copyist called Ioannikios. Because the script is cursive, characteristic of scholars writing books for their own use as opposed to calligraphic products, it was wrongly dated to the fourteenth century until recently, and though it was known to contain some interesting readings there can be little doubt that the prejudice against *codices recentiores* caused it to be underestimated.[6] K is an indirect descendant of L, and for that reason might seem to have no claim on the attention of an editor. But K has two great merits: it incorporates good readings from a branch of the tradition otherwise entirely lost and not always fully appreciated by previous editors, and where it follows L it can perform a useful service by showing what the original reading of L was before correctors intervened. We therefore cite a number of readings from L^{ac}K, indicating in this way the extra degree of certainty that K provides.[7]

(ii) The **r** family, generally known as the Roman family, although the name is not exactly appropriate, since it derives from the Greek-speaking region of southern Italy and should be termed

---

[5] *Mnemosyne*, 4th ser., 2 (1949), 132–7. See also J. Irigoin, *REG* 64 (1951), 443–55.

[6] The correct date was pointed out by N. G. Wilson, *Scrittura e civiltà*, 7 (1983), 161–76.

[7] Collations of K were published by A. Metlikovitz in *Dissertationes philologae Vindobonenses*, 2 (1890), 213–302, and we have verified some difficulties by means of a microfilm.

'Italo-Greek' or 'Apulian'. Its importance for the scholia was made clear by V. De Marco,[8] and Turyn took the matter further.[9] But it is only recently that full collations have been made available.[10]

(a) Laurentianus, Conventi soppressi 152 (G), written in Apulia and dated AD 1282. It contains the three plays normally read in Byzantine schools (the so-called triad), *Ajax*, *Oedipus Tyrannus*, and *Electra*, followed by the *Philoctetes*.

(b) Vaticanus gr. 2291 (R), of the fifteenth century.

(c) Parisinus, Supplément grec 109, (Q), of the sixteenth century. This contains *Ajax*, *Philoctetes*, and *Oedipus Coloneus*.

(d) Modena, Estensis α. T. 9. 4 (M), of the fifteenth century; this volume contains scholia on all the plays but no text.

(iii) The a family, for a long time represented exclusively by Parisinus graecus 2712 (A), which was brought into prominence by Brunck in his edition of 1786. There has been much controversy about the value of A's readings, and the most useful work towards the solution of the problem has been done by Dawe, who collated all the members of the family. It now seems certain that their good readings reflect antique tradition and could not have been invented by a Byzantine critic, however ingenious. In the triad plays the family consists of five members.

(a) Parisinus gr. 2712 (A), written c.1300.

(b) Naples, ii. F. 9 (D), early fourteenth century. A number of scholia in this manuscript are marked with indications of authorship by leading Byzantine scholars of the Palaeologan period; in the part of the present codex containing Sophocles we find the names

---

[8] *Memorie della Reale Accademia dei Lincei*, 6th ser., 6 (1937), 105–228.

[9] *Studies*, pp. 103–24.

[10] P. E. Easterling, *CQ* NS 17 (1967), 52–79; 19 (1969), 57–85; R. D. Dawe, *Studies on the Text of Sophocles* (Leiden, 1973–8). The first serious attempt to assess the value of G is due to A. Seyffert, *Quaestiones criticae de codicibus Sophocleis* (Halle, 1864), who discussed some eighty readings of importance. He was following a hint given by H. J. Lipsius, *De Sophoclis emendandi praesidiis* (Leipzig, 1860).

of Manuel Moschopoulos and Maximus (Planudes) on fo. 142^r and (Thomas) Magister on fo. 145^v. But it does not follow that the poetic text reflects a recension by any of them.

(c) Vienna, phil. gr. 161 (Xr), written by Constantine Ketzas in 1412.

(d) Vienna, suppl. gr. 71 (Xs), of the second half of the fourteenth century, with scholia by Manuel Moschopoulos and Thomas Magister.

(e) Venice, Marc. gr. 616 (Zr), of the fifteenth century.

In the remaining plays A is found to be in very close agreement with two other manuscripts:

(f) Venice, Marc. gr. 467 (U), first half of the fourteenth century.

(g) Vienna, phil. gr. 48 (Y), second half of the fourteenth century. This codex has been supposed to be the source of the Aldine *editio princeps*, but it does not show signs of having been used as printer's copy. Such signs are visible in MS Leningrad, gr. 731.[11]

(iv) The z family. For *Antigone*, *Trachiniae*, *Philoctetes*, and *Oedipus Coloneus* (and occasionally in the other plays) it is necessary to cite the readings of a group of manuscripts that has still not been very fully explored. It was thought at one time to reflect a recension of the text carried out by Thomas Magister. Manuscripts of this class were used by Demetrius Triclinius. We use Dawe's reports of the following:

(a) Parisinus gr. 2884 (Zf), written by Athanasius Spondiles in 1301.

(b) Laurentianus 32. 2 (Zg), first half of the fourteenth century.

(c) Parisinus gr. 2787 (Zn), late fourteenth century.

(d) Vaticanus Pal. gr. 287 (Zo), fourteenth century.

---

[11] V. N. Beneševič, *Phil. Woch.* 46 (1926), 1145–52, was right about this, *pace* Turyn, *Studies*, pp. 27, 175–6. See further B. L. Fonkič, *Vizantijskij vremennik*, 24 (1964), 109–20, and M. Sicherl, *Handschriftliche Vorlagen der Editio princeps des Aristoteles* (Mainz Abhandlungen 1976, no. 8), 17 n. 49.

It should be noted that Zc, Vat. gr. 1333, despite the siglum assigned to it, is not part of this group. In the triad it seems to be close to Triclinius, but in *Antigone* we have found that it frequently agrees with L and we decided to cite it only occasionally. One of its alleged merits is spurious: Dawe originally suggested that at *Aj.* 636 it supported Triclinius by offering ἄριϲτοϲ, but the word is an addition by a later hand, as he recognizes in his second edition.[12]

(v) Other fairly old manuscripts, which contain the triad only, are cited from time to time. We use the symbol **p** to indicate two or more of them. They have often been referred to as the *veteres*. This name is unfortunate, since in fact they were written towards the end of the Byzantine period, *c.*1261–*c.*1350 and should not be confused with genuinely early copies. A better term would be Palaeologan; hence our siglum. We have taken the view that copies made before *c.*1300 are more likely to remain unaffected by the operations of Byzantine scholars, and we have tried to obtain the readings of all such copies. Naturally one cannot be sure that other manuscripts, even of much more recent date, do not contain variants of interest.

The following manuscripts are cited, usually on the basis of Dawe's reports.

(*a*) Parisinus gr. 2735 (C)	(*b*) Laurentianus 28. 25 (F)
(*c*) Laurentianus 32. 40 (H)	(*d*) Matritensis gr. 4677 (N)
(*e*) Leiden, Voss. gr. Q. 6 (O)	(*f*) Heidelberg, Pal. gr. 40 (P)
(*g*) Vaticanus gr. 904 (Pa)	(*h*) Vaticanus Urb. gr. 141 (S)
(*i*) Venice, Marc. gr. 468 (V)	(*j*) Milan, Ambr. E. 103 sup. (Wa)

Of these, C, N, O, Pa, and Wa probably date from before 1300.[13]

[12] The truth was also pointed out by O. L. Smith, *Classica et mediaevalia*, 32 (1971–80), 36.

[13] For a little information on Wa see N. G. Wilson, *JHS* 97 (1977), 168–9. The contribution made by other manuscripts of this class is discussed by

PREFACE

(vi) Manuscripts reflecting the activity of Demetrius Triclinius, who edited all seven plays in the early years of the fourteenth century. His autograph is lost and we report the readings of the two copies which are believed to be most reliable, Parisinus gr. 2711 (T) and Venice, Marc. gr. 470 (Ta).[14]

(vii) It is not necessary to list here other late manuscripts which figure in the apparatus criticus because they are the earliest known source of minor corrections to the text. On the other hand it may be worth mentioning the curious case of the Jena manuscript, Bos. q. 7 (J), written in the late fifteenth century and containing only *Ajax* and *Electra*. It has readings at *Aj.* 295, 964 and *El.* 427, 1251, 1275, 1403 which an editor might wish at least to record in an apparatus, and if any of them is correct it is very hard to explain such isolated preservation of the truth.[15] There are in addition two manuscripts which furnish a few useful conjectures, especially in *Oedipus Coloneus*: Parisinus gr. 2886, written by Aristoboulos Apostolides, and Florence, Riccardianus gr. 34, written by Zacharias Callierges, the well-known scholar-printer. These readings appear to represent the best work of Renaissance scholars on the text.

Another puzzle concerns the manuscript or manuscripts consulted by Livineius, whose readings have been cited hitherto with

M. L. West, *BICS* 25 (1978), 106–8. In addition one may note that S. Peppink, *Mnemosyne*, 3rd ser., 1 (1934), 155–9, reported briefly the results of his collation of Vat. gr. 1332, which he rightly assigned to the 13th c., whereas Turyn has subsequently misled scholars by placing it later. Only two of the readings he listed seem to us worthy of note. His claim that this MS is valuable for the editor of the scholia may be justified, but it has not so far been tested.

[14] Previous editors have contented themselves with T's readings, but as a precaution we have examined Ta also. It is described by Turyn, *Studies*, pp. 69–76. One may add that the scribe is a well-known 15th-c. copyist, George Tribizias.

[15] On this codex, which appears to have some close relatives, see N. G. Wilson, *JHS* 97 (1977), 168–9 and J. Petrucione, *ZPE* 53 (1983), 37–52. Further discussion of its readings is given by N. G. Wilson, *Revue d'histoire des textes*, 17 (1987), 1–13.

the sigla p and v. In an appendix to *Sophoclea* we are able to show
that p indicates a conjecture of Livineius', while V, which he wrote
as a capital, presumably refers to one or more manuscript sources in
the Vatican Library, the identification of which has not yet proved
possible.

There is one feature of our apparatus which requires a word of
explanation. In the triad plays our use of the symbols **p** and **a** has
taken account of the fact that the *veteres* or Palaeologan manu-
scripts are not so closely related that a stemma of their relations can
be drawn, while A and its congeners, though very close to each
other, do exhibit occasional disagreements. With both these groups
we have found it practical to use the symbol to indicate the agree-
ment of at least two members; this has the result that in some
passages the symbol **p** or **a** may appear twice in one entry, as the
group is divided. The advantage of our practice is that it saves space
and avoids the accumulation of long lists of sigla which disfigure
the apparatus in Page's OCT of Aeschylus and Dawe's Teubner
Sophocles; such lists mislead the user of the text by devoting much
space to facts of relatively little importance.

As far as the indirect tradition is concerned, a compilation
similar to W. Kraus, *Testimonia Aristophanea*, would have been use-
ful to us, but we doubt whether its absence has caused us to miss
much of real value.

In matters of orthography we have paid some attention to the
evidence provided by epigraphical discoveries, even though one
cannot be sure that poets followed exactly the same rules as officials
responsible for drafting public decrees. Meisterhans's *Grammatik
der attischen Inschriften* is now partly superseded by L. Threatte's *The
Grammar of Attic Inscriptions*, i. *Phonology* (West Berlin and New
York, 1980). For certain dual forms we have followed the paradosis
in the light of E. Hasse's arguments in *Über den Dual bei den attischen
Dramatikern* (Progr. Bartenstein, 1891), although we are well aware
of the facts set out for Attic inscriptions by Meisterhans, p. 123. For
some other orthographic questions we have followed the paradosis
or the better representatives of the tradition even at the expense of

appearing to be inconsistent. It is to be noted that L and other manuscripts sometimes seem to preserve orthographical niceties, such as εἰέν at *Aj.* 101, ποεῖν for ποιεῖν *passim*, ἠτέρα at *OC* 497. The second and third of these features may be accepted in the light of Threatte's material.[16] On the question of ἀεί and αἰεί, one may combine the facts given by Jebb in his apparatus criticus on *Ant.* 76 with Threatte's observations, in particular that in compounds the only form found in classical and Hellenistic inscriptions is ἀει-.[17] The problem of alpha in lyrics is insoluble; we cannot expect consistency or accurate etymological knowledge from the poet. We have generally followed the recommendations of G. Björck, *Das Alpha impurum* (Uppsala, 1950).

With regard to the accentuation of ἐcτί, we have adhered to the usual convention, but with some hesitation. It seems possible that at a date which cannot now be determined a new practice arose, according to which the difference of accent no longer reflected a fact of word-order but of meaning. The earliest source for this notion is Photius; we cannot know how far back his doctrine goes.[18]

Most editions of Greek dramatic texts include the short biography of the poet transmitted with the plays and various hypotheses, of which a number are implausibly attributed to Aristophanes of Byzantium. In recent years, however, it has been recognized that the ancient lives of the poets contain an uncomfortably high proportion of fiction and guesswork.[19] And whatever may be thought of the origin of the hypotheses about the surviving plays it has to be admitted that they offer little information of value to the reader. Rather than reprint all this material of indifferent quality we record here four statements which may be of interest.

[16] Threatte, *Grammar*, pp. 328, 426, 431.

[17] Threatte, *Grammar*, pp. 275–6.

[18] See W. S. Barrett, *Euripides: Hippolytos* (Oxford, 1964), 424–7, esp. 426 n. 2.

[19] See M. Lefkowitz, *The Lives of the Greek Poets* (London, 1981); pp. 75–87 discuss Sophocles.

PREFACE

Antigone is described as the thirty-second play (λέλεκται δὲ τὸ δρᾶμα τοῦτο τριακοστὸν δεύτερον). While this cannot be a reference to an edition in alphabetical order, it is conceivable that some ancient scholar consulted the didascaliae in order to work out the chronological order of all the plays, and if the figure is correct it would suggest a relatively early date. Of *Oedipus Tyrannus* we are told on the authority of Dicaearchus that it was defeated by Philocles (ἡττηθέντα ὑπὸ Φιλοκλέους, ὥς φησι Δικαίαρχος).

For the last two of the surviving plays a date is given. *Philoctetes* ἐδιδάχθη ἐπὶ Γλαυκίππου (409 BC) and won first prize. Of *Oedipus Coloneus* we are told: Τὸν ἐπὶ Κολωνῷ Οἰδίπουν ἐπὶ τετελευτηκότι τῷ πάππῳ Σοφοκλῆς ὁ υἱδοῦς ἐδίδαξεν, υἱὸς ὢν Ἀρίστωνος, ἐπὶ ἄρχοντος Μίκωνος, ὅς ἐστι τέταρτος ἀπὸ Καλλίου, ἐφ᾽ οὗ φασιν οἱ πλείους τὸν Σοφοκλέα τελευτῆσαι. The date of production is therefore established as 401. But apart from these four items of information the hypotheses appear to be unimportant for the reader of the plays and should be included in editions of the scholia.

In drawing up our apparatus criticus we have been able to exploit one important resource which was not at the disposal of our predecessors. Some years ago Dr L. van Paassen of the University of Amsterdam, acting under the auspices of Professor J. C. Kamerbeek, began to compile a repertory of all conjectures made on the text of Sophocles. Thanks to the good offices of our colleague Professor J. M. Bremer, we have been able to consult this collection of material. Although it was not quite completed so as to be ready for publication, it has been of enormous value to us. It has enabled us to ascribe numerous conjectures to their original authors, and in some other passages it has drawn our attention to ideas which had been disregarded by all recent editors. In at least one passage such a neglected conjecture seemed to us to be the best answer to a problem. There are also many places where conjectures which we did not feel able to accept none the less forced us to think harder about the received text, thereby performing what Paul Maas called

PREFACE

a diagnostic function. We take this opportunity of recording our warmest thanks to our Dutch colleagues, for without their help our text would certainly have been much less satisfactory and would have taken much longer to complete. Our experience suggests that editors of other texts would benefit greatly if they too could have access to similar repertories.

It is a pleasure to record our gratitude to others who have helped us in various ways. Professor Rudolf Kassel put us in his debt by making many observations on a provisional text of *OT*. Professor K. Itsumi gave us advance sight of his important article on the enhoplian to appear in *BICS*. Dr L. P. E. Parker has been of great assistance in dealing with metrical problems. Mr W. S. Barrett by his re-examination of P.Oxy. 2180 and PSI 1192 has enabled us to make several improvements. The participants in the seminars which we have conducted jointly over the last ten years often stimulated us to fresh thought.

From the final stages of production there are three special obligations to record. The first is to our publisher Hilary Feldman; the second to a noble volunteer for the task of proof-reading, Professor F. J. Williams; and the last but not the least to our learned copy-editor Dr L. A. Holford-Strevens, who made a far larger contribution than can be expected from a copy-editor, both in our text and in *Sophoclea*, in which we explain our view of many difficult passages.

The need for a new impression gives us the chance to correct a few misprints and oversights (notably at *El.* 219 and 857, *OT* 689, 894, 1337, 1446, and 1514, *Trach.* 1275, and *Phil.* 1095). We have also introduced changes at *Aj.* 1369, *OT* 81, *Ant.* 635, 1289, and 1298, and *OC* 882 and 1729. We are greatly indebted to Professors Rudolf Kassel and Robert Renehan for their observations.

H.Ll.-J., N.G.W.

SIGLA

l   fons codicum L (Laur. 32. 9) et Λ (Lugd. Bat. BPG 60A)

K   Laur. 31. 10, e quo saepius licet lectionem codicis L nondum correcti divinare

r   fons codicum G (Laur. CS 152), R (Vat. gr. 2291), Q (Paris. supp. gr. 109)

p   duo vel plures e codicibus qui perperam veteres dicuntur, inter annos 1261 et 1350 circiter scriptis, regnante scilicet Palaeologorum gente (CFHNOPPaSVWa)

a   (i) in triade quae dicitur Byzantina duo vel plures e codicibus A (Paris. gr. 2712), D (Neapol. II. F. 9), Xr (Vindob. phil. gr. 161), Xs (Vindob. supp. gr. 71), Zr (Marc. gr. 616)

       (ii) in ceteris tragoediis fons codicum A, U (Marc. gr. 467), Y (Vindob. phil. gr. 48)

z   in *Ant.*, *Trach.*, *Phil.*, *OC* fons codicum quorundam qui olim recensionem Thomae Magistri praebere credebantur, scilicet Zf (Paris. gr. 2884), Zg (Laur. 32. 2), Zn (Paris. gr. 2787), Zo (Vat. Pal. gr. 287)

t   Demetrius Triclinius, cuius recensio in codd. Paris. gr. 2711 (T) et Marc. gr. 470 (Ta) exstat

J   Jena, Bos. q. 7

CODICES QVI IN TRIADE (*Ai.*, *El.*, *OT*) ADHIBENTVR

l   LΛK

r   GQR

a   ADXrXsZr (duo vel plures)

p   CFHNOPPaSVWa (duo vel plures)

t   TTa (Ta om. *El.* 704–43, 1006–45)

SIGLA

Papyri quae innotuerunt

Ai.

P.Oxy. 1615, saec. IV

P.Oxy. 2093, saec. II–III

P.Berol. 21208, saec. V–VI

P.Colon. 251, saec. II

El.

P.Ant. 2. 72, saec. VI–VII

P.Oxy. 693, saec. III

OT

P.Oxy. 2180, saec. II

PSI 1192, saec. II

P.Oxy. 22 + P.Lit.Lond. 69, saec. IV–V

P.Oxy. 1369, saec. V–VI

CODICES QVI IN *Ant.* ADHIBENTVR

l	LΛK
	R
a	AUY
	SV
z	ZfZo
t	TTa

Papyri

P.Oxy. 875 + 3686, saec. II

P.Mich. inv. 6585a, saec. I a.C.

Non nisi raro citatur Vat. gr. 1333 (Zc), ut qui saepius cum L consentiat

CODICES QVI IN *Tr.* ADHIBENTVR

l	LΛK
	R (1–372)

SIGLA

a	AUY
	V (1–18)
z	ZgZo
t	TTa

Papyri

P.Oxy. 1805 + 3687, saec. II–III
P.Oxy. 3688, saec. V–VI
P.Amst. inv. 68, saec. III

CODICES QVI IN *Ph.* ADHIBENTVR

l	LΛK
r	GQR
a	AUY
	S (1–1297) V
z	ZgZo
t	TTa

Papyrus unica

P.Berol. inv. 17058, saec. IV–V

CODICES QVI IN *OC* ADHIBENTVR

l	LΛK
r	QR
a	AUY
	V (1338–779)
z	ZnZo
t	TTa

Papyrus unica

P.Mich. 3. 140, saec. II–III

AIAC

ΤΑ ΤΟΥ ΔΡΑΜΑΤΟC ΠΡΟCΩΠΑ

Ἀθηνᾶ
Ὀδυccεύc
Αἴαc
Χορὸc Caλαμινίων ναυτῶν
Τέκμηccα
Ἄγγελοc
Τεῦκροc
Μενέλαοc
Ἀγαμέμνων

ΚΩΦΑ ΠΡΟCΩΠΑ

Εὐρυcάκηc
Παιδαγωγόc
Κῆρυξ

ΑΙΑΣ

ΑΘΗΝΑ

Ἀεὶ μέν, ὦ παῖ Λαρτίου, δέδορκά ϲε
πεῖράν τιν' ἐχθρῶν ἁρπάϲαι θηρώμενον·
καὶ νῦν ἐπὶ ϲκηναῖϲ ϲε ναυτικαῖϲ ὁρῶ
Αἴαντοϲ, ἔνθα τάξιν ἐϲχάτην ἔχει,
πάλαι κυνηγετοῦντα καὶ μετρούμενον   5
ἴχνη τὰ κείνου νεοχάραχθ', ὅπωϲ ἴδῃϲ
εἴτ' ἔνδον εἴτ' οὐκ ἔνδον. εὖ δέ ϲ' ἐκφέρει
κυνὸϲ Λακαίνηϲ ὥϲ τιϲ εὔρινοϲ βάϲιϲ.
ἔνδον γὰρ ἀνὴρ ἄρτι τυγχάνει, κάρα
ϲτάζων ἱδρῶτι καὶ χέραϲ ξιφοκτόνουϲ.   10
καί ϲ' οὐδὲν εἴϲω τῆϲδε παπταίνειν πύληϲ
ἔτ' ἔργον ἐϲτίν, ἐννέπειν δ' ὅτου χάριν
ϲπουδὴν ἔθου τήνδ', ὡϲ παρ' εἰδυίαϲ μάθῃϲ.

ΟΔΥΣΣΕΥΣ

ὦ φθέγμ' Ἀθάναϲ, φιλτάτηϲ ἐμοὶ θεῶν,
ὡϲ εὐμαθέϲ ϲου, κἂν ἄποπτοϲ ἦϲ ὅμωϲ,   15
φώνημ' ἀκούω καὶ ξυναρπάζω φρενὶ
χαλκοϲτόμου κώδωνοϲ ὡϲ Τυρϲηνικῆϲ.
καὶ νῦν ἐπέγνωϲ εὖ μ' ἐπ' ἀνδρὶ δυϲμενεῖ
βάϲιν κυκλοῦντ', Αἴαντι τῷ ϲακεϲφόρῳ.
κεῖνον γάρ, οὐδέν' ἄλλον, ἰχνεύω πάλαι.   20
νυκτὸϲ γὰρ ἡμᾶϲ τῆϲδε πρᾶγοϲ ἄϲκοπον
ἔχει περάναϲ, εἴπερ εἴργαϲται τάδε·
ἴϲμεν γὰρ οὐδὲν τρανέϲ, ἀλλ' ἀλώμεθα·
κἀγὼ 'θελοντὴϲ τῷδ' ὑπεζύγην πόνῳ.
ἐφθαρμέναϲ γὰρ ἀρτίωϲ εὑρίϲκομεν   25
λείαϲ ἁπάϲαϲ καὶ κατηναριϲμέναϲ

9 ἀνὴρ Brunck: ἁ- codd.   15 ϲου] μοι sch. in Aeschin. *Timarch.* 8
22 τάδε] γ' ὅδε Musgrave   24 'θελοντὴϲ pAT: θελ- cett.

3

ΣΟΦΟΚΛΕΟΥΣ

ἐκ χειρὸς αὐτοῖς ποιμνίων ἐπιστάταις.
τήνδ᾽ οὖν ἐκείνῳ πᾶς τις αἰτίαν τρέπει.
καί μοί τις ὀπτὴρ αὐτὸν εἰσιδὼν μόνον
πηδῶντα πεδία σὺν νεορράντῳ ξίφει   30
φράζει τε κἀδήλωσεν· εὐθέως δ᾽ ἐγὼ
κατ᾽ ἴχνος ᾄσσω, καὶ τὰ μὲν σημαίνομαι,
τὰ δ᾽ ἐκπέπληγμαι, κοὐκ ἔχω μαθεῖν ὅπου.
καιρὸν δ᾽ ἐφήκεις· πάντα γὰρ τά τ᾽ οὖν πάρος
τά τ᾽ εἰσέπειτα σῇ κυβερνῶμαι χερί.   35

Αθ.   ἔγνων, Ὀδυσσεῦ, καὶ πάλαι φύλαξ ἔβην
      τῇ σῇ πρόθυμος εἰς ὁδὸν κυναγίᾳ.
Οδ.   ἦ καί, φίλη δέσποινα, πρὸς καιρὸν πονῶ;
Αθ.   ὡς ἔστιν ἀνδρὸς τοῦδε τἄργα ταῦτά σοι.
Οδ.   καὶ πρὸς τί δυσλόγιστον ὧδ᾽ ᾖξεν χέρα;   40
Αθ.   χόλῳ βαρυνθεὶς τῶν Ἀχιλλείων ὅπλων.
Οδ.   τί δῆτα ποίμναις τήνδ᾽ ἐπεμπίπτει βάσιν;
Αθ.   δοκῶν ἐν ὑμῖν χεῖρα χραίνεσθαι φόνῳ.
Οδ.   ἦ καὶ τὸ βούλευμ᾽ ὡς ἐπ᾽ Ἀργείοις τόδ᾽ ἦν;
Αθ.   κἂν ἐξεπράξατ᾽, εἰ κατημέλης᾽ ἐγώ.   45
Οδ.   ποίαισι τόλμαις ταῖσδε καὶ φρενῶν θράσει;
Αθ.   νύκτωρ ἐφ᾽ ὑμᾶς δόλιος ὁρμᾶται μόνος.
Οδ.   ἦ καὶ παρέστη κἀπὶ τέρμ᾽ ἀφίκετο;
Αθ.   καὶ δὴ ᾽πὶ δισσαῖς ἦν στρατηγίσιν πύλαις.
Οδ.   καὶ πῶς ἐπέσχε χεῖρα μαιμῶσαν φόνου;   50
Αθ.   ἐγώ σφ᾽ ἀπείργω, δυσφόρους ἐπ᾽ ὄμμασι
      γνώμας βαλοῦσα, τῆς ἀνηκέστου χαρᾶς,
      καὶ πρός τε ποίμνας ἐκτρέπω σύμμεικτά τε

28 τρέπει LpZrt: νέμει **rpa**   33 ὅπου L²ᶜKa: ὅτου **rpat**
35 χερί] φρενί lm. sch. L et γρ in N   37 κυναγίᾳ LpXr: κυνη- **rpa**
39 τοῦδε τἄργα Lpat: ἔργα τοῦδε **rp**   40 ὧδ᾽ ᾖξεν] ἤμαξεν
Bergk: an ὧδ᾽ ἦκεν?   χέρα] χέρας **r**   44 βούλευμ᾽ **pat** et sch. L:
βούλημ᾽ **Lrp**   45 ἐξεπράξατ᾽ L et sch. L: -αξεν **rpa**: -αξέ γ᾽ Enger
46 φρενῶν] χειρῶν γρ in **p**   50 μαιμῶσαν] μαργῶσαν H:
διψῶσαν γρ in LG et interpretatio in **p**   51 ἀπείργω Lpat:
ἀπείρξα **rp**, A s.l.   52 post βαλοῦσα interpunxit ed. Aldina
ἀνηκέστου] ἀνεικάστου T s.l.

4

AIAC

λείας ἄδαςτα βουκόλων φρουρήματα·
ἔνθ' ἐςπεςὼν ἔκειρε πολύκερων φόνον   55
κύκλῳ ῥαχίζων, κἀδόκει μὲν ἔςθ' ὅτε
διςςοὺς Ἀτρείδας αὐτόχειρ κτείνειν ἔχων,
ὅτ' ἄλλοτ' ἄλλον ἐμπίτνων ςτρατηλατῶν.
ἐγὼ δὲ φοιτῶντ' ἄνδρα μανιάςιν νόςοις
ὤτρυνον, εἰςέβαλλον εἰς ἕρκη κακά.   60
κἄπειτ' ἐπειδὴ τοῦδ' ἐλώφηςεν πόνου,
τοὺς ζῶντας αὖ δεςμοῖςι ςυνδήςας βοῶν
ποίμνας τε πάςας ἐς δόμους κομίζεται,
ὡς ἄνδρας, οὐχ ὡς εὔκερων ἄγραν ἔχων.
καὶ νῦν κατ' οἴκους ςυνδέτους αἰκίζεται.   65
δείξω δὲ καὶ ςοὶ τήνδε περιφανῆ νόςον,
ὡς πᾶςιν Ἀργείοιςιν εἰςιδὼν θροῇς.
θαρςῶν δὲ μίμνε, μηδὲ ςυμφορὰν δέχου,
τὸν ἄνδρ'· ἐγὼ γὰρ ὀμμάτων ἀποςτρόφους
αὐγὰς ἀπείρξω ςὴν πρόςοψιν εἰςιδεῖν.   70
οὗτος, ςὲ τὸν τὰς αἰχμαλωτίδας χέρας
δεςμοῖς ἀπευθύνοντα προςμολεῖν καλῶ·
Αἴαντα φωνῶ· ςτεῖχε δωμάτων πάρος.
Οδ.   τί δρᾷς, Ἀθάνα; μηδαμῶς ςφ' ἔξω κάλει.
Αθ.   οὐ ςῖγ' ἀνέξῃ μηδὲ δειλίαν ἀρῇ;   75
Οδ.   μὴ πρὸς θεῶν· ἀλλ' ἔνδον ἀρκείτω μένων.
Αθ.   τί μὴ γένηται; πρόςθεν οὐκ ἀνὴρ ὅδ' ἦν—
Οδ.   ἐχθρός γε τῷδε τἀνδρὶ καὶ τανῦν ἔτι.

57 διςςοὺς] δοιοὺς P.Oxy. 2093ᵃᶜ   58 ὅτ'] τότ P.Oxy. 2093
ἐμπίτνων Elmsley: ἐμπιτνῶν at: ἐμπίπτων LGQpZr: ἐμπεςών Lγρ:
ἐμπίπτειν RP: K s.l. praebet ἄλλῳ προςπιτνῶν: ἐμπίτνειν Broad-
head post Kayser   60 ὤτρυνον, εἰςέβαλλον] Ἐρινύων ὤτρυνον
Hermann   εἰς ἕρκη κακά] εἰς ἐρινὺν κακήν Lγρ   61 πόνου
a: φόνου Lrpat   63 post 64 praebet P.Oxy. 2093, omisso etiam 65
68–70 del. Reichard   68 ςυμφορὰν in rasura praebet L   inter-
punxit Whitelaw post Lobeck   70 ἀπείρξω] ἀπείργω L   74 ςφ'
om. L   75 ἀρῇ Hesychius s.v., in L add. librarius cod. A: ἀρεῖς at:
ἄρῃς LrpZr   77 Athenae sententiam non integram esse monuit
Brunck

5

Αθ. οὔκουν γέλως ἥδιστος εἰς ἐχθροὺς γελᾶν;
Οδ. ἐμοὶ μὲν ἀρκεῖ τοῦτον ἐν δόμοις μένειν.   80
Αθ. μεμηνότ' ἄνδρα περιφανῶς ὀκνεῖς ἰδεῖν;
Οδ. φρονοῦντα γάρ νιν οὐκ ἂν ἐξέστην ὄκνῳ.
Αθ. ἀλλ' οὐδὲ νῦν σε μὴ παρόντ' ἴδῃ πέλας.
Οδ. πῶς, εἴπερ ὀφθαλμοῖς γε τοῖς αὐτοῖς ὁρᾷ;
Αθ. ἐγὼ σκοτώσω βλέφαρα καὶ δεδορκότα.   85
Οδ. γένοιτο μεντἂν πᾶν θεοῦ τεχνωμένου.
Αθ. σίγα νυν ἑστὼς καὶ μέν' ὡς κυρεῖς ἔχων.
Οδ. μένοιμ' ἄν· ἤθελον δ' ἂν ἐκτὸς ὢν τυχεῖν.
Αθ. ὦ οὗτος, Αἴας, δεύτερόν σε προσκαλῶ.
     τί βαιὸν οὕτως ἐντρέπῃ τῆς συμμάχου;   90

ΑΙΑΣ

     ὦ χαῖρ' Ἀθάνα, χαῖρε Διογενὲς τέκνον,
     ὡς εὖ παρέστης· καί σε παγχρύσοις ἐγὼ
     στέψω λαφύροις τῆσδε τῆς ἄγρας χάριν.
Αθ. καλῶς ἔλεξας. ἀλλ' ἐκεῖνό μοι φράσον,
     ἔβαψας ἔγχος εὖ πρὸς Ἀργείων στρατῷ;   95
Αι. κόμπος πάρεστι κοὐκ ἀπαρνοῦμαι τὸ μή.
Αθ. ἦ καὶ πρὸς Ἀτρείδαισιν ᾔχμασας χέρα;
Αι. ὥστ' οὔποτ' Αἴανθ' οἵδ' ἀτιμάσους' ἔτι.
Αθ. τεθνᾶσιν ἄνδρες, ὡς τὸ σὸν ξυνῆκ' ἐγώ.
Αι. θανόντες ἤδη τἄμ' ἀφαιρείσθων ὅπλα.   100
Αθ. εἶέν· τί γὰρ δὴ παῖς ὁ τοῦ Λαερτίου;
     ποῦ σοι τύχης ἕστηκεν; ἦ πέφευγέ σε;

79 οὔκουν Hermann: οὐκοῦν codd.   80 ἐν δόμοις Waa: εἰς
δόμους Lrpt   82 γάρ νιν] γάρ τἂν lm. sch. L: τἂν νιν Blaydes: τοί
νιν Heimsoeth   85 δεδορκότα] -ότος anon. ap. Dindorf
88 τυχεῖν] κυρεῖν r   89 Αἴας K (de Lac non liquet), Theodosius,
canon. 131. 14 et alii grammatici Byzantini: Αἴαν cett.   96 μή] μὴ
οὐχί sch. et lm. Sudae s.v.: μὴ οὐ Nauck   97 ᾔχμασας] ᾔμαξας
Reiske, quae vox pro interpretatione in a legitur   χέρα pat: χέραι L:
χέρας rH   98 ὥστ'] ὡς Q, coni. Elmsley   οἵδ'] οἵδ' L, et novit
sch.   99 ἄνδρες Brunck: ἄ- codd.   101 εἶέν L: εἶεν cett.

AIAC

Αι.　ἦ τοὐπίτριπτον κίναδος ἐξήρου μ' ὅπου;

Αθ.　ἔγωγ'· Ὀδυσσέα τὸν σὸν ἐνστάτην λέγω.

Αι.　ἥδιστος, ὦ δέσποινα, δεσμώτης ἔσω　　　　105
　　　θακεῖ· θανεῖν γὰρ αὐτὸν οὔ τί πω θέλω.

Αθ.　πρὶν ἂν τί δράσῃς ἢ τί κερδάνῃς πλέον;

Αι.　πρὶν ἂν δεθεὶς πρὸς κίον' ἑρκείου στέγης—

Αθ.　τί δῆτα τὸν δύστηνον ἐργάσῃ κακόν;

Αι.　μάστιγι πρῶτον νῶτα φοινιχθεὶς θάνῃ.　　　110

Αθ.　μὴ δῆτα τὸν δύστηνον ὧδέ γ' αἰκίσῃ.

Αι.　χαίρειν, Ἀθάνα, τἄλλ' ἐγώ σ' ἐφίεμαι,
　　　κεῖνος δὲ τείσει τήνδε κοὐκ ἄλλην δίκην.

Αθ.　σὺ δ' οὖν—ἐπειδὴ τέρψις ἥδ', ⟨ἐν⟩ σοὶ τὸ δρᾶν,
　　　χρῶ χειρί, φείδου μηδὲν ὧνπερ ἐννοεῖς.　　　115

Αι.　χωρῶ πρὸς ἔργον· τοῦτο σοὶ δ' ἐφίεμαι,
　　　τοιάνδ' ἀεί μοι σύμμαχον παρεστάναι.

Αθ.　ὁρᾷς, Ὀδυσσεῦ, τὴν θεῶν ἰσχὺν ὅση;
　　　τούτου τίς ἄν σοι τἀνδρὸς ἢ προνούστερος
　　　ἢ δρᾶν ἀμείνων ηὑρέθη τὰ καίρια;　　　120

Οδ.　ἐγὼ μὲν οὐδέν' οἶδ'· ἐποικτίρω δέ νιν
　　　δύστηνον ἔμπας, καίπερ ὄντα δυσμενῆ,
　　　ὁθούνεκ' ἄτῃ συγκατέζευκται κακῇ,
　　　οὐδὲν τὸ τούτου μᾶλλον ἢ τοὐμὸν σκοπῶν.
　　　ὁρῶ γὰρ ἡμᾶς οὐδὲν ὄντας ἄλλο πλὴν　　　125
　　　εἴδωλ' ὅσοιπερ ζῶμεν ἢ κούφην σκιάν.

Αθ.　τοιαῦτα τοίνυν εἰσορῶν ὑπέρκοπον
　　　μηδέν ποτ' εἴπῃς αὐτὸς ἐς θεοὺς ἔπος,
　　　μηδ' ὄγκον ἄρῃ μηδέν', εἴ τινος πλέον

---

104 punctum post ἔγωγ' sustulit Bothe　　　108 ἑρκ⟨ε⟩ίου suppl.
Elmsley　　　111 δύστηνον] δείλαιον G. Wolff (cf. 1000)
112 ἐγώ σ' QRpa: ἔγωγέ σ' LGpZrt: ἔγωγ' F. W. Schmidt　　　σ'
ἐφίεμαι] σε προὐννέπω Blaydes (cf. 116)　　　114 ἥδε Lap: ὥδε
rpt　　⟨ἐν⟩ σοὶ Jackson, qui etiam οὐκοῦν pro σὺ δ' οὖν temptavit
115 ἐννοεῖς] ἐννέπεις Lγρ　　　116 τοῦτο σοὶ δ'] σοὶ δὲ τοῦτ'
Bergk　　　119 ἄν σοι τἀνδρὸς Lpat: ἀνδρῶν ἄλλος rD　　ἢ
LGZrt: ἦν QRpa　　　122 ἔμπας Heath e sch.: ἔμπης codd.
129 ἄρῃ Lpa: ἄρῃς rpat

ΣΟΦΟΚΛΕΟΥΣ

ἢ χειρὶ βρίθεις ἢ μακροῦ πλούτου βάθει.   130
ὡς ἡμέρα κλίνει τε κἀνάγει πάλιν
ἅπαντα τἀνθρώπεια· τοὺς δὲ cώφρονας
θεοὶ φιλοῦcι καὶ cτυγοῦcι τοὺς κακούς.

ΧΟΡΟΣ

Τελαμώνιε παῖ, τῆς ἀμφιρύτου
Cαλαμῖνος ἔχων βάθρον ἀγχίαλον,   135
cὲ μὲν εὖ πράccοντ᾽ ἐπιχαίρω·
cὲ δ᾽ ὅταν πληγὴ Διὸς ἢ ζαμενὴς
λόγος ἐκ Δαναῶν κακόθρους ἐπιβῇ,
μέγαν ὄκνον ἔχω καὶ πεφόβημαι
πτηνῆς ὡς ὄμμα πελείας.   140
ὡς καὶ τῆς νῦν φθιμένης νυκτὸς
μεγάλοι θόρυβοι κατέχουc᾽ ἡμᾶς
ἐπὶ δυσκλείᾳ, cὲ τὸν ἱππομανῆ
λειμῶν᾽ ἐπιβάντ᾽ ὀλέcαι Δαναῶν
βοτὰ καὶ λείαν,   145
ἥπερ δορίληπτος ἔτ᾽ ἦν λοιπή,
κτείνοντ᾽ αἴθωνι cιδήρῳ.
τοιούcδε λόγους ψιθύρους πλάccων
εἰς ὦτα φέρει πᾶcιν Ὀδυccεύς,
καὶ cφόδρα πείθει. περὶ γὰρ cοῦ νῦν   150
εὔπειcτα λέγει, καὶ πᾶς ὁ κλυὼν
τοῦ λέξαντος χαίρει μᾶλλον
τοῖc cοῖc ἄχεcιν καθυβρίζων.
τῶν γὰρ μεγάλων ψυχῶν ἱεὶς
οὐκ ἂν ἁμάρτοι· κατὰ δ᾽ ἄν τις ἐμοῦ   155
τοιαῦτα λέγων οὐκ ἂν πείθοι.

130 βάθει Lrpat: βάρει pa   135 ἀγχίαλον H, coni. Bothe:
-άλου cett.   143 ἱππομανῆ obscurum; cf. Pearson (et Radt) ad fr.
652   146 λοιπῇ] κοινῇ Gyp, coni. Herwerden; quae vox inter-
pretatio est in p   149 πᾶcιν rpat: πάντων Lp, quo recepto
Ὀδυccεύc Nauck   151 εὔπειcτα Kpat (de L non liquet): εὔπιcτα
r   κλυὼν Kamerbeek: κλύων codd.   155 ἁμάρτοι rpat: -ῃ
Kp, v.l. in r: -οιc Suda s.v. κλύει, et fort. L^{ac}

AIAC

πρὸς γὰρ τὸν ἔχονθ᾽ ὁ φθόνος ἕρπει.
καίτοι cμικροὶ μεγάλων χωρὶς
cφαλερὸν πύργου ῥῦμα πέλονται·
μετὰ γὰρ μεγάλων βαιὸc ἄριcτ᾽ ἂν   160
καὶ μέγαc ὀρθοῖθ᾽ ὑπὸ μικροτέρων.
ἀλλ᾽ οὐ δυνατὸν τοὺc ἀνοήτουc
τούτων γνώμαc προδιδάcκειν.
ὑπὸ τοιούτων ἀνδρῶν θορυβῇ
χἠμεῖc οὐδὲν cθένομεν πρὸc ταῦτ᾽   165
ἀπαλέξαcθαι cοῦ χωρίc, ἄναξ.
ἀλλ᾽ ὅτε γὰρ δὴ τὸ cὸν ὄμμ᾽ ἀπέδραν,
παταγοῦcιν ἅτε πτηνῶν ἀγέλαι·
μέγαν αἰγυπιὸν ⟨δ᾽⟩ ὑποδείcαντεc
τάχ᾽ ἄν, ἐξαίφνηc εἰ cὺ φανείηc,   170
cιγῇ πτήξειαν ἄφωνοι.

ἦ ῥά cε Ταυροπόλα Διὸc Ἄρτεμιc—   cτρ.
ὦ μεγάλα φάτιc, ὦ
μᾶτερ αἰcχύναc ἐμᾶc—
ὥρμαcε πανδάμουc ἐπὶ βοῦc ἀγελαίαc,   175
ἢ πού τινοc νίκαc ἀκαρπώτου χάριν,
ἦρα κλυτῶν ἐνάρων
ψευcθεῖc᾽ ἀδώροιc εἴτ᾽ ἐλαφαβολίαιc
ἢ χαλκοθώραξ coί τιν᾽ Ἐννάλιοc
μομφὰν ἔχων ξυνοῦ δορὸc ἐννυχίοιc   180
μαχαναῖc ἐτείcατο λώβαν;

οὔποτε γὰρ φρενόθεν γ᾽ ἐπ᾽ ἀριcτερά,   ἀντ.

161 μικροτέρων LF: cμι- codd. plerìque   168 ἅτε GQpat:
ἅπερ LRp   169 ⟨δ᾽⟩ suppl. Dawes   ὑποδείcαντεc Qpat:
ὑποδδ- Lᵃᶜ ut videtur, KGRp   176 ἢ edd.: ἦ codd.   ἀκαρπώ-
του Johnson: -ωτον codd.   177 ἦρα Hermann, Schaefer: ἦ ῥα
codd.   178 ψευcθεῖc᾽ ἀδώροιc distinxit H. Stephanus: -εῖcα
δώρ- codd.   εἴτ᾽] ἢ 'π' Blaydes   ἐλαφαβολίαιc L: ἐλαφη-
cett.   179 coί Reiske: ἢ codd.: μή Musgrave: εἴ Elmsley: ἤν Johnson
181 μαχαναῖc] μη- H, coni. G. Wolff   182 γὰρ] τὰν Dawe: fortasse
γ᾽ ἂν

9

ΣΟΦΟΚΛΕΟΥΣ

παῖ Τελαμῶνος, ἔβας
τόccον ἐν ποίμναιc πίτνων·
ἤκοι γὰρ ἂν θεία νόcοc· ἀλλ᾽ ἀπερύκοι   185
καὶ Ζεὺc κακὰν καὶ Φοῖβοc Ἀργείων φάτιν.
εἰ δ᾽ ὑποβαλλόμενοι
κλέπτουcι μύθουc οἱ μεγάλοι βαcιλῆc,
χὠ τᾶc ἀcώτου Ϲιcυφιδᾶν γενεᾶc,
μὴ μή, ἄναξ, ἔθ᾽ ὧδ᾽ ἐφάλοιc κλιcίαιc   190
ἐμμένων κακὰν φάτιν ἄρῃ.

ἀλλ᾽ ἄνα ἐξ ἑδράνων   ἐπ.
ὅπου μακραίωνι
cτηρίζῃ ποτὲ τᾷδ᾽ ἀγωνίῳ cχολᾷ,
ἄταν οὐρανίαν φλέγων.   195
ἐχθρῶν δ᾽ ὕβριc ὧδ᾽ ἀτάρβηθ᾽
ὁρμᾶται ἐν εὐανέμοιc βάccαιc,
πάντων βακχαζόντων
γλώccαιc βαρυάλγητ᾽·
ἐμοὶ δ᾽ ἄχοc ἔcτακεν.   200

ΤΕΚΜΗϹϹΑ

ναὸc ἀρωγοὶ τῆc Αἴαντοc,
γενεᾶc χθονίων ἀπ᾽ Ἐρεχθειδᾶν,
ἔχομεν cτοναχὰc οἱ κηδόμενοι
τοῦ Τελαμῶνοc τηλόθεν οἴκου.

184 τόccον LpXˢᵃᶜt: τόcον rpa ποίμναιc t: ποίμναιcι cett.
πίτνων] πίτνειν Hartung   188 βαcιλῆc LO: -ῆc t: -εῖc rpa
189 χὠ τᾶc Morstadt: ἢ τᾶc Lrpat: ἢ τῆc p: ἢ παῖc Johnson
Ϲιcυφιδᾶν] -ίδα γρ in L et G: -ίδαc Hartung   190 post μὴ μή
add. μ᾽ codd.: del. Blaydes, qui et alia complura et μὴ μηκέθ᾽ ὧδ᾽ ἄναξ
coniecit (haec etiam Jackson, μὴ μηκέτ᾽ ὦναξ ὧδ᾽ iam Morstadt)
191 ἐμμένων Reiske: ὄμμ᾽ ἔχων codd.   ἄρῃ Lrpa: ἄρηc pat
194 ποτὲ] πόδα Morstadt   ἀγωνίῳ Lrpat: -ίᾳ pa   196 ἀτάρ-
βηθ᾽ Lobeck: -ητα Lrpat: -ήτωc p, Suda s.v.   197 ὁρμᾶται t:
ὁρμᾶτ᾽ Lrpa   198 βακχαζόντων Lᵃᶜr: βαγχ- Lᵖᶜ: καγχ- pat
199 βαρυάλγητ᾽ Nauck: -τα codd.   202 γενεᾶc] γενεὰ
Reiske

ΑΙΑC

νῦν γὰρ ὁ δεινὸς μέγας ὠμοκρατὴς   205
Αἴας θολερῷ
κεῖται χειμῶνι νοσήσας.

Χο.   τί δ' ἐνήλλακται τῆς ἀμερίας
νὺξ ἥδε βάρος;
παῖ τοῦ Φρυγίου Τελλεύταντος,   210
λέγ', ἐπεί σε λέχος δουριάλωτον
στέρξας ἀνέχει θούριος Αἴας·
ὥστ' οὐκ ἂν ἄιδρις ὑπείποις.

Τεκ.   πῶς δῆτα λέγω λόγον ἄρρητον;
θανάτῳ γὰρ ἴσον πάθος ἐκπεύσῃ.   215
μανίᾳ γὰρ ἁλοὺς ἡμὶν ὁ κλεινὸς
νύκτερος Αἴας ἀπελωβήθη.
τοιαῦτ' ἂν ἴδοις σκηνῆς ἔνδον
χειροδάικτα σφάγι' αἱμοβαφῆ,
κείνου χρηστήρια τἀνδρός.   220

Χο.   οἵαν ἐδήλωσας ἀνδρὸς αἴθονος   στρ.
ἀγγελίαν ἄτλατον οὐδὲ φευκτάν,
τῶν μεγάλων Δαναῶν ὕπο κληζομέναν,   225
τὰν ὁ μέγας μῦθος ἀέξει.
ὤμοι, φοβοῦμαι τὸ προσέρπον. περίφαντος ἀνὴρ
θανεῖται, παραπλήκτῳ χερὶ συγκατακτὰς   230

205 post δεινός add. ὁ Lrpat: om. p, del. Seidler   208 ἀμερίας]
ἠρεμίας B. Thiersch   209 ⟨δυσφροσύνης πλέον⟩ post νὺξ suppl.
Bruhn, teste W. Morel   210 Φρυγίου] -ίοιο J. G. Jaeger   Τελ-
λεύταντος a: Τελεύ- Lrpat: ⟨cὺ⟩ Τελεύ- Porson   211 δουριάλω-
τον Livineii 'V', coni. Brunck: δορι- vel δορυ- codd.   212 cτέρξας
ἀνέχει rpat: στέρξασαν ἔχει LᵃᶜK et γρ ap. sch.   215 πάθος
LQpa: βάρος Lᵃᶜ s.l., GRpt   221 ἀνδρὸς] ἀνέρος Hermann
αἴθονος KN: αἴθοπος at: αἴθωνος rpa (L vix legitur)   224 φευκ-
τάν rpa: -όν Lᵃᶜ ut videtur: φερτάν p   225 μεγάλων dubium:
an μελέων? ὕπο Paris. gr. 2820: ὑπὸ Kp: ὑπο- Lrpat   227 ὤμοι
rpD: ὤιμοι L: οἴμοι a   230 παραπλήκτῳ] -άκτῳ H s.l., coni.
Blaydes

ΣΟΦΟΚΛΕΟΥΣ

κελαινοῖς ξίφεσιν βοτὰ καὶ
βοτῆρας ἱππονώμας.

Τεκ. ὤμοι· κεῖθεν κεῖθεν ἄρ' ἡμῖν
δεσμώτιν ἄγων ἤλυθε ποίμναν·
ὧν τὰ μὲν εἴcω cφάζ' ἐπὶ γαίας,   235
τὰ δὲ πλευροκοπῶν δίχ' ἀνερρήγνυ.
δύο δ' ἀργίποδας κριοὺς ἀνελὼν
τοῦ μὲν κεφαλὴν καὶ γλῶccαν ἄκραν
ῥιπτεῖ θερίcας, τὸν δ' ὀρθὸν ἄνω
κίονι δήcας   240
μέγαν ἱπποδέτην ῥυτῆρα λαβὼν
παίει λιγυρᾷ μάcτιγι διπλῇ,
κακὰ δεννάζων ῥήμαθ', ἃ δαίμων
κοὐδεὶς ἀνδρῶν ἐδίδαξεν.   244

Χο. ὥρα 'cτὶν ἁρμοῖ κάρα καλύμμαcι   ἀντ.
κρυψάμενον ποδοῖν κλοπὰν ἀρέcθαι,
ἢ θοὸν εἰρεcίας ζυγὸν ἑζόμενον
ποντοπόρῳ ναῒ μεθεῖναι.   250
τοίαc ἐρέccουcιν ἀπειλὰc δικρατεῖc Ἀτρεῖδαι
καθ' ἡμῶν· πεφόβημαι λιθόλευcτον Ἄρη
ξυναλγεῖν μετὰ τοῦδε τυπείc,   255
τὸν αἶc' ἄπλατοc ἴcχει.

Τεκ. οὐκέτι· λαμπρᾶc γὰρ ἄτερ cτεροπᾶc
ᾆξαc ὀξὺc νότοc ὣc λήγει,
καὶ νῦν φρόνιμοc νέον ἄλγοc ἔχει·
τὸ γὰρ ἐcλεύccειν οἰκεῖα πάθη,   260
μηδενὸc ἄλλου παραπράξαντοc,
μεγάλαc ὀδύναc ὑποτείνει.

232 ἱππονώμαc fortasse Lᵃᶜ, coni. Porson: -νόμαc Kp: -νόμουc **rpat**
235 τὰ t: τὸ Xs: τὴν **Lrpa**   εἴcω t: ἔcω **Lpa**: ἔξω **r**   cφάζ'
Krat: cφάξ' LrF   236 τὰ t: τὰc cett.   241 ἱπποδέτην Lᵖᶜ**rpat**:
-λέτην Lᵃᶜ et lm. sch., **p**   245 'cτὶν ἁρμοῖ Lloyd-Jones: τιν'ἤδη τοι
Lrpa: τιν'ἤδη **pat**   κάρα t: κράτα cett.   254 Ἄρη **La**: Ἄρην
rpat   257 ἄτερ cτεροπᾶc] ἄτερ ἀcτεροπᾶc **r**

12

AIA C

Χο. ἀλλ᾽ εἰ πέπαυται, κάρτ᾽ ἂν εὐτυχεῖν δοκῶ·
φρούδου γὰρ ἤδη τοῦ κακοῦ μείων λόγος.

Τεκ. πότερα δ᾽ ἄν, εἰ νέμοι τις αἵρεσιν, λάβοις, 265
φίλους ἀνιῶν αὐτὸς ἡδονὰς ἔχειν,
ἢ κοινὸς ἐν κοινοῖσι λυπεῖσθαι ξυνών;

Χο. τό τοι διπλάζον, ὦ γύναι, μεῖζον κακόν.

Τεκ. ἡμεῖς ἄρ᾽ οὐ νοσοῦντος ἀτώμεσθα νῦν.

Χο. πῶς τοῦτ᾽ ἔλεξας; οὐ κάτοιδ᾽ ὅπως λέγεις. 270

Τεκ. ἀνὴρ ἐκεῖνος, ἡνίκ᾽ ἦν ἐν τῇ νόσῳ,
αὐτὸς μὲν ἥδεθ᾽ οἷσιν εἴχετ᾽ ἐν κακοῖς,
ἡμᾶς δὲ τοὺς φρονοῦντας ἠνία ξυνών·
νῦν δ᾽ ὡς ἔληξε κἀνέπνευσε τῆς νόσου,
κεῖνός τε λύπῃ πᾶς ἐλήλαται κακῇ 275
ἡμεῖς θ᾽ ὁμοίως οὐδὲν ἧσσον ἢ πάρος.
ἆρ᾽ ἐστὶ ταῦτα δὶς τόc᾽ ἐξ ἁπλῶν κακά;

Χο. ξύμφημι δή σοι καὶ δέδοικα μὴ ᾽κ θεοῦ
πληγή τις ἥκει. πῶς γάρ, εἰ πεπαυμένος
μηδέν τι μᾶλλον ἢ νοσῶν εὐφραίνεται; 280

Τεκ. ὡς ὧδ᾽ ἐχόντων τῶνδ᾽ ἐπίστασθαί σε χρή.

Χο. τίς γάρ ποτ᾽ ἀρχὴ τοῦ κακοῦ προσέπτατο;
δήλωσον ἡμῖν τοῖς ξυναλγοῦσιν τύχας.

Τεκ. ἅπαν μαθήσῃ τοὔργον, ὡς κοινωνὸς ὤν.
κεῖνος γὰρ ἄκρας νυκτός, ἡνίχ᾽ ἕσπεροι 285
λαμπτῆρες οὐκέτ᾽ ᾖθον, ἄμφηκες λαβὼν
ἐμαίετ᾽ ἔγχος ἐξόδους ἕρπειν κενάς.
κἀγὼ ᾽πιπλήσσω καὶ λέγω, "τί χρῆμα δρᾷς,
Αἴας; τί τήνδ᾽ ἄκλητος οὔθ᾽ ὑπ᾽ ἀγγέλων
κληθεὶς ἀφορμᾷς πεῖραν οὔτε του κλυὼν 290

269 post ἡμεῖς add. γ᾽ p   νοσοῦντος Hermann: νοσοῦντες codd.
273 φρονοῦντας] βλέποντας Lγρ   274 κἀνέπνευσε]
κἀπέπαυσε r   279 ἥκει WaZr: ἥκοι cett.: ἥκῃ Suda s.v.
δέδοικα   283 τύχας] τύχαις Linwood   286 'fort. ᾖθοντ᾽
οὐκέτ᾽' Pearson   289 Αἴας] Αἴαν P, Suda s.v. χρήματα
ἄκλητος] ἄκαιρος Herwerden   290 ἀφορμᾷς Lrpa: ἐφ- pat
κλυὼν Kamerbeek: κλύων codd.

13

ΣΟΦΟΚΛΕΟΥΣ

cάλπιγγος; ἀλλὰ νῦν γε πᾶς εὕδει στρατός. "
ὁ δ᾿ εἶπε πρός με βαί᾿, ἀεὶ δ᾿ ὑμνούμενα·
"γύναι, γυναιξὶ κόσμον ἡ σιγὴ φέρει. "
κἀγὼ μαθοῦς᾿ ἔληξ᾿, ὁ δ᾿ ἐσσύθη μόνος.
καὶ τὰς ἐκεῖ μὲν οὐκ ἔχω λέγειν πάθας·   295
εἴσω δ᾿ ἐσῆλθε συνδέτους ἄγων ὁμοῦ
ταύρους, κύνας βοτῆρας, εὔερόν τ᾿ ἄγραν.
καὶ τοὺς μὲν ηὐχένιζε, τοὺς δ᾿ ἄνω τρέπων
ἔσφαζε κἀρράχιζε, τοὺς δὲ δεσμίους
ᾔκίζεθ᾿ ὥστε φῶτας ἐν ποίμναις πίτνων.   300
τέλος δ᾿ ἀπᾴξας διὰ θυρῶν σκιᾷ τινι
λόγους ἀνέσπα, τοὺς μὲν Ἀτρειδῶν κάτα,
τοὺς δ᾿ ἀμφ᾿ Ὀδυσσεῖ, συντιθεὶς γέλων πολύν,
ὅσην κατ᾿ αὐτῶν ὕβριν ἐκτείσαιτ᾿ ἰών·
κἄπειτ᾿ ἐνᾴξας αὖθις ἐς δόμους πάλιν   305
ἔμφρων μόλις πως ξὺν χρόνῳ καθίσταται,
καὶ πλῆρες ἄτης ὡς διοπτεύει στέγος,
παίσας κάρα 'θώυξεν· ἐν δ᾿ ἐρειπίοις
νεκρῶν ἐρειφθεὶς ἕζετ᾿ ἀρνείου φόνου,
κόμην ἀπρὶξ ὄνυξι συλλαβὼν χερί.   310
καὶ τὸν μὲν ἧστο πλεῖστον ἄφθογγος χρόνον·
ἔπειτ᾿ ἐμοὶ τὰ δείν᾿ ἐπηπείλησ᾿ ἔπη,
εἰ μὴ φανοίην πᾶν τὸ συντυχὸν πάθος.
[κἀνήρετ᾿ ἐν τῷ πράγματος κυροῖ ποτε.]
κἀγώ, φίλοι, δείσασα τοὐξειργασμένον   315
ἔλεξα πᾶν ὅσονπερ ἐξηπιστάμην.

293 γυναιξὶ codd. et P.Oxy. 2093 s.l.: γυναικὶ P.Oxy. 2093, Arist. *Pol.*
1260ª 30   295 λέγειν] φράζειν J et Paris. gr. 2598   πάθας]
τύχας t et gl. in C   297 ταύρους] -οις Reiske   εὔερόν
Schneidewin: εὔκερων codd. (de P.Oxy. 2093 non liquet)   τ᾿ Lpat: om.
r   301 ἀπᾴξας P.Oxy. 2093 LQRp: ὑπ- a: ἐπ- Gpat   303 συν-
τιθεὶς] ξυν- P.Oxy. 2093   γέλων post πολὺν praebent rF   305 ἐνᾴξας
P.Oxy. 2093: ἐπ- KGapt: ἀπ- LᵖᶜQRp: ἐς- Morstadt   308 'θώυξεν
Brunck: θώυξεν codd.   309 ἐρειφθεὶς] ἐρεισθεὶς Lγρ
310 χερί Lrpat: -ός K s.l., p   313 φανοίην Xr: -είην cett.
314 del. Nauck   πράγματος Lpat: -ατι rpa   κυροῖ LrN: -εῖ pat

14

ΑΙΑC

ὁ δ᾽ εὐθὺς ἐξώμωξεν οἰμωγὰς λυγράς,
ἃς οὔποτ᾽ αὐτοῦ πρόςθεν εἰςήκους᾽ ἐγώ.
πρὸς γὰρ κακοῦ τε καὶ βαρυψύχου γόους
τοιούςδ᾽ ἀεί ποτ᾽ ἀνδρὸς ἐξηγεῖτ᾽ ἔχειν·   320
ἀλλ᾽ ἀψόφητος ὀξέων κωκυμάτων
ὑπεστέναζε ταῦρος ὣς βρυχώμενος.
νῦν δ᾽ ἐν τοιᾷδε κείμενος κακῇ τύχῃ
ἄςιτος ἀνήρ, ἄποτος, ἐν μέςοις βοτοῖς
ςιδηροκμῆςιν ἥςυχος θακεῖ πεςών,   325
καὶ δῆλός ἐστιν ὥς τι δραςείων κακόν.
[τοιαῦτα γάρ πως καὶ λέγει κὠδύρεται.]
ἀλλ᾽, ὦ φίλοι, τούτων γὰρ οὕνεκ᾽ ἐςτάλην,
ἀρήξατ᾽ εἰςελθόντες, εἰ δύναςθέ τι.
φίλων γὰρ οἱ τοιοίδε νικῶνται λόγοις.   330

Χο.   Τέκμηςςα, δεινοῖς, παῖ Τελεύταντος, λέγεις
        ἡμῖν τὸν ἄνδρα διαπεφοιβάςθαι κακοῖς.
Αι.   ἰώ μοί μοι.
Τεκ.   τάχ᾽, ὡς ἔοικε, μᾶλλον· ἢ οὐκ ἠκούςατε
        Αἴαντος οἵαν τήνδε θωύςςει βοήν;   335
Αι.   ἰώ μοί μοι.
Χο.   ἀνὴρ ἔοικεν ἢ νοςεῖν, ἢ τοῖς πάλαι
        νοςήμαςι ξυνοῦςι λυπεῖςθαι παρών.
Αι.   ἰὼ παῖ παῖ.
Τεκ.   ὤμοι τάλαιν᾽· Εὐρύςακες, ἀμφὶ ςοὶ βοᾷ.   340
        τί ποτε μενοινᾷ; ποῦ ποτ᾽ εἶ; τάλαιν᾽ ἐγώ.
Αι.   Τεῦκρον καλῶ. ποῦ Τεῦκρος; ἢ τὸν εἰςαεὶ
        ληλατήςει χρόνον, ἐγὼ δ᾽ ἀπόλλυμαι;
Χο.   ἀνὴρ φρονεῖν ἔοικεν. ἀλλ᾽ ἀνοίγετε.

320 ἐξηγεῖτ᾽ ἔχειν] ἐξηγεῖτο χεῖν Herwerden
322 βρυχώμενος] μυκώμενος t   327 del. Nauck; cf. 383
λέγει] γελᾷ J   330 λόγοις Χςγρ et Stobaeus 4. 48. 19: φίλοι codd.
331 δεινοῖς Bentley: δεινά codd.   Τελεύταντος] Τελλ- v.l. in a
332 διαπεφοιβάςθαι a: -άςθαι Lrpat: διαπεφοιτάςθαι Valckenaer (cf.
59)   338 ξυνοῦςι . . . παρών] παροῦςι . . . ξυνών Blaydes
παρών] πάλιν Nauck

τάχ' ἄν τιν' αἰδῶ κἀπ' ἐμοὶ βλέψας λάβοι. 345

Τε. ἰδού, διοίγω· προςβλέπειν δ' ἔξεςτί coι
τὰ τοῦδε πράγη, καὐτὸς ὡς ἔχων κυρεῖ.

Αι. ἰὼ   ςτρ. α'
φίλοι ναυβάται, μόνοι ἐμῶν φίλων
μόνοι ἔτ' ἐμμένοντες ὀρθῷ νόμῳ, 350
ἴδεςθέ μ' οἷον ἄρτι κῦ-
μα φοινίας ὑπὸ ζάλης
ἀμφίδρομον κυκλεῖται.

Χο. οἴμ' ὡς ἔοικας ὀρθὰ μαρτυρεῖν ἄγαν.
δηλοῖ δὲ τοὔργον ὡς ἀφροντίςτως ἔχει. 355

Αι. ἰὼ   ἀντ. α'
γένος ναΐας ἀρωγὸν τέχνας,
ἅλιον ὃς ἐπέβας ἑλίςςων πλάταν,
cέ τοι cέ τοι μόνον δέδορ-
κα ποιμένων ἐπαρκέςοντ'. 360
ἀλλά με ςυνδάιξον.

Χο. εὔφημα φώνει· μὴ κακὸν κακῷ διδοὺς
ἄκος πλέον τὸ πῆμα τῆς ἄτης τίθει.

Αι. ὁρᾷς τὸν θραςύν, τὸν εὐκάρδιον,   ςτρ. β'
τὸν ἐν δαΐοις ἄτρεστον μάχας, 365
ἐν ἀφόβοις με θηρςὶ δεινὸν χέρας;
οἴμοι γέλωτος· οἷον ὑβρίςθην ἄρα.

Τεκ. μή, δέςποτ' Αἴας, λίςςομαί ς', αὔδα τάδε.

Αι. οὐκ ἐκτός; οὐκ ἄψορρον ἐκνεμῇ πόδα;
αἰαῖ αἰαῖ. 370

345 ἐμοὶ] ἐμὲ Herwerden post Blaydes   348 post ἰὼ add. μοι t
350 ἔτ' Hermann: τ' codd.   356 post ἰὼ add. μοι t
358 ἅλιον Hermann: ἁλίαν codd.   360 ποιμένων] πημονὰν
Reiske   365 δαΐοις LGQpA: -αις Rpat   ἄτρεστον Lrpat:
ἄτρεπτον Kp   μάχας Blaydes: -αις codd.   367 οἴμοι] ὤιμοι
L   369 alterum οὐκ del. Neue (cf. 384)   ἐκνεμῇ] -εῖς KᵖᶜD,
coni. Blaydes   370 αἰ vel αῖ quater GRpat: ter LPa

16

ΑΙΑϹ

Τεκ. ὦ πρὸϲ θεῶν ὕπεικε καὶ φρόνηϲον εὖ.
Αι.   ὦ δύϲμοροϲ, ὃϲ χεροῖν
      μεθῆκα τοὺϲ ἀλάϲτοραϲ,
      ἐν δ' ἑλίκεϲϲι βουϲὶ καὶ
      κλυτοῖϲ πεϲὼν αἰπολίοιϲ   375
      ἐρεμνὸν αἷμ' ἔδευϲα.
Χο.   τί δῆτ' ἂν ἀλγοίηϲ ἐπ' ἐξειργαϲμένοιϲ;
      οὐ γὰρ γένοιτ' ἂν ταῦθ' ὅπωϲ οὐχ ὧδ' ἔχοι.

Αι.   ἰὼ πάνθ' ὁρῶν, ἅπαντ' ἀίων,   ἀντ. β'
      κακῶν ὄργανον, τέκνον Λαρτίου,   380
      κακοπινέϲτατόν τ' ἄλημα ϲτρατοῦ,
      ἦ που πολὺν γέλωθ' ὑφ' ἡδονῆϲ ἄγειϲ.
Χο.   ξὺν τῷ θεῷ πᾶϲ καὶ γελᾷ κὠδύρεται.
Αι.   ἴδοιμι δή νιν, καίπερ ὧδ' ἀτώμενοϲ—
      ἰώ μοί μοι.   385
Χο.   μηδὲν μέγ' εἴπῃϲ· οὐχ ὁρᾷϲ ἵν' εἶ κακοῦ;
Αι.   ὦ Ζεῦ προγόνων πάτερ,
      πῶϲ ἂν τὸν αἱμυλώτατον,
      ἐχθρὸν ἄλημα, τούϲ τε διϲϲ-
      άρχαϲ ὀλέϲϲαϲ βαϲιλῆϲ,   390
      τέλοϲ θάνοιμι καὐτόϲ;
Τεκ. ὅταν κατεύχῃ ταῦθ', ὁμοῦ κἀμοὶ θανεῖν
      εὔχου· τί γὰρ δεῖ ζῆν με ϲοῦ τεθνηκότοϲ;

371 Tecmessae tribuit K. O. Müller, choro codd.   372 ὦ] ἰὼ t
χεροῖν t: χερϲὶ μὲν Lrpa: χερὶ μὲν Hermann   375 κλυτοῖϲ
πεϲὼν] δειλοῖϲιν ἐν Nauck, servato ὀλέϲαϲ in 390   378 ἔχοι
Herwerden (cf. sch. ὅπωϲ ταῦτα μὴ οὕτωϲ ϲχοίη): ἔχῃ Cᵖᶜ: ἔχειν cett.:
ἔχει Chalcondylas in ed. pr. Sudae s.v. τί δῆτα   379 πάνθ' ὁρῶν
Lrpat: πᾶν θ' ὁρῶν pXs, coni. Elmsley: πάντα δρῶν Wakefield
ἅπαντ' ἀίων nos: ἀπάντων τ' ἀίων pXs: ἀπάντων τ' ἀεί cett.
380 Λαρτίου Rt: Λαερτίου cett.   382 ἄγειϲ] ἔχειϲ R, coni.
Herwerden   384 ἴδοιμι] an ἕλοιμι?   δή t: om. cett.: τοι
Schneidewin: ἐγώ Elmsley   387 ὦ Lrpa: ἰὼ t   πάτερ t (ὡϲ
καὶ ἔν τινι τῶν βιβλίων ηὕρηται sch. t): προπάτωρ vel προπάτορ
cett.   390 ὀλέϲϲαϲ t: ὀλέϲαϲ cett.   βαϲιλῆϲ Lt: -εῖϲ
cett.

ΣΟΦΟΚΛΕΟΥΣ

Αι. ἰὼ   στρ. γ'
     cκότος, ἐμὸν φάος,
     ἔρεβος ὦ φαεννότατον, ὡς ἐμοί,   395
     ἕλεcθ' ἕλεcθέ μ' οἰκήτορα,
     ἕλεcθέ μ'· οὔτε γὰρ θεῶν γένος
     οὔθ' ἀμερίων ἔτ' ἄξιος
     βλέπειν τιν' εἰς ὄνηcιν ἀνθρώπων.   400
     ἀλλά μ' ἁ Διὸς
     ἀλκίμα θεὸς
     ὀλέθριον αἰκίζει.
     ποῖ τις οὖν φύγῃ;
     ποῖ μολὼν μενῶ;
     εἰ τὰ μὲν φθίνει,   405
     ⟨– ◡ –⟩ φίλοι,
     τοῖcδ' ὁμοῦ πέλας,
     μώραις δ' ἄγραις προσκείμεθα,
     πᾶc δὲ cτρατὸc δίπαλτος ἂν
     με χειρὶ φονεύοι.
Τεκ. ὦ δυcτάλαινα, τοιάδ' ἄνδρα χρήcιμον   410
     φωνεῖν, ἃ πρόcθεν οὗτος οὐκ ἔτλη ποτ' ἄν.

Αι. ἰὼ   ἀντ. γ'
     πόροι ἁλίρροθοι
     πάραλά τ' ἄντρα καὶ νέμος ἐπάκτιον,
     πολὺν πολύν με δαρόν τε δὴ
     κατείχετ' ἀμφὶ Τροίαν χρόνον·   415
     ἀλλ' οὐκέτι μ', οὐκέτ' ἀμπνοὰc
     ἔχοντα· τοῦτό τις φρονῶν ἴcτω.

396 post prius ἕλεcθε add. μ' Lrpa: om. t, Livineius (pV)   μ' Lrpa:
om. at   400 ὄνηcιν] ὄναcιν Livineius   401 post Διός add.
γ' t   403 ὀλέθριον] ὀλέθρι' Dindorf: οὔλιον Wunder
404 φύγῃ] τράπῃ γρ in L et H   406 lacunam indicavimus
φίλοι] -οις Xr s.l.   τοῖcδ'] τίcιc δ' Lobeck: τοιοῖcδ' Hermann
ὁμοῦ] ἐμοῦ Pearson   πέλας] πελᾷ Enger   locum ita restituit Wilamo-
witz: τοῖc δ' ὁμοῦ, φίλοι, μώραις ἄγραις (cf. ad 424)   407 μώραις
QRN: μωραῖc cett.   412 ἰὼ Brunck: ὦ r: om. Lpat   416 μ']
γ' Hermann

18

AIAC

ὦ Cκαμάνδριοι
γείτονεc ῥοαὶ
κακόφρονεc Ἀργείοιc,   420
οὐκέτ' ἄνδρα μὴ
τόνδ' ἴδητ'—ἔποc
ἐξερῶ μέγα—
οἷον οὔτινα
Τρωία cτρατοῦ
δέρχθη χθονὸc μολόντ' ἀπὸ   425
Ἑλλανίδοc· τανῦν δ' ἄτι-
μοc ὦδε πρόκειμαι.
Χο.   οὗτοί c' ἀπείργειν οὐδ' ὅπωc ἐῶ λέγειν
ἔχω, κακοῖc τοιοῖcδε cυμπεπτωκότα.

Αι.   αἰαῖ· τίc ἄν ποτ' ᾤεθ' ὦδ' ἐπώνυμον   430
τοὐμὸν ξυνοίcειν ὄνομα τοῖc ἐμοῖc κακοῖc;
νῦν γὰρ πάρεcτι καὶ δὶc αἰάζειν ἐμοί,
[καὶ τρίc· τοιούτοιc γὰρ κακοῖc ἐντυγχάνω·]
ὅτου πατὴρ μὲν τῆcδ' ἀπ' Ἰδαίαc χθονὸc
τὰ πρῶτα καλλιcτεῖ' ἀριcτεύcαc cτρατοῦ   435
πρὸc οἶκον ἦλθε πᾶcαν εὔκλειαν φέρων·
ἐγὼ δ' ὁ κείνου παῖc, τὸν αὐτὸν ἐc τόπον
Τροίαc ἐπελθὼν οὐκ ἐλάccονι cθένει,
οὐδ' ἔργα μείω χειρὸc ἀρκέcαc ἐμῆc,
ἄτιμοc Ἀργείοιcιν ὦδ' ἀπόλλυμαι.   440
καίτοι τοcοῦτόν γ' ἐξεπίcταcθαι δοκῶ,
εἰ ζῶν Ἀχιλλεὺc τῶν ὅπλων τῶν ὧν πέρι
κρίνειν ἔμελλε κράτοc ἀριcτείαc τινί,

418 ὦ t: ἰὼ cett.   420 κακόφρονεc nos (cf. 459): εὔφρονεc codd.:
ἐύφρονεc Hermann: δύcφρονεc Musgrave   421 μὴ LNa: με rp
423 ἐξερῶ Hᵃᶜ, coni. Porson: -έω codd.   424 οὔτινα] οὔτιν' ἁ
Gleditsch   Τρωία nos: Τροία codd.   424-6 Τροία
χθονὸc δέρχθη μολόνθ' Ἑλλανίδοc Nauck deletis cτρατοῦ et ἀπὸ
425 δέρχθη] 'δέρχθη Hartung   427 πρόκειμαι GQpa: πρόκει-
ται lRpt   428 οὐδ' Elmsley: οὔθ' codd.   433 del. Morstadt
441 γ' Lpa: om. rPt: δ' p   443 κρίνειν] κρινεῖν Blaydes

19

ΣΟΦΟΚΛΕΟΥΣ

οὐκ ἄν τις αὖτ' ἔμαρψεν ἄλλος ἀντ' ἐμοῦ.
νῦν δ' αὖτ' Ἀτρεῖδαι φωτὶ παντουργῷ φρένας   445
ἔπραξαν, ἀνδρὸς τοῦδ' ἀπώσαντες κράτη.
κεἰ μὴ τόδ' ὄμμα καὶ φρένες διάστροφοι
γνώμης ἀπῇξαν τῆς ἐμῆς, οὐκ ἄν ποτε
δίκην κατ' ἄλλου φωτὸς ὧδ' ἐψήφισαν.
νῦν δ' ἡ Διὸς γοργῶπις ἀδάματος θεὰ   450
ἤδη μ' ἐπ' αὐτοῖς χεῖρ' ἐπευθύνοντ' ἐμὴν
ἔσφηλεν ἐμβαλοῦσα λυσσώδη νόσον,
ὥστ' ἐν τοιοῖσδε χεῖρας αἱμάξαι βοτοῖς·
κεῖνοι δ' ἐπεγγελῶσιν ἐκπεφευγότες,
ἐμοῦ μὲν οὐχ ἑκόντος· εἰ δέ τις θεῶν   455
βλάπτοι, φύγοι τἂν χὼ κακὸς τὸν κρείσσονα.
καὶ νῦν τί χρὴ δρᾶν; ὅστις ἐμφανῶς θεοῖς
ἐχθαίρομαι, μισεῖ δέ μ' Ἑλλήνων στρατός,
ἔχθει δὲ Τροία πᾶσα καὶ πεδία τάδε.
πότερα πρὸς οἴκους, ναυλόχους λιπὼν ἕδρας   460
μόνους τ' Ἀτρείδας, πέλαγος Αἰγαῖον περῶ;
καὶ ποῖον ὄμμα πατρὶ δηλώσω φανεὶς
Τελαμῶνι; πῶς με τλήσεταί ποτ' εἰσιδεῖν
γυμνὸν φανέντα τῶν ἀριστείων ἄτερ,
ὧν αὐτὸς ἔσχε στέφανον εὐκλείας μέγαν;   465
οὐκ ἔστι τοὔργον τλητόν. ἀλλὰ δῆτ' ἰὼν
πρὸς ἔρυμα Τρώων, ξυμπεσὼν μόνος μόνοις
καὶ δρῶν τι χρηστόν, εἶτα λοίσθιον θάνω;
ἀλλ' ὧδέ γ' Ἀτρείδας ἂν εὐφράναιμί που.
οὐκ ἔστι ταῦτα. πεῖρά τις ζητητέα   470

445 αὖτ' Lpat: ὧδ' rD   446 ἔπραξαν] ἔπρασαν Hartung
447 φρένες post διάστροφοι traiecit r   448 ἀπῇξαν Lpat:
ἀπείρξαν rXr: μ' ἀπείρξαν coni. Blaydes   449 ὧδ'] οἷδ' Sintenis
450 ἀδάματος Elmsley: -αστος codd.   451 ἐπευθύνοντ' lC:
ἐπεντείνοντ' G s.l., pt: ἐπεντύνοντ' rpa   456 τἂν QC, coni.
Elmsley: γ' ἂν cett.   457 post δρᾶν add. μ' N, coni. Morstadt
467 ξυμπεσὼν] ἐμ- r   μόνος μόνοις] μόνος μόνῳ Cᵃᶜ, coni.
Mekler   469 εὐφράναιμί Λrpat: -αίναιμί L: -άνοιμί pa
470 ἔστι ταῦτα] ἔστιν· ἀλλὰ Reiske

ΑΙΑC

τοιάδ᾽ ἀφ᾽ ἧς γέροντι δηλώcω πατρὶ
μή τοι φύcιν γ᾽ ἄcπλαγχνοc ἐκ κείνου γεγώc.
αἰcχρὸν γὰρ ἄνδρα τοῦ μακροῦ χρῄζειν βίου,
κακοῖcιν ὅcτιc μηδὲν ἐξαλλάccεται.
τί γὰρ παρ᾽ ἦμαρ ἡμέρα τέρπειν ἔχει   475
προcθεῖcα κἀναθεῖcα πλὴν τοῦ κατθανεῖν;
οὐκ ἂν πριαίμην οὐδενὸc λόγου βροτὸν
ὅcτιc κεναῖcιν ἐλπίcιν θερμαίνεται.
ἀλλ᾽ ἢ καλῶc ζῆν ἢ καλῶc τεθνηκέναι
τὸν εὐγενῆ χρή. πάντ᾽ ἀκήκοαc λόγον.   480

Χο. οὐδεὶc ἐρεῖ ποθ᾽ ὡc ὑπόβλητον λόγον,
Αἴαc, ἔλεξαc, ἀλλὰ τῆc cαυτοῦ φρενόc.
παῦcαί γε μέντοι καὶ δὸc ἀνδράcιν φίλοιc
γνώμηc κρατῆcαι τάcδε φροντίδαc μεθείc.

Τεκ. ὦ δέcποτ᾽ Αἴαc, τῆc ἀναγκαίαc τύχηc   485
οὐκ ἔcτιν οὐδὲν μεῖζον ἀνθρώποιc κακόν.
ἐγὼ δ᾽ ἐλευθέρου μὲν ἐξέφυν πατρόc,
εἴπερ τινὸc cθένοντοc ἐν πλούτῳ Φρυγῶν·
νῦν δ᾽ εἰμὶ δούλη. θεοῖc γὰρ ὧδ᾽ ἔδοξέ που
καὶ cῇ μάλιcτα χειρί. τοιγαροῦν, ἐπεὶ   490
τὸ cὸν λέχοc ξυνῆλθον, εὖ φρονῶ τὰ cά,
καί c᾽ ἀντιάζω πρόc τ᾽ ἐφεcτίου Διὸc
εὐνῆc τε τῆc cῆc, ᾗ cυνηλλάχθηc ἐμοί,
μή μ᾽ ἀξιώcῃc βάξιν ἀλγεινὴν λαβεῖν
τῶν cῶν ὑπ᾽ ἐχθρῶν, χειρίαν ἐφείc τινι.   495
ἢ γὰρ θάνῃc cὺ καὶ τελευτήcαc ἀφῇc,
ταύτῃ νόμιζε κἀμὲ τῇ τόθ᾽ ἡμέρᾳ

476 obscurum; 'fortasse post 476 aut post κἀναθεῖcα hiatus notandus'
Dawe; immo potius post 475 hiatum esse suspicere   κἀναθεῖcα multis
suspectum: κἀνεθεῖcα A s.l.   πλὴν τοῦ nos (πλὴν τὸ vel πλήν γε iam
Blaydes): τοῦ γε L^pcKrpat: τοῦ δὲ L^ac, Stobaeus 4. 53. 22: τό γε p
477 πριαίμην] ποιοίμην Nauck   βροτὸν] -ῶν Stobaei cod. A^ac,
coni. C. E. Palmer   478 κεναῖcιν] καλαῖcιν Stobaeus
481 ὑπόβλητον Lpat: ἀπό- rpa   495 ἐφείc LGpt: ἀφείc cett.
496 ᾗ Bothe: ἦν a: εἰ cett. (etiam Λ)   τελευτήcαc pat: -ήcειc lrp
ἀφῇc Lpat: ἀφείc Gp: ἀφ᾽ ἧc rpD

ΣΟΦΟΚΛΕΟΥΣ

βίᾳ ξυναρπασθεῖσαν Ἀργείων ὕπο
ξὺν παιδὶ τῷ σῷ δουλίαν ἕξειν τροφήν.
καί τις πικρὸν πρόσφθεγμα δεσποτῶν ἐρεῖ   500
λόγοις ἰάπτων, "ἴδετε τὴν ὁμευνέτιν
Αἴαντος, ὃς μέγιστον ἴσχυσε στρατοῦ,
οἵας λατρείας ἀνθ᾽ ὅσου ζήλου τρέφει. "
τοιαῦτ᾽ ἐρεῖ τις· κἀμὲ μὲν δαίμων ἐλᾷ,
σοὶ δ᾽ αἰσχρὰ τἄπη ταῦτα καὶ τῷ σῷ γένει.   505
ἀλλ᾽ αἴδεσαι μὲν πατέρα τὸν σὸν ἐν λυγρῷ
γήρᾳ προλείπων, αἴδεσαι δὲ μητέρα
πολλῶν ἐτῶν κληροῦχον, ἥ σε πολλάκις
θεοῖς ἀρᾶται ζῶντα πρὸς δόμους μολεῖν·
οἴκτιρε δ᾽, ὦναξ, παῖδα τὸν σόν, εἰ νέας   510
τροφῆς στερηθεὶς σοῦ διοίσεται μόνος
ὑπ᾽ ὀρφανιστῶν μὴ φίλων, ὅσον κακὸν
κείνῳ τε κἀμοὶ τοῦθ᾽, ὅταν θάνῃς, νεμεῖς.
ἐμοὶ γὰρ οὐκέτ᾽ ἔστιν εἰς ὅ τι βλέπω
πλὴν σοῦ. σὺ γάρ μοι πατρίδ᾽ ᾔστωσας δορί,   515
καὶ μητέρ᾽ ἄλλη μοῖρα τὸν φύσαντά τε
καθεῖλεν Ἅιδου θανασίμους οἰκήτορας.
τίς δῆτ᾽ ἐμοὶ γένοιτ᾽ ἂν ἀντὶ σοῦ πατρίς;
τίς πλοῦτος; ἐν σοὶ πᾶσ᾽ ἔγωγε σῴζομαι.
ἀλλ᾽ ἴσχε κἀμοῦ μνῆστιν· ἀνδρί τοι χρεὼν   520
μνήμην προσεῖναι, τερπνὸν εἴ τί που πάθοι.
χάρις χάριν γάρ ἐστιν ἡ τίκτους᾽ ἀεί·
ὅτου δ᾽ ἀπορρεῖ μνῆστις εὖ πεπονθότος,
οὐκ ἂν γένοιτ᾽ ἔθ᾽ οὗτος εὐγενὴς ἀνήρ.

Χο.   Αἴας, ἔχειν σ᾽ ἂν οἶκτον ὡς κἀγὼ φρενὶ   525

---

499 δουλίαν **pat**: -ίαν γ᾽ Zr: -ιον Lrp   501 ἰάπτων]
ἀτίζων Lγp   502 ἴσχυσε] -υε Blaydes   503 οἵας
λατρείας **Lrpat**: οἵαν -αν p, coni. Blaydes   507 προλείπων] -ειν
G. Wolff   515 μοι **Lpa**: μου **rt**   516 ἄλλη D: ἀλλ᾽ ἡ
cett.: αἰνὴ Herwerden   τε LGp: με QR**pat**   519 πᾶσ᾽α: πᾶσιν
lrpZrt   521 πάθοι **pat**: πάθῃ Lrp   524 γένοιτ᾽] λέγοιτ᾽
Tournier, fortasse recte   ἔθ᾽ LQR**pc**p: om. GR**ac**pD: ποθ᾽ **at**: ἂν Sudae
codd. plerique s.v. μνῆστις

22

θέλοιμ' ἄν· αἰνοίης γὰρ ἂν τὰ τῆςδ' ἔπη.

Αι. καὶ κάρτ' ἐπαίνου τεύξεται πρὸς γοῦν ἐμοῦ,
ἐὰν μόνον τὸ ταχθὲν εὖ τολμᾷ τελεῖν.

Τεκ. ἀλλ', ὦ φίλ' Αἶας, πάντ' ἔγωγε πείσομαι.

Αι. κόμιζέ νύν μοι παῖδα τὸν ἐμόν, ὡς ἴδω. 530

Τεκ. καὶ μὴν φόβοισί γ' αὐτὸν ἐξελυσάμην.

Αι. ἐν τοῖσδε τοῖς κακοῖσιν, ἢ τί μοι λέγεις;

Τεκ. μὴ σοί γέ που δύστηνος ἀντήσας θάνοι.

Αι. πρέπον γέ τἂν ἦν· δαίμονος τοὐμοῦ τόδε.

Τεκ. ἀλλ' οὖν ἐγὼ 'φύλαξα τοῦτό γ' ἀρκέσαι. 535

Αι. ἐπήνεσ' ἔργον καὶ πρόνοιαν ἣν ἔθου.

Τεκ. τί δῆτ' ἂν ὡς ἐκ τῶνδ' ἂν ὠφελοῖμί σε;

Αι. δός μοι προσειπεῖν αὐτὸν ἐμφανῆ τ' ἰδεῖν.

Τεκ. καὶ μὴν πέλας γε προσπόλοις φυλάσσεται.

Αι. τί δῆτα μέλλει μὴ οὐ παρουσίαν ἔχειν; 540

Τεκ. ὦ παῖ, πατὴρ καλεῖ σε. δεῦρο προσπόλων
ἄγ' αὐτὸν ὅσπερ χερσὶν εὐθύνων κυρεῖς.

Αι. ἕρποντι φωνεῖς, ἢ λελειμμένῳ λόγου;

Τεκ. καὶ δὴ κομίζει προσπόλων ὅδ' ἐγγύθεν.

Αι. αἶρ' αὐτόν, αἶρε δεῦρο· ταρβήσει γὰρ οὔ, 545
νεοσφαγῆ τοῦτόν γε προσλεύσσων φόνον,
εἴπερ δικαίως ἔστ' ἐμὸς τὰ πατρόθεν.
ἀλλ' αὐτίκ' ὠμοῖς αὐτὸν ἐν νόμοις πατρὸς
δεῖ πωλοδαμνεῖν κἀξομοιοῦσθαι φύσιν.
ὦ παῖ, γένοιο πατρὸς εὐτυχέστερος, 550
τὰ δ' ἄλλ' ὅμοιος· καὶ γένοι' ἂν οὐ κακός.
καίτοι σε καὶ νῦν τοῦτό γε ζηλοῦν ἔχω,
ὁθούνεκ' οὐδὲν τῶνδ' ἐπαισθάνῃ κακῶν.

531 φόβοισί γ'] φόβοισι p: φόβῳ σοῦ γ' Reiske: φόβῳ σῷ γ' Blaydes ἐξελυσάμην] ἐξερρυσάμην Hermann 534 post ἦν interpunxit Jackson τοὐμοῦ] τ' ἐμοῦ Blaydes 540 οὐ Lpat: om. rp 543 λόγου rpat: -ων l 546 del. Dindorf τοῦτόν γε rpat: τοῦτον δὲ p: τοῦ τόνδε L: που τόνδε A: τοιόνδε Mekler 547 cf. fr. dubium 1119 ap. Priscianum

ΣΟΦΟΚΛΕΟΥΣ

ἐν τῷ φρονεῖν γὰρ μηδὲν ἥδιστος βίος,
ἕως τὸ χαίρειν καὶ τὸ λυπεῖσθαι μάθῃς.   555
ὅταν δ' ἵκῃ πρὸς τοῦτο, δεῖ σ' ὅπως πατρὸς
δείξεις ἐν ἐχθροῖς οἷος ἐξ οἵου 'τράφης.
τέως δὲ κούφοις πνεύμασιν βόσκου, νέαν
ψυχὴν ἀτάλλων, μητρὶ τῇδε χαρμονήν.
οὗτοι σ' Ἀχαιῶν, οἶδα, μή τις ὑβρίσῃ   560
στυγναῖσι λώβαις, οὐδὲ χωρὶς ὄντ' ἐμοῦ.
τοῖον πυλωρὸν φύλακα Τεῦκρον ἀμφί σοι
λείψω τροφῆς ἄοκνον ἔμπα κεἰ τανῦν
τηλωπὸς οἰχνεῖ, δυσμενῶν θήραν ἔχων.

ἀλλ', ἄνδρες ἀσπιστῆρες, ἐνάλιος λεώς,   565
ὑμῖν τε κοινὴν τήνδ' ἐπισκήπτω χάριν,
κείνῳ τ' ἐμὴν ἀγγείλατ' ἐντολήν, ὅπως
τὸν παῖδα τόνδε πρὸς δόμους ἐμοὺς ἄγων
Τελαμῶνι δείξει μητρί τ', Ἐριβοίᾳ λέγω,
ὥς σφιν γένηται γηροβοσκὸς εἰσαεί,   570
[μέχρις οὗ μυχοὺς κίχωσι τοῦ κάτω θεοῦ,]
καὶ τἀμὰ τεύχη μήτ' ἀγωνάρχαι τινὲς
θήσουσ' Ἀχαιοῖς μήθ' ὁ λυμεὼν ἐμός.
ἀλλ' αὐτό μοι σύ, παῖ, λαβὼν τοὐπώνυμον,
Εὐρύσακες, ἴσχε διὰ πολυρράφου στρέφων   575
πόρπακος ἑπτάβοιον ἄρρηκτον σάκος·
τὰ δ' ἄλλα τεύχη κοίν' ἐμοὶ τεθάψεται.
ἀλλ' ὡς τάχος τὸν παῖδα τόνδ' ἤδη δέχου,
καὶ δῶμα πάκτου, μηδ' ἐπισκήνους γόους

554 post hunc v. τὸ μὴ φρονεῖν γὰρ κάρτ' ἀνώδυνον κακόν praebent
codd. et Suda s.vv. ζηλοῦν et κάρτα: om. Stobaeus 4. 24. 54: del. Valckenaer
555 μάθῃς] μάθῃ ed. Glasguensis   557 δείξεις at: -ῃς lrp
564 τηλωπὸς] τηλουργὸς Lγρ: τηλουρὸς gl. vel γρ in p   θήραν]
φρουρὰν γρ in LC, gl. alibi   565 ἐνάλιος a: εἰνά- lrpDt
566 κοινὴν] -ῇ Zrt   569 δείξει a: -ῃ lrpt   571 del. Elms-
ley   μέχρις οὗ Lrpa: μέχρις ἂν t   573 μήθ' ὁ codd., post quod
lacunam statuit Jackson: μήτε Schaefer   574 τοὐπώνυμον
Fraenkel: ἐπώνυμον codd.   579 δῶμα πάκτου Eustathius 742.
43 et alibi et fortasse Cᵃᶜ: δῶμ' ἀπάκτου codd. plerique (etiam Λ)

24

AIAC

δάκρυε. κάρτα τοι φιλοίκτιστον γυνή.   580
πύκαζε θᾶσσον. οὐ πρὸς ἰατροῦ σοφοῦ
θρηνεῖν ἐπῳδὰς πρὸς τομῶντι πήματι.
Χο.   δέδοικ' ἀκούων τήνδε τὴν προθυμίαν.
οὐ γάρ μ' ἀρέσκει γλῶσσά σου τεθηγμένη.
Τεκ.   ὦ δέσποτ' Αἴας, τί ποτε δρασείεις φρενί;   585
Αι.   μὴ κρῖνε, μὴ 'ξέταζε· σωφρονεῖν καλόν.
Τεκ.   οἴμ' ὡς ἀθυμῶ· καί σε πρὸς τοῦ σοῦ τέκνου
καὶ θεῶν ἱκνοῦμαι, μὴ προδοὺς ἡμᾶς γένῃ.
Αι.   ἄγαν γε λυπεῖς. οὐ κάτοισθ' ἐγὼ θεοῖς
ὡς οὐδὲν ἀρκεῖν εἴμ' ὀφειλέτης ἔτι;   590
Τεκ.   εὔφημα φώνει. Αι. τοῖς ἀκούουσιν λέγε.
Τεκ.   σὺ δ' οὐχὶ πείσῃ; Αι. πόλλ' ἄγαν ἤδη θροεῖς.
Τεκ.   ταρβῶ γάρ, ὦναξ. Αι. οὐ ξυνέρξεθ' ὡς τάχος;
Τεκ.   πρὸς θεῶν, μαλάσσου. Αι. μῶρά μοι δοκεῖς
φρονεῖν,
εἰ τοὐμὸν ἦθος ἄρτι παιδεύειν νοεῖς.   595

Χο.   ὦ κλεινὰ Cαλαμίς, σὺ μέν που   στρ. α'
ναίεις ἁλίπλακτος εὐδαίμων,
πᾶσιν περίφαντος αἰεί·
ἐγὼ δ' ὁ τλάμων παλαιὸς ἀφ' οὗ χρόνος   600
† Ἰδαῖα μίμνων λειμωνίᾳ ποίᾳ† μη-
νῶν ἀνήριθμος αἰὲν εὐνῶμαι
χρόνῳ τρυχόμενος,   605

582 θρηνεῖν LrpA: θροεῖν pat   πήματι] τραύματι LγρXs
585 φρενί] 'fort. φράσον' Nauck   587 καί σε πρὸς] πρός σε καὶ
Tournier   589 γε] με Hᵖᶜ ut videtur, coni. Elmsley
594 δοκεῖς post φρονεῖν praebet Λ   φρονεῖν] λέγειν γρ in L et H
597 ἁλίπλακτος rpa: -αγκτος lpat   598 πᾶσιν... αἰεί t: πᾶσι
. . . ἀεί cett.   601 Ἰδαῖα] Ἰδᾷδι Bergk   μίμνων LCᵃᶜG:
μίμνω rpat   λειμωνίᾳ] λειμωνίδι Bothe: χειμῶνι Bergk   ποίᾳ
Lpa: πόα rpDt   locus desperatus; Ἰδᾷδι μίμνων χειμῶνι πόᾳ τε
Bergk; μίμνων ἀν' Ἴδαν λειμῶνι ποάντι Pearson   μηνῶν Hermann:
μήλων codd.   604 εὐνῶμαι Bergk: εὐνώμᾳ t: εὐνόμᾳ cett.
605 χρόνῳ] πόνῳ Martin

25

ΣΟΦΟΚΛΕΟΥΣ

κακὰν ἐλπίδ᾿ ἔχων
ἔτι μέ ποτ᾿ ἀνύςειν τὸν ἀπότροπον ἀΐδηλον ῞Αιδαν.

καί μοι δυςθεράπευτος Αἴας   ἀντ. α᾿
ξύνεςτιν ἔφεδρος, ὤμοι μοι,   610
θείᾳ μανίᾳ ξύναυλος·
ὃν ἐξεπέμψω πρὶν δή ποτε θουρίῳ
κρατοῦντ᾿ ἐν ῎Αρει· νῦν δ᾿ αὖ φρενὸς οἰοβώ-
τας φίλοις μέγα πένθος ηὕρηται,   615
τὰ πρὶν δ᾿ ἔργα χεροῖν
μεγίςτας ἀρετᾶς
ἄφιλα παρ᾿ ἀφίλοις ἔπες᾿ ἔπεςε μελέοις
᾿Ατρείδαις.   620

ἦ που παλαιᾷ μὲν ςύντροφος ἀμέρᾳ,   ςτρ. β᾿
λευκῷ τε γήρᾳ μάτηρ νιν ὅταν νοςοῦν-   625
τα φρενοβόρως ἀκούςῃ,
αἴλινον αἴλινον
οὐδ᾿ οἰκτρᾶς γόον ὄρνιθος ἀηδοῦς
ςχήςει δύςμορος, ἀλλ᾿ ὀξυτόνους μὲν ᾠδὰς   630
θρηνήςει, χερόπληκτοι δ᾿
ἐν ςτέρνοιςι πεςοῦνται
δοῦποι καὶ πολιᾶς ἄμυγμα χαίτας.

κρείςςων γὰρ῾Αιδᾳ κεύθων ὁ νοςῶν μάταν,   ἀντ. β᾿

610 ὤμοι μοι t: ἰώ cum μοι bis terve repetito   612 δή] εὖ t
613 κρατοῦντ᾿ ἐν] νικῶντ᾿ εἰν t   614 post φρενός add. γ᾿ t
οἰοβώτας Lᵖᶜp: οἰοβότας rpa   615 ηὕρηται] γεγένηται γρ in
L et H   616 χεροῖν t: χερςὶν La: χερςὶ rpD   617 μεγίςτας
t: μέγιςτ᾿ Lrpa   620 παρ᾿ ἀφίλοις Gpat: παρὰ φίλοις LQRpD
622 ςύντροφος Nauck: ἔντροφος codd.   625 λευκῷ] λευκά
Schneidewin   τε Suda s.v. ἔντροφος, Hermann: δὲ codd.
626 φρενοβόρως Dindorf: -μόρως vel -μώρως codd.   629 ςχήςει
Reiske: ἥςει LGpat: ἄςει tF   631 χερόπληκτοι] -ακτοι Erfurdt
632 ςτέρνοιςι Ct: -οις cett.   634 ἄμυγμα Bothe: -ατα codd. et
Eustathius 567.32, 651.47   635 κρείςςων KrpZrt: de L non
liquet: κρέςςων pa   γὰρ] παρ᾿ Elmsley   ὁ Lobeck: ἢ codd.

δc εἰc πατρῴαc ἥκων γενεᾶc ἄρι-   636
cτα πολυπόνων Ἀχαιῶν,
οὐκέτι cυντρόφοιc
ὀργαῖc ἔμπεδοc, ἀλλ' ἐκτὸc ὁμιλεῖ.   640
ὦ τλᾶμον πάτερ, οἵαν cε μένει πυθέcθαι
παιδὸc δύcφορον ἄταν,
ἂν οὔπω τιc ἔθρεψεν
αἰὼν Αἰακιδᾶν ἄτερθε τοῦδε.   645

Αι.   ἅπανθ' ὁ μακρὸc κἀναρίθμητοc χρόνοc
φύει τ' ἄδηλα καὶ φανέντα κρύπτεται·
κοὐκ ἔcτ' ἄελπτον οὐδέν, ἀλλ' ἁλίcκεται
χὠ δεινὸc ὅρκοc χαἰ περιcκελεῖc φρένεc.
κἀγὼ γάρ, ὃc τὰ δείν' ἐκαρτέρουν τότε,   650
βαφῇ cίδηροc ὥc, ἐθηλύνθην cτόμα
πρὸc τῆcδε τῆc γυναικόc· οἰκτίρω δέ νιν
χήραν παρ' ἐχθροῖc παῖδά τ' ὀρφανὸν λιπεῖν.
ἀλλ' εἶμι πρόc τε λουτρὰ καὶ παρακτίουc
λειμῶναc, ὡc ἂν λύμαθ' ἁγνίcαc ἐμὰ   655
μῆνιν βαρεῖαν ἐξαλύξωμαι θεᾶc·
μολών τε χῶρον ἔνθ' ἂν ἀcτιβῆ κίχω
κρύψω τόδ' ἔγχοc τοὐμόν, ἔχθιcτον βελῶν,
γαίαc ὀρύξαc ἔνθα μή τιc ὄψεται·
ἀλλ' αὐτὸ νὺξ Ἅιδηc τε cῳζόντων κάτω.   660
ἐγὼ γὰρ ἐξ οὗ χειρὶ τοῦτ' ἐδεξάμην
παρ' Ἕκτοροc δώρημα δυcμενεcτάτου,
οὔπω τι κεδνὸν ἔcχον Ἀργείων πάρα.
ἀλλ' ἔcτ' ἀληθὴc ἡ βροτῶν παροιμία,

636 εἰc Lloyd-Jones: ἐκ codd.   ἄριcτα Livinei 'V': ἄριcτοc t (οὕτω
γὰρ εὑρέθη καὶ ἔν τινι τῶν παλαιῶν πάνυ sch. t: λείπει τὸ ἄριcτοc sch.
L): om. cett.   641 τλᾶμον **rpat**: τλάμων L, v.l. in **r**, **a**
645 αἰὼν] δίων Reiske   post ἄτερθε add. γε t   647 φύει] ποιεῖ
Stobaeus I. 97. 15   648 κοὐκ] οὐκ Xsᵃᶜ, Stobaeus et Suda s.v. ἄελπ-
τον   649 χαἰ Musgrave: καὶ codd.   650 ἐκαρτέρουν
τότε] ἐπηπείληc' ἔπη Lγρ; cf. 312   653 λιπεῖν] 'fort. λιπών'
Blaydes   656 ἐξαλύξωμαι Hesychius *E* 3546: ἐξαλεύcωμαι
codd. plerique: ἐξαλέξωμαι West (ἐξαλέξομαι Oᵃᶜ)

ΣΟΦΟΚΛΕΟΥΣ

ἐχθρῶν ἄδωρα δῶρα κοὐκ ὀνήσιμα.   665
τοιγὰρ τὸ λοιπὸν εἰσόμεσθα μὲν θεοῖς
εἴκειν, μαθησόμεσθα δ' Ἀτρείδας σέβειν.
ἄρχοντές εἰσιν, ὥσθ' ὑπεικτέον. τί μήν;
καὶ γὰρ τὰ δεινὰ καὶ τὰ καρτερώτατα
τιμαῖς ὑπείκει· τοῦτο μὲν νιφοστιβεῖς   670
χειμῶνες ἐκχωροῦσιν εὐκάρπῳ θέρει·
ἐξίσταται δὲ νυκτὸς αἰανὴς κύκλος
τῇ λευκοπώλῳ φέγγος ἡμέρᾳ φλέγειν·
δεινῶν δ' ἄημα πνευμάτων ἐκοίμισε
στένοντα πόντον· ἐν δ' ὁ παγκρατὴς Ὕπνος   675
λύει πεδήσας, οὐδ' ἀεὶ λαβὼν ἔχει.
ἡμεῖς δὲ πῶς οὐ γνωσόμεσθα σωφρονεῖν;
ἔγωγ'· ἐπίσταμαι γὰρ ἀρτίως ὅτι
ὅ τ' ἐχθρὸς ἡμῖν ἐς τοσόνδ' ἐχθαρτέος,
ὡς καὶ φιλήσων αὖθις, ἔς τε τὸν φίλον   680
τοσαῦθ' ὑπουργῶν ὠφελεῖν βουλήσομαι,
ὡς αἰὲν οὐ μενοῦντα. τοῖς πολλοῖσι γὰρ
βροτῶν ἄπιστός ἐσθ' ἑταιρείας λιμήν.
ἀλλ' ἀμφὶ μὲν τούτοισιν εὖ σχήσει· σὺ δὲ
ἔσω θεοῖς ἐλθοῦσα διὰ τέλους, γύναι,   685
εὔχου τελεῖσθαι τοὐμὸν ὧν ἐρᾷ κέαρ.
ὑμεῖς θ', ἑταῖροι, ταὐτὰ τῇδέ μοι τάδε
τιμᾶτε, Τεύκρῳ τ', ἢν μόλῃ, σημήνατε
μέλειν μὲν ἡμῶν, εὐνοεῖν δ' ὑμῖν ἅμα·
ἐγὼ γὰρ εἶμ' ἐκεῖσ' ὅποι πορευτέον,   690

---

667 Ἀτρείδας] Ἀτρείδα L   668 τί μήν Linwood: τί μή vel
τιμή codd.   672 αἰανὴς L: -ῆς cett.   674 δεινῶν GQpat:
-ὸν IR Suda s.v. ἄημα   δ' Hermann: τ' codd.   678 ἔγωγ'
Brunck, interpunxit Madvig: ἐγὼ δ' codd.: ἐγῴδ' Porson   679 ἡμῖν
K: ἤμην cett.   ἐχθαρτέος Lp: ἐχθρατέος rpat
681 τοσαῦθ'] τοιαῦθ' Suda s.v. ἐχθρατέος   685 ἔσω Lrpt: εἴσω
a   τέλους] τάχους v.l. in LGp   687 θ'] δ' F, coni. Blaydes
689 εὐνοεῖν] εὖ νοεῖν C   ὑμῖν ἅμα pat: ὑμῶν ἅμα lrp: ὑπέρμεγα
γρ in L et H: μετὰ γρ in K

28

AIAC

ὑμεῖς δ' ἃ φράζω δρᾶτε, καὶ τάχ' ἄν μ' ἴcωc
πύθοιcθε, κεἰ νῦν δυcτυχῶ, cεcωμένον.

Χο.　ἔφριξ' ἔρωτι, περιχαρὴc δ' ἀνεπτάμαν.　　　　　　στρ.
　　　ἰὼ ἰὼ Πὰν Πάν,
　　　ὦ Πὰν Πὰν ἁλίπλαγκτε, Κυλ-　　　　　　　　695
　　　λανίαc χιονοκτύπου
　　　πετραίαc ἀπὸ δειράδοc φάνηθ', ὦ
　　　θεῶν χοροποί' ἄναξ, ὅπωc μοι
　　　Μύcια Κνώcι' ὀρ-
　　　χήματ' αὐτοδαῆ ξυνὼν ἰάψηc.　　　　　　　　700
　　　νῦν γὰρ ἐμοὶ μέλει χορεῦcαι.
　　　Ἰκαρίων δ' ὑπὲρ †πελαγέων†
　　　μολὼν ἄναξ Ἀπόλλων
　　　ὁ Δάλιοc εὔγνωcτοc
　　　ἐμοὶ ξυνείη διὰ παντὸc εὔφρων.　　　　　　　705

　　　ἔλυcεν αἰνὸν ἄχοc ἀπ' ὀμμάτων Ἄρηc.　　　　ἀντ.
　　　ἰὼ ἰώ, νῦν αὖ,
　　　νῦν, ὦ Ζεῦ, πάρα λευκὸν εὐ-
　　　άμερον πελάcαι φάοc
　　　θοᾶν ὠκυάλων νεῶν, ὅτ' Αἴαc　　　　　　　　710
　　　λαθίπονοc πάλιν, θεῶν δ' αὖ
　　　πάνθυτα θέcμι' ἐξ-
　　　ήνυc' εὐνομίᾳ cέβων μεγίcτᾳ.
　　　πάνθ' ὁ μέγαc χρόνοc μαραίνει·

692 cεcωμένον Wecklein: cεcωc- codd.　　　693 post ἔφριξ' add.
ἐν t　ἀνεπτάμαν La: -άμην Vat: -όμην p: -όμαν rp　　695 ἀλί-
πλαγκτε LQpa: -ακτε GRpat　　698 χοροποί' t: χοροποιὲ
P.Oxy. 1615, Lrpa: χαροποιὲ pAᵖᶜ　　699 Μύcια P.Oxy. 1615 et fons
Sudae s.v. Νύcια: Νύcια codd.　　Κνώcι' F: -cci' a: -c(c)ια Lrpat
702 πελαγέων] πελαγίων pZc: an κελεύθων?　　705 ξυνείη
lpr: -είηc pa　　706 post ἔλυcε(ν) add. γὰρ codd. (etiam Λ) praeter
Lᵃᶜ: del. Elmsley, qui tamen δ' reposuit　　712 ἐξήνυc' Livineius
('pV'): -ήνυcεν codd.　　714 post μαραίνει add. τε καὶ φλέγει
codd.: om. Stobaeus 1. 97. 18, del. Livineius

29

ΣΟΦΟΚΛΕΟΥΣ

κοὐδὲν ἀναύδητον φατίξαιμ'   715
ἄν, εὖτέ γ' ἐξ ἀέλπτων
Αἴας μετανεγνώσθη
θυμῶν τ' Ἀτρείδαις μεγάλων τε νεικέων.

ΑΓΓΕΛΟC

ἄνδρες φίλοι, τὸ πρῶτον ἀγγεῖλαι θέλω,
Τεῦκρος πάρεστιν ἄρτι Μυσίων ἀπὸ   720
κρημνῶν· μέςον δὲ προςμολὼν cτρατήγιον
κυδάζεται τοῖς πᾶςιν Ἀργείοις ὁμοῦ.
cτείχοντα γὰρ πρόςωθεν αὐτὸν ἐν κύκλῳ
μαθόντες ἀμφέςτηςαν, εἶτ' ὀνείδεςιν
ἤραccον ἔνθεν κἄνθεν οὔτις ἔcθ' ὃς οὔ,   725
τὸν τοῦ μανέντος κἀπιβουλευτοῦ cτρατῷ
ξύναιμον ἀποκαλοῦντες, ὡς τ' οὐκ ἀρκέςοι
τὸ μὴ οὐ πέτροιςι πᾶς καταξανθεὶς θανεῖν.
ὥςτ' ἐς τοςοῦτον ἦλθον ὥςτε καὶ χεροῖν
κολεῶν ἐρυςτὰ διεπεραιώθη ξίφη.   730
λήγει δ' ἔρις δραμοῦςα τοῦ προςωτάτω
ἀνδρῶν γερόντων ἐν ξυναλλαγῇ λόγου.
ἀλλ' ἡμὶν Αἴας ποῦ 'ςτιν, ὡς φράςω τάδε;
τοῖς κυρίοις γὰρ πάντα χρὴ δηλοῦν λόγον.

Χο. οὐκ ἔνδον, ἀλλὰ φροῦδος ἀρτίως, νέας   735
βουλὰς νέοιςιν ἐγκαταζεύξας τρόποις.

Αγ. ἰοὺ ἰού.

715 ἀναύδητον] -ακτον Hesychius: -ατον Lobeck   φατίξαιμ'
Lrpa: φατίξαιμ' L^{ac}F^{ac}: om. t: φατίcαιμ' Livineius ('p')   717 μεταν-
εγνώcθη Lrpt: μετεγνώcθη pa   718 θυμῶν Gγρ, N s.l.,
F(?), t: θυμὸν cett.: θυμοῦ Hermann   prius τ' A: om. cett.
719 τὸ πρῶτον] πρῶτον τόδ' Blaydes   722 κυδάζεται]
cκυδάζειν Cοφοκλῆς φηcιν ἐν Αἴαντι sch. T ad Ω 592   725 οὔτις
LGpa: κοὔτις RQpat   726 cτρατῷ Schaefer: -οῦ codd.
727 ξύναιμον Lrpt: cύν- a   ὡς τ' KF, coni. Musgrave: ὡς cett.
ἀρκέςοι Lrpa: -έcει pt   728 μὴ οὐ Lrpat: μὴ pA
πέτροιςι LGRpat: -ηcι Qp   729 prius ὥcτ'] ἔcτ' B. Thiersch
731 προcωτάτω LR, G s.l., p: -άτου GQpat   733 ὡς] ῷ Dawe
737 ἰοὺ bis Qt, quater N, ter cett.

ΑΙΑC

βραδεῖαν ἡμᾶς ἆρ' ὁ τήνδε τὴν ὁδὸν
πέμπων ἔπεμψεν, ἢ 'φάνην ἐγὼ βραδύς.

Χο. τί δ' ἐcτὶ χρείας τῆcδ' ὑπεcπανιcμένον;   740

Αγ. τὸν ἄνδρ' ἀπηύδα Τεῦκρος ἔνδοθεν cτέγης
μὴ 'ξω παρεῖναι, πρὶν παρὼν αὐτὸς τύχῃ.

Χο. ἀλλ' οἴχεταί τοι, πρὸς τὸ κέρδιον τραπεὶς
γνώμης, θεοῖcιν ὡς καταλλαχθῇ χόλου.

Αγ. ταῦτ' ἐcτὶ τἄπη μωρίας πολλῆς πλέα,   745
εἴπερ τι Κάλχας εὖ φρονῶν μαντεύεται.

Χο. ποῖον; τί δ' εἰδὼς τοῦδε πράγματος πάρει;

Αγ. τοcοῦτον οἶδα καὶ παρὼν ἐτύγχανον.

ἐκ γὰρ cυνέδρου καὶ τυραννικοῦ κύκλου
Κάλχας μεταcτὰς οἶος Ἀτρειδῶν δίχα,   750
ἐς χεῖρα Τεύκρου δεξιὰν φιλοφρόνως
θεὶς εἶπε κἀπέcκηψε παντοίᾳ τέχνῃ
εἶρξαι κατ' ἦμαρ τοὐμφανὲς τὸ νῦν τόδε
Αἴανθ' ὑπὸ cκηναῖcι μηδ' ἀφέντ' ἐᾶν,
εἰ ζῶντ' ἐκεῖνον εἰcιδεῖν θέλοι ποτέ.   755
ἐλᾷ γὰρ αὐτὸν τήνδ' ἔθ' ἡμέραν μόνην
δίας Ἀθάνας μῆνις, ὡς ἔφη λέγων.
τὰ γὰρ περιccὰ κἀνόνητα cώματα
πίπτειν βαρείαιc πρὸς θεῶν δυcπραξίαιc
ἔφαcχ' ὁ μάντις, ὅcτις ἀνθρώπου φύcιν   760
βλαστὼν ἔπειτα μὴ κατ' ἄνθρωπον φρονῇ.

738 βραδεῖαν] μάταιον Nauck, fortasse recte: ἀχρεῖον F. W.
Schmidt   742 παρεῖναι Hartung: παρείκειν H, coni. Reiske:
παρήκειν cett.   τύχῃ LQpat: -οι GRH   743 κέρδιον K^ac ut
videtur, p: -ιcτον Lrpat   747 εἰδὼς] δεδιὼς Reiske   πάρει
Reiske: πέρι codd. sunt qui post hunc v. lacunam statuant   748 οἶδα
καὶ] οἶδ' ἐπεὶ Blaydes   753 εἶρξαι Lrpat: εἰ- pD   756 [...
την δε θ]ημερανμονην P.Oxy. 1615: τῇδέ θ' (τῇδ' ἔθ' Bothe) ἡμέρᾳ
μόνῃ codd.   757 ὡς rCa: ὡς Lpat   758 κἀνόνητα]
κἀνόητα Zc^ac   759 βαρείαιc . . . δυcπραξίαιc] fortasse
praebebat -είᾳ . . . -ίᾳ P.Oxy. 1615^ac   δυcπραξίαιc] δυcπραγίαιc
Stobaeus 3. 22. 21   760 φύcιν] φύcει Stobaeus 1. 3. 20
761 βλαστὼν] γεγὼς Eustathius 415. 13   φρονῇ LP et P.Oxy. 1615:
-εῖ cett.

ΣΟΦΟΚΛΕΟΥΣ

κεῖνος δ' ἀπ' οἴκων εὐθὺς ἐξορμώμενος
ἄνους καλῶς λέγοντος ηὑρέθη πατρός.
ὁ μὲν γὰρ αὐτὸν ἐννέπει, "τέκνον, δορὶ
βούλου κρατεῖν μέν, cὺν θεῷ δ' ἀεὶ κρατεῖν." 765
ὁ δ' ὑψικόμπως κἀφρόνως ἠμείψατο,
"πάτερ, θεοῖς μὲν κἂν ὁ μηδὲν ὢν ὁμοῦ
κράτος κατακτήσαιτ'· ἐγὼ δὲ καὶ δίχα
κείνων πέποιθα τοῦτ' ἐπιςπάςειν κλέος."
τοςόνδ' ἐκόμπει μῦθον. εἶτα δεύτερον 770
δίας Ἀθάνας, ἡνίκ' ὀτρύνουςά νιν
ηὐδᾶτ' ἐπ' ἐχθροῖς χεῖρα φοινίαν τρέπειν,
τότ' ἀντιφωνεῖ δεινὸν ἄρρητόν τ' ἔπος·
"ἄναccα, τοῖς ἄλλοιςιν Ἀργείων πέλας
ἴςτω, καθ' ἡμᾶς δ' οὔποτ' ἐνρήξει μάχη." 775
τοιοῖςδέ τοι λόγοιςιν ἀςτεργῆ θεᾶς
ἐκτήςατ' ὀργήν, οὐ κατ' ἄνθρωπον φρονῶν.
ἀλλ' εἴπερ ἔςτι τῇδ' ἔθ' ἡμέρᾳ, τάχ' ἂν
γενοίμεθ' αὐτοῦ cὺν θεῷ cωτήριοι.
τοcαῦθ' ὁ μάντις εἶφ'· ὁ δ' εὐθὺς ἐξ ἕδρας 780
πέμπει μέ cοι φέροντα τάςδ' ἐπιςτολὰς
Τεῦκρος φυλάςςειν. εἰ δ' ἀπεςτερήμεθα,
οὐκ ἔςτιν ἀνὴρ κεῖνος, εἰ Κάλχας cοφός.

Χο. ὦ δαῖα Τέκμηςςα, δυςμόρων γένος,
ὅρα μολοῦςα τόνδ' ὁποῖ' ἔπη θροεῖ. 785
ξυρεῖ γὰρ ἐν χρῷ τοῦτο μὴ χαίρειν τινά.

Τεκ. τί μ' αὖ τάλαιναν, ἀρτίως πεπαυμένην

768 κατακτήςαιτ'] καταςτήςαιτ' LᵃᶜK in linea 770 δεύ-
τερον] δ' ἀντίον Jebb 771 δίας Ἀθάνας] δίαν Ἀθάναν
Mehlhorn: Αἴας Ἀθάναν anon. 773 τότ' Lpat: ὅδ' t: τόδ' H,
coni. Musgrave ἀντιφωνεῖ Lrpat: ἀντεφώνει p 775 ἐν-
ρήξει nos (cf. Apollod. Poliorc. 141. 2): ἐκ- codd.: εἰc- West: ῥήξει Blaydes
776 τοι Hermann: τοῖc codd. 778 ἔθ' Lobeck: θ' Λrpat: ἐν
LᵃᶜKp 780 τοcαῦθ' at: τοιαῦθ' Lrp εἶφ' at: εἶπεν Lrpa
782 ἀπεςτερήμεθα] ἄρ' ὑςτερήμεθα Schenkl: ἄρ' ὑςτερήςαμεν
Badham 783 ἔςτιν] ἔςτ' ἔθ' Heimsoeth 784 δυςμόρων
Pachler: δύςμορον codd.

32

κακῶν ἀτρύτων, ἐξ ἕδρας ἀνίστατε;
Χο. τοῦδ᾽ εἰςάκουε τἀνδρός, ὡς ἥκει φέρων
Αἴαντος ἡμῖν πρᾶξιν ἣν ἤλγης᾽ ἐγώ. 790
Τεκ. οἴμοι, τί φής, ἄνθρωπε; μῶν ὀλώλαμεν;
Αγ. οὐκ οἶδα τὴν cὴν πρᾶξιν, Αἴαντος δ᾽ ὅτι,
θυραῖος εἴπερ ἐστίν, οὐ θαρcῶ πέρι.
Τεκ. καὶ μὴν θυραῖος, ὥςτε μ᾽ ὠδίνειν τί φής.
Αγ. ἐκεῖνον εἴργειν Τεῦκρος ἐξεφίεται 795
cκηνῆς ὕπαυλον μηδ᾽ ἀφιέναι μόνον.
Τεκ. ποῦ δ᾽ ἐςτὶ Τεῦκρος, κἀπὶ τῷ λέγει τάδε;
Αγ. πάρεςτ᾽ ἐκεῖνος ἄρτι· τήνδε δ᾽ ἔξοδον
⟨τὴν⟩ ὀλεθρίαν Αἴαντος ἐλπίζει φέρειν.
Τεκ. οἴμοι τάλαινα, τοῦ ποτ᾽ ἀνθρώπων μαθών; 800
Αγ. τοῦ Θεςτορείου μάντεως, καθ᾽ ἡμέραν
τὴν νῦν ὃ τούτῳ θάνατον ἢ βίον φέρει.
Τεκ. οἲ 'γώ, φίλοι, πρόςτητ᾽ ἀναγκαίας τύχης,
καὶ cπεύcαθ᾽ οἱ μὲν Τεῦκρον ἐν τάχει μολεῖν,
οἱ δ᾽ ἑcπέρους ἀγκῶνας, οἱ δ᾽ ἀντηλίους 805
ζητεῖτ᾽ ἰόντες τἀνδρὸς ἔξοδον κακήν.
ἔγνωκα γὰρ δὴ φωτὸς ἠπατημένη
καὶ τῆς παλαιᾶς χάριτος ἐκβεβλημένη.
οἴμοι, τί δράcω, τέκνον; οὐχ ἱδρυτέον.
ἀλλ᾽ εἶμι κἀγὼ κεῖc᾽ ὅποιπερ ἂν cθένω. 810
χωρῶμεν, ἐγκονῶμεν, οὐχ ἕδρας ἀκμή.
[cῴζειν θέλοντες ἄνδρα γ᾽ ὃc cπεύδῃ θανεῖν.]
Χο. χωρεῖν ἕτοιμος, κοὐ λόγῳ δείξω μόνον.

790 πρᾶξιν] βάξιν Reiske   791 ἄνθρωπε Lrpt: ὤνθρωπε
a   794 μὴν rpat: νῦν l, Gγρ, p   θυραῖος ⟨γ᾽⟩ Elmsley
795 εἴργειν] εἴ- C   799 ⟨τὴν⟩ nos   ὀλεθρίαν Αἴαντος] Αἴαντος
εἰς ὄλεθρον Jebb post Blaydes   802 ὃ τούτῳ Pearson: ὅτ᾽ αὐτῷ
Lat: ἦτ᾽ αὐτῷ rp, unde ἦτις αὐτῷ Dawe, τήνδ᾽ pro τὴν νῦν reposito
805 ἀντηλίους LQpat: ἀνθη- GRpXr   806 τἀνδρὸς Lp: ἀνδρὸς
rpat   806–7 τἀνδρὸς et φωτὸς permutavit Kuiper
812 del. Dindorf   θέλοντες rpat: -ας L: θέλουςιν Wunder post ὃc
add. ἂν Lp: recte rpat   cπεύδῃ Lᵃᶜp: -ει rpat   813 post
χωρεῖν add. γ᾽ rXs

ΣΟΦΟΚΛΕΟΥΣ

τάχος γὰρ ἔργου καὶ ποδῶν ἅμ' ἕψεται.

Αι. ὁ μὲν σφαγεὺς ἕστηκεν ᾗ τομώτατος   815
γένοιτ' ἄν, εἴ τῳ καὶ λογίζεσθαι σχολή,
δῶρον μὲν ἀνδρὸς Ἕκτορος ξένων ἐμοὶ
μάλιστα μισηθέντος, ἐχθίστου θ' ὁρᾶν.
πέπηγε δ' ἐν γῇ πολεμίᾳ τῇ Τρῳάδι,
σιδηροβρῶτι θηγάνῃ νεηκονής·   820
ἔπηξα δ' αὐτὸν εὖ περιστείλας ἐγώ,
εὐνούστατον τῷδ' ἀνδρὶ διὰ τάχους θανεῖν.
οὕτω μὲν εὐσκευοῦμεν· ἐκ δὲ τῶνδέ μοι
σὺ πρῶτος, ὦ Ζεῦ, καὶ γὰρ εἰκός, ἄρκεσον.
αἰτήσομαι δέ σ' οὐ μακρὸν γέρας λαβεῖν.   825
πέμψον τιν' ἡμῖν ἄγγελον, κακὴν φάτιν
Τεύκρῳ φέροντα, πρῶτος ὥς με βαστάσῃ
πεπτῶτα τῷδε περὶ νεορράντῳ ξίφει,
καὶ μὴ πρὸς ἐχθρῶν του κατοπτευθεὶς πάρος
ῥιφθῶ κυσὶν πρόβλητος οἰωνοῖς θ' ἕλωρ.   830
τοσαῦτά σ', ὦ Ζεῦ, προστρέπω, καλῶ δ' ἅμα
πομπαῖον Ἑρμῆν χθόνιον εὖ με κοιμίσαι,
ξὺν ἀσφαδάστῳ καὶ ταχεῖ πηδήματι
πλευρὰν διαρρήξαντα τῷδε φασγάνῳ.
καλῶ δ' ἀρωγοὺς τὰς ἀεί τε παρθένους   835
ἀεί θ' ὁρώσας πάντα τὰν βροτοῖς πάθη,
σεμνὰς Ἐρινῦς τανύποδας, μαθεῖν ἐμὲ
πρὸς τῶν Ἀτρειδῶν ὡς διόλλυμαι τάλας.
[καί σφας κακοὺς κάκιστα καὶ πανωλέθρους

816 del. Herwerden   822 θανεῖν] κτανεῖν Morstadt
823 μοι Lrpat: ἐμοὶ p   825 γέρας λαβεῖν L, Gγρ, pt:
γέρας λαχεῖν a: λαχεῖν γέρας vitio quod dicitur Byzantino rp
827 Τεύκρῳ post φέροντα praebent rD   830 κυσὶν Zr: -cὶ
cett.   831 σ', ὦ] coι sch.   προστρέπω Lᵃᶜp: προ- LᵖᶜKrpat
833 ἀσφαδάστῳ L. Dindorf: -άcτῳ codd.   πηδήματι] πεσήματι
ed. Londiniensis a. 1722   834 διαρρήξαντα] ἀνα- sch.
836 θ' J, Livineius ('p'): δ' cett.   v. om. AXrᵃᶜ et Suda s.v. ἀεὶ παρ-
θένους   837 Ἐρινῦς LGC: -ιννῦς cett.   839–42 del.
Wesseling: alii alia secludunt; cf. sch. ad 841

34

AIAC

ξυναρπάceιαν, ὥcπερ εἰcορῶc· ἐμὲ   840
αὐτοcφαγῆ πίπτοντα· τὼc αὐτοcφαγεῖc
πρὸc τῶν φιλίcτων ἐκγόνων ὀλοίατο.]
ἴτ’, ὦ ταχεῖαι ποίνιμοί τ’ Ἐρινύεc,
γεύεcθε, μὴ φείδεcθε πανδήμου cτρατοῦ.
cὺ δ’, ὦ τὸν αἰπὺν οὐρανὸν διφρηλατῶν   845
Ἥλιε, πατρῴαν τὴν ἐμὴν ὅταν χθόνα
ἴδῃc, ἐπιcχὼν χρυcόνωτον ἡνίαν
ἄγγειλον ἄταc τὰc ἐμὰc μόρον τ’ ἐμὸν
γέροντι πατρὶ τῇ τε δυcτήνῳ τροφῷ.
ἦ που τάλαινα, τήνδ’ ὅταν κλύῃ φάτιν,   850
ἥcει μέγαν κωκυτὸν ἐν πάcῃ πόλει.
ἀλλ’ οὐδὲν ἔργον ταῦτα θρηνεῖcθαι μάτην·
ἀλλ’ ἀρκτέον τὸ πρᾶγμα cὺν τάχει τινί.
[ὦ θάνατε θάνατε, νῦν μ’ ἐπίcκεψαι μολών·
καίτοι cὲ μὲν κἀκεῖ προcαυδήcω ξυνών.   855
cὲ δ’ ὦ φαεννῆc ἡμέραc τὸ νῦν cέλαc,
καὶ τὸν διφρευτὴν Ἥλιον προcεννέπω,
πανύcτατον δὴ κοὔποτ’ αὖθιc ὕcτερον.]
ὦ φέγγοc, ὦ γῆc ἱερὸν οἰκείαc πέδον
Cαλαμῖνοc, ὦ πατρῷον ἑcτίαc βάθρον,   860
κλειναί τ’ Ἀθῆναι, καὶ τὸ cύντροφον γένοc,
κρῆναί τε ποταμοί θ’ οἵδε, καὶ τὰ Τρωικὰ
πεδία προcαυδῶ, χαίρετ’, ὦ τροφῆc ἐμοί·
τοῦθ’ ὑμὶν Αἴαc τοὔποc ὕcτατον θροεῖ,
τὰ δ’ ἄλλ’ ἐν Ἅιδου τοῖc κάτω μυθήcομαι.   865

HMIXOPION

πόνοc πόνῳ πόνον φέρει.
πᾷ πᾷ

840 ὥcπερ] χὥcπερ Schneidewin   842 φιλίcτων] φιλτάτων r
843 Ἐρινύεc LGp: -ιννύεc QRpat   854–8 del. J. F. C. Campe (853,
855, 865 del. Geel, 856–8 Jahn, 857   Radermacher, 855–65 Bergk)
859 οἰκείαc] οἰκοῦντεc γρ in p   863 τροφῆc Brunck: -εῖc
codd.   864 ὕcτατον] ἔcχατον r   867 πᾷ πᾷ] παπαῖ παπαῖ
Lachmann

ΣΟΦΟΚΛΕΟΥΣ

πᾷ γὰρ οὐκ ἔβαν ἐγώ;
κοὐδεὶς ἐπιςπᾶταί με ςυμμαθεῖν τόπος.
ἰδοὺ ἰδού·   870
δοῦπον αὖ κλύω τινά.

Ημ. ἡμῶν γε ναὸς κοινόπλουν ὁμιλίαν.
Ημ. τί οὖν δή;
Ημ. πᾶν ἐςτίβηται πλευρὸν ἕςπερον νεῶν.
Ημ. ἔχεις οὖν;   875
Ημ. πόνου γε πλῆθος κοὐδὲν εἰς ὄψιν πλέον.
Ημ. ἀλλ' οὐδὲ μὲν δὴ τὴν ἀφ' ἡλίου βολῶν
     κέλευθον ἀνὴρ οὐδαμοῦ δηλοῖ φανείς.

Χο. τίς ἂν δῆτά μοι, τίς ἂν φιλοπόνων   ςτρ.
     ἁλιαδᾶν ἔχων ἀύπνους ἄγρας   880
     ἢ τίς Ὀλυμπιάδων θεᾶν, ἢ ῥυτῶν
     Βοςπορίων ποταμῶν,
     τὸν ὠμόθυμον εἴ ποθι   885
     πλαζόμενον λεύσςων
     ἀπύοι; ςχέτλια γὰρ
     ἐμέ γε τὸν μακρῶν ἀλάταν πόνων
     οὐρίῳ μὴ πελάςαι δρόμῳ,
     ἀλλ' ἀμενηνὸν ἄνδρα μὴ λεύςςειν ὅπου.   890

Τεκ. ἰώ μοί μοι.
Χο. τίνος βοὴ πάραυλος ἐξέβη νάπους;

869 ἐπιςπᾶται Wecklein: ἐπίςταται codd.   post hunc v. di-
metrum iambicum excidisse coni. Bergk   871 αὖ] οὐ Firnhaber
notam interrogationis posuit G. Wolff   877 οὐδὲ μὲν Lrpt: οὐδ'
ἐμοὶ pa   βολῶν Lpa: -ῆς Λrp: utrumque Lᵃᶜ: μολὼν t
878 δηλοῖ φανείς] δῆλος τραπείς Morstadt: 'fort. δῆλος φανείς'
Blaydes   879 δῆτα Hermann: δή codd.   880 ἄγρας]
ἔδρας H, γρ in F et a   882 Ὀλυμπιάδων] -αδᾶν N, coni.
Elmsley   θεᾶν LrN: θεῶν cett.   884 post ποταμῶν add.
ἴδρις codd. (cf. 911) praeter Mosquensem gr. 504   885 post
ὠμόθυμον add. γ' t   886 πλαζόμενον λεύςςων] πλάζοιτ' ἂν
προςβλέπων t   888 ἐμέ γε] ἐμοὶ t   ἀλάταν om. t
890 ἀμενηνὸν] μεμηνότ' N (et gl. in P)   891 ἰώ semel pt: bis
Lrpa

36

Τεκ. ἰὼ τλήμων.

Χο. τὴν δουρίληπτον δύсμορον νύμφην ὁρῶ
    Τέκμηссαν, οἴκτῳ τῷδε сυγκεκραμένην.   895

Τεκ. οἴχωκ', ὅλωλα, διαπεπόρθημαι, φίλοι.

Χο. τί δ' ἔстιν;

Τεκ. Αἴαс ὅδ' ἡμῖν ἀρτίωс νεοсφαγὴс
    κεῖται, κρυφαίῳ φαсγάνῳ περιπτυχήс.

Χο. ὤμοι ἐμῶν νόстων·   900
    ὤμοι, κατέπεφνεс, ἄναξ,
    τόνδε сυνναύταν, τάλαс·
    ὦ ταλαίφρων γυνή.

Τεκ. ὡс ὧδε τοῦδ' ἔχοντοс αἰάζειν πάρα.

Χο. τίνοс ποτ' ἄρ' ἔπραξε χειρὶ δύсμοροс;   905

Τεκ. αὐτὸс πρὸс αὑτοῦ, δῆλον· ἐν γάρ οἱ χθονὶ
    πηκτὸν τόδ' ἔγχοс περιπετοὺс κατηγορεῖ.

Χο. ὤμοι ἐμᾶс ἄταс, οἷοс ἄρ' αἱμάχθηс,
    ἄφαρκτοс φίλων·   910
    ἐγὼ δ' ὁ πάντα κωφόс, ὁ πάντ' ἄϊδριс,
    κατημέληсα. πᾷ πᾷ
    κεῖται ὁ δυсτράπελοс
    δυсώνυμοс Αἴαс;

Τεκ. οὖτοι θεατόс· ἀλλά νιν περιπτυχεῖ   915
    φάρει καλύψω τῷδε παμπήδην, ἐπεὶ

---

893 τλήμων Lrpat: τλῆμον p   894 δουρίληπτον Fa: δορ-
Lrpt   895 οἴκτῳ] οἴτῳ γρ in J   896 οἴχωκ'] ᾤχωκ' H,
cf. Hdn. ap. Greg. Cor. p. 66   900 et 901 ὤμοι t: ἰώ μοι Lrpa
901 κατέπεφνεс ἄναξ] ἄναξ κατέπεφνεс G. Wolff   902 τόνδε
⟨τὸν⟩ t   τάλαс Hermann: ὦ τάλαс t: ἰὼ τάλαс cett.   903 ὦ
Dawe: ὦ t: ἰὼ cett.   ταλαίφρων L^{pc}Rpa: -φρον GQpXrt   γυνή p:
γύναι Lrpat   905 ἄρ' codd.: del. G. Wolff (cf. 951)   ἔπραξε]
ἔρξε Hermann: ἔπεсε Blaydes   906 αὐτοῦ L^{ac}Krp: αὑ- pat
907 περιπετοὺс Musgrave: -πετὲс codd.   909 ὤμοι t: ἰώ μοι
codd. plerique   οἷοс Lpat: οἶοс rpZr: 'fort. οἶον' Blaydes   αἱμά-
χθηс] ἤμ- Ht: ἀμ- Radermacher   910 ἄφαρκτοс Dindorf:
ἄφρακτοс codd.   ante φίλων add. τῶν t   913 post
δυсτράπελοс add. ὁ codd. praeter OD

ΣΟΦΟΚΛΕΟΥΣ

οὐδεὶc ἂν ὅcτιc καὶ φίλοc τλαίη βλέπειν
φυcῶντ' ἄνω πρὸc ῥῖναc ἔκ τε φοινίαc
πληγῆc μελανθὲν αἷμ' ἀπ' οἰκείαc cφαγῆc.
οἴμοι, τί δράcω; τίc cε βαcτάcει φίλων;   920
ποῦ Τεῦκροc; ὡc ἀκμαῖοc ἂν βαίη μολὼν
πεπτῶτ' ἀδελφὸν τόνδε cυγκαθαρμόcαι.
ὢ δύcμορ' Αἶαc, οἷοc ὢν οἵωc ἔχειc,
ὡc καὶ παρ' ἐχθροῖc ἄξιοc θρήνων τυχεῖν.

Χο.   ἔμελλεc, τάλαc, ἔμελλεc χρόνῳ   ἀντ.
       cτερεόφρων ἄρ' ἐξανύccειν κακὰν   926
       μοῖραν ἀπειρεcίων πόνων· τοῖά μοι
       πάννυχα καὶ φαέθοντ'
       ἀνεcτέναζεc ὠμόφρων   930
       ἐχθοδόπ' Ἀτρείδαιc
       οὐλίῳ cὺν πάθει.
       μέγαc ἄρ' ἦν ἐκεῖνοc ἄρχων χρόνοc
       πημάτων, ἦμοc ἀριcτόχειρ   935
       ⟨– ∪∪ –⟩ ὅπλων ἔκειτ' ἀγὼν πέρι.

Τεκ.   ἰώ μοί μοι.
Χο.   χωρεῖ πρὸc ἧπαρ, οἶδα, γενναία δύη.
Τεκ.   ἰώ μοί μοι.
Χο.   οὐδέν c' ἀπιcτῶ καὶ δὶc οἰμῶξαι, γύναι,   940
       τοιοῦδ' ἀποβλαφθεῖcαν ἀρτίωc φίλου.
Τεκ.   cοὶ μὲν δοκεῖν ταῦτ' ἔcτ', ἐμοὶ δ' ἄγαν φρονεῖν.
Χο.   ξυναυδῶ.
Τεκ.   οἴμοι, τέκνον, πρὸc οἷα δουλείαc ζυγὰ

---

921 ἀκμαῖοc P.Berol. 21208 et codd.: ἀκμαῖ' ἂν Wakefield: ἀκμὴν
ἂν Vauvilliers   ἂν βαίη μολὼν Pantazides: εἰ βαίη μόλοι codd.
923–4 Tecmessae continuant codd. plerique, choro tribuunt GRᵃᶜ
924 ἐχθροῖc] -ῶν QRP   925 post prius ἔμελλεc add. δὴ t
alterum ἔμελλεc] ποτέ t   926 ἐξανύccειν Lp: -ύcειν rpat et
fortasse P.Berol. 21208   930 ἀνεcτέναζεc] ἄρ' ἐcτέναζεc J
934 ἄρ' ἦν] ἄρα γ' t   936 ⟨Ἀχιλλέωc⟩ t contra metrum:
⟨χρυcοτύπων⟩ Campbell: ⟨χρυcοδέτων⟩ Musgrave   ἀγὼν] ἀγὼν
Wunder   941 ἀρτίωc] -ίου L s.l., H, sch.

38

χωροῦμεν, οἷοι νῷν ἐφεστᾶϲι ϲκοποί. 945

Χο.   ὤμοι, ἀναλγήτων
δικκῶν ἐθρόηϲαϲ ἄναυδ'
ἔργ' Ἀτρειδᾶν τῷδ' ἄχει.
ἀλλ' ἀπείργοι θεόϲ.

Τεκ.   οὐκ ἂν τάδ' ἔϲτη τῇδε μὴ θεῶν μέτα. 950

Χο.   ἄγαν ὑπερβριθέϲ γε τάχθοϲ ἤνυϲαν.

Τεκ.   τοιόνδε μέντοι Ζηνὸϲ ἡ δεινὴ θεὸϲ
Παλλὰϲ φυτεύει πῆμ' Ὀδυϲϲέωϲ χάριν.

Χο.   ἦ ῥα κελαινώπᾳ θυμῷ ἐφυβρίζει 955
πολύτλαϲ ἀνήρ,
γελᾷ δὲ τοῖϲδε μαινομένοιϲ ἄχεϲιν
πολὺν γέλωτα, φεῦ φεῦ,
ξύν τε διπλοῖ βαϲιλῆϲ
κλύοντεϲ Ἀτρεῖδαι. 960

Τεκ.   οἱ δ' οὖν γελώντων κἀπιχαιρόντων κακοῖϲ
τοῖϲ τοῦδ'· ἴϲωϲ τοι, κεἰ βλέποντα μὴ 'πόθουν,
θανόντ' ἂν οἰμώξειαν ἐν χρείᾳ δορόϲ.
οἱ γὰρ κακοὶ γνώμαιϲι τἀγάθ' ἐν χεροῖν
ἔχοντεϲ οὐκ ἴϲαϲι πρίν τιϲ ἐκβάλῃ. 965
ἐμοὶ πικρὸϲ τέθνηκεν ἢ κείνοιϲ γλυκύϲ,
αὐτῷ δὲ τερπνόϲ· ὧν γὰρ ἠράϲθη τυχεῖν
ἐκτήϲαθ' αὑτῷ, θάνατον ὅνπερ ἤθελεν.

946 ὤμοι] ἰώ μοι Lγρ   947–8 ἄναυδ' ἔργ' Hermann: ἄναυδον ἔργον codd.   951 ἄγαν LrpZr: ἄγαν γ' pa: καὶ μὴν ἄγαν t: vide ad 905   γε τάχθοϲ Blaydes: τε ἄχθοϲ r: ἄχθοϲ Lpat   ἤνυϲαν LGRpat: -εν Q, H s.l.: -αϲ J: 'fort. ἤνύϲω' Blaydes   955 κελαινώπᾳ θυμῷ nos: -ώπαν θυμὸν P.Berol. 21208, Lrpat, sed -ώπα OWaᵃᶜ, Vat. gr. 1332, Hesychius K 2137, Eustathius 72. 4   956 ante πολύτλαϲ add. ὁ codd. praeter Wa et Vat. gr. 1332: del. Porson   957 τοῖϲδε Elmsley: τοῖϲι t: τοῖϲ cett.   959 βαϲιλῆϲ Livineius ('p'): -ῆεϲ Lrpa: -έεϲ t   964 τἀγάθ' ἐν J, coni. Reiske: τἀγαθὸν ἐν Q: τἀγαθὸν cett.   966–8 sunt qui deleant   966 ἢ ita interpretatur Eustathius 1521. 40 et coni. Schneidewin: ἦ codd.

ΣΟΦΟΚΛΕΟΥΣ

[τί δῆτα τοῦδ' ἐπεγγελῷεν ἂν κάτα;]
θεοῖς τέθνηκεν οὗτος, οὐ κείνοισιν, οὔ.　　　　970
πρὸς ταῦτ' Ὀδυσσεὺς ἐν κενοῖς ὑβριζέτω.
Αἴας γὰρ αὐτοῖς οὐκέτ' ἐστίν, ἀλλ' ἐμοὶ
λιπὼν ἀνίας καὶ γόους διοίχεται.

ΤΕΥΚΡΟΣ

　　ἰώ μοί μοι.
Χο.　σίγησον· αὐδὴν γὰρ δοκῶ Τεύκρου κλύειν　975
　　βοῶντος ἄτης τῆςδ' ἐπίσκοπον μέλος.
Τευ.　ὦ φίλτατ' Αἴας, ὦ ξύναιμον ὄμμ' ἐμοί,
　　ἆρ' ἠμπόληκας ὥσπερ ἡ φάτις κρατεῖ;
Χο.　ὄλωλεν ἀνήρ, Τεῦκρε, τοῦτ' ἐπίστασο.
Τευ.　ὤμοι βαρείας ἆρα τῆς ἐμῆς τύχης.　　　980
Χο.　ὡς ὧδ' ἐχόντων—　Τευ. ὦ τάλας ἐγώ, τάλας.
Χο.　πάρα στενάζειν.　Τευ. ὦ περισπερχὲς πάθος.
Χο.　ἄγαν γε, Τεῦκρε.　Τευ. φεῦ τάλας. τί γὰρ τέκνον
　　τὸ τοῦδε, ποῦ μοι γῆς κυρεῖ τῆς Τρῳάδος;
Χο.　μόνος παρὰ σκηναῖσιν.　Τευ. οὐχ ὅσον τάχος　985
　　δῆτ' αὐτὸν ἄξεις δεῦρο, μή τις ὡς κενῆς
　　σκύμνον λεαίνης δυσμενῶν ἀναρπάσῃ;
　　ἴθ', ἐγκόνει, σύγκαμνε. τοῖς θανοῦσί τοι
　　φιλοῦσι πάντες κειμένοις ἐπεγγελᾶν.
Χο.　καὶ μὴν ἔτι ζῶν, Τεῦκρε, τοῦδέ σοι μέλειν　990
　　ἐφίεθ' ἁνὴρ κεῖνος, ὥσπερ οὖν μέλει.
Τευ.　ὦ τῶν ἁπάντων δὴ θεαμάτων ἐμοὶ
　　ἄλγιστον ὧν προσεῖδον ὀφθαλμοῖς ἐγώ,
　　ὁδός θ' ὁδῶν πασῶν ἀνιάσασα δὴ
　　μάλιστα τοὐμὸν σπλάγχνον, ἣν δὴ νῦν ἔβην,　995
　　ὦ φίλτατ' Αἴας, τὸν σὸν ὡς ἐπῃσθόμην
　　μόρον διώκων κἀξιχνοσκοπούμενος.
　　ὀξεῖα γάρ σου βάξις ὡς θεοῦ τινος

969 del. Schneidewin　　τί Lrpt: πῶς pa　　τοῦδ' ἐπ-] τοῦδ' ἔτ'
Meineke: τοῦδέ γ' Porson　　970 del. Nauck　　988 θανοῦσί]
σθένουσί Seyffert: ἐχθροῖσί Herwerden　　994 πασῶν at: ἁπασῶν
lrp　　ὁδῶν θ' ἁπασῶν ὁδὸς Brunck　　998 ὡς θεοῦ] an ὡς ἐκ
θεοῦ?

40

ΑΙΑC

διῆλθ' Ἀχαιοὺc πάντας ὡς οἴχῃ θανών.
ἀγὼ κλυὼν δύστηνος ἐκποδὼν μὲν ὢν   1000
ὑπεcτέναζον, νῦν δ' ὁρῶν ἀπόλλυμαι.
οἴμοι.
ἴθ', ἐκκάλυψον, ὡς ἴδω τὸ πᾶν κακόν.
ὦ δυcθέατον ὄμμα καὶ τόλμης πικρᾶς,
ὅcας ἀνίας μοι κατέcπειρας φθίνεις.   1005
ποῖ γὰρ μολεῖν μοι δυνατόν, εἰς ποίους βροτούς,
τοῖc coῖc ἀρήξαντ' ἐν πόνοιcι μηδαμοῦ;
ἢ πού ⟨με⟩ Τελαμών, cὸc πατὴρ ἐμός θ' ἅμα,
δέξαιτ' ἂν εὐπρόcωπος ἵλεώς τ' ἰδὼν
χωροῦντ' ἄνευ coῦ. πῶς γὰρ οὔχ; ὅτῳ πάρα   1010
μηδ' εὐτυχοῦντι μηδὲν ἥδιον γελᾶν.
οὗτος τί κρύψει; ποῖον οὐκ ἐρεῖ κακὸν
τὸν ἐκ δορὸς γεγῶτα πολεμίου νόθον,
τὸν δειλίᾳ προδόντα καὶ κακανδρίᾳ
cέ, φίλτατ' Αἴας, ἢ δόλοιcιν, ὡς τὰ cὰ   1015
κράτη θανόντος καὶ δόμους νέμοιμι coύς.
τοιαῦτ' ἀνὴρ δύcοργος, ἐν γήρᾳ βαρύς,
ἐρεῖ, πρὸς οὐδὲν εἰς ἔριν θυμούμενος.
τέλος δ' ἀπωcτὸς γῆς ἀπορριφθήcομαι,
δοῦλος λόγοιcιν ἀντ' ἐλευθέρου φανείς.   1020
τοιαῦτα μὲν κατ' οἶκον· ἐν Τροίᾳ δέ μοι
πολλοὶ μὲν ἐχθροί, παῦρα δ' ὠφελήcιμα,
καὶ ταῦτ' ἄφαντα coῦ θανόντος ηὑρόμην.

1000 ἀγὼ] an κἀγὼ? κλυὼν West: κλύων codd. δύστηνος
lQpt: δείλαιος GRHa μὲν ὢν Lᵖᶜpat: μένων Lᵃᶜrp 1005 κατα-
cπείρας (-εc Λ) φθίνεις] κατέcπειρας φθίνων Blaydes 1006 μοι]
με Suda s.v. ποῖ εἰς LQpc: ἢ GRF: ἢ εἰς p 1008 ⟨με⟩ suppl.
Küster θ' ἅμα Hat: τ' ἴcωc lrp 1009 τ' ἰδὼν Hermann (ἰδὼν
γρ ad 1008 in Wa): τ' ἴcωc codd. plerique: θ' ἅμα p: τε cὼν M. Schmidt
1011 ἥδιον Fat: ἴλεων lrp 1015 Αἴαc] Αἴαν Suda s.v. κακαν-
δρία 1016 νέμοιμι Lrpat: ἔχοιμι KWa 1019 ἀπορρι-
φθήcομαι LᵃᶜGRpat: -ιφήcομαι LᵖᶜKQpa 1022 παῦρα Lat:
παῦροι rpa ὠφελήcιμα Johnson: -οι codd. 1023 ταῦτ'
ἄφαντα Jackson: ταῦτα πάντα Lrpat: ταῦθ' ἅπαντα p

ΣΟΦΟΚΛΕΟΥΣ

οἴμοι, τί δράςω; πῶς c' ἀποςπάςω πικροῦ
τοῦδ' αἰόλου κνώδοντος; ὦ τάλας, ὑφ' οὗ   1025
φονέως ἄρ' ἐξέπνευσας. εἶδες ὡς χρόνῳ
ἔμελλέ c' Ἕκτωρ καὶ θανὼν ἀποφθίςειν;
[σκέψαςθε, πρὸς θεῶν, τὴν τύχην δυοῖν βροτοῖν.

Ἕκτωρ μέν, ᾧ δὴ τοῦδ' ἐδωρήθη παρά,
ζωςτῆρι πρισθεὶς ἱππικῶν ἐξ ἀντύγων   1030
ἐκνάπτετ' αἰέν, ἔςτ' ἀπέψυξεν βίον·
οὗτος δ' ἐκείνου τήνδε δωρεὰν ἔχων
πρὸς τοῦδ' ὄλωλε θαναςίμῳ πεςήματι.
ἆρ' οὐκ Ἐρινὺς τοῦτ' ἐχάλκευςε ξίφος
κἀκεῖνον Ἅιδης, δημιουργὸς ἄγριος;   1035
ἐγὼ μὲν οὖν καὶ ταῦτα καὶ τὰ πάντ' ἀεὶ
φάςκοιμ' ἂν ἀνθρώποιςι μηχανᾶν θεούς·
ὅτῳ δὲ μὴ τάδ' ἐςτὶν ἐν γνώμῃ φίλα,
κεῖνός τ' ἐκεῖνα ςτεργέτω κἀγὼ τάδε.]

Χο.   μὴ τεῖνε μακράν, ἀλλ' ὅπως κρύψεις τάφῳ   1040
φράζου τὸν ἄνδρα, χὤ τι μυθήςῃ τάχα.
βλέπω γὰρ ἐχθρὸν φῶτα, καὶ τάχ' ἂν κακοῖς
γελῶν ἃ δὴ κακοῦργος ἐξίκοιτ' ἀνήρ.

Τευ.   τίς δ' ἐςτὶν ὅντιν' ἄνδρα προςλεύςςεις ςτρατοῦ;

Χο.   Μενέλαος, ᾧ δὴ τόνδε πλοῦν ἐςτείλαμεν.   1045

Τευ.   ὁρῶ· μαθεῖν γὰρ ἐγγὺς ὢν οὐ δυςπετής.

ΜΕΝΕΛΑΟΣ

οὗτος, ςὲ φωνῶ τόνδε τὸν νεκρὸν χεροῖν

1024 c' rpat: om. Lpa   1025 post κνώδοντος notam inter-
rogationis posuit Lobeck   1027 ἀποφθίςειν] -ίςαι Hermann
1028–39 del. Morstadt   1028 τὴν... βροτοῖν] ὡς ἐβουλεύθη
τάδε ex. gr. West   1029 τοῦδ' pat: τοῦτ' Lrp
1031 ἐκνάπτετ' Lrp: ἐγν- Pat   αἰέν] αἰκῶς Enger: αὐχέν' Mor-
stadt: αἰῶν' Hermann, qui etiam εὔτ' ἀπέψυξεν βίου scripsit
1032 δωρεὰν] -ειὰν von Bamberg   1034 Ἐρινὺς Lrp: -ιννὺς
pat   1035 Ἅιδης Lrpat: Ἄρης p   1039 τ' ἐκεῖνα]
ἐκεῖνα r: τἀκείνου H   1040 κρύψεις at: -ῃς Lrp
1042 ἂν] ἐν Hartung   1045 ἐςτείλαμεν] -άμην Lᵃᶜ, F s.l.

AIAC

μὴ cυγκομίζειν, ἀλλ' ἐᾶν ὅπωc ἔχει.

Τευ. τίνος χάριν τοcόνδ' ἀνήλωcαc λόγον;

Με. δοκοῦντ' ἐμοί, δοκοῦντα δ' ὃc κραίνει
cτρατοῦ.   1050

Τευ. οὔκουν ἂν εἴποιc ἥντιν' αἰτίαν προθείc;

Με. ὁθούνεκ' αὐτὸν ἐλπίcαντεc οἴκοθεν
ἄγειν 'Αχαιοῖc ξύμμαχόν τε καὶ φίλον,
ἐξηύρομεν ξυνόντεc ἐχθίω Φρυγῶν·
ὅcτιc cτρατῷ ξύμπαντι βουλεύcαc φόνον   1055
νύκτωρ ἐπεcτράτευcεν, ὡc ἕλοι δορί·
κεἰ μὴ θεῶν τιc τήνδε πεῖραν ἔcβεcεν,
ἡμεῖc μὲν ἂν τῇδ' ἦν ὅδ' εἴληχεν τύχῃ
θανόντεc ἂν προὐκείμεθ' αἰcχίcτῳ μόρῳ,
οὗτοc δ' ἂν ἔζη. νῦν δ' ἐνήλλαξεν θεὸc   1060
τὴν τοῦδ' ὕβριν πρὸc μῆλα καὶ ποίμναc πεcεῖν.
ὧν οὕνεκ' αὐτὸν οὔτιc ἔcτ' ἀνὴρ cθένων
τοcοῦτον ὥcτε cῶμα τυμβεῦcαι τάφῳ,
ἀλλ' ἀμφὶ χλωρὰν ψάμαθον ἐκβεβλημένοc
ὄρνιcι φορβὴ παραλίοιc γενήcεται.   1065
πρὸc ταῦτα μηδὲν δεινὸν ἐξάρῃc μένοc.
εἰ γὰρ βλέποντοc μὴ 'δυνήθημεν κρατεῖν,
πάντωc θανόντοc γ' ἄρξομεν, κἂν μὴ θέλῃc,
χερcὶν παρευθύνοντεc. οὐ γὰρ ἔcθ' ὅπου
λόγων ἀκοῦcαι ζῶν ποτ' ἠθέληc' ἐμῶν.   1070
καίτοι κακοῦ πρὸc ἀνδρὸc ὄντα δημότην

1051 οὔκουν Zc: οὔκοῦν P: οὐκοῦν cett.   1053 ἄγειν
Lrpa: ἄξειν L s.l., Gγρ, pt   1054 ξυνόντεc Rciskc: ζητοῦντεc
codd.: ζητοῦντ' ἔτ' van Eldik   1056 ἕλοι δορί codd. plerique (nisi
quod δόρει GᵖᶜQ): ἐλοιδόρει V et γρ in LGp   1058 τῇδ'
Kousis: τήνδ' codd.   τύχῃ nos: τύχην codd.   1058–9 τήνδ'
. . . θανόντεc ἂν dcl. Nauck   1059 θανόντεc] λαχόντεc
Hclvetius, Morstadt: φθάνοντεc Scyffcrt   αἰcχίcτῳ Lpa: ἀθλίῳ rH:
ἐχθίcτῳ t   1061 dcl. Nauck   1063 τοcοῦτον rpt: τοι-
οῦτον Lpa   1065 παραλίοιc] -οc R, coni. Nabcr
1068 γ' Lpa: om. rPt   1070 λόγων pat: λόγων τ' Lrp: λόγων
γ' Campbcll   1071 ὄντα Rciskc: ἄνδρα codd.

43

ΣΟΦΟΚΛΕΟΥΣ

μηδὲν δικαιοῦν τῶν ἐφεcτώτων κλύειν.
οὐ γὰρ ποτ' οὔτ' ἂν ἐν πόλει νόμοι καλῶc
φέροιντ' ἄν, ἔνθα μὴ καθεcτήκοι δέοc,
οὔτ' ἂν cτρατόc γε cωφρόνωc ἄρχοιτ' ἔτι,   1075
μηδὲν φόβου πρόβλημα μηδ' αἰδοῦc ἔχων.
ἀλλ' ἄνδρα χρή, κἂν cῶμα γεννήcῃ μέγα,
δοκεῖν πεcεῖν ἂν κἂν ἀπὸ cμικροῦ κακοῦ.
δέοc γὰρ ᾧ πρόcεcτιν αἰcχύνη θ' ὁμοῦ,
cωτηρίαν ἔχοντα τόνδ' ἐπίcταcο·   1080
ὅπου δ' ὑβρίζειν δρᾶν θ' ἃ βούλεται παρῇ,
ταύτην νόμιζε τὴν πόλιν χρόνῳ ποτὲ
ἐξ οὐρίων δραμοῦcαν εἰc βυθὸν πεcεῖν.
ἀλλ' ἑcτάτω μοι καὶ δέοc τι καίριον,
καὶ μὴ δοκῶμεν δρῶντεc ἂν ἡδώμεθα   1085
οὐκ ἀντιτείcειν αὖθιc ἂν λυπώμεθα.
ἕρπει παραλλὰξ ταῦτα. πρόcθεν οὗτοc ἦν
αἴθων ὑβριcτήc, νῦν δ' ἐγὼ μέγ' αὖ φρονῶ.
καί cοι προφωνῶ τόνδε μὴ θάπτειν, ὅπωc
μὴ τόνδε θάπτων αὐτὸc ἐc ταφὰc πέcῃc.   1090

Χο. Μενέλαε, μὴ γνώμαc ὑποcτήcαc cοφὰc
     εἶτ' αὐτὸc ἐν θανοῦcιν ὑβριcτὴc γένῃ.

Τευ. οὐκ ἄν ποτ', ἄνδρεc, ἄνδρα θαυμάcαιμ' ἔτι,
     ὃc μηδὲν ὢν γοναῖcιν εἶθ' ἁμαρτάνει,
     ὅθ' οἱ δοκοῦντεc εὐγενεῖc πεφυκέναι   1095
     τοιαῦθ' ἁμαρτάνουcιν ἐν λόγοιc ἔπη.
     ἄγ', εἴπ' ἀπ' ἀρχῆc αὖθιc, ἢ cὺ φὴc ἄγειν
     τόνδ' ἄνδρ' Ἀχαιοῖc δεῦρο cύμμαχον λαβών;

1074 καθεcτήκοι **pat**: -κῃ L^{pc}K, A in linea: -κει pD: -κε rC:
παρεcτήκει Stobacus 4. 43. 14   1075 ἄρχοιτ' **Krpat**: ἔχοιτ' L^{ac},
Stobacus 4. 43. 14   ἔτι] τιc H   1081 παρῇ LrpT: πάρα **a**, T
s.l., Ta   1082 ποτ' ⟨ἂν⟩ Elmsley olim   1083 ἐξ] κἀξ
Morstadt   οὐρίων] -ίαc Stobacus 4. 43. 17   εἰc LRpa: ἐc GQFt
1086 αὖθιc] αὖτιc Stobacus   λυπώμεθα] -οίμεθα Linwood
1087 ἕρπει] ῥέπει Mekler   1092 εἴτ'] μήτ' Stobacus 4. 125. 13
1094 ἁμαρτάνει] -οι Hartung: -ῃ Dindorf   1096 λόγοιc ἔπη]
λόγοιc· ἐπεὶ Mekler   1098 τόνδ' L: τὸν cett.

44

οὐκ αὐτὸς ἐξέπλευςεν ὡς αὐτοῦ κρατῶν;
ποῦ cù cτρατηγεῖc τοῦδε; ποῦ δὲ coὶ λεὼν   1100
ἔξεcτ' ἀνάccειν ὧν ὅδ' ἦγετ' οἴκοθεν;
Cπάρτηc ἀνάccων ἦλθεc, οὐχ ἡμῶν κρατῶν·
οὐδ' ἔcθ' ὅπου coὶ τόνδε κοcμῆcαι πλέον
ἀρχῆc ἔκειτο θεcμὸc ἢ καὶ τῷδε cέ.
[ὕπαρχοc ἄλλων δεῦρ' ἔπλευcαc, οὐχ ὅλων   1105
cτρατηγόc, ὥcτ' Αἴαντοc ἡγεῖcθαί ποτε.]
ἀλλ' ὧνπερ ἄρχειc ἄρχε, καὶ τὰ cέμν' ἔπη
κόλαζ' ἐκείνουc· τόνδε δ', εἴτε μὴ cù φῆc
εἴθ' ἅτεροc cτρατηγόc, ἐc ταφὰc ἐγὼ
θήcω δικαίωc, οὐ τὸ còν δείcαc cτόμα.   1110
οὐ γάρ τι τῆc cῆc οὕνεκ' ἐcτρατεύcατο
γυναικόc, ὥcπερ οἱ πόνου πολλοῦ πλέῳ,
ἀλλ' οὕνεχ' ὅρκων οἷcιν ἦν ἐπώμοτοc,
coῦ δ' οὐδέν· οὐ γὰρ ἠξίου τοὺc μηδέναc.
πρὸc ταῦτα πλείουc δεῦρο κήρυκαc λαβὼν   1115
καὶ τὸν cτρατηγὸν ἧκε· τοῦ δὲ coῦ ψόφου
οὐκ ἂν cτραφείην, ἕωc ἂν ᾖc οἷόc περ εἶ.

Χο. οὐδ' αὖ τοιαύτην γλῶccαν ἐν κακοῖc φιλῶ·
     τὰ cκληρὰ γάρ τοι, κἂν ὑπέρδικ' ᾖ, δάκνει.
Με. ὁ τοξότηc ἔοικεν οὐ cμικρὸν φρονεῖν.   1120
Τευ. οὐ γὰρ βάναυcον τὴν τέχνην ἐκτηcάμην.
Με. μέγ' ἄν τι κομπάcειαc, ἀcπίδ' εἰ λάβοιc.
Τευ. κἂν ψιλὸc ἀρκέcαιμι coί γ' ὡπλιcμένῳ.
Με. ἡ γλῶccά cου τὸν θυμὸν ὡc δεινὸν τρέφει.
Τευ. ξὺν τῷ δικαίῳ γὰρ μέγ' ἔξεcτιν φρονεῖν.   1125

1099 αὐτοῦ pat: αὐ- Lp: αὐτὸc r   1100 λεὼν D: λεῶν
rpat: λαῶν Lp   1101 ἦγετ' anon. ante Elmsleium: ἡγεῖτ' codd.
plerique: ἤγαγ' P, coni. Elmsley: ἦγεν Porson   1104 τῷδε cέ
codd. (etiam Λ): τοῦδέ coι Lγρ   1105–6 del. Schneidewin
1110 οὐ] μὴ r   1111–17 del. Reichard, 1111–14 Wecklein
1113 οὕνεκ'] εἵνεκα voluit r   ἐπώμοτοc Krpat: ἐν- LᵖᶜVa
1116 τοῦ δὲ] καὶ τοῦ r   1117 ἔωc gl. in Fat, coni. Bonitz: ὡc
codd.: ἔcτ' Reiske   1120 cμικρὸν L: μικρὸν GQ: cμικρὰ Rpat
1124 δεινὸν] μέγαν t

45

ΣΟΦΟΚΛΕΟΥΣ

Με.	δίκαια γὰρ τόνδ᾽ εὐτυχεῖν κτείναντά με;	
Τευ.	κτείναντα; δεινόν γ᾽ εἶπας, εἰ καὶ ζῆς θανών.	
Με.	θεὸς γὰρ ἐκςῴζει με, τῷδε δ᾽ οἴχομαι.	
Τευ.	μή νυν ἀτίμα θεούς, θεοῖς cεcωμένος.	
Με.	ἐγὼ γὰρ ἂν ψέξαιμι δαιμόνων νόμους;	1130
Τευ.	εἰ τοὺς θανόντας οὐκ ἐᾷς θάπτειν παρών.	
Με.	τούς γ᾽ αὐτὸς αὐτοῦ πολεμίους· οὐ γὰρ καλόν.	
Τευ.	ἦ coì γὰρ Αἴας πολέμιος προὔςτη ποτέ;	
Με.	μιcοῦντ᾽ ἐμίcει· καὶ cὺ τοῦτ᾽ ἠπίcταο.	
Τευ.	κλέπτης γὰρ αὐτοῦ ψηφοποιὸς ηὑρέθης.	1135
Με.	ἐν τοῖς δικαςταῖς, οὐκ ἐμοί, τόδ᾽ ἐcφάλη.	
Τευ.	πόλλ᾽ ἂν καλῶς λάθρᾳ cὺ κλέψειας κακά.	
Με.	τοῦτ᾽ εἰς ἀνίαν τοὔπος ἔρχεταί τινι.	
Τευ.	οὐ μᾶλλον, ὡς ἔοικεν, ἢ λυπήcομεν.	
Με.	ἕν coι φράcω· τόνδ᾽ ἐcτὶν οὐχὶ θαπτέον.	1140
Τευ.	ἀλλ᾽ ἀντακούcῃ τοῦθ᾽ ἕν, ὡς τεθάψεται.	
Με.	ἤδη ποτ᾽ εἶδον ἄνδρ᾽ ἐγὼ γλώccῃ θραcὺν	
	ναύτας ἐφορμήcαντα χειμῶνος τὸ πλεῖν,	
	ᾧ φθέγμ᾽ ἂν οὐκ ἐνηῦρες, ἡνίκ᾽ ἐν κακῷ	
	χειμῶνος εἴχετ᾽, ἀλλ᾽ ὑφ᾽ εἵματος κρυφεὶς	1145
	πατεῖν παρεῖχε τῷ θέλοντι ναυτίλων.	
	οὕτω δὲ καὶ cὲ καὶ τὸ cὸν λάβρον cτόμα	
	cμικροῦ νέφους τάχ᾽ ἄν τις ἐκπνεύcας μέγας	
	χειμὼν καταcβέcειε τὴν πολλὴν βοήν.	
Τευ.	ἐγὼ δέ γ᾽ ἄνδρ᾽ ὄπωπα μωρίας πλέων,	1150

1127 γ᾽ **pat**: τ᾽ Lp: om. rN   εἰ] ἦ r   1129 ἀτίμα] ἀτί-
μου vel ἄτιζε Elmsley   cεcωμένος Wecklein: cεcωc- codd.
1130 νόμους LQpat: γένος GR, Fγρ   1131 θανόντας ⟨γ᾽⟩
Lenting   1132 αὐτοῦ LGQpD: αὐ- Rpat   1134 ἐμίcει
Lrpat: ἐμίcουν pXr   ἠπίcταο LGRpat: ἐπ- QPD
1136 οὐκ **rpDt**: κοὔκ Lpa   1137 καλῶς L: κακῶς L s.l. et
cett.   1141 ἀλλ᾽ LpZr: cὺ δ᾽ **rpat**   τοῦθ᾽ ἕν
Wecklein: τοῦτον codd. plerique: τοῦθ᾽ P: τοῦτό γ᾽ Hartung
1143 ναύτας Lpc: -αις **rpt**   1144 ἐνηῦρες Hartung: ἂν
ηῦρες codd.   1145 κρυφεὶς LGa: κρυφθεὶς QRpXs: κρυβεὶς
Xrt   1146 ναυτίλων Lrpat: -ῳ a

46

ΑΙΑC

ὃc ἐν κακοῖc ὕβριζε τοῖcι τῶν πέλαc.
κᾆτ' αὐτὸν εἰcιδών τιc ἐμφερὴc ἐμοὶ
ὀργήν θ' ὁμοῖοc εἶπε τοιοῦτον λόγον,
"ὤνθρωπε, μὴ δρᾶ τοὺc τεθνηκόταc κακῶc·
εἰ γὰρ ποήcειc, ἴcθι πημανούμενοc."   1155
τοιαῦτ' ἄνολβον ἄνδρ' ἐνουθέτει παρών.
ὁρῶ δέ τοί νιν, κἄcτιν, ὡc ἐμοὶ δοκεῖ,
οὐδείc ποτ' ἄλλοc ἢ cύ. μῶν ἠνιξάμην;

Μϵ.   ἄπειμι· καὶ γὰρ αἰcχρόν, εἰ πύθοιτό τιc
λόγοιc κολάζειν ᾧ βιάζεcθαι πάρα.   1160

Τϵυ.   ἄφερπέ νυν. κἀμοὶ γὰρ αἴcχιcτον κλύειν
ἀνδρὸc ματαίου φλαῦρ' ἔπη μυθουμένου.

Χο.   ἔcται μεγάληc ἔριδόc τιc ἀγών.
ἀλλ' ὡc δύναcαι, Τεῦκρε, ταχύναc
cπεῦcον κοίλην κάπετόν τιν' ἰδεῖν   1165
τῷδ', ἔνθα βροτοῖc τὸν ἀείμνηcτον
τάφον εὐρώεντα καθέξει.

Τϵυ.   καὶ μὴν ἐc αὐτὸν καιρὸν οἵδε πληcίοι
πάρειcιν ἀνδρὸc τοῦδε παῖc τε καὶ γυνή,
τάφον περιcτελοῦντε δυcτήνου νεκροῦ.   1170
ὦ παῖ, πρόcελθε δεῦρο, καὶ cταθεὶc πέλαc
ἱκέτηc ἔφαψαι πατρόc, ὅc c' ἐγείνατο.
θάκει δὲ προcτρόπαιοc ἐν χεροῖν ἔχων
κόμαc ἐμὰc καὶ τῆcδε καὶ cαυτοῦ τρίτου,
ἱκτήριον θηcαυρόν. εἰ δέ τιc cτρατοῦ   1175
βίᾳ c' ἀποcπάcειε τοῦδε τοῦ νεκροῦ,
κακὸc κακῶc ἄθαπτοc ἐκπέcοι χθονόc,
γένουc ἅπαντοc ῥίζαν ἐξημημένοc,
αὔτωc ὅπωcπερ τόνδ' ἐγὼ τέμνω πλόκον.
ἔχ' αὐτόν, ὦ παῖ, καὶ φύλαccε, μηδέ cε   1180

1154 ὤνθρωπε lrpXrt: ἄν- pa   1160 πάρα Nᴾᶜ at: παρῇ
lrp   1165 τιν' ἰδεῖν codd. nisi quod τιν' om. GR: τεύχειν F. W.
Schmidt: an cκάπτειν?   1168 πληcίοι lrpat: -ίον p
1175 ἱκτήριον lrpat: ἱκετ- Kp   1179 αὔτωc Lp: αὖ- rpat

ΣΟΦΟΚΛΕΟΥΣ

κινησάτω τις, ἀλλὰ προσπεσὼν ἔχου,
ὑμεῖς τε μὴ γυναῖκες ἀντ' ἀνδρῶν πέλας
παρέστατ', ἀλλ' ἀρήγετ', ἔστ' ἐγὼ μόλω
τάφου μεληθεὶς τῷδε, κἂν μηδεὶς ἐᾷ.

Χο. τίς ἄρα νέατος, ἐς πότε λή-   στρ. α'
    ξει πολυπλάγκτων ἐτέων ἀριθμός,   1186
    τὰν ἄπαυστον αἰὲν ἐμοὶ δορυσσοή-
    των μόχθων ἄταν ἐπάγων
    ἂν τὰν εὐρώδη Τροΐαν,   1190
    δύστανον ὄνειδος Ἑλλάνων;

    ὄφελε πρότερον αἰθέρα δῦ-   ἀντ. α'
    ναι μέγαν ἢ τὸν πολύκοινον Ἄιδαν
    κεῖνος ἀνήρ, ὃς στυγερῶν ἔδειξεν ὅ-   1195
    πλων Ἕλλασιν κοινὸν Ἄρη.
    ὢ πόνοι πρόγονοι πόνων·
    κεῖνος γὰρ ἔπερσεν ἀνθρώπους.

    ἐκεῖνος οὐ στεφάνων οὔ-   στρ. β'
    τε βαθειᾶν κυλίκων νεῖ-   1200
    μεν ἐμοὶ τέρψιν ὁμιλεῖν,
    οὔτε γλυκὺν αὐλῶν ὄτοβον δυσ-
    μόρῳ, οὔτ' ἐννυχίαν τέρψιν ἰαύειν·
    ἐρώτων δ' ἐρώτων ἀπέπαυσεν, ὤμοι.   1205
    κεῖμαι δ' ἀμέριμνος οὔτως,

1182 τε] δὲ Blaydes   1183 μόλω] μολὼν L^acO et Et. Magn.
382. 5   1184 μεληθεὶς] -θῶ Et. Magn.   1186 πολυ-
πλάγκτων Lpat: -άκτων rOD   1187 ἄπαυστόν ⟨γ'⟩ t
δορυσσοήτων L: -σσόντων codd. plerique   1190 ἂν τὰν Ahrens:
ἀνὰ τὰν codd.: τάνδ' ἀν' Lobeck   εὐρώδη] εὐρυεδῆ Musgrave
Τροΐαν Wilamowitz: Τροΐαν codd.   1192 ὄφελε Pt: ὤφελε vel
sim. cett.   1195 ἀνήρ Bothe: ἀ- codd.   ἔδειξεν
Lrpa: ἔδειξ' t   1196 Ἕλλασιν LFt: -σι cett.   Ἄρη La:
Ἄρην rpZrt   1197 ὢ t: ἰὼ cett.   1199 οὐ Hermann:
οὔτε codd.   1200 βαθειᾶν LPZr, A s.l., t: βαθεῖαν rpa
1202 ὄτοβον Lrpt: ὄττοβον pa   δυσμόρῳ Blaydes: -μορος codd.
1205 δ' hic r: post alterum ἐρώτων praebet Lpat   ἀπέπαυσεν Lrpat:
-σέ μ' Blaydes: ἀπέσπασέ μ' N: ἀπέσπασεν Zr

ἀεὶ πυκιναῖς δρόσοις
τεγγόμενος κόμας,
λυγρὰς μνήματα Τροίας.　　　　　1210

καὶ πρὶν μὲν ἐννυχίου δεί-　　　　　ἀντ. β'
ματος ἦν μοι προβολὰ καὶ
βελέων θούριος Αἴας·
νῦν δ' οὗτος ἀνεῖται στυγερῷ δαί-
μονι. τίς μοι, τίς ἔτ' οὖν τέρψις ἐπέσται;　　　1215
γενοίμαν ἵν' ὑλᾶεν ἔπεστι πόντῳ
πρόβλημ' ἁλίκλυστον, ἄκραν
ὑπὸ πλάκα Σουνίου,　　　　　1220
τὰς ἱερὰς ὅπως
προσείποιμεν Ἀθάνας.

Τευ.　καὶ μὴν ἰδὼν ἔσπευσα τὸν στρατηλάτην
Ἀγαμέμνον' ἡμῖν δεῦρο τόνδ' ὁρμώμενον·
δῆλος δέ μοὐστὶ σκαιὸν ἐκλύσων στόμα.　　　1225

ΑΓΑΜΕΜΝΩΝ
σὲ δὴ τὰ δεινὰ ῥήματ' ἀγγέλλουσί μοι
τλῆναι καθ' ἡμῶν ὧδ' ἀνοιμωκτεὶ χανεῖν.
σέ τοι, τὸν ἐκ τῆς αἰχμαλωτίδος λέγω·
ἦ που τραφεὶς ἂν μητρὸς εὐγενοῦς ἄπο
ὑψήλ' ἐφώνεις κἀπ' ἄκρων ὡδοιπόρεις,　　　1230
ὅτ' οὐδὲν ὢν τοῦ μηδὲν ἀντέστης ὕπερ,
κοὔτε στρατηγοὺς οὔτε ναυάρχους μολεῖν

1208 πυκιναῖς Lpat: πυκναῖς rp　　　1210 λυγρᾶς Brunck:
-ὰς codd.　　　1211 μὲν ⟨οὖν⟩ t　　　ἐννυχίου] αἰὲν νυχίου
G. Wolff (cf. ad 1199)　　　1214 ἀνεῖται at: ἔγκειται Krp (L non
legitur)　　　1216 ἐπέσται] ἔτ' ἔσται Blaydes　　　1217 ὑλᾶεν
Lpa: ὑλῶεν rpt　　　1218 πόντῳ Morstadt: -ου codd.
1223 καὶ μὴν choro tribuit Morstadt, lacuna posita inter haec et ἰδὼν
1225 μοὐστὶ Hermann: μοί 'στι codd.　　　ἐκλύσων] ἐλκύσων v.l. in r
1227 ἀνοιμωκτεὶ Lrpat: -τὶ p, Eustathius 723. 28　　　1228 τὸν ἐκ]
σὲ τὸν Dresdensis D. 181　　　1230 ἐφώνεις Lᵖᶜa: ἐφρόνεις
LᵃᶜKrp: ἐκόμπεις t　　　1232 ναυάρχους LGRpat: -χας KQpXs

ΣΟΦΟΚΛΕΟΥΣ

ἡμᾶς Ἀχαιῶν οὔτε coῦ διωμόcω,
ἀλλ' αὐτὸc ἄρχων, ὡc cὺ φῄc, Αἴαc ἔπλει.
ταῦτ' οὐκ ἀκούειν μεγάλα πρὸc δούλων
    κακά;   1235
ποίου κέκραγαc ἀνδρὸc ὧδ' ὑπέρφρονα,
ποῦ βάντοc ἢ ποῦ cτάντοc οὔπερ οὐκ ἐγώ;
οὐκ ἄρ' Ἀχαιοῖc ἄνδρεc εἰcὶ πλὴν ὅδε;
πικροὺc ἔοιγμεν τῶν Ἀχιλλείων ὅπλων
ἀγῶναc Ἀργείοιcι κηρῦξαι τότε,   1240
εἰ πανταχοῦ φανούμεθ' ἐκ Τεύκρου κακοί,
κοὐκ ἀρκέcει ποθ' ὑμῖν οὐδ' ἡccημένοιc
εἴκειν ἃ τοῖc πολλοῖcιν ἤρεcκεν κριταῖc,
ἀλλ' αἰὲν ἡμᾶc ἢ κακοῖc βαλεῖτέ που
ἢ cὺν δόλῳ κεντήcεθ' οἱ λελειμμένοι.   1245
ἐκ τῶνδε μέντοι τῶν τρόπων οὐκ ἄν ποτε
κατάcταcιc γένοιτ' ἂν οὐδενὸc νόμου,
εἰ τοὺc δίκῃ νικῶνταc ἐξωθήcομεν
καὶ τοὺc ὄπιcθεν ἐc τὸ πρόcθεν ἄξομεν.
ἀλλ' εἰρκτέον τάδ' ἐcτίν· οὐ γὰρ οἱ πλατεῖc   1250
οὐδ' εὐρύνωτοι φῶτεc ἀcφαλέcτατοι,
ἀλλ' οἱ φρονοῦντεc εὖ κρατοῦcι πανταχοῦ.
μέγαc δὲ πλευρὰ βοῦc ὑπὸ cμικρᾶc ὅμωc
μάcτιγοc ὀρθὸc εἰc ὁδὸν πορεύεται.
καὶ cοὶ προcέρπον τοῦτ' ἐγὼ τὸ φάρμακον   1255
ὁρῶ τάχ', εἰ μὴ νοῦν κατακτήcῃ τινά·
ὃc τἀνδρὸc οὐκέτ' ὄντοc, ἀλλ' ἤδη cκιᾶc,
θαρcῶν ὑβρίζειc κἀξελευθεροcτομεῖc.

1233 οὔτε] οὐδὲ Blaydes   διωμόcω] διωρίcω Lγρ
1236 κέκραγαc Qat: -εc LGRp   1237 prius ποῦ] ποῖ Jebb e
cod. rec.: πῇ Zr   1240 τότε] ποτε G   1241 φανούμεθ'
Lpa: φανοίμεθ' rpat   1242 ἀρκέcει] -coι Pt   1245 λελειμ-
μένοι] λελημμένοι H, coni. dubitanter Pearson   1248 ἐξωθή-
cομεν rpat: ἔξω θήcομεν LpXs   1253 πλευρὰ vel -ᾶ
LᵃᶜKrpt: -ὰν Lᵖᶜa: -ὰc pA   post cμικρᾶc add. δ' r
1254 ὀρθὸc LQpat: -ωc GRp   1257 τἀνδρὸc Wecklein:
ἀνδρὸc codd.

AIAC

οὐ cωφρονήcειc; οὐ μαθὼν ὃc εἶ φύcιν
ἄλλον τιν' ἄξειc ἄνδρα δεῦρ' ἐλεύθερον,   1260
ὅcτιc πρὸc ἡμᾶc ἀντὶ coῦ λέξει τὰ cά;
coῦ γὰρ λέγοντοc οὐκέτ' ἂν μάθοιμ' ἐγώ·
τὴν βάρβαρον γὰρ γλῶccαν οὐκ ἐπαΐω.

Xo.   εἴθ' ὑμὶν ἀμφοῖν νοῦc γένοιτο cωφρονεῖν·
      τούτου γὰρ οὐδὲν cφῷν ἔχω λῷον φράcαι.   1265

Τευ. φεῦ, τοῦ θανόντοc ὡc ταχεῖά τιc βροτοῖc
      χάριc διαρρεῖ καὶ προδοῦc' ἁλίcκεται,
      εἰ coῦ γ' ὅδ' ἀνὴρ οὐδ' ἐπὶ cμικρὸν λόγον,
      Αἴαc, ἔτ' ἴcχει μνῆcτιν, οὗ cὺ πολλάκιc
      τὴν cὴν προτείνων προὔκαμεc ψυχὴν δορί·   1270
      ἀλλ' οἴχεται δὴ πάντα ταῦτ' ἐρριμμένα.
      ὦ πολλὰ λέξαc ἄρτι κἀνόητ' ἔπη,
      οὐ μνημονεύειc οὐκέτ' οὐδέν, ἡνίκα
      ἑρκέων ποθ' ὑμᾶc ἐντὸc ἐγκεκλημένουc,
      ἤδη τὸ μηδὲν ὄνταc ἐν τροπῇ δορόc,   1275
      ἐρρύcατ' ἐλθὼν μοῦνοc, ἀμφὶ μὲν νεῶν
      ἄκροιcιν ἤδη ναυτικοῖc ⟨θ'⟩ ἐδωλίοιc
      πυρὸc φλέγοντοc, ἐc δὲ ναυτικὰ cκάφη
      πηδῶντοc ἄρδην Ἕκτοροc τάφρων ὕπερ;
      τίc ταῦτ' ἀπεῖρξεν; οὐχ ὅδ' ἦν ὁ δρῶν τάδε,   1280
      ὃν οὐδαμοῦ φήc, οὗ cὺ μή, βῆναι ποδί;
      ἆρ' ὑμὶν οὗτοc ταῦτ' ἔδραcεν ἔνδικα;
      χὦτ' αὖθιc αὐτὸc Ἕκτοροc μόνοc μόνου,

1259 cωφρονήcειc Lrpat: εὖ φρονήcειc p   1266 τιc] τοῖc
QHDᵃᶜ: τοι J. H. Wright   1268 cμικρὸν λόγον Reiske: -ῶν -ων
Lrpa: -ῶν πόνων t: -ὸν χρόνον J. G. Jaeger   1271 πάντα hic
Lrpa, post ταῦτα pDt   1272 κἀνόητ' LOa: κἀνόνητ' rpa
1274 ἐντὸc a et coni. Musgrave: οὗτοc Lrpat   ἐγκεκλημένουc
Elmsley: -ειμένουc vel -ειcμένουc codd.   1277 ναυτικοῖc] ναυ-
τίλων Dawe: πευκίνοιc Bergk   ⟨θ'⟩ Bothe   1281 οὗ cὺ μή,
βῆναι J. Krauss: οὐδὲ cυμβῆναι codd.: οὗ cὺ μή, cτῆναι Postgate
1282 ἆρ'] ἄμ' Musgrave   ἔνδικα] ἢ δίχα Reiske
1283 αὐτὸc] αὖ- Xs, coni. G. Wolff

λαχών τε κἀκέλευστος, ἦλθεν ἀντίος,
οὐ δραπέτην τὸν κλῆρον ἐς μέσον καθείς,   1285
ὑγρᾶς ἀρούρας βῶλον, ἀλλ᾽ ὃς εὐλόφου
κυνῆς ἔμελλε πρῶτος ἅλμα κουφιεῖν·
ὅδ᾽ ἦν ὁ πράςςων ταῦτα, ςὺν δ᾽ ἐγὼ παρών,
ὁ δοῦλος, οὐκ τῆς βαρβάρου μητρὸς γεγώς.
δύςτηνε, ποῖ βλέπων ποτ᾽ αὐτὰ καὶ θροεῖς;   1290
οὐκ οἶςθα ςοῦ πατρὸς μὲν ὃς προῦφυ πατὴρ
τἀρχαῖον ὄντα Πέλοπα βάρβαρον Φρύγα;
Ἀτρέα δ᾽, ὃς αὖ ς᾽ ἔςπειρε, δυςςεβέςτατον
προθέντ᾽ ἀδελφῷ δεῖπνον οἰκείων τέκνων;
αὐτὸς δὲ μητρὸς ἐξέφυς Κρήςςης, ἐφ᾽ ᾗ   1295
λαβὼν ἐπακτὸν ἄνδρ᾽ ὁ φιτύςας πατὴρ
ἐφῆκεν ἐλλοῖς ἰχθύςιν διαφθοράν.
τοιοῦτος ὢν τοιῷδ᾽ ὀνειδίζεις ςποράν;
ὃς ἐκ πατρὸς μέν εἰμι Τελαμῶνος γεγώς,
ὅςτις ςτρατοῦ τὰ πρῶτ᾽ ἀριςτεύςας ἐμὴν   1300
ἴςχει ξύνευνον μητέρ᾽, ἣ φύςει μὲν ἦν
βαςίλεια, Λαομέδοντος· ἔκκριτον δέ νιν
δώρημ᾽ ἐκείνῳ ᾽δωκεν Ἀλκμήνης γόνος.
ἆρ᾽ ὧδ᾽ ἄριστος ἐξ ἀριστέοιν δυοῖν
βλαστὼν ἂν αἰςχύνοιμι τοὺς πρὸς αἵματος,   1305
οὓς νῦν ςὺ τοιοῖςδ᾽ ἐν πόνοιςι κειμένους
ὠθεῖς ἀθάπτους, οὐδ᾽ ἐπαιςχύνῃ λέγων;
εὖ νυν τόδ᾽ ἴςθι, τοῦτον εἰ βαλεῖτέ που,
βαλεῖτε χἠμᾶς τρεῖς ὁμοῦ ςυγκειμένους.

1284 λαχών] ἑκών Reiske   ἦλθεν ἀντίος pat: ἦλθ᾽ ἐναντίος
Lrp   1285 ἐς LGpat: εἰς QRp   1290 ποῖ] ποῦ t
ποτ᾽ αὐτὰ ΛΚrpat: ποτ᾽ αὐτὸς LᵖᶜA: ςὺ ταῦτα Reiske
1292 τἀρχαῖον nos: ἀρχαῖον codd.: cf. A. Suppl. 326
1295 αὐτὸς] αὖθις γρ in L et H   1296 φιτύςας Zrt: φυτ- cett.
πατὴρ] ς᾽ Ἀτρεὺς Hermann: ς᾽ ἀνὴρ G. Wolff   1302 Λαομέ-
δοντος] Λαμ- Nauck   1303 γόνος Lrpa: τόκος pt
1304 ἄριστος] ἀριστεὺς Porson   ἀριστέοιν] -έων Lᵃᶜ, C s.l.
1307 λέγων] γελῶν Burges: ψέγων Erfurdt   1308 που] ποι
Brunck   1309 ςυγκειμένους] ςυνεμπόρους Lγρ

AIAC

ἐπεὶ καλόν μοι τοῦδ' ὑπερπονουμένῳ   1310
θανεῖν προδήλως μᾶλλον ἢ τῆς σῆς ὑπὲρ
γυναικός, ἢ σοῦ τοῦ θ' ὁμαίμονος λέγω;
πρὸς ταῦθ' ὅρα μὴ τοὐμόν, ἀλλὰ καὶ τὸ σόν.
ὡς εἴ με πημανεῖς τι, βουλήσῃ ποτὲ
καὶ δειλὸς εἶναι μᾶλλον ἢ 'ν ἐμοὶ θρασύς.   1315

Χο. ἄναξ Ὀδυσσεῦ, καιρὸν ἴσθ' ἐληλυθώς,
     εἰ μὴ ξυνάψων, ἀλλὰ συλλύσων πάρει.

Οδ. τί δ' ἔστιν, ἄνδρες; τηλόθεν γὰρ ᾐσθόμην
     βοὴν Ἀτρειδῶν τῷδ' ἐπ' ἀλκίμῳ νεκρῷ.

Αγ. οὐ γὰρ κλυόντες ἐσμὲν αἰσχίστους λόγους,   1320
     ἄναξ Ὀδυσσεῦ, τοῦδ' ὑπ' ἀνδρὸς ἀρτίως;

Οδ. ποίους; ἐγὼ γὰρ ἀνδρὶ συγγνώμην ἔχω
     κλυόντι φλαῦρα συμβαλεῖν ἔπη κακά.

Αγ. ἤκουσεν αἰσχρά· δρῶν γὰρ ἦν τοιαῦτ' ἐμέ.

Οδ. τί γάρ σ' ἔδρασεν, ὥστε καὶ βλάβην ἔχειν;   1325

Αγ. οὔ φησ' ἐάσειν τόνδε τὸν νεκρὸν ταφῆς
     ἄμοιρον, ἀλλὰ πρὸς βίαν θάψειν ἐμοῦ.

Οδ. ἔξεστιν οὖν εἰπόντι τἀληθῆ φίλῳ
     σοὶ μηδὲν ἧσσον ἢ πάρος ξυνηρετεῖν;

Αγ. εἴπ'· ἦ γὰρ εἴην οὐκ ἂν εὖ φρονῶν, ἐπεὶ   1330
     φίλον σ' ἐγὼ μέγιστον Ἀργείων νέμω.

Οδ. ἄκουέ νυν. τὸν ἄνδρα τόνδε πρὸς θεῶν
     μὴ τλῇς ἄθαπτον ὧδ' ἀναλγήτως βαλεῖν·
     μηδ' ἡ βία σε μηδαμῶς νικησάτω
     τοσόνδε μισεῖν ὥστε τὴν δίκην πατεῖν.   1335

1310 ὑπερπονουμένῳ] -ους Lγρ   1310–11 καλόν μοι et
προδήλως permutavit Nauck   1312 σοῦ τοῦ θ' Hertel: τοῦ σοῦ
θ' codd.: τοῦ σοῦ γ' Bothe   1315 'ν om. p: 'π' fortasse O, coni. Blaydes
1320–1 Agamemnoni tribuunt codd. plerique, Teucro L, nuntio p
1320 κλυόντες West: κλύοντες codd.   1323 κλυόντι West:
κλύοντι codd.   1324 Agamemnoni tribuunt rat, Teucro Lpa
ἐμέ Paley: με codd.   1325 βλάβην] λώβην F. W. Schmidt ex
Hesychio s.v.   1329 ξυνηρετεῖν Lobeck: -τμεῖν lQpc: -εμεῖν
GRt   1330 εἴπ'· ἦ γὰρ pat: ἐπεί γ' ἂν L: ηπει γ' ἂν Λ (sic): ἢ
που γ' ἂν r

53

ΣΟΦΟΚΛΕΟΥΣ

κἀμοὶ γὰρ ἦν ποθ' οὗτος ἔχθιστος στρατοῦ,
ἐξ οὗ 'κράτησα τῶν Ἀχιλλείων ὅπλων,
ἀλλ' αὐτὸν ἔμπας ὄντ' ἐγὼ τοιόνδ' ἐμοὶ
οὔ τἂν ἀτιμάσαιμ' ἄν, ὥστε μὴ λέγειν
ἕν' ἄνδρ' ἰδεῖν ἄριστον Ἀργείων, ὅσοι   1340
Τροίαν ἀφικόμεσθα, πλὴν Ἀχιλλέως.
ὥστ' οὐκ ἂν ἐνδίκως γ' ἀτιμάζοιτό σοι·
οὐ γάρ τι τοῦτον, ἀλλὰ τοὺς θεῶν νόμους
φθείροις ἄν. ἄνδρα δ' οὐ δίκαιον, εἰ θάνοι,
βλάπτειν τὸν ἐσθλόν, οὐδ' ἐὰν μισῶν κυρῇς.   1345
Αγ. σὺ ταῦτ', Ὀδυσσεῦ, τοῦδ' ὑπερμαχεῖς ἐμοί;
Οδ. ἔγωγ'· ἐμίσουν δ', ἡνίκ' ἦν μισεῖν καλόν.
Αγ. οὐ γὰρ θανόντι καὶ προσεμβῆναί σε χρή;
Οδ. μὴ χαῖρ', Ἀτρείδη, κέρδεσιν τοῖς μὴ καλοῖς.
Αγ. τόν τοι τύραννον εὐσεβεῖν οὐ ῥᾴδιον.   1350
Οδ. ἀλλ' εὖ λέγουσι τοῖς φίλοις τιμὰς νέμειν.
Αγ. κλύειν τὸν ἐσθλὸν ἄνδρα χρὴ τῶν ἐν τέλει.
Οδ. παῦσαι· κρατεῖς τοι τῶν φίλων νικώμενος.
Αγ. μέμνησ' ὁποίῳ φωτὶ τὴν χάριν δίδως.
Οδ. ὅδ' ἐχθρὸς ἀνήρ, ἀλλὰ γενναῖός ποτ' ἦν.   1355
Αγ. τί ποτε ποήσεις; ἐχθρὸν ὧδ' αἰδῇ νέκυν;
Οδ. νικᾷ γὰρ ἀρετή με τῆς ἔχθρας πλέον.
Αγ. τοιοίδε μέντοι φῶτες οὔμπληκτοι βροτῶν.
Οδ. ἦ κάρτα πολλοὶ νῦν φίλοι καὖθις πικροί.

1336 ἔχθιστος] an οὔχθιστος?   1337 'κράτησα Qᵖᶜ:
κράτησα cett.   1338 ἔμπας IRpat: -ης GQp   1339 οὔ
τἂν ἀτιμάσαιμ' Elmsley: οὐκ ἂν ἀτιμάσαιμ' Irp: οὔκουν ἀτιμάσαιμ'
a: οὐκ ἄν γ' ἀτιμάσαιμ' t: οὐκ ἀντατιμήσαιμ' Bothe   1344 θάνοι]
θάνῃ Wunder   1348 προσεμβῆναι] πρὸς ἐμ- Blaydes   σε]
με van Leeuwen   1352 κλύειν post χρὴ Eustathius 800. 9
et sch. rec. in K 224 ap. Cramer, Anecdota Parisiensia iii. 87. 5
1353 παῦσαι] πιθοῦ Nauck: πάρες Postgate: πάσαις Markland
1357 νικᾷ] κινεῖ Pearson   με] τὸ Dawe: τὰ G. Wolff   πλέον C et
interpr. in quibusdam codd.: πολύ cett.   1358 οὔμπληκτοι
Blaydes: ἔμπληκτοι codd.   βροτῶν IRpt: -οῖς GQa

AIAC

Αγ.	τοιούςδ᾽ ἐπαινεῖς δῆτα ςὺ κτᾶςθαι φίλους;	1360
Οδ.	ςκληρὰν ἐπαινεῖν οὐ φιλῶ ψυχὴν ἐγώ.	
Αγ.	ἡμᾶς ςὺ δειλοὺς τῇδε θἠμέρᾳ φανεῖς.	
Οδ.	ἄνδρας μὲν οὖν Ἕλληςι πᾶςιν ἐνδίκους.	
Αγ.	ἄνωγας οὖν με τὸν νεκρὸν θάπτειν ἐᾶν;	
Οδ.	ἔγωγε· καὶ γὰρ αὐτὸς ἐνθάδ᾽ ἵξομαι.	1365
Αγ.	ἦ πάνθ᾽ ὅμοια· πᾶς ἀνὴρ αὑτῷ πονεῖ.	
Οδ.	τῷ γάρ με μᾶλλον εἰκὸς ἢ 'μαυτῷ πονεῖν;	
Αγ.	ςὸν ἄρα τοὔργον, οὐκ ἐμὸν κεκλήςεται.	
Οδ.	ὡδ᾽ ἢν ποήςῃς, πανταχῇ χρηςτός γ᾽ ἔςῃ.	
Αγ.	ἀλλ᾽ εὖ γε μέντοι τοῦτ᾽ ἐπίςτας᾽, ὡς ἐγὼ	1370
	ςοὶ μὲν νέμοιμ᾽ ἂν τῆςδε καὶ μείζω χάριν,	
	οὗτος δὲ κἀκεῖ κἀνθάδ᾽ ὢν ἔμοιγ᾽ ὁμῶς	
	ἔχθιστος ἔςται. ςοὶ δὲ δρᾶν ἔξεςθ᾽ ἃ χρῇς.	
Χο.	ὅςτις ς᾽, Ὀδυςςεῦ, μὴ λέγει γνώμῃ ςοφὸν	
	φῦναι, τοιοῦτον ὄντα, μῶρός ἐςτ᾽ ἀνήρ.	1375
Οδ.	καὶ νῦν γε Τεύκρῳ τἀπὸ τοῦδ᾽ ἀγγέλλομαι,	
	ὅςον τότ᾽ ἐχθρὸς ἦ, τοςόνδ᾽ εἶναι φίλος.	
	καὶ τὸν θανόντα τόνδε ςυνθάπτειν θέλω,	
	καὶ ξυμπονεῖν καὶ μηδὲν ἐλλείπειν ὅςων	
	χρὴ τοῖς ἀρίςτοις ἀνδράςιν πονεῖν βροτούς.	1380
Τευ.	ἄριςτ᾽ Ὀδυςςεῦ, πάντ᾽ ἔχω ς᾽ ἐπαινέςαι	
	λόγοιςι· καί μ᾽ ἔψευςας ἐλπίδος πολύ.	
	τούτῳ γὰρ ὢν ἔχθιστος Ἀργείων ἀνὴρ	
	μόνος παρέςτης χερςίν, οὐδ᾽ ἔτλης παρὼν	
	θανόντι τῷδε ζῶν ἐφυβρίςαι μέγα,	1385
	ὡς ὁ ςτρατηγὸς οὑπιβρόντητος μολὼν	

1360 δῆτα **rpat**: δή lN   1366 post ὅμοια interpunxit Dobree
αὑτῷ **R**pat: αὐ- LGQpD   πονεῖ] φρονεῖ **r**O   1367 πονεῖν]
φρονεῖν L s.l., **r**   1368 post ςόν add. γ᾽ C, coni. Porson: om. cett.
1369 ὡδ᾽ F. Polle: ὡς codd.   ἢν Broadhead: ἂν codd.   ποήςῃς
L**pc**: ποι- K et cett.   πανταχῇ **Lrpa**: -χοῦ Cat   γ᾽ **at**: om.
Lrp   1372 ὁμῶς **rpa**: ὅμως LO, Xrγρ, **t**   1373 χρῇς
Dindorf: χρή codd.   1377 ἦ Elmsley: ἦν codd.   φίλος
rpat: -ον L**ac**Kp   1379 ὅςων Zc s.l., coni. Porson: ὅςον cett.: ὅςῳ
L s.l.   1380 πονεῖν] πορεῖν Housman

ΣΟΦΟΚΛΕΟΥΣ

αὐτός τε χὠ ξύναιμος ἠθελησάτην
λωβητὸν αὐτὸν ἐκβαλεῖν ταφῆς ἄτερ.
τοιγάρ cφ' Ὀλύμπου τοῦδ' ὁ πρεσβεύων πατὴρ
μνήμων τ' Ἐρινὺς καὶ τελεσφόρος Δίκη   1390
κακοὺς κακῶς φθείρειαν, ὥσπερ ἤθελον
τὸν ἄνδρα λώβαις ἐκβαλεῖν ἀναξίως.
cὲ δ', ὦ γεραιοῦ σπέρμα Λαέρτου πατρός,
τάφου μὲν ὀκνῶ τοῦδ' ἐπιψαύειν ἐᾶν,
μὴ τῷ θανόντι τοῦτο δυςχερὲς ποῶ·   1395
τὰ δ' ἄλλα καὶ ξύμπραccε, κεἴ τινα στρατοῦ
θέλεις κομίζειν, οὐδὲν ἄλγος ἕξομεν.
ἐγὼ δὲ τἄλλα πάντα πορcυνῶ· cὺ δὲ
ἀνὴρ καθ' ἡμᾶς ἐcθλὸς ὢν ἐπίcταco.

Οδ.   ἀλλ' ἤθελον μέν· εἰ δὲ μή 'cτί coι φίλον   1400
πράccειν τάδ' ἡμᾶς, εἶμ' ἐπαινέσας τὸ cόν.

Τευ.   ἅλις· ἤδη γὰρ πολὺς ἐκτέταται
χρόνος. ἀλλ' οἱ μὲν κοίλην κάπετον
χερcὶ ταχύνετε, τοὶ δ' ὑψίβατον
τρίποδ' ἀμφίπυρον λουτρῶν ὁcίων   1405
θέcθ' ἐπίκαιρον·
μία δ' ἐκ κλιcίας ἀνδρῶν ἴλη
τὸν ὑπαcπίδιον κόcμον φερέτω.
παῖ, cὺ δὲ πατρός γ', ὅcον ἰcχύεις,
φιλότητι θιγὼν πλευρὰς cὺν ἐμοὶ   1410
τάcδ' ἐπικούφιζ'· ἔτι γὰρ θερμαὶ
cύριγγες ἄνω φυcῶcι μέλαν

1390 Ἐρινὺς LGQp: -ιννὺς Rpat   1392 τὸν] τόνδ' Bentley
1393 Λαέρτου LRpa: -ίου GQ: Λαρτίου Xrt   1395 ποῶ
LᵖᶜKp: ποιῶ rpat   1396 ξύμπραccε Brunck: ξύμπραττε
codd.   1397 ἕξομεν] ἄξομεν F   1398 τἄλλα] τἀμὰ
Rauchenstein   1402–20 delendos esse censet Dawe (1402–13 μένος
iam del. Nauck, 1417 Hermann, 1418–20 Ritter)   1404 ταχύνετε
Lrpa: -ατε QpZrt   τοὶ] τὸν Sudae aliquot codd. s.v. ἀμφίπυρον
1409 παῖ cὺ δὲ πατρός γ'] ὦ παῖ cὺ πατρὸς δ' Hartung   γ' ὅcον]
τόcον Wecklein

μένος. ἀλλ' ἄγε πᾶς, φίλος ὅςτις ἀνὴρ
φηςὶ παρεῖναι, coύcθω, βάτω,
τῷδ' ἀνδρὶ πονῶν τῷ πάντ' ἀγαθῷ   1415
†κοὐδενί πω λῴονι θνητῶν†
[Αἴαντος, ὅτ' ἦν, τότε φωνῶ.]

Χο.   ἦ πολλὰ βροτοῖς ἔςτιν ἰδοῦcιν
γνῶναι· πρὶν ἰδεῖν δ' οὐδεὶς μάντις
τῶν μελλόντων ὅ τι πράξει.   1420

1416 vix tolerabilem, 1417 quem del. Dindorf nullo modo tolerabilem
putamus   1416 κοὐδενί πω] κοὐδενὸς οὐ Blaydes
1417 Αἴαντος] -τι r   τότε Lrpa: ποτε p: τόδε Blaydes
1419 δ' hic Lat: ante ἰδεῖν praebent Λrp

ΗΛΕΚΤΡΑ

ΤΑ ΤΟΥ ΔΡΑΜΑΤΟΣ ΠΡΟΣΩΠΑ

Παιδαγωγός
Ὀρέστης
Ἠλέκτρα
Χορὸς ἐπιχωρίων παρθένων
Χρυσόθεμις
Κλυταιμήστρα
Αἴγισθος

ΗΛΕΚΤΡΑ

ΠΑΙΔΑΓΩΓΟΣ

Ὦ τοῦ στρατηγήσαντος ἐν Τροίᾳ ποτὲ
Ἀγαμέμνονος παῖ, νῦν ἐκεῖν' ἔξεστί coι
παρόντι λεύccειν, ὧν πρόθυμος ἦcθ' ἀεί.
τὸ γὰρ παλαιὸν Ἄργος οὑπόθεις τόδε,
τῆc οἰcτροπλῆγος ἄλcoc Ἰνάχου κόρηc·   5
αὕτη δ', Ὀρέcτα, τοῦ λυκοκτόνου θεοῦ
ἀγορὰ Λύκειοc· οὑξ ἀριcτερᾶc δ' ὅδε
Ἥραc ὁ κλεινὸc ναόc· οἷ δ' ἱκάνομεν,
φάcκειν Μυκήναc τὰc πολυχρύcουc ὁρᾶν,
πολύφθορόν τε δῶμα Πελοπιδῶν τόδε,   10
ὅθεν cε πατρὸc ἐκ φόνων ἐγώ ποτε
πρὸc cῆc ὁμαίμου καὶ καcιγνήτηc λαβὼν
ἤνεγκα κἀξέcωcα κἀξεθρεψάμην
τοcόνδ' ἐc ἥβηc, πατρὶ τιμωρὸν φόνου.
νῦν οὖν, Ὀρέcτα καὶ cὺ φίλτατε ξένων   15
Πυλάδη, τί χρὴ δρᾶν ἐν τάχει βουλευτέον·
ὡc ἡμὶν ἤδη λαμπρὸν ἡλίου cέλαc
ἑῷα κινεῖ φθέγματ' ὀρνίθων cαφῆ
μέλαινά τ' ἄcτρων ἐκλέλοιπεν εὐφρόνη.
πρὶν οὖν τιν' ἀνδρῶν ἐξοδοιπορεῖν cτέγηc,   20
ξυνάπτετον λόγοιcιν· ὡc ἐνταῦθ' †ἐμὲν
ἵν' οὐκέτ' ὀκνεῖν καιρός, ἀλλ' ἔργων ἀκμή.

---

1 del. Haslam   cτρατηγήcαντος] τυραννήcαντοc LγρHgl.
5 τῆc ⟨τ'⟩ Blaydes   10 τε] δὲ t   13 κἀξεθρεψάμην]
καί c' ἐθρεψάμην sch. B ad I 485   16 βουλευτέον] -ετον Porson
20–1 del. Nauck, 20–2 Dihle   21 ξυνάπτετον] -έον Zf, coni.
Toup   ἐνταῦθ' ἐμὲν LOat (ἐcμὲν **rpa**): ἐνταῦθα μὲν | οὐκ ἔcτ' ἔτ'
Monk: alii alia: ἐνταῦθα μὲν | ἦν Handley (cf. Ar. Ran. 37)

ΣΟΦΟΚΛΕΟΥΣ

ΟΡΕΣΤΗΣ

ὦ φίλτατ' ἀνδρῶν προσπόλων, ὥς μοι σαφῆ
σημεῖα φαίνεις ἐσθλὸς εἰς ἡμᾶς γεγώς.
ὥσπερ γὰρ ἵππος εὐγενής, κἄν ᾖ γέρων,   25
ἐν τοῖσι δεινοῖς θυμὸν οὐκ ἀπώλεσεν,
ἀλλ' ὀρθὸν οὖς ἵστησιν, ὡσαύτως δὲ σὺ
ἡμᾶς τ' ὀτρύνεις καὐτὸς ἐν πρώτοις ἔπῃ.
τοιγὰρ τὰ μὲν δόξαντα δηλώσω, σὺ δὲ
ὀξεῖαν ἀκοὴν τοῖς ἐμοῖς λόγοις διδούς,   30
εἰ μή τι καιροῦ τυγχάνω, μεθάρμοσον.
ἐγὼ γὰρ ἡνίχ' ἱκόμην τὸ Πυθικὸν
μαντεῖον, ὡς μάθοιμ' ὅτῳ τρόπῳ πατρὶ
δίκας ἀροίμην τῶν φονευσάντων πάρα,
χρῇ μοι τοιαῦθ' ὁ Φοῖβος ὧν πεύσῃ τάχα·   35
ἄσκευον αὐτὸν ἀσπίδων τε καὶ στρατοῦ
δόλοισι κλέψαι χειρὸς ἐνδίκου σφαγάς.
ὅτ' οὖν τοιόνδε χρησμὸν εἰσηκούσαμεν,
σὺ μὲν μολών, ὅταν σε καιρὸς εἰσάγῃ,
δόμων ἔσω τῶνδ', ἴσθι πᾶν τὸ δρώμενον,   40
ὅπως ἂν εἰδὼς ἡμὶν ἀγγείλῃς σαφῆ.
οὐ γάρ σε μὴ γήρᾳ τε καὶ χρόνῳ μακρῷ
γνῶσ', οὐδ' ὑποπτεύσουσιν, ὧδ' ἠνθισμένον.
λόγῳ δὲ χρῶ τοιῷδ', ὅτι ξένος μὲν εἶ
Φωκέως παρ' ἀνδρὸς Φανοτέως ἥκων· ὁ γὰρ   45
μέγιστος αὐτοῖς τυγχάνει δορυξένων.
ἄγγελλε δ' ὅρκον προστιθείς, ὁθούνεκα
τέθνηκ' Ὀρέστης ἐξ ἀναγκαίας τύχης,
ἄθλοισι Πυθικοῖσιν ἐκ τροχηλάτων

28 τ' codd. plerique: non legitur L: δ' KᵖᶜG: om. pA
sch. L   33 πατρὶ LᵃᶜK, C s.l.: -ὸς cett.
Blomfield   37 ἐνδίκου L. Lange: -ους codd.
-ὼς p   42 χρόνῳ post μακρῷ praebet a
τεύσουσιν codd. plerique: -εύσωσιν V: -εύουσιν Ga
punximus   45 Φωκέως Bentley: -εὺς codd.
Reiske: -ῳ codd.

ἔπῃ] ἔςῃ p et
35 ὁ om. O, del.
41 σαφῆ]
43 ὑποπ-
v. sic inter-
47 ὅρκον

62

δίφρων κυλισθείς· ὧδ' ὁ μῦθος ἑστάτω.　　50
ἡμεῖς δὲ πατρὸς τύμβον, ὡς ἐφίετο,
λοιβαῖσι πρῶτον καὶ καρατόμοις χλιδαῖς
στέψαντες, εἶτ' ἄψορρον ἥξομεν πάλιν,
τύπωμα χαλκόπλευρον ἠρμένοι χεροῖν,
ὃ καὶ σὺ θάμνοις οἶσθά που κεκρυμμένον,　　55
ὅπως λόγῳ κλέπτοντες ἡδεῖαν φάτιν
φέρωμεν αὐτοῖς, τοὐμὸν ὡς ἔρρει δέμας
φλογιστὸν ἤδη καὶ κατηνθρακωμένον.
τί γάρ με λυπεῖ τοῦθ', ὅταν λόγῳ θανὼν
ἔργοισι σωθῶ κἀξενέγκωμαι κλέος;　　60
δοκῶ μέν, οὐδὲν ῥῆμα σὺν κέρδει κακόν.
ἤδη γὰρ εἶδον πολλάκις καὶ τοὺς σοφοὺς
λόγῳ μάτην θνήσκοντας· εἶθ', ὅταν δόμους
ἔλθωσιν αὖθις, ἐκτετίμηνται πλέον·
ὡς κἄμ' ἐπαυχῶ τῆσδε τῆς φήμης ἄπο　　65
δεδορκότ' ἐχθροῖς ἄστρον ὣς λάμψειν ἔτι.
ἀλλ', ὦ πατρῷα γῆ θεοί τ' ἐγχώριοι,
δέξασθέ μ' εὐτυχοῦντα ταῖσδε ταῖς ὁδοῖς,
σύ τ', ὦ πατρῷον δῶμα· σοῦ γὰρ ἔρχομαι
δίκῃ καθαρτὴς πρὸς θεῶν ὡρμημένος·　　70
καὶ μή μ' ἄτιμον τῆσδ' ἀποστείλητε γῆς,
ἀλλ' ἀρχέπλουτον καὶ καταστάτην δόμων.
εἴρηκα μέν νυν ταῦτα· σοὶ δ' ἤδη, γέρον,
τὸ σὸν μελέσθω βάντι φρουρῆσαι χρέος.
νὼ δ' ἔξιμεν· καιρὸς γάρ, ὅσπερ ἀνδράσιν　　75
μέγιστος ἔργου παντός ἐστ' ἐπιστάτης.

52 λοιβαῖσι Lpt, Eustathius 692. 59, Suda s.v. χλιδή cod. E teste Gais-
ford: λοιβαῖς τε ra: λοιβαῖς τὸ Sudae codd. AB　　55 που LᵖᶜKpa,
tγρ: μοι rpt　　56 κλέπτοντες] θνήσκοντες t　　57 φέρωμεν
G: -οιμεν cett.　　61 μὲν Gᵖᶜpat: μὲν ὡς lrpXs, Suda s.v. λύπη et τί
γάρ με κτλ.　　63 δόμους Kpa: -οις lr　　65 ὣς LGN: ὡς
cett.　　66 δεδορκότ'] δεδυκότ' γρ in p　　70 καθαρτὴς]
καθαρθεὶς p　　75-6 del. Todt et Nauck

ΣΟΦΟΚΛΕΟΥΣ

ΗΛΕΚΤΡΑ
 ἰώ μοί μοι δύστηνος.
Πα. καὶ μὴν θυρῶν ἔδοξα προσπόλων τινὸς
 ὑποστενούσης ἔνδον αἰσθέσθαι, τέκνον.
Ορ. ἆρ᾽ ἐστὶν ἡ δύστηνος Ἠλέκτρα; θέλεις 80
 μείνωμεν αὐτοῦ κἀπακούσωμεν γόων;
Πα. ἥκιστα. μηδὲν πρόσθεν ἢ τὰ Λοξίου
 πειρώμεθ᾽ ἔρδειν κἀπὸ τῶνδ᾽ ἀρχηγετεῖν,
 πατρὸς χέοντες λουτρά· ταῦτα γὰρ φέρειν
 νίκην τέ φημι καὶ κράτος τῶν δρωμένων. 85

Ηλ. ὦ φάος ἁγνὸν
 καὶ γῆς ἰσόμοιρ᾽ ἀήρ, ὥς μοι
 πολλὰς μὲν θρήνων ᾠδάς,
 πολλὰς δ᾽ ἀντήρεις ᾔσθου
 στέρνων πλαγὰς αἱμασσομένων, 90
 ὁπόταν δνοφερὰ νὺξ ὑπολειφθῇ·
 τὰ δὲ παννυχίδων κήδη στυγεραὶ
 ξυνίσασ᾽ εὐναὶ μογερῶν οἴκων,
 ὅσα τὸν δύστηνον ἐμὸν θρηνῶ
 πατέρ᾽, ὃν κατὰ μὲν βάρβαρον αἶαν 95
 φοίνιος Ἄρης οὐκ ἐξένισεν,
 μήτηρ δ᾽ ἡμὴ χὠ κοινολεχὴς
 Αἴγισθος ὅπως δρῦν ὑλοτόμοι
 σχίζουσι κάρα φονίῳ πελέκει.
 κοὐδεὶς τούτων οἶκτος ἀπ᾽ ἄλλης 100
 ἢ ᾽μοῦ φέρεται, σοῦ, πάτερ, οὕτως

80–1 paedagogo continuat Nauck 81 κἀπακούσωμεν
Nauck: κἀνα- codd. 82–5 Oresti continuat Nauck 83 ἔρδειν
Lp: ἔ- rpat 84–5 φέρειν . . . φημι Tournier: φέρει νίκην τ᾽
ἐφ᾽ ἡμῖν codd. 87 ἰσόμοιρ᾽ p, coni. Porson: -μοιρος cett. (etiam
Λ) 90 πλαγὰς] πλη- V 92 παννυχίδων] -ίων Blaydes
κήδη Fröhlich: ἤδη codd. 93 οἴκων pat: οἰκιῶν lrp: οἴκτων
Blaydes, fortasse iam Bentley

αἰκῶς οἰκτρῶς τε θανόντος.
ἀλλ' οὐ μὲν δὴ
λήξω θρήνων ςτυγερῶν τε γόων,
ἔςτ' ἂν παμφεγγεῖς ἄςτρων   105
ῥιπάς, λεύςςω δὲ τόδ' ἦμαρ,
μὴ οὐ τεκνολέτειρ' ὥς τις ἀηδὼν
ἐπὶ κωκυτῷ τῶνδε πατρῴων
πρὸ θυρῶν ἠχὼ πᾶςι προφωνεῖν.
ὦ δῶμ' Ἀίδου καὶ Περςεφόνης,   110
ὦ χθόνι' Ἑρμῆ καὶ πότνι' Ἀρά,
ςεμναί τε θεῶν παῖδες Ἐρινύες,
αἳ τοὺς ἀδίκως θνῄςκοντας ὁρᾶθ',
αἳ τοὺς εὐνὰς ὑποκλεπτομένους,
ἔλθετ', ἀρήξατε, τείςαςθε πατρὸς   115
φόνον ἡμετέρου,
καί μοι τὸν ἐμὸν πέμψατ' ἀδελφόν.
μούνη γὰρ ἄγειν οὐκέτι ςωκῶ
λύπης ἀντίρροπον ἄχθος.   120

ΧΟΡΟΣ

ὦ παῖ παῖ δυςτανοτάτας   ςτρ. α'
Ἠλέκτρα ματρός, τίν' ἀεὶ
λάςκεις ὧδ' ἀκόρεςτον οἰμωγὰν

---

102 αἰκῶς Hermann e sch. (ἀεικῶς: ita etiam Suda s.v.): ἀδίκως
codd. et Dio Cassius 52. 18   105 post ἂν add. λεύςςω codd.: del.
Hermann et Reisig   ἄςτρων del. Dobree   106 δὲ τόδ'] τόδε
⟨τ'⟩ Blaydes   108 κωκυτῷ codd. plerique: -ῶν L^ac F^ac Sudae codd.
AV s.v. ῥιπάς: -οῖς Sudae codd. cett.   τῶνδε] τήνδε Musgrave
111 πότνια] ποινία Lγρ   112 Ἐρινύες LGF: -ιννύες cett.
113–14 ὁρᾶθ' αἳ Dobree: ὁρᾶτε codd.   114 post τούς add. τ'
pXr Sudae codd. GM s.v. Περςεφόνη   114–15 lacunam ante τοὺς
εὐνάς statuerunt Hermann et Blaydes, post ἀρήξατε Dawe, post ὑπο-
κλεπτομένους Enger   121 ὦ t: ἰὼ cett.   alterum παῖ om. rp
123 λάςκεις Schwerdt: τάκεις codd., nisi quod τάκει K^ac prae-
bet   ἀκόρεςτον οἰμωγὰν] ἀκόρεςτος οἰμωγᾶν Ps.l.   locum
ita refecit Kvíčala: τίς ἀεὶ τάκει ς' ὧδ' ἀκόρεςτος (vel -ον)
οἰμωγά

ΣΟΦΟΚΛΕΟΥΣ

τὸν πάλαι ἐκ δολερᾶς ἀθεώτατα
ματρὸς ἁλόντ᾽ ἀπάταις Ἀγαμέμνονα   125
κακᾷ τε χειρὶ πρόδοτον; ὡς ὁ τάδε πορὼν
ὄλοιτ᾽, εἴ μοι θέμις τάδ᾽ αὐδᾶν.

Ηλ.   ὦ γενέθλα γενναίων,
ἥκετ᾽ ἐμῶν καμάτων παραμύθιον·   130
οἶδά τε καὶ ξυνίημι τάδ᾽, οὔ τί με
φυγγάνει, οὐδ᾽ ἐθέλω προλιπεῖν τόδε,
μὴ οὐ τὸν ἐμὸν στενάχειν πατέρ᾽ ἄθλιον.
ἀλλ᾽ ὦ παντοίας φιλότητος ἀμειβόμεναι χάριν,
ἐᾶτέ μ᾽ ὧδ᾽ ἀλύειν,   135
αἰαῖ, ἱκνοῦμαι.

Χο.   ἀλλ᾽ οὔτοι τόν γ᾽ ἐξ Ἀίδα   ἀντ. α΄
παγκοίνου λίμνας πατέρ᾽ ἀν-
στάσεις οὔτε γόοισιν, οὐ λιταῖς·
ἀλλ᾽ ἀπὸ τῶν μετρίων ἐπ᾽ ἀμήχανον   140
ἄλγος ἀεὶ στενάχουσα διόλλυσαι,
ἐν οἷς ἀνάλυσίς ἐστιν οὐδεμία κακῶν.
τί μοι τῶν δυσφόρων ἐφίῃ;

Ηλ.   νήπιος ὃς τῶν οἰκτρῶς   145
οἰχομένων γονέων ἐπιλάθεται.
ἀλλ᾽ ἐμέ γ᾽ ἁ στονόεσσ᾽ ἄραρεν φρένας,
ἃ Ἴτυν αἰὲν Ἴτυν ὀλοφύρεται,
ὄρνις ἀτυζομένα, Διὸς ἄγγελος.
ἰὼ παντλάμων Νιόβα, σὲ δ᾽ ἔγωγε νέμω θεόν,   150

---

124 ἀθεώτατα Porson: -τάτας codd.   126 ὡς] ὡς Lᵃᶜp
129 γενέθλα LᵖᶜK: γένεθλα Lᵃᶜ cett., tutatur Stinton (cf. ad 145)   post
γενναίων add. πατέρων **lrpa**, τοκέων **pt**: del. Monk   130 παρα-
μύθιον] -ιοι Blaydes   132 οὐδ᾽ **at**: οὐδ᾽ αὖ **lrp**   τόδε] τό γε
K s.l.   133 στεναχεῖν L s.l., Kp: accentum corr. Elmsley: στονα-
χεῖν cett.   139 γόοισιν V s.l., Livineius ('p'), Hermann: γόοις cett.
οὐ **t**: οὔτε cett.   λιταῖς **at**: λιταῖσιν **lrp**: ἄνταις Hermann: εὐχαῖς
Erfurdt   145 ὅς] ὅστις **t**   τῶν] ὧν Stinton (cf. ad 129)
148 αἰὲν] αἰαῖ G. Velke   post Ἴτυν add. γ᾽ **t**   150 παν-
τλάμων Lpat: -τλᾶμον **rp**Xr

66

ἅτ' ἐν τάφῳ πετραίῳ,
αἰαῖ, δακρύεις.

Χο. οὔτοι σοὶ μούνᾳ,   στρ. β'
τέκνον, ἄχος ἐφάνη βροτῶν,
πρὸς ὅ τι σὺ τῶν ἔνδον εἶ περισσά,   155
οἷς ὁμόθεν εἶ καὶ γονᾷ ξύναιμος,
οἷα Χρυσόθεμις ζώει καὶ Ἰφιάνασσα,
κρυπτᾷ τ' ἀχέων ἐν ἥβᾳ
ὄλβιος, ὃν ἁ κλεινὰ   160
γᾶ ποτε Μυκηναίων
δέξεται εὐπατρίδαν, Διὸς εὔφρονι
βήματι μολόντα τάνδε γᾶν Ὀρέσταν.

Ηλ. ὅν γ' ἐγὼ ἀκάματα προσμένουσ' ἄτεκνος,
τάλαιν' ἀνύμφευτος αἰὲν οἰχνῶ,   165
δάκρυσι μυδαλέα, τὸν ἀνήνυτον
οἶτον ἔχουσα κακῶν· ὁ δὲ λάθεται
ὧν τ' ἔπαθ' ὧν τ' ἐδάη. τί γὰρ οὐκ ἐμοὶ
ἔρχεται ἀγγελίας ἀπατώμενον;   170
ἀεὶ μὲν γὰρ ποθεῖ,
ποθῶν δ' οὐκ ἀξιοῖ φανῆναι.

Χο. θάρσει μοι, θάρσει,   ἀντ. β'
τέκνον. ἔτι μέγας οὐρανῷ
Ζεύς, ὃς ἐφορᾷ πάντα καὶ κρατύνει·   175
ᾧ τὸν ὑπεραλγῆ χόλον νέμουσα
μήθ' οἷς ἐχθαίρεις ὑπεράχθεο μήτ' ἐπιλάθου·
χρόνος γὰρ εὐμαρὴς θεός.

152 αἰαῖ fere codd.: αἰὲν V, ἀεὶ Zc   156 οἷς] αἷς G
157 οἷα At: οἷα cett.   160-3 choro tribuit Tyrwhitt, Electrae
codd.   160 ὄλβιος] -ον H^ac, coni. Brunck   163 βήματι
codd.: alii alia: νεύματι Burges, probat Nauck   164 ὅν γ' ἐγὼ
Hermann: ὅν ἔγωγ' codd. (etiam Λ)   168 ὁ δὲ λάθεται L^pcKpat:
ὁ δ' ἐλάθετο rpKs.l.   169 ἔπαθ' Λat: ἔπαθεν LrpXs
171 ἀεὶ Pat: αἰεὶ Lrpa   173-4 τέκνον post μοι praebet sch. ad
823   174 ἔτι L^ac: ἔστι cett.   post μέγας add. ἐν codd.: del.
Livineius ('p'): μέγας ἔτ' ἐν Hermann

οὔτε γὰρ ὁ τὰν Κρῖσαν   180
βούνομον ἔχων ἀκτὰν
παῖς Ἀγαμεμνονίδας ἀπερίτροπος
οὔθ' ὁ παρὰ τὸν Ἀχέροντα θεὸς ἀνάσσων.

Ηλ. ἀλλ' ἐμὲ μὲν ὁ πολὺς ἀπολέλοιπεν ἤδη   185
βίοτος ἀνέλπιστον, οὐδ' ἔτ' ἀρκῶ·
ἅτις ἄνευ τεκέων κατατάκομαι,
ᾆς φίλος οὔτις ἀνὴρ ὑπερίσταται,
ἀλλ' ἀπερεί τις ἔποικος ἀναξία
οἰκονομῶ θαλάμους πατρός, ὧδε μὲν   190
ἀεικεῖ σὺν στολᾷ,
κεναῖς δ' ἀμφίσταμαι τραπέζαις.

Χο. οἰκτρὰ μὲν νόστοις αὐδά,   στρ. γ'
οἰκτρὰ δ' ἐν κοίταις πατρῴαις,
ὅτε οἱ παγχάλκων ἀνταία   195
γενύων ὡρμάθη πλαγά.
δόλος ἦν ὁ φράσας, ἔρος ὁ κτείνας,
δεινὰν δεινῶς προφυτεύσαντες
μορφάν, εἴτ' οὖν θεὸς εἴτε βροτῶν
ἦν ὁ ταῦτα πράσσων.   200
Ηλ. ὢ πασᾶν κείνα πλέον ἀμέρα
ἐλθοῦσ' ἐχθίστα δή μοι·
ὢ νύξ, ὢ δείπνων ἀρρήτων
ἔκπαγλ' ἄχθη·

---

180 Κρῖσαν Hermann: Κρῖς(c)αν codd.: Κρίσᾳ Musgrave: Κρίσας Nauck et Blaydes   cave credas Draconem Stratonicensem (21. 4) huc pertinere   181 βούνομον Gpa: βουνόμον L(?), Rp, Suda s.v.: βουνόμαν t   186 ἀνέλπιστον Dindorf e sch. L: -ος codd. οὐδ' ἔτ' LOa: οὐδέ τ' cett.   187 τεκέων p, coni. Meineke: τοκέων fere codd.   189 ἀπερεί (sic) LRPat: ὡσπερεί GpXr 192 ἀμφίσταμαι p et Eustathius 1692. 57: ἀφ- l: ἐφ- fere cett. 195 οἱ Hermann: coι codd.   197 ἔρος Lᵖᶜat: ἔρως rp   ἔρος et δόλος permutavit Wakefield   198 προφυτεύσαντες Λpat: προφη- Lrp   204 ἄχθη Λ et codd. plerique: πάθη v.l. in L et r, ut videtur

τοῖς ἐμὸς ἴδε πατὴρ   205
θανάτους αἰκεῖς διδύμαιν χειροῖν,
αἵ τὸν ἐμὸν εἷλον βίον
πρόδοτον, αἵ μ᾽ ἀπώλεσαν·
οἷς θεὸς ὁ μέγας Ὀλύμπιος
ποίνιμα πάθεα παθεῖν πόροι,   210
μήδε ποτ᾽ ἀγλαΐας ἀποναίατο
τοιάδ᾽ ἀνύσαντες ἔργα.

Χο. φράζου μὴ πόρσω φωνεῖν.   ἀντ. γ΄
     οὐ γνώμαν ἴσχεις ἐξ οἵων
     τὰ παρόντ᾽· οἰκείας εἰς ἄτας   215
     ἐμπίπτεις οὕτως αἰκῶς;
     πολὺ γάρ τι κακῶν ὑπερεκτήσω,
     ᾷ δυσθύμῳ τίκτους᾽ αἰεὶ
     ψυχᾷ πολέμους· τάδε—τοῖς δυνατοῖς
     οὐκ ἐριστά—τλᾶθι.   220
Ηλ. ἐν δεινοῖς δείν᾽ ἠναγκάσθην·
     ἔξοιδ᾽, οὐ λάθει μ᾽ ὀργά.
     ἀλλ᾽ ἐν γὰρ δεινοῖς οὐ σχήσω
     ταύτας ἄτας,
     ὄφρα με βίος ἔχῃ.   225
     τίνι γάρ ποτ᾽ ἄν, ὦ φιλία γενέθλα,

205 τοῖς Johnson: τοὺς codd.: τούς τ᾽ Paley   ἴδε Brunck: εἶδε codd.
206 αἰκεῖς Seidler: ἀεικεῖς codd.   χειροῖν Livineius ('p'): χεροῖν
codd. (etiam Λ)   213 πόρσω Lrat: πρόσω pXs   φωνεῖν]
φώνει Morstadt   215 sic interpunxit Kaibel (in hac re codicum
auctoritas nihil valet)   216 ἐμπίπτεις Lrpa: ἐπι- t: ἐμπίπτους᾽
Seyffert   αἰκῶς Brunck: ἀεικῶς codd.   218 αἰεὶ at: ἀεὶ
LrpZr   219 τάδε pD et coni. Jackson: τὰ δὲ cett.
220 τλᾶθι Wakefield: πλάθειν codd. (τλάθειν s.l. praebet Zc)   vv. sic
interpunxit Jackson   221 ἐν δεινοῖς δείν᾽ Kaibel (similia G. Wolff
et Pearson): ἐν δεινοῖς codd., qui haec verba post ἠναγκάσθην iterant,
nisi quod Triclinius pro iteratis δὴ coniecit: utrumque ἐν del. Brunck
224 ἄτας codd.: cf. 215: ἀχάς Blaydes   225 με βίος ἔχῃ] μ᾽ ἔχῃ
βίοτος t   226 φιλία L^pcpa: φίλια L^aerp: φίλα Ot   γενέθλα
a: γένεθλα LrpZr

ΣΟΦΟΚΛΕΟΥΣ

πρόσφορον ἀκούσαιμ' ἔπος,
τίνι φρονοῦντι καίρια;
ἄνετέ μ' ἄνετε παράγοροι.
τάδε γὰρ ἄλυτα κεκλήσεται·   230
οὐδέ ποτ' ἐκ καμάτων ἀποπαύσομαι
ἀνάριθμος ὧδε θρήνων.

Χο. ἀλλ' οὖν εὐνοίᾳ γ' αὐδῶ,   ἐπ.
μάτηρ ὡσεί τις πιστά,
μὴ τίκτειν c' ἄταν ἄταις.   235
Ηλ. καὶ τί μέτρον κακότατος ἔφυ; φέρε,
πῶς ἐπὶ τοῖς φθιμένοις ἀμελεῖν καλόν;
ἐν τίνι τοῦτ' ἔβλαστ' ἀνθρώπων;
μήτ' εἴην ἔντιμος τούτοις
μήτ', εἴ τῳ πρόσκειμαι χρηστῷ,   240
ξυνναίοιμ' εὔκηλος, γονέων
ἐκτίμους ἴσχουσα πτέρυγας
ὀξυτόνων γόων.
εἰ γὰρ ὁ μὲν θανὼν γᾶ τε καὶ οὐδὲν ὢν   245
κείσεται τάλας,
οἱ δὲ μὴ πάλιν
δώσουσ' ἀντιφόνους δίκας,
ἔρροι τ' ἂν αἰδὼς
ἁπάντων τ' εὐσέβεια θνατῶν.   250

Χο. ἐγὼ μέν, ὦ παῖ, καὶ τὸ σὸν σπεύδουσ' ἅμα
καὶ τοὐμὸν αὐτῆς ἦλθον· εἰ δὲ μὴ καλῶς
λέγω, σὺ νίκα· σοὶ γὰρ ἑψόμεσθ' ἅμα.
Ηλ. αἰσχύνομαι μέν, ὦ γυναῖκες, εἰ δοκῶ
πολλοῖσι θρήνοις δυσφορεῖν ὑμῖν ἄγαν.   255

---

231 ἐκ καμάτων] ἀκαμάτων Reiske   236 κακότατος
LrpZr: -ητος pat   238 τίνι] τίσι Reiske   ἔβλαστ' Pat:
ἔβλαστεν Lrpa   241 e sch. v.l. εὔζηλος expiscatus est De Marco
249 τ' ἂν] τἂν Martin   253 ἅμα] ὁμοῦ sch. D: ἀεί Morstadt: an
ἄρα?

ἀλλ᾿ ἡ βία γὰρ ταῦτ᾿ ἀναγκάζει με δρᾶν,
cύγγνωτε. πῶς γάρ, ἥτις εὐγενὴς γυνή,
πατρῷ᾿ ὁρῶcα πήματ᾿, οὐ δρῴη τάδ᾿ ἄν,
ἀγὼ κατ᾿ ἦμαρ καὶ κατ᾿ εὐφρόνην ἀεὶ
θάλλοντα μᾶλλον ἢ καταφθίνονθ᾿ ὁρῶ;   260
ἣ πρῶτα μὲν τὰ μητρός, ἥ μ᾿ ἐγείνατο,
ἔχθιcτα cυμβέβηκεν· εἶτα δώμαcιν
ἐν τοῖc ἐμαυτῆc τοῖc φονεῦcι τοῦ πατρὸc
ξύνειμι, κἀκ τῶνδ᾿ ἄρχομαι κἀκ τῶνδέ μοι
λαβεῖν θ᾿ ὁμοίωc καὶ τὸ τητᾶcθαι πέλει.   265
ἔπειτα ποίαc ἡμέραc δοκεῖc μ᾿ ἄγειν,
ὅταν θρόνοιc Αἴγιcθον ἐνθακοῦντ᾿ ἴδω
τοῖcιν πατρῴοιc, εἰcίδω δ᾿ ἐcθήματα
φοροῦντ᾿ ἐκείνῳ ταὐτά, καὶ παρεcτίουc
cπένδοντα λοιβὰc ἔνθ᾿ ἐκεῖνον ὤλεcεν,   270
ἴδω δὲ τούτων τὴν τελευταίαν ὕβριν,
τὸν αὐτοέντην ἡμὶν ἐν κοίτῃ πατρὸc
ξὺν τῇ ταλαίνῃ μητρί, μητέρ᾿ εἰ χρεὼν
ταύτην προcαυδᾶν τῷδε cυγκοιμωμένην·
ἡ δ᾿ ὧδε τλήμων ὥcτε τῷ μιάcτορι   275
ξύνεcτ᾿, Ἐρινὺν οὔτιν᾿ ἐκφοβουμένη·
ἀλλ᾿ ὥcπερ ἐγγελῶcα τοῖc ποιουμένοιc,
εὑροῦc᾿ ἐκείνην ἡμέραν, ἐν ᾗ τότε
πατέρα τὸν ἀμὸν ἐκ δόλου κατέκτανεν,
ταύτῃ χοροὺc ἵcτηcι καὶ μηλοcφαγεῖ   280
θεοῖcιν ἔμμην᾿ ἱερὰ τοῖc cωτηρίοιc.
ἐγὼ δ᾿ ὁρῶcα δύcμοροc κατὰ cτέγαc
κλαίω, τέτηκα, κἀπικωκύω πατρὸc

256 ἀλλ᾿ ἡ βία με ταῦτ᾿ ἀναγκάζει ποιεῖν Arist. *Metaph.* 1015ᵃ30
257 ἥτιc Lpat: εἴ τιc **rpa**   271 τούτων] τοῦτον G, probat
Morstadt   272 αὐτοέντην Lγρ (cf. Phryn. *Praep. soph.* p. 24. 8 de
Borries): αὐτοφόντην Λ et cett.   276 Ἐρινὺν Lrp: -ιννὺν **pat**
277 ὥcπερ ἐγγελῶcα] ὥcπερεὶ χλιδῶcα F. W. Schmidt: ἐγχλίουcα
Groeneboom   278 εὑροῦc᾿] τηροῦc᾿ Reiske: φρουροῦc᾿ Nauck
279 ἀμὸν Lᵖᶜat: ἐμὸν KrpXr, quo recepto ⟨τὸν⟩ πατέρα Blaydes; cf.
588   282 ὁρῶcα Zf et fort. Aᵃᶜ: ὁρῶc᾿ ἡ cett.

ΣΟΦΟΚΛΕΟΥΣ

τὴν δυστάλαιναν δαῖτ᾽ ἐπωνομασμένην
αὐτὴ πρὸς αὑτήν· οὐδὲ γὰρ κλαῦσαι πάρα   285
τοσόνδ᾽ ὅσον μοι θυμὸς ἡδονὴν φέρει.
αὕτη γὰρ ἡ λόγοισι γενναία γυνὴ
φωνοῦσα τοιάδ᾽ ἐξονειδίζει κακά,
"ὦ δύσθεον μίσημα, σοὶ μόνῃ πατὴρ
τέθνηκεν; ἄλλος δ᾽ οὔτις ἐν πένθει βροτῶν;   290
κακῶς ὄλοιο, μηδέ σ᾽ ἐκ γόων ποτὲ
τῶν νῦν ἀπαλλάξειαν οἱ κάτω θεοί."
τάδ᾽ ἐξυβρίζει· πλὴν ὅταν κλύῃ τινὸς
ἥξοντ᾽ Ὀρέστην· τηνικαῦτα δ᾽ ἐμμανὴς
βοᾷ παραστᾶς, "οὐ σύ μοι τῶνδ᾽ αἰτία;   295
οὐ σὸν τόδ᾽ ἐστὶ τοὔργον, ἥτις ἐκ χερῶν
κλέψασ᾽ Ὀρέστην τῶν ἐμῶν ὑπεξέθου;
ἀλλ᾽ ἴσθι τοι τείσουσά γ᾽ ἀξίαν δίκην."
τοιαῦθ᾽ ὑλακτεῖ, σὺν δ᾽ ἐποτρύνει πέλας
ὁ κλεινὸς αὐτῇ ταὐτὰ νυμφίος παρών,   300
ὁ πάντ᾽ ἄναλκις οὗτος, ἡ πᾶσα βλάβη,
ὁ σὺν γυναιξὶ τὰς μάχας ποιούμενος.
ἐγὼ δ᾽ Ὀρέστην τῶνδε προσμένουσ᾽ ἀεὶ
παυστῆρ᾽ ἐφήξειν ἡ τάλαιν᾽ ἀπόλλυμαι.
μέλλων γὰρ ἀεὶ δρᾶν τι τὰς οὔσας τέ μου   305
καὶ τὰς ἀπούσας ἐλπίδας διέφθορεν.
ἐν οὖν τοιούτοις οὔτε σωφρονεῖν, φίλαι,
οὔτ᾽ εὐσεβεῖν πάρεστιν· ἀλλ᾽ ἐν τοῖς κακοῖς
πολλή 'στ᾽ ἀνάγκη κἀπιτηδεύειν κακά.

Χο. φέρ᾽ εἰπέ, πότερον ὄντος Αἰγίσθου πέλας   310
λέγεις τάδ᾽ ἡμῖν, ἢ βεβῶτος ἐκ δόμων;

---

285 αὐτὴν Lrp: αὑτὴν pat   298 τείσουσά γ᾽] τείσουσ᾽ ἔτ᾽
Blaydes   300 ταὐτὰ Blomfield: ταῦτα codd.   303 post
ἀεί add. ποτε, omisso τῶνδε, Lγρ   305 ἀεὶ lrpZrt: αἰεὶ Lᵖᶜa
μου] μοι Wa, Laur. CS 41, Thomas Magister   306 διέφθορεν]
-ας Eustathius 191. 29   309 πολλῇστ᾽ (sic) Lᵖᶜ: πολλή τ᾽ vel
πολλή γ᾽ fere cett.

72

Ηλ. ἡ κάρτα. μὴ δόκει μ' ἄν, εἴπερ ἦν πέλας,
θυραῖον οἰχνεῖν· νῦν δ' ἀγροῖcι τυγχάνει.

Χο. ἡ δὴ ἄν ἐγὼ θαρcοῦcα μᾶλλον ἐc λόγουc
τοὺc coὺc ἱκοίμην, εἴπερ ὧδε ταῦτ' ἔχει.   315

Ηλ. ὡc νῦν ἀπόντοc ἱcτόρει· τί coι φίλον;

Χο. καὶ δή c' ἐρωτῶ, τοῦ καcιγνήτου τί φήc,
ἥξοντοc, ἢ μέλλοντοc; εἰδέναι θέλω.

Ηλ. φηcίν γε· φάcκων δ' οὐδὲν ὧν λέγει ποεῖ.

Χο. φιλεῖ γὰρ ὀκνεῖν πρᾶγμ' ἀνὴρ πράccων μέγα.   320

Ηλ. καὶ μὴν ἔγωγ' ἔcωc' ἐκεῖνον οὐκ ὄκνῳ.

Χο. θάρcει· πέφυκεν ἐcθλόc, ὥcτ' ἀρκεῖν φίλοιc.

Ηλ. πέποιθ', ἐπεί τἂν οὐ μακρὰν ἔζων ἐγώ.

Χο. μὴ νῦν ἔτ' εἴπῃc μηδέν· ὡc δόμων ὁρῶ
τὴν cὴν ὅμαιμον, ἐκ πατρὸc ταὐτοῦ φύcιν,   325
Χρυcόθεμιν, ἔκ τε μητρόc, ἐντάφια χεροῖν
φέρουcαν, οἷα τοῖc κάτω νομίζεται.

ΧΡΥCΟΘΕΜΙC

τίν' αὖ cὺ τήνδε πρὸc θυρῶνοc ἐξόδοιc
ἐλθοῦcα φωνεῖc, ὦ καcιγνήτη, φάτιν,
κοὐδ' ἐν χρόνῳ μακρῷ διδαχθῆναι θέλειc   330
θυμῷ ματαίῳ μὴ χαρίζεcθαι κενά;
καίτοι τοcοῦτόν γ' οἶδα κἀμαυτήν, ὅτι
ἀλγῶ 'πὶ τοῖc παροῦcιν· ὥcτ' ἄν, εἰ cθένοc
λάβοιμι, δηλώcαιμ' ἄν οἷ' αὐτοῖc φρονῶ.
νῦν δ' ἐν κακοῖc μοι πλεῖν ὑφειμένη δοκεῖ,   335
καὶ μὴ δοκεῖν μὲν δρᾶν τι, πημαίνειν δὲ μή.

312 ἥ] καὶ Meineke, puncto post κάρτα addito   313 θυραῖον]
-αν rp   314 ἥ δὴ ἄν Hermann: ἥ δ' ἄν Lrp: ἥ κἄν at: ἥ
τἄν Doederlein   316 νῦν] νυν Monk   τί] τὸ Matthiae
319 φηcίν LpAt: φηcί fere cett.   320 πρᾶγμ'] πᾶc Suda
s.v. ὀκνῶν   324 νῦν] νυν Monk   325 φύcιν Lat:
φύcαν rpXr (unde φύcαν ἐκ ταὐτοῦ πατρόc Fröhlich): κάcιν Mekler
328 ἐξόδοιc] -ουc Blaydes   331 θυμῷ ματαίῳ] ψυχῇ ματαίᾳ
Lγρ et gl. in D: ψυχῇ gl. est in K et alibi   332 γ' Lrpa:
om. pt

ΣΟΦΟΚΛΕΟΥΣ

τοιαῦτα δ' ἄλλα καὶ cὲ βούλομαι ποεῖν.
καίτοι τὸ μὲν δίκαιον οὐχ ᾗ 'γὼ λέγω,
ἀλλ' ᾗ cὺ κρίνεις. εἰ δ' ἐλευθέραν με δεῖ
ζῆν, τῶν κρατούντων ἐcτὶ πάντ' ἀκουcτέα.   340

Ηλ. δεινόν γέ c' οὖcαν πατρὸc οὗ cὺ παῖc ἔφυc
κείνου λελῆcθαι, τῆc δὲ τικτούcηc μέλειν.
ἅπαντα γάρ cοι τἀμὰ νουθετήματα
κείνηc διδακτά, κοὐδὲν ἐκ cαυτῆc λέγειc.
ἐπεί γ' ἑλοῦ cὺ θἄτερ', ἢ φρονεῖν κακῶc,   345
ἢ τῶν φίλων φρονοῦcα μὴ μνήμην ἔχειν·
ἥτιc λέγειc μὲν ἀρτίωc, ὡc εἰ λάβοιc
cθένοc, τὸ τούτων μῖcοc ἐκδείξειαc ἄν·
ἐμοῦ δὲ πατρὶ πάντα τιμωρουμένηc
οὔτε ξυνέρδειc τήν τε δρῶcαν ἐκτρέπειc.   350
οὐ ταῦτα πρὸc κακοῖcι δειλίαν ἔχει;
ἐπεὶ δίδαξον, ἢ μάθ' ἐξ ἐμοῦ, τί μοι
κέρδοc γένοιτ' ἂν τῶνδε ληξάcῃ γόων.
οὐ ζῶ; κακῶc μέν, οἶδ', ἐπαρκούντωc δ' ἐμοί.
λυπῶ δὲ τούτουc, ὥcτε τῷ τεθνηκότι   355
τιμὰc προcάπτειν, εἴ τιc ἔcτ' ἐκεῖ χάριc.
cὺ δ' ἡμὶν ἡ μιcοῦcα μιcεῖc μὲν λόγῳ,
ἔργῳ δὲ τοῖc φονεῦcι τοῦ πατρὸc ξύνει.
ἐγὼ μὲν οὖν οὐκ ἄν ποτ', οὐδ' εἴ μοι τὰ cὰ
μέλλοι τιc οἴcειν δῶρ', ἐφ' οἷcι νῦν χλιδᾷc,   360
τούτοιc ὑπεικάθοιμι· cοὶ δὲ πλουcία
τράπεζα κείcθω καὶ περιρρείτω βίοc.
ἐμοὶ γὰρ ἔcτω τοὐμὲ μὴ λυπεῖν μόνον

337 ἄλλα Dindorf: ἀλλὰ codd.   341 γέ c'] cέ γ' Blomfield,
Monk   344 κείνηc] -η r   345 ἐπεί γ' ἑλοῦ cὺ nos (ἐπεί
γ' iam Page): ἔπειθ' ἑλοῦ γε codd.: ἐπεὶ 'ξελοῦ γε Blaydes
348 ἐκδείξειαc] ἐνδ- p   354 ἐπαρκούντωc] ἀπ- Thomas
Magister s.v. ἀπαρκεῖ   δ' ἐμοί p, Brunck: δέ μοι codd. plerique
359 οὖν om. LP   360 μέλλοι Lpa: -ει rpat   363 μὴ
λυπεῖν μόνον codd.: μὴ λυπούμενον Favorinus in P.Vat.gr. 11 (p. 396
Barigazzi): μὴ 'λλιπεῖν μόνον Doederlein (λιπεῖν iam Canter): μὴ
λυποῦν μόνον Erfurdt

74

ΗΛΕΚΤΡΑ

βόσκημα· τῆς σῆς δ' οὐκ ἐρῶ τιμῆς λαχεῖν.
οὐδ' ἂν σύ, σώφρων γ' οὖσα. νῦν δ' ἐξὸν
πατρὸς   365
πάντων ἀρίστου παῖδα κεκλῆσθαι, καλοῦ
τῆς μητρός. οὕτω γὰρ φανῇ πλείστοις κακή,
θανόντα πατέρα καὶ φίλους προδοῦσα σούς.

Χο.   μηδὲν πρὸς ὀργὴν πρὸς θεῶν· ὡς τοῖς λόγοις
ἔνεστιν ἀμφοῖν κέρδος, εἰ σὺ μὲν μάθοις   370
τοῖς τῆσδε χρῆσθαι, τοῖς δὲ σοῖς αὕτη πάλιν.

Χρ.   ἐγὼ μέν, ὦ γυναῖκες, ἤθάς εἰμί πως
τῶν τῆσδε μύθων· οὐδ' ἂν ἐμνήσθην ποτέ,
εἰ μὴ κακὸν μέγιστον εἰς αὐτὴν ἰὸν
ἤκουσ', ὃ ταύτην τῶν μακρῶν σχήσει γόων.   375

Ηλ.   φέρ' εἰπὲ δὴ τὸ δεινόν. εἰ γὰρ τῶνδέ μοι
μεῖζόν τι λέξεις, οὐκ ἂν ἀντείποιμ' ἔτι.

Χρ.   ἀλλ' ἐξερῶ σοι πᾶν ὅσον κάτοιδ' ἐγώ.
μέλλουσι γάρ σ', εἰ τῶνδε μὴ λήξεις γόων,
ἐνταῦθα πέμψειν ἔνθα μή ποθ' ἡλίου   380
φέγγος προσόψῃ, ζῶσα δ' ἐν κατηρεφεῖ
στέγῃ χθονὸς τῆσδ' ἐκτὸς ὑμνήσεις κακά.
πρὸς ταῦτα φράζου, καί με μή ποθ' ὕστερον
παθοῦσα μέμψῃ. νῦν γὰρ ἐν καλῷ φρονεῖν.

Ηλ.   ἦ ταῦτα δή με καὶ βεβούλευνται ποεῖν;   385

Χρ.   μάλισθ'· ὅταν περ οἴκαδ' Αἴγισθος μόλῃ.

Ηλ.   ἀλλ' ἐξίκοιτο τοῦδέ γ' οὕνεκ' ἐν τάχει.

Χρ.   τίν', ὦ τάλαινα, τόνδ' ἐπηράσω λόγον;

364 λαχεῖν p, Xr γρ, L s.l. (manu recentiore, ut videtur): τυχεῖν
LKrpat   371 αὕτη pt: αὐτὴ Lrpa   373 οὐδ'] κοὐκ t
375 ὃ ταύτην] ὅπερ νιν vel ὃ τούτων Blaydes   378 σοι Lp:
τοι rpat, L s.l. manu recentiore   379 λήξεις rpat: -ης Lp
γόων] λόγων Lγρ   380 μή ποθ'] μηκέθ' Nauck
381 προσόψῃ] κατ- Eustathius 1839. 61 (ex Ammonio 170 ut videtur):
κατ' ὄψιν Erennius (p. 43 Nickau)   382 στέγῃ LGpat: στέγει
RpXr   ἐκτὸς] ἐντὸς Schenkl   383 καί με] κἀμὲ Pearson:
κοὔ με Blaydes   385 δή με Lrpa: γάρ μοι pt   βεβούλευνται]
-ευται pZr

75

ΣΟΦΟΚΛΕΟΥΣ

Ηλ.	ἐλθεῖν ἐκεῖνον, εἴ τι τῶνδε δρᾶν νοεῖ.	
Χρ.	ὅπως πάθῃς τί χρῆμα; ποῦ ποτ' εἶ φρενῶν;	390
Ηλ.	ὅπως ἀφ' ὑμῶν ὡς προςώπατ' ἐκφύγω.	
Χρ.	βίου δὲ τοῦ παρόντος οὐ μνείαν ἔχεις;	
Ηλ.	καλὸς γὰρ οὑμὸς βίοτος ὥςτε θαυμάςαι.	
Χρ.	ἀλλ' ἦν ἄν, εἰ cύ γ' εὖ φρονεῖν ἠπίςταςο.	
Ηλ.	μή μ' ἐκδίδαςκε τοῖς φίλοις εἶναι κακήν.	395
Χρ.	ἀλλ' οὐ διδάςκω· τοῖς κρατοῦςι δ' εἰκαθεῖν.	
Ηλ.	cὺ ταῦτα θώπευ'· οὐκ ἐμοὺς τρόπους λέγεις.	
Χρ.	καλόν γε μέντοι μὴ 'ξ ἀβουλίας πεςεῖν.	
Ηλ.	πεςούμεθ', εἰ χρή, πατρὶ τιμωρούμενοι.	
Χρ.	πατὴρ δὲ τούτων, οἶδα, cυγγνώμην ἔχει.	400
Ηλ.	ταῦτ' ἐςτὶ τἄπη πρὸς κακῶν ἐπαινέςαι.	
Χρ.	cὺ δ' οὐχὶ πείςῃ καὶ cυναινέςεις ἐμοί;	
Ηλ.	οὐ δῆτα. μή πω νοῦ τοςόνδ' εἴην κενή.	
Χρ.	χωρήςομαί τἄρ' οἷπερ ἐςτάλην ὁδοῦ.	
Ηλ.	ποῖ δ' ἐμπορεύῃ; τῷ φέρεις τάδ' ἔμπυρα;	405
Χρ.	μήτηρ με πέμπει πατρὶ τυμβεῦςαι χοάς.	
Ηλ.	πῶς εἶπας; ἦ τῷ δυςμενεςτάτῳ βροτῶν;	
Χρ.	ὃν ἔκταν' αὐτή· τοῦτο γὰρ λέξαι θέλεις.	
Ηλ.	ἐκ τοῦ φίλων πειςθεῖςα; τῷ τοῦτ' ἤρεςεν;	
Χρ.	ἐκ δείματός του νυκτέρου, δοκεῖν ἐμοί.	410
Ηλ.	ὦ θεοὶ πατρῷοι, cυγγένεςθέ γ' ἀλλὰ νῦν.	
Χρ.	ἔχεις τι θάρςος τοῦδε τοῦ τάρβους πέρι;	
Ηλ.	εἴ μοι λέγοις τὴν ὄψιν, εἴποιμ' ἂν τότε.	
Χρ.	ἀλλ' οὐ κάτοιδα πλὴν ἐπὶ cμικρὸν φράςαι.	
Ηλ.	λέγ' ἀλλὰ τοῦτο. πολλά τοι cμικροὶ λόγοι	415
	ἔςφηλαν ἤδη καὶ κατώρθωςαν βροτούς.	

396 εἰκαθεῖν Elmsley: εἰκάθειν codd.   399 τιμωρούμενοι]
-μεναι G   403 μή πω] μὴ 'γὼ Blaydes   405 ποῖ Lpat:
ποῦ rp   τῷ pt: ποῖ LRFa: ποῦ GV: πῇ a   ἔμπυρα codd.:
def. F. Sokolowski; de apparatu sacrificii agitur   408 ὃν ⟨γ'⟩
Monk   409 τῷ] πῶς Herwerden   413 λέγοις Turnebus:
-εις codd.   414 cμικρὸν fere codd.: -ῶν L s.l., Xsᵃᶜ: -ῷ FAt
415 πολλά τοι codd. plerique: πολλὰ χοί Dawe: πολλάκις p

Χρ. λόγος τις αὐτήν ἐστιν εἰσιδεῖν πατρὸς
τοῦ σοῦ τε κἀμοῦ δευτέραν ὁμιλίαν
ἐλθόντος ἐς φῶς· εἶτα τόνδ' ἐφέστιον
πῆξαι λαβόντα σκῆπτρον οὑφόρει ποτὲ   420
αὐτός, τανῦν δ' Αἴγισθος· ἔκ τε τοῦδ' ἄνω
βλαστεῖν βρύοντα θαλλόν, ᾧ κατάσκιον
πᾶσαν γενέσθαι τὴν Μυκηναίων χθόνα.
τοιαῦτά του παρόντος, ἡνίχ' Ἡλίῳ
δείκνυσι τοὔναρ, ἔκλυον ἐξηγουμένου.   425
πλείω δὲ τούτων οὐ κάτοιδα, πλὴν ὅτι
πέμπει μ' ἐκείνη τοῦδε τοῦ φόβου χάριν.
[πρός νυν θεῶν σε λίσσομαι τῶν ἐγγενῶν
ἐμοὶ πιθέσθαι μηδ' ἀβουλίᾳ πεσεῖν·
εἰ γάρ μ' ἀπώσῃ, σὺν κακῷ μέτει πάλιν.]   430

Ηλ. ἀλλ', ὦ φίλη, τούτων μὲν ὧν ἔχεις χεροῖν
τύμβῳ προσάψῃς μηδέν· οὐ γάρ σοι θέμις
οὐδ' ὅσιον ἐχθρᾶς ἀπὸ γυναικὸς ἱστάναι
κτερίσματ' οὐδὲ λουτρὰ προσφέρειν πατρί·
ἀλλ' ἢ πνοαῖσιν ἢ βαθυσκαφεῖ κόνει   435
κρύψον νιν, ἔνθα μή ποτ' εἰς εὐνὴν πατρὸς
τούτων πρόσεισι μηδέν· ἀλλ' ὅταν θάνῃ,
κειμήλι' αὐτῇ ταῦτα σῳζέσθω κάτω.
ἀρχὴν δ' ἄν, εἰ μὴ τλημονεστάτη γυνὴ
πασῶν ἔβλαστε, τάσδε δυσμενεῖς χοὰς   440
οὐκ ἄν ποθ' ὅν γ' ἔκτεινε τῷδ' ἐπέστεφε.

419 ἐς LGpat: εἰς Rp   421 τε] δὲ r   422 ᾧ pat:
τῷ Lrp   424 του L^{pc}Kpa: τοῦ rpt   425 δείκνυσι]
δείκνυε sch. ad OC 477   ἐξηγουμένου L^{pc}pat: -μένης
L^{ac}Krp   427 μ' ἐκείνη] με κείνη LA   φόβου] τάφου N:
τάρβους J (cf. 412)   428–30 del. Morstadt (neutri enim
sororum conveniunt); ante 428 notam ΗΛ. praebent Lpa, XP. rt
430 εἰ] ἦν Blaydes   433 ἀπὸ at: om. Lrp: πρὸς olim
Dindorf: παρὰ inter alia Dawe   435 πνοαῖσιν] πνοαῖς δὸς post
Reiske Blaydes: ῥοαῖσιν Heath   ἢ ⟨ν⟩ Blaydes   436 ἔνθα]
ἔνθεν t, coni. Meineke   439 δ' ἄν Lrpa: γὰρ L s.l.
pat   440 δυσμενεῖς] δυσσεβεῖς Nauck

ΣΟΦΟΚΛΕΟΥΣ

σκέψαι γὰρ εἴ σοι προσφιλῶς αὐτῇ δοκεῖ
γέρα τάδ᾽ οὖν τάφοισι δέξεσθαι νέκυς
ὑφ᾽ ἧς θανὼν ἄτιμος ὥστε δυσμενὴς
ἐμασχαλίσθη κἀπὶ λουτροῖσιν κάρᾳ   445
κηλῖδας ἐξέμαξεν. ἆρα μὴ δοκεῖς
λυτήρι᾽ αὐτῇ ταῦτα τοῦ φόνου φέρειν;
οὐκ ἔστιν. ἀλλὰ ταῦτα μὲν μέθες· σὺ δὲ
τεμοῦσα κρατὸς βοστρύχων ἄκρας φόβας
κἀμοῦ ταλαίνης, σμικρὰ μὲν τάδ᾽, ἀλλ᾽ ὅμως   450
ἄχω, δὸς αὐτῷ, τήνδε λιπαρῆ τρίχα
καὶ ζῶμα τοὐμὸν οὐ χλιδαῖς ἠσκημένον.
αἰτοῦ δὲ προσπίτνουσα γῆθεν εὐμενῆ
ἡμῖν ἀρωγὸν αὐτὸν εἰς ἐχθροὺς μολεῖν,
καὶ παῖδ᾽ Ὀρέστην ἐξ ὑπερτέρας χερὸς   455
ἐχθροῖσιν αὐτοῦ ζῶντ᾽ ἐπεμβῆναι ποδί,
ὅπως τὸ λοιπὸν αὐτὸν ἀφνεωτέραις
χερσὶ στέφωμεν ἢ τανῦν δωρούμεθα.
οἶμαι μὲν οὖν, οἶμαί τι κἀκείνῳ μέλειν
πέμψαι τάδ᾽ αὐτῇ δυσπρόσοπτ᾽ ὀνείρατα·   460
ὅμως δ᾽, ἀδελφή, σοί θ᾽ ὑπούργησον τάδε
ἐμοί τ᾽ ἀρωγά, τῷ τε φιλτάτῳ βροτῶν
πάντων, ἐν Ἅιδου κειμένῳ κοινῷ πατρί.

Χο.   πρὸς εὐσέβειαν ἡ κόρη λέγει· σὺ δέ,
εἰ σωφρονήσεις, ὦ φίλη, δράσεις τάδε.   465

Χρ.   δράσω· τὸ γὰρ δίκαιον οὐκ ἔχει λόγον
δυοῖν ἐρίζειν, ἀλλ᾽ ἐπισπεύδει τὸ δρᾶν.
πειρωμένη δὲ τῶνδε τῶν ἔργων ἐμοὶ
σιγὴ παρ᾽ ὑμῶν πρὸς θεῶν ἔστω, φίλαι·

443 δέξεσθαι Heath: -ασθαι codd.   445 κάρᾳ Cᵃᶜ, Eustathius
1857. 7 et novit sch.: κάρα codd.   449 φόβας Lpat: κόμας rF
451 λιπαρῆ sch.: ἀλιπαρῆ codd.   459 μέλειν Nauck et
Blaydes: -ον codd.   460 δυσπρόσοπτ᾽] δυσπρόσωπ᾽ p
463 Ἅιδου] -η r   466–7 locus obscurus; post δίκαιον
interpungunt CXrt, ut τὸ demonstrativum sit, ut credidit Eggert; quo
recepto οὐδ᾽ pro οὐκ idem   ἐπισπεύδει Stobaeus 3. 11. 6: -ειν
codd.

ὡς εἰ τάδ' ἡ τεκοῦσα πεύσεται, πικρὰν   470
δοκῶ με πεῖραν τήνδε τολμήσειν ἔτι.

Χο.   εἰ μὴ 'γὼ παράφρων μάντις ἔφυν καὶ   cτρ.
γνώμας λειπομένα cοφᾶς,
εἰcιν ἁ πρόμαντις   475
Δίκα, δίκαια φερομένα χεροῖν κράτη·
μέτειcιν, ὦ τέκνον, οὐ μακροῦ χρόνου.
ὕπεcτί μοι θάρcοc
ἁδυπνόων κλύουcαν   480
ἀρτίωc ὀνειράτων.
οὐ γάρ ποτ' ἀμναcτεῖ γ' ὁ φύ-
cαc c' Ἑλλάνων ἄναξ,
οὐδ' ἁ παλαιὰ χαλκόπλη-
κτος ἀμφήκης γένυς,   485
ἅ νιν κατέπεφνεν αἰcχίcταιc ἐν αἰκείαιc.

ἥξει καὶ πολύπουc καὶ πολύχειρ ἁ   ἀντ.
δεινοῖc κρυπτομένα λόχοιc   490
χαλκόπουc Ἐρινύc.
ἄλεκτρ' ἄνυμφα γὰρ ἐπέβα μιαιφόνων
γάμων ἁμιλλήμαθ' οἷcιν οὐ θέμιc.
πρὸ τῶνδέ τοι θάρcοc   495
μήποτε μήποθ' ἡμῖν
ἀψεγὲc πελᾶν τέραc
τοῖc δρῶcι καὶ cυνδρῶcιν. ἤ-

472 ἔφυν] ἐξέφυν **r**   479 θάρcοc **rpa**: θρά- L^(ac)KNt
480 κλύουcαν Lpat: -α rA: -ᾳ K: -ῃ **p**   482 ἀμναcτεῖ **pat**:
-ηcτεῖ **Lrp**   γ'] c' Wakefield   483 c' Wa, coni. Fröhlich: om.
cett.   484 χαλκόπληκτοc] -πλακτοc J (et Vat. gr. 45 teste Jebb):
-πηκτοc Wakefield   485 ἀμφήκηc] -άκηc Hsch. (si quidem huc
spectat)   487 αἰκείαιc Porson: αἰκίαιc codd.   489 πολύ-
πουc] πολύπαιc novit sch. L.   491 Ἐρινύc Lrp: -ιννύc **pat**
492 ἐπέβα] -αν R, coni. Blaydes   495 θάρcοc Wunder: μ' ἔχει
θάρcοc **rP**: μ' ἔχει cett.   496 prius μήποτε **pat**: om. **lr**
ἡμῖν] ὑμῖν **pt**, coni. Purgold   497 τέραc codd. nisi quod πέραc
K^(ac); locus varie temptatus

ΣΟΦΟΚΛΕΟΥΣ

τοι μαντεῖαι βροτῶν
οὐκ εἰσὶν ἐν δεινοῖς ὀνεί-
ροις οὐδ' ἐν θεσφάτοις,   500
εἰ μὴ τόδε φάсμα νυκτὸς εὖ κατασχήσει.

ὦ Πέλοπος ἁ πρόσθεν   ἐπ.
πολύπονος ἱππεία,   505
ὡς ἔμολες αἰανὴς
τᾷδε γᾷ.
εὖτε γὰρ ὁ ποντισθεὶς
Μυρτίλος ἐκοιμάθη,
παγχρύσων δίφρων   510
δυστάνοις αἰκείαις
πρόρριζος ἐκριφθείς,
οὔ τί πω
ἔλιπεν ἐκ τοῦδ' οἴκου
πολύπονος αἰκεία.   515

ΚΛΥΤΑΙΜΗΣΤΡΑ

ἀνειμένη μέν, ὡς ἔοικας, αὖ στρέφῃ.
οὐ γὰρ πάρεστ' Αἴγισθος, ὅς σ' ἐπεῖχ' ἀεὶ
μή τοι θυραίαν γ' οὖσαν αἰσχύνειν φίλους·
νῦν δ' ὡς ἄπεστ' ἐκεῖνος, οὐδὲν ἐντρέπῃ
ἐμοῦ γε· καίτοι πολλὰ πρὸς πολλούς με δὴ   520
ἐξεῖπας ὡς θρασεῖα καὶ πέρα δίκης
ἄρχω, καθυβρίζουσα καὶ σὲ καὶ τὰ σά.
ἐγὼ δ' ὕβριν μὲν οὐκ ἔχω, κακῶς δέ σε
λέγω κακῶς κλύουσα πρὸς σέθεν θαμά.
πατὴρ γάρ, οὐδὲν ἄλλο, σοὶ πρόσχημ' ἀεί,   525

506 αἰανὴς L^ac: αἰανὴ cett.   511 αἰκείαις edd.: -ίαις codd.
512 ἐκριφθείς rpa: -ιφείς L^acpat   513 τι R, coni. Hermann:
τις cett.   514 ἔλιπεν rp: ἔλειπεν L (sed διέλιπεν sch. L) pat
οἴκου] -ους L^acRp^ac, t in linea   515 πολύπονος codd.: πολυ-
πάμονας Bergk (post Bothe) e sch. L (τοὺς πολυκτήμονας δόμους)
αἰκεία edd.: αἰκία codd.   516 στρέφῃ] τρέφῃ l
517 ἐπεῖχ' ἀεὶ] ἐπεῖχεν ἂν Nauck   518 θυραίαν] -ον Blom-
field (cf. 313)   521 θρασεῖα] τραχεῖα Morstadt

80

ὡς ἐξ ἐμοῦ τέθνηκεν. ἐξ ἐμοῦ· καλῶς
ἔξοιδα· τῶνδ' ἄρνησις οὐκ ἔνεστί μοι.
ἡ γὰρ Δίκη νιν εἷλεν, οὐκ ἐγὼ μόνη,
ᾗ χρῆν ς' ἀρήγειν, εἰ φρονοῦς' ἐτύγχανες.
ἐπεὶ πατὴρ οὗτος ςός, ὃν θρηνεῖς ἀεί,   530
τὴν ςὴν ὅμαιμον μοῦνος Ἑλλήνων ἔτλη
θῦσαι θεοῖσιν, οὐκ ἴσον καμὼν ἐμοὶ
λύπης, ὅτ' ἔσπειρ', ὥσπερ ἡ τίκτους' ἐγώ.
εἶέν· δίδαξον δή με ⟨τοῦτο⟩· τοῦ χάριν
ἔθυσεν αὐτήν; πότερον Ἀργείων ἐρεῖς;   535
ἀλλ' οὐ μετῆν αὐτοῖςι τήν γ' ἐμὴν κτανεῖν.
ἀλλ' ἀντ' ἀδελφοῦ δῆτα Μενέλεω κτανὼν
τἄμ' οὐκ ἔμελλε τῶνδέ μοι δώςειν δίκην;
πότερον ἐκείνῳ παῖδες οὐκ ἦσαν διπλοῖ,
οὓς τῆςδε μᾶλλον εἰκὸς ἦν θνῄςκειν, πατρὸς   540
καὶ μητρὸς ὄντας, ἧς ὁ πλοῦς ὅδ' ἦν χάριν;
ἢ τῶν ἐμῶν Ἅιδης τιν' ἵμερον τέκνων
ἢ τῶν ἐκείνης ἔςχε δαίςαςθαι πλέον;
ἢ τῷ πανώλει πατρὶ τῶν μὲν ἐξ ἐμοῦ
παίδων πόθος παρεῖτο, Μενέλεω δ' ἐνῆν;   545
οὐ ταῦτ' ἀβούλου καὶ κακοῦ γνώμην πατρός;
δοκῶ μέν, εἰ καὶ ςῆς δίχα γνώμης λέγω.
φαίη δ' ἂν ἡ θανοῦςά γ', εἰ φωνὴν λάβοι.
ἐγὼ μὲν οὖν οὐκ εἰμὶ τοῖς πεπραγμένοις
δύςθυμος· εἰ δὲ ςοὶ δοκῶ φρονεῖν κακῶς,   550
γνώμην δικαίαν ςχοῦςα τοὺς πέλας ψέγε.

Ηλ.   ἐρεῖς μὲν οὐχὶ νῦν γέ μ' ὡς ἄρξαςά τι
λυπηρὸν εἶτα ςοῦ τάδ' ἐξήκους' ὕπο·
ἀλλ' ἤν ἐφῇς μοι, τοῦ τεθνηκότος θ' ὕπερ

528 ἡ γὰρ] ἀλλ' ἡ Schenkl   εἷλεν οὐκ L^ac a: εἷλε κοὐκ L^pc rpt
530 οὗτος post ςὸς traiecit Erfurdt   533 τίκτους'] τεκοῦς' t
534 εἶέν non liquet num librarius cod. L ita scribere voluerit: εἶεν cett.
δή pat: δέ lrp   ⟨τοῦτο⟩· τοῦ χάριν Schmalfeld: τοῦ χάριν τίνος
lra: τοῦ χάριν τίνων L in linea, pt   536 post μετῆν add. γ' r
540 πατρὸς] πάρος Nauck, v. 541 deleto   554 θ' at: γ' a J: om. lrp

λέξαιμ' ἂν ὀρθῶς τῆς κασιγνήτης θ' ὁμοῦ.　　555

Κλ.　καὶ μὴν ἐφίημ'· εἰ δέ μ' ὧδ' ἀεὶ λόγους
ἐξῆρχες, οὐκ ἂν ἦσθα λυπηρὰ κλύειν.

Ηλ.　καὶ δὴ λέγω σοι. πατέρα φῂς κτεῖναι. τίς ἂν
τούτου λόγος γένοιτ' ἂν αἰσχίων ἔτι,
εἴτ' οὖν δικαίως εἴτε μή; λέξω δέ σοι,　　560
ὡς οὐ δίκῃ γ' ἔκτεινας, ἀλλά σ' ἔσπασεν
πειθὼ κακοῦ πρὸς ἀνδρός, ᾧ τανῦν ξύνει.
ἐροῦ δὲ τὴν κυναγὸν Ἄρτεμιν τίνος
ποινὰς τὰ πολλὰ πνεύματ' ἔσχ' ἐν Αὐλίδι·
ἢ 'γὼ φράσω· κείνης γὰρ οὐ θέμις μαθεῖν.　　565
πατήρ ποθ' οὑμός, ὡς ἐγὼ κλύω, θεᾶς
παίζων κατ' ἄλσος ἐξεκίνησεν ποδοῖν
στικτὸν κεράστην ἔλαφον, οὗ κατὰ σφαγὰς
ἐκκομπάσας ἔπος τι τυγχάνει βαλών.
κἀκ τοῦδε μηνίσασα Λητῴα κόρη　　570
κατεῖχ' Ἀχαιούς, ἕως πατὴρ ἀντίσταθμον
τοῦ θηρὸς ἐκθύσειε τὴν αὑτοῦ κόρην.
ὧδ' ἦν τὰ κείνης θύματ'· οὐ γὰρ ἦν λύσις
ἄλλη στρατῷ πρὸς οἶκον οὐδ' εἰς Ἴλιον.
ἀνθ' ὧν βιασθεὶς πολλά τ' ἀντιβὰς μόλις　　575
ἔθυσεν αὐτήν, οὐχὶ Μενέλεω χάριν.
εἰ δ' οὖν, ἐρῶ γὰρ καὶ τὸ σόν, κεῖνον θέλων
ἐπωφελῆσαι ταῦτ' ἔδρα, τούτου θανεῖν
χρῆν αὐτὸν οὕνεκ' ἐκ σέθεν; ποίῳ νόμῳ;
ὅρα τιθεῖσα τόνδε τὸν νόμον βροτοῖς　　580
μὴ πῆμα σαυτῇ καὶ μετάγνοιαν τίθης.
εἰ γὰρ κτενοῦμεν ἄλλον ἀντ' ἄλλου, σύ τοι

556 λόγους l: -οις cett.　　560 λέξω] δείξω Morstadt
561 γ'] σφ' Blaydes　　ἔσπασεν La: -σε rpXrt　　564 ποινὰς
LᵃᶜKR: -ᾶς Gp: -ῆς Hat　　πολλὰ] πλοῖα Housman post Fröhlich
ἔσχ' ἐν Lrpat: ἔσχεν pa　　571 ἕως Fröhlich: ὡς codd.
572 αὑτοῦ pXs: αὐ- codd. plerique　　575 τ' ἀντιβὰς Walter:
κἀντιβὰς codd.　　581 τίθης] -θῃς vel -θῇς codd. teste
Dawe

πρώτη θάνοις ἄν, εἰ δίκης γε τυγχάνοις.
ἀλλ᾽ εἰσόρα μὴ σκῆψιν οὐκ οὖσαν τίθης.
εἰ γὰρ θέλεις, δίδαξον ἀνθ᾽ ὅτου τανῦν 585
αἴσχιστα πάντων ἔργα δρῶσα τυγχάνεις,
ἥτις ξυνεύδεις τῷ παλαμναίῳ, μεθ᾽ οὗ
πατέρα τὸν ἀμὸν πρόσθεν ἐξαπώλεσας,
καὶ παιδοποιεῖς, τοὺς δὲ πρόσθεν εὐσεβεῖς
κἀξ εὐσεβῶν βλαστόντας ἐκβαλοῦσ᾽ ἔχεις. 590
πῶς ταῦτ᾽ ἐπαινέσαιμ᾽ ἄν; ἢ καὶ ταῦτ᾽ ἐρεῖς
ὡς τῆς θυγατρὸς ἀντίποινα λαμβάνεις;
αἰσχρῶς δ᾽, ἐάν περ καὶ λέγῃς. οὐ γὰρ καλὸν
ἐχθροῖς γαμεῖσθαι τῆς θυγατρὸς οὕνεκα.
ἀλλ᾽ οὐ γὰρ οὐδὲ νουθετεῖν ἔξεστί σε, 595
ἢ πᾶσαν ἵης γλῶσσαν ὡς τὴν μητέρα
κακοστομοῦμεν. καί σ᾽ ἔγωγε δεσπότιν
ἢ μητέρ᾽ οὐκ ἔλασσον εἰς ἡμᾶς νέμω,
ἢ ζῶ βίον μοχθηρόν, ἔκ τε σοῦ κακοῖς
πολλοῖς ἀεὶ ξυνοῦσα τοῦ τε συννόμου. 600
ὁ δ᾽ ἄλλος ἔξω, χεῖρα σὴν μόλις φυγών,
τλήμων Ὀρέστης δυστυχῆ τρίβει βίον·
ὃν πολλὰ δή μέ σοι τρέφειν μιάστορα
ἐπῃτιάσω· καὶ τόδ᾽, εἴπερ ἔσθενον,
ἔδρων ἄν, εὖ τοῦτ᾽ ἴσθι. τοῦδέ γ᾽ οὕνεκα 605
κήρυσσέ μ᾽ εἰς ἅπαντας, εἴτε χρῇς κακὴν
εἴτε στόμαργον εἴτ᾽ ἀναιδείας πλέαν.
εἰ γὰρ πέφυκα τῶνδε τῶν ἔργων ἴδρις,

583 τυγχάνοις Xs, coni. Turnebus: -εις codd. plerique (etiam Λ)
584–6 om. ΛLᵃᶜ   588 ἀμὸν a (ἁ- Xst): ἐμὸν lrp
590 βλαστόντας Na: -ώντας lrpt   591 ἐπαινέσαιμ᾽ ἄν]
-έσωμεν Lγρ   ταῦτ᾽ Dobree: τοῦτ᾽ codd.   592 λαμβάνεις
pat: de l non liquet (λαμβάνει Lᵖᶜ): τυγχάνει Krp: fortasse λαγχάνει Λ
593 δ᾽] γ᾽ C, coni. Hartung   595 σε Ga, T s.l.: σοι LRpXrt
596 ἵης pXrt: ἵεις lrpa   601 ἄλλος] ἀμὸς Wex   606 χρῇς
Wunder: χρὴ codd.   608 ἔργων] κακῶν p et Eustathius 1969.
18: λόγων Suda s.v. ἴδριας

ΣΟΦΟΚΛΕΟΥΣ

σχεδόν τι τὴν σὴν οὐ καταισχύνω φύσιν.

Χο.   .   .   .   .   .

ὁρῶ μένος πνέουσαν· εἰ δὲ σὺν δίκῃ   610
ξύνεστι, τοῦδε φροντίδ' οὐκέτ' εἰσορῶ.

Κλ. ποίας δ' ἐμοὶ δεῖ πρός γε τήνδε φροντίδος,
ἥτις τοιαῦτα τὴν τεκοῦσαν ὕβρισεν,
καὶ ταῦτα τηλικοῦτος; ἆρά σοι δοκεῖ
χωρεῖν ἂν ἐς πᾶν ἔργον αἰσχύνης ἄτερ;   615

Ηλ. εὖ νυν ἐπίστω τῶνδέ μ' αἰσχύνην ἔχειν,
κεἰ μὴ δοκῶ σοι· μανθάνω δ' ὁθούνεκα
ἔξωρα πράσσω κοὐκ ἐμοὶ προσεικότα.
ἀλλ' ἡ γὰρ ἐκ σοῦ δυσμένεια καὶ τὰ σὰ
ἔργ' ἐξαναγκάζει με ταῦτα δρᾶν βίᾳ·   620
αἰσχροῖς γὰρ αἰσχρὰ πράγματ' ἐκδιδάσκεται.

Κλ. ὦ θρέμμ' ἀναιδές, ἦ σ' ἐγὼ καὶ τἄμ' ἔπη
καὶ τἄργα τἀμὰ πόλλ' ἄγαν λέγειν ποεῖ.

Ηλ. σύ τοι λέγεις νιν, οὐκ ἐγώ. σὺ γὰρ ποεῖς
τοὔργον· τὰ δ' ἔργα τοὺς λόγους εὑρίσκεται.   625

Κλ. ἀλλ' οὐ μὰ τὴν δέσποιναν Ἄρτεμιν θράσους
τοῦδ' οὐκ ἀλύξεις, εὖτ' ἂν Αἴγισθος μόλῃ.

Ηλ. ὁρᾷς; πρὸς ὀργὴν ἐκφέρῃ, μεθεῖσά με
λέγειν ἃ χρῄζοιμ', οὐδ' ἐπίστασαι κλύειν.

Κλ. οὔκουν ἐάσεις οὐδ' ὑπ' εὐφήμου βοῆς   630
θῦσαί μ', ἐπειδὴ σοί γ' ἐφῆκα πᾶν λέγειν;

Ηλ. ἐῶ, κελεύω, θῦε, μηδ' ἐπαιτιῶ
τοὐμὸν στόμ'· ὡς οὐκ ἂν πέρα λέξαιμ' ἔτι.

Κλ. ἔπαιρε δὴ σὺ θύμαθ' ἡ παροῦσά μοι
πάγκαρπ', ἄνακτι τῷδ' ὅπως λυτηρίους   635
εὐχὰς ἀνάσχω δειμάτων, ἃ νῦν ἔχω.

609 post hunc v. aliquid excidisse suspicamur (ex. gr. καὶ μήν
σ', ἄνασσα, τῶν λόγων τῶν τῆσδ' ὕπο): locus varie temptatus
612 ἐμοὶ Monk: μοι codd.   614 ἆρα ΛΚ (de L non liquet) p: ἆρ'
οὐ rpat   616 νυν Monk: νῦν codd.   618 προσεικότα
pat: προσηκότα lrp   628 μεθεῖσα] παρεῖσα H, probat Dawe
με nos: μοι codd.   636 ἃ Lpt: ὧν ra

κλύοις ἂν ἤδη, Φοῖβε προστατήριε,
κεκρυμμένην μου βάξιν. οὐ γὰρ ἐν φίλοις
ὁ μῦθος, οὐδὲ πᾶν ἀναπτύξαι πρέπει
πρὸς φῶς παρούσης τῆσδε πλησίας ἐμοί,   640
μὴ σὺν φθόνῳ τε καὶ πολυγλώσσῳ βοῇ
σπείρῃ ματαίαν βάξιν εἰς πᾶσαν πόλιν.
ἀλλ' ὧδ' ἄκουε· τῇδε γὰρ κἀγὼ φράσω.
ἃ γὰρ προσεῖδον νυκτὶ τῇδε φάσματα
δισσῶν ὀνείρων, ταῦτά μοι, Λύκει' ἄναξ,   645
εἰ μὲν πέφηνεν ἐσθλά, δὸς τελεσφόρα,
εἰ δ' ἐχθρά, τοῖς ἐχθροῖσιν ἔμπαλιν μέθες·
καὶ μή με πλούτου τοῦ παρόντος εἴ τινες
δόλοισι βουλεύουσιν ἐκβαλεῖν, ἐφῇς,
ἀλλ' ὧδέ μ' αἰεὶ ζῶσαν ἀβλαβεῖ βίῳ   650
δόμους Ἀτρειδῶν σκῆπτρά τ' ἀμφέπειν τάδε,
φίλοισί τε ξυνοῦσαν οἷς ξύνειμι νῦν,
εὐημεροῦσαν καὶ τέκνων ὅσων ἐμοὶ
δύςνοια μὴ πρόσεστιν ἢ λύπη πικρά.
ταῦτ', ὦ Λύκει' Ἄπολλον, ἵλεως κλυὼν   655
δὸς πᾶσιν ἡμῖν ὥσπερ ἐξαιτούμεθα.
τὰ δ' ἄλλα πάντα καὶ σιωπώσης ἐμοῦ
ἐπαξιῶ σε δαίμον' ὄντ' ἐξειδέναι·
τοὺς ἐκ Διὸς γὰρ εἰκός ἐστι πάνθ' ὁρᾶν.

Πα.   ξέναι γυναῖκες, πῶς ἂν εἰδείην σαφῶς   660
    εἰ τοῦ τυράννου δώματ' Αἰγίσθου τάδε;
Χο.   τάδ' ἐστίν, ὦ ξέν'· αὐτὸς ἤκασας καλῶς.
Πα.   ἦ καὶ δάμαρτα τήνδ' ἐπεικάζων κυρῶ
    κείνου; πρέπει γὰρ ὡς τύραννος εἰσορᾶν.

---

642 εἰς Lrp: ἐς pat   644 νυκτὶ τῇδε Lrpat: τῇδε νυκτὶ pZr
645 δισσῶν] δεινῶν Schenkl   646 πέφηνεν] πέφυκεν C et sch.
649 post ἐκβαλεῖν add. μ' p   653 εὐημεροῦσαν] -σιν L s.l.: -σα
H, coni. Erfurdt   τέκνων] -οις Xr s.l., coni. Benedict   ὅσων] ὅσοις
Xr s.l.   655 κλυὼν West: κλύων codd.   659 πάνθ' rpat:
πάνθ' LᵃᶜKV, unde πᾶν Wecklein   662 ἤκασας Brunck: εἴκ-
codd.

ΣΟΦΟΚΛΕΟΥΣ

Χο.   μάλιστα πάντων· ἥδε σοι κείνη πάρα.   665

Πα.   ὦ χαῖρ', ἄνασσα. σοὶ φέρων ἥκω λόγους
        ἡδεῖς φίλου παρ' ἀνδρὸς Αἰγίςθῳ θ' ὁμοῦ.

Κλ.   ἐδεξάμην τὸ ῥηθέν· εἰδέναι δέ σου
        πρώτιστα χρῄζω τίς σ' ἀπέςτειλεν βροτῶν.

Πα.   Φανοτεὺς ὁ Φωκεύς, πρᾶγμα πορςύνων
        μέγα.   670

Κλ.   τὸ ποῖον, ὦ ξέν'; εἰπέ. παρὰ φίλου γὰρ ὢν
        ἀνδρός, ςάφ' οἶδα, προςφιλεῖς λέξεις λόγους.

Πα.   τέθνηκ' Ὀρέςτης· ἐν βραχεῖ ξυνθεὶς λέγω.

Ηλ.   οἲ 'γὼ τάλαιν', ὄλωλα τῇδ' ἐν ἡμέρᾳ.

Κλ.   τί φῄς, τί φῄς, ὦ ξεῖνε; μὴ ταύτης κλύε.   675

Πα.   θανόντ' Ὀρέςτην νῦν τε καὶ πάλαι λέγω.

Ηλ.   ἀπωλόμην δύςτηνος, οὐδέν εἰμ' ἔτι.

Κλ.   ςὺ μὲν τὰ ςαυτῆς πρᾶςς', ἐμοὶ δὲ ςύ, ξένε,
        τἀληθὲς εἰπέ, τῷ τρόπῳ διόλλυται;

Πα.   κἀπεμπόμην πρὸς ταῦτα καὶ τὸ πᾶν φράςω.   680
        κεῖνος γὰρ ἐλθὼν ἐς τὸ κλεινὸν Ἑλλάδος
        πρόςχημ' ἀγῶνος Δελφικῶν ἄθλων χάριν,
        ὅτ' ἤςθετ' ἀνδρὸς ὀρθίων γηρυμάτων
        δρόμον προκηρύξαντος, οὗ πρώτη κρίςις,
        εἰςῆλθε λαμπρός, πᾶςι τοῖς ἐκεῖ ςέβας·   685
        δρόμου δ' ἰςώςας τῇ φύςει τὰ τέρματα
        νίκης ἔχων ἐξῆλθε πάντιμον γέρας.
        χὤπως μὲν ἐν παύροιςι πολλά ςοι λέγω,
        οὐκ οἶδα τοιοῦδ' ἀνδρὸς ἔργα καὶ κράτη·

669 ἀπέςτειλεν L^{ac}KO: -λε cett.   670 πορςύνων] -ειν
Reiske   671 τὸ ποῖον Lrpat: ὁποῖον a: ποῖον p
673 λέγω Lpat: λόγῳ rpa   676 πάλαι λέγω Lrpt: πάλιν
λέγω Kp: τότ' ἐννέπω a Tγρ   681 κλεινὸν] κοινὸν Thomas
Magister   683 γηρυμάτων Herwerden: κηρυγμάτων codd.
684 δρόμον rpXrt: -ου Lpa   προκηρύξαντος] -ύςςοντος Blaydes
685 λαμπρός] -όν r   686 δρόμου] -ῳ Suda s.v. δρόμοις
τέρματα codd.: alii alia   688 παύροιςι πολλά Bergk:
πολλοῖςι παύρα codd.   689 τοιοῦδ'] τοιάδ' Zr, coni.
Brunck

ἐν δ' ἴσθ'· ὅσων γὰρ εἰσεκήρυξαν βραβῆς,   690
[†δρόμων διαύλων πένταθλ' ἃ νομίζεται, †]
τούτων ἐνεγκὼν πάντα τἀπινίκια
ὠλβίζετ', Ἀργεῖος μὲν ἀνακαλούμενος,
ὄνομα δ' Ὀρέστης, τοῦ τὸ κλεινὸν Ἑλλάδος
Ἀγαμέμνονος στράτευμ' ἀγείραντός ποτε.   695
καὶ ταῦτα μὲν τοιαῦθ'· ὅταν δέ τις θεῶν
βλάπτῃ, δύναιτ' ἂν οὐδ' ἂν ἰσχύων φυγεῖν.
κεῖνος γὰρ ἄλλης ἡμέρας, ὅθ' ἱππικῶν
ἦν ἡλίου τέλλοντος ὠκύπους ἀγών,
εἰσῆλθε πολλῶν ἁρματηλατῶν μέτα.   700
εἷς ἦν Ἀχαιός, εἷς ἀπὸ Σπάρτης, δύο
Λίβυες ζυγωτῶν ἁρμάτων ἐπιστάται·
κἀκεῖνος ἐν τούτοισι Θεσσαλὰς ἔχων
ἵππους, ὁ πέμπτος· ἕκτος ἐξ Αἰτωλίας
ξανθαῖσι πώλοις· ἕβδομος Μάγνης ἀνήρ·   705
ὁ δ' ὄγδοος λεύκιππος, Αἰνιὰν γένος·
ἔνατος Ἀθηνῶν τῶν θεοδμήτων ἄπο·
Βοιωτὸς ἄλλος, δέκατον ἐκπληρῶν ὄχον.
στάντες δ' ὅθ' αὐτοὺς οἱ τεταγμένοι βραβῆς
κλήροις ἔπηλαν καὶ κατέστησαν δίφρους,   710
χαλκῆς ὑπαὶ σάλπιγγος ἧξαν· οἱ δ' ἅμα
ἵπποις ὁμοκλήσαντες ἡνίας χεροῖν
ἔσεισαν· ἐν δὲ πᾶς ἐμεστώθη δρόμος

690 βραβῆς L: -εῖς cett.   691 del. Porson   πένταθλ' Lrp:
πεντάεθλ' at   691–2 διαύλων ... τούτων del. Nauck
692 τούτων] ἄθλων Tournier post Hermann, v. 691 deleto
694 κλεινὸν] κοινὸν Schneidewin   697 δύναιτ'] δύναι'
Meineke   ἰσχύων] ὁ σθένων Heimsoeth   698 ἱππικῶν]
ἱππικὸς vel ἁρμάτων Blaydes   703 ἐν] ἐπὶ Nauck   ἔχων]
ἄγων HZr, t s.l.   706 Λεύκιππος tamquam nomen proprium
praebent **ra**, et sic interpretatur sch. L   Αἰνιὰν P, Eustathius 335. 20,
524. 31: -ειὰν vel -ειᾶν cett.   707 post ἔνατος add. δ' pT
709 ὅθ' αὐτοὺς **pa**T: ὅτ' αὐτοὺς Lrp: ὅθι σφιν Wecklein   βραβῆς
L: -εις cett.   710 κλήροις] -ους C, coni. Wunder
713 ἐν LrpAT: ἐκ G s.l., Ha

ΣΟΦΟΚΛΕΟΥΣ

κτύπου κροτητῶν ἁρμάτων· κόνις δ᾽ ἄνω
φορεῖθ᾽· ὁμοῦ δὲ πάντες ἀναμεμειγμένοι   715
φείδοντο κέντρων οὐδέν, ὡς ὑπερβάλοι
χνόας τις αὐτῶν καὶ φρυάγμαθ᾽ ἱππικά.
ὁμοῦ γὰρ ἀμφὶ νῶτα καὶ τροχῶν βάσεις
ἤφριζον, εἰσέβαλλον ἱππικαὶ πνοαί.
κεῖνος δ᾽ ὑπ᾽ αὐτὴν ἐσχάτην στήλην ἔχων   720
ἔχριμπτ᾽ ἀεὶ σύριγγα, δεξιὸν δ᾽ ἀνεὶς
σειραῖον ἵππον εἶργε τὸν προσκείμενον.
καὶ πρὶν μὲν ὀρθοὶ πάντες ἔστασαν δίφροις·
ἔπειτα δ᾽ Αἰνιᾶνος ἀνδρὸς ἄστομοι
πῶλοι βίᾳ φέρουσιν, ἐκ δ᾽ ὑποστροφῆς   725
τελοῦντες ἕκτον ἕβδομόν τ᾽ ἤδη δρόμον
μέτωπα συμπαίουσι Βαρκαίοις ὄχοις·
κἀντεῦθεν ἄλλος ἄλλον ἐξ ἑνὸς κακοῦ
ἔθραυε κἀνέπιπτε, πᾶν δ᾽ ἐπίμπλατο
ναυαγίων Κρισαῖον ἱππικῶν πέδον.   730
γνοὺς δ᾽ οὐξ Ἀθηνῶν δεινὸς ἡνιοστρόφος
ἔξω παρασπᾷ κἀνοκωχεύει παρεὶς
κλύδων᾽· ἔφιππον ἐν μέσῳ κυκώμενον.
ἤλαυνε δ᾽ ἔσχατος μέν, ὑστέρας ἔχων
πώλους, Ὀρέστης, τῷ τέλει πίστιν φέρων·   735
ὅπως δ᾽ ὁρᾷ μόνον νιν ἐλλελειμμένον,
ὀξὺν δι᾽ ὤτων κέλαδον ἐνσείσας θοαῖς

717 αὐτῶν] ἄλλων Musgrave: αὐτὸς Blaydes   718–22 post
740 traiecit Dawe (720–2 iam Piccolomini)   720 ἐσχάτην]
ἔσχατος Dobree   ἔχων] ὄχων Fröhlich   721 ἔχριμπτ᾽
LVaT: ἔχριπτ᾽ vel sim. rpa   δ᾽ rpa: om. Lp: τ᾽ T
722 προσκείμενον LRpa: προ- Gpa   723 δίφροις Kp:
-οι LrpaT: -ῳ Kaibel   724 Αἰνιᾶνος P, v.l. ap. Plut. Mor. 521 c,
Eustathius 335. 20: Αἰνειᾶνος fere codd.   725 φέρουσιν]
φοροῦσιν Plut. loc. cit.: ᾽κφέρουσιν Herwerden   726 τελοῦντες]
-ος Musgrave   730 Κρισαῖον P: Κρισσ- cett.
732 παρασπᾷ] περισπᾷ Suda s.v.   κἀνοκωχεύει Cobet: κἀνα-
codd.   734 post ὑστέρας add. δ᾽ Gpat   736 ὅπως δ᾽ r,
fortasse Lac: ὁ δ᾽ ὡς cett.

88

Κλ. οὔτοι cύ· κεῖνοc δ' ὡc ἔχει καλῶc ἔχει.
Ηλ. ἄκουε, Νέμεci τοῦ θανόντοc ἀρτίωc.
Κλ. ἤκουcεν ὧν δεῖ κἀπεκύρωcεν καλῶc.
Ηλ. ὕβριζε· νῦν γὰρ εὐτυχοῦcα τυγχάνειc.
Κλ. οὔκουν Ὀρέcτηc καὶ cὺ παύcετον τάδε;   795
Ηλ. πεπαύμεθ' ἡμεῖc, οὐχ ὅπωc cὲ παύcομεν.
Κλ. πολλῶν ἂν ἥκοιc, ὦ ξέν', ἄξιοc φίλοc,
     εἰ τήνδ' ἔπαυcαc τῆc πολυγλώccου βοῆc.
Πα. οὔκουν ἀποcτείχοιμ' ἄν, εἰ τάδ' εὖ κυρεῖ;
Κλ. ἥκιcτ'· ἐπείπερ οὔτ' ἐμοῦ κατάξι' ἂν   800
     πράξειαc οὔτε τοῦ πορεύcαντοc ξένου.
     ἀλλ' εἴcιθ' εἴcω· τήνδε δ' ἔκτοθεν βοᾶν
     ἔα τά θ' αὑτῆc καὶ τὰ τῶν φίλων κακά.
Ηλ. ἆρ' ὑμῖν ὡc ἀλγοῦcα κὠδυνωμένη
     δεινῶc δακρῦcαι κἀπικωκῦcαι δοκεῖ   805
     τὸν υἱὸν ἡ δύcτηνοc ὧδ' ὀλωλότα;
     ἀλλ' ἐγγελῶcα φροῦδοc. ὦ τάλαιν' ἐγώ·
     Ὀρέcτα φίλταθ', ὥc μ' ἀπώλεcαc θανών.
     ἀποcπάcαc γὰρ τῆc ἐμῆc οἴχῃ φρενὸc
     αἵ μοι μόναι παρῆcαν ἐλπίδων ἔτι,   810
     cὲ πατρὸc ἥξειν ζῶντα τιμωρόν ποτε
     κἀμοῦ ταλαίνηc. νῦν δὲ ποῖ με χρὴ μολεῖν;
     μόνη γάρ εἰμι, cοῦ τ' ἀπεcτερημένη
     καὶ πατρόc. ἤδη δεῖ με δουλεύειν πάλιν
     ἐν τοῖcιν ἐχθίcτοιcιν ἀνθρώπων ἐμοί,   815
     φονεῦcι πατρόc. ἆρά μοι καλῶc ἔχει;
     ἀλλ' οὔ τι μὴν ἔγωγε τοῦ λοιποῦ χρόνου

791 οὔτοι cύ] οὐ cοί γε Reiske   792 Νέμεci LᵖᶜVa: -ciς
rpat   795 οὔκουν LRp: οὐκοῦν Gat   796 cὲ Blaydes:
cε **Krapt**: om. Lᵃᶜ (ut videtur) **p**   797 φίλοc G: φιλεῖν **l**: τυχεῖν
cett.   798 τήνδ' ἔπαυcαc] τήνδε παύcαιc Wunder
799 οὔκουν Dindorf: οὐκοῦν codd.   800 κατάξι' ἂν Bothe:
κατ' ἀξίαν **p**: καταξίωc Lrpat   802 δ' **rpat**: θ' **l**: om. **pa**
ἔκτοθεν Lrp: -οcθεν pat   809 οἴχῃ post φρενὸc praebent **lrpA**
813 τ'] δ' G: γ' Dawe   815 τοῖcιν] τοῖcί γ' Monk
816 del. Morstadt

ἔσομαι ξύνοικος, ἀλλὰ τῆδε πρὸς πύλῃ
παρεῖς' ἐμαυτὴν ἄφιλος αὐανῶ βίον.
πρὸς ταῦτα καινέτω τις, εἰ βαρύνεται, 820
τῶν ἔνδον ὄντων· ὡς χάρις μέν, ἢν κτάνῃ,
λύπη δ', ἐὰν ζῶ· τοῦ βίου δ' οὐδεὶς πόθος.

Χο. ποῦ ποτε κεραυνοὶ Διός, ἢ ποῦ   στρ. α'
φαέθων Ἅλιος, εἰ ταῦτ' ἐφορῶντες
κρύπτουσιν ἔκηλοι;   825
Ηλ. ἒ ἔ, αἰαῖ.
Χο. ὦ παῖ, τί δακρύεις;
Ηλ. φεῦ. Χο. μηδὲν μέγ' αὔσῃς. Ηλ. ἀπολεῖς.
Χο. πῶς;   830
Ηλ. εἰ τῶν φανερῶς οἰχομένων
εἰς Ἀίδαν ἐλπίδ' ὑποίσεις, κατ' ἐμοῦ
τακομένας   835
μᾶλλον ἐπεμβάσῃ.

Χο. οἶδα γὰρ ἄνακτ' Ἀμφιάρεων χρυ-   ἀντ. α'
σοδέτοις ἔρκεσι κρυφθέντα γυναικῶν
καὶ νῦν ὑπὸ γαίας—
Ηλ. ἒ ἔ, ἰώ.   840
Χο. πάμψυχος ἀνάσσει.
Ηλ. φεῦ. Χο. φεῦ δῆτ'· ὀλοὰ γὰρ— Ηλ. δάμαρ
ἦν. Χο. ναί.   845
Ηλ. οἶδ' οἶδ'· ἐφάνη γὰρ μελέτωρ

---

818 ἔσομαι ξύνοικος Dawes: ξύνοικος ἔς(ς)ομ' codd. (etiam Λ):
ξύνοικος εἴςειμ' Hermann: ζήςω ξύνοικος Blaydes   819 ἄφιλος]
-ον Vindobonensis phil. gr. 281, coni. Monk   821 κτάνῃ] θάνω
sch. ad 975, probat Brunck   824 Ἅλιος at: Ἀέλιος lrpXr
ἐφορῶντες] ἀφ- r   lacunam post ἐφορῶντες statuit Musgrave (an
⟨μάκαρες⟩ supplendum?)   830 αὔσῃς] εἴπῃς r   833 εἰς
rpt: ἐς Lpa   836 ἐπεμβάσῃ] -βᾶσα Kaibel   838 γυναικῶν
Brunck: γυναικῶν ἀπάταις Lrpa: ἀπάταις t: γυναικὸς Fröhlich
844 ὀλοὰ] cf. Tr. 846, A. Pers. 962   γάρ] γοῦν t: μὰν Wecklein: τἄρ'
G. Wolff   δάμαρ ἦν nos: ἐδάμη codd.   846 οἶδ' semel rZr

ἀμφὶ τὸν ἐν πένθει· ἐμοὶ δ' οὔτις ἔτ' ἔcθ'· ὃc γὰρ
ἔτ' ἦν,
φροῦδοc ἀναρπαcθείc.

Χο.   δειλαία δειλαίων κυρεῖc.   cτρ. β'
Ηλ.   κἀγὼ τοῦδ' ἴcτωρ, ὑπερίcτωρ,   850
       πανcύρτῳ παμμήνῳ πολλῶν
       δεινῶν cτυγνῶν τ' αἰῶνι.
Χο.   εἴδομεν ἃ θροεῖc.
Ηλ.   μή μέ νυν μηκέτι
       παραγάγῃc, ἵν' οὐ—   Χο. τί φήc;   855
Ηλ.   πάρειcιν ἐλπίδων ἔτι κοινοτόκων
       εὐπατριδᾶν ἀρωγαί.

Χο.   πᾶcιν θνατοῖc ἔφυ μόροc.   ἀντ. β'
Ηλ.   ἢ καὶ χαλάργοιc ἐν ἀμίλλαιc   861
       οὔτωc, ὡc κείνῳ δυcτάνῳ,
       τμητοῖc ὁλκοῖc ἐγκῦρcαι;
Χο.   ἄcκοποc ἁ λώβα.
Ηλ.   πῶc γὰρ οὔκ; εἰ ξένοc   865
       ἄτερ ἐμᾶν χερῶν—   Χο. παπαῖ.
Ηλ.   κέκευθεν, οὔτε του τάφου ἀντιάcαc
       οὔτε γόων παρ' ἡμῶν.   870

848 ἔτ' ἔcθ' Lpat: ἔcθ' rp   851 πανcύρτῳ] πανcύρτων
testatur se invenisse Triclinius ἔν τινι τῶν παλαιῶν βιβλίων: παν-
δύρτῳ Bergk   852 αἰῶνι Hermann: ἀχέων Krpa (de Lᵃᶜ non
liquet): ἀχαιῶν t (ex eodem vetustissimo codice): ἀρχαίων Triclinius suo
Marte: ἄχθει Hermann olim (τε post δεινῶν addito)   853 θροεῖc]
θρηνεῖc Gernhard post Dindorf   855 post τί φήc add. αὐδᾶc δὲ
ποῖον codd. praeter t   859 εὐπατριδᾶν]-ιδῶν CZr: -ίδων Suda
s.v. παραγάγῃc, Neue   τ' ante ἀρωγαί praebent testes praeter V et
Sudam ἀρωγαί r, Wa s.l., sch. L: -οί cett. et Suda   860 πᾶcιν
L: πᾶcι cett.   861 χαλάργοιc Dindorf: χαλαργοῖc codd.
ἐν] γ' ἐν O, quod recepit Dawe   863 ἐγκῦρcαι r: ἐγκύρcαι fere
cett.   866 χερῶν Lpa: χειρῶν rp: χεροῖν PXrt   867 του
LᵖᶜFa: om. r: τοῦ LᵃᶜpZr (de t non liquet)

ΣΟΦΟΚΛΕΟΥΣ

Χρ. ὑφ' ἡδονῆς τοι, φιλτάτη, διώκομαι
τὸ κόσμιον μεθεῖσα σὺν τάχει μολεῖν.
φέρω γὰρ ἡδονάς τε κἀνάπαυλαν ὧν
πάροιθεν εἶχες καὶ κατέστενες κακῶν.

Ηλ. πόθεν δ' ἂν εὕροις τῶν ἐμῶν σὺ πημάτων   875
ἄρηξιν, οἷς ἴασις οὐκ ἔνεστ' ἔτι;

Χρ. πάρεστ' Ὀρέστης ἡμίν, ἴσθι τοῦτ' ἐμοῦ
κλύουσ', ἐναργῶς, ὥσπερ εἰσορᾷς ἐμέ.

Ηλ. ἀλλ' ἦ μέμηνας, ὦ τάλαινα, κἀπὶ τοῖς
σαυτῆς κακοῖσι κἀπὶ τοῖς ἐμοῖς γελᾷς;   880

Χρ. μὰ τὴν πατρῷαν ἑστίαν, ἀλλ' οὐχ ὕβρει
λέγω τάδ', ἀλλ' ἐκεῖνον ὡς παρόντα νῷν.

Ηλ. οἴμοι τάλαινα· καὶ τίνος βροτῶν λόγον
τόνδ' εἰσακούσασ' ὧδε πιστεύεις ἄγαν;

Χρ. ἐγὼ μὲν ἐξ ἐμοῦ τε κοὐκ ἄλλου σαφῆ   885
σημεῖ' ἰδοῦσα τῷδε πιστεύω λόγῳ.

Ηλ. τίν', ὦ τάλαιν', ἰδοῦσα πίστιν; ἐς τί μοι
βλέψασα θάλπῃ τῷδ' ἀνηφαίστῳ πυρί;

Χρ. πρός νυν θεῶν ἄκουσον, ὡς μαθοῦσά μου
τὸ λοιπὸν ἢ φρονοῦσαν ἢ μώραν λέγῃς.   890

Ηλ. σὺ δ' οὖν λέγ', εἴ σοι τῷ λόγῳ τις ἡδονή.

Χρ. καὶ δὴ λέγω σοι πᾶν ὅσον κατειδόμην.
ἐπεὶ γὰρ ἦλθον πατρὸς ἀρχαῖον τάφον,
ὁρῶ κολώνης ἐξ ἄκρας νεορρύτους
πηγὰς γάλακτος καὶ περιστεφῆ κύκλῳ   895
πάντων ὅσ' ἔστιν ἀνθέων θήκην πατρός.
ἰδοῦσα δ' ἔσχον θαῦμα, καὶ περισκοπῶ

871 τοι] σοι Brunck   876 ἴασις L s.l., pZr Suda s.v.: ἴασιν
cett.   οὐκ] οὐκέτ' p, coni. B. Thiersch   ἔνεστ'] ἔστιν p   ἔτι L s.l.,
p: ἰδεῖν cett.   881 ὕβρει] ὕβριν L^{ac}Zr   882 νῷν] νόει R
et γρ in GN   885 ἄλλου Rpat: ἄλλης LO et in linea
GC   888 ἀνηφαίστῳ Bergk: ἀνηκέστῳ codd.   889 νυν
t: νῦν cett.   μου] ἐμὲ Fröhlich   890 post λοιπὸν add. μ'
Lrpa: om. at   λέγῃς a: -οις LRpT: -εις GpZrTa   891 τῷ
λόγῳ] τῶν λόγων Reiske   892 κατειδόμην] κατείδομεν
Nauck

94

μή πού τις ἡμῖν ἐγγὺς ἐγχρίμπτει βροτῶν.
ὡς δ᾿ ἐν γαλήνῃ πάντ᾿ ἐδερκόμην τόπον,
τύμβου προσεῖρπον ἀccον· ἐcχάτης δ᾿ ὁρῶ   900
πυρᾶς νεώρη βόcτρυχον τετμημένον·
κεὐθὺς τάλαιν᾿ ὡς εἶδον, ἐμπαίει τί μοι
ψυχῇ cύνηθες ὄμμα, φιλτάτου βροτῶν
πάντων Ὀρέcτου τοῦθ᾿ ὁρᾶν τεκμήριον·
καὶ χερcὶ βαcτάcαcα δυcφημῶ μὲν οὔ,   905
χαρᾷ δὲ πίμπλημ᾿ εὐθὺς ὄμμα δακρύων.
καὶ νῦν θ᾿ ὁμοίως καὶ τότ᾿ ἐξεπίcταμαι
μή του τόδ᾿ ἀγλάιcμα πλὴν κείνου μολεῖν.
τῷ γὰρ προcήκει πλήν γ᾿ ἐμοῦ καὶ cοῦ τόδε;
κἀγὼ μὲν οὐκ ἔδραcα, τοῦτ᾿ ἐπίcταμαι,   910
οὐδ᾿ αὖ cύ· πῶc γάρ; ᾗ γε μηδὲ πρὸς θεοὺς
ἔξεcτ᾿ ἀκλαύτῳ τῆcδ᾿ ἀποcτῆναι cτέγης.
ἀλλ᾿ οὐδὲ μὲν δὴ μητρὸς οὔθ᾿ ὁ νοῦς φιλεῖ
τοιαῦτα πράccειν οὔτε δρῶc᾿ ἐλάνθαν᾿ ἄν·
ἀλλ᾿ ἔcτ᾿ Ὀρέcτου ταῦτα τἀπιτύμβια.   915
ἀλλ᾿, ὦ φίλη, θάρcυνε. τοῖc αὐτοῖcί τοι
οὐχ αὑτὸς αἰεὶ δαιμόνων παραcτατεῖ.
νῷν δ᾿ ἦν ὁ πρόcθε cτυγνός· ἡ δὲ νῦν ἴcως
πολλῶν ὑπάρξει κῦρος ἡμέρα καλῶν.

Ηλ.   φεῦ, τῆς ἀνοίας ὥς c᾿ ἐποικτίρω πάλαι.   920
Χρ.   τί δ᾿ ἔcτιν; οὐ πρὸς ἡδονὴν λέγω τάδε;
Ηλ.   οὐκ οἶcθ᾿ ὅποι γῆς οὐδ᾿ ὅποι γνώμης φέρῃ.
Χρ.   πῶς δ᾿ οὐκ ἐγὼ κάτοιδ᾿ ἅ γ᾿ εἶδον ἐμφανῶς;
Ηλ.   τέθνηκεν, ὦ τάλαινα· τἀκ κείνου δέ cοι

898 ἐγχρίμπτει Nauck: -ίμπτῃ ZfJ: -ίπτῃ fere cett.
900–1 ἐcχάτης ... πυρᾶς] -η ... -ᾷ Schaefer   901 νεώρη
Dindorf: νεωρή codd.   903 ψυχῇ **pat**: -ῆς Lrp   ὄμμα]
φάcμα Nauck   912 ἀκλαύτῳ Dindorf: -αύcτῳ codd.
914 ἐλάνθαν᾿ ἄν Heath: ἐλάνθανεν codd.   915 τἀπιτύμβια
Dindorf: τἀπιτίμια codd.: τἀγλαΐcματα Lγρ   917 οὐχ αὑτὸς
Brunck: οὐκ αὐτὸς codd.   918 δ᾿ **rpat**: om. Lp   ὁ Lloyd-
Jones: τὰ codd.   πρόcθε LrNt: -εν cett.   922 φέρῃ] fortasse
φόρῃ Lᵃᶜ: ἔφυς Lγρ   924 τἀκ κείνου Canter: τἀκείνου codd.

ΣΟΦΟΚΛΕΟΥΣ

	cωτῆρι· ἔρρει· μηδὲν ἐc κεῖνόν γ' ὅρα.	925
Χρ.	οἴμοι τάλαινα· τοῦ τάδ' ἤκουcαc βροτῶν;	
Ηλ.	τοῦ πληcίον παρόντοc, ἡνίκ' ὤλλυτο.	
Χρ.	καὶ ποῦ 'cτιν οὗτοc; θαῦμά τοί μ' ὑπέρχεται.	
Ηλ.	κατ' οἶκον, ἡδὺc οὐδὲ μητρὶ δυcχερήc.	
Χρ.	οἴμοι τάλαινα· τοῦ γὰρ ἀνθρώπων ποτ' ἦν	930
	τὰ πολλὰ πατρὸc πρὸc τάφον κτερίcματα;	
Ηλ.	οἶμαι μάλιcτ' ἔγωγε τοῦ τεθνηκότοc	
	μνημεῖ' Ὀρέcτου ταῦτα προcθεῖναί τινα.	
Χρ.	ὦ δυcτυχήc· ἐγὼ δὲ cὺν χαρᾷ λόγουc	
	τοιούcδ' ἔχουc' ἔcπευδον, οὐκ εἰδυῖ' ἄρα	935
	ἵν' ἦμεν ἄτηc· ἀλλὰ νῦν, ὅθ' ἱκόμην,	
	τά τ' ὄντα πρόcθεν ἄλλα θ' εὑρίcκω κακά.	
Ηλ.	οὕτωc ἔχει cοι ταῦτ'· ἐὰν δ' ἐμοὶ πίθῃ,	
	τῆc νῦν παρούcηc πημονῆc λύcειc βάροc.	
Χρ.	ἦ τοὺc θανόνταc ἐξαναcτήcω ποτέ;	940
Ηλ.	†οὐκ ἔcθ' ὅ γ'† εἶπον· οὐ γὰρ ὧδ' ἄφρων ἔφυν.	
Χρ.	τί γὰρ κελεύειc ὧν ἐγὼ φερέγγυοc;	
Ηλ.	τλῆναί cε δρῶcαν ἃν ἐγὼ παραινέcω.	
Χρ.	ἀλλ' εἴ τιc ὠφέλειά γ', οὐκ ἀπώcομαι.	
Ηλ.	ὅρα, πόνου τοι χωρὶc οὐδὲν εὐτυχεῖ.	945
Χρ.	ὁρῶ. ξυνοίcω πᾶν ὅcονπερ ἂν cθένω.	
Ηλ.	ἄκουε δή νυν ἧ βεβούλευμαι τελεῖν.	
	παρουcίαν μὲν οἶcθα καὶ cύ που φίλων	
	ὡc οὔτιc ἡμῖν ἐcτιν, ἀλλ' Ἅιδηc λαβὼν	
	ἀπεcτέρηκε καὶ μόνα λελείμμεθον.	950
	ἐγὼ δ' ἕωc μὲν τὸν καcίγνητον βίῳ	
	θάλλοντ' ἔτ' εἰcήκουον, εἶχον ἐλπίδαc	

925 μηδὲν] μηκέτ' Nauck   929 δυcχερήc] δυcμενήc Lγρ
931 τάφον] -ῳ Blaydes   938 δ' ἐμοὶ Brunck: δέ μοι codd.
941 ἔcθ' ὅ γ' L s.l., Rpa: ἔcθ' ὅδ' LG: ἐc τόδ' p, coni. Haupt: οἶcθ' ὅ γ'
Madvig: τοῦτό γ' Blaydes   942 ὧν ⟨γ'⟩ dubitanter Kaibel
947 νυν edd.: νῦν codd.   τελεῖν Kpat: ποιεῖν LrF   948 καὶ
cύ που rpat: καὶ πού cοι L et γρ in a   950 μόνα Lrpat: μόναι
p   λελείμμεθον LGᵖᶜpat: -εθα GᵃᶜRH   952 θάλλοντ' ἔτ'
Reiske: θάλλοντά τ' codd.

φόνου ποτ' αὐτὸν πράκτορ' ἵξεcθαι πατρόc·
νῦν δ' ἡνίκ' οὐκέτ' ἔcτιν, ἐc cὲ δὴ βλέπω,
ὅπωc τὸν αὐτόχειρα πατρῴου φόνου   955
ξὺν τῇδ' ἀδελφῇ μὴ κατοκνήcειc κτανεῖν
Αἴγιcθον· οὐδὲν γάρ cε δεῖ κρύπτειν μ' ἔτι.
ποῖ γὰρ μενεῖc ῥάθυμοc, ἐc τίν' ἐλπίδων
βλέψαc' ἔτ' ὀρθήν; ἣ πάρεcτι μὲν cτένειν
πλούτου πατρῴου κτῆcιν ἐcτερημένῃ,   960
πάρεcτι δ' ἀλγεῖν ἐc τοcόνδε τοῦ χρόνου
ἄλεκτρα γηράcκουcαν ἀνυμέναιά τε.
καὶ τῶνδε μέντοι μηκέτ' ἐλπίcῃc ὅπωc
τεύξῃ ποτ'· οὐ γὰρ ὧδ' ἄβουλόc ἐcτ' ἀνὴρ
Αἴγιcθοc ὥcτε cόν ποτ' ἢ κἀμὸν γένοc   965
βλαcτεῖν ἐᾶcαι, πημονὴν αὑτῷ cαφῆ.
ἀλλ' ἢν ἐπίcπῃ τοῖc ἐμοῖc βουλεύμαcιν,
πρῶτον μὲν εὐcέβειαν ἐκ πατρὸc κάτω
θανόντοc οἴcῃ τοῦ καcιγνήτου θ' ἅμα·
ἔπειτα δ', ὥcπερ ἐξέφυc, ἐλευθέρα   970
καλῇ τὸ λοιπὸν καὶ γάμων ἐπαξίων
τεύξῃ· φιλεῖ γὰρ πρὸc τὰ χρηcτὰ πᾶc ὁρᾶν.
λόγων γε μὴν εὔκλειαν οὐχ ὁρᾷc ὅcην
cαυτῇ τε κἀμοὶ προcβαλεῖc πειcθεῖc' ἐμοί;
τίc γάρ ποτ' ἀcτῶν ἢ ξένων ἡμᾶc ἰδὼν   975
τοιοῖcδ' ἐπαίνοιc οὐχὶ δεξιώcεται,
"ἴδεcθε τώδε τὼ καcιγνήτω, φίλοι,
ὣ τὸν πατρῷον οἶκον ἐξεcωcάτην,
ὣ τοῖcιν ἐχθροῖc εὖ βεβηκόcιν ποτὲ
ψυχῆc ἀφειδήcαντε προὐcτήτην φόνου.   980
τούτω φιλεῖν χρή, τώδε χρὴ πάνταc cέβειν·

956 κατοκνήcειc Ca: -ηc Lrpat   957 del. Wunder, ante 956
traiecit Bergk   cε . . . μ'] με . . . c' **p**, coni. Blaydes
961 πάρεcτι δ' **rpat**: πάρεcτιν Lp   965 cόν . . . κἀμὸν] coί
. . . κἀμοὶ Radt   967 βουλεύμαcιν LᵃᶜGPat: -cι LᵖᶜRpa
969 θανόντοc] κεύθοντοc Meineke   973 λόγων Bothe: -ῳ
codd.   974 πειcθεῖc' ἐμοί] πειcθεῖcά μοι **p**

ΣΟΦΟΚΛΕΟΥΣ

τῷδ' ἔν θ' ἑορταῖς ἔν τε πανδήμῳ πόλει
τιμᾶν ἅπαντας οὕνεκ' ἀνδρείας χρεών. "
τοιαῦτά τοι νὼ πᾶς τις ἐξερεῖ βροτῶν,
ζώcαιν θανούcαιν θ' ὥcτε μὴ 'κλιπεῖν κλέος.   985
ἀλλ', ὦ φίλη, πείcθητι, cυμπόνει πατρί,
cύγκαμν' ἀδελφῷ, παῦcον ἐκ κακῶν ἐμέ,
παῦcον δὲ cαυτήν, τοῦτο γιγνώcκουc', ὅτι
ζῆν αἰcχρὸν αἰcχρῶc τοῖc καλῶc πεφυκόcιν.
Χο.   ἐν τοῖc τοιούτοιc ἐcτὶν ἡ προμηθία   990
καὶ τῷ λέγοντι καὶ κλύοντι cύμμαχος.
Χρ.   καὶ πρίν γε φωνεῖν, ὦ γυναῖκες, εἰ φρενῶν
ἐτύγχαν' αὕτη μὴ κακῶν, ἐcῴζετ' ἂν
τὴν εὐλάβειαν, ὥcπερ οὐχὶ cῴζεται.
ποῖ γάρ ποτε βλέψαcα τοιοῦτον θράcος   995
αὐτή θ' ὁπλίζῃ κἄμ' ὑπηρετεῖν καλεῖc;
οὐκ εἰcορᾷc; γυνὴ μὲν οὐδ' ἀνὴρ ἔφυc,
cθένειc δ' ἔλαccον τῶν ἐναντίων χερί.
δαίμων δὲ τοῖc μὲν εὐτυχὴc καθ' ἡμέραν,
ἡμῖν δ' ἀπορρεῖ κἀπὶ μηδὲν ἔρχεται.   1000
τίc οὖν τοιοῦτον ἄνδρα βουλεύων ἑλεῖν
ἄλυπος ἄτηc ἐξαπαλλαχθήcεται;
ὅρα κακῶc πράccοντε μὴ μείζω κακὰ
κτηcώμεθ', εἴ τιc τούcδ' ἀκούcεται λόγουc.
λύει γὰρ ἡμᾶc οὐδὲν οὐδ' ἐπωφελεῖ   1005
βάξιν καλὴν λαβόντε δυcκλεῶc θανεῖν.
[οὐ γὰρ θανεῖν ἔχθιcτον, ἀλλ' ὅταν θανεῖν

985 'κλιπεῖν **lrpt**] λιπεῖν **a**   987 ἀδελφῷ] -ῇ **p**
990 τοῖc] τοι Blaydes   προμηθία] προθυμία G   991 ante
κλύοντι add. τῷ LᵃᶜKrpa: om. Λpat   995 βλέψαcα P.Oxy. 693
et Zr, coni. Herwerden: ἐμβλέψαcα **lrpat**   997 οὐδ'LRpa, T s.l.:
οὐκ GZrt   998 ἔλαccον P.Oxy. 693, coni. Brunck: ἔλαττον codd.
χερί] χεροῖν **t**   999 εὐτυχὴc L s.l., **rpa**: -εῖ Lp: utrumque novit **t**
1002 ἄλυπος] εὔλυτος **r**   1003 πράccοντε] πάcχοντε sch.
OC 1676   1005 ἡμᾶc] ἡμῖν Elmsley   1007–8 del.
Nauck   1007 om. LᵃᶜRᵃᶜ   οὐ γὰρ] οὐχ ὡc Λ: οὐδ' αὖ
Michaelis

98

χρήζων τις εἶτα μηδὲ τοῦτ᾽ ἔχῃ λαβεῖν.]
ἀλλ᾽ ἀντιάζω, πρὶν πανωλέθρους τὸ πᾶν
ἡμᾶς τ᾽ ὀλέσθαι κἀξερημῶσαι γένος,   1010
κατάσχες ὀργήν. καὶ τὰ μὲν λελεγμένα
ἄρρητ᾽ ἐγώ σοι κἀτελῆ φυλάξομαι,
αὐτὴ δὲ νοῦν σχὲς ἀλλὰ τῷ χρόνῳ ποτέ,
cθένουσα μηδὲν τοῖς κρατοῦσιν εἰκαθεῖν.

Χο. πείθου. προνοίας οὐδὲν ἀνθρώποις ἔφυ   1015
κέρδος λαβεῖν ἄμεινον οὐδὲ νοῦ σοφοῦ.

Ηλ. ἀπροσδόκητον οὐδὲν εἴρηκας· καλῶς δ᾽
ἤδη c᾽ ἀπορρίψουσαν ἀπηγγελλόμην.
ἀλλ᾽ αὐτόχειρί μοι μόνῃ τε δραστέον
τοὔργον τόδ᾽· οὐ γὰρ δὴ κενόν γ᾽ ἀφήσομεν.   1020

Χρ. φεῦ·
εἴθ᾽ ὤφελες τοιάδε τὴν γνώμην πατρὸς
θνῄσκοντος εἶναι· πᾶν γὰρ ἂν κατειργάσω.

Ηλ. ἀλλ᾽ ἡ φύσιν γε, τὸν δὲ νοῦν ἥσσων τότε.

Χρ. ἄσκει τοιαύτη νοῦν δι᾽ αἰῶνος μένειν.

Ηλ. ὡς οὐχὶ συνδράσουσα νουθετεῖς τάδε.   1025

Χρ. εἰκὸς γὰρ ἐγχειροῦντα καὶ πράσσειν κακῶς.

Ηλ. ζηλῶ σε τοῦ νοῦ, τῆς δὲ δειλίας στυγῶ.

Χρ. ἀνέξομαι κλύουσα χὤταν εὖ λέγῃς.

Ηλ. ἀλλ᾽ οὔ ποτ᾽ ἐξ ἐμοῦ γε μὴ πάθῃς τόδε.

Χρ. μακρὸς τὸ κρῖναι ταῦτα χὠ λοιπὸς χρόνος.   1030

Ηλ. ἄπελθε· σοὶ γὰρ ὠφέλησις οὐκ ἔνι.

Χρ. ἔνεστιν· ἀλλὰ σοὶ μάθησις οὐ πάρα.

1008 χρήζων Lpat: χρήζῃ Kr   1010 κἀξερημῶσαι]
-μοῦσθαι Blaydes   1011 ὀργήν] ὁρμήν O   1014 εἰκαθ-
εῖν Elmsley: -άθειν codd.   1015 ante οὐδὲν add. δ᾽ Suda s.v.
πρόνοια   πείθου lrpat: πιθοῦ p, Χγρ   1018 ἤδη Thomas
Magister: ᾔδειν codd.   ἀπηγγελλόμην] -ειλάμην Thomas Magister
1019 αὐτοχειρί] οὐδὲν ἥσσον Lγρ   1020 ἀφήσομεν LGpaT:
ἀφήσομαι Rp   1022 πᾶν Dawes: πάντα codd. (etiam Λ)
γὰρ ἂν LᵃᶜKpXs: γὰρ rpaT: τᾶν Arnold: γ᾽ ἂν Musgrave   1023 ἢ
Elmsley: ἢν codd.   1026 πράσσειν LpaT: πράττειν p, T s.l.:
πάσχειν r   1029 πάθῃς Pa: μάθῃς LrpZrT

Ηλ.   ἐλθοῦca μητρὶ ταῦτα πάντ' ἔξειπε cῇ.
Χρ.   οὐδ' αὖ τοcοῦτον ἔχθοc ἐχθαίρω c' ἐγώ.
Ηλ.   ἀλλ' οὖν ἐπίcτω γ' οἷ μ' ἀτιμίαc ἄγειc.   1035
Χρ.   ἀτιμίαc μὲν οὔ, προμηθίαc δὲ cοῦ.
Ηλ.   τῷ cῷ δικαίῳ δῆτ' ἐπιcπέcθαι με δεῖ;
Χρ.   ὅταν γὰρ εὖ φρονῇc, τόθ' ἡγήcῃ cὺ νῷν.
Ηλ.   ἦ δεινὸν εὖ λέγουcαν ἐξαμαρτάνειν.
Χρ.   εἴρηκαc ὀρθῶc ᾧ cὺ πρόcκειcαι κακῷ.   1040
Ηλ.   τί δ'; οὐ δοκῶ cοι ταῦτα cὺν δίκῃ λέγειν;
Χρ.   ἀλλ' ἔcτιν ἔνθα χἠ δίκη βλάβην φέρει.
Ηλ.   τούτοιc ἐγὼ ζῆν τοῖc νόμοιc οὐ βούλομαι.
Χρ.   ἀλλ' εἰ ποήcειc ταῦτ', ἐπαινέcειc ἐμέ.
Ηλ.   καὶ μὴν ποήcω γ' οὐδὲν ἐκπλαγεῖcά cε.   1045
Χρ.   καὶ τοῦτ' ἀληθέc, οὐδὲ βουλεύcῃ πάλιν;
Ηλ.   βουλῆc γὰρ οὐδέν ἐcτιν ἔχθιον κακῆc.
Χρ.   φρονεῖν ἔοικαc οὐδὲν ὧν ἐγὼ λέγω.
Ηλ.   πάλαι δέδοκται ταῦτα κοὐ νεωcτί μοι.
[Χρ.   ἄπειμι τοίνυν· οὔτε γὰρ cὺ τἄμ' ἔπη   1050
       τολμᾷc ἐπαινεῖν οὔτ' ἐγὼ τοὺc coὺc τρόπουc.
Ηλ.   ἀλλ' εἴcιθ'. οὔ cοι μὴ μεθέψομαί ποτε,
       οὐδ' ἦν cφόδρ' ἱμείρουcα τυγχάνῃc· ἐπεὶ
       πολλῆc ἀνοίαc καὶ τὸ θηρᾶcθαι κενά.]
Χρ.   ἀλλ' εἰ cεαυτῇ τυγχάνειc δοκοῦcά τι   1055
       φρονεῖν, φρόνει τοιαῦθ'· ὅταν γὰρ ἐν κακοῖc
       ἤδη βεβήκῃc, τἄμ' ἐπαινέcειc ἔπη.

Χο.   τί τοὺc ἄνωθεν φρονιμωτάτουc οἰωνοὺc   cτρ. α'
       ἐcορώμενοι τροφᾶc κη-
       δομένουc ἀφ' ὧν τε βλάcτω-   1060

1036 προμηθίαc Lpa: -είαc RpT: προθυμίαc G   1047 οὐδὲν
post ἐcτιν praebent codd. rec.; probat Brunck   1050-4 interpolatos
esse suspicamur; locus varie temptatus; 1052-7 del. Morstadt; 1050-1
Sophoclis Phaedrae tribuit Stobaeus 3. 2. 29; 1055-7, 1052-4, 1050-1
iustum ordinem esse censuit Bergk, sed 1053-4 Electrae vix conveniunt;
post 1052 lacunam statuit Dawe   1053 ἦν Lpa: εἰ rpXrt
τυγχάνῃc Lpa: -ειc L s.l., rpXrt

cιν ἀφ' ὧν τ' ὄνηcιν εὕρω-
cι, τάδ' οὐκ ἐπ' ἴcαc τελοῦμεν;
ἀλλ' οὐ τὰν Διὸc ἀcτραπὰν
καὶ τὰν οὐρανίαν Θέμιν
δαρὸν οὐκ ἀπόνητοι.   1065
ὢ χθονία βροτοῖcι φάμα,
κατά μοι βόαcον οἰκτρὰν
ὄπα τοῖc ἔνερθ' Ἀτρείδαιc,
ἀχόρευτα φέρουc' ὀνείδη.

ὅτι cφὶν ἤδη τὰ μὲν ἐκ δόμων νοcεῖται,   ἀντ. α'
τὰ δὲ πρὸc τέκνων διπλῆ φύ-   1071
λοπιc οὐκέτ' ἐξιcοῦται
φιλοταcίῳ διαίτᾳ.
πρόδοτοc δὲ μόνα cαλεύει
ἁ παῖc, οἷτον ἀεὶ πατρὸc   1075
δειλαία cτενάχουc' ὅπωc
ἁ πάνδυρτοc ἀηδών,
οὔτε τι τοῦ θανεῖν προμηθὴc
τό τε μὴ βλέπειν ἑτοίμα,
διδύμαν ἑλοῦc' Ἐρινύν.   1080
τίc ἂν εὔπατριc ὧδε βλάcτοι;

οὐδεὶc τῶν ἀγαθῶν ⟨ἂν⟩   cτρ. β'
ζῶν κακῶc εὔκλειαν αἰcχῦναι θέλοι
νώνυμοc, ὦ παῖ παῖ·
ὡc καὶ cὺ πάγκλαυτον αἰ-   1085

1061 ὄνηcιν codd., Suda s.v. ἄνωθεν: ὄναcιν Brunck   1062 ἐπ'
ἴcαc L^pcK: ἐπίcαc vel ἐπίcηc cett.   1063 post οὐ add. μὰ codd.
praeter t   1070 cφὶν Schaefer: cφίcιν Lrpa: cφίc' t   νοcεῖται
Paris. gr. 2794: νοcεῖ codd. plerique: νοcεῖ δὴ t: νοcώδη Erfurdt
1075 ἁ παῖc, οἷτον Heath: Ἠλέκτρα τὸν codd.   1077 πάν-
δυρτοc Porson et Erfurdt: πανόδυρτοc fere codd.   1080 Ἐρινύν
Lp: -ιννύν vel -ιννῦν rpat   1081 ἂν t: ἂν οὖν cett.
1082 ⟨ἂν⟩ Schneidewin: ⟨γὰρ⟩ Hermann   1083 θέλοι
Schneidewin: θέλει codd.   1085 πάγκλαυτον Lt: -αυcτον cett.

ΣΟΦΟΚΛΕΟΥΣ

ὦνα κλεινὸν εἵλου,
ἄκος καλὸν καθοπλίσα-
ca δύο φέρειν ⟨ἐν⟩ ἑνὶ λόγῳ,
coφά τ' ἄριστα τε παῖс κεκλῆсθαι.

ζώης μοι καθύπερθεν   ἀντ. β'
χειρὶ καὶ πλούτῳ τεῶν ἐχθρῶν ὅсον   1091
νῦν ὑπόχειρ ναίεις·
ἐπεί с' ἐφηύρηκα μοί-
ρᾳ μὲν οὐκ ἐν ἐсθλᾷ
βεβῶсαν, ἃ δὲ μέγιст' ἔβλα-   1095
сτε νόμιμα, τῶνδε φερομέναν
ἄριστα τᾷ Ζηνὸς εὐсεβείᾳ.

Ορ.   ἆρ', ὦ γυναῖκες, ὀρθά τ' εἰсηκούсαμεν
        ὀρθῶς θ' ὁδοιπορούμεν ἔνθα χρῄζομεν;
Χο.   τί δ' ἐξερευνᾷς καὶ τί βουληθεὶς πάρει;   1100
Ορ.   Αἴγιсθον ἔνθ' ᾤκηκεν ἱсτορῶ πάλαι.
Χο.   ἀλλ' εὖ θ' ἱκάνεις χὠ φράсας ἀζήμιος.
Ορ.   τίς οὖν ἂν ὑμῶν τοῖς ἔсω φράσειεν ἂν
        ἡμῶν ποθεινὴν κοινόπουν παρουσίαν;
Χο.   ἥδ', εἰ τὸν ἄγχιсτόν γε κηρύссειν χρεών.   1105
Ορ.   ἴθ', ὦ γύναι, δήλωσον εἰсελθοῦс' ὅτι
        Φωκῆς ματεύουс' ἄνδρες Αἴγιсθόν τινες.

1086 κλεινὸν Sirks: κοινὸν codd.: κεῖνον Schuppe   1087 ἄκος
(τὸ μὴ ex interpretatione τομὴν ortum ratus) Lloyd-Jones: τὸ μὴ codd.:
locus varie temptatus   καθοπλίсαса] καθιππάсаса Hermann
1088 suppl. Brunck   1090 καθύπερθεν Ha, Eustathius 1083. 17:
-θε Lrpa   1091 χειρὶ V et Eustathius: χέρι cett.: χεροῖν Dawe
καὶ πλούτῳ] πλούτῳ τε t: τεῶν Hermann: τῶν codd.   an altius
mendum latet?   1092 ὑπόχειρ Musgrave: ὑπὸ χεῖρα codd.
1094 ἐν pa: om. LrpzZr: ἐπ' pt   1095 ἔβλαстε Lrpa: -εν pat
1096 τῶνδε] τῶν Erfurdt (cf. 1088)   1097 ἄριστα] ἐρICτά
novit. sch. L   Ζηνὸς Lγρt: Διὸς cett.   1099 θ' t: δ' cett.
1101 Αἴγιсθον] -ος novit sch. ap. Zc   ἱсτορῶ] ματεύω Lγρ
1107 Φωκῆς L: -εῖς cett.   ματεύουс' Paat: μαст- Lrp

102

ΗΛΕΚΤΡΑ

Ηλ. οἴμοι τάλαιν’, οὐ δή ποθ’ ἧς ἠκούσαμεν
φήμης φέροντες ἐμφανῆ τεκμήρια;

Ορ. οὐκ οἶδα τὴν σὴν κληδόν’· ἀλλά μοι γέρων   1110
ἐφεῖτ’ Ὀρέστου Στροφίος ἀγγεῖλαι πέρι.

Ηλ. τί δ’ ἔστιν, ὦ ξέν’; ὥς μ’ ὑπέρχεται φόβος.

Ορ. φέροντες αὐτοῦ σμικρὰ λείψαν’ ἐν βραχεῖ
τεύχει θανόντος, ὡς ὁρᾷς, κομίζομεν.

Ηλ. οἲ ’γὼ τάλαινα, τοῦτ’ ἐκεῖν’, ἤδη σαφές·   1115
πρόχειρον ἄχθος, ὡς ἔοικε, δέρκομαι.

Ορ. εἴπερ τι κλαίεις τῶν Ὀρεστείων κακῶν,
τόδ’ ἄγγος ἴσθι σῶμα τοὐκείνου στέγον.

Ηλ. ὦ ξεῖνε, δός νυν πρὸς θεῶν, εἴπερ τόδε
κέκευθεν αὐτὸν τεῦχος, ἐς χεῖρας λαβεῖν,   1120
ὅπως ἐμαυτὴν καὶ γένος τὸ πᾶν ὁμοῦ
ξὺν τῇδε κλαύσω κἀποδύρωμαι σποδῷ.

Ορ. δόθ’, ἥτις ἐστί, προσφέροντες· οὐ γὰρ ὡς
ἐν δυσμενείᾳ γ’ οὖσ’ ἐπαιτεῖται τόδε,
ἀλλ’ ἢ φίλων τις, ἢ πρὸς αἵματος φύσιν.   1125

Ηλ. ὦ φιλτάτου μνημεῖον ἀνθρώπων ἐμοὶ
ψυχῆς Ὀρέστου λοιπόν, ὥς ⟨σ’⟩ ἀπ’ ἐλπίδων
οὐχ ὧνπερ ἐξέπεμπον εἰσεδεξάμην.
νῦν μὲν γὰρ οὐδὲν ὄντα βαστάζω χεροῖν,
δόμων δέ σ’, ὦ παῖ, λαμπρὸν ἐξέπεμψ’ ἐγώ.   1130
ὡς ὤφελον πάροιθεν ἐκλιπεῖν βίον,
πρὶν ἐς ξένην σε γαῖαν ἐκπέμψαι χεροῖν
κλέψασα ταῖνδε κἀνασώσασθαι φόνου,
ὅπως θανὼν ἔκεισο τῇ τόθ’ ἡμέρᾳ,
τύμβου πατρῴου κοινὸν εἰληχὼς μέρος.   1135

1108 οὐ] ἦ p   1111 Στροφίος hoc accentu L: Στρό- cett.
1113 σμικρὰ LFt: μικρὰ cett.   1115–16 alii aliter interpungunt
1119 ξεῖνε Lpat: ξένε rpD   νυν t: νῦν cett.   1124 ἐπαιτεῖ-
ται pat: ἐπαιτεῖ Lr   τόδε LrpZrt: τάδε Kra   1125 τίς
⟨ἐστιν⟩ Fröhlich, deleto φύσιν   φύσιν] γεγώς Blaydes
1127 σ’ gl. in N et coni. Brunck: om. cett.   1128 οὐχ] ὑφ’ Weck-
lein   ὧνπερ fere codd.: ὥσπερ p: ὅνπερ Harleianus 5744

ΣΟΦΟΚΛΕΟΥΣ

νῦν δ' ἐκτὸς οἴκων κἀπὶ γῆς ἄλλης φυγὰς
κακῶς ἀπώλου, cῆς κασιγνήτης δίχα·
κοῦτ' ἐν φίλαιcι χερcὶν ἡ τάλαιν' ἐγὼ
λουτροῖc c' ἐκόcμηc' οὔτε παμφλέκτου πυρὸc
ἀνειλόμην, ὡc εἰκόc, ἄθλιον βάροc,   1140
ἀλλ' ἐν ξένηcι χερcὶ κηδευθεὶc τάλαc
cμικρὸc προcήκειc ὄγκοc ἐν cμικρῷ κύτει.
οἴμοι τάλαινα τῆc ἐμῆc πάλαι τροφῆc
ἀνωφελήτου, τὴν ἐγὼ θάμ' ἀμφὶ coὶ
πόνῳ γλυκεῖ παρέcχον. οὔτε γάρ ποτε   1145
μητρὸc cύ γ' ἦcθα μᾶλλον ἢ κἀμοῦ φίλοc,
οὔθ' οἱ κατ' οἶκον ἦcαν ἀλλ' ἐγὼ τροφόc,
ἐγὼ δ' ἀδελφὴ coὶ προcηυδώμην ἀεί.
νῦν δ' ἐκλέλοιπε ταῦτ' ἐν ἡμέρᾳ μιᾷ
θανόντι cὺν coί. πάντα γὰρ cυναρπάcαc,   1150
θύελλ' ὅπωc, βέβηκαc. οἴχεται πατήρ·
τέθνηκ' ἐγὼ coί· φροῦδοc αὐτὸc εἰ θανών·
γελῶcι δ' ἐχθροί· μαίνεται δ' ὑφ' ἡδονῆc
μήτηρ ἀμήτωρ, ἧc ἐμοὶ cὺ πολλάκιc
φήμαc λάθρᾳ προὔπεμπεc ὡc φανούμενοc   1155
τιμωρὸc αὐτόc. ἀλλὰ ταῦθ' ὁ δυcτυχὴc
δαίμων ὁ cόc τε κἀμὸc ἐξαφείλετο,
ὅc c' ὧδέ μοι προὔπεμψεν ἀντὶ φιλτάτηc
μορφῆc cποδόν τε καὶ cκιὰν ἀνωφελῆ.
οἴμοι μοι.   1160
ὦ δέμαc οἰκτρόν. φεῦ φεῦ.
ὦ δεινοτάταc, οἴμοι μοι,
πεμφθεὶc κελεύθουc, φίλταθ', ὥc μ' ἀπώλεcαc·

1137 κασιγνήτης LGpat: -του Rpa   1139 c' p, coni.
Schaefer: om. codd. plerique   1141 ξένηcι] -αιcι a
1142 cμικρῷ Lrpt: μικρῷ pa   1145 παρέcχον] παρεῖχον
Nauck   1146 φίλοc] τέκοc Dindorf: θάλοc B. Arnold
1148 coὶ Lrpa: cῇ pt   προcηυδώμην Paat: -όμην LrpXs
lacunam post hunc v. statuit Dawe   1149 ταῦτ'] πάντ' Blaydes
1150 θανόντι L, R s.l., pa: -όντα rpt   1152 coί Jebb: coι codd.
1163 κελεύθουc LᵖᶜpᵖᶜaT s.l.: -ου lrpAt

ΗΛΕΚΤΡΑ

ἀπώλεςας δῆτ', ὦ καςίγνητον κάρα.
τοιγὰρ cù δέξαι μ' ἐς τὸ còν τόδε cτέγος,   1165
τὴν μηδὲν ἐς τὸ μηδέν, ὡς cùν coì κάτω
ναίω τὸ λοιπόν. καὶ γὰρ ἡνίκ' ἧcθ' ἄνω,
ξὺν coì μετεῖχον τῶν ἴcων· καὶ νῦν ποθῶ
τοῦ coῦ θανοῦcα μὴ ἀπολείπεcθαι τάφου.
τοὺς γὰρ θανόντας οὐχ ὁρῶ λυπουμένους.   1170

Χο. θνητοῦ πέφυκας πατρός, Ἠλέκτρα, φρόνει·
θνητὸς δ' Ὀρέcτης· ὥcτε μὴ λίαν cτένε·
πᾶcιν γὰρ ἡμῖν τοῦτ' ὀφείλεται παθεῖν.

Ορ. φεῦ φεῦ, τί λέξω; ποῖ λόγων ἀμηχανῶν
ἔλθω; κρατεῖν γὰρ οὐκέτι γλώccης cθένω.   1175

Ηλ. τί δ' ἔcχες ἄλγος; πρὸς τί τοῦτ' εἰπὼν κυρεῖς;

Ορ. ἡ còν τὸ κλεινὸν εἶδος Ἠλέκτρας τόδε;

Ηλ. τόδ' ἔcτ' ἐκεῖνο, καὶ μάλ' ἀθλίως ἔχον.

Ορ. οἴμοι ταλαίνης ἆρα τῆσδε cυμφορᾶς.

Ηλ. οὐ δή ποτ', ὦ ξέν', ἀμφ' ἐμοὶ cτένεις τάδε;   1180

Ορ. ὦ cῶμ' ἀτίμως κἀθέως ἐφθαρμένον.

Ηλ. οὔτοι ποτ' ἄλλην ἢ 'μὲ δυcφημεῖς, ξένε.

Ορ. φεῦ τῆς ἀνύμφου δυcμόρου τε cῆς τροφῆς.

Ηλ. τί δή ποτ', ὦ ξέν', ὧδ' ἐπιcκοπῶν cτένεις;

Ορ. ὅc' οὐκ ἄρ' ᾔδη τῶν ἐμῶν ἐγὼ κακῶν.   1185

Ηλ. ἐν τῷ διέγνως τοῦτο τῶν εἰρημένων;

Ορ. ὁρῶν cε πολλοῖς ἐμπρέπουcαν ἄλγεcιν.

Ηλ. καὶ μὴν ὁρᾷς γε παῦρα τῶν ἐμῶν κακῶν.

1168 μετεῖχον] κατ- l   1169 μὴ ἀπολείπεcθαι Lp: μὴ 'πο-
at: μὴ ἐκ- r: μὴ 'ξαπο- p   1173 del. Bergk; ex Aristophanis
Polyido eadem verba citat Stobaeus 4. 51. 15 (fr. 468 K.–A.); sed comicus v.
tragicum laudat   1174 ἀμηχανῶν Heath post Johnson (cave
credas hanc lectionem in cod. Paris. gr. 2794 exstare): -άνων codd. (etiam Λ)
1175 γλώccης ΛLᵖᶜpat: γνώμης LᵃᶜKrp   1176 ἔcχες] ἔcχε c'
Bergk   1177 Ἠλέκτρας pat: -α Lr   1180 οὐ L s.l. et
sch.: τί L et cett. (error e v. 1184 ortus)   1184 δή Lᵖᶜrpa: μοι
Lᵃᶜpt et Suda s.v. ἐπιcκοπῶν: an δῆτά μ' pro δή ποτ'?   1185 ὅc'
Plüss: ὡς codd.   ᾔδη Heath: ᾔδειν codd.   ἐγὼ Lᵃᶜ (incertum a quo
deletum sit): οὐδὲν cett., quae vox in L s.l. vix dispicitur

ΣΟΦΟΚΛΕΟΥΣ

Ορ. καὶ πῶς γένοιτ' ἂν τῶνδ' ἔτ' ἐχθίω βλέπειν;
Ηλ. ὁθούνεκ' εἰμὶ τοῖς φονεῦσι σύντροφος.   1190
Ορ. τοῖς τοῦ; πόθεν τοῦτ' ἐξεσήμηνας κακόν;
Ηλ. τοῖς πατρός. εἶτα τοῖσδε δουλεύω βίᾳ.
Ορ. τίς γάρ σ' ἀνάγκη τῇδε προτρέπει βροτῶν;
Ηλ. μήτηρ καλεῖται· μητρὶ δ' οὐδὲν ἐξισοῖ.
Ορ. τί δρῶσα; πότερα χερσίν, ἢ λύμῃ βίου;   1195
Ηλ. καὶ χερσὶ καὶ λύμαισι καὶ πᾶσιν κακοῖς.
Ορ. οὐδ' οὑπαρήξων οὐδ' ὁ κωλύσων πάρα;
Ηλ. οὐ δῆθ'· ὃς ἦν γάρ μοι σὺ προὔθηκας σποδόν.
Ορ. ὦ δύσποτμ', ὡς ὁρῶν σ' ἐποικτίρω πάλαι.
Ηλ. μόνος βροτῶν νυν ἴσθ' ἐποικτίρας ποτέ.   1200
Ορ. μόνος γὰρ ἥκω τοῖς σοῖς ἀλγῶν κακοῖς.
Ηλ. οὐ δή ποθ' ἡμῖν ξυγγενὴς ἥκεις ποθέν;
Ορ. ἐγὼ φράσαιμ' ἄν, εἰ τὸ τῶνδ' εὔνουν πάρα.
Ηλ. ἀλλ' ἐστὶν εὔνουν, ὥστε πρὸς πιστὰς ἐρεῖς.
Ορ. μέθες τόδ' ἄγγος νυν, ὅπως τὸ πᾶν μάθῃς.   1205
Ηλ. μὴ δῆτα πρὸς θεῶν τοῦτό μ' ἐργάσῃ, ξένε.
Ορ. πιθοῦ λέγοντι κοὐχ ἁμαρτήσῃ ποτέ.
Ηλ. μὴ πρὸς γενείου μὴ 'ξέλῃ τὰ φίλτατα.
Ορ. οὔ φημ' ἐάσειν.   Ηλ. ὦ τάλαιν' ἐγὼ σέθεν,
    Ὀρέστα, τῆς σῆς εἰ στερήσομαι ταφῆς.   1210
Ορ. εὔφημα φώνει· πρὸς δίκης γὰρ οὐ στένεις.
Ηλ. πῶς τὸν θανόντ' ἀδελφὸν οὐ δίκῃ στένω;
Ορ. οὔ σοι προσήκει τήνδε προσφωνεῖν φάτιν.
Ηλ. οὕτως ἄτιμός εἰμι τοῦ τεθνηκότος;
Ορ. ἄτιμος οὐδενὸς σύ· τοῦτο δ' οὐχὶ σόν.   1215

1190 τοῖς] aut τοι scribendum aut Electrae sententiam interrumpi credit West   1191 ἐξεσήμηνας pat: -ανας KrO: -ηνες IN   1193 σ' pat: om. Lrp   ἀνάγκη aT: -η LrpaTa   προτρέπει et sententiae et metro minus aptum: an προστρίβει?   1197 alterum οὐδ' pat: οὔθ' lrpa   1200 νυν t: νῦν cett.   ποτέ] με σύ Xr: ἐμέ Zr   1201 τοῖσι σοῖς] τοῖς ἴσοις IP   1205 ἄγγος LGγρpat: ἄλγος r   1207 πιθοῦ p, Xr s.l.: πείθου Lrpat   1212 post πῶς interpunxit L, unde πῶς; dubitanter Dawe (καὶ πῶς pro πῶς τὸν Radt)

Ηλ.	εἴπερ γ' Ὀρέστου cῶμα βαcτάζω τόδε.
Ορ.	ἀλλ' οὐκ Ὀρέστου, πλὴν λόγῳ γ' ἠcκημένον.
Ηλ.	ποῦ δ' ἔcτ' ἐκείνου τοῦ ταλαιπώρου τάφοc;
Ορ.	οὐκ ἔcτι· τοῦ γὰρ ζῶντοc οὐκ ἔcτιν τάφοc.
Ηλ.	πῶc εἶπαc, ὦ παῖ; Ορ. ψεῦδοc οὐδὲν ὤν
	λέγω.

1220

Ηλ.	ἡ ζῆ γὰρ ἀνήρ; Ορ. εἴπερ ἔμψυχόc γ' ἐγώ.
Ηλ.	ἡ γὰρ cὺ κεῖνοc; Ορ. τήνδε προcβλέψacά μου
	cφραγῖδα πατρὸc ἔκμαθ' εἰ cαφῆ λέγω.
Ηλ.	ὦ φίλτατον φῶc. Ορ. φίλτατον, cυμμαρτυρῶ.
Ηλ.	ὦ φθέγμ', ἀφίκου; Ορ. μηκέτ' ἄλλοθεν
	πύθῃ.

1225

Ηλ.	ἔχω cε χερcίν; Ορ. ὡc τὰ λοίπ' ἔχοιc ἀεί.
Ηλ.	ὦ φίλταται γυναῖκεc, ὦ πολίτιδεc,
	ὁρᾶτ' Ὀρέcτην τόνδε, μηχαναῖcι μὲν
	θανόντα, νῦν δὲ μηχαναῖc cεcωμένον.
Χο.	ὁρῶμεν, ὦ παῖ, κἀπὶ cυμφοραῖcί μοι

1230

	γεγηθὸc ἔρπει δάκρυον ὀμμάτων ἄπο.

Ηλ.	ἰὼ γοναί,	cτρ.
	γοναὶ cωμάτων ἐμοὶ φιλτάτων,	
	ἐμόλετ' ἀρτίωc,	
	ἐφηύρετ', ἤλθετ', εἴδεθ' οὒc ἐχρῄζετε.	1235
Ορ.	πάρεcμεν· ἀλλὰ cῖγ' ἔχουcα πρόcμενε.	
Ηλ.	τί δ' ἔcτιν;	
Ορ.	cιγᾶν ἄμεινον, μή τιc ἔνδοθεν κλύῃ.	
Ηλ.	μὰ τὰν Ἄρτεμιν τὰν ἀεὶ ἀδμήταν,	
	τόδε μὲν οὔποτ' ἀξιώcω τρέcαι,	1240
	περιccὸν ἄχθοc ἔνδον	

1222 μου] μοι Morstadt   1224 cυμμαρτυρῶ Lpat: ξυμ- rp
1226 χερcίν at: χεροῖν Lrp, unde χειροῖν Neue   ἔχοιc L: -ειc cett.
1229 cεcωμένον Wecklein: -cμένον codd.   1232–3 γοναί bis
pat: semel LrpZr   1235 ἤλθεθ'] εἴλεθ' Heimsoeth: ἔcχεθ'
Herwerden   1239 μὰ Hartung: ἀλλ' οὐ vel ἀλλ' οὐ μὰ codd.
Ἄρτεμιν] θεὰν Steinhart (θεὸν mavult West)   ἀεὶ Arndt: αἰὲν codd.

ΣΟΦΟΚΛΕΟΥΣ

ΓΥΝΑΙΚῶν ὃ ναίει.

Ορ. ὅρα γε μὲν δὴ κἀν γυναιξὶν ὡς Ἄρης
ἔνεστιν· εὖ δ' ἔξοισθα πειραθεῖσά που.

Ηλ. ὀττοτοῖ ⟨ὀττοτοῖ⟩,   1245
ἀνέφελον ἐνέβαλες οὔποτε καταλύσιμον,
οὐδέ ποτε λησόμενον ἁμέτερον
οἷον ἔφυ κακόν.   1250

Ορ. ἔξοιδα καὶ ταῦτ'· ἀλλ' ὅταν παρουσία
φράζῃ, τότ' ἔργων τῶνδε μεμνῆσθαι χρεών.

Ηλ. ὁ πᾶς ἐμοί,   ἀντ.
ὁ πᾶς ἂν πρέποι παρὼν ἐννέπειν
τάδε δίκᾳ χρόνος.   1255
μόλις γὰρ ἔσχον νῦν ἐλεύθερον στόμα.

Ορ. ξύμφημι κἀγώ· τοιγαροῦν ϲῴζου τόδε.

Ηλ. τί δρῶσα;

Ορ. οὐ μή 'στι καιρὸς μὴ μακρὰν βούλου λέγειν.

Ηλ. τίς ἀνταξίαν σοῦ γε πεφηνότος   1260
μεταβάλοιτ' ἂν ὧδε σιγᾶν λόγων;
ἐπεί σε νῦν ἀφράστως
ἀέλπτως τ' ἐσεῖδον.

Ορ. τότ' εἶδες, ὅτε θεοί μ' ἐπώτρυναν μολεῖν
⟨× – ∪ – × – ∪ – × – ∪ –⟩

Ηλ. ἔφρασας ὑπερτέραν   1265
τᾶς πάρος ἔτι χάριτος, εἴ σε θεὸς ἐπόρισεν
ἁμέτερα πρὸς μέλαθρα· δαιμόνιον

1242 ὃ ναίει Viketos: ὃν αἰεί Rpt: ὃν ἀεὶ LGpa   1244 om. t
1245 suppl. Bergk   1246 ἐνέβαλες sch. L: ἐπ- codd.: ὑπ- Vat. gr.
40, coni. Blaydes   1251 παρουσία] παρρησίαν J, unde
παρρησίᾳ Pearson   1255 δίκᾳ t (ἔν τινι τῶν παλαιῶν
βιβλίων sch. T): δίκα Lγρ: δίκαια codd.   1260 ἀνταξίαν nos
post Arndt: οὖν ἀξίαν LrpZr: οὖν ἂν ἀξίαν Ha   σοῦ γε Seidler: γε
σοῦ codd.   1264 ὅτε] εὖτε Jebb   ἐπώτρυναν Reiske:
ὤτρυναν codd.   post hunc v. lacunam statuit Heath, ante ὤτρυναν
Michaelis   1266 ἐπόρισεν Fröhlich: ἐπῶρσεν codd. plerique:
ἐπόρσεν Lᵃᶜ

αὐτὸ τίθημ' ἐγώ. 1270

Ορ. τὰ μέν c' ὀκνῶ χαίρουcαν εἰργαθεῖν, τὰ δὲ
δέδοικα λίαν ἡδονῇ νικωμένην.

Ηλ. ἰὼ χρόνῳ ἐπ.
μακρῷ φιλτάταν ὁδὸν ἐπαξιώ-
cαc ὧδέ μοι φανῆναι,
μή τί με, πολύπονον ὧδ' ἰδών— 1275
Ορ. τί μὴ ποήcω; Ηλ. μή μ' ἀποcτερήcῃc
τῶν cῶν προcώπων ἡδονὰν μεθέcθαι.
Ορ. ἦ κάρτα κἂν ἄλλοιcι θυμοίμην ἰδών.
Ηλ. ξυναινεῖc; Ορ. τί μὴν οὔ; 1280
Ηλ. ὦ φίλ', ἔκλυον
ἃν ἐγὼ οὐδ' ἂν ἤλπιc' αὐδάν.
⟨ἀλλ' ὅμωc ἐπ⟩έcχον ὀργὰν ἄναυδον
οὐδὲ cὺν βοᾷ κλύουc' ἁ τάλαινα.
νῦν δ' ἔχω cε· προὐφάνηc δὲ 1285
φιλτάταν ἔχων πρόcοψιν,
ἃc ἐγὼ οὐδ' ἂν ἐν κακοῖc λαθοίμαν.

Ορ. τὰ μὲν περιccεύοντα τῶν λόγων ἄφεc,
καὶ μήτε μήτηρ ὡc κακὴ δίδαcκέ με
μήθ' ὡc πατρῷαν κτῆcιν Αἴγιcθοc δόμων 1290
ἀντλεῖ, τὰ δ' ἐκχεῖ, τὰ δὲ διαcπείρει μάτην·
χρόνου γὰρ ἄν cοι καιρὸν ἐξείργοι λόγοc.
ἃ δ' ἁρμόcει μοι τῷ παρόντι νῦν χρόνῳ
cήμαιν', ὅπου φανέντεc ἢ κεκρυμμένοι
γελῶνταc ἐχθροὺc παύcομεν τῇ νῦν ὁδῷ. 1295

1271 εἰργαθεῖν Elmsley: -άθειν codd. 1275 πολύπονον J,
coni. Hermann: πολύcτονον cett. 1277 ἡδονὰν] ἁ- Dindorf
1279 κἂν] τἂν Monk 1280 μὴν Seidler: μὴ codd.
1281 φίλ' C, coni. Wunder: φίλαι cett.: φίλοc Blaydes 1283 ex.
gr. supplevimus: ⟨πρὶν μὲν οὖν ἐπ-⟩ Dawe 1284 κλύουc' ἁ
Hartung post Hermann: κλύουcα codd. 1287 λαθοίμαν Lat:
-μην FA: -μ' ἂν rp 1288 ἄφεc] μέθεc r
1292 χρόνου] ἔργου Reiske ἐξείργοι] ἐξαιροῖ Hartung: ἐξαίρη
Sudae codd. GF s.v. χρόνου πόδα

ΣΟΦΟΚΛΕΟΥΣ

τούτῳ δ' ὅπως μήτηρ σε μὴ 'πιγνώσεται
φαιδρῷ προσώπῳ νῷν ἐπελθόντοιν δόμους·
ἀλλ' ὡς ἐπ' ἄτῃ τῇ μάτην λελεγμένῃ
στέναζ'· ὅταν γὰρ εὐτυχήσωμεν, τότε
χαίρειν παρέσται καὶ γελᾶν ἐλευθέρως.　　　　1300

Ηλ.　ἀλλ', ὦ κασίγνηθ', ὧδ' ὅπως καὶ σοὶ φίλον
καὶ τοὐμὸν ἔσται, τάσδ' ἐπεὶ τὰς ἡδονὰς
πρὸς σοῦ λαβοῦσα κοὐκ ἐμὰς ἐκτησάμην.
κοὐδ' ἄν σε λυπήσασα δεξαίμην βραχὺ
αὐτὴ μέγ' εὑρεῖν κέρδος· οὐ γὰρ ἂν καλῶς　　　　1305
ὑπηρετοίην τῷ παρόντι δαίμονι.
ἀλλ' οἶσθα μὲν τἀνθένδε, πῶς γὰρ οὔ; κλυὼν
ὁθούνεκ' Αἴγισθος μὲν οὐ κατὰ στέγας,
μήτηρ δ' ἐν οἴκοις· ἣν σὺ μὴ δείσῃς ποθ' ὡς
γέλωτι τοὐμὸν φαιδρὸν ὄψεται κάρα.　　　　1310
μῖσός τε γὰρ παλαιὸν ἐντέτηκέ μοι,
κἀπεί σ' ἐσεῖδον, οὔ ποτ' ἐκλήξω χαρᾷ
δακρυρροοῦσα. πῶς γὰρ ἂν λήξαιμ' ἐγώ,
ἥτις μιᾷ σε τῇδ' ὁδῷ θανόντα τε
καὶ ζῶντ' ἐσεῖδον; εἴργασαι δέ μ' ἄσκοπα·　　　　1315
ὥστ', εἰ πατήρ μοι ζῶν ἵκοιτο, μηκέτ' ἂν
τέρας νομίζειν αὐτό, πιστεύειν δ' ὁρᾶν.
ὅτ' οὖν τοιαύτην ἡμὶν ἐξήκεις ὁδόν,
ἄρχ' αὐτὸς ὥς σοι θυμός. ὡς ἐγὼ μόνη
οὐκ ἂν δυοῖν ἥμαρτον· ἢ γὰρ ἂν καλῶς　　　　1320
ἔσωσ' ἐμαυτήν, ἢ καλῶς ἀπωλόμην.

1296 τούτῳ nos: οὖτω Ht: οὗτως cett., quo servato in editione
lacunam post 1295 statuit Dawe, qui olim φράζου temptaverat
1297 ἐπελθόντοιν LᵖᶜKGγρRpat: -ων LᵃᶜGp　　δόμους Lrpa: -οις
p (de t non liquet)　　　1298 ἀλλ'] σὺ δ' gnomologium Vato-
pedianum 36　τῇ] μὴ Reiske　λελεγμένῃ] δεδεγμένῃ Lᵃᶜ
1302 τάσδ' ἐπεὶ Brunck: τῇδ'· ἐπεὶ codd.　　　1304 δεξαίμην p:
λεξαίμην L: βουλοίμην rpat　　1306 ὑπηρετοίην Musgrave:
-οίμην codd.　　　1307 κλυὼν nos: κλύων codd.
1310 τοὐμὸν post φαιδρὸν praebent pat　　φαιδρὸν] -ῷ VDt
1312 χαρᾷ Schaefer: -ᾶς codd.　　　1319 ὥς] ὧν Dawe

Ορ.   cιγᾶν ἐπῄνεc·· ὡc ἐπ' ἐξόδῳ κλύω
τῶν ἔνδοθεν χωροῦντοc. Ηλ. εἴcιτ', ὦ ξένοι,
ἄλλωc τε καὶ φέροντεc οἷ' ἂν οὔτε τιc
δόμων ἀπώcαιτ' οὔτ' ἂν ἡcθείη λαβών.   1325

Πα.   ὦ πλεῖcτα μῶροι καὶ φρενῶν τητώμενοι,
πότερα παρ' οὐδὲν τοῦ βίου κήδεcθ' ἔτι,
ἢ νοῦc ἔνεcτιν οὔτιc ὑμὶν ἐγγενήc,
ὅτ' οὐ παρ' αὐτοῖc ἀλλ' ἐν αὐτοῖcιν κακοῖc
τοῖcιν μεγίcτοιc ὄντεc οὐ γιγνώcκετε;   1330
ἀλλ' εἰ cταθμοῖcι τοῖcδε μὴ 'κύρουν ἐγὼ
πάλαι φυλάccων, ἦν ἂν ἡμὶν ἐν δόμοιc
τὰ δρώμεν' ὑμῶν πρόcθεν ἢ τὰ cώματα·
νῦν δ' εὐλάβειαν τῶνδε προὐθέμην ἐγώ.
καὶ νῦν ἀπαλλαχθέντε τῶν μακρῶν λόγων   1335
καὶ τῆc ἀπλήcτου τῆcδε cὺν χαρᾷ βοῆc
εἴcω παρέλθεθ', ὡc τὸ μὲν μέλλειν κακὸν
ἐν τοῖc τοιούτοιc ἔcτ', ἀπηλλάχθαι δ' ἀκμή.

Ορ.   πῶc οὖν ἔχει τἀντεῦθεν εἰcιόντι μοι;

Πα.   καλῶc· ὑπάρχει γάρ cε μὴ γνῶναί τινα.   1340

Ορ.   ἤγγειλαc, ὡc ἔοικεν, ὡc τεθνηκότα.

Πα.   εἷc τῶν ἐν Ἅιδου μάνθαν' ἐνθάδ' ὢν ἀνήρ.

Ορ.   χαίρουcιν οὖν τούτοιcιν; ἢ τίνεc λόγοι;

Πα.   τελουμένων εἴποιμ' ἄν· ὡc δὲ νῦν ἔχει
καλῶc τὰ κείνων πάντα, καὶ τὰ μὴ καλῶc.   1345

Ηλ.   τίc οὗτόc ἐcτ', ἀδελφέ; πρὸc θεῶν φράcον.

Ορ.   οὐχὶ ξυνίηc; Ηλ. οὐδέ γ' †ἐc θυμὸν φέρω†.

Ορ.   οὐκ οἶcθ' ὅτῳ μ' ἔδωκαc ἐc χεῖράc ποτε;

1322–3 (usque ad χωροῦντοc) Hermann, 1322–5 Dawe choro tribu-
unt, uterque scholiastae verbis fretus   1322 κλύω] τινὸc Fröhlich
1324 οἷ' ἂν at: οἴαν Lrp   1328 ἐγγενήc pat: ἐκγ- LGγρ: εὐγ-
r   1329 παρ' αὐτοῖc] παρ' ἄκροιc Dawe et Diggle
1332 ἡμὶν Blaydes: ἡμῖν p: ὑμῖν fere cett.   1333 ὑμῶν] ἡμῶν R:
οἶμαι Nauck   1335 ἀπαλλαχθέντε Lpat: -τεc rp   1341 ἔοι-
κεν] ἔοικέ μ' Fröhlich   1343 οὖν pat: ἐν lrp   1344 post ἔχει
interpungunt edd. plerique   1345 alterum καλῶc] καλά Maehly
1347 ξυνίηc RpXrt: -ίειc LGpa ἐc θυμὸν φέρω] an ἡcθόμην cφέ πω?

ΣΟΦΟΚΛΕΟΥΣ

Ηλ.   ποίῳ; τί φωνεῖς;   Ορ. οὐ τὸ Φωκέων πέδον
    ὑπεξεπέμφθην σῇ προμηθίᾳ χεροῖν.   1350

Ηλ.   ἦ κεῖνος οὗτος ὅν ποτ' ἐκ πολλῶν ἐγὼ
    μόνον προσηῦρον πιστὸν ἐν πατρὸς φόνῳ;

Ορ.   ὅδ' ἐστί. μή μ' ἔλεγχε πλείοσιν λόγοις.

Ηλ.   ὦ φίλτατον φῶς, ὦ μόνος cωτὴρ δόμων
    Ἀγαμέμνονος, πῶς ἦλθες; ἦ cὺ κεῖνος εἶ,   1355
    ὃς τόνδε κἄμ' ἔcωcας ἐκ πολλῶν πόνων;
    ὦ φίλταται μὲν χεῖρες, ἥδιcτον δ' ἔχων
    ποδῶν ὑπηρέτημα, πῶς οὕτω πάλαι
    ξυνών μ' ἔληθες οὐδ' ἔcαινες, ἀλλά με
    λόγοις ἀπώλλυς, ἔργ' ἔχων ἥδιcτ' ἐμοί;   1360
    χαῖρ', ὦ πάτερ· πατέρα γὰρ εἰcορᾶν δοκῶ·
    χαῖρ'· ἴcθι δ' ὡς μάλιcτά c' ἀνθρώπων ἐγὼ
    ἤχθηρα κἀφίληc' ἐν ἡμέρᾳ μιᾷ.

Πα.   ἀρκεῖν δοκεῖ μοι· τοὺς γὰρ ἐν μέcῳ λόγους—
    πολλαὶ κυκλοῦνται νύκτες ἡμέραι τ' ἴcαι,   1365
    αἳ ταῦτά cοι δείξουcιν, Ἠλέκτρα, cαφῆ.
    cφῷν δ' ἐννέπω 'γὼ τοῖν παρεcτώτοιν ὅτι
    νῦν καιρὸς ἔρδειν· νῦν Κλυταιμήcτρα μόνη·
    νῦν οὔτιc ἀνδρῶν ἔνδον· εἰ δ' ἐφέξετον,
    φροντίζεθ' ὡς τούτοιc τε καὶ cοφωτέροιc   1370
    ἄλλοιcι τούτων πλείοcιν μαχούμενοι.

Ορ.   οὐκ ἂν μακρῶν ἔθ' ἡμὶν οὐδὲν ἂν λόγων,
    Πυλάδη, τόδ' εἴη τοὔργον, ἀλλ' ὅcον τάχος

1350 προμηθίᾳ Lrp: -είᾳ pat: προθυμία P   1351 ποτ']
τότ' Meineke   1352 προcηῦρον Dindorf: προcεῦρον codd.
1353 πλείοcιν Lat: -cι rpa   1357 φίλταται ... χεῖρες] -ταc
... -αc Bothe   1359 ἔcαινεc nos: ἔφαινεc codd.
1362 c' pat: om. Lrp   1364 post hunc v. sunt qui lacunam
esse suspicentur   1365 κυκλοῦνται Lrpt: -οῦcι pa
1367 'γὼ Hermann: γε codd.   1368 ἔρδειν Lp: ἔ- rpat
Κλυταιμήcτρα L: -μνήcτρα cett.   1370–1 τούτοιc ...
τούτων] ἄλλοιcι καὶ cοφωτέροιc τούτων παλαιcταῖc ex. gr. Nauck
1371 πλείοcιν Lat: -cι rpa

χωρεῖν ἔcω, πατρῷα προcκύcανθ' ἔδη
θεῶν, ὅcοιπερ πρόπυλα ναίουcιν τάδε.   1375

Ηλ.   ἄναξ Ἄπολλον, ἵλεωc αὐτοῖν κλύε,
ἐμοῦ τε πρὸc τούτοιcιν, ἥ cε πολλὰ δὴ
ἀφ' ὧν ἔχοιμι λιπαρεῖ προὔcτην χερί.
νῦν δ', ὦ Λύκει' Ἄπολλον, ἐξ οἵων ἔχω
αἰτῶ, προπίτνω, λίccομαι, γενοῦ πρόφρων   1380
ἡμῖν ἀρωγὸc τῶνδε τῶν βουλευμάτων
καὶ δεῖξον ἀνθρώποιcι τἀπιτίμια
τῆc δυccεβείαc οἷα δωροῦνται θεοί.

Χο.   ἴδεθ' ὅπου προνέμεται   cτρ. α´
τὸ δυcέριcτον αἷμα φυcῶν Ἄρηc.   1385
βεβᾶcιν ἄρτι δωμάτων ὑπόcτεγοι
μετάδρομοι κακῶν πανουργημάτων
ἄφυκτοι κύνεc,
ὥcτ' οὐ μακρὰν ἔτ' ἀμμενεῖ
τοὐμὸν φρενῶν ὄνειρον αἰωρούμενον.   1390

παράγεται γὰρ ἐνέρων   ἀντ. α´
δολιόπουc ἀρωγὸc εἴcω cτέγαc,
ἀρχαιόπλουτα πατρὸc εἰc ἑδώλια,
νεακόνητον αἷμα χειροῖν ἔχων·
ὁ Μαίαc δὲ παῖc   1395
Ἑρμῆc cφ' ἄγει δόλον cκότῳ
κρύψαc πρὸc αὐτὸ τέρμα κοὐκέτ' ἀμμένει.

1375 ὅcοιπερ **pa**: ὅcοι Lrpat: πρόπυλα Lrpa: προπύλαια **pt**
1380 προπιτνῶ **Lat**: προcπιτνῶ codd. plerique: προπίπτω Jebb
1384 ὅπου] ὅποι Schneidewin   1385 τὸ] ὁ Blaydes
1386 βεβᾶcιν] -cι δ' **Vt**   1389 post μακρὰν add. γ' **t**
ἀμμενεῖ e sch. Wunder: ἀμμένει Lpat: ἐμμένει **rp**   1390 τοὐμὸν
Lpat: τοὐμῶν **rp**   1393 ἑδώλια Lrpt: ἑδράcματα LγpG s.l.
pa   1394 νεακόνητον multis suspectum, sed vide *Sophoclea* ad loc.
χειροῖν Lᵃᶜ: χειρῶν **t**: χερῶν cett.   1396 cφ' **rpt**: om. La
ἄγει Krpt: ἐπάγει Lᵃᶜ ut videtur, **pa**

ΣΟΦΟΚΛΕΟΥΣ

Ηλ.   ὦ φίλταται γυναῖκες, ἄνδρες αὐτίκα   στρ.
      τελοῦσι τοὖργον· ἀλλὰ σῖγα πρόσμενε.

Χο.   πῶς δή; τί νῦν πράσσουσιν;   Ηλ. ἡ μὲν ἐς τάφον
      λέβητα κοσμεῖ, τὼ δ᾽ ἐφέστατον πέλας.   1401

Χο.   σὺ δ᾽ ἐκτὸς ᾖξας πρὸς τί;   Ηλ. φρουρήσουσ᾽ ὅπως
      Αἴγισθος ⟨ἡμᾶς⟩ μὴ λάθῃ μολὼν ἔσω.

Κλ.   αἰαῖ. ἰὼ στέγαι
      φίλων ἐρῆμοι, τῶν δ᾽ ἀπολλύντων πλέαι.   1405

Ηλ.   βοᾷ τις ἔνδον. οὐκ ἀκούετ᾽, ὦ φίλαι;

Χο.   ἤκουσ᾽ ἀνήκουστα δύς-
      τανος, ὥστε φρῖξαι.

Κλ.   οἴμοι τάλαιν᾽. Αἴγισθε, ποῦ ποτ᾽ ὢν κυρεῖς;

Ηλ.   ἰδοὺ μάλ᾽ αὖ θροεῖ τις.   Κλ. ὦ τέκνον
      τέκνον,   1410
      οἴκτιρε τὴν τεκοῦσαν.   Ηλ. ἀλλ᾽ οὐκ ἐκ σέθεν
      ᾠκτίρεθ᾽ οὗτος οὐδ᾽ ὁ γεννήσας πατήρ.

Χο.   ὦ πόλις, ὦ γενεὰ τάλαινα, νῦν σοι
      μοῖρα καθημερία φθίνει φθίνει.

Κλ.   ὤμοι πέπληγμαι.   Ηλ. παῖσον, εἰ σθένεις, διπλῆν.

Κλ.   ὤμοι μάλ᾽ αὖθις.   Ηλ. εἰ γὰρ Αἰγίσθῳ γ᾽
      ὁμοῦ.   1416

Χο.   τελοῦσ᾽ ἀραί· ζῶσιν οἱ
      γᾶς ὑπαὶ κείμενοι.
      παλίρρυτον γὰρ αἷμ᾽ ὑπεξαιροῦσι τῶν
      κτανόντων   1420
      οἱ πάλαι θανόντες.

1402 φρουρήσουσ᾽ Lrpat: -σας KHZr   1403 ⟨ἡμᾶς⟩, quod
supplevit iam Reiske, interpretatio est in J: ⟨αὐτὸς⟩ t: pro Αἴγισθος
reponit Jackson ὁ θεοῖσιν ἐχθρός   1404 αἲ vel αἲ bis LpZr:
amplius rpat   1409 ποῦ rpat: ποῖ Lp   1410 post ὦ
τέκνον add. ὦ codd. plerique: corr. pZrt   1411 οὐκ] οὔτ᾽ Beller-
mann   1412 οὐδ᾽ p: οὔθ᾽ Lrpat   1413 σοι Hermann: σε
codd.   1414 καθημερία] καθα- t   φθίνει bis Lrpt: semel a
1416 γ᾽ Hermann: δ᾽ Gp: θ᾽ LRpat   1417 τελοῦσ᾽ t: -σιν cett.
1418 ὑπαὶ κείμενοι Brunck: ὑποκείμενοι codd.   1420 παλίρ-
ρυτον Bothe: πολύρρυτον codd.

καὶ μὴν πάρεισιν οἵδε· φοινία δὲ χεὶρ   ἀντ.
cτάζει θυηλῆc Ἄρεοc, οὐδ' ἔχω ψέγειν.

Ηλ.   Ὀρέcτα, πῶc κυρεῖ τάδ';   Ορ. ἐν δόμοιcι μὲν
      καλῶc, Ἀπόλλων εἰ καλῶc ἐθέcπιcεν.   1425

Ηλ.   τέθνηκεν ἡ τάλαινα;   Ορ. μηκέτ' ἐκφοβοῦ
      μητρῷον ὥc cε λῆμ' ἀτιμάcει ποτέ.

Ηλ.   ⟨– ∪∪ – ∪ ×
      × – ∪ – × – ∪ – × – ∪ –

Ορ.   × – ∪ – × – ∪ – × – ∪ –⟩

Χο.   παύcαcθε, λεύccω γὰρ Αἴ-
      γιcθον ἐκ προδήλου.

Ορ.   ⟨× – ∪ – × – ∪ – × – ∪ –⟩

Ηλ.   ὦ παῖδεc, οὐκ ἄψορρον;   Ορ. εἰcορᾶτε πού   1430
      τὸν ἄνδρ';   Ηλ. ἐφ' ἡμῖν οὗτοc ἐκ προαcτίου
      χωρεῖ γεγηθὼc ⟨– ∪ – × – ∪ –⟩.

Χο.   βᾶτε κατ' ἀντιθύρων ὅcον τάχιcτα,
      νῦν, τὰ πρὶν εὖ θέμενοι, τάδ' ὡc πάλιν—

Ορ.   θάρcει· τελοῦμεν.   Ηλ. ᾗ νοεῖc ἔπειγε νῦν.   1435

Ορ.   καὶ δὴ βέβηκα.   Ηλ. τἀνθάδ' ἂν μέλοιτ' ἐμοί.

Χο.   δι' ὠτὸc ἂν παυρά γ' ὡc
      ἠπίωc ἐννέπειν
      πρὸc ἄνδρα τόνδε cυμφέροι, λαθραῖον ὡc
      ὀρούcῃ   1440
      πρὸc δίκαc ἀγῶνα.

1422–3 coryphaeo tribuit Hermann, Electrae fere codd.
1423 θυηλῆc codd.: -αῖc Bergk   Ἄρεοc Lpat: -ωc **rp**   ψέγειν
Erfurdt: λέγειν codd.   1424 κυρεῖ] κυρεῖτε Reisig, Elmsley
τάδ'; ἐν Kolster: τὰν codd.: δέ; τὰν Hermann   1426 τέθνηκεν ἡ
τάλαινα Electrae tribuit Erfurdt, Oresti codd.   1427 post hunc v.
lacunam statuit Erfurdt, post 1429 lacunam statuit Seidler   1430–2 πού
Hermann: που codd.   personarum vices distinxit Hermann   οὗτοc
ἐκ προαcτίου post γεγηθὼc praebet **p**   προαcτίου Lp: -είου **rpat**
⟨ὡc τεθνηκότοc cέθεν⟩ West   1433 ἀντιθύρων] ἀμφιθύρων
Musgrave   1435 ᾗ νοεῖc κτλ. Electrae tribuit Erfurdt, Oresti
codd.   νῦν] νυν Turnebus   1436 μέλοιτ' Lrpa: μέλοι γ' **t**
1437–41 choro tribuit **t**, Electrae codd.

ΣΟΦΟΚΛΕΟΥΣ

ΑΙΓΙΣΘΟΣ

τίς οἶδεν ὑμῶν ποῦ ποθ' οἱ Φωκῆς ξένοι,
οὕς φας' Ὀρέστην ἡμὶν ἀγγεῖλαι βίον
λελοιπόθ' ἱππικοῖσιν ἐν ναυαγίοις;
σέ τοι, σὲ κρίνω, ναὶ σέ, τὴν ἐν τῷ πάρος   1445
χρόνῳ θρασεῖαν· ὡς μάλιστα σοὶ μέλειν
οἶμαι, μάλιστα δ' ἂν κατειδυῖαν φράσαι.

Ηλ. ἔξοιδα· πῶς γὰρ οὐχί; συμφορᾶς γὰρ ἂν
      ἔξωθεν εἴην τῶν ἐμῶν γε φιλτάτων.

Αι. ποῦ δῆτ' ἂν εἶεν οἱ ξένοι; δίδασκέ με.   1450

Ηλ. ἔνδον· φίλης γὰρ προξένου κατήνυσαν.

Αι. ἦ καὶ θανόντ' ἤγγειλαν ὡς ἐτητύμως;

Ηλ. οὔκ, ἀλλὰ κἀπέδειξαν, οὐ λόγῳ μόνον.

Αι. πάρεστ' ἄρ' ἡμῖν ὥστε κἀμφανῆ μαθεῖν;

Ηλ. πάρεστι δῆτα καὶ μάλ' ἄζηλος θέα.   1455

Αι. ἦ πολλὰ χαίρειν μ' εἶπας οὐκ εἰωθότως.

Ηλ. χαίροις ἄν, εἴ σοι χαρτὰ τυγχάνει τάδε.

Αι. οἴγειν πύλας ἄνωγα κἀναδεικνύναι
      πᾶσιν Μυκηναίοισιν Ἀργείοις θ' ὁρᾶν,
      ὡς εἴ τις αὐτῶν ἐλπίσιν κεναῖς πάρος   1460
      ἐξῆρετ' ἀνδρὸς τοῦδε, νῦν ὁρῶν νεκρὸν
      στόμια δέχηται τἀμά, μηδὲ πρὸς βίαν
      ἐμοῦ κολαστοῦ προστυχὼν φύσῃ φρένας.

Ηλ. καὶ δὴ τελεῖται τἀπ' ἐμοῦ· τῷ γὰρ χρόνῳ
      νοῦν ἔσχον, ὥστε συμφέρειν τοῖς κρείσσοσιν.   1465

1442 Φωκῆς L s.l. pᵃᶜ: -εῖς cett.   1445 ναὶ Reiske: καὶ codd.
1446 coὶ Blaydes et Fritzsche: coι codd.   1449 ἐμῶν] ἐμοί F
(ἔμοιγε Vauvilliers)   γε p: τε LRCXr: om. Gpat   φιλ-
τάτων LRpXr: τῶν φιλτάτων Gγρp: τῆς φιλτάτης L s.l. GVat
1450 δίδασκέ με] μήνυέ μοι Lγρ, Λ in margine   1453 μόνον
Lpat: μόνῳ rp   1456 μ' om. a   1457 τυγχάνει rpat:
-οι lF s.l.   1458 v. sic restituit Wilamowitz (οἴγειν iam Wecklein):
cιγᾶν ἄνωγα κἀναδεικνύναι πύλαc fere codd. (πέλαc VXs, quod coni.
Reiske)   1460 πάρος LGγρpat: μάτην r   1465 κρείσσοcιν
Lpt: κρείττ- rpa

116

Αι. ὦ Ζεῦ, δέδορκα φάσμ' ἄνευ φθόνου μὲν οὐ
πεπτωκός· εἰ δ' ἔπεστι νέμεσις οὐ λέγω.
χαλᾶτε πᾶν κάλυμμ' ἀπ' ὀφθαλμῶν, ὅπως
τὸ συγγενές τοι κἀπ' ἐμοῦ θρήνων τύχῃ.

Ορ. αὐτὸς σὺ βάσταζ'. οὐκ ἐμὸν τόδ', ἀλλὰ σόν,   1470
τὸ ταῦθ' ὁρᾶν τε καὶ προσηγορεῖν φίλως.

Αι. ἀλλ' εὖ παραινεῖς, κἀπιπείσομαι· σὺ δέ,
εἴ που κατ' οἶκον ἡ Κλυταιμήστρα, κάλει.

Ορ. αὕτη πέλας σοῦ· μηκέτ' ἄλλοσε σκόπει.

Αι. οἴμοι, τί λεύσσω;   Ορ. τίνα φοβῇ; τίν' ἀγνοεῖς;

Αι. τίνων ποτ' ἀνδρῶν ἐν μέσοις ἀρκυστάτοις   1476
πέπτωχ' ὁ τλήμων;   Ορ. οὐ γὰρ αἰσθάνῃ πάλαι
ζῶν τοῖς θανοῦσιν οὕνεκ' ἀνταυδᾷς ἴσα;

Αι. οἴμοι, ξυνῆκα τοὔπος· οὐ γὰρ ἔσθ' ὅπως
ὅδ' οὐκ Ὀρέστης ἔσθ' ὁ προσφωνῶν ἐμέ.   1480

Ορ. καὶ μάντις ὢν ἄριστος ἐσφάλλου πάλαι;

Αι. ὄλωλα δὴ δείλαιος. ἀλλά μοι πάρες
κἂν σμικρὸν εἰπεῖν.   Ηλ. μὴ πέρα λέγειν ἔα,
πρὸς θεῶν, ἀδελφέ, μηδὲ μηκύνειν λόγους.
[τί γὰρ βροτῶν ἂν σὺν κακοῖς μεμειγμένων   1485
θνῄσκειν ὁ μέλλων τοῦ χρόνου κέρδος φέροι;]
ἀλλ' ὡς τάχιστα κτεῖνε καὶ κτανὼν πρόθες
ταφεῦσιν ὧν τόνδ' εἰκός ἐστι τυγχάνειν,
ἄποπτον ἡμῶν. ὡς ἐμοὶ τόδ' ἂν κακῶν
μόνον γένοιτο τῶν πάλαι λυτήριον.   1490

Ορ. χωροῖς ἂν εἴσω σὺν τάχει· λόγων γὰρ οὐ

1469 τοι Fᵖᶜa: τε Lrpat: γε Turnebus   1471 φίλως LᵃᶜKG
s.l. pt: -ος LᵖᶜrHa: -ους Pa, coni. Purgold   1473 ἡ t: μοι Lpa: om.
r: μου Zc   Κλυταιμήστρα Lᵖᶜ: -μνήστρα fere cett.   an nomen
proprium, pro interpretatione adscriptum, vocabulum cum verbo, ἐστιν ἡ
δάμαρ puta, deiecit?   1475 τίν'] μῶν Nauck   1477 πέπτωχ'
ὁ] πέπτωκα Blaydes   1478 ζῶν τοῖς] ζῶντας Tyrwhitt
1481 ἐσφάλλου pat: -άλου Lrpa   1483 post κἂν add. ἐπὶ
lrpZr   1485-6 om. Lᵃᶜ (sed praebet Λ), del. Dindorf
1485 τί LᵖᶜGpat: τίς LᵃᶜRp   κακοῖς Lrpat: -ῷ p   μεμιγμένων
La: -μένον rpt   1487 πρόθες Lᵖᶜpat: πρόσθες Lᵃᶜrpa

ΣΟΦΟΚΛΕΟΥΣ ΗΛΕΚΤΡΑ

νῦν ἐςτιν ἀγών, ἀλλὰ ςῆς ψυχῆς πέρι.

Αι. τί δ' ἐς δόμους ἄγεις με; πῶς, τόδ' εἰ καλὸν
τοὔργον, ςκότου δεῖ, κοὐ πρόχειρος εἰ κτανεῖν;

Ορ. μὴ τάςςε· χώρει δ' ἔνθαπερ κατέκτανες   1495
πατέρα τὸν ἀμόν, ὡς ἂν ἐν ταὐτῷ θάνῃς.

Αι. ἡ πᾶς' ἀνάγκη τήνδε τὴν ςτέγην ἰδεῖν
τά τ' ὄντα καὶ μέλλοντα Πελοπιδῶν κακά;

Ορ. τὰ γοῦν ς'· ἐγώ ςοι μάντις εἰμὶ τῶνδ' ἄκρος.

Αι. ἀλλ' οὐ πατρῴαν τὴν τέχνην ἐκόμπαςας.   1500

Ορ. πόλλ' ἀντιφωνεῖς, ἡ δ' ὁδὸς βραδύνεται.
ἀλλ' ἔρφ'. Αι. ὑφηγοῦ. Ορ. ςοὶ βαδιςτέον
πάρος.

Αι. ἡ μὴ φύγω ςε; Ορ. μὴ μὲν οὖν καθ' ἡδονὴν
θάνῃς· φυλάξαι δεῖ με τοῦτό ςοι πικρόν.
χρῆν δ' εὐθὺς εἶναι τήνδε τοῖς πᾶςιν δίκην,   1505
ὅςτις πέρα πράςςειν γε τῶν νόμων θέλοι,
κτείνειν· τὸ γὰρ πανοῦργον οὐκ ἂν ἦν πολύ.

Χο. ὦ ςπέρμ' Ἀτρέως, ὡς πολλὰ παθὸν
δι' ἐλευθερίας μόλις ἐξῆλθες
τῇ νῦν ὁρμῇ τελεωθέν.   1510

1492 ἀγών Heath: ἀ- codd.   1496 ἂν pt: om. LrFa
1497 πᾶς'] πάντ' West   1505-7 del. Dindorf   1506 sic
citat Nicephorus Basilaces (Progymn. 6 = Rh. Gr. i. 461 Walz) ὅςτις πέρα τι
τῶν νόμων πράςςειν θέλει: eundem praebet praeterquam πέραν et
θέλοι gnomologium Vatopedianum 36   νόμων] ἄλλων r   θέλοι
Lrp: -ει pat   1507 πανοῦργον] κακοῦργον Basilaces
1508-10 del. Ritter   1509 ἐλευθερίας] -ίαν Viketos

ΟΙΔΙΠΟΥΣ ΤΥΡΑΝΝΟΣ

ΤΑ ΤΟΥ ΔΡΑΜΑΤΟΣ ΠΡΟΣΩΠΑ

Οἰδίπους
Ἱερεύς
Κρέων
Χορὸς γερόντων Θηβαίων
Τειρεσίας
Ἰοκάστη
Ἄγγελος
Θεράπων Λαΐου
Ἐξάγγελος

ΟΙΔΙΠΟΥΣ ΤΥΡΑΝΝΟΣ

ΟΙΔΙΠΟΥΣ

Ὦ τέκνα, Κάδμου τοῦ πάλαι νέα τροφή,
τίνας ποθ' ἕδρας τάσδε μοι θοάζετε
ἱκτηρίοις κλάδοισιν ἐξεστεμμένοι;
πόλις δ' ὁμοῦ μὲν θυμιαμάτων γέμει,
ὁμοῦ δὲ παιάνων τε καὶ στεναγμάτων·   5
ἀγὼ δικαιῶν μὴ παρ' ἀγγέλων, τέκνα,
ἄλλων ἀκούειν αὐτὸς ὧδ' ἐλήλυθα,
ὁ πᾶσι κλεινὸς Οἰδίπους καλούμενος.
ἀλλ', ὦ γεραιέ, φράζ', ἐπεὶ πρέπων ἔφυς
πρὸ τῶνδε φωνεῖν, τίνι τρόπῳ καθέστατε,   10
δείσαντες ἢ στέρξαντες; ὡς θέλοντος ἂν
ἐμοῦ προσαρκεῖν πᾶν· δυσάλγητος γὰρ ἂν
εἴην τοιάνδε μὴ οὐ κατοικτίρων ἕδραν.

ΙΕΡΕΥΣ

ἀλλ', ὦ κρατύνων Οἰδίπους χώρας ἐμῆς,
ὁρᾷς μὲν ἡμᾶς ἡλίκοι προσήμεθα   15
βωμοῖσι τοῖς σοῖς, οἱ μὲν οὐδέπω μακρὰν
πτέσθαι σθένοντες, οἱ δὲ σὺν γήρᾳ βαρεῖς·
ἱερεὺς ἐγὼ μὲν Ζηνός, οἵδε τ' ἠθέων
λεκτοί· τὸ δ' ἄλλο φῦλον ἐξεστεμμένον
ἀγοραῖσι θακεῖ, πρός τε Παλλάδος διπλοῖς   20
ναοῖς, ἐπ' Ἰσμηνοῦ τε μαντείᾳ σποδῷ.
πόλις γάρ, ὥσπερ καὐτὸς εἰσορᾷς, ἄγαν

5 παιάνων] fortasse παιώνων scribendum, cf. 186   7 ἄλλων] ἐμῶν Meineke (cf. Tr. 391)   8 fortasse om. P.Oxy. 2180: del. Wunder   11 στέρξαντες Lrp: στέξαντες at: στέργοντες Dawe (1982)   18 ἱερεὺς Bentley: -εῖς codd.   οἵδε τ' Erfurdt: οἱ δέ τ' codd. plerique: οἱ δ' KpZr   21 ἐπ' Ἰσμηνοῦ] ἐφ' Ἰ- Dawe dubitanter

ἤδη cαλεύει κἀνακουφίcαι κάρα
βυθῶν ἔτ' οὐχ οἷά τε φοινίου cάλου,
φθίνουcα μὲν κάλυξιν ἐγκάρποιc χθονόc,   25
φθίνουcα δ' ἀγέλαιc βουνόμοιc, τόκοιcί τε
ἀγόνοιc γυναικῶν· ἐν δ' ὁ πυρφόροc θεὸc
cκήψαc ἐλαύνει, λοιμὸc ἔχθιcτοc, πόλιν,
ὑφ' οὗ κενοῦται δῶμα Καδμεῖον· μέλαc δ'
Ἅιδηc cτεναγμοῖc καὶ γόοιc πλουτίζεται.   30
θεοῖcι μέν νυν οὐκ ἰcούμενόν c' ἐγὼ
οὐδ' οἵδε παῖδεc ἑζόμεcθ' ἐφέcτιοι,
ἀνδρῶν δὲ πρῶτον ἕν τε cυμφοραῖc βίου
κρίνοντεc ἕν τε δαιμόνων cυναλλαγαῖc·
ὅc γ' ἐξέλυcαc ἄcτυ Καδμεῖον μολὼν   35
cκληρᾶc ἀοιδοῦ δαcμὸν ὃν παρείχομεν,
καὶ ταῦθ' ὑφ' ἡμῶν οὐδὲν ἐξειδὼc πλέον
οὐδ' ἐκδιδαχθείc, ἀλλὰ προcθήκῃ θεοῦ
λέγῃ νομίζῃ θ' ἡμὶν ὀρθῶcαι βίον.
νῦν δ', ὦ κράτιcτον πᾶcιν Οἰδίπου κάρα,   40
ἱκετεύομέν cε πάντεc οἵδε πρόcτροποι
ἀλκήν τιν' εὑρεῖν ἡμίν, εἴτε του θεῶν
φήμην ἀκούcαc εἴτ' ἀπ' ἀνδρὸc οἶcθά που·
ὡc τοῖcιν ἐμπείροιcι καὶ τὰc ξυμφορὰc
ζώcαc ὁρῶ μάλιcτα τῶν βουλευμάτων.   45
ἴθ', ὦ βροτῶν ἄριcτ', ἀνόρθωcον πόλιν·
ἴθ', εὐλαβήθηθ'· ὡc cὲ νῦν μὲν ἥδε γῆ
cωτῆρα κλῄζει τῆc πάροc προθυμίαc,

29 Καδμεῖον LrpZrt: -είων **pa**   31 ἰcούμενον] -οc Stanley:
-οι Musgrave   35 Καδμεῖον Lp: -είων **rpa**   36 ὄν] ἥ
Herwerden   37 ὑφ'] ἀφ' Blaydes   40 δ' **r**: τ' cett.
42 εὑρεῖν ἡμὶν **at**: ἡμὶν εὑρεῖν **lrp**   43 που Gᵃᶜ**pat**: του Lrp
44-5 καὶ τὰc ξυμφορὰc et τῶν βουλευμάτων permutavit Toup
post v. 44 vel 45 lacunam statuendam censet Dawe; si tradita sana sunt,
locum similem invenias ap. A. *Pers.* 528   48 πάροc L s.l.,
rpat: πάλαι Lp   προθυμίαc] προμηθίαc Gγρ: προμηθείαc
Rp

ΟΙΔΙΠΟΥC ΤΥΡΑΝΝΟC

ἀρχῆc δὲ τῆc cῆc μηδαμῶc μεμνήμεθα
cτάντεc τ' ἐc ὀρθὸν καὶ πεcόντεc ὕcτερον.　　　　50
ἀλλ' ἀcφαλείᾳ τήνδ' ἀνόρθωcον πόλιν.
ὄρνιθι γὰρ καὶ τὴν τότ' αἰcίῳ τύχην
παρέcχεc ἡμῖν, καὶ τανῦν ἴcοc γενοῦ.
ὡc εἴπερ ἄρξειc τῆcδε γῆc, ὥcπερ κρατεῖc,
ξὺν ἀνδράcιν κάλλιον ἢ κενῆc κρατεῖν·　　　　55
ὡc οὐδέν ἐcτιν οὔτε πύργοc οὔτε ναῦc
ἐρῆμοc ἀνδρῶν μὴ ξυνοικούντων ἔcω.

Οι.　ὦ παῖδεc οἰκτροί, γνωτὰ κοὐκ ἄγνωτά μοι
προcήλθεθ' ἱμείροντεc, εὖ γὰρ οἶδ' ὅτι
νοcεῖτε πάντεc· καὶ νοcοῦντεc, ὡc ἐγὼ　　　　60
οὐκ ἔcτιν ὑμῶν ὅcτιc ἐξ ἴcου νοcεῖ.
τὸ μὲν γὰρ ὑμῶν ἄλγοc εἰc ἕν' ἔρχεται
μόνον καθ' αὑτόν, κοὐδέν' ἄλλον, ἡ δ' ἐμὴ
ψυχὴ πόλιν τε κἀμὲ καὶ c' ὁμοῦ cτένει.
ὥcτ' οὐχ ὕπνῳ γ' εὕδοντά μ' ἐξεγείρετε,　　　　65
ἀλλ' ἴcτε πολλὰ μέν με δακρύcαντα δή,
πολλὰc δ' ὁδοὺc ἐλθόντα φροντίδοc πλάνοιc.
ἣν δ' εὖ cκοπῶν ηὕριcκον ἴαcιν μόνην,
ταύτην ἔπραξα· παῖδα γὰρ Μενοικέωc
Κρέοντ', ἐμαυτοῦ γαμβρόν, ἐc τὰ Πυθικὰ　　　　70
ἔπεμψα Φοίβου δώμαθ', ὡc πύθοιθ' ὅ τι
δρῶν ἢ τί φωνῶν τήνδ' ἐρυcαίμην πόλιν.
καί μ' ἦμαρ ἤδη ξυμμετρούμενον χρόνῳ
λυπεῖ τί πράccει· τοῦ γὰρ εἰκότοc πέρα

49 μεμνήμεθα Herwerden et Nauck: -ήμεθα p: -ώμεθα Lrat:
-ώμεθα Eustathius 1305. 48 et 1332. 18　　　50 τ' a: γ' t: om. LrpXs
54 ὡc] ἀλλ' Suda s.v. κενόν　　ὥcπερ] ἥcπερ Blaydes　　54–7 del.
van Deventer, 56–7 Reeve　　57 ἔcω] πόλιν Stobaeus 4. 7. 2
59–60 sic interpunxit Barrett　　63–4 vv. in unum conflat Stobaeus
loc. cit.　　65 ὕπνῳ γ'] ὕπνων r　　εὕδοντα] ἐνδόντα Badham
post Reiske　　67 πλάνοιc LᵖᶜΚΛrpt: -αιc Lᵃᶜpa, T s.l.
72 ἐρυcαίμην LᵖᶜPaᵃᶜV: ἐρυcάμην l: ῥυcαίμην rpat: ῥυcοίμην Lin-
wood　　73–5 del. L. Dindorf　　74 πέρα] πέρᾳ Porson, v. 75
deleto

123

ἄπεστι, πλείω τοῦ καθήκοντος χρόνου.　　75
ὅταν δ᾽ ἵκηται, τηνικαῦτ᾽ ἐγὼ κακὸς
μὴ δρῶν ἂν εἴην πάνθ᾽ ὅς᾽ ἂν δηλοῖ θεός.

Ιε.　ἀλλ᾽ ἐς καλὸν σύ τ᾽ εἶπας, οἵδε τ᾽ ἀρτίως
Κρέοντα προσστείχοντα σημαίνουσί μοι.

Οι.　ὦναξ Ἄπολλον, εἰ γὰρ ἐν τύχῃ γέ τῳ　　80
σωτῆρι βαίη λαμπρὸς ὥσπερ ὄμμα τι.

Ιε.　ἀλλ᾽ εἰκάσαι μέν, ἡδύς· οὐ γὰρ ἂν κάρα
πολυστεφὴς ὧδ᾽ εἷρπε παγκάρπου δάφνης.

Οι.　τάχ᾽ εἰσόμεσθα· ξύμμετρος γὰρ ὡς κλύειν.
ἄναξ, ἐμὸν κήδευμα, παῖ Μενοικέως,　　85
τίν᾽ ἡμὶν ἥκεις τοῦ θεοῦ φήμην φέρων;

ΚΡΕΩΝ
ἐσθλήν· λέγω γὰρ καὶ τὰ δύσφορ᾽, εἰ τύχοι
κατ᾽ ὀρθὸν ἐξιόντα, πάντ᾽ ἂν εὐτυχεῖν.

Οι.　ἔστιν δὲ ποῖον τοὔπος; οὔτε γὰρ θρασὺς
οὔτ᾽ οὖν προδείσας εἰμὶ τῷ γε νῦν λόγῳ.　　90

Κρ.　εἰ τῶνδε χρῄζεις πλησιαζόντων κλύειν,
ἕτοιμος εἰπεῖν, εἴτε καὶ στείχειν ἔσω.

Οι.　ἐς πάντας αὔδα. τῶνδε γὰρ πλέον φέρω
τὸ πένθος ἢ καὶ τῆς ἐμῆς ψυχῆς πέρι.

Κρ.　λέγοιμ᾽ ἂν οἷ᾽ ἤκουσα τοῦ θεοῦ πάρα.　　95
ἄνωγεν ἡμᾶς Φοῖβος ἐμφανῶς, ἄναξ,
μίασμα χώρας, ὡς τεθραμμένον χθονὶ
ἐν τῇδ᾽, ἐλαύνειν μηδ᾽ ἀνήκεστον τρέφειν.

Οι.　ποίῳ καθαρμῷ; τίς ὁ τρόπος τῆς ξυμφορᾶς;

75 χρόνου] -ον V, coni. Purgold　　77 ὅς᾽ ἂν Cat: ὅσα **lrp**
78 σύ L^pc**pat**: εὔ **lp**: σὺ εὔ **r**　　79 προσστείχοντα R, et voluit C,
coni. Erfurdt: προστ- cett.　　81 ὥσπερ] ὡς ἐν **r**H　　λαμπρὸς]
φαιδρὸς Nauck　　ὄμμα τι Wex: ὄμματι codd.　　82 εἰκάσαι μέν]
εἰκάσαιμ᾽ ἂν **r**　　86 φήμην] φάτιν Zc　　87 δύσφορ᾽]
δύσθρο᾽ Heimsoeth　　88 ἐξιόντα Suda s.v. δύσφορα: ἐξελθόντα
codd.　　εὐτυχεῖν] εὖ τυχεῖν Blaydes　　96 v. sic interpunxit Firn-
haber　　97 ὡς τεθραμμένον] ἐντεθραμμένον Blaydes
98 ἐν τῇδ᾽] ἐκ τῆςδ᾽ **r**C　　99 ξυμφορᾶς (ξυμ- L**rpat**: συμ- **pa**,
T s.l.)] fortasse προσφορᾶς

ΟΙΔΙΠΟΥΣ ΤΥΡΑΝΝΟΣ

Κρ. ἀνδρηλατοῦντας, ἢ φόνῳ φόνον πάλιν   100
  λύοντας, ὡς τόδ' αἷμα χειμάζον πόλιν.

Οι. ποίου γὰρ ἀνδρὸς τήνδε μηνύει τύχην;

Κρ. ἦν ἡμίν, ὦναξ, Λάιός ποθ' ἡγεμὼν
  γῆς τῆςδε, πρὶν σὲ τήνδ' ἀπευθύνειν πόλιν.

Οι. ἔξοιδ' ἀκούων· οὐ γὰρ εἰσεῖδόν γέ πω.   105

Κρ. τούτου θανόντος νῦν ἐπιστέλλει σαφῶς
  τοὺς αὐτοέντας χειρὶ τιμωρεῖν τινας.

Οι. οἱ δ' εἰςὶ ποῦ γῆς; ποῦ τόδ' εὑρεθήσεται
  ἴχνος παλαιᾶς δυστέκμαρτον αἰτίας;

Κρ. ἐν τῇδ' ἔφασκε γῇ. τὸ δὲ ζητούμενον   110
  ἁλωτόν, ἐκφεύγει δὲ τἀμελούμενον.

Οι. πότερα δ' ἐν οἴκοις, ἢ 'ν ἀγροῖς ὁ Λάιος,
  ἢ γῆς ἐπ' ἄλλης τῷδε συμπίπτει φόνῳ;

Κρ. θεωρός, ὡς ἔφασκεν, ἐκδημῶν πάλιν
  πρὸς οἶκον οὐκέθ' ἵκεθ', ὡς ἀπεστάλη.   115

Οι. οὐδ' ἄγγελός τις οὐδὲ συμπράκτωρ ὁδοῦ
  κατεῖδ', ὅτου τις ἐκμαθὼν ἐχρήσατ' ἄν;

Κρ. θνῄσκουσι γάρ, πλὴν εἷς τις, ὃς φόβῳ φυγὼν
  ὧν εἶδε πλὴν ἓν οὐδὲν εἶχ' εἰδὼς φράσαι.

Οι. τὸ ποῖον; ἓν γὰρ πόλλ' ἂν ἐξεύροι μαθεῖν,   120
  ἀρχὴν βραχεῖαν εἰ λάβοιμεν ἐλπίδος.

Κρ. λῃστὰς ἔφασκε συντυχόντας οὐ μιᾷ
  ῥώμῃ κτανεῖν νιν, ἀλλὰ σὺν πλήθει χερῶν.

---

101 χειμάζον L in linea Gpat: -ει L s.l. Rp, Xr s.l.
102 τήνδε Rpat: τῇδε lG 105 γέ πω] γ' ἐγώ Hartung
106 σαφῶς] θεός Nauck 107 τινας fere codd. (vel τινάς, ut
LᵃᶜK): τινα Aᵖᶜ, quam lectionem iam ex ed. Mediolanensi Sudae s.v.
ἐπιστέλλει cognitam probauerunt multi inde a Schaefer: θεός Heimsoeth
111 ἐκφεύγει] -ειν Valckenaer 114 ἔφασκεν] -ον Kousis: -ετ'
Blaydes 117 κατεῖδ' P.Oxy. 2180, at: -δεν lrp
120 ἐξεύροι μαθεῖν codd.:]υροιμαθ[P.Oxy. 2180: ἐξεύροι μαθών
Herwerden: an ἐξεύροις μαθών? 121 λάβοιμεν ἐλπίδος
codd.:] . . μ . [ita praebet P.Oxy. 2180 ut potius υμ∪ – quam οιμ× – ∪ –
habuisse videatur: λάβοι τις ἐλπίδος Herwerden: an εἰ λάβοις
προθυμίας?

ΣΟΦΟΚΛΕΟΥΣ

Οι. πῶς οὖν ὁ λῃστής, εἴ τι μὴ ξὺν ἀργύρῳ
     ἐπράccετ' ἐνθένδ', ἐc τόδ' ἂν τόλμηc ἔβη;   125
Κρ. δοκοῦντα ταῦτ' ἦν· Λαΐου δ' ὀλωλότοc
     οὐδεὶc ἀρωγὸc ἐν κακοῖc ἐγίγνετο.
Οι. κακὸν δὲ ποῖον ἐμποδὼν τυραννίδοc
     οὕτω πεcούcηc εἶργε τοῦτ' ἐξειδέναι;
Κρ. ἡ ποικιλῳδὸc Cφὶγξ τὸ πρὸc ποcὶ cκοπεῖν   130
     μεθέντας ἡμᾶc τἀφανῆ προcήγετο.
Οι. ἀλλ' ἐξ ὑπαρχῆc αὖθιc αὔτ' ἐγὼ φανῶ.
     ἐπαξίωc γὰρ Φοῖβοc, ἀξίωc δὲ cὺ
     πρὸ τοῦ θανόντοc τήνδ' ἔθεcθ' ἐπιcτροφήν·
     ὥcτ' ἐνδίκωc ὄψεcθε κἀμὲ cύμμαχον,   135
     γῇ τῇδε τιμωροῦντα τῷ θεῷ θ' ἅμα.
     ὑπὲρ γὰρ οὐχὶ τῶν ἀπωτέρω φίλων
     ἀλλ' αὐτὸc αὑτοῦ τοῦτ' ἀποcκεδῶ μύcοc.
     ὅcτιc γὰρ ἦν ἐκεῖνον ὁ κτανὼν τάχ' ἂν
     κἄμ' ἂν τοιαύτῃ χειρὶ τιμωρεῖν θέλοι.   140
     κείνῳ προcαρκῶν οὖν ἐμαυτὸν ὠφελῶ.
     ἀλλ' ὡc τάχιcτα, παῖδεc, ὑμεῖc μὲν βάθρων
     ἵcταcθε, τούcδ' ἄραντεc ἱκτῆραc κλάδουc,
     ἄλλοc δὲ Κάδμου λαὸν ὧδ' ἀθροιζέτω,
     ὡc πᾶν ἐμοῦ δράcοντοc. ἢ γὰρ εὐτυχεῖc   145
     cὺν τῷ θεῷ φανούμεθ', ἢ πεπτωκότεc.
Ιε. ὦ παῖδεc, ἱcτώμεcθα· τῶνδε γὰρ χάριν
     καὶ δεῦρ' ἔβημεν ὧν ὅδ' ἐξαγγέλλεται.
     Φοῖβοc δ' ὁ πέμψαc τάcδε μαντείαc ἅμα
     cωτήρ θ' ἵκοιτο καὶ νόcου παυcτήριοc.   150

---

127 ἐγίγνετο] ἐφαίνετο Nauck   129 εἷργε LRpat: εἴ-
Gpa   130 τὸ Lrpt: τὰ Ha   134 πρὸ LᵖᶜCat: πρὸc
LᵃᶜKrp   τήνδ' ... ἐπιcτροφήν] τήνδε θεcπίζει γραφήν Lγρ
138 αὑτοῦ LᵃᶜKrpa: αὑ- LᵖᶜPaa   139 ἐκεῖνον rpat: -οc
Lp Suda s.v. ἀπωτέρω   141 om. Lᵃᶜ   145 πᾶν] πάντ' t
δράcοντοc codd. plerique: -αντοc Lᵃᶜ(?), Kp

ΟΙΔΙΠΟΥС ΤΥΡΑΝΝΟС

ΧΟΡΟС

ὠ Διὸς ἀδυεπὲς φάτι, τίς ποτε τᾶς
    πολυχρύcου   στρ. α΄
Πυθῶνος ἀγλαὰς ἔβας
Θήβας; ἐκτέταμαι φοβερὰν φρένα δείματι
    πάλλων,
ἰήιε Δάλιε Παιάν,
ἀμφὶ coὶ ἀζόμενος· τί μοι ἢ νέον   155
ἢ περιτελλομέναις ὥραις πάλιν ἐξανύcεις χρέος;
εἰπέ μοι, ὠ χρυcέας τέκνον Ἐλπίδος, ἄμβροτε
    Φάμα.

πρῶτα cὲ κεκλόμενος, θύγατερ Διός, ἄμβροτ᾽
    Ἀθάνα,   ἀντ. α΄
γαιάοχόν τ᾽ ἀδελφεὰν   160
Ἄρτεμιν, ἃ κυκλόεντ᾽ ἀγορᾶς θρόνον εὐκλέα
    θάσσει,
καὶ Φοῖβον ἑκαβόλον αἰτῶ,
τρισσοὶ ἀλεξίμοροι προφάνητέ μοι·
εἴ ποτε καὶ προτέρας ἄτας ὑπερορνυμένας
    πόλει   165
ἠνύcατ᾽ ἐκτοπίαν φλόγα πήματος, ἔλθετε καὶ νῦν.

ὠ πόποι, ἀνάριθμα γὰρ φέρω   στρ. β΄
πήματα· νοcεῖ δέ μοι πρόπας
cτόλος, οὐδ᾽ ἔνι φροντίδος ἔγχος   170
ᾧ τις ἀλέξεται· οὔτε γὰρ ἔκγονα
κλυτᾶς χθονὸς αὔξεται οὔτε τόκοισιν
ἰηίων καμάτων ἀνέχουcι γυναῖκες.

151 ἀδυεπὲς LP: ἡδυ- vel -επὴς cett.   153 πάλλων]
πολλῷ Lγρ   154 Παιάν] fortasse Παιών   157 Φάμα]
Φήμα P, probat Dawe; cf. 475   159 πρῶτα cὲ Wunder: πρῶτά
cε codd. plerique: de Lᵃᶜ non liquet (πρώτην cε K): πρώταν γε Lγρ
κεκλόμενος Lrpat: -ομένω a: κέκλομαι ὠ Blaydes   ἄμβροτ᾽]
ὄβριμ᾽ Herwerden   162 εὐκλέα Lpt: -εᾶ rpa: Εὔκλεα Elmsley
163 αἰτῶ Blaydes: ἰὼ ἰὼ fere codd.: ἰὼ Heath   165 ὑπερ-
ορνυμένας Musgrave: ὕπερ ὀρνυμένας codd.

ΣΟΦΟΚΛΕΟΥΣ

ἄλλον δ' ἂν ἄλλᾳ προσίδοις ἅπερ εὔπτερον
  ὄρνιν   175
κρεῖσσον ἀμαιμακέτου πυρὸς ὅρμενον
ἀκτὰν πρὸς ἑσπέρου θεοῦ·

ὧν πόλις ἀνάριθμος ὄλλυται·   ἀντ. β'
νηλέα δὲ γένεθλα πρὸς πέδῳ   180
θαναταφόρα κεῖται ἀνοίκτως·
ἐν δ' ἄλοχοι πολιαί τ' ἔπι ματέρες
ἀκτὰν πάρα βώμιον ἄλλοθεν ἄλλαι
λυγρῶν πόνων ἱκτῆρες ἐπιστενάχουσιν.   185
παιὼν δὲ λάμπει στονόεσσά τε γῆρυς ὅμαυλος·
τῶν ὕπερ, ὦ χρυσέα θύγατερ Διός,
εὐῶπα πέμψον ἀλκάν.

Ἄρεά τε τὸν μαλερόν, ὃς   στρ. γ'
νῦν ἄχαλκος ἀσπίδων   191
φλέγει με περιβόητος ἀντιάζων,
παλίσσυτον δράμημα νωτίσαι πάτρας,
ἔπουρον εἴτ' ἐς μέγαν
θάλαμον Ἀμφιτρίτας   195
εἴτ' ἐς τὸν ἀπόξενον ὅρμων
Θρήκιον κλύδωνα·
τελεῖν γάρ, εἴ τι νὺξ ἀφῇ,

175 ἄλλᾳ Dobree: ἄλλῳ codd.   ἅπερ rpZrt: ᾇπερ LPa
180 δὲ γένεθλα PSI 1192, rpa: δὲ γενέθλα pZr: δ' ἀ γενέθλα LD
181 θαναταφόρα PSI 1192, Kp: de L non liquet: -οφόρῳ r: -ηφόρῳ
at: -οφόρα p   182 ἔπι Lrpa: ἐπὶ pa (de t non liquet)
184 ἀκτὰν] ἀχὰν Nauck   πάρα (παρὰ) βώμιον pat: παρα-
βώμιον Lrpa, quod recepit Nauck   185 ἱκτῆρες] ἱκετῆρες O,
probat Dawe   ἐπιστενάχουσι Krp: ἐπιστο- Lpat   186 παιὼν
PSI 1192, Lᵃᶜ et lm. sch., Kt: παιὰν cett.   188 τῶν habuit PSI 1192
(τω]ν), coni. B. H. Kennedy (1885): ὧν cett.   192 περιβόητος]
-ατος Elmsley   ἀντιάζων] -ω Hermann   193 δράμημα
Lpat: δρό- rp   194 ἔπουρον LRpt: ἄπ- Gγρ pa: ἄπορον GF
196 ὅρμων Doederlein: ὅρμον codd.   198 τελεῖν Hermann:
τέλει codd.: τελεῖ Kayser, qui post γάρ interpunxit   forsitan lateat
gravior corruptela

ΟΙΔΙΠΟΥC ΤΥΡΑΝΝΟC

τοῦτ᾽ ἐπ᾽ ἦμαρ ἔρχεται·
τόν, ὦ τᾶν πυρφόρων   200
ἀcτραπᾶν κράτη νέμων,
ὦ Ζεῦ πάτερ, ὑπὸ cῷ φθίcον κεραυνῷ.

Λύκει᾽ ἄναξ, τά τε cὰ χρυ-   ἀντ. γ´
cοcτρόφων ἀπ᾽ ἀγκυλᾶν
βέλεα θέλοιμ᾽ ἄν ἀδάματ᾽ ἐνδατεῖcθαι   205
ἀρωγὰ προcταθέντα, τάc τε πυρφόρουc
᾽Αρτέμιδοc αἴγλαc, ξὺν αἷc
Λύκι᾽ ὄρεα διάccει·
τὸν χρυcομίτραν τε κικλήcκω,
τᾶcδ᾽ ἐπώνυμον γᾶc,   210
οἰνῶπα Βάκχον, εὔιον
Μαινάδων ὁμόcτολον,
πελαcθῆναι φλέγοντ᾽
ἀγλαῶπι ⟨– ᴗ –⟩
πεύκᾳ ᾽πὶ τὸν ἀπότιμον ἐν θεοῖc θεόν.   215

Οι.   αἰτεῖc· ἃ δ᾽ αἰτεῖc, τἄμ᾽ ἐὰν θέλῃc ἔπη
κλύων δέχεcθαι τῇ νόcῳ θ᾽ ὑπηρετεῖν,
ἀλκὴν λάβοιc ἄν κἀνακούφιcιν κακῶν·
ἀγὼ ξένοc μὲν τοῦ λόγου τοῦδ᾽ ἐξερῶ,
ξένοc δὲ τοῦ πραχθέντοc· οὐ γὰρ ἄν μακρὰν   220
ἴχνευον αὐτό, μὴ οὐκ ἔχων τι cύμβολον.
νῦν δ᾽, ὕcτεροc γὰρ ἀcτὸc εἰc ἀcτοὺc τελῶ,
ὑμῖν προφωνῶ πᾶcι Καδμείοιc τάδε·
ὅcτιc ποθ᾽ ὑμῶν Λάιον τὸν Λαβδάκου

200 τόν, ὦ τᾶν Hermann: τὸν ὦ P.Oxy. 2180, Lpat: τᾶν ὦ r
204 ἀγκυλᾶν Elmsley: -ῶν r: ἀγκύλων cett.   205 ἀδάματ᾽
Erfurdt: ἀδάμαcτ᾽ codd.   208 Λύκι᾽ Lpt: Λύκει᾽ rpa
212 ὁμόcτολον LγρPaXs: μονόcτολον cett.   214 ⟨cύμμαχον⟩
G. Wolff, ⟨νυκτέρῳ⟩ J. H. H. Schmidt   220 οὐ γὰρ ἄν] ὥcτ᾽
οὐκ ἄν Blaydes   221 αὐτὸ lGγρp: αὐτόc rpat   οὐκ ἔχων]
οὐ κιχὼν Headlam   μὴ οὐκ ἔχων τι cύμβολον ▬ nisi vobiscum
aliquo modo coniunctus essem   222 ὕcτεροc] -ον Zr, coni. Blaydes
ἀcτὸc Lrpat: αὐτὸc pa, coni. Elmsley   τελῶ Lrpat: τελῶν p

κάτοιδεν ἀνδρὸς ἐκ τίνος διώλετο,   225
τοῦτον κελεύω πάντα cημαίνειν ἐμοί·
κεἰ μὲν φοβεῖται τοὐπίκλημ' ὑπεξελὼν

. . . . .

αὐτὸс κατ' αὐτοῦ·—πείcεται γὰρ ἄλλο μὲν
ἀcτεργὲc οὐδέν, γῆc δ' ἄπειcιν ἀβλαβήc—
εἰ δ' αὖ τιc ἄλλον οἶδεν ἢ 'ξ ἄλληc χθονὸc   230
τὸν αὐτόχειρα, μὴ cιωπάτω· τὸ γὰρ
κέρδοc τελῶ 'γὼ χἠ χάριc προcκείcεται.
εἰ δ' αὖ cιωπήcεcθε, καί τιc ἢ φίλου
δείcαc ἀπώcει τοὔποc ἢ χαὐτοῦ τόδε,
ἃκ τῶνδε δράcω, ταῦτα χρὴ κλυεῖν ἐμοῦ.   235
τὸν ἄνδρ' ἀπαυδῶ τοῦτον, ὅcτιc ἐcτί, γῆc
τῆcδ', ἧc ἐγὼ κράτη τε καὶ θρόνουc νέμω,
μήτ' ἐcδέχεcθαι μήτε προcφωνεῖν τινά,
μήτ' ἐν θεῶν εὐχαῖcι μήτε θύμαcιν
κοινὸν ποεῖcθαι, μήτε χέρνιβοc νέμειν·   240
ὠθεῖν δ' ἀπ' οἴκων πάνταc, ὡc μιάcματοc
τοῦδ' ἡμὶν ὄντοc, ὡc τὸ Πυθικὸν θεοῦ
μαντεῖον ἐξέφηνεν ἀρτίωc ἐμοί.
ἐγὼ μὲν οὖν τοιόcδε τῷ τε δαίμονι
τῷ τ' ἀνδρὶ τῷ θανόντι cύμμαχοc πέλω.   245
[κατεύχομαι δὲ τὸν δεδρακότ', εἴτε τιc
εἷc ὢν λέληθεν εἴτε πλειόνων μέτα,
κακὸν κακῶc νιν ἄμορον ἐκτρῖψαι βίον.

227 κεἰ μὲν φοβεῖται] καὶ μὴ φοβείcθω Blaydes et Heimsoeth ὑπεξελὼν] -ελεῖν Blaydes et Halm: -έλοι Rauchenstein   post hunc v. lacunam statuit P. Groeneboom: possis ex. gr. ⟨πόλεωc (vel ἄλλων) ἐπιcπᾶν θαναcίμουc φόνου δίκαc⟩   228 κατ' αὐτοῦ Bergk: καθ' αὑτοῦ codd.   229 ἀβλαβήc pat: ἀcφαλήc lrp   230 ἄλλον] ἀcτὸν Vauvilliers: ἀμῆc Tournier   οἶδεν Lrpa: εἶδεν pt   ἢ 'ξ Vauvilliers: ἐξ codd.   ἄλληc] ἀμῆc Seyffert   235 κλυεῖν West: κλύειν codd.   239 μήτε Lrpat: μήτ' ἐν pZrt: μηδὲ Elmsley   θύμαcιν LpZrt: -cι rpa   240 χέρνιβοc LN: -ac cett.   244–51 et 269–72 permutavit Dawe: 246–51 post 272 traiecit amicus viri docti Dobree, del. Wecklein   248 ἄμορον Porson: ἄμοιρον codd.

ΟΙΔΙΠΟΥΣ ΤΥΡΑΝΝΟΣ

ἐπεύχομαι δ', οἴκοισιν εἰ ξυνέστιος
ἐν τοῖς ἐμοῖς γένοιτ' ἐμοῦ ξυνειδότος,   250
παθεῖν ἅπερ τοῖςδ' ἀρτίως ἠρασάμην.]
ὑμῖν δὲ ταῦτα πάντ' ἐπισκήπτω τελεῖν,
ὑπέρ τ' ἐμαυτοῦ, τοῦ θεοῦ τε, τῆςδέ τε
γῆς ὧδ' ἀκάρπως κἀθέως ἐφθαρμένης.
οὐδ' εἰ γὰρ ἦν τὸ πρᾶγμα μὴ θεήλατον,   255
ἀκάθαρτον ὑμᾶς εἰκὸς ἦν οὕτως ἐᾶν,
ἀνδρός γ' ἀρίστου βασιλέως τ' ὀλωλότος,
ἀλλ' ἐξερευνᾶν· νῦν δ' ἐπεὶ κυρῶ τ' ἐγὼ
ἔχων μὲν ἀρχάς, ἃς ἐκεῖνος εἶχε πρίν,
ἔχων δὲ λέκτρα καὶ γυναῖχ' ὁμόσπορον,   260
κοινῶν τε παίδων κοίν' ἄν, εἰ κείνῳ γένος
μὴ 'δυστύχησεν, ἦν ἂν ἐκπεφυκότα—
νῦν δ' ἐς τὸ κείνου κρᾶτ' ἐνήλαθ' ἡ τύχη·
ἀνθ' ὧν ἐγὼ τάδ', ὡσπερεὶ τοὐμοῦ πατρός,
ὑπερμαχοῦμαι κἀπὶ πάντ' ἀφίξομαι   265
ζητῶν τὸν αὐτόχειρα τοῦ φόνου λαβεῖν
τῷ Λαβδακείῳ παιδὶ Πολυδώρου τε καὶ
τοῦ πρόσθε Κάδμου τοῦ πάλαι τ' Ἀγήνορος.
καὶ ταῦτα τοῖς μὴ δρῶσιν εὔχομαι θεοὺς
μήτ' ἄροτον αὐτοῖς γῆς ἀνιέναι τινὰ   270
μήτ' οὖν γυναικῶν παῖδας, ἀλλὰ τῷ πότμῳ
τῷ νῦν φθερεῖσθαι κἄτι τοῦδ' ἐχθίονι.
ὑμῖν δὲ τοῖς ἄλλοισι Καδμείοις, ὅσοις
τάδ' ἔστ' ἀρέσκονθ', ἥ τε σύμμαχος Δίκη
χοἱ πάντες εὖ ξυνεῖεν εἰσαεὶ θεοί.   275
Χο. ὥσπερ μ' ἀραῖον ἔλαβες, ὧδ', ἄναξ, ἐρῶ.

250 post γένοιτ' add. ἂν lrpZr: corr. a (etiam in L, ut vid., del. librarius cod. A)   ξυνειδότος Lrpt: cυν- a   257 τ' Rpat: om. LᵖᶜKGpD   258 ἐπεὶ κυρῶ Laur. CS 66, coni. Burton: ἐπικυρῶ cett.   τ'] γ' Benedict   261 τε LRpat: δὲ Gp   264 τάδ'] τοῦδ' Mudge   269 θεοὺς] θεοῖς pXsᵃᶜ   270 ἄροτον] -ὸν Pᵃᶜ et Zc   γῆς Vauvilliers: γῆν codd.   273 ὑμῖν Rpat: ἡμῖν LGp   τοῖς ⟨τ'⟩ Naber   Καδμείοις ⟨θ'⟩ F. W. Schmidt   276 ἔλαβες] εἷλες Eustathius 1809. 14

ΣΟΦΟΚΛΕΟΥΣ

οὔτ' ἔκτανον γὰρ οὔτε τὸν κτανόντ' ἔχω
δεῖξαι. τὸ δὲ ζήτημα τοῦ πέμψαντος ἦν
Φοίβου τόδ' εἰπεῖν ὅστις εἴργασταί ποτε.
Οι. δίκαι' ἔλεξας· ἀλλ' ἀναγκάσαι θεοὺς   280
ἂν μὴ θέλωσιν οὐδ' ⟨ἂν⟩ εἰς δύναιτ' ἀνήρ.
Χο. τὰ δεύτερ' ἐκ τῶνδ' ἂν λέγοιμ' ἁμοὶ δοκεῖ.
Οι. εἰ καὶ τρίτ' ἐστί, μὴ παρῇς τὸ μὴ οὐ φράσαι.
Χο. ἄνακτ' ἄνακτι ταῦθ' ὁρῶντ' ἐπίσταμαι
μάλιστα Φοίβῳ Τειρεσίαν, παρ' οὗ τις ἂν   285
σκοπῶν τάδ', ὦναξ, ἐκμάθοι σαφέστατα.
Οι. ἀλλ' οὐκ ἐν ἀργοῖς οὐδὲ τοῦτ' ἐπράξαμεν.
ἔπεμψα γὰρ Κρέοντος εἰπόντος διπλοῦς
πομπούς· πάλαι δὲ μὴ παρὼν θαυμάζεται.
Χο. καὶ μὴν τά γ' ἄλλα κωφὰ καὶ παλαί' ἔπη.   290
Οι. τὰ ποῖα ταῦτα; πάντα γὰρ σκοπῶ λόγον.
Χο. θανεῖν ἐλέχθη πρός τινων ὁδοιπόρων.
Οι. ἤκουσα κἀγώ· τὸν δὲ δρῶντ' οὐδεὶς ὁρᾷ.
Χο. ἀλλ' εἴ τι μὲν δὴ δείματός γ' ἔχει μέρος
τὰς σὰς ἀκούων οὐ μενεῖ τοιάσδ' ἀράς.   295
Οι. ᾧ μή 'στι δρῶντι τάρβος, οὐδ' ἔπος φοβεῖ.
Χο. ἀλλ' οὑξελέγξων νιν πάρεστιν· οἵδε γὰρ
τὸν θεῖον ἤδη μάντιν ὧδ' ἄγουσιν, ᾧ
τἀληθὲς ἐμπέφυκεν ἀνθρώπων μόνῳ.
Οι. ὦ πάντα νωμῶν Τειρεσία, διδακτά τε   300
ἄρρητά τ' οὐράνιά τε καὶ χθονοστιβῆ,
πόλιν μέν, εἰ καὶ μὴ βλέπεις, φρονεῖς δ' ὅμως

---

281 ἂν Xr, coni. Stephanus: ἂν cett. ⟨ἂν⟩ Burton: om. codd. nostri
(suppl. 'rec' teste Pearson) δύναιτ' Paat: δύναται LᵃᶜKrp
284 ταῦθ' Xrγρ: ταῦθ' codd. 287 ἐπράξαμεν Shilleto: -άμην
codd.¹ 290 παλαί'] μάται' WaZg, coni. Halbertsma
293 δρῶντ' anon. ap. Burton (1779): ἰδόντ' codd. 294 γ' P.Oxy.
2180 ut videtur, coni. Turnebus: τ' codd.: del. Hartung, qui δειμάτων
coniecit ἔχει] τρέφει Wunder 295 post càc add. δ' rH,
unde ⟨γ'⟩ olim Dawe 297 οὑξελέγξων P.Oxy. 2180, a (unde in L
s.l. litteram ξ add. librarius cod. A): -έγχων cett. νιν πάρεστιν
Heimsoeth: αὐτὸν ἔστιν codd.

132

οἷα νόcῳ cύνεcτιν· ἧc cὲ προcτάτην
cωτῆρά τ᾽, ὦναξ, μοῦνον ἐξευρίcκομεν.
Φοῖβοc γάρ, εἰ καὶ μὴ κλύειc τῶν ἀγγέλων,   305
πέμψαcιν ἡμῖν ἀντέπεμψεν, ἔκλυcιν
μόνην ἂν ἐλθεῖν τοῦδε τοῦ νοcήματοc,
εἰ τοὺc κτανόνταc Λάιον μαθόντεc εὖ
κτείναιμεν, ἢ γῆc φυγάδαc ἐκπεμψαίμεθα.
cὺ δ᾽ οὖν φθονήcαc μήτ᾽ ἀπ᾽ οἰωνῶν φάτιν   310
μήτ᾽ εἴ τιν᾽ ἄλλην μαντικῆc ἔχειc ὁδόν,
ῥῦcαι cεαυτὸν καὶ πόλιν, ῥῦcαι δ᾽ ἐμέ,
ῥῦcαι δὲ πᾶν μίαcμα τοῦ τεθνηκότοc.
ἐν coὶ γὰρ ἐcμέν· ἄνδρα δ᾽ ὠφελεῖν ἀφ᾽ ὧν
ἔχοι τε καὶ δύναιτο κάλλιcτοc πόνων.   315

ΤΕΙΡΕCΙΑC

φεῦ φεῦ, φρονεῖν ὡc δεινὸν ἔνθα μὴ τέλη
λύῃ φρονοῦντι. ταῦτα γὰρ καλῶc ἐγὼ
εἰδὼc διώλεc᾽· οὐ γὰρ ἂν δεῦρ᾽ ἱκόμην.
Οι.   τί δ᾽ ἔcτιν; ὡc ἄθυμοc εἰcελήλυθαc.
Τε.   ἄφεc μ᾽ ἐc οἴκουc· ῥᾷcτα γὰρ τὸ cόν τε cὺ   320
κἀγὼ διοίcω τοὐμόν, ἢν ἐμοὶ πίθῃ.
Οι.   οὔτ᾽ ἔννομ᾽ εἶπαc οὔτε προcφιλῆ πόλει
τῇδ᾽, ἥ c᾽ ἔθρεψε, τήνδ᾽ ἀποcτερῶν φάτιν.
Τε.   ὁρῶ γὰρ οὐδὲ coὶ τὸ cὸν φώνημ᾽ ἰὸν
πρὸc καιρόν· ὡc οὖν μηδ᾽ ἐγὼ ταὐτὸν
πάθω—   325
Οι.   μὴ πρὸc θεῶν φρονῶν γ᾽ ἀποcτραφῇc, ἐπεὶ
πάντεc cε προcκυνοῦμεν οἵδ᾽ ἱκτήριοι.
Τε.   πάντεc γὰρ οὐ φρονεῖτ᾽. ἐγὼ δ᾽ οὐ μή ποτε
τἄμ᾽, ὡc ἂν εἴπω μὴ τὰ c᾽, ἐκφήνω κακά.
Οι.   τί φήc; ξυνειδὼc οὐ φράcειc, ἀλλ᾽ ἐννοεῖc   330

305 καί] τι L. Stephani   307 τοῦδε] τήνδε Blaydes
315 πόνων in linea vel s.l. LKpa: πόνοc pat   317 λύῃ lrp: λύει
pat   322 ἔννομ᾽ lat: ἔννομον Krp   εἶπαc rpa: εἶπεc lpt
προcφιλῆ L in linea, P: -ὲc lrpa   324 φώνημ᾽] φρόνημ᾽ r, coni.
Naber   325 sententiam interrumpi censuit Wunder

ΣΟΦΟΚΛΕΟΥΣ

  ἡμᾶς προδοῦναι καὶ καταφθεῖραι πόλιν;
Τε. ἐγὼ οὔτ' ἐμαυτὸν οὔτε c' ἀλγυνῶ. τί ταῦτ'
  ἄλλως ἐλέγχεις; οὐ γὰρ ἂν πύθοιό μου.
Οι. οὐκ, ὦ κακῶν κάκιστε, καὶ γὰρ ἂν πέτρου
  φύcιν cύ γ' ὀργάνειας, ἐξερεῖς ποτέ,   335
  ἀλλ' ὧδ' ἄτεγκτος κἀτελεύτητος φανῇ;
Τε. ὀργὴν ἐμέμψω τὴν ἐμήν, τὴν cὴν δ' ὁμοῦ
  ναίουcαν οὐ κατεῖδες, ἀλλ' ἐμὲ ψέγεις.
Οι. τίς γὰρ τοιαῦτ' ἂν οὐκ ἂν ὀργίζοιτ' ἔπη
  κλύων, ἃ νῦν cὺ τήνδ' ἀτιμάζεις πόλιν;   340
Τε. ἥξει γὰρ αὐτά, κἂν ἐγὼ cιγῇ cτέγω.
Οι. οὔκουν ἅ γ' ἥξει καὶ cὲ χρὴ λέγειν ἐμοί;
Τε. οὐκ ἂν πέρα φράcαιμι. πρὸς τάδ', εἰ θέλεις,
  θυμοῦ δι' ὀργῆς ἥτις ἀγριωτάτη.
Οι. καὶ μὴν παρήcω γ' οὐδέν, ὡς ὀργῆς ἔχω,   345
  ἅπερ ξυνίημ'. ἴcθι γὰρ δοκῶν ἐμοὶ
  καὶ ξυμφυτεῦcαι τοὔργον, εἰργάcθαι θ', ὅcον
  μὴ χερcὶ καίνων· εἰ δ' ἐτύγχανες βλέπων,
  καὶ τοὔργον ἂν cοῦ τοῦτ' ἔφην εἶναι μόνου.
Τε. ἄληθες; ἐννέπω cὲ τῷ κηρύγματι   350
  ᾧπερ προεῖπας ἐμμένειν, κἀφ' ἡμέρας
  τῆς νῦν προcαυδᾶν μήτε τούcδε μήτ' ἐμέ,
  ὡς ὄντι γῆς τῆcδ' ἀνοcίῳ μιάcτορι.
Οι. οὕτως ἀναιδῶς ἐξεκίνηcας τόδε
  τὸ ῥῆμα; καὶ ποῦ τοῦτο φεύξεcθαι δοκεῖς;   355
Τε. πέφευγα· τἀληθὲς γὰρ ἰcχυὸν τρέφω.
Οι. πρὸς τοῦ διδαχθείς; οὐ γὰρ ἔκ γε τῆς τέχνης.
Τε. πρὸς cοῦ· cὺ γάρ μ' ἄκοντα προὐτρέψω λέγειν.

332 ἐγὼ οὔτ' voluerunt rN: ἔγωγ' οὔτ' p: ἐγώ τ' codd. plerique
336 κἀτελεύτητος] κἀπαραίτητος Sehrwald   φανῇ] φανείς Suda
s.v. ἄτεγκτος   342 οὔκουν Herwerden: οὐκοῦν codd.
345 ἔχω codd. plerique: ἔχων p   346 ἅπερ] ὥνπερ Blaydes
347 θ' pat: δ' Lrp   349 εἶναι rpat: om. lp, unde μόνου
βροτῶν Schneidewin   μόνον] μόνον Kp   351 προεῖπας
Brunck: προc- codd.   355 ποῦ] που Brunck   356 ἰcχυὸν]
ἰcχυρὸν Stobaeus 3. 13. 18

134

Οι. ποῖον λόγον; λέγ' αὖθιϲ, ὡϲ μᾶλλον μάθω.

Τε. οὐχὶ ξυνῆκαϲ πρόϲθεν; ἢ 'κπειρᾷ †λέγειν†; 360

Οι. οὐχ ὥϲτε γ' εἰπεῖν γνωϲτόν· ἀλλ' αὖθιϲ φράϲον.

Τε. φονέα ϲέ φημι τἀνδρὸϲ οὗ ζητεῖϲ κυρεῖν.

Οι. ἀλλ' οὔ τι χαίρων δίϲ γε πημονὰϲ ἐρεῖϲ.

Τε. εἴπω τι δῆτα κἄλλ', ἵν' ὀργίζῃ πλέον;

Οι. ὅϲον γε χρῇζειϲ· ὡϲ μάτην εἰρήϲεται. 365

Τε. λεληθέναι ϲέ φημι ϲὺν τοῖϲ φιλτάτοιϲ
     αἴϲχιϲθ' ὁμιλοῦντ', οὐδ' ὁρᾶν ἵν' εἶ κακοῦ.

Οι. ἦ καὶ γεγηθὼϲ ταῦτ' ἀεὶ λέξειν δοκεῖϲ;

Τε. εἴπερ τί γ' ἐϲτὶ τῆϲ ἀληθείαϲ ϲθένοϲ.

Οι. ἀλλ' ἔϲτι, πλὴν ϲοί· ϲοὶ δὲ τοῦτ' οὐκ ἔϲτ', ἐπεὶ 370
     τυφλὸϲ τά τ' ὦτα τόν τε νοῦν τά τ' ὄμματ' εἶ.

Τε. ϲὺ δ' ἄθλιόϲ γε ταῦτ' ὀνειδίζων, ἃ ϲοὶ
     οὐδεὶϲ ὃϲ οὐχὶ τῶνδ' ὀνειδιεῖ τάχα.

Οι. μιᾶϲ τρέφῃ πρὸϲ νυκτόϲ, ὥϲτε μήτ' ἐμὲ
     μήτ' ἄλλον, ὅϲτιϲ φῶϲ ὁρᾷ, βλάψαι ποτ' ἄν. 375

Τε. οὐ γάρ ϲε μοῖρα πρόϲ γ' ἐμοῦ πεϲεῖν, ἐπεὶ
     ἱκανὸϲ Ἀπόλλων, ᾧ τάδ' ἐκπρᾶξαι μέλει.

Οι. Κρέοντοϲ, ἢ τοῦ ταῦτα τἀξευρήματα;

Τε. Κρέων δέ ϲοι πῆμ' οὐδέν, ἀλλ' αὐτὸϲ ϲὺ ϲοί.

Οι. ὦ πλοῦτε καὶ τυραννὶ καὶ τέχνη τέχνηϲ 380
     ὑπερφέρουϲα τῷ πολυζήλῳ βίῳ,
     ὅϲοϲ παρ' ὑμῖν ὁ φθόνοϲ φυλάϲϲεται,
     εἰ τῆϲδέ γ' ἀρχῆϲ οὕνεχ', ἣν ἐμοὶ πόλιϲ
     δωρητόν, οὐκ αἰτητόν, εἰϲεχείριϲεν,
     ταύτηϲ Κρέων ὁ πιϲτόϲ, οὑξ ἀρχῆϲ φίλοϲ, 385

360 ξυνῆκαϲ **rpat**: ϲυν- Lp   ἢ nos: ἦ codd.   λέγειν]
λόγου (?) A ap. L s.l.: λόγων Brunck: τί μου Blaydes: ϲύ μου S. J. Har-
rison: alii alia   361 γνωϲτόν] γνωτόν Livinei 'V'   368 ταῦτ']
ταῦτ' Schneidewin   374 μιᾶϲ] μόνηϲ Blaydes   375 βλάψαι
LᴾᶜG s.l. **pat**: βλέψαι P.Oxy. 22, K in linea, **rp**D   376 ϲε ... γ'
ἐμοῦ Brunck: με ... γε ϲοῦ P.Oxy. 22 et codd.   378 του (sine
accentu) P.Oxy. 22ᵃᶜ: ϲοῦ P.Oxy. 22ᴾᶜ et codd.   379 δὲ] γε Brunck
380 τυραννὶ LVat (πυραννὶ P.Oxy. 22): -ὶϲ **rp** et Stobaeus 4. 8. 10
382 ὑμῖν **Lpa**: ἡμῖν **rp**: utrumque novit **t**

ΣΟΦΟΚΛΕΟΥΣ

λάθρᾳ μ᾽ ὑπελθὼν ἐκβαλεῖν ἱμείρεται,
ὑφεὶς μάγον τοιόνδε μηχανορράφον,
δόλιον ἀγύρτην, ὅστις ἐν τοῖς κέρδεσιν
μόνον δέδορκε, τὴν τέχνην δ᾽ ἔφυ τυφλός.
ἐπεὶ φέρ᾽ εἰπέ, ποῦ σὺ μάντις εἶ σαφής;   390
πῶς οὐχ, ὅθ᾽ ἡ ῥαψῳδὸς ἐνθάδ᾽ ἦν κύων,
ηὔδας τι τοῖςδ᾽ ἀστοῖσιν ἐκλυτήριον;
καίτοι τό γ᾽ αἴνιγμ᾽ οὐχὶ τοὐπιόντος ἦν
ἀνδρὸς διειπεῖν, ἀλλὰ μαντείας ἔδει·
ἣν οὔτ᾽ ἀπ᾽ οἰωνῶν σὺ προὐφάνης ἔχων   395
οὔτ᾽ ἐκ θεῶν του γνωτόν· ἀλλ᾽ ἐγὼ μολών,
ὁ μηδὲν εἰδὼς Οἰδίπους, ἔπαυσά νιν,
γνώμῃ κυρήσας οὐδ᾽ ἀπ᾽ οἰωνῶν μαθών·
ὃν δὴ σὺ πειρᾷς ἐκβαλεῖν, δοκῶν θρόνοις
παραστατήςειν τοῖς Κρεοντείοις πέλας.   400
κλαίων δοκεῖς μοι καὶ σὺ χὠ συνθεὶς τάδε
ἀγηλατήςειν· εἰ δὲ μὴ 'δόκεις γέρων
εἶναι, παθὼν ἔγνως ἂν οἷά περ φρονεῖς.
Χο.   ἡμῖν μὲν εἰκάζουσι καὶ τὰ τοῦδ᾽ ἔπη
ὀργῇ λελέχθαι καὶ τὰ σ᾽, Οἰδίπου, δοκεῖ.   405
δεῖ δ᾽ οὐ τοιούτων, ἀλλ᾽ ὅπως τὰ τοῦ θεοῦ
μαντεῖ᾽ ἄριστα λύσομεν, τόδε σκοπεῖν.
Τε.   εἰ καὶ τυραννεῖς, ἐξισωτέον τὸ γοῦν
ἴς᾽ ἀντιλέξαι· τοῦδε γὰρ κἀγὼ κρατῶ.
οὐ γάρ τι σοὶ ζῶ δοῦλος, ἀλλὰ Λοξίᾳ·   410
ὥςτ᾽ οὐ Κρέοντος προστάτου γεγράψομαι.
λέγω δ᾽, ἐπειδὴ καὶ τυφλόν μ᾽ ὠνείδισας·
σὺ καὶ δέδορκας κοὐ βλέπεις ἵν᾽ εἶ κακοῦ,
οὐδ᾽ ἔνθα ναίεις, οὐδ᾽ ὅτων οἰκεῖς μέτα—

---

388 κέρδεσιν LNZrt: -ςι rpa   396 γνωτόν codd. plerique:
γνωστόν p   398 γνώμῃ LᵖᶜKrpat: -ης Lᵃᶜp   401 ςυνθεὶς]
ξυν- P.Oxy. 2180   402 ἀγηλατήςειν rpat: ἀγη- Lp
404-7 post 428 traiecit Enger   405 Οἰδίπου] -ους
Elmsley   413 δέδορκας κοὐ] δεδορκὼς οὐ post Reiske Brunck
414-15 οὐδ᾽ ὅτων . . . εἶ del. West

ἆρ' οἶсθ' ἀφ' ὧν εἶ; καὶ λέληθαс ἐχθρὸс ὢν   415
τοῖс соῖсιν αὐτοῦ νέρθε κἀπὶ γῆс ἄνω,
καί с' ἀμφιπλὴξ μητρόс τε κἀπὸ τοῦ πατρὸс
ἐλᾷ ποτ' ἐκ γῆс τῆсδε δεινόπουс ἀρά,
βλέποντα νῦν μὲν ὄρθ', ἔπειτα δὲ сκότον.
βοῆс δὲ τῆс сῆс ποῖος οὐκ ἔсται †λιμήν†,   420
ποῖος Κιθαιρὼν οὐχὶ сύμφωνος τάχα,
ὅταν καταίсθῃ τὸν ὑμέναιον, ὃν δόμοις
ἄνορμον εἰсέπλευсας, εὐπλοίαс τυχών;
ἄλλων δὲ πλῆθος οὐκ ἐπαιсθάνῃ κακῶν,
ἅ γ' ἐξαϊсτώсει сε сὺν τοῖс соῖс τέκνοιс.   425
πρὸς ταῦτα καὶ Κρέοντα καὶ τοὐμὸν сτόμα
προπηλάκιζε. соῦ γὰρ οὐκ ἔсτιν βροτῶν
κάκιον ὅсτις ἐκτριβήсεταί ποτε.

Οι.   ἦ ταῦτα δῆτ' ἀνεκτὰ πρὸς τούτου κλυεῖν;
οὐκ εἰς ὄλεθρον; οὐχὶ θᾶссον αὖ πάλιν   430
ἄψορρος οἴκων τῶνδ' ἀποстραφεὶς ἄπει;

Τε.   οὐδ' ἱκόμην ἔγωγ' ἄν, εἰ сὺ μὴ 'κάλεις.

Οι.   οὐ γὰρ τί с' ἤδη μῶρα φωνήсοντ', ἐπεὶ
сχολῇ с' ἂν οἴκους τοὺς ἐμοὺς ἐсτειλάμην.

Τε.   ἡμεῖς τοιοίδ' ἔφυμεν, ὡς μὲν соὶ δοκεῖ,   435
μῶροι, γονεῦсι δ', οἵ с' ἔφυсαν, ἔμφρονες.

Οι.   ποίοιсι; μεῖνον. τίς δέ μ' ἐκφύει βροτῶν;

Τε.   ἥδ' ἡμέρα φύсει сε καὶ διαφθερεῖ.

Οι.   ὡς πάντ' ἄγαν αἰνικτὰ κἀσαφῆ λέγεις.

---

415 καὶ] χὡς P. Groeneboom: κοὔ Bothe   417 κἀπὸ τοῦ
P.Oxy. 2180ᵖᶜ: καὶ τοῦ соῦ codd.   420 ἔсται λιμήν] ἔсται
Ἑλικών Blaydes   421 del. West   422 post hunc v.
lacunam statuit Dawe   425 ἅ γ' ἐξαϊсτώсει сε сὺν Bergk: ἅ с'
ἐξιсώсει соί τε καὶ codd.   429 πρὸς τούτου] προсπόλου R
κλυεῖν West: κλύειν codd.   430 αὖ P.Oxy. 22 in linea, coni.
G. Wolff: οὐ codd. et P.Oxy. 2180   433 ἤδη P.Oxy. 2180 in
margine: ᾔδει(ν) codd.   434 сχολῇ с' fere codd.: сχολῇ γ' H, lm.
Sudae s.v. сχολῇ γ' ἄν, P.Oxy. 22, ubi varia lectio est   ἐμούς ⟨с'⟩
Porson   435 μὲν соί] соὶ μὲν Schaefer   436 ἔμφρονες
LRpa: εὔφρονες Gpt   439 κἀσαφῆ] κοὔ сαφῆ r

Τε.   οὔκουν cὺ ταῦτ' ἄριcτοc εὑρίcκειν ἔφυc;   440
Οι.   τοιαῦτ' ὀνείδιζ' οἷc ἔμ' εὑρήcειc μέγαν.
Τε.   αὕτη γε μέντοι c' ἡ τύχη διώλεcεν.
Οι.   ἀλλ' εἰ πόλιν τήνδ' ἐξέcωc', οὔ μοι μέλει.
Τε.   ἄπειμι τοίνυν· καὶ cύ, παῖ, κόμιζέ με.
Οι.   κομιζέτω δῆθ'· ὡc παρὼν cύ γ' ἐμποδὼν   445
      ὀχλεῖc, cυθείc τ' ἂν οὐκ ἂν ἀλγύναιc πλέον.
Τε.   εἰπὼν ἄπειμ' ὧν οὔνεκ' ἦλθον, οὐ τὸ cὸν
      δείcαc πρόcωπον· οὐ γὰρ ἔcθ' ὅπου μ' ὀλεῖc.
      λέγω δέ cοι· τὸν ἄνδρα τοῦτον, ὃν πάλαι
      ζητεῖc ἀπειλῶν κἀνακηρύccων φόνον   450
      τὸν Λάϊειον, οὗτόc ἐcτιν ἐνθάδε,
      ξένοc λόγῳ μέτοικοc· εἶτα δ' ἐγγενὴc
      φανήcεται Θηβαῖοc, οὐδ' ἡcθήcεται
      τῇ ξυμφορᾷ· τυφλὸc γὰρ ἐκ δεδορκότοc
      καὶ πτωχὸc ἀντὶ πλουcίου ξένην ἔπι   455
      cκήπτρῳ προδεικνὺc γαῖαν ἐμπορεύcεται.
      φανήcεται δὲ παιcὶ τοῖc αὑτοῦ ξυνὼν
      ἀδελφὸc αὑτὸc καὶ πατήρ, κἀξ ἧc ἔφυ
      γυναικὸc υἱὸc καὶ πόcιc, καὶ τοῦ πατρὸc
      ὁμόcπορόc τε καὶ φονεύc. καὶ ταῦτ' ἰὼν   460
      εἴcω λογίζου· κἂν λάβῃc ἐψευcμένον,
      φάcκειν ἔμ' ἤδη μαντικῇ μηδὲν φρονεῖν.

Χο.   τίc ὄντιν' ἁ θεcπιέπει-   cτρ. α´
      α Δελφὶc ἧδε πέτρα
      ἄρρητ' ἀρρήτων τελέcαν-   465
      τα φοινίαιcι χερcίν;

442 τύχη] τέχνη Bentley   445 cύ γ' K et codd. plerique (de L
non liquet): τά γ' Pa et Zc   446 ἀλγύναιc] -οιc N, coni. Elmsley
449 cοι] τοι P   456 ἐμπορεύcεται] ἐκ- Zrt
458 αὑτὸc Xsᵖᶜ, coni. Erfurdt: αὐτὸc cett.   461 post λάβῃc add.
μ' P.Oxy. 2180, codd. praeter L   ἐψευcμένον] -μένα Wilamowitz
464 ἧδε J. E. Powell: εἶδε K (non legitur Lᵃᶜ) G et fortasse novit sch. L,
coni. Gitlbauer: εἶπε cett.: οἶδε dubitanter Herwerden

ὥρα νιν ἀελλάδων
ἵππων cθεναρώτερον
φυγᾷ πόδα νωμᾶν.
ἔνοπλος γὰρ ἐπ' αὐτὸν ἐπενθρῴcκει
πυρὶ καὶ cτεροπαῖc ὁ Διὸc γενέταc,   470
δειναὶ δ' ἅμ' ἕπονται
Κῆρεc ἀναπλάκητοι.

ἔλαμψε γὰρ τοῦ νιφόεν-   ἀντ. α'
τοc ἀρτίωc φανεῖcα
φήμα Παρνασοῦ τὸν ἄδη-   475
λον ἄνδρα πάντ' ἰχνεύειν.
φοιτᾷ γὰρ ὑπ' ἀγρίαν
ὕλαν ἀνά τ' ἄντρα καὶ
πετραῖοc ὁ ταῦροc,
μέλεοc μελέῳ ποδὶ χηρεύων,
τὰ μεcόμφαλα γᾶc ἀπονοcφίζων   480
μαντεῖα· τὰ δ' ἀεὶ
ζῶντα περιποτᾶται.

δεινά με νῦν, δεινὰ ταράccει   cτρ. β'
cοφὸc οἰωνοθέταc,
οὔτε δοκοῦντ' οὔτ' ἀποφάcκονθ',   485
ὅ τι λέξω δ' ἀπορῶ.
πέτομαι δ' ἐλπίcιν οὔτ' ἐν-
θάδ' ὁρῶν οὔτ' ὀπίcω.
τί γὰρ ἢ Λαβδακίδαιc
ἢ τῷ Πολύβου νεῖ-   490
κοc ἔκειτ' οὔτε πάροιθέν

---

467 ἀελλάδων Hesychius: ἀελλοπόδων codd.   470 cτερο-
παῖc ὁ] cτεροπαῖcι t   472 ἀναπλάκητοι LPDt: ἀναμπλ- **rpa**
475 φήμα Lrpa: φάμα pZrt   Παρνασοῦ] -αccοῦ Xr, coni. Her-
mann   478 πετραῖοc ὁ fortasse L^ac sed non iam legitur: πετραῖοc
ὡc KRV: πέτραιc ὡc Gp: πέτραc ὡc pat: πέτραc ἅτε D'Orville
481 ἀεὶ] αἰεὶ t   483 με νῦν Bergk: μὲν οὖν codd.: με νοῦν
Nauck   490 ἢ] καὶ Blaydes

ποτ' ἔγωγ' οὔτε τανῦν πως
ἔμαθον, πρὸς ὅτου δὴ
βασάνῳ ⟨– ◡◡ –⟩
ἐπὶ τὰν ἐπίδαμον   495
φάτιν εἶμ' Οἰδιπόδα Λαβδακίδαις
ἐπίκουρος ἀδήλων θανάτων.

ἀλλ' ὁ μὲν οὖν Ζεὺς ὅ τ' Ἀπόλλων   ἀντ. β'
ξυνετοὶ καὶ τὰ βροτῶν
εἰδότες· ἀνδρῶν δ' ὅτι μάντις
πλέον ἢ 'γὼ φέρεται,   500
κρίσις οὐκ ἔστιν ἀληθής·
σοφίᾳ δ' ἂν σοφίαν
παραμείψειεν ἀνήρ.
ἀλλ' οὔποτ' ἔγωγ' ἄν,
πρὶν ἴδοιμ' ὀρθὸν ἔπος, μεμ-   505
φομένων ἂν καταφαίην.
φανερὰ γὰρ ἐπ' αὐτῷ
πτερόεσσ' ἦλθε κόρα
ποτέ, καὶ σοφὸς ὤφθη
βασάνῳ θ' ἡδύπολις· τὼς ἀπ' ἐμᾶς   510
φρενὸς οὔποτ' ὀφλήσει κακίαν.

Κρ.   ἄνδρες πολῖται, δείν' ἔπη πεπυσμένος
κατηγορεῖν μου τὸν τύραννον Οἰδίπουν
πάρειμ' ἀτλητῶν. εἰ γὰρ ἐν ταῖς ξυμφοραῖς   515
ταῖς νῦν δοκεῖ τι πρός γ' ἐμοῦ πεπονθέναι

492 πως nos: πω codd.   494 ubi lacuna statuenda sit incertum
est: post ἔμαθον Campbell, post ὅτου Brunck, post δὴ Hermann,
post βασάνῳ Ritter: ⟨χρησάμενος⟩ Brunck: ⟨πίστιν ἔχων⟩ G. Wolff
499 τὰ βροτῶν Lpat: τὰν βροτοῖς Krp   507 γὰρ ἐπ' αὐτῷ
om. t metri causa   509 ποτέ] τότε Blaydes   510 θ'
Λpat: δ' LᵃᶜKrp   ἡδύπολις] ἁδύ- Erfurdt   τὼς Lloyd-Jones: τῷ
K (de Lᵃᶜ non liquet) rap: τῷδ' t: των P.Oxy. 2180   ἀπ'] πρὸς Elms-
ley: παρ' G. Wolff   516 δοκεῖ τι Blaydes: νομίζει codd.   γ'
ἐμοῦ pXrT: τ' ἐμοῦ KrpaTa et P.Oxy. 2180 ut videtur: de L non liquet: τί
τ' ἐμοῦ O: τί μου Hartung (τι ut gl. praebent aT)

ΟΙΔΙΠΟΥϹ ΤΥΡΑΝΝΟϹ

λόγοιϲιν εἴτ᾽ ἔργοιϲιν ἐϲ βλάβην φέρον,
οὗτοι βίου μοι τοῦ μακραίωνοϲ πόθοϲ,
φέροντι τήνδε βάξιν. οὐ γὰρ εἰϲ ἁπλοῦν
ἡ ζημία μοι τοῦ λόγου τούτου φέρει,   520
ἀλλ᾽ ἐϲ μέγιϲτον, εἰ κακὸϲ μὲν ἐν πόλει,
κακὸϲ δὲ πρὸϲ ϲοῦ καὶ φίλων κεκλήϲομαι.
Χο. ἀλλ᾽ ἦλθε μὲν δὴ τοῦτο τοὔνειδοϲ, τάχ᾽ ἂν δ᾽
ὀργῇ βιαϲθὲν μᾶλλον ἢ γνώμῃ φρενῶν.
Κρ. τοὔποϲ δ᾽ ἐφάνθη ταῖϲ ἐμαῖϲ γνώμαιϲ ὅτι   525
πειϲθεὶϲ ὁ μάντιϲ τοὺϲ λόγουϲ ψευδεῖϲ λέγοι;
Χο. ηὐδᾶτο μὲν τάδ᾽, οἶδα δ᾽ οὐ γνώμῃ τίνι.
Κρ. ἐξ ὀμμάτων δ᾽ ὀρθῶν τε κἀπ᾽ ὀρθῆϲ φρενὸϲ
κατηγορεῖτο τοὐπίκλημα τοῦτό μου;
Χο. οὐκ οἶδ᾽· ἃ γὰρ δρῶϲ᾽ οἱ κρατοῦντεϲ οὐχ
ὁρῶ.   530
[αὐτὸϲ δ᾽ ὅδ᾽ ἤδη δωμάτων ἔξω περᾷ.]
Οι. οὗτοϲ ϲύ, πῶϲ δεῦρ᾽ ἦλθεϲ; ἦ τοϲόνδ᾽ ἔχειϲ
τόλμηϲ πρόϲωπον ὥϲτε τὰϲ ἐμὰϲ ϲτέγαϲ
ἵκου, φονεὺϲ ὢν τοῦδε τἀνδρὸϲ ἐμφανῶϲ
ληϲτήϲ τ᾽ ἐναργὴϲ τῆϲ ἐμῆϲ τυραννίδοϲ;   535
φέρ᾽ εἰπὲ πρὸϲ θεῶν, δειλίαν ἢ μωρίαν
ἰδών τιν᾽ ἔν μοι ταῦτ᾽ ἐβουλεύϲω ποεῖν;
ἢ τοὔργον ὡϲ οὐ γνωριοῖμί ϲου τόδε
δόλῳ προϲέρπον κοὐκ ἀλεξοίμην μαθών;
ἆρ᾽ οὐχὶ μῶρόν ἐϲτι τοὐγχείρημά ϲου,   540
ἄνευ τε πλούτου καὶ φίλων τυραννίδα

---

521 ἐϲ LRpat: εἰϲ Gpa   523 δ᾽ P.Oxy. 2180, coni. M. Schmidt: om.
codd.   524 βιαϲθὲν] ᾽κβιαϲθὲν P. Groeneboom   525 τοὔποϲ
P.Oxy. 2180, Kr, coni. Heimsoeth: τοῦ πρὸϲ Lp: πρὸϲ τοῦ at
526 λέγοι Lrpa: λέγει CAt   528 δ᾽ P.Oxy. 2180, rp et Suda s.v.
ὀρθῆϲ: om. Lpa   τε LPaZrt: δὲ rpa   κἀπ᾽ P.Oxy. 2180: κᾁξ codd.
531 om. P.Oxy. 2180, del. H. J. Rose   535 ἐναργὴϲ] -ὼϲ C, coni.
Blaydes   537 ἔν μοι Reisig: ἐν ἐμοὶ codd.   ποεῖν Lrp: ποιεῖν
pat   538 ἢ] ἢ Schaefer   γνωριοῖμί Elmsley: -ίϲοιμί codd.
539 κοὐκ] ἢ οὐκ A. Spengel   541 πλούτου anon. (1803):
πλήθουϲ codd.

ΣΟΦΟΚΛΕΟΥΣ

	θηρᾶν, ὃ πλήθει χρήμασίν θ' ἀλίσκεται;	
Κρ.	οἶσθ' ὡς πόησον; ἀντὶ τῶν εἰρημένων	
	ἴσ' ἀντάκουσον, κᾆτα κρῖν' αὐτὸς μαθών.	
Οι.	λέγειν σὺ δεινός, μανθάνειν δ' ἐγὼ κακὸς	545
	σοῦ· δυσμενῆ γὰρ καὶ βαρύν σ' ηὕρηκ' ἐμοί.	
Κρ.	τοῦτ' αὐτὸ νῦν μου πρῶτ' ἄκουσον ὡς ἐρῶ.	
Οι.	τοῦτ' αὐτὸ μή μοι φράζ', ὅπως οὐκ εἶ κακός.	
Κρ.	εἴ τοι νομίζεις κτῆμα τὴν αὐθαδίαν	
	εἶναί τι τοῦ νοῦ χωρίς, οὐκ ὀρθῶς φρονεῖς.	550
Οι.	εἴ τοι νομίζεις ἄνδρα συγγενῆ κακῶς	
	δρῶν οὐχ ὑφέξειν τὴν δίκην, οὐκ εὖ φρονεῖς.	
Κρ.	ξύμφημί σοι ταῦτ' ἔνδικ' εἰρῆσθαι· τὸ δὲ	
	πάθημ' ὁποῖον φὴς παθεῖν δίδασκέ με.	
Οι.	ἔπειθες, ἢ οὐκ ἔπειθες, ὡς χρείη μ' ἐπὶ	555
	τὸν σεμνόμαντιν ἄνδρα πέμψασθαί τινα;	
Κρ.	καὶ νῦν ἔθ' αὐτός εἰμι τῷ βουλεύματι.	
Οι.	πόσον τιν' ἤδη δῆθ' ὁ Λάιος χρόνον—	
Κρ.	δέδρακε ποῖον ἔργον; οὐ γὰρ ἐννοῶ.	
Οι.	ἄφαντος ἔρρει θανασίμῳ χειρώματι;	560
Κρ.	μακροὶ παλαιοί τ' ἂν μετρηθεῖεν χρόνοι.	
Οι.	τότ' οὖν ὁ μάντις οὗτος ἦν ἐν τῇ τέχνῃ;	
Κρ.	σοφός γ' ὁμοίως κἀξ ἴσου τιμώμενος.	
Οι.	ἐμνήσατ' οὖν ἐμοῦ τι τῷ τότ' ἐν χρόνῳ;	
Κρ.	οὔκουν ἐμοῦ γ' ἑστῶτος οὐδαμοῦ πέλας.	565
Οι.	ἀλλ' οὐκ ἔρευναν τοῦ κανόντος ἔσχετε;	
Κρ.	παρέσχομεν, πῶς δ' οὐχί; κοὐκ ἠκούσαμεν.	
Οι.	πῶς οὖν τόθ' οὗτος ὁ σοφὸς οὐκ ηὔδα τάδε;	

542 θηρᾶν LGpa: ζητῶν Rp   ὃ Lpa: ἦ rp   543 πόησον
Lac: ποίησον Pa: ποιήσων vel ποιήσων K et cett.   ἀντὶ Lpat: κἀντὶ
Kr   545 κακὸς] an βραδύς? cf. 548   549 τὴν at Suda s.v.
εἴ τοι νομίζεις κτλ.: τήνδ' Lrp   555 χρείη p: χρεῖ' ἢ codd.
plerique   557 νῦν ⟨γ'⟩ Blaydes   ἔθ' L in margine, F: ἔτ' cett.
566 κανόντος Herwerden: θανόντος codd.: κτανόντος Meineke
567 παρέσχομεν] ἀλλ' ἔσχομεν Schneidewin   κοὐκ ἠκούσαμεν]
κοὐκ ἠγρεύσαμεν Broadhead   568 τόθ' post οὗτος
praebet l

ΟΙΔΙΠΟΥϹ ΤΥΡΑΝΝΟϹ

Κρ.   οὐκ οἶδ'· ἐφ' οἷϲ γὰρ μὴ φρονῶ ϲιγᾶν φιλῶ.

Οι.   τοϲόνδε γ' οἶϲθα καὶ λέγοιϲ ἄν εὖ φρονῶν—   570

Κρ.   ποῖον τόδ'; εἰ γὰρ οἶδά γ', οὐκ ἀρνήϲομαι.

Οι.   ὁθούνεκ', εἰ μὴ ϲοὶ ξυνῆλθε, τὰϲ ἐμὰϲ
οὐκ ἄν ποτ' εἶπε Λαΐου διαφθοράϲ.

Κρ.   εἰ μὲν λέγει τάδ', αὐτὸϲ οἶϲθ'· ἐγὼ δέ ϲου
μαθεῖν δικαιῶ ταῦθ' ἅπερ κἀμοῦ ϲὺ νῦν.   575

Οι.   ἐκμάνθαν'· οὐ γὰρ δὴ φονεὺϲ ἁλώϲομαι.

Κρ.   τί δῆτ'; ἀδελφὴν τὴν ἐμὴν γήμαϲ ἔχειϲ;

Οι.   ἄρνηϲιϲ οὐκ ἔνεϲτιν ὧν ἀνιϲτορεῖϲ.

Κρ.   ἄρχειϲ δ' ἐκείνῃ ταὐτὰ γῆϲ ἴϲον νέμων;

Οι.   ἃν ᾖ θέλουϲα πάντ' ἐμοῦ κομίζεται.   580

Κρ.   οὔκουν ἰϲοῦμαι ϲφῷν ἐγὼ δυοῖν τρίτοϲ;

Οι.   ἐνταῦθα γὰρ δὴ καὶ κακὸϲ φαίνῃ φίλοϲ.

Κρ.   οὔκ, εἰ διδοίηϲ γ' ὡϲ ἐγὼ ϲαυτῷ λόγον.
ϲκέψαι δὲ τοῦτο πρῶτον, εἴ τιν' ἄν δοκεῖϲ
ἄρχειν ἑλέϲθαι ξὺν φόβοιϲι μᾶλλον ἢ   585
ἄτρεϲτον εὕδοντ', εἰ τά γ' αὔθ' ἕξει κράτη.
ἐγὼ μὲν οὖν οὔτ' αὐτὸϲ ἱμείρων ἔφυν
τύραννοϲ εἶναι μᾶλλον ἢ τύραννα δρᾶν,
οὔτ' ἄλλοϲ ὅϲτιϲ ϲωφρονεῖν ἐπίϲταται.
νῦν μὲν γὰρ ἐκ ϲοῦ πάντ' ἄνευ φόβου φέρω,   590
εἰ δ' αὐτὸϲ ἦρχον, πολλὰ κἄν ἄκων ἔδρων.
πῶϲ δῆτ' ἐμοὶ τυραννὶϲ ἡδίων ἔχειν
ἀρχῆϲ ἀλύπου καὶ δυναϲτείαϲ ἔφυ;
οὔπω τοϲοῦτον ἠπατημένοϲ κυρῶ
ὥϲτ' ἄλλα χρῄζειν ἢ τὰ ϲὺν κέρδει καλά.   595
νῦν πᾶϲι χαίρω, νῦν με πᾶϲ ἀϲπάζεται,

---

570 τοϲόνδε codd. plerique (fortasse etiam Lᵖᶜ): τὸ ϲὸν δέ LᵃᶜKp,
coni. Brunck   572 τὰϲ] τάϲδ' Doederlein   575 ταῦθ'
Brunck: ταῦθ' codd.   576 φονεύϲ ⟨γ'⟩ Blaydes
579 ταὐτὰ γῆϲ] τῆϲ ταγῆϲ C. Otto   580 ἃν Paᵖᶜat: ἄν LrpXs
583 ἐγὼ] ἔχω Heimsoeth   586 εἰ τά γ' αὔθ'] εἴ γε ταῦθ'
Broadhead   587 ἱμείρων] ἱμείρειν Herwerden   590 φόβου]
φθόνου Blaydes

ΣΟΦΟΚΛΕΟΥΣ

νῦν οἱ ϲέθεν χρῄζοντεϲ ἐκκαλοῦϲί με·
τὸ γὰρ τυχεῖν αὐτοῖϲι πᾶν ἐνταῦθ' ἔνι.
πῶϲ δῆτ' ἐγὼ κεῖν' ἂν λάβοιμ' ἀφεὶϲ τάδε;
[οὐκ ἂν γένοιτο νοῦϲ κακὸϲ καλῶϲ φρονῶν.]   600
ἀλλ' οὔτ' ἐραϲτὴϲ τῆϲδε τῆϲ γνώμηϲ ἔφυν
οὔτ' ἂν μετ' ἄλλου δρῶντοϲ ἂν τλαίην ποτέ.
καὶ τῶνδ' ἔλεγχον τοῦτο μὲν Πυθώδ' ἰὼν
πεύθου τὰ χρηϲθέντ', εἰ ϲαφῶϲ ἤγγειλά ϲοι·
τοῦτ' ἀλλ', ἐάν με τῷ τεραϲκόπῳ λάβῃϲ   605
κοινῇ τι βουλεύϲαντα, μή μ' ἁπλῇ κτάνῃϲ
ψήφῳ, διπλῇ δέ, τῇ τ' ἐμῇ καὶ ϲῇ, λαβών,
γνώμῃ δ' ἀδήλῳ μή με χωρὶϲ αἰτιῶ.
οὐ γὰρ δίκαιον οὔτε τοὺϲ κακοὺϲ μάτην
χρηϲτοὺϲ νομίζειν οὔτε τοὺϲ χρηϲτοὺϲ
κακούϲ.   610
[φίλον γὰρ ἐϲθλὸν ἐκβαλεῖν ἴϲον λέγω
καὶ τὸν παρ' αὑτῷ βίοτον, ὃν πλεῖϲτον φιλεῖ.]
ἀλλ' ἐν χρόνῳ γνώϲῃ τάδ' ἀϲφαλῶϲ, ἐπεὶ
χρόνοϲ δίκαιον ἄνδρα δείκνυϲιν μόνοϲ,
κακὸν δὲ κἂν ἐν ἡμέρᾳ γνοίηϲ μιᾷ.   615
Χο.   καλῶϲ ἔλεξεν εὐλαβουμένῳ πεϲεῖν,
ἄναξ· φρονεῖν γὰρ οἱ ταχεῖϲ οὐκ ἀϲφαλεῖϲ.
Οι.   ὅταν ταχύϲ τιϲ οὑπιβουλεύων λάθρᾳ
χωρῇ, ταχὺν δεῖ κἀμὲ βουλεύειν πάλιν.
εἰ δ' ἡϲυχάζων προϲμενῶ, τὰ τοῦδε μὲν   620
πεπραγμέν' ἔϲται, τἀμὰ δ' ἡμαρτημένα.
Κρ.   τί δῆτα χρῄζειϲ; ἦ με γῆϲ ἔξω βαλεῖν;

597 ἐκκαλοῦϲι] αἰκάλλουϲι diffidenter Musgrave   με] ἐμέ
Meineke   598 del. Wecklein   αὐτοῖϲι **r**: αὐτοῖϲ L^pc**pat**:
αὐτοὺϲ L^ac**pZr**: 'fort. αἰτοῦϲι' Pearson   πᾶν **r**C: ἅπαν L**p**: ἅπαντ'
pat   600 del. G. Wolff   κακὸϲ post ἂν transp. Herwer-
den   604 πεύθου L^pc**pat**: πείθου ΛΚV: πύθου **rp**: πυθοῦ
Nauck   605 τοῦτ' L**rpa**: ταῦτ' **p**Z**rt**   611–12 delevimus
(611–15 del. iam van Deventer)   612 αὑτῷ vel αὐτῷ codd.
plerique: αὐτοῦ **p**   618 οὑπιβουλεύων L**rpa**: -εύϲων **pat**
621 ἔϲται L**rpat**: ἔϲτι **p**

Οι.   ἥκιστα· θνῄςκειν, οὐ φυγεῖν ϲε βούλομαι.

      .   .   .   .   .

Κρ.   ὅταν προδείξῃϲ οἷόν ἐϲτι τὸ φθονεῖν

      .   .   .   .   .

Οι.   ὡϲ οὐχ ὑπείξων οὐδὲ πιϲτεύϲων λέγειϲ;   625
Κρ.   οὐ γὰρ φρονοῦντά ϲ' εὖ βλέπω. Οι. τὸ γοῦν
      ἐμόν.
Κρ.   ἀλλ' ἐξ ἴϲου δεῖ κἀμόν. Οι. ἀλλ' ἔφυϲ κακόϲ.
Κρ.   εἰ δὲ ξυνίῃϲ μηδέν; Οι. ἀρκτέον γ' ὅμωϲ.
Κρ.   οὔτοι κακῶϲ γ' ἄρχοντοϲ. Οι. ὦ πόλιϲ πόλιϲ.
Κρ.   κἀμοὶ πόλεωϲ μέτεϲτιν, οὐχὶ ϲοὶ μόνῳ.   630
Χο.   παύϲαϲθ', ἄνακτεϲ· καιρίαν δ' ὑμῖν ὁρῶ
      τήνδ' ἐκ δόμων ϲτείχουϲαν Ἰοκάϲτην, μεθ' ἧϲ
      τὸ νῦν παρεϲτὸϲ νεῖκοϲ εὖ θέϲθαι χρεών.

ΙΟΚΑCΤΗ

      τί τὴν ἄβουλον, ὦ ταλαίπωροι, ϲτάϲιν
      γλώϲϲηϲ ἐπήραϲθ'; οὐδ' ἐπαιϲχύνεϲθε γῆϲ   635
      οὕτω νοϲούϲηϲ ἴδια κινοῦντεϲ κακά;
      οὐκ εἶ ϲύ τ' οἴκουϲ ϲύ τε, Κρέον, τὰϲ ϲὰϲ ϲτέγαϲ,
      καὶ μὴ τὸ μηδὲν ἄλγοϲ ἐϲ μέγ' οἴϲετε;
Κρ.   ὅμαιμε, δεινά μ' Οἰδίπουϲ ὁ ϲὸϲ πόϲιϲ
      δρᾶϲαι δικαιοῖ †δυοῖν ἀποκρίναϲ† κακοῖν,   640
      ἢ γῆϲ ἀπῶϲαι πατρίδοϲ, ἢ κτεῖναι λαβών.
Οι.   ξύμφημι· δρῶντα γάρ νιν, ὦ γύναι, κακῶϲ

623–5 lacunas statuit Bruhn (cf. 641): alii aliter locum restituere conati
sunt   624 ὅταν] ὦ τᾶν M. Schmidt: ὡϲ ἂν Κvičala, Seyffert   προ-
δείξῃϲ] -ειϲ M. Schmidt   627 κἀμόν] τοὐμόν Herwerden
628 ξυνίῃϲ pat: -ίειϲ Lrpa   γ'] δ' O, probat West   630 μέτε-
ϲτιν t: μέτεϲτι τῆϲδ' fere reliqui   οὐχὶ] οὐ DZr, coni. Brunck
631 καιρίαν at: κυρίαν LᵖᶜKrpXr   ὑμῖν Lrpa: ἡμῖν pXrt
633 παρεϲτὸϲ GH et fortasse L: -εϲτὼϲ cett.   634 τὴν] τήνδ'
Doederlein   635 ἐπήραϲθ' Lᵃᶜ Κrpt: ἐπήρατ' pa   637 post ϲύ τ'
add. εἰϲ Zrt, ἐϲ Lrp: corr. a   Κρέον pXr: -ων codd. plerique   τὰϲ
ϲὰϲ Meineke: κατὰ Lrpa: om. Zrt   640 δυοῖν ἀποκρίναϲ]
θἄτερον δυοῖν Dindorf: τοῖνδ' ἐν ἀποκρίναϲ Hermann

ΣΟΦΟΚΛΕΟΥΣ

εἴληφα τοὐμὸν cῶμα cὺν τέχνῃ κακῇ.

Κρ. μή νυν ὀναίμην, ἀλλ' ἀραῖος, εἴ cέ τι
δέδρακ', ὀλοίμην, ὧν ἐπαιτιᾷ με δρᾶν.   645

Ιο. ὦ πρὸς θεῶν πίcτευcον, Οἰδίπους, τάδε,
μάλιcτα μὲν τόνδ' ὅρκον αἰδεcθεὶc θεῶν,
ἔπειτα κἀμὲ τούcδε θ' οἳ πάρειcί coι.

Χο. πιθοῦ θελήcαc φρονή-   cτρ.
cαc τ', ἄναξ, λίccομαι—   650

Οι. τί coι θέλειc δῆτ' εἰκάθω;

Χο. τὸν οὔτε πρὶν νήπιον
νῦν τ' ἐν ὅρκῳ μέγαν καταίδεcαι.

Οι. οἶcθ' οὖν ἃ χρῄζειc; **Χο.** οἶδα. **Οι.** φράζε
δή· τί φήc;

Χο. τὸν ἐναγῆ φίλον μήποτέ c' αἰτίᾳ   656
cὺν ἀφανεῖ λόγων ἄτιμον βαλεῖν.

Οι. εὖ νυν ἐπίcτω, ταῦθ' ὅταν ζητῇc, ἐμοὶ
ζητῶν ὄλεθρον ἢ φυγὴν ἐκ τῆcδε γῆc.

Χο. οὐ τὸν πάντων θεῶν θεὸν πρόμον   660
Ἅλιον· ἐπεὶ ἄθεοc ἄφιλοc ὅ τι πύματον
ὀλοίμαν, φρόνηcιν εἰ τάνδ' ἔχω.
ἀλλά μοι δυcμόρῳ γᾶ φθίνου-   665
cα τρύχει καρδίαν, τάδ' εἰ κακοῖc
προcάψει τοῖc πάλαι τὰ πρὸc cφῶν.

Οι. ὁ δ' οὖν ἴτω, κεἰ χρή με παντελῶc θανεῖν,
ἢ γῆc ἄτιμον τῆcδ' ἀπωcθῆναι βίᾳ.   670

656 ἐναγῆ] ἀναγῆ Musgrave   φίλον codd. plerique: φίλων **p** et
Suda s.v. ἐναγῆ φίλων   μήποτέ c' Nauck: μήποτ' ἐν codd.
657 cύν ⟨γ'⟩ **t**   λόγων Κ**rp**: λόγῳ **pa**: λόγον L   λόγῳ ⟨c'⟩ Her-
mann   βαλεῖν **t** et Suda: ἐκβαλεῖν cett.   658 ζητῇc] χρῄζῃc
r, coni. Meineke   659 φυγὴν Lᴾᶜ**pat**: φυγεῖν **rp**Xr
660 post οὐ add. μὰ **rp**   θεῶν θεὸν Lᵃᶜ**rpt**: θεὸν **p**: θεῶν Na
666 καρδίαν Hermann: ψυχὰν καὶ codd.: λῆμα καὶ Pearson   post
κακοῖc add. κακὰ codd.: del. Brandscheid   667 προcάψει] -εις
Linwood

146

ΟΙΔΙΠΟΥϹ ΤΥΡΑΝΝΟϹ

      τὸ γὰρ ϲόν, οὐ τὸ τοῦδ', ἐποικτίρω ϲτόμα
      ἐλεινόν· οὗτοϲ δ' ἔνθ' ἂν ἦ ϲτυγήϲεται.
Κρ. ϲτυγνὸϲ μὲν εἴκων δῆλοϲ εἶ, βαρὺϲ δ' ὅταν
      θυμοῦ περάϲῃϲ. αἱ δὲ τοιαῦται φύϲειϲ
      αὑταῖϲ δικαίωϲ εἰϲὶν ἄλγιϲται φέρειν.   675
Οι. οὔκουν μ' ἐάϲειϲ κἀκτὸϲ εἶ; Κρ. πορεύϲομαι,
      ϲοῦ μὲν τυχὼν ἀγνῶτοϲ, ἐν δὲ τοῖϲδε ϲῶϲ.

Χο. γύναι, τί μέλλειϲ κομί-   ἀντ.
      ζειν δόμων τόνδ' ἔϲω;
Ιο. μαθοῦϲά γ' ἥτιϲ ἡ τύχη.   680
Χο. δόκηϲιϲ ἀγνὼϲ λόγων
      ἦλθε, δάπτει δὲ καὶ τὸ μὴ 'νδικον.
Ιο. ἀμφοῖν ἀπ' αὐτοῖν; Χο. ναίχι. Ιο. καὶ τίϲ ἦν
      λόγοϲ;
Χο. ἅλιϲ ἔμοιγ', ἅλιϲ, γᾶϲ προνοουμένῳ   685
      φαίνεται, ἔνθ' ἔληξεν, αὐτοῦ μένειν.
Οι. ὁρᾷϲ ἵν' ἥκειϲ, ἀγαθὸϲ ὢν γνώμην ἀνήρ,
      τοὐμὸν παριεὶϲ καὶ καταμβλύνων κέαρ;

Χο. ὦναξ, εἶπον μὲν οὐχ ἅπαξ μόνον,   690
      ἴϲθι δὲ παραφρόνιμον, ἄπορον ἐπὶ φρόνιμα
      πεφάνθαι μ' ἄν, εἴ ϲ' ἐνοϲφιζόμαν,
      ὅϲ γ' ἐμὰν γᾶν φίλαν ἐν πόνοιϲ
      ἀλύουϲαν κατ' ὀρθὸν οὔριϲαϲ,   695
      τανῦν δ' εὔπομποϲ αὖ γένοιο.

Ιο. πρὸϲ θεῶν δίδαξον κἄμ', ἄναξ, ὅτου ποτὲ
      μῆνιν τοϲήνδε πράγματοϲ ϲτήϲαϲ ἔχειϲ.

672 ἐλεινόν Porson: ἐλεεινόν codd.   673 ϲτυγνὸϲ] -ὼϲ G,
F s.l.   677 ϲῶϲ nos: ἴϲωϲ rpa: ἴϲοϲ Lpat: ἴϲων Blaydes
684 ἤν Lpt: ἦν ὁ rpa   685 προνοουμένῳ V, coni. Blaydes:
προπονουμένῳ rp: προπονουμέναϲ Lpat   690 ὦναξ t: ἄναξ
cett.   692 ϲ' ἐνοϲφιζόμαν Hermann: ϲε νοϲφίζομαι codd.
694 γ' p, coni. Turnebus: τ' Lrpat   695 ἀλύουϲαν] ϲαλεύ-
ουϲαν Dobree   οὔριϲαϲ P.Oxy. 1369, r, Eustathius 661. 45, 1282. 17:
οὔρηϲαϲ Lpat   696 δ' K (de L non liquet) rpZrt: τ' a   αὖ
γένοιο Blaydes: εἰ δύναιο codd.: εἰ γένοιο Bergk

147

ΣΟΦΟΚΛΕΟΥΣ

Οι.　ἐρῶ· σὲ γὰρ τῶνδ' ἐς πλέον, γύναι, σέβω·　700
　　　Κρέοντος, οἷά μοι βεβουλευκὼς ἔχει.
Ιο.　λέγ', εἰ σαφῶς τὸ νεῖκος ἐγκαλῶν ἐρεῖς.
Οι.　φονέα με φησὶ Λαΐου καθεστάναι.
Ιο.　αὐτὸς ξυνειδώς, ἢ μαθὼν ἄλλου πάρα;
Οι.　μάντιν μὲν οὖν κακοῦργον ἐσπέμψας, ἐπεὶ　705
　　　τό γ' εἰς ἑαυτὸν πᾶν ἐλευθεροῖ στόμα.
Ιο.　σύ νυν, ἀφεὶς σεαυτὸν ὧν λέγεις πέρι,
　　　ἐμοῦ 'πάκουσον καὶ μάθ' οὕνεκ' ἔστι σοι
　　　βρότειον οὐδὲν μαντικῆς ἔχον τέχνης.
　　　φανῶ δέ σοι σημεῖα τῶνδε σύντομα.　710
　　　χρησμὸς γὰρ ἦλθε Λαΐῳ ποτ', οὐκ ἐρῶ
　　　Φοίβου γ' ἀπ' αὐτοῦ, τῶν δ' ὑπηρετῶν ἄπο,
　　　ὡς αὐτὸν ἥξοι μοῖρα πρὸς παιδὸς θανεῖν,
　　　ὅστις γένοιτ' ἐμοῦ τε κἀκείνου πάρα.
　　　καὶ τὸν μέν, ὥσπερ γ' ἡ φάτις, ξένοι ποτὲ　715
　　　λῃσταὶ φονεύουσ' ἐν τριπλαῖς ἁμαξιτοῖς·
　　　παιδὸς δὲ βλάστας οὐ διέσχον ἡμέραι
　　　τρεῖς, καί νιν ἄρθρα κεῖνος ἐνζεύξας ποδοῖν
　　　ἔρριψεν ἄλλων χερσὶν εἰς ἄβατον ὄρος.
　　　κἀνταῦθ' Ἀπόλλων οὔτ' ἐκεῖνον ἤνυσεν　720
　　　φονέα γενέσθαι πατρὸς οὔτε Λάιον
　　　τὸ δεινὸν οὑφοβεῖτο πρὸς παιδὸς παθεῖν.
　　　τοιαῦτα φῆμαι μαντικαὶ διώρισαν,
　　　ὧν ἐντρέπου σὺ μηδέν· ὧν γὰρ ἂν θεὸς
　　　χρείαν ἐρευνᾷ ῥᾳδίως αὐτὸς φανεῖ.　725
Οι.　οἷόν μ' ἀκούσαντ' ἀρτίως ἔχει, γύναι,
　　　ψυχῆς πλάνημα κἀνακίνησις φρενῶν.
Ιο.　ποίας μερίμνης τοῦθ' ὑποστραφεὶς λέγεις;

---

706 πᾶν . . . στόμα suspicionem movent　709 ἔχον suspectum:
alii alia　713 ἥξοι Lp: ἥξει **rpat**: ἕξει Canter: ἔξοι Halm
716 τριπλαῖς LG**pa**Ta: διπλαῖς RaT (cf. ad 730)　719 εἰς post
ἄβατον traiecit Musgrave　722 παθεῖν Cρaγρ: θανεῖν codd.
724 ὧν] ἦν Brunck et Musgrave　728 ὑποστραφεὶς] ἐπι-
Blaydes (cave credas K supra lineam ἐπ praebere)

ΟΙΔΙΠΟΥϹ ΤΥΡΑΝΝΟϹ

Οι.   ἔδοξ' ἀκοῦσαι σοῦ τόδ', ὡς ὁ Λάιος
      κατασφαγείη πρὸς τριπλαῖς ἁμαξιτοῖς.   730
Ιο.   ηὐδᾶτο γὰρ ταῦτ' οὐδέ πω λήξαντ' ἔχει.
Οι.   καὶ ποῦ 'cθ' ὁ χῶρος οὗτος οὗ τόδ' ἦν πάθος;
Ιο.   Φωκὶς μὲν ἡ γῆ κλήζεται, σχιστὴ δ' ὁδὸς
      ἐς ταὐτὸ Δελφῶν κἀπὸ Δαυλίας ἄγει.
Οι.   καὶ τίς χρόνος τοῖσδ' ἐστὶν οὑξεληλυθώς;   735
Ιο.   σχεδόν τι πρόσθεν ἢ σὺ τῆσδ' ἔχων χθονὸς
      ἀρχὴν ἐφαίνου τοῦτ' ἐκηρύχθη πόλει.
Οι.   ὦ Ζεῦ, τί μου δρᾶσαι βεβούλευσαι πέρι;
Ιο.   τί δ' ἐστί σοι τοῦτ', Οἰδίπους, ἐνθύμιον;
Οι.   μήπω μ' ἐρώτα· τὸν δὲ Λάιον φύσιν   740
      τίν' εἶρπε φράζε, τίνα δ' ἀκμὴν ἥβης ἔχων.
Ιο.   μέλας, χνοάζων ἄρτι λευκανθὲς κάρα.
      μορφῆς δὲ τῆς σῆς οὐκ ἀπεστάτει πολύ.
Οι.   οἴμοι τάλας· ἔοικ' ἐμαυτὸν εἰς ἀρὰς
      δεινὰς προβάλλων ἀρτίως οὐκ εἰδέναι.   745
Ιο.   πῶς φής; ὀκνῶ τοι πρὸς c' ἀποσκοποῦσ', ἄναξ.
Οι.   δεινῶς ἀθυμῶ μὴ βλέπων ὁ μάντις ᾖ.
      δείξεις δὲ μᾶλλον, ἢν ἓν ἐξείπῃς ἔτι.
Ιο.   καὶ μὴν ὀκνῶ μέν, ἃ δ' ἂν ἔρῃ μαθοῦσ' ἐρῶ.
Οι.   πότερον ἐχώρει βαιός, ἢ πολλοὺς ἔχων   750
      ἄνδρας λοχίτας, οἷ' ἀνὴρ ἀρχηγέτης;
Ιο.   πέντ' ἦσαν οἱ ξύμπαντες, ἐν δ' αὐτοῖσιν ἦν
      κῆρυξ· ἀπήνη δ' ἦγε Λάιον μία.
Οι.   αἰαῖ, τάδ' ἤδη διαφανῆ. τίς ἦν ποτε
      ὁ τούσδε λέξας τοὺς λόγους ὑμῖν, γύναι;   755
Ιο.   οἰκεύς τις, ὅσπερ ἵκετ' ἐκσωθεὶς μόνος.
Οι.   ἦ κἀν δόμοισι τυγχάνει τανῦν παρών;

---

730 τριπλαῖς pat: διπλαῖς Lrpa, T s.l.   734 ἐς Lpat: εἰς rD
κἀπὸ Lrpat: κἀπὶ p   741 εἶρπε Schneidewin: εἶχε codd.:
ἔτυχε Hartung   742 μέλας rp: μέγας Lpat   λευκανθὲς
LRpat: -εὶς Gp   747 ᾖ] ἦν Campe   749 ἃ δ' ἂν codd.
plerique: ἂν δ' Dresdensis D. 183 et Laudianus gr. 54   752 δ' post
αὐτοῖσι praebent Lrp

149

ΣΟΦΟΚΛΕΟΥΣ

Ιο. οὐ δῆτ'· ἀφ' οὗ γὰρ κεῖθεν ἦλθε καὶ κράτη
σέ τ' εἶδ' ἔχοντα Λάιόν τ' ὀλωλότα,
ἐξικέτευςε τῆς ἐμῆς χειρὸς θιγὼν   760
ἀγρούς ςφε πέμψαι κἀπὶ ποιμνίων νομάς,
ὡς πλεῖστον εἴη τοῦδ' ἄποπτος ἄςτεως.
κἄπεμψ' ἐγώ νιν· ἄξιος γάρ, οἷ' ἀνὴρ
δοῦλος, φέρειν ἦν τῆςδε καὶ μείζω χάριν.
Οι. πῶς ἂν μόλοι δῆθ' ἡμὶν ἐν τάχει πάλιν;   765
Ιο. πάρεςτιν. ἀλλὰ πρὸς τί τοῦτ' ἐφίεςαι;
Οι. δέδοικ' ἐμαυτόν, ὦ γύναι, μὴ πόλλ' ἄγαν
εἰρημέν' ᾖ μοι δι' ἅ νιν εἰςιδεῖν θέλω.
Ιο. ἀλλ' ἵξεται μέν· ἀξία δέ που μαθεῖν
κἀγὼ τά γ' ἐν ςοὶ δυςφόρως ἔχοντ', ἄναξ.   770
Οι. κοὐ μὴ ςτερηθῇς γ' ἐς τοςοῦτον ἐλπίδων
ἐμοῦ βεβῶτος. τῷ γὰρ ἂν καὶ κρείςςονι
λέξαιμ' ἂν ἢ ςοὶ διὰ τύχης τοιᾶςδ' ἰών;
ἐμοὶ πατὴρ μὲν Πόλυβος ἦν Κορίνθιος,
μήτηρ δὲ Μερόπη Δωρίς. ἠγόμην δ' ἀνὴρ   775
ἀςτῶν μέγιςτος τῶν ἐκεῖ, πρίν μοι τύχη
τοιάδ' ἐπέςτη, θαυμάςαι μὲν ἀξία,
ςπουδῆς γε μέντοι τῆς ἐμῆς οὐκ ἀξία.
ἀνὴρ γὰρ ἐν δείπνοις μ' ὑπερπληςθεὶς μέθης
καλεῖ παρ' οἴνῳ πλαςτὸς ὡς εἴην πατρί.   780
κἀγὼ βαρυνθεὶς τὴν μὲν οὐςαν ἡμέραν
μόλις κατέςχον, θἠτέρᾳ δ' ἰὼν πέλας
μητρὸς πατρός τ' ἤλεγχον· οἱ δὲ δυςφόρως
τοὔνειδος ἦγον τῷ μεθέντι τὸν λόγον.
κἀγὼ τὰ μὲν κείνοιν ἐτερπόμην, ὅμως δ'   785

762 ἄςτεως L: -οc cett.   763 οἷ' Hermann: ὅ γ' LP: ὅδ' Krpa:
ὡδ' O: ὅδε γε at: ὡς γ' Musgrave   766 τοῦτ'] τοῦ δ' Vᵖᶜ, coni.
Blaydes   772 καὶ κρείςςονι Blaydes: καὶ μείζονι codd. (etiam K;
de L non liquet)   773 λέξαιμ' pa: λέξοιμ' Lrpt
774 ἐμοὶ πατὴρ ἦν Πόλυβος Arist. Rhet. 1415ᵃ20   778 om.
P.Oxy. 1369   779 μέθης pat: μέθῃ Lrp   782 θἠτέρᾳ
Lrp: θἀτέρᾳ pat

ἔκνιζέ μ' ἀεὶ τοῦθ'· ὑφεῖρπε γὰρ πολύ.
λάθρᾳ δὲ μητρὸς καὶ πατρὸς πορεύομαι
Πυθώδε, καί μ' ὁ Φοῖβος ὧν μὲν ἱκόμην
ἄτιμον ἐξέπεμψεν, ἄλλα δ' ἀθλίῳ
καὶ δεινὰ καὶ δύστηνα προύφάνη λέγων,   790
ὡς μητρὶ μὲν χρείη με μειχθῆναι, γένος δ'
ἄτλητον ἀνθρώποισι δηλώσοιμ' ὁρᾶν,
φονεὺς δ' ἐσοίμην τοῦ φυτεύσαντος πατρός.
κἀγὼ 'πακούσας ταῦτα τὴν Κορινθίαν
ἄστροις τὸ λοιπὸν τεκμαρούμενος χθόνα   795
ἔφευγον, ἔνθα μήποτ' ὀψοίμην κακῶν
χρησμῶν ὀνείδη τῶν ἐμῶν τελούμενα.
στείχων δ' ἱκνοῦμαι τούσδε τοὺς χώρους ἐν οἷς
σὺ τὸν τύραννον τοῦτον ὄλλυσθαι λέγεις.
καί σοι, γύναι, τἀληθὲς ἐξερῶ. τριπλῆς   800
ὅτ' ἦ κελεύθου τῆσδ' ὁδοιπορῶν πέλας,
ἐνταῦθά μοι κῆρύξ τε κἀπὶ πωλικῆς
ἀνὴρ ἀπήνης ἐμβεβώς, οἷον σὺ φής,
ξυνηντίαζον· κἀξ ὁδοῦ μ' ὅ θ' ἡγεμὼν
αὐτός θ' ὁ πρέσβυς πρὸς βίαν ἠλαυνέτην.   805
κἀγὼ τὸν ἐκτρέποντα, τὸν τροχηλάτην,
παίω δι' ὀργῆς· καί μ' ὁ πρέσβυς, ὡς ὁρᾷ,
ὄχους παραστείχοντα τηρήσας, μέσον
κάρα διπλοῖς κέντροισί μου καθίκετο.
οὐ μὴν ἴσην γ' ἔτεισεν, ἀλλὰ συντόμως   810
σκήπτρῳ τυπεὶς ἐκ τῆσδε χειρὸς ὕπτιος

---

786 ἀεὶ Lrpa: αἰεὶ pAt   788 μ' ὁ] με Herwerden
789 ἀθλίῳ Herwerden: -ια codd. (etiam K; de L^ac non liquet)
790 προύφάνη] προὔφηνεν Hermann dubitanter   791 χρείη
Pa^pc, coni. Dawes: χρεῖ ἤ vel sim. cett.   δ'] τ' Elmsley
792 δηλώσοιμ' Lrpt: -αιμ' O^pca, T s.l.   794 τὴν] γῆν Seyffert
795 τεκμαρούμενος Nauck: ἐκμετρούμενος codd.   797 post
χρησμῶν add. γ' Krpa   800 om. l   801 ἤ Elmsley: ἦν
codd.   807–8 sic interpunxit R. Kassel   808 ὄχους
Doederlein: ὄχου codd.: ὄχον H. Stephanus   810 συντόμως]
συντόνως Dobree

ΣΟΦΟΚΛΕΟΥΣ

μέϲηϲ ἀπήνηϲ εὐθὺϲ ἐκκυλίνδεται·
κτείνω δὲ τοὺϲ ξύμπανταϲ. εἰ δὲ τῷ ξένῳ
τούτῳ προϲήκει Λαΐῳ τι ϲυγγενέϲ,
τίϲ τοῦδέ γ' ἀνδρὸϲ νῦν ἂν ἀθλιώτεροϲ,   815
τίϲ ἐχθροδαίμων μᾶλλον ἂν γένοιτ' ἀνήρ,
ὃν μὴ ξένων ἔξεϲτι μηδ' ἀϲτῶν τινι
δόμοιϲ δέχεϲθαι, μηδὲ προϲφωνεῖν τινα,
ὠθεῖν δ' ἀπ' οἴκων; καὶ τάδ' οὔτιϲ ἄλλοϲ ἦν
ἢ 'γὼ 'π' ἐμαυτῷ τάϲδ' ἀρὰϲ ὁ προϲτιθείϲ.   820
λέχη δὲ τοῦ θανόντοϲ ἐν χεροῖν ἐμαῖν
χραίνω, δι' ὧνπερ ὤλετ'. ἆρ' ἔφυν κακόϲ;
ἆρ' οὐχὶ πᾶϲ ἄναγνοϲ; εἴ με χρὴ φυγεῖν,
καί μοι φυγόντι μῆϲτι τοὺϲ ἐμοὺϲ ἰδεῖν
μηδ' ἐμβατεῦϲαι πατρίδοϲ, ἢ γάμοιϲ με δεῖ   825
μητρὸϲ ζυγῆναι καὶ πατέρα κατακτανεῖν
Πόλυβον, ὃϲ ἐξέθρεψε κἀξέφυϲέ με.
ἆρ' οὐκ ἀπ' ὠμοῦ ταῦτα δαίμονόϲ τιϲ ἂν
κρίνων ἐπ' ἀνδρὶ τῷδ' ἂν ὀρθοίη λόγον;
μὴ δῆτα μὴ δῆτ', ὦ θεῶν ἁγνὸν ϲέβαϲ,   830
ἴδοιμι ταύτην ἡμέραν, ἀλλ' ἐκ βροτῶν
βαίην ἄφαντοϲ πρόϲθεν ἢ τοιάνδ' ἰδεῖν
κηλῖδ' ἐμαυτῷ ϲυμφορᾶϲ ἀφιγμένην.

Χο.   ἡμῖν μέν, ὦναξ, ταῦτ' ὀκνήρ'· ἕωϲ δ' ἂν οὖν
      πρὸϲ τοῦ παρόντοϲ ἐκμάθῃϲ, ἔχ' ἐλπίδα.   835

Οι.   καὶ μὴν τοϲοῦτόν γ' ἐϲτί μοι τῆϲ ἐλπίδοϲ,

---

814 Λαΐῳ] Λαΐου Bothe   815 del. Dindorf   νῦν Lrp: om.
Oat   ἂν Bergk: ἐϲτ' Lrp: ἐϲτιν at   817 ὃν Schaefer: ᾧ
codd.   τινι Dindorf: τινα codd.   818 τινα] ἔτι Blaydes: ἐμέ
Nauck   822 ὧνπερ] ἥνπερ P.Oxy. 1369 in linea: αἴνπερ C, coni.
Blaydes   823 εἴ Lrpat: ἢ pXr   824 μῆϲτι voluerunt Lr et
Τγρ: μήτε pat   825 μηδ' Dindorf: μή μ' Krp: μήτ' Lᵖᶜpa
ἐμβατεῦϲαι P.Oxy. 1369: ἐμβατεύειν codd.   ἢ Lrpat: εἰ p
827 del. Wunder   ἐξέθρεψε κἀξέφυϲέ P.Oxy. 1369, pZr: ἐξέφυϲε
κἀξέθρεψε Lrpat   829 ἂν ὀρθοίη p, coni. Schaefer: ἀνορθοίη
Lrpat   833 ϲυμφορᾶϲ Lrpat: ξυμ- p   836 γ' pat: om.
Lrp

152

τὸν ἄνδρα τὸν βοτῆρα προcμεῖναι μόνον.

Ιο. πεφαcμένου δὲ τίc ποθ᾽ ἡ προθυμία;

Οι. ἐγὼ διδάξω c᾽· ἢν γὰρ εὑρεθῇ λέγων
coὶ ταῦτ᾽, ἔγωγ᾽ ἂν ἐκπεφευγοίην πάθοc.　　840

Ιο. ποῖον δέ μου περιccὸν ἤκουcαc λόγον;

Οι. λῃcτὰc ἔφαcκεc αὐτὸν ἄνδραc ἐννέπειν
ὥc νιν κατακτείνειαν. εἰ μὲν οὖν ἔτι
λέξει τὸν αὐτὸν ἀριθμόν, οὐκ ἐγὼ ᾽κτανον·
οὐ γὰρ γένοιτ᾽ ἂν εἷc γε τοῖc πολλοῖc ἴcοc·　　845
εἰ δ᾽ ἄνδρ᾽ ἕν᾽ οἰόζωνον αὐδήcει cαφῶc,
τοῦτ᾽ ἐcτὶν ἤδη τοὔργον εἰc ἐμὲ ῥέπον.

Ιο. ἀλλ᾽ ὡc φανέν γε τοὔποc ὧδ᾽ ἐπίcταcο,
κοὐκ ἔcτιν αὐτῷ τοῦτό γ᾽ ἐκβαλεῖν πάλιν·
πόλιc γὰρ ἤκουc᾽, οὐκ ἐγὼ μόνη, τάδε.　　850
εἰ δ᾽ οὖν τι κἀκτρέποιτο τοῦ πρόcθεν λόγου,
οὔτοι ποτ᾽, ὦναξ, τόν γε Λαΐου φόνον
φανεῖ δικαίωc ὀρθόν, ὅν γε Λοξίαc
διεῖπε χρῆναι παιδὸc ἐξ ἐμοῦ θανεῖν.
καίτοι νιν οὐ κεῖνόc γ᾽ ὁ δύcτηνόc ποτε　　855
κατέκταν᾽, ἀλλ᾽ αὐτὸc πάροιθεν ὤλετο.
ὥcτ᾽ οὐχὶ μαντείαc γ᾽ ἂν οὔτε τῇδ᾽ ἐγὼ
βλέψαιμ᾽ ἂν οὕνεκ᾽ οὔτε τῇδ᾽ ἂν ὕcτερον.

Οι. καλῶc νομίζειc. ἀλλ᾽ ὅμωc τὸν ἐργάτην
πέμψον τινὰ cτελοῦντα μηδὲ τοῦτ᾽ ἀφῇc.　　860

Ιο. πέμψω ταχύναc᾽· ἀλλ᾽ ἴωμεν ἐc δόμουc.
οὐδὲν γὰρ ἂν πράξαιμ᾽ ἂν ὧν οὐ coὶ φίλον.

837 προcμεῖναι Lrpat: -βῆναι p　　840 ταῦτ᾽ LGpat: ταῦτ᾽
Rpa　　841 μου] μοι t　　843 κατακτείνειαν pZrt: -αιεν
L^{pc}KRpa: -ειεν Gp　　845 del. Naber　　τοῖc] τιc Brunck
846 ante cαφῶc interpungunt fere editores, sed perperam: recte Kennedy
847 εἰc] ὡc r　　ἐμὲ Lpa: ἐμοὶ r: ἡμᾶc t　　849 αὐτῷ Lpat:
αὐτὸ rpZr　　852 τόν γε] τόνδε r　　φόνον] φόβον Schubert
852-3 Λαΐου ... Λοξίαc] Λοξίου φανεῖ χρηcμὸν δικαίωc ὀρθόν,
ὅc γε Λάιον Nauck　　859 ἐργάτην] ἀγρότην Nauck
861 ἐc Lpat: εἰc rPaD　　862 οὐ coὶ] οὔ coι L^{ac}C

ΣΟΦΟΚΛΕΟΥΣ

Χο.　εἴ μοι ξυνείη φέροντι μοῖρα τὰν　　　　　στρ. α´
　　εὔσεπτον ἁγνείαν λόγων
　　ἔργων τε πάντων, ὧν νόμοι πρόκεινται　　865
　　ὑψίποδες, οὐρανίᾳ 'ν
　　αἰθέρι τεκνωθέντες, ὧν Ὄλυμπος
　　πατὴρ μόνος, οὐδέ νιν
　　θνατὰ φύσις ἀνέρων
　　ἔτικτεν, οὐδὲ μήποτε λά-　　　　　　　870
　　θα κατακοιμάσῃ·
　　μέγας ἐν τούτοις θεός, οὐδὲ γηράσκει.

　　ὕβρις φυτεύει τύραννον· ὕβρις, εἰ　　　ἀντ. α´
　　πολλῶν ὑπερπλησθῇ μάταν,
　　ἃ μὴ 'πίκαιρα μηδὲ συμφέροντα,　　　875
　　ἀκρότατα γεῖσ' ἀναβᾶσ'
　　ἀπότομον ὤρουσεν εἰς ἀνάγκαν
　　ἔνθ' οὐ ποδὶ χρησίμῳ
　　χρῆται. τὸ καλῶς δ' ἔχον
　　πόλει πάλαισμα μήποτε λῦ-　　　　　880
　　σαι θεὸν αἰτοῦμαι.
　　θεὸν οὐ λήξω ποτὲ προστάταν ἴσχων.

　　εἰ δέ τις ὑπέροπτα χερσὶν　　　　　στρ. β´
　　ἢ λόγῳ πορεύεται,
　　Δίκας ἀφόβητος, οὐδὲ　　　　　　885

863 φέροντι] τρέφοντι Soutendam　　　866 post ὑψίποδές add.
γ' t　　　866–7 οὐρανίᾳ 'ν αἰθέρι Enger: οὐρανίαν δι' αἰθέρα
codd., nisi quod variam lectionem vel interpretationem οὐρανίας/-ου
αἰθέρος praebent AXr (cave credas haec in L ab ipso librario addita esse)
869 θνατὰ a: θνατὴ pt: θνητὴ Lrp　　　870 μήποτε Paris. gr.
2884, coni. Elmsley: μίν ποτε rC: μήν ποτε cett.　　　λάθα Gᵖᶜpat:
λάθρα LᵃᶜKr　　κατακοιμάσῃ Lp: -άσει rpat　　　873 ὕβρις...
τύραννον] ὕβριν... τυραννίς Blaydes　　τύραννον· ὕβρις] τύραν-
νον ὕβριν· Fraenkel　　　876 ἀκρότατα γεῖσ' ἀναβᾶσ' G. Wolff:
ἀκροτάταν εἰσαναβᾶσ' codd.　　　877 ἀπότομον Lpat: ἀπότιμον
r: ἄποτμον a　　ὤρουσεν] ἀνώρουσεν t　　　883 ὑπέροπτα]
-οπλα Cᵃᶜ, coni. Dobree

154

δαιμόνων ἕδη σέβων,
κακά νιν ἕλοιτο μοῖρα,
δυσπότμου χάριν χλιδᾶς,
εἰ μὴ τὸ κέρδος κερδανεῖ δικαίως
καὶ τῶν ἀσέπτων ἔρξεται,   890
ἢ τῶν ἀθίκτων θίξεται ματάζων.
τίς ἔτι ποτ' ἐν τοῖσδ' ἀνὴρ θυμοῦ βέλη
τεύξεται ψυχᾶς ἀμύνων;
εἰ γὰρ αἱ τοιαίδε πράξεις τίμιαι,   895
τί δεῖ με χορεύειν;

οὐκέτι τὸν ἄθικτον εἶμι   ἀντ. β'
γᾶς ἐπ' ὀμφαλὸν σέβων,
οὐδ' ἐς τὸν Ἀβαῖσι ναόν,   900
οὐδὲ τὰν Ὀλυμπίαν,
εἰ μὴ τάδε χειρόδεικτα
πᾶσιν ἁρμόσει βροτοῖς.
ἀλλ', ὦ κρατύνων, εἴπερ ὄρθ' ἀκούεις,
Ζεῦ, πάντ' ἀνάσσων, μὴ λάθοι
σὲ τάν τε σὰν ἀθάνατον αἰὲν ἀρχάν.   905
φθίνοντα γὰρ ⟨– ∪ – ×⟩ Λαΐου
θέσφατ' ἐξαιροῦσιν ἤδη,
κοὐδαμοῦ τιμαῖς Ἀπόλλων ἐμφανής·
ἔρρει δὲ τὰ θεῖα.   910

890 ἔρξεται LGCa: ἔρ- Rpa   891 ἢ] καὶ Suda s.v.
κέρδος   θίξεται Blaydes, qui etiam ἄψεται coniecit: ἕξεται codd.
892 τοῖσδ' Lrpa: τούτοις pZrt   θυμοῦ pa: θυμῷ Lrpa:
θυμῶν Schneidewin: θεῶν Hermann (βέλη θεῶν B. H. Kennedy)
894 τεύξεται Hölscher: ἔρξεται (vel ἔρ-) codd.: εὔξεται Musgrave
ἀμύνων Erfurdt: -νειν codd.   896 post χορεύειν add. πονεῖν ἢ
τοῖς θεοῖς IP   903 ὄρθ' rpat: ὀρθὸν IV   904 πάντ'
ἀνάσσων] παντανάσσων Hartung   906 lacunam alii aliter
suppleverunt: ⟨πυθόχρηστα⟩ Schneidewin: ⟨τοι παλαιὰ⟩ Hermann: ⟨τοι
πάλαι τὰ⟩ J. F. Martin: an ⟨καὶ πάλαι τὰ⟩?   Λαΐου Lrp: Λαΐου
παλαιὰ a: παλαιὰ Λαΐου pa: πάλαι Λαΐου p: παλαιὰ post
θέσφατα (907) praebet K: v. ita refinxit t: φθίνοντα δ' ὡς ἐμοὶ δοκεῖ τὰ
Λαΐου

Ιο.   χώρας ἄνακτες, δόξα μοι παρεστάθη
      ναοὺς ἱκέσθαι δαιμόνων, τάδ' ἐν χεροῖν
      στέφη λαβούσῃ κἀπιθυμιάματα.
      ὑψοῦ γὰρ αἴρει θυμὸν Οἰδίπους ἄγαν
      λύπαισι παντοίαισιν· οὐδ' ὁποῖ' ἀνὴρ   915
      ἔννους τὰ καινὰ τοῖς πάλαι τεκμαίρεται,
      ἀλλ' ἐστὶ τοῦ λέγοντος, ἢν φόβους λέγῃ.
      ὅτ' οὖν παραινοῦσ' οὐδὲν ἐς πλέον ποῶ,
      πρὸς σ', ὦ Λύκει' Ἄπολλον, ἄγχιστος γὰρ εἶ,
      ἱκέτις ἀφῖγμαι τοῖσδε σὺν κατεύγμασιν,   920
      ὅπως λύσιν τιν' ἡμὶν εὐαγῆ πόρῃς·
      ὡς νῦν ὀκνοῦμεν πάντες ἐκπεπληγμένον
      κεῖνον βλέποντες ὡς κυβερνήτην νεώς.

ΑΓΓΕΛΟΣ
      ἆρ' ἂν παρ' ὑμῶν, ὦ ξένοι, μάθοιμ' ὅπου
      τὰ τοῦ τυράννου δώματ' ἐστὶν Οἰδίπου;   925
      μάλιστα δ' αὐτὸν εἴπατ' εἰ κάτισθ' ὅπου.
Χο.   στέγαι μὲν αἵδε, καὐτὸς ἔνδον, ὦ ξένε·
      γυνὴ δὲ μήτηρ θ' ἥδε τῶν κείνου τέκνων.
Αγ.   ἀλλ' ὀλβία τε καὶ ξὺν ὀλβίοις ἀεὶ
      γένοιτ', ἐκείνου γ' οὖσα παντελὴς δάμαρ.   930
Ιο.   αὔτως δὲ καὶ σύ γ', ὦ ξέν'· ἄξιος γὰρ εἶ
      τῆς εὐεπείας οὕνεκ'. ἀλλὰ φράζ' ὅτου
      χρῄζων ἀφῖξαι χὤτι σημῆναι θέλων.
Αγ.   ἀγαθὰ δόμοις τε καὶ πόσει τῷ σῷ, γύναι.
Ιο.   τὰ ποῖα ταῦτα; παρὰ τίνος δ' ἀφιγμένος;   935
Αγ.   ἐκ τῆς Κορίνθου. τὸ δ' ἔπος οὐξερῶ—τάχα

913 λαβούσῃ] -οῦσαν Elmsley   914 ἄγαν] ἄναξ t
917 ἢν LᵖᶜKpa: εἰ rt   λέγῃ LᵖᶜKpa: -οι rpt   918 ἐς] εὖ L
ποῶ Lrp: ποιῶ pat   920 ἱκέτις LᵖᶜKrpat: -έτης pXs
κατεύγμασιν] κατάργμασιν Wunder, cf. E. IT 244   921 πόρῃς]
πόροις p   926 κάτισθ' Nᵖᶜat: κάτοισθ' LrpD   928 θ'
noverunt sch. L et Syrianus in Hermogenem (Rabe i. 37. 9): om. codd.
930 γένοιτ'] γένοι' Wecklein   931 αὔτως C: αὖ- cett.
935 παρὰ LrpZr: πρὸς at   936 sic interpunximus   τάχ' ⟨ἂν⟩
Brunck

ἥδοιο μέν, πῶς δ' οὐκ ἄν; ἀσχάλλοις δ' ἴσως.

Ιο.   τί δ' ἔστι; ποίαν δύναμιν ὧδ' ἔχει διπλῆν;

Αγ.   τύραννον αὐτὸν οὑπιχώριοι χθονὸς
τῆς Ἰσθμίας στήσουσιν, ὡς ηὐδᾶτ' ἐκεῖ.   940

Ιο.   τί δ'; οὐχ ὁ πρέσβυς Πόλυβος ἐγκρατὴς ἔτι;

Αγ.   οὐ δῆτ', ἐπεί νιν θάνατος ἐν τάφοις ἔχει.·

Ιο.   πῶς εἶπας; ἢ τέθνηκε⟨ν Οἰδίπου πατήρ⟩;

Αγ.   εἰ μὴ λέγω τἀληθές, ἀξιῶ θανεῖν.

Ιο.   ὦ πρόσπολ', οὐχὶ δεσπότῃ τάδ' ὡς τάχος   945
μολοῦσα λέξεις; ὦ θεῶν μαντεύματα,
ἵν' ἐστέ. τοῦτον Οἰδίπους πάλαι τρέμων
τὸν ἄνδρ' ἔφευγε μὴ κτάνοι· καὶ νῦν ὅδε
πρὸς τῆς τύχης ὄλωλεν οὐδὲ τοῦδ' ὕπο.

Οι.   ὦ φίλτατον γυναικὸς Ἰοκάστης κάρα,   950
τί μ' ἐξεπέμψω δεῦρο τῶνδε δωμάτων;

Ιο.   ἄκουε τἀνδρὸς τοῦδε, καὶ σκόπει κλύων
τὰ σέμν' ἵν' ἥκει τοῦ θεοῦ μαντεύματα.

Οι.   οὗτος δὲ τίς ποτ' ἐστὶ καὶ τί μοι λέγει;

Ιο.   ἐκ τῆς Κορίνθου, πατέρα τὸν σὸν ἀγγελῶν   955
ὡς οὐκέτ' ὄντα Πόλυβον, ἀλλ' ὀλωλότα.

Οι.   τί φής, ξέν'; αὐτός μοι σὺ σημήνας γενοῦ.

Αγ.   εἰ τοῦτο πρῶτον δεῖ μ' ἀπαγγεῖλαι σαφῶς,
εὖ ἴσθ' ἐκεῖνον θανάσιμον βεβηκότα.

Οι.   πότερα δόλοισιν, ἢ νόσου ξυναλλαγῇ;   960

Αγ.   σμικρὰ παλαιὰ σώματ' εὐνάζει ῥοπή.

Οι.   νόσοις ὁ τλήμων, ὡς ἔοικεν, ἔφθιτο.

Αγ.   καὶ τῷ μακρῷ γε συμμετρούμενος χρόνῳ.

Οι.   φεῦ φεῦ, τί δῆτ' ἄν, ὦ γύναι, σκοποῖτό τις

942 τάφοις] δόμοις p   943 τέθνηκεν Οἰδίπου πατήρ;
Nauck: τέθνηκε Πόλυβος Lrpa: τέθνηκέ που Πόλυβος γέρων Zrt:
τέθνηκε Πόλυβος ὦ γέρον; Bothe: τέθνηκεν, ἢ κλέπτεις λόγῳ;
West   944 μὴ rZrt: δὲ μὴ cett.   λέγω rZrt: λέγω 'γὼ vel
λέγω γ' ἐγὼ cett.   948 κτάνοι] -ῃ a   954 τίς ποτ']
ποδαπός M. Schmidt   957 σημήνας LrPa: σημάντωρ Κpat et
γρ in L et G   962-3 del. L. Dindorf

τὴν Πυθόμαντιν ἑcτίαν, ἢ τοὺc ἄνω   965
κλάζονταc ὄρνειc, ὧν ὑφ' ἡγητῶν ἐγὼ
κτανεῖν ἔμελλον πατέρα τὸν ἐμόν· ὁ δὲ θανὼν
κεύθει κάτω δὴ γῆc· ἐγὼ δ' ὅδ' ἐνθάδε
ἄψαυcτοc ἔγχουc, εἴ τι μὴ τὠμῷ πόθῳ
κατέφθιθ'· οὕτω δ' ἂν θανὼν εἴη 'ξ ἐμοῦ.   970
τὰ δ' οὖν παρόντα cυλλαβὼν θεcπίcματα
κεῖται παρ' Ἅιδῃ Πόλυβοc ἄξι' οὐδενόc.

Ιο.   οὔκουν ἐγώ cοι ταῦτα προὔλεγον πάλαι;
Οι.   ηὔδαc· ἐγὼ δὲ τῷ φόβῳ παρηγόμην.
Ιο.   μή νυν ἔτ' αὐτῶν μηδὲν ἐc θυμὸν βάλῃc.   975
Οι.   καὶ πῶc τὸ μητρὸc λέκτρον οὐκ ὀκνεῖν με δεῖ;
Ιο.   τί δ' ἂν φοβοῖτ' ἄνθρωποc ᾧ τὰ τῆc τύχηc
      κρατεῖ, πρόνοια δ' ἐcτὶν οὐδενὸc cαφήc;
      εἰκῇ κράτιcτον ζῆν, ὅπωc δύναιτό τιc.
      cὺ δ' ἐc τὰ μητρὸc μὴ φοβοῦ νυμφεύματα·   980
      πολλοὶ γὰρ ἤδη κἀν ὀνείραcιν βροτῶν
      μητρὶ ξυνηυνάcθηcαν. ἀλλὰ ταῦθ' ὅτῳ
      παρ' οὐδέν ἐcτι, ῥᾷcτα τὸν βίον φέρει.
Οι.   καλῶc ἅπαντα ταῦτ' ἂν ἐξείρητό cοι,
      εἰ μὴ 'κύρει ζῶc' ἡ τεκοῦcα· νῦν δ' ἐπεὶ   985
      ζῇ, πᾶc' ἀνάγκη, κεἰ καλῶc λέγειc, ὀκνεῖν.
Ιο.   καὶ μὴν μέγαc ⟨γ'⟩ ὀφθαλμὸc οἱ πατρὸc τάφοι.
Οι.   μέγαc, ξυνίημ'· ἀλλὰ τῆc ζώcηc φόβοc.
Αγ.   ποίαc δὲ καὶ γυναικὸc ἐκφοβεῖcθ' ὕπερ;
Οι.   Μερόπηc, γεραιέ, Πόλυβοc ἧc ᾤκει μέτα.   990
Αγ.   τί δ' ἔcτ' ἐκείνηc ὑμὶν ἐc φόβον φέρον;
Οι.   θεήλατον μάντευμα δεινόν, ὦ ξένε.

966 ὑφ' ἡγητῶν HΓrΤ: ὑφηγητῶν cett.; cf. 1260, OC 1588
ἐγὼ Paat: δ' ἐγὼ cett.   967 κτανεῖν Lrpat: κτενεῖν a: κανεῖν
ut vid. Pa^{ac}   968 δὴ Lpat: om. rpa   970 δ'] γ' Blaydes
975 ἐc Lpa: εἰc rpZrt   976 λέκτρον L s.l., pat: λέχοc LrpZr
981 κἀν] τοῖc γ' Dawe dubitanter: 'ν τοῖc Blaydes   985 'κύρει
pat: κύρει Lpa: κυρῇ r   987 ⟨γ'⟩ suppl. anon. in adnott. ed.
Londiniensis a. 1746   ὀφθαλμὸc] οἰωνὸc Blaydes, G. Wolff
989 ἐκφοβεῖcθ' Lrpat: εὐλαβεῖcθ' p

ΟΙΔΙΠΟΥC ΤΥΡΑΝΝΟC

Αγ. ἦ ῥητόν; ἢ οὐ θεμιστὸν ἄλλον εἰδέναι;

Οι. μάλιστά γ'· εἶπε γάρ με Λοξίας ποτὲ
χρῆναι μιγῆναι μητρὶ τἠμαυτοῦ, τό τε   995
πατρῷον αἷμα χερςὶ ταῖς ἐμαῖς ἑλεῖν.
ὧν οὕνεχ' ἡ Κόρινθος ἐξ ἐμοῦ πάλαι
μακρὰν ἀπῳκεῖτ'· εὐτυχῶς μέν, ἀλλ' ὅμως
τὰ τῶν τεκόντων ὄμμαθ' ἥδιστον βλέπειν.

Αγ. ἦ γὰρ τάδ' ὀκνῶν κεῖθεν ἦςθ' ἀπόπτολις;   1000

Οι. πατρός γε χρῄζων μὴ φονεὺς εἶναι, γέρον.

Αγ. τί δῆτ' ἐγὼ οὐχὶ τοῦδε τοῦ φόβου c', ἄναξ,
ἐπείπερ εὔνους ἦλθον, ἐξελυςάμην;

Οι. καὶ μὴν χάριν γ' ἂν ἀξίαν λάβοις ἐμοῦ.

Αγ. καὶ μὴν μάλιστα τοῦτ' ἀφικόμην, ὅπως   1005
ςοῦ πρὸς δόμους ἐλθόντος εὖ πράξαιμί τι.

Οι. ἀλλ' οὔποτ' εἶμι τοῖς φυτεύςαςίν γ' ὁμοῦ.

Αγ. ὦ παῖ, καλῶς εἶ δῆλος οὐκ εἰδὼς τί δρᾷς.

Οι. πῶς, ὦ γεραιέ; πρὸς θεῶν δίδαςκέ με.

Αγ. εἰ τῶνδε φεύγεις οὕνεκ' εἰς οἴκους μολεῖν.   1010

Οι. ταρβῶν γε μή μοι Φοῖβος ἐξέλθῃ ςαφής.

Αγ. ἦ μὴ μίαςμα τῶν φυτευςάντων λάβῃς;

Οι. τοῦτ' αὐτό, πρέςβυ, τοῦτό μ' εἰςαεὶ φοβεῖ.

Αγ. ἆρ' οἶςθα δῆτα πρὸς δίκης οὐδὲν τρέμων;

Οι. πῶς δ' οὐχί, παῖς γ' εἰ τῶνδε γεννητῶν ἔφυν;   1015

Αγ. ὁθούνεκ' ἦν ςοι Πόλυβος οὐδὲν ἐν γένει.

Οι. πῶς εἶπας; οὐ γὰρ Πόλυβος ἐξέφυςέ με;

Αγ. οὐ μᾶλλον οὐδὲν τοῦδε τἀνδρός, ἀλλ' ἴςον.

Οι. καὶ πῶς ὁ φύςας ἐξ ἴςου τῷ μηδενί;

Αγ. ἀλλ' οὔ c' ἐγείνατ' οὔτ' ἐκεῖνος οὔτ' ἐγώ.   1020

Οι. ἀλλ' ἀντὶ τοῦ δὴ παῖδά μ' ὠνομάζετο;

Αγ. δῶρόν ποτ', ἴςθι, τῶν ἐμῶν χειρῶν λαβών.

993 οὐ θεμιςτὸν Johnson: οὐ θεμιτὸν codd.: οὐχὶ θεμιτὸν Brunck
994 ποτὲ] πάλαι Tᵃᶜ, Ta   1001 γε p, coni. Hermann: τε codd.
plerique   1002 ἐγὼ οὐχὶ Livineius ('p'): ἔγωγ' οὐχὶ Lᵃᶜrpa:
ἔγωγ' οὐ LᵖᶜFat   1011 ταρβῶν UY: ταρβῶ cett.   ἐξέλθῃ
pat: -οι LrpZr   1018 τἀνδρός] γ' ἀνδρός Dawe

159

ΣΟΦΟΚΛΕΟΥΣ

Οι.   κᾆθ' ὧδ' ἀπ' ἄλλης χειρὸς ἔστερξεν μέγα;

Αγ.   ἢ γὰρ πρὶν αὐτὸν ἐξέπεις· ἀπαιδία.

Οι.   σὺ δ' ἐμπολήσας ἢ τυχών μ' αὐτῷ δίδως;   1025

Αγ.   εὑρὼν ναπαίαις ἐν Κιθαιρῶνος πτυχαῖς.

Οι.   ὡδοιπόρεις δὲ πρὸς τί τούσδε τοὺς τόπους;

Αγ.   ἐνταῦθ' ὀρείοις ποιμνίοις ἐπεστάτουν.

Οι.   ποιμὴν γὰρ ἦσθα κἀπὶ θητείᾳ πλάνης;

Αγ.   σοῦ δ', ὦ τέκνον, σωτήρ γε τῷ τότ' ἐν χρόνῳ.   1030

Οι.   τί δ' ἄλγος ἴσχοντ' ἐν χεροῖν με λαμβάνεις;

Αγ.   ποδῶν ἂν ἄρθρα μαρτυρήσειεν τὰ σά.

Οι.   οἴμοι, τί τοῦτ' ἀρχαῖον ἐννέπεις κακόν;

Αγ.   λύω σ' ἔχοντα διατόρους ποδοῖν ἀκμάς.

Οι.   δεινόν γ' ὄνειδος σπαργάνων ἀνειλόμην.   1035

Αγ.   ὥστ' ὠνομάσθης ἐκ τύχης ταύτης ὃς εἶ.

Οι.   ὦ πρὸς θεῶν, πρὸς μητρός, ἢ πατρός; φράσον.

Αγ.   οὐκ οἶδ'· ὁ δοὺς δὲ ταῦτ' ἐμοῦ λῷον φρονεῖ.

Οι.   ἦ γὰρ παρ' ἄλλου μ' ἔλαβες οὐδ' αὐτὸς τυχών;

Αγ.   οὔκ, ἀλλὰ ποιμὴν ἄλλος ἐκδίδωσί μοι.   1040

Οι.   τίς οὗτος; ἦ κάτοισθα δηλῶσαι λόγῳ;

Αγ.   τῶν Λαΐου δήπου τις ὠνομάζετο.

Οι.   ἦ τοῦ τυράννου τῆσδε γῆς πάλαι ποτέ;

Αγ.   μάλιστα· τούτου τἀνδρὸς οὗτος ἦν βοτήρ.

Οι.   ἦ κἄστ' ἔτι ζῶν οὗτος, ὥστ' ἰδεῖν ἐμέ;   1045

Αγ.   ὑμεῖς γ' ἄριστ' εἰδεῖτ' ἂν οὑπιχώριοι.

Οι.   ἔστιν τις ὑμῶν τῶν παρεστώτων πέλας,

      ὅστις κάτοιδε τὸν βοτῆρ', ὃν ἐννέπει,

      εἴτ' οὖν ἐπ' ἀγρῶν εἴτε κἀνθάδ' εἰσιδών;

      σημήναθ', ὡς ὁ καιρὸς ηὑρῆσθαι τάδε.   1050

Χο.   οἶμαι μὲν οὐδέν' ἄλλον ἢ τὸν ἐξ ἀγρῶν,

1025 τυχών Bothe (cf. 1039): τεκών codd.: κιχών Heimsoeth
1030 δ' G: γ' cett.: τ' olim Hermann   1031 ἐν χεροῖν Fγρ, coni.
M. Schmidt, W. W. Walker: ἐν καιροῖς LP: ἐν κακοῖς cett.   με **rpat**:
om. Lp   1035 δεινόν] καλόν Eustathius 88. 16, 1097. 25
1038 φρονεῖ] φράσει vel φανεῖ Nauck   1040 ποιμήν ⟨σ'⟩ Her-
werden   1046 γ' **a**: γὰρ LrpZr: om. **t**

ΟΙΔΙΠΟΥΣ ΤΥΡΑΝΝΟΣ

ὃν κάματευες πρόσθεν εἰσιδεῖν· ἀτὰρ
ἥδ' ἂν τάδ' οὐχ ἥκιστ' ἂν Ἰοκάστη λέγοι.

Οι.   γύναι, νοεῖς ἐκεῖνον, ὅντιν' ἀρτίως
      μολεῖν ἐφιέμεσθα; τόνδ' οὗτος λέγει;   1055
Ιο.   τί δ' ὅντιν' εἶπε; μηδὲν ἐντραπῇς. μάτην
      ῥηθέντα βούλου μηδὲ μεμνῆσθαι τάδε.
Οι.   οὐκ ἂν γένοιτο τοῦθ', ὅπως ἐγὼ λαβὼν
      cημεῖα τοιαῦτ' οὐ φανῶ τοὐμὸν γένος.
Ιο.   μὴ πρὸς θεῶν, εἴπερ τι τοῦ cαυτοῦ βίου   1060
      κήδῃ, ματεύcῃς τοῦθ'· ἅλις νοcοῦc' ἐγώ.
Οι.   θάρcει· cὺ μὲν γὰρ οὐδ' ἐὰν τρίτης ἐγὼ
      μητρὸς φανῶ τρίδουλος, ἐκφανῇ κακή.
Ιο.   ὅμως πιθοῦ μοι, λίccομαι· μὴ δρᾶ τάδε.
Οι.   οὐκ ἂν πιθοίμην μὴ οὐ τάδ' ἐκμαθεῖν caφῶc.   1065
Ιο.   καὶ μὴν φρονοῦcά γ' εὖ τὰ λῷcτά coι λέγω.
Οι.   τὰ λῷcτα τοίνυν ταῦτά μ' ἀλγύνει πάλαι.
Ιο.   ὦ δύcποτμ', εἴθε μήποτε γνοίης ὅc εἶ.
Οι.   ἄξει τιc ἐλθὼν δεῦρο τὸν βοτῆρά μοι;
      ταύτην δ' ἐᾶτε πλουcίῳ χαίρειν γένει.   1070
Ιο.   ἰοὺ ἰού, δύcτηνε· τοῦτο γάρ c' ἔχω
      μόνον προcειπεῖν, ἄλλο δ' οὔποθ' ὕcτερον.
Χο.   τί ποτε βέβηκεν, Οἰδίπουc, ὑπ' ἀγρίαc
      ᾄξαcα λύπηc ἡ γυνή; δέδοιχ' ὅπωc
      μὴ 'κ τῆc cιωπῆc τῆcδ' ἀναρρήξει κακά.   1075
Οι.   ὁποῖα χρῄζει ῥηγνύτω· τοὐμὸν δ' ἐγώ,
      κεἰ cμικρόν ἐcτι, cπέρμ' ἰδεῖν βουλήcομαι.
      αὕτη δ' ἴcωc, φρονεῖ γὰρ ὡc γυνὴ μέγα,
      τὴν δυcγένειαν τὴν ἐμὴν αἰcχύνεται.

1052 κάματευες edd.: καὶ 'μάτευες XrZrt: καὶ μάτευες cett.: καὶ
ματεύεις Elmsley   1055 τόνδ' p: τόν θ' Lrpat   1056 τί
LpA: τίς rpat   1056-7 μάτην . . . τάδε A. Y. Campbell: τὰ δὲ
. . . μάτην codd.   1061 ἐγώ rPa, sch. L: ἔχω L, Rγρ, pat
1062 θάρcει Brunck: θάρρει codd.   ἐὰν Hermann: ἂν ἐκ codd.
1064 δρᾶ LrpZr: δρᾶν at   1075 ἀναρρήξει pXs: -ῃ Lrpat
1078 αὕτη p, coni. Hermann: αὐτὴ Lrpat   1079 ἐμὴν
LᵖᶜKrpat: ἐμὴν δ' pZr, unde ἐμήν γ' Dawe

161

ΣΟΦΟΚΛΕΟΥΣ

ἐγὼ δ' ἐμαυτὸν παῖδα τῆς Τύχης νέμων   1080
τῆς εὖ διδούςης οὐκ ἀτιμαςθήςομαι.
τῆς γὰρ πέφυκα μητρός· οἱ δὲ cυγγενεῖς
μῆνές με μικρὸν καὶ μέγαν διώριcαν.
τοιόcδε δ' ἐκφὺc οὐκ ἂν ἐξέλθοιμ' ἔτι
ποτ' ἄλλος, ὥcτε μὴ 'κμαθεῖν τοὐμὸν γένος.   1085

Χο.   εἴπερ ἐγὼ μάντις εἰ-   cτρ.
μι καὶ κατὰ γνώμαν ἴδρις,
οὐ τὸν Ὄλυμπον ἀπείρων,
ὦ Κιθαιρών, οὐκ ἔcῃ τὰν αὔριον
πανcέληνον μὴ οὐ cέ γε τὸν πατριώταν
Οἰδίπου   1090
καὶ τροφὸν καὶ ματέρ' αὔξειν,
καὶ χορεύεcθαι πρὸc ἡ-
μῶν ὡc ἐπίηρα φέροντα
τοῖc ἐμοῖc τυράννοις.   1095
ἰήιε Φοῖβε, cοὶ δὲ
ταῦτ' ἀρέcτ' εἴη.

τίc cε, τέκνον, τίc c' ἔτι-   ἀντ.
κτε τᾶν μακραιώνων ἄρα
Πανὸc ὀρεccιβάτα πα-   1100
τρὸc πελαcθεῖc'; ἢ cέ γ' εὐνάτειρά τιc
Λοξίου; τῷ γὰρ πλάκεc ἀγρόνομοι πᾶcαι
φίλαι·

1084 τοιόcδε] τοιᾶcδε Platt   δ' KVa: γ' t: om. Lrpa
1085 ποτ' ἄλλος] ἄτιμοc Nauck: ἀλλοῖοc Dindorf   1087 γνώμαν
Kp: -ην Lrpat   1088 οὐ τὸν LGγρpat: μὰ τὸν rC: οὐ μὰ τὸν
Zr   1090 τὸν Wilamowitz: καὶ codd.   1091 ματέρ'
Dindorf: μητέρ' codd.   1093 ἐπίηρα] ἐπὶ ἦρα Jebb
1099 τᾶν Heimsoeth: τῶν codd.   ἄρα KRp: ἆρα LGpat: κορᾶν
Blaydes   1100 ὀρεccιβάτα LFat: ὀρεcι- rpa   1101 πατρὸc
πελαcθεῖc' Lachmann: προcπελαcθεῖc' codd.: de λέκτροιc πελα-
cθεῖc' cogitavit Jebb   cέ γ' εὐνάτειρά τιc Arndt: cέ γε θυγάτηρ Lp:
cέ γέ τιc θυγάτηρ rpat   1103 ἀγρόνομοι Zrt: -νόμοι cett.: an
ἀγρονόμων?

εἶθ' ὁ Κυλλάνας ἀνάccων,
εἶθ' ὁ Βακχεῖοc θεὸc   1105
ναίων ἐπ' ἄκρων ὀρέων ⟨c'⟩ εὕ-
ρημα δέξατ' ἔκ του
Νυμφᾶν ἑλικωπίδων, αἷc
πλεῖcτα cυμπαίζει.

Οι.   εἰ χρή τι κἀμὲ μὴ cυναλλάξαντά πω,   1110
πρέcβειc, cταθμᾶcθαι, τὸν βοτῆρ' ὁρᾶν δοκῶ,
ὅνπερ πάλαι ζητοῦμεν. ἔν τε γὰρ μακρῷ
γήρᾳ ξυνᾴδει τῷδε τἀνδρὶ cύμμετροc,
ἄλλωc τε τοὺc ἄγονταc ὥcπερ οἰκέταc
ἔγνωκ' ἐμαυτοῦ· τῇ δ' ἐπιcτήμῃ cύ μου   1115
προὔχοιc τάχ' ἄν που, τὸν βοτῆρ' ἰδὼν πάροc.

Χο.   ἔγνωκα γάρ, cάφ' ἴcθι· Λαΐου γὰρ ἦν
εἴπερ τιc ἄλλοc πιcτὸc ὡc νομεὺc ἀνήρ.

Οι.   cὲ πρῶτ' ἐρωτῶ, τὸν Κορίνθιον ξένον,
ἤ τόνδε φράζειc;   Αγ. τοῦτον, ὅνπερ
εἰcορᾷc.   1120

Οι.   οὗτοc cύ, πρέcβυ, δεῦρό μοι φώνει βλέπων
ὅc' ἄν c' ἐρωτῶ. Λαΐου ποτ' ἦcθα cύ;

ΘΕΡΑΠΩΝ

ἦ, δοῦλοc οὐκ ὠνητόc, ἀλλ' οἴκοι τραφείc.

Οι.   ἔργον μεριμνῶν ποῖον ἢ βίον τίνα;

Θε.   ποίμναιc τὰ πλεῖcτα τοῦ βίου cυνειπόμην.   1125

Οι.   χώροιc μάλιcτα πρὸc τίcι ξύναυλοc ὤν;

Θε.   ἦν μὲν Κιθαιρών, ἦν δὲ πρόcχωροc τόποc.

Οι.   τὸν ἄνδρα τόνδ' οὖν οἶcθα τῇδέ που μαθών;

1106 ⟨c'⟩ suppl. Dindorf   1108 ἑλικωπίδων Wilamowitz:
Ἑλικωνιάδων codd.: Ἑλικωνίδων Aᵃᶜ, coni. Porson   1110 cυναλ-
λάξαντα Lpat: ξυν- ra   1111 πρέcβειc p: -ει Lᵖᶜpa: -υ p: -υν
rat: de Lᵃᶜ et K non liquet   1113 cύμμετροc Ct: ξυμ- cett.
1114 ὥcπερ] ὄνταc Nauck   1115–16 μου et που permutavit
Blaydes   1117 alterum γὰρ] μὲν r   1123 ἤ Porphyrius ap.
sch. E 533, θ 186: ἤν codd.   οἴκοι τραφείc] οἰκοτραφήc Porphyrius
priore loco   1125 cυνειπόμην LrpZr: ξυν- at

ΣΟΦΟΚΛΕΟΥΣ

Θε. τί χρῆμα δρῶντα; ποῖον ἄνδρα καὶ λέγεις;
Οι. τόνδ' ὃς πάρεστιν· ἢ ξυνήλλαξας τί πω; 1130
Θε. οὐχ ὥστε γ' εἰπεῖν ἐν τάχει μνήμης ὕπο.
Αγ. κοὐδέν γε θαῦμα, δέσποτ'. ἀλλ' ἐγὼ σαφῶς
ἀγνῶτ' ἀναμνήσω νιν. εὖ γὰρ οἶδ' ὅτι
κάτοιδεν ἦμος τὸν Κιθαιρῶνος τόπον
ὁ μὲν διπλοῖσι ποιμνίοις, ἐγὼ δ' ἑνὶ 1135

. . . . .

ἐπλησίαζον τῷδε τἀνδρὶ τρεῖς ὅλους
ἐξ ἦρος εἰς ἀρκτοῦρον ἐκμήνους χρόνους·
χειμῶνι δ' ἤδη τἀμά τ' εἰς ἔπαυλ' ἐγὼ
ἤλαυνον οὗτός τ' ἐς τὰ Λαΐου σταθμά.
λέγω τι τούτων, ἢ οὐ λέγω πεπραγμένον; 1140
Θε. λέγεις ἀληθῆ, καίπερ ἐκ μακροῦ χρόνου.
Αγ. φέρ' εἰπέ νυν, τότ' οἶσθα παῖδά μοί τινα
δούς, ὡς ἐμαυτῷ θρέμμα θρεψαίμην ἐγώ;
Θε. τί δ' ἔστι; πρὸς τί τοῦτο τοὔπος ἱστορεῖς;
Αγ. ὅδ' ἐστίν, ὦ τᾶν, κεῖνος ὃς τότ' ἦν νέος. 1145
Θε. οὐκ εἰς ὄλεθρον; οὐ σιωπήσας ἔσῃ;
Οι. ἆ, μὴ κόλαζε, πρέσβυ, τόνδ', ἐπεὶ τὰ σὰ
δεῖται κολαστοῦ μᾶλλον ἢ τὰ τοῦδ' ἔπη.
Θε. τί δ', ὦ φέριστε δεσποτῶν, ἁμαρτάνω;
Οι. οὐκ ἐννέπων τὸν παῖδ' ὃν οὗτος ἱστορεῖ. 1150
Θε. λέγει γὰρ εἰδὼς οὐδέν, ἀλλ' ἄλλως πονεῖ.
Οι. σὺ πρὸς χάριν μὲν οὐκ ἐρεῖς, κλαίων δ' ἐρεῖς.

1130 ἢ LRpa: ἣ GpZr: utrumque novit t   ξυνήλλαξάς (vel ϲυν-)
ΛVA: ξυναλλάξας codd. plerique   1131 ὕπο] ἄπο Reiske
1135 post hunc v. lacunam statuit Reiske (post 1134 Kennedy): ex. gr.
⟨ἐπιστατοῦντες εἴχομεν· τότ' οὖν ἐγώ⟩ Lloyd-Jones   'νομεὺς
διπλοῖσι ποιμνίοις ἐπιστατῶν exspectes' Nauck   1137 ἐκμήνους
Eustathius 451. 1, Porson, fortasse e cod. Cantab. Trin. Coll. R. 3. 31:
ἐμμήνους codd. nostri   1138 χειμῶνι rpa: -α LpZr: utrumque
novit t   1142 νυν t, coni. Blaydes: νῦν codd.   1144 τοῦτο
τοὔπος ἱστορεῖς Lpat: τοῦπος ἱστορεῖς τόδε rO   1151 εἰδὼς
οὐδέν rpat: οὐδὲν εἰδὼς lpZr

ΟΙΔΙΠΟΥΣ ΤΥΡΑΝΝΟΣ

Θε. μὴ δῆτα, πρὸς θεῶν, τὸν γέροντά μ' αἰκίσῃ.

Οι. οὐχ ὡς τάχος τις τοῦδ' ἀποστρέψει χέρας;

Θε. δύστηνος, ἀντὶ τοῦ; τί προσχρῄζεις μαθεῖν; 1155

Οι. τὸν παῖδ' ἔδωκας τῷδ' ὃν οὗτος ἱστορεῖ;

Θε. ἔδωκ'· ὀλέσθαι δ' ὤφελον τῇδ' ἡμέρᾳ.

Οι. ἀλλ' ἐς τόδ' ἥξεις μὴ λέγων γε τοὔνδικον.

Θε. πολλῷ γε μᾶλλον, ἢν φράσω, διόλλυμαι.

Οι. ἀνὴρ ὅδ', ὡς ἔοικεν, εἰς τριβὰς ἐλᾷ. 1160

Θε. οὐ δῆτ' ἔγωγ', ἀλλ' εἶπον ὡς δοίην πάλαι.

Οι. πόθεν λαβών; οἰκεῖον, ἢ 'ξ ἄλλου τινός;

Θε. ἐμὸν μὲν οὐκ ἔγωγ', ἐδεξάμην δέ του.

Οι. τίνος πολιτῶν τῶνδε κἀκ ποίας στέγης;

Θε. μὴ πρὸς θεῶν, μή, δέσποθ', ἱστόρει πλέον. 1165

Οι. ὄλωλας, εἴ σε ταῦτ' ἐρήσομαι πάλιν.

Θε. τῶν Λαΐου τοίνυν τις ἦν †γεννημάτων†.

Οι. ἦ δοῦλος, ἢ κείνου τις ἐγγενὴς γεγώς;

Θε. οἴμοι, πρὸς αὐτῷ γ' εἰμὶ τῷ δεινῷ λέγειν.

Οι. κἄγωγ' ἀκούειν· ἀλλ' ὅμως ἀκουστέον. 1170

Θε. κείνου γέ τοι δὴ παῖς ἐκλῄζεθ'· ἡ δ' ἔσω
     κάλλιστ' ἂν εἴποι σὴ γυνὴ τάδ' ὡς ἔχει.

Οι. ἦ γὰρ δίδωσιν ἥδε σοι; Θε. μάλιστ', ἄναξ.

Οι. ὡς πρὸς τί χρείας; Θε. ὡς ἀναλώσαιμί νιν.

Οι. τεκοῦσα τλήμων; Θε. θεσφάτων γ' ὄκνῳ
     κακῶν. 1175

Οι. ποίων; Θε. κτενεῖν νιν τοὺς τεκόντας ἦν λόγος.

Οι. πῶς δῆτ' ἀφῆκας τῷ γέροντι τῷδε σύ;

Θε. κατοικτίσας, ὦ δέσποθ', ὡς ἄλλην χθόνα

1153 μ'] γ' P, coni. Blaydes 1155 προσχρῄζεις Blaydes: προσχρῄζων codd. 1157 τῇδ' Zrt: τῇδ' ἐν cett. 1160 ἀνὴρ Hermann: ἀ- codd. εἰς **rpat**: ἐς LP 1166 ταῦτ'] ταῦτ' Schaefer 1167 γεννημάτων] βλάστῃ δόμων ex. gr. W. S. Barrett: ἐκ δωμάτων Herwerden 1169 λέγειν] -ων O 1170 ἀκούειν Plut. *Mor.* 522c, 1093b: -ων **Lrpat** 1171 γε KGpa: de L et t non liquet: δὲ p 1172 κάλλιστ' **Lrpat**: μάλιστ' p, coni. Nauck 1175 γ' ὄκνῳ κακῶν **Lpa**: ὄκνῳ κακῶν **t**: κακῶν ὄκνῳ **rZr** 1178 ὡς **Lrpa**: εἰς Ct: ἔς τ' Blaydes

165

ΣΟΦΟΚΛΕΟΥΣ

δοκῶν ἀποίcειν, αὐτὸc ἔνθεν ἦν· ὁ δὲ
κάκ' ἐc μέγιcτ' ἔcωcεν. εἰ γὰρ αὐτὸc εἶ   1180
ὅν φηcιν οὗτοc, ἴcθι δύcποτμοc γεγώc.

Οι.   ἰοὺ ἰού· τὰ πάντ' ἂν ἐξήκοι cαφῆ.
ὢ φῶc, τελευταῖόν cε προcβλέψαιμι νῦν,
ὅcτιc πέφαcμαι φύc τ' ἀφ' ὧν οὐ χρῆν, ξὺν οἷc τ'
οὐ χρῆν ὁμιλῶν, οὕc τέ μ' οὐκ ἔδει κτανών.   1185

Χο.   ἰὼ γενεαὶ βροτῶν,   cτρ. α΄
ὡc ὑμᾶc ἴcα καὶ τὸ μη-
δὲν ζώcαc ἐναριθμῶ.
τίc γάρ, τίc ἀνὴρ πλέον
τᾶc εὐδαιμονίαc φέρει   1190
ἢ τοcοῦτον ὅcον δοκεῖν
καὶ δόξαντ' ἀποκλῖναι;
τὸν cόν τοι παράδειγμ' ἔχων,
τὸν cὸν δαίμονα, τὸν cόν, ὢ
τλᾶμον Οἰδιπόδα, βροτῶν   1195
οὐδὲν μακαρίζω·

ὅcτιc καθ' ὑπερβολὰν   ἀντ. α΄
τοξεύcαc ἐκράτηcαc οὐ
πάντ' εὐδαίμονοc ὄλβου,
ὢ Ζεῦ, κατὰ μὲν φθίcαc
τὰν γαμψώνυχα παρθένον
χρηcμῳδόν, θανάτων δ' ἐμᾷ   1200
χώρᾳ πύργοc ἀνέcταc·
ἐξ οὗ καὶ βαcιλεὺc καλῇ

1179 δοκῶν ⟨cφ'⟩ Blaydes   1180 αὐτὸc Heimsoeth: οὗτοc
codd.   1182 ἐξήκοι GXr: -ίκοι codd. plerique   1185 χρῆν
LrpZrt: χρῆν μ' a   1186 ἰὼ semel Gpa, bis KRpD: ὢ lpt
1189 τίc γάρ, τίc] τί γάρ τιc Elmsley   1189–90 an πλέον et
φέρει permutanda sunt?   1193 τὸν Camerarius: τὸ codd.
1195 οὐδὲν Hermann et fort. Cᵃᶜ: οὐδένα codd.   1197 ἐκράτηcαc
οὐ Reisig: ἐκράτηcαc τοῦ codd.: ἐκράτηcε τοῦ Ambrosianus L. 39 sup.,
coni. Hermann   1201 ἀνέcταc rpat: ἀνέcτα LPa: ἀναcτάc
Elmsley   1202–3 καλῇ ἐμὸc] ἐμὸc καλῇ Elmsley: καλῇ τ'
ἐμὸc Blaydes: κλύειc ἐμὸc Heimsoeth

ἐμὸς καὶ τὰ μέγιστ' ἐτι-
μάθης, ταῖς μεγάλαισιν ἐν
Θήβαιcιν ἀνάccων.

τανῦν δ' ἀκούειν τίς ἀθλιώτερος,   στρ. β'
†τίς ἐν πόνοιc τίς ἄταιc ἀγρίαιc†   1205
ξύνοικος ἀλλαγᾷ βίου;
ἰὼ κλεινὸν Οἰδίπου κάρα,
ᾧ μέγας λιμὴν
αὑτὸς ἤρκεcεν
παιδὶ καὶ πατρὶ
θαλαμηπόλῳ πεcεῖν,   1210
πῶς ποτε πῶς ποθ' αἱ πατρῷ-
αί c' ἄλοκες φέρειν, τάλας,
cῖγ' ἐδυνάθηcαν ἐc τοcόνδε;

ἐφηῦρέ c' ἄκονθ' ὁ πάνθ' ὁρῶν χρόνος,   ἀντ. β'
δικάζει τὸν ἄγαμον γάμον πάλαι
τεκνοῦντα καὶ τεκνούμενον.   1215
ἰὼ Λαΐειον ⟨ὢ⟩ τέκνον,
εἴθε c' εἴθε cε
μήποτ' εἰδόμαν·
ὡς ὀδύρομαι
περίαλλ' ἰὰν χέων
ἐκ στομάτων. τὸ δ' ὀρθὸν εἰ-   1220

1204 Θήβαιcιν D: Θήβαιc codd. plerique   1205 locus
nondum sanatus: τίς ἄταιc ἀγρίαιc, τίς ἐν πόνοιc Hermann: fort. τίς
ἄταιc ἀγρίαιc τόcαιc πονῶν (τόcαιc Heimsoeth, πονῶν Dawe), vel
τίς ἄταιc, τίς ἀγριωτέροιc πόνοιc   1209 αὑτὸς Brunck: αὐ-
codd.   πατρὶ] πόcει Wunder   1210 πεcεῖν] 'μπεcεῖν
Hartung   1212 ἐδυνάθηcαν Nᵖᶜ: -ácθηcαν codd. plerique
1213 ἄκονθ'] ἄκων Wilamowitz   1214 ἄγαμον γάμον]
ἀγάμῳ γάμῳ dubitanter Campbell   1216 ⟨ὢ⟩ suppl. Erfurdt
τέκνον] γένος K   1217 alterum cε O, coni. Wunder: om. cett.
1218 εἰδόμαν t: ἰδόμην L: ἰδόμαν RVa: ἰδοίμην vel -μαν Gp   ὡς
ὀδύρομαι Kamerbeek: ὀδύρομαι γὰρ ὡς codd.   1219 ἰὰν
χέων Burges: ἰαχέων codd.

ΣΟΦΟΚΛΕΟΥΣ

πεῖν, ἀνέπνευσά τ' ἐκ cέθεν
καὶ κατεκοίμηcα τοὐμὸν ὄμμα.

ΕΞΑΓΓΕΛΟC

ὦ γῆc μέγιcτα τῆcδ' ἀεὶ τιμώμενοι,
οἷ' ἔργ' ἀκούcεcθ', οἷα δ' εἰcόψεcθ', ὅcον δ'
ἀρεῖcθε πένθοc, εἴπερ εὐγενῶc ἔτι   1225
τῶν Λαβδακείων ἐντρέπεcθε δωμάτων.
οἶμαι γὰρ οὔτ' ἂν Ἴcτρον οὔτε Φᾶcιν ἂν
νίψαι καθαρμῷ τήνδε τὴν cτέγην, ὅcα
κεύθει, τὰ δ' αὐτίκ' ἐc τὸ φῶc φανεῖ κακὰ
ἑκόντα κοὐκ ἄκοντα. τῶν δὲ πημονῶν   1230
μάλιcτα λυποῦc' αἳ φανῶc' αὐθαίρετοι.

Χο.   λείπει μὲν οὐδ' ἃ πρόcθεν ᾔδεμεν τὸ μὴ οὐ
     βαρύcτον' εἶναι· πρὸc δ' ἐκείνοιcιν τί φῄc;

Εξ.   ὁ μὲν τάχιcτοc τῶν λόγων εἰπεῖν τε καὶ
     μαθεῖν, τέθνηκε θεῖον Ἰοκάcτηc κάρα.   1235

Χο.   ὦ δυcτάλαινα, πρὸc τίνοc ποτ' αἰτίαc;

Εξ.   αὐτὴ πρὸc αὑτῆc. τῶν δὲ πραχθέντων τὰ μὲν
     ἄλγιcτ' ἄπεcτιν· ἡ γὰρ ὄψιc οὐ πάρα.
     ὅμωc δ', ὅcον γε κἀν ἐμοὶ μνήμηc ἔνι,
     πεύcῃ τὰ κείνηc ἀθλίαc παθήματα.   1240
     ὅπωc γὰρ ὀργῇ χρωμένη παρῆλθ' ἔcω
     θυρῶνοc, ἵετ' εὐθὺ πρὸc τὰ νυμφικὰ
     λέχη, κόμην cπῶc' ἀμφιδεξίοιc ἀκμαῖc·
     πύλαc δ', ὅπωc εἰcῆλθ', ἐπιρράξαc' ἔcω,
     καλεῖ τὸν ἤδη Λάιον πάλαι νεκρόν,   1245
     μνήμην παλαιῶν cπερμάτων ἔχουc', ὑφ' ὧν

1222 κατεκοίμηcα LpA: -μιcα **rpa**   1225 ἀρεῖcθε Oat: αἰ-
vel αἱ- **lrp**   εὐγενῶc Hartung: ἐγγενῶc codd.   1229 τὰ] τὸ
Elmsley   1231 αἳ **Lrpt**: αἴ 'ν **a**   1232 ᾔδεμεν Zc, coni.
Elmsley: ᾔδειμεν cett.   1237 αὐτῆc LrpD: αὑ- **at**
1240 τὰ κείνηc Xs: τἀκείνηc cett.   1242 ἵετ' LRpa: ἵκετ' Gpat
εὐθὺ L^{pc}N^{pc}**a**: εὐθὺc KrpZrt   πρὸc] ἐc **t**   1244 ἐπιρράξαc'
L s.l.: -ήξαc' L in linea et cett.   1245 καλεῖ Ambrosianus G. 56
sup., coni. Erfurdt: κάλει codd.

θάνοι μὲν αὐτός, τὴν δὲ τίκτουϲαν λίποι
τοῖϲ οἷϲιν αὐτοῦ δύϲτεκνον παιδουργίαν.
γοᾶτο δ᾽ εὐνάϲ, ἔνθα δύϲτηνοϲ διπλῇ
ἐξ ἀνδρὸϲ ἄνδρα καὶ τέκν᾽ ἐκ τέκνων τέκοι.   1250
χὤπωϲ μὲν ἐκ τῶνδ᾽ οὐκέτ᾽ οἶδ᾽ ἀπόλλυται·
βοῶν γὰρ εἰϲέπαιϲεν Οἰδίπουϲ, ὑφ᾽ οὗ
οὐκ ἦν τὸ κείνηϲ ἐκθεάϲαϲθαι κακόν,
ἀλλ᾽ εἰϲ ἐκεῖνον περιπολοῦντ᾽ ἐλεύϲϲομεν.
φοιτᾷ γὰρ ἡμᾶϲ ἔγχοϲ ἐξαιτῶν πορεῖν,   1255
γυναῖκά τ᾽ οὐ γυναῖκα, μητρῴαν δ᾽ ὅπου
κίχοι διπλῆν ἄρουραν οὗ τε καὶ τέκνων.
λυϲϲῶντι δ᾽ αὐτῷ δαιμόνων δείκνυϲί τιϲ·
οὐδεὶϲ γὰρ ἀνδρῶν, οἳ παρῆμεν ἐγγύθεν.
δεινὸν δ᾽ ἀύϲαϲ ὡϲ ὑφ᾽ ἡγητοῦ τινοϲ   1260
πύλαιϲ διπλαῖϲ ἐνήλατ᾽, ἐκ δὲ πυθμένων
ἔκλινε κοῖλα κλῇθρα κἀμπίπτει ϲτέγῃ.
οὗ δὴ κρεμαϲτὴν τὴν γυναῖκ᾽ εἰϲείδομεν,
πλεκταῖϲιν αἰώραιϲιν ἐμπεπλεγμένην.
ὁ δ᾽ ὡϲ ὁρᾷ νιν, δεινὰ βρυχηθεὶϲ τάλαϲ,   1265
χαλᾷ κρεμαϲτὴν ἀρτάνην. ἐπεὶ δὲ γῇ
ἔκειτο τλήμων, δεινά γ᾽ ἦν τἀνθένδ᾽ ὁρᾶν.
ἀποϲπάϲαϲ γὰρ εἱμάτων χρυϲηλάτουϲ
περόναϲ ἀπ᾽ αὐτῆϲ, αἷϲιν ἐξεϲτέλλετο,

1249 διπλῇ P: -ᾶϲ K: -ᾶ O s.l.: -οῦϲ cett.   1250 ἄνδρα
LrpZrt: -αϲ pa   1252 εἰϲέπαιϲεν at: εἰϲέπεϲεν LrpD
1253 ἐκθεάϲαϲθαι Lrpa: ἐν- t (ἐκ- T s.l.)   1254 ἐλεύϲϲομεν
at: ἐλεύϲομεν Lpa: ἐλεύϲαμεν r: λεύϲϲομεν Xs   1255 φοιτᾷ
Lrpat: φοίτα p, coni. Blaydes   1260 ὑφ᾽ ἡγητοῦ LrPa: ὑφηγη-
τοῦ pa   1262 κλῇθρα rV: κλεῖθρα cett.   1264 πλε-
κταῖϲιν Ambrosiani G. 56 sup., L. 39 sup.: -αῖϲ cett.   αἰώραιϲιν
Ambrosianus G. 56 sup., coni. Herwerden: αἰώραιϲ G s.l., pat: ἐώραιϲ
Lrpa   post ἐμπεπλεγμένην add. ὁ δέ codd. nostri, quod aut delendum
aut in initio v. 1265 legendum censuit Blaydes   1265 ὁ δ᾽ ὡϲ Blaydes:
ὅπωϲ pat: ὅπωϲ δ᾽ Lrp, probat Herwerden   1266 ἐπεὶ Nat: ἐπὶ
Lrp   1267 ἔκειτο at (Lᵃᶜ non legitur): ἔκειθ᾽ ἡ pXr: ἔκειθ᾽ ὁ
Krp   γ᾽ D, T s.l.: δ᾽ cett.

ΣΟΦΟΚΛΕΟΥΣ

ἄρας ἔπαισεν ἄρθρα τῶν αὑτοῦ κύκλων,　　　　1270
αὐδῶν τοιαῦθ', ὁθούνεκ' οὐκ ὄψοιντό νιν
οὔθ' οἷ' ἔπασχεν οὔθ' ὁποῖ' ἔδρα κακά,
ἀλλ' ἐν σκότῳ τὸ λοιπὸν οὓς μὲν οὐκ ἔδει
ὀψοίαθ', οὓς δ' ἔχρῃζεν οὐ γνωσοίατο.
τοιαῦτ' ἐφυμνῶν πολλάκις τε κοὐχ ἅπαξ　　　　1275
ἤρασσ' ἐπαίρων βλέφαρα. φοίνιαι δ' ὁμοῦ
γλῆναι γένει' ἔτεγγον, οὐδ' ἀνίεσαν.
[φόνου μυδώσας σταγόνας, ἀλλ' ὁμοῦ μέλας
ὄμβρος †χαλάζης αἵματος† ἐτέγγετο.]
†τάδ' ἐκ δυοῖν ἔρρωγεν οὐ μόνου κακά†　　　　1280
ἀλλ' ἀνδρὶ καὶ γυναικὶ συμμιγῆ κακά.
ὁ πρὶν παλαιὸς δ' ὄλβος ἦν πάροιθε μὲν
ὄλβος δικαίως, νῦν δὲ τῇδε θἠμέρᾳ
στεναγμός, ἄτη, θάνατος, αἰσχύνη, κακῶν
ὅσ' ἐστὶ πάντων ὀνόματ', οὐδέν ἐστ' ἀπόν.　　　1285

Χο.　νῦν δ' ἔσθ' ὁ τλήμων ἔν τινι σχολῇ κακοῦ;

Εξ.　βοᾷ διοίγειν κλῇθρα καὶ δηλοῦν τινα
τοῖς πᾶσι Καδμείοισι τὸν πατροκτόνον,
τὸν μητρός, αὐδῶν ἀνόσι' οὐδὲ ῥητά μοι,
ὡς ἐκ χθονὸς ῥίψων ἑαυτόν, οὐδ' ἔτι　　　　1290
μενῶν δόμοις ἀραῖος, ὡς ἠράσατο.
ῥώμης γε μέντοι καὶ προηγητοῦ τινος
δεῖται· τὸ γὰρ νόσημα μεῖζον ἢ φέρειν.
δείξει δὲ καὶ σοί. κλῇθρα γὰρ πυλῶν τάδε

1270 αὑτοῦ a: αὐ- codd. plerique　　1271 ὄψοιντο Cat: -οιτο
Lrpa　　　1276 ἐπαίρων] cf. Senecae Oed. 962 sq.: πείρων Nauck
1278-9 del. West　　　1279 χαλάζης αἵματος] χάλαζά θ' αἵμα-
τοῦσς' Porson: alii alia (αἵματός ⟨θ'⟩ Zr^pc t)　　　1280-1 del. Dindorf
1280 ἐκ] ἐς (. . . κάρα) Pearson　　οὐ μόνου κακά] οὐ μόνου κάτα
C. Otto: οὐχ ἑνὸς μόνου Porson: alii alia　　　1284 ἄτη Rpat: ἄται Gp:
ἄτε l　　　1286 τινι Mudge et Elmsley, teste Hermann: τίνι codd.
1287 κλῇθρα Lpa: κλεῖθρα rpat　　　1291 μενῶν Lat: μένων rp
δόμοις ἀραῖος ὡς] δόμοισιν ἔνοχος οἷς Nauck　　　1294 δείξει]
δόξει Xr, coni. Reiske　　κλῇθρα L, P s.l., a: κλεῖθρα rpat　　γὰρ
rpat: γε lp

διοίγεται· θέαμα δ' εἰςόψῃ τάχα   1295
τοιοῦτον οἷον καὶ cτυγοῦντ' ἐποικτίcαι.

Χο.   ὦ δεινὸν ἰδεῖν πάθος ἀνθρώποιc,
ὦ δεινότατον πάντων ὅc' ἐγὼ
προcέκυρc' ἤδη. τίc c', ὦ τλῆμον,
προcέβη μανία; τίc ὁ πηδήcαc   1300
μείζονα δαίμων τῶν μηκίcτων
πρὸc cῇ δυcδαίμονι μοίρᾳ;
φεῦ φεῦ δύcτην', ἀλλ' οὐδ' ἐcιδεῖν
δύναμαί c', ἐθέλων πόλλ' ἀνερέcθαι,
πολλὰ πυθέcθαι, πολλὰ δ' ἀθρῆcαι·   1305
τοίαν φρίκην παρέχειc μοι.

Οι.   αἰαῖ αἰαῖ, δύcτανοc ἐγώ,
ποῖ γᾶc φέρομαι τλάμων; πᾷ μοι
φθογγὰ διαπωτᾶται φοράδαν;   1310
ἰὼ δαῖμον, ἵν' ἐξήλου.

Χο.   ἐc δεινόν, οὐδ' ἀκουcτόν, οὐδ' ἐπόψιμον.

Οι.   ἰὼ cκότου   cτρ. α'
νέφος ἐμὸν ἀπότροπον, ἐπιπλόμενον ἄφατον,
ἀδάματόν τε καὶ δυcούριcτον ⟨ὄν⟩.   1315
οἴμοι,

1298 ἐγὼ] ἐμοὶ Herwerden   1299 c' at: γ' C: om. lrpa
1301 μείζονα] μάccονα Blaydes   δαίμων ante μείζονα traiecit
t   μηκίcτων t: μακίcτων LᵖᶜKᵃᶜa: κακίcτων ΛΚᵖᶜrpa
1303 δύcτην' Elmsley: δύcταν' t: δύcτανοc fere cett.   1306 τοίαν
P.Oxy. 1369, Nat: οἴαν r: ποίαν Lpa   1307 αἲ vel αἴ quater
P.Oxy. 1369 rpat: ter Lpa: bis C   ante δύcτανοc add. φεῦ φεῦ codd.
plerique: del. Hermann   1309 πᾷ] ποῖ C   1310 διαπω-
τᾶται Musgrave, et fortasse habuit P.Oxy. 1369: -πέταται Lpa:
-πέπταται rpXrt   φοράδαν Page: -ην codd.   1311 ἐξήλου
Lrpat: -ήλω PaXr: -ήλλου C et coni. Hermann   1312 ἐc] ὡc H,
coni. Herwerden   prius οὐδ' Lpat: οὐκ KRp   1314 ἐπιπλόμενον
pa: -ώμενον lrpat   1315 ἀδάματον Hermann: -αcτον codd.
⟨ὄν⟩ Hermann: possis etiam δυcούριcτ' ἰόν (Jebb) vel δυcεξούριcτον
(Blaydes)

οἴμοι μάλ' αὖθις· οἷον εἰσέδυ μ' ἅμα
κέντρων τε τῶνδ' οἴστρημα καὶ μνήμη κακῶν.

Χο. καὶ θαῦμά γ' οὐδὲν ἐν τοσοῖσδε πήμασιν
διπλᾶ σε πενθεῖν καὶ διπλᾶ θροεῖν κακά. 1320

Οι. ἰὼ φίλος, ἀντ. α'
σὺ μὲν ἐμὸς ἐπίπολος ἔτι μόνιμος· ἔτι γὰρ
ὑπομένεις με τὸν τυφλὸν κηδεύων.
φεῦ φεῦ·
οὐ γάρ με λήθεις, ἀλλὰ γιγνώσκω σαφῶς, 1325
καίπερ σκοτεινός, τήν γε σὴν αὐδὴν ὅμως.

Χο. ὦ δεινὰ δράσας, πῶς ἔτλης τοιαῦτα σὰς
ὄψεις μαρᾶναι; τίς σ' ἐπῆρε δαιμόνων;

Οι. Ἀπόλλων τάδ' ἦν, Ἀπόλλων, φίλοι, στρ. β'
ὁ κακὰ κακὰ τελῶν ἐμὰ τάδ' ἐμὰ πάθεα. 1330
ἔπαισε δ' αὐτόχειρ νιν οὔ-
τις, ἀλλ' ἐγὼ τλάμων.
τί γὰρ ἔδει μ' ὁρᾶν,
ὅτῳ γ' ὁρῶντι μηδὲν ἦν ἰδεῖν γλυκύ; 1335

Χο. ἦν τᾷδ' ὅπωσπερ καὶ σὺ φής.

Οι. τί δῆτ' ἐμοὶ βλεπτὸν ἢ
στερκτόν, ἢ προσήγορον
ἔτ' ἔστ' ἀκούειν ἡδονᾷ, φίλοι;
ἀπάγετ' ἐκτόπιον ὅτι τάχιστά με, 1340
ἀπάγετ', ὦ φίλοι, τὸν μέγ' ὀλέθριον,
τὸν καταρατότατον, ἔτι δὲ καὶ θεοῖς 1345

1320 θροεῖν Nauck: φορεῖν Lrpa: φρονεῖν a, coni. Bergk
1322 ἐμὸς ἐπίπολος] ἐμοῖς ἐπὶ πόνοις Lγρ   1323 με τὸν
Erfurdt: ἐμὲ τὸν Lrpa: τόν γε t   κηδεύων] κηδεμών Ebner
1329 φίλοι LpZrt: ὦ φίλοι rpa   1330 κακὰ bis rNa: semel
lpat   prius ἐμὰ rpa: om. lpat   1336 τᾷδ' Nauck: τάδ' Lp:
ταῦθ' rpat   1337 δῆτ' rpDᵃᶜt: δήποτ' Lpa   ἦ] ἦν Wilamowitz
βλεπτὸν et στερκτὸν traiecit Bruhn (1897)   1339 ἔτ'] τί δ' Her-
werden   ἡδονᾷ] ἀδονᾷ Dindorf: ⟨σὺν⟩ ἀδονᾷ Heimsoeth, cf. 1359
1343 μέγ' ὀλέθριον Erfurdt: ὀλέθριον μέγα pXrt, ὀλέθριον μέγαν
Lrpa: ὄλεθρόν με γᾶς Bergk

ἐχθρότατον βροτῶν.

Χο. δείλαιε τοῦ νοῦ τῆς τε cυμφορᾶc ἴcον,
      ὡc c᾽ ἠθέληcα μηδαμὰ γνῶναί ποτ᾽ ἄν.

Οι. ὄλοιθ᾽ ὅcτιc ἦν ὃc ἀγρίαc πέδαc   ἀντ. β᾽
      νομὰc ἐπιποδίαc μ᾽ ἔλαβ᾽ ἀπό τε φόνου ⟨μ᾽⟩   1350
      ἔρυτο κἀνέcωcεν, οὐ-
      δὲν ἐc χάριν πράccων.
      τότε γὰρ ἂν θανὼν
      οὐκ ἦ φίλοιcιν οὐδ᾽ ἐμοὶ τοcόνδ᾽ ἄχοc.   1355
Χο. θέλοντι κἀμοὶ τοῦτ᾽ ἂν ἦν.
Οι. οὔκουν πατρόc γ᾽ ἂν φονεὺc
      ἦλθον, οὐδὲ νυμφίοc
      βροτοῖc ἐκλήθην ὧν ἔφυν ἄπο.
      νῦν δ᾽ ἄθεοc μέν εἰμ᾽, ἀνοcίων δὲ παῖc,   1360
      ὁμογενὴc δ᾽ ἀφ᾽ ὧν αὐτὸc ἔφυν τάλαc.
      εἰ δέ τι πρεcβύτερον ἔτι κακοῦ κακόν,   1365
      τοῦτ᾽ ἔλαχ᾽ Οἰδίπουc.
Χο. οὐκ οἶδ᾽ ὅπωc cε φῶ βεβουλεῦcθαι καλῶc.
      κρείccων γὰρ ἦcθα μηκέτ᾽ ὢν ἢ ζῶν τυφλόc.

Οι. ὡc μὲν τάδ᾽ οὐχ ὧδ᾽ ἔcτ᾽ ἄριcτ᾽ εἰργαcμένα,
      μή μ᾽ ἐκδίδαcκε, μηδὲ cυμβούλευ᾽ ἔτι.   1370
      ἐγὼ γὰρ οὐκ οἶδ᾽ ὄμμαcιν ποίοιc βλέπων
      πατέρα ποτ᾽ ἂν προcεῖδον εἰc Ἅιδου μολών,
      οὐδ᾽ αὖ τάλαιναν μητέρ᾽, οἷν ἐμοὶ δυοῖν
      ἔργ᾽ ἐcτὶ κρείccον᾽ ἀγχόνηc εἰργαcμένα.

1348 μηδαμὰ γνῶναι Dobree: μηδ᾽ ἀναγνῶναι codd.: μηδέ c᾽ ἄν
Neue   ἄν LrpZrt: om. a   1349 ὃc t: ὃc ἀπ᾽ fere cett.
1350 νομὰc Hartung: νομάδοc codd.   μ᾽ ἔλαβ᾽ Kamerbeek post
Elmsley: ἔλαβέ μ᾽ V (fortasse e sch.): de Lᵃᶜ non constat: ἔλυcέ μ᾽ Krp:
ἔλυcεν a   ⟨μ᾽⟩ B. H. Kennedy   1352 ἔρυτο p: ἔρρ- Lrpat
1355 ἦ Dindorf: ἦν codd.   ἄχοc pat, fortasse P.Oxy. 1369: ἄχθοc
LrpD   1359 ⟨ἄν⟩ ὧν Heimsoeth, cf. 1339   1360 ἄθεοc
Erfurdt et Elmsley: ἄθλιοc codd.   1361 ὁμογενὴc] ὁ μονο-
γενὴc G in linea, a: ὁμολεχὴc Meineke   1365 ἔτι Hermann:
ἔφυ rpat: ἔφυι ut videtur L   1368 ἦcθ᾽ ⟨ἄν⟩ Porson et Purgold

ἀλλ' ἡ τέκνων δῆτ' ὄψις ἦν ἐφίμερος,　1375
βλαστοὺς' ὅπως ἔβλαστε, προσλεύσσειν ἐμοί;
οὐ δῆτα τοῖς γ' ἐμοῖσιν ὀφθαλμοῖς ποτε·
οὐδ' ἄστυ γ', οὐδὲ πύργος, οὐδὲ δαιμόνων
ἀγάλμαθ' ἱερά, τῶν ὁ παντλήμων ἐγὼ
κάλλιστ' ἀνὴρ εἷς ἔν γε ταῖς Θήβαις
τραφεὶς　1380
ἀπεστέρης' ἐμαυτόν, αὐτὸς ἐννέπων
ὠθεῖν ἅπαντας τὸν ἀσεβῆ, τὸν ἐκ θεῶν
φανέντ' ἄναγνον καὶ γένους τοῦ Λαΐου.
τοιάνδ' ἐγὼ κηλῖδα μηνύσας ἐμὴν
ὀρθοῖς ἔμελλον ὄμμασιν τούτους ὁρᾶν;　1385
ἥκιστά γ'· ἀλλ' εἰ τῆς ἀκουούσης ἔτ' ἦν
πηγῆς δι' ὤτων φραγμός, οὐκ ἂν ἐσχόμην
τὸ μὴ ἀποκλῇσαι τοὐμὸν ἄθλιον δέμας,
ἵν' ἦ τυφλός τε καὶ κλύων μηδέν· τὸ γὰρ
τὴν φροντίδ' ἔξω τῶν κακῶν οἰκεῖν γλυκύ.　1390
ἰὼ Κιθαιρών, τί μ' ἐδέχου; τί μ' οὐ λαβὼν
ἔκτεινας εὐθύς, ὡς ἔδειξα μήποτε
ἐμαυτὸν ἀνθρώποισιν ἔνθεν ἦ γεγώς;
ὦ Πόλυβε καὶ Κόρινθε καὶ τὰ πάτρια
λόγῳ παλαιὰ δώμαθ', οἷον ἀρά με　1395
κάλλος κακῶν ὕπουλον ἐξεθρέψατε.
νῦν γὰρ κακός τ' ὢν κἀκ κακῶν εὑρίσκομαι.
ὦ τρεῖς κέλευθοι καὶ κεκρυμμένη νάπη
δρυμός τε καὶ στενωπὸς ἐν τριπλαῖς ὁδοῖς,
αἳ τοὐμὸν αἷμα τῶν ἐμῶν χειρῶν ἄπο　1400

1376 βλαστοὺς'] βλαστόνθ' Hartung　προσλεύσσειν]
προσβλέπειν K　1379 ἱερά, τῶν] ἱερά θ', ὧν Nauck
1380 del. van Deventer　1383 γένους] γένος Laur. CS 41, quo
recepto τὸν pro τοῦ Blaydes　1385 τούτους Lpa: τούτοις rpZrt
1387 φραγμός] φαργμός Dindorf　ἂν ἐσχόμην edd. post Heath
(cave Jebb credas hanc lectionem in A extare): ἀνεσχόμην codd.
1388 τὸ μὴ Lrpat: τοῦ μὴ p　ἀποκλῇσαι Elmsley: -εῖσαι codd.
1389 ἦ Dᵃᶜ: ἦν cett.　1393 ἦ Elmsley: ἦν codd.　1395 μ'
⟨ἐς⟩ Zieliński

ΟΙΔΙΠΟΥϹ ΤΥΡΑΝΝΟϹ

ἐπίετε πατρόϲ, ἀρά μου μέμνηϲθ' ἔτι
οἷ' ἔργα δράϲαϲ ὑμὶν εἶτα δεῦρ' ἰὼν
ὁποῖ' ἔπραϲϲον αὖθιϲ; ὦ γάμοι γάμοι,
ἐφύϲαθ' ἡμᾶϲ, καὶ φυτεύϲαντεϲ πάλιν
ἀνεῖτε ταὐτὸν ϲπέρμα, κἀπεδείξατε   1405
πατέραϲ ἀδελφούϲ, παῖδαϲ αἷμ' ἐμφύλιον,
νύμφαϲ γυναῖκαϲ μητέραϲ τε, χὠπόϲα
αἴϲχιϲτ' ἐν ἀνθρώποιϲιν ἔργα γίγνεται.
ἀλλ', οὐ γὰρ αὐδᾶν ἔϲθ' ἃ μηδὲ δρᾶν καλόν,
ὅπωϲ τάχιϲτα πρὸϲ θεῶν ἔξω μέ που   1410
καλύψατ', ἢ φονεύϲατ', ἢ θαλάϲϲιον
ἐκρίψατ', ἔνθα μήποτ' εἰϲόψεϲθ' ἔτι.
ἴτ', ἀξιώϲατ' ἀνδρὸϲ ἀθλίου θιγεῖν·
πίθεϲθε, μὴ δείϲητε· τἀμὰ γὰρ κακὰ
οὐδεὶϲ οἷόϲ τε πλὴν ἐμοῦ φέρειν βροτῶν.   1415

Χο. ἀλλ' ὧν ἐπαιτεῖϲ ἐϲ δέον πάρεϲθ' ὅδε
Κρέων τὸ πράϲϲειν καὶ τὸ βουλεύειν, ἐπεὶ
χώραϲ λέλειπται μοῦνοϲ ἀντὶ ϲοῦ φύλαξ.

Οι. οἴμοι, τί δῆτα λέξομεν πρὸϲ τόνδ' ἔποϲ;
τίϲ μοι φανεῖται πίϲτιϲ ἔνδικοϲ; τὰ γὰρ   1420
πάροϲ πρὸϲ αὐτὸν πάντ' ἐφηύρημαι κακόϲ.

Κρ. οὐχ ὡϲ γελαϲτήϲ, Οἰδίπουϲ, ἐλήλυθα,
οὐδ' ὡϲ ὀνειδιῶν τι τῶν πάροϲ κακῶν.
ἀλλ' εἰ τὰ θνητῶν μὴ καταιϲχύνεϲθ' ἔτι
γένεθλα, τὴν γοῦν πάντα βόϲκουϲαν φλόγα   1425
αἰδεῖϲθ' ἄνακτοϲ Ἡλίου, τοιόνδ' ἄγοϲ

1401 ἀρά μου] ἀρ' ἐμοῦ Brunck   ἔτι a: ὅταν lγρ, r: ὅτι l, G in
lin., pat: τι Elmsley   1405 ταὐτὸν] ταὐτὸ 'Longinus', Subl. 23:
ταυτοῦ Jebb   1406 sic interpunxit C. W. Macleod
1409 μηδὲ δρᾶν] μηδ' ὁρᾶν Nauck   καλόν] καλά Stobaeus
3. 17. 4   1410 που] ποι Meineke   1411 del. Meineke
1411–12 καλύψατ' et ἐκρίψατ' permutavit Burges   1414 πίθεϲθε
Elmsley: πεί- codd.   1415 post πλὴν add. γ' VZr
1422 οὐχ a: οὔτ' Lac: οὔθ' KrpZrt Suda s.v. γελαϲτήϲ   1423 οὐδ'
a et fortasse Lac: οὔθ' ΛKrpZrt Suda   1424 καταιϲχύνεϲθ' ἔτι]
-εϲθέ τι Elmsley

175

ΣΟΦΟΚΛΕΟΥΣ

ἀκάλυπτον οὕτω δεικνύναι, τὸ μήτε γῆ
μήτ' ὄμβρος ἱερὸς μήτε φῶς προσδέξεται.
ἀλλ' ὡς τάχιστ' ἐς οἶκον ἐσκομίζετε·
τοῖς ἐν γένει γὰρ τἀγγενῆ μόνοις θ' ὁρᾶν   1430
μόνοις τ' ἀκούειν εὐσεβῶς ἔχει κακά.

Οι.   πρὸς θεῶν, ἐπείπερ ἐλπίδος μ' ἀπέσπασας,
ἄριστος ἐλθὼν πρὸς κάκιστον ἄνδρ' ἐμέ,
πιθοῦ τί μοι· πρὸς σοῦ γάρ, οὐδ' ἐμοῦ, φράσω.

Κρ.   καὶ τοῦ με χρείας ὧδε λιπαρεῖς τυχεῖν;   1435

Οι.   ῥῖψόν με γῆς ἐκ τῆσδ' ὅσον τάχιστ', ὅπου
θνητῶν φανοῦμαι μηδενὸς προσήγορος.

Κρ.   ἔδρασ' ἂν εὖ τοῦτ' ἴσθ' ἄν, εἰ μὴ τοῦ θεοῦ
πρώτιστ' ἔχρῃζον ἐκμαθεῖν τί πρακτέον.

Οι.   ἀλλ' ἥ γ' ἐκείνου πᾶσ' ἐδηλώθη φάτις,   1440
τὸν πατροφόντην, τὸν ἀσεβῆ μ' ἀπολλύναι.

Κρ.   οὕτως ἐλέχθη ταῦθ'· ὅμως δ' ἵν' ἕσταμεν
χρείας ἄμεινον ἐκμαθεῖν τί δραστέον.

Οι.   οὕτως ἄρ' ἀνδρὸς ἀθλίου πεύσεσθ' ὕπερ;

Κρ.   καὶ γὰρ σὺ νῦν γ' ἂν τῷ θεῷ πίστιν φέροις.   1445

Οι.   καὶ σοί γ' ἐπισκήπτω τε καὶ προτρέψομαι,
τῆς μὲν κατ' οἴκους αὐτὸς ὃν θέλεις τάφον
θοῦ—καὶ γὰρ ὀρθῶς τῶν γε σῶν τελεῖς ὕπερ—
ἐμοῦ δὲ μήποτ' ἀξιωθήτω τόδε
πατρῷον ἄστυ ζῶντος οἰκητοῦ τυχεῖν,   1450
ἀλλ' ἔα με ναίειν ὄρεσιν, ἔνθα κλῄζεται
οὑμὸς Κιθαιρὼν οὗτος, ὃν μήτηρ τέ μοι
πατήρ τ' ἐθέσθην ζῶντε κύριον τάφον,
ἵν' ἐξ ἐκείνων, οἵ μ' ἀπωλλύτην, θάνω.

1428 προσδέξεται] προσδέρξεται Korais   1429 ἐσκομί-
ζετε Lpat: εἰσ- rC   1430 μόνοις θ' Pflugk (μόνοις iam Dobree):
μάλισθ' codd.   1437 φανοῦμαι] θανοῦμαι Meineke
1445 γ' ἂν Kr: τἂν Lpat   1446 τε a: γε LrpZrt   προ-
τρέψομαι rat: προστρέψομαι LpZr   1453 ζῶντε] -τι Pa, coni.
Toup   1454 ἀπωλλύτην at et fortasse L: ἀπο- rpD

176

καίτοι τοσοῦτόν γ' οἶδα, μήτε μ' ἂν νόσον   1455
μήτ' ἄλλο πέρσαι μηδέν· οὐ γὰρ ἄν ποτε
θνήσκων ἐσώθην, μὴ 'πί τῳ δεινῷ κακῷ.
ἀλλ' ἡ μὲν ἡμῶν μοῖρ', ὅποιπερ εἶc', ἴτω·
παίδων δὲ τῶν μὲν ἀρσένων μή μοι, Κρέον,
προσθῇ μέριμναν· ἄνδρες εἰσίν, ὥστε μὴ   1460
σπάνιν ποτὲ σχεῖν, ἔνθ' ἂν ὦσι, τοῦ βίου·
ταῖν δ' ἀθλίαιν οἰκτραῖν τε παρθένοιν ἐμαῖν,
αἶν οὔποθ' †ἡμὴ† χωρὶς ἐστάθη βορᾶς
τράπεζ' ἄνευ τοῦδ' ἀνδρός, ἀλλ' ὅσων ἐγὼ
ψαύοιμι, πάντων τώδ' ἀεὶ μετειχέτην·   1465
αἶν μοι μέλεσθαι· καὶ μάλιστα μὲν χεροῖν
ψαῦσαί μ' ἔασον κἀποκλαύσασθαι κακά.
ἴθ' ὦναξ,
ἴθ' ὦ γονῇ γενναῖε. χερσί τᾶν θιγὼν
δοκοῖμ' ἔχειν σφας, ὥσπερ ἡνίκ' ἔβλεπον.   1470
τί φημι;
οὐ δὴ κλύω που πρὸς θεῶν τοῖν μοι φίλοιν
δακρυρροούντοιν, καί μ' ἐποικτίρας Κρέων
ἔπεμψέ μοι τὰ φίλτατ' ἐκγόνοιν ἐμοῖν;
λέγω τι;   1475

Κρ. λέγεις· ἐγὼ γάρ εἰμ' ὁ πορσύνας τάδε,
γνοὺς τὴν παροῦσαν τέρψιν ἥ c' εἶχεν πάλαι.

Οι. ἀλλ' εὐτυχοίης, καί σε τῆσδε τῆς ὁδοῦ
δαίμων ἄμεινον ἢ 'μὲ φρουρήσας τύχοι.
ὦ τέκνα, ποῦ ποτ' ἐστέ; δεῦρ' ἴτ', ἔλθετε   1480

1455 μ' Lrpat: ἔμ' a   1458 ὅποιπερ lpat: ὅπηπερ a: ὅπωc
G: ὅπερ R   1460 προσθῇ Ka: πρόσθη Lpat: πρόσθου rp:
προθῇ Elmsley   1461 ποτὲ σχεῖν] ποτ' ἴσχειν Blaydes
1463–4 obscuri   1463 οὔποθ' ἡμὴ] οὔποτ' ἀμῆc B. H.
Kennedy: alii alia   1465 τώδ' Schneidewin: τῶνδ' codd.
1466 αἶν] ταῖν Zr, coni. Heath   1469 γονῇ] γονὴν Musgrave
τᾶν rpa: δ' ἂν lVZrt   1474 ἐκγόνοιν Zn et Marc. gr. 472 teste
Jebb: ἐγγόνων Gγρ: ἐγγόνοιν cett.   1477 ἥ c' εἶχεν L^ac t:
ἣν εἶχεc L^pc ra: ἥ c' εἶχε p: ἢ c' ἔχει Zg, coni. olim Wunder
1480 ἴτ' rpat: om. lp

ὡς τὰς ἀδελφὰς τάσδε τὰς ἐμὰς χέρας,
αἷ τοῦ φυτουργοῦ πατρὸς ὑμὶν ὧδ᾽ ὁρᾶν
τὰ πρόσθε λαμπρὰ προυξένησαν ὄμματα·
ὃς ὑμίν, ὦ τέκν᾽, οὔθ᾽ ὁρῶν οὔθ᾽ ἱστορῶν
πατὴρ ἐφάνθην ἔνθεν αὐτὸς ἠρόθην.   1485
καὶ σφὼ δακρύω· προσβλέπειν γὰρ οὐ σθένω·
νοούμενος τὰ πικρὰ τοῦ λοιποῦ βίου,
οἷον βιῶναι σφὼ πρὸς ἀνθρώπων χρεών.
ποίας γὰρ ἀστῶν ἥξετ᾽ εἰς ὁμιλίας,
ποίας δ᾽ ἑορτάς, ἔνθεν οὐ κεκλαυμέναι   1490
πρὸς οἶκον ἵξεσθ᾽ ἀντὶ τῆς θεωρίας;
ἀλλ᾽ ἡνίκ᾽ ἂν δὴ πρὸς γάμων ἥκητ᾽ ἀκμάς,
τίς οὗτος ἔσται, τίς παραρρίψει, τέκνα,
τοιαῦτ᾽ ὀνείδη λαμβάνειν, ἃ †τοῖς ἐμοῖς†
γονεῦσιν ἔσται σφῷν θ᾽ ὁμοῦ δηλήματα;   1495
τί γὰρ κακῶν ἄπεστι; τὸν πατέρα πατὴρ
ὑμῶν ἔπεφνε· τὴν τεκοῦσαν ἤροσεν,
ὅθεν περ αὐτὸς ἐσπάρη, κἀκ τῶν ἴσων
ἐκτήσαθ᾽ ὑμᾶς, ὧνπερ αὐτὸς ἐξέφυ.
τοιαῦτ᾽ ὀνειδιεῖσθε. κᾆτα τίς γαμεῖ;   1500
οὐκ ἔστιν οὐδείς, ὦ τέκν᾽, ἀλλὰ δηλαδὴ
χέρσους φθαρῆναι κἀγάμους ὑμᾶς χρεών.
ὦ παῖ Μενοικέως, ἀλλ᾽ ἐπεὶ μόνος πατὴρ
ταύταιν λέλειψαι, νὼ γάρ, ὣ 'φυτεύσαμεν,
ὀλώλαμεν δύ᾽ ὄντε, μή σφε, πάτερ, ἴδῃς   1505
πτωχὰς ἀνάνδρους ἐγγενεῖς ἀλωμένας,
μηδ᾽ ἐξισώσῃς τάσδε τοῖς ἐμοῖς κακοῖς.
ἀλλ᾽ οἴκτισόν σφας, ὧδε τηλικάσδ᾽ ὁρῶν

1481 ὡς] εἰς Elmsley   1483 προυξένησαν] προυσέλησαν
Th. Gomperz   1485 πατὴρ] ἀροτὴρ Herwerden   1487 πικρὰ
. . . λοιποῦ Kp: λοιπὰ . . . πικροῦ Lrpat   1491 ἵξεσθ᾽ fere
codd.: ἥξεθ᾽ L   1492 ἥκητ᾽ Lrpa: ἵκητ᾽ Oat   1493 ἔσται,
τίς] ἐστιν ὃς Elmsley   1494 τοῖς ἐμοῖς] τοῖσί τε Herwerden: alii
alia   1495 θ᾽ Lpa: δ᾽ rpt   1502 χέρσους] χήρους r
1504 ταύταιν] τούτοιν Zg   1505 πάτερ, ἴδῃς Jackson:
παρίδῃς codd.: περιίδῃς Dawes   1506 ἐγγενεῖς ⟨γ᾽⟩ Meineke

πάντων ἐρήμους, πλὴν ὅσον τὸ cὸν μέρος.
ξύννευσον, ὦ γενναῖε, cῇ ψαύcαc χερί.　　　　1510
cφῶν δ᾽, ὦ τέκν᾽, εἰ μὲν εἰχέτην ἤδη φρένας,
πόλλ᾽ ἂν παρῄνουν· νῦν δὲ τοῦτ᾽ εὔχεcθέ μοι,
οὗ καιρὸc ἐᾷ ζῆν, τοῦ βίου δὲ λῴονος
ὑμᾶc κυρῆcαι τοῦ φυτεύcαντος πατρόc.

Κρ.　ἅλιc ἵν᾽ ἐξήκειc δακρύων· ἀλλ᾽ ἴθι cτέγηc
ἔcω.　　　　　　　　　　　　　　　　　　　　　1515

Οι.　πειcτέον, κεἰ μηδὲν ἡδύ.　Κρ. πάντα γὰρ
καιρῷ καλά.

Οι.　οἶcθ᾽ ἐφ᾽ οἷc οὖν εἶμι;　Κρ. λέξειc, καὶ τότ᾽ εἴcομαι
κλυών.

Οι.　γῆc μ᾽ ὅπωc πέμψειc ἄποικον.　Κρ. τοῦ θεοῦ μ᾽
αἰτεῖc δόcιν.

Οι.　ἀλλὰ θεοῖc γ᾽ ἔχθιcτος ἥκω.　Κρ. τοιγαροῦν
τεύξῃ τάχα.

Οι.　φῂc τάδ᾽ οὖν;　Κρ. ἃ μὴ φρονῶ γὰρ οὐ φιλῶ
λέγειν μάτην.　　　　　　　　　　　　　　　　1520

Οι.　ἄπαγέ νύν μ᾽ ἐντεῦθεν ἤδη.　Κρ. cτεῖχέ νυν,
τέκνων δ᾽ ἀφοῦ.

Οι.　μηδαμῶc ταύτας γ᾽ ἕλῃ μου.　Κρ. πάντα μὴ
βούλου κρατεῖν·
καὶ γὰρ ἁκράτηcας οὔ cοι τῷ βίῳ ξυνέcπετο.

Χο.　ὦ πάτραc Θήβηc ἔνοικοι, λεύccετ᾽, Οἰδίπους
ὅδε,
ὃc τὰ κλείν᾽ αἰνίγματ᾽ ᾔδει καὶ κράτιcτος ἦν
ἀνήρ,　　　　　　　　　　　　　　　　　　　　　1525

1512 μοι codd. plerique (etiam Λ): με a: ἐμέ, puncto ante posito, van
Deventer　　1513 ἐᾷ Dindorf: ἀεὶ codd.: ᾖ Meineke　　τοῦ βίου
Lrpat: βίου p　　1513–30 del. Teuffel　　1517 οὖν] νῦν ed.
Londiniensis a. 1747　　εἶμι Brunck: εἰμί codd.　　κλυών West:
κλύων codd.　　1518 πέμψεις Lpa: -ηc rpat　　ἄποικον Paaγρ,
t: ἀπ᾽ οἴκων Lrpa　　1519 γ᾽ Lpa: om. rpat　　1522 μου]
με Elmsley　　1524–30 Sophoclem scripsisse negant Ritter aliique,
scholio freti　　1524 λεύccετ᾽ at: λεύcετ᾽ Lrpa　　1525 ᾔδει]
ᾔδη L in linea, GP

οὗ τίς οὐ ζήλῳ πολιτῶν ταῖς τύχαις ἐπέβλεπεν,
εἰς ὅσον κλύδωνα δεινῆς cυμφορᾶc ἐλήλυθεν.
ὥcτε θνητὸν ὄντ' ἐκείνην τὴν τελευταίαν ἔδει
ἡμέραν ἐπιcκοποῦντα μηδέν' ὀλβίζειν, πρὶν ἂν
τέρμα τοῦ βίου περάcῃ μηδὲν ἀλγεινὸν
    παθών.   1530

1526 οὗ τίc Martin: ὅcτιc codd.   ταῖc Canter: καὶ codd.   ἐπέ-
βλεπεν Musgrave: ἐπιβλέπων codd.   1528 ἔδει Stanley: ἰδεῖν
codd.   1529 μηδέν' . . . ἂν] πάντα προcδοκᾶν ἔωc ἂν lγρ

ΑΝΤΙΓΟΝΗ

ΤΑ ΤΟΥ ΔΡΑΜΑΤΟΣ ΠΡΟΣΩΠΑ

Ἀντιγόνη
Ἰσμήνη
Χορὸς Θηβαίων γερόντων
Κρέων
Φύλαξ
Αἵμων
Τειρεσίας
Ἄγγελος
Εὐρυδίκη
Ἐξάγγελος

ΑΝΤΙΓΟΝΗ

ΑΝΤΙΓΟΝΗ
Ὦ κοινὸν αὐτάδελφον Ἰσμήνης κάρα,
ἆρ' οἶσθ' ὅ τι Ζεὺς τῶν ἀπ' Οἰδίπου κακῶν—
ἅ, ποῖον οὐχὶ νῷν ἔτι ζώσαιν τελεῖ;
οὐδὲν γὰρ οὔτ' ἀλγεινὸν οὔτ' †ἄτης ἄτερ†
οὔτ' αἰσχρὸν οὔτ' ἄτιμόν ἐσθ', ὁποῖον οὐ   5
τῶν σῶν τε κἀμῶν οὐκ ὄπωπ' ἐγὼ κακῶν.
καὶ νῦν τί τοῦτ' αὖ φασι πανδήμῳ πόλει
κήρυγμα θεῖναι τὸν στρατηγὸν ἀρτίως;
ἔχεις τι κεἰσήκουσας; ἤ σε λανθάνει
πρὸς τοὺς φίλους στείχοντα τῶν ἐχθρῶν κακά;   10

ΙΣΜΗΝΗ
ἐμοὶ μὲν οὐδεὶς μῦθος, Ἀντιγόνη, φίλων
οὔθ' ἡδὺς οὔτ' ἀλγεινὸς ἵκετ' ἐξ ὅτου
δυοῖν ἀδελφοῖν ἐστερήθημεν δύο,
μιᾷ θανόντοιν ἡμέρᾳ διπλῇ χερί·
ἐπεὶ δὲ φροῦδός ἐστιν Ἀργείων στρατὸς   15
ἐν νυκτὶ τῇ νῦν, οὐδὲν οἶδ' ὑπέρτερον,
οὔτ' εὐτυχοῦσα μᾶλλον οὔτ' ἀτωμένη.
Αν. ἤδη καλῶς, καί σ' ἐκτὸς αὐλείων πυλῶν
τοῦδ' οὕνεκ' ἐξέπεμπον, ὡς μόνη κλύοις.
Ισ. τί δ' ἔστι; δηλοῖς γάρ τι καλχαίνουσ' ἔπος.   20

2–5 varie temptati   2 ὅ τι] ὅτι Hermann   3 ἅ, ποῖον
nos: ὁποῖον codd.   4–6 del. Paley, 6 Nauck   4 ἄτης ἄτερ
codd., quod iam Didymus corruptum credidit: ἄτης γέμον Hermann: alii
alia   5 οὐ L^pcaZot: οὐχὶ cett. (etiam Λ)   10 τῶν] τἀξ
Blaydes   14 θανόντοιν Blaydes: -ων codd.
15 Ἀργείων] -εῖος AZot   18 ἤδη Zc^ac coni. Pierson: ἤδην K:
ἤδειν K s.l., cett.   20 καλχαίνουσ'] χαλκαίνουσ' A, verum
Αγρ

ΣΟΦΟΚΛΕΟΥΣ

Αν. οὐ γὰρ τάφου νῷν τὼ κασιγνήτω Κρέων
τὸν μὲν προτίσας, τὸν δ' ἀτιμάσας ἔχει;
Ἐτεοκλέα μέν, ὡς λέγουσι, †σὺν δίκῃ
χρησθεὶς† δικαίᾳ καὶ νόμῳ, κατὰ χθονὸς
ἔκρυψε τοῖς ἔνερθεν ἔντιμον νεκροῖς,   25
τὸν δ' ἀθλίως θανόντα Πολυνείκους νέκυν
ἀστοῖσί φασιν ἐκκεκηρῦχθαι τὸ μὴ
τάφῳ καλύψαι μηδὲ κωκῦσαί τινα,
ἐᾶν δ' ἄκλαυτον, ἄταφον, οἰωνοῖς γλυκὺν
θησαυρὸν εἰσορῶσι πρὸς χάριν βορᾶς.   30
τοιαῦτά φασι τὸν ἀγαθὸν Κρέοντα σοὶ
κἀμοί, λέγω γὰρ κἀμέ, κηρύξαντ' ἔχειν,
καὶ δεῦρο νεῖσθαι ταῦτα τοῖσι μὴ εἰδόσιν
σαφῆ προκηρύξοντα, καὶ τὸ πρᾶγμ' ἄγειν
οὐχ ὡς παρ' οὐδέν, ἀλλ' ὃς ἂν τούτων τι δρᾷ,   35
φόνον προκεῖσθαι δημόλευστον ἐν πόλει.
οὕτως ἔχει σοι ταῦτα, καὶ δείξεις τάχα
εἴτ' εὐγενὴς πέφυκας εἴτ' ἐσθλῶν κακή.
Ἰς. τί δ', ὦ ταλαῖφρον, εἰ τάδ' ἐν τούτοις, ἐγὼ
λύουσ' ἂν εἴθ' ἅπτουσα προσθείμην πλέον;   40
Αν. εἰ ξυμπονήσεις καὶ ξυνεργάσῃ σκόπει.

23–4 cὺν δίκῃ χρηcθεὶc] cὺν δίκηc χρήcει G. H. Müller: cὺν δίκηc
κρίcει Nauck (δικαίᾳ κρίcει χρηcάμενος sch.)   24 del.
Wunder   χρηcθεὶc δικαίᾳ καὶ νόμῳ] χρήcθαι δικαιῶν τῷ νόμῳ
H. Schütz   καὶ νόμῳ] κἀννόμῳ M. Schmidt   27 φαcιν]
φηcιν IR   29 ἄκλαυτον LᵃᶜKR: -αυcτον cett.   ἄταφον ante
ἄκλαυcτον praebent IZf: recte K et cett.   29–30 γλυκὺν . . .
χάριν codd.: del. Löschhorn; cf. E. Phoen. 1634   30 del. Nauck
θηcαυρὸν codd.: ἕρμαιον scholiastam legisse credidit Heimreich, fort.
recte   εἰcορῶcι] εἰcορμῶcι anon. ap. Burton   χάριν] χαρὰν
olim Dawe   βορᾶc] βοράν Löschhorn   31 coὶ LRS (puncto
post Κρέοντα addito in LS): coι cett.   33 τοῖcι Livineius ('p'):
τοῖc codd.   34 προκηρύξοντα UYt: -ύξαντα vel -ύccοντα cett.
ἄγειν] ἔχειν Zot   40 εἴθ' ἅπτουcα Porson: ἢ θάπτουcα codd.
plerique (nisi quod εἰ Λ): ἢ 'φάπτουcα γρ ap. sch., ut vidit
Brunck

ΑΝΤΙΓΟΝΗ

Ιc.   ποῖόν τι κινδύνευμα; ποῦ γνώμης ποτ' εἶ;
Αν.   εἰ τὸν νεκρὸν ξὺν τῇδε κουφιεῖc χερί.
Ιc.   ἦ γὰρ νοεῖc θάπτειν cφ', ἀπόρρητον πόλει;
Αν.   τὸν γοῦν ἐμόν, καὶ τὸν cόν, ἢν cὺ μὴ θέλῃc,   45
      ἀδελφόν· οὐ γὰρ δὴ προδοῦc' ἁλώcομαι.
Ιc.   ὦ cχετλία, Κρέοντος ἀντειρηκότος;
Αν.   ἀλλ' οὐδὲν αὐτῷ τῶν ἐμῶν ⟨μ'⟩ εἴργειν μέτα.
Ιc.   οἴμοι· φρόνηcον, ὦ καcιγνήτη, πατὴρ
      ὡc νῷν ἀπεχθὴc δυcκλεήc τ' ἀπώλετο   50
      πρὸς αὐτοφώρων ἀμπλακημάτων, διπλᾶc
      ὄψεις ἀράξαc αὐτὸc αὐτουργῷ χερί·
      ἔπειτα μήτηρ καὶ γυνή, διπλοῦν ἔποc,
      πλεκταῖcιν ἀρτάναιcι λωβᾶται βίον·
      τρίτον δ' ἀδελφὼ δύο μίαν καθ' ἡμέραν   55
      αὐτοκτονοῦντε τὼ ταλαιπώρω μόρον
      κοινὸν κατειργάcαντ' ἐπαλλήλοιν χεροῖν.
      νῦν δ' αὖ μόνα δὴ νὼ λελειμμένα cκόπει
      ὅcῳ κάκιcτ' ὀλούμεθ', εἰ νόμου βίᾳ
      ψῆφον τυράννων ἢ κράτη παρέξιμεν.   60
      ἀλλ' ἐννοεῖν χρὴ τοῦτο μὲν γυναῖχ' ὅτι
      ἔφυμεν, ὡc πρὸc ἄνδραc οὐ μαχουμένα·
      ἔπειτα δ' οὕνεκ' ἀρχόμεcθ' ἐκ κρειccόνων
      καὶ ταῦτ' ἀκούειν κἄτι τῶνδ' ἀλγίονα.
      ἐγὼ μὲν οὖν αἰτοῦcα τοὺc ὑπὸ χθονὸc   65

42 ποῦ a: ποῖ codd. plerique (etiam Λ)   45 post ἐμὸν inter-
punxit Jebb   ἢν cὺ μὴ] ἢν καὶ μὴ Dawe   46 del. Benedict;
spurium apud antiquos habitum esse testatur Didymus ap. sch.
48 suppl. Brunck   50–1 sic distinxit Hermann
51 διπλᾶc] τάλαc K, Vγρ   53 ἔποc L, γρ in a: πάθοc L s.l.,
cett.   55 δύο KVZot: δύω cett.   56 αὐτοκτονοῦντε
Paris. gr. 2886 (i.e. Aristobulus Apostolides), coni. Erfurdt: -κτενοῦντε
codd.   56–7 μόρον et χεροῖν permutavit Wunder
57 ἐπαλλήλοιν KSUZf, coni. Hermann: ἐπ' ἀλλήλοιν cett., quod
servavit Hartung   χεροῖν] χερί Meineke, retento ἐπ' ἀλλήλοιν
58 δ' Va: om. cett. (etiam Λ)   60 ἢ] καὶ Axt
63 κρειccόνων L s.l., codd. plerique: κρειττ- l

ξύγγνοιαν ἴσχειν, ὡς βιάζομαι τάδε,
τοῖς ἐν τέλει βεβῶσι πείσομαι. τὸ γὰρ
περισσὰ πράσσειν οὐκ ἔχει νοῦν οὐδένα.

Αν.   οὔτ' ἂν κελεύσαιμ' οὔτ' ἄν, εἰ θέλοις ἔτι
πράσσειν, ἐμοῦ γ' ἂν ἡδέως δρῴης μέτα.   70
ἀλλ' ἴσθ' ὁποία σοι δοκεῖ, κεῖνον δ' ἐγὼ
θάψω. καλόν μοι τοῦτο ποιούσῃ θανεῖν.
φίλη μετ' αὐτοῦ κείσομαι, φίλου μέτα,
ὅσια πανουργήσασ'· ἐπεὶ πλείων χρόνος
ὃν δεῖ μ' ἀρέσκειν τοῖς κάτω τῶν ἐνθάδε.   75
ἐκεῖ γὰρ αἰεὶ κείσομαι· σὺ δ' εἰ δοκεῖ
τὰ τῶν θεῶν ἔντιμ' ἀτιμάσασ' ἔχε.

Ισ.   ἐγὼ μὲν οὐκ ἄτιμα ποιοῦμαι, τὸ δὲ
βίᾳ πολιτῶν δρᾶν ἔφυν ἀμήχανος.

Αν.   σὺ μὲν τάδ' ἂν προὔχοι'· ἐγὼ δὲ δὴ τάφον   80
χώσουσ' ἀδελφῷ φιλτάτῳ πορεύσομαι.

Ισ.   οἴμοι, ταλαίνης ὡς ὑπερδέδοικά σου.

Αν.   μὴ 'μοῦ προτάρβει· τὸν σὸν ἐξόρθου πότμον.

Ισ.   ἀλλ' οὖν προμηνύσῃς γε τοῦτο μηδενὶ
τοὖργον, κρυφῇ δὲ κεῦθε, σὺν δ' αὔτως ἐγώ.   85

Αν.   οἴμοι, καταύδα· πολλὸν ἐχθίων ἔσῃ
σιγῶσ', ἐὰν μὴ πᾶσι κηρύξῃς τάδε.

Ισ.   θερμὴν ἐπὶ ψυχροῖσι καρδίαν ἔχεις.

Αν.   ἀλλ' οἶδ' ἀρέσκους' οἷς μάλισθ' ἁδεῖν με χρή.

Ισ.   εἰ καὶ δυνήσῃ γ'· ἀλλ' ἀμηχάνων ἐρᾷς.   90

Αν.   οὐκοῦν, ὅταν δὴ μὴ σθένω, πεπαύσομαι.

Ισ.   ἀρχὴν δὲ θηρᾶν οὐ πρέπει τἀμήχανα.

Αν.   εἰ ταῦτα λέξεις, ἐχθαρῇ μὲν ἐξ ἐμοῦ,
ἐχθρὰ δὲ τῷ θανόντι προσκείσῃ δίκῃ.

70 ἐμοῦ] ἐμοί K, coni. Meineke   71 ὁποία Kt et novit sch.:
ὁποῖα cett.   76 σὺ Vat. gr. 57 s.l., coni. Elmsley: σοὶ codd. nostri
83 'μοῦ Schaefer: μου codd.   πότμον l in linea: βίον cett.
84 προμηνύσῃς LRSa: -ύσεις KVt   85 αὔτως V: αὕτως cett.
89 μάλισθ' t: μάλιστ' cett.   ἁδεῖν lt: ἀδεῖν cett.
93 ἐχθαρῇ KSa: ἐχθρανῇ lRVt

ΑΝΤΙΓΟΝΗ

ἀλλ' ἔα με καὶ τὴν ἐξ ἐμοῦ δυcβουλίαν   95
παθεῖν τὸ δεινὸν τοῦτο· πείcομαι γὰρ οὖν
τοcοῦτον οὐδὲν ὥcτε μὴ οὐ καλῶc θανεῖν.

Ιc. ἀλλ' εἰ δοκεῖ cοι, cτεῖχε· τοῦτο δ' ἴcθ', ὅτι
ἄνουc μὲν ἔρχῃ, τοῖc φίλοιc δ' ὀρθῶc φίλη.

ΧΟΡΟC

ἀκτὶc ἀελίου, τὸ κάλ-   cτρ. α'
λιcτον ἑπταπύλῳ φανὲν   101
Θήβᾳ τῶν προτέρων φάοc,
ἐφάνθηc ποτ', ὦ χρυcέαc
ἀμέραc βλέφαρον, Διρκαί-
ων ὑπὲρ ῥεέθρων μολοῦcα,   105
τὸν †λεύκαcπιν Ἀργόθεν
φῶτα βάντα πανcαγίᾳ†
φυγάδα πρόδρομον ὀξυτόρῳ
κινήcαcα χαλινῷ·

ὃc ἐφ' ἡμετέρᾳ γῇ Πολυνείκουc   110
ἀρθεὶc νεικέων ἐξ ἀμφιλόγων
ὀξέα κλάζων
αἰετὸc ἐc γῆν ὣc ὑπερέπτα,
λευκῆc χιόνοc πτέρυγι cτεγανὸc
πολλῶν μεθ' ὅπλων   115
ξύν θ' ἱπποκόμοιc κορύθεccιν.

96 γὰρ οὖν Elmsley: γὰρ οὐ codd.   99 φίλη] φίλει l in linea
100 ἀελίου KSVRzt: -ίοιο L^{pc}Sa   102 προτέρων] πρότερον A
106–7 λεύκαcπιν ... πανcαγίᾳ] λευκάcπιcιν ... πανcαγίαιc H.-C.
Günther   106 Ἀργόθεν] Ἀργόθε πρὶν t: vox varie temptata
108 ὀξυτόρῳ la: -πόρῳ S, coni. Musgrave: -τέρῳ K s.l., cett.
110 ὃc ... Πολυνείκουc Scaliger: ὃν ... Πολυνείκηc codd. et P.Oxy.
3686 ἡμετέρᾳ] ἁμ- a, P.Oxy. 3686   γῇ edd.: γᾷ codd.
111 ἀρθεὶc] ὀρθεὶc P.Oxy. 3686   112 ⟨ἤγαγε· κεῖνοc δ'⟩
vel ⟨ἤγαγεν· ἐχθρὸc δ'⟩ ante ὀξέα add. Nauck ex. gr.   113 ἐc
γῆν (γᾶν lSt) ὣc] ἐc γῆν Hermann: ὣc γῆν Blaydes
116 κορύθεccιν L^{pc}t: -εccι Sa: -εcιν L^{ac}R: -εcι cett.

187

στὰς δ' ὑπὲρ μελάθρων φονώ-　　　　　ἀντ. α'
caιcιν ἀμφιχανὼν κύκλῳ
λόγχαιc ἑπτάπυλον cτόμα
ἔβα, πρίν ποθ' ἁμετέρων　　　　　　　120
αἱμάτων γένυcιν πληcθῆ-
ναί ⟨τε⟩ καὶ cτεφάνωμα πύργων
πευκάενθ' Ἥφαιcτον ἑλεῖν.
τοῖοc ἀμφὶ νῶτ' ἐτάθη
πάταγοc Ἄρεοc, ἀντιπάλῳ　　　　　125
δυcχείρωμα δράκοντοc.

Ζεὺc γὰρ μεγάληc γλώccηc κόμπουc
ὑπερεχθαίρει, καί cφαc ἐcιδὼν
πολλῷ ῥεύματι προcνιcομένουc,
χρυcοῦ καναχῆc ὑπεροπτείαιc,　　　　130
παλτῷ ῥιπτεῖ πυρὶ βαλβίδων
ἐπ' ἄκρων ἤδη
νίκην ὁρμῶντ' ἀλαλάξαι·

ἀντιτύπᾳ δ' ἐπὶ γᾷ πέcε τανταλωθεὶc　　cτρ. β'
πυρφόροc ὃc τότε μαινομένᾳ ξὺν ὁρμᾷ　135
βακχεύων ἐπέπνει
ῥιπαῖc ἐχθίcτων ἀνέμων.
εἶχε δ' ἄλλα τάδ'· ⟨ἀλλ'⟩
ἄλλ' ἐπ' ἄλλοιc ἐπενώ-

---

117 φονώcαιcιν e sch. Bothe: φονῶcιν K^ac: φοναῖcιν K^pc:
φοινίαιcιν SVZot: φονίαιcιν cett.　　122 τε t: om. cett.: ⟨cφε⟩
Blaydes　　125 ἀντιπάλῳ] -ου L s.l., a s.l.　　126 δυc-
χείρωμα vox singularis: δοὺc χείρωμα M. Schmidt　　δράκον-
τοc V et s.l. in a: δράκοντι cett.　　128 ἐcιδὼν KVat: εἰc- cett.
129 προcνιcομένουc] προcνιcc- Vt　　130 ὑπεροπτείαιc
Musgrave: -είαc K: -ίαc cett.: -αc s.l. in La: ὑπεροπλίαιc Vauvilliers
131 ῥιπτεῖ] ῥίπτει Erfurdt　　134 ἀντιτύπᾳ Porson: -α codd.
plerique: -οc t: -ωc L s.l.　　γᾷ] γᾶν zt　　138 ἄλλα τάδ' Λ:
ἄλλῃ τάδ' t: ἄλλα τάδ' L^acRSVz: ἄλλᾳ τὰ μὲν a　　⟨ἀλλ'⟩ ἄλλ' ἐπ'
nos: ἄλλα δ' ἐπ' t: ἄλλα (vel -ᾳ, sed -ην Λ) τάδ' ἐπ' cett.　　ἄλλοιc]
-ουc KVz　　ἐπενώμα] ἐπινωμᾷ V

μα cτυφελίζων μέγας Ἄ-
ρης δεξιόcειρος.   140

ἑπτὰ λοχαγοὶ γὰρ ἐφ᾽ ἑπτὰ πύλαις
ταχθέντες ἴcοι πρὸς ἴcους ἔλιπον
Ζηνὶ τροπαίῳ πάγχαλκα τέλη,
πλὴν τοῖν cτυγεροῖν, ὣ πατρὸς ἑνὸc
μητρός τε μιᾶς φύντε καθ᾽ αὑτοῖν   145
δικρατεῖc λόγχας cτήcαντ᾽ ἔχετον
κοινοῦ θανάτου μέρος ἄμφω.

ἀλλὰ γὰρ ἁ μεγαλώνυμος ἦλθε Νίκα   ἀντ. β´
τᾷ πολυαρμάτῳ ἀντιχαρεῖcα Θήβᾳ,
ἐκ μὲν δὴ πολέμων   150
τῶν νῦν θέcθε ληcμοcύναν,
θεῶν δὲ ναοὺς χοροῖc
παννύχοις πάντας ἐπέλ-
θωμεν, ὁ Θήβας δ᾽ ἐλελί-
χθων Βάκχιος ἄρχοι.

ἀλλ᾽ ὅδε γὰρ δὴ βαcιλεὺc χώρας,   155
†Κρέων ὁ Μενοικέως,†... νεοχμὸς
νεαραῖcι θεῶν ἐπὶ cυντυχίαιc
χωρεῖ τίνα δὴ μῆτιν ἐρέccων,
ὅτι cύγκλητον τήνδε γερόντων
προὔθετο λέcχην,   160
κοινῷ κηρύγματι πέμψας;

---

140 δεξιόcειρος] -χειρος Lᵃᶜ et lm. sch., Rγρ   147 κοινοῦ]
-ὸν Blaydes   151 θέcθε laz: θέcθαι RSVt   ληcμοcύναν R:
-ην cett. (etiam Λ)   152–253 om. V   152 παννύχοιc
lRSVat: -χίοιc z   153 ἐλελίχθων l s.l., v.l. in z, t: ἐλελίζων cett.
154 Βάκχιος Bothe: Βακχεῖος codd.   156 locus desperatus;
post Μενοικέως lacunam statuit Erfurdt: possis ⟨προφανεὶc⟩; tres ana-
paestos excidisse putant alii; Κρέων ὁ Μενοικέως et 157 θεῶν del. Bergk
158 ἐρέccων] ἑλίccων Johnson   161 κοινῷ] καινῷ
W. Schmidt

ΣΟΦΟΚΛΕΟΥΣ

ΚΡΕΩΝ

ἄνδρες, τὰ μὲν δὴ πόλεος ἀσφαλῶς θεοὶ
πολλῷ σάλῳ σείσαντες ὤρθωσαν πάλιν·
ὑμᾶς δ' ἐγὼ πομποῖσιν ἐκ πάντων δίχα
ἔστειλ' ἱκέσθαι, τοῦτο μὲν τὰ Λαΐου   165
σέβοντας εἰδὼς εὖ θρόνων ἀεὶ κράτη,
τοῦτ' αὖθις, ἡνίκ' Οἰδίπους ὤρθου πόλιν,

.   .   .   .   .

κἀπεὶ διώλετ', ἀμφὶ τοὺς κείνων ἔτι
παῖδας μένοντας ἐμπέδοις φρονήμασιν.
ὅτ' οὖν ἐκεῖνοι πρὸς διπλῆς μοίρας μίαν   170
καθ' ἡμέραν ὤλοντο παίσαντές τε καὶ
πληγέντες αὐτόχειρι σὺν μιάσματι,
ἐγὼ κράτη δὴ πάντα καὶ θρόνους ἔχω
γένους κατ' ἀγχιστεῖα τῶν ὀλωλότων.
ἀμήχανον δὲ παντὸς ἀνδρὸς ἐκμαθεῖν   175
ψυχήν τε καὶ φρόνημα καὶ γνώμην, πρὶν ἂν
ἀρχαῖς τε καὶ νόμοισιν ἐντριβὴς φανῇ.
ἐμοὶ γὰρ ὅστις πᾶσαν εὐθύνων πόλιν
μὴ τῶν ἀρίστων ἅπτεται βουλευμάτων,
ἀλλ' ἐκ φόβου του γλῶσσαν ἐγκλῄσας ἔχει,   180
κάκιστος εἶναι νῦν τε καὶ πάλαι δοκεῖ·
καὶ μείζον' ὅστις ἀντὶ τῆς αὑτοῦ πάτρας
φίλον νομίζει, τοῦτον οὐδαμοῦ λέγω.
ἐγὼ γάρ, ἴστω Ζεὺς ὁ πάνθ' ὁρῶν ἀεί,
οὔτ' ἂν σιωπήσαιμι τὴν ἄτην ὁρῶν   185

---

162 πόλεος AYt: -εως cett. (etiam Λ)   167 post hunc v.
lacunam statuit Dindorf: ⟨τούτῳ βεβαίους ὄντας αὖ παραστάτας⟩
Wecklein; possis etiam ⟨ἔχων γυναῖκα τὴν ἐμὴν ὁμόσπορον, | ὑπηρε-
τοῦντας πιστὰ καὶ τούτοις ἀεί,⟩ ut κείνων aliquid significet
169 ἐμπέδοις] -ους Reiske   175–90 citat Dem. 19. 247
180 ἐγκλῄσας Elmsley: -είσας codd.   182 μείζον'] μεῖζον
LᵃᶜK   ὅστις] εἴ τις Stobaeus 4. 4. 15   αὑτοῦ aZo: αὐ- cett.
183 οὐδαμοῦ] -μῇ K

ΑΝΤΙΓΟΝΗ

στείχουσαν ἀστοῖς ἀντὶ τῆς σωτηρίας,
οὔτ' ἂν φίλον ποτ' ἄνδρα δυσμενῆ χθονὸς
θείμην ἐμαυτῷ, τοῦτο γιγνώσκων ὅτι
ἥδ' ἐστὶν ἡ σῴζουσα καὶ ταύτης ἔπι
πλέοντες ὀρθῆς τοὺς φίλους ποιούμεθα. 190
τοιοῖσδ' ἐγὼ νόμοισι τήνδ' αὔξω πόλιν.
καὶ νῦν ἀδελφὰ τῶνδε κηρύξας ἔχω
ἀστοῖσι παίδων τῶν ἀπ' Οἰδίπου πέρι·
Ἐτεοκλέα μέν, ὃς πόλεως ὑπερμαχῶν
ὄλωλε τῆσδε, πάντ' ἀριστεύσας δορί, 195
τάφῳ τε κρύψαι καὶ τὰ πάντ' ἐφαγνίσαι
ἃ τοῖς ἀρίστοις ἔρχεται κάτω νεκροῖς·
τὸν δ' αὖ ξύναιμον τοῦδε, Πολυνείκη λέγω,
ὃς γῆν πατρῴαν καὶ θεοὺς τοὺς ἐγγενεῖς
φυγὰς κατελθὼν ἠθέλησε μὲν πυρὶ 200
πρῆσαι κατ' ἄκρας, ἠθέλησε δ' αἵματος
κοινοῦ πάσασθαι, τοὺς δὲ δουλώσας ἄγειν,
τοῦτον πόλει τῇδ' ἐκκεκήρυκται τάφῳ
μήτε κτερίζειν μήτε κωκῦσαί τινα,
ἐᾶν δ' ἄθαπτον καὶ πρὸς οἰωνῶν δέμας 205
καὶ πρὸς κυνῶν ἐδεστὸν αἰκισθέν τ' ἰδεῖν.
τοιόνδ' ἐμὸν φρόνημα, κοὔποτ' ἔκ γ' ἐμοῦ
τιμῇ προέξουσ' οἱ κακοὶ τῶν ἐνδίκων.
ἀλλ' ὅστις εὔνους τῇδε τῇ πόλει, θανὼν
καὶ ζῶν ὁμοίως ἔκ γ' ἐμοῦ τιμήσεται. 210

Χο. σοὶ ταῦτ' ἀρέσκει, παῖ Μενοικέως, ποεῖν

186 ἀστοῖς] ἇσσον Dobree e Dem. 19. 248 (ὁμοῦ); cf. OC 312
193 τῶν Raz: τῶνδ' lS   195 δορί] χερί L s.l.   196 ἐφαγνίσαι
lZot: ἀφ- codd. plerique   197 ἔρχεται] ἔρδεται L. Dindorf
198 Πολυνείκη Dindorf: -κην codd.   201 πρῆσαι] πέρσαι
Musgrave   202 ἄγειν] ἔχειν K   203 ἐκκεκήρυκται
τάφῳ Musgrave: -ύχθαι τάφῳ codd.: ἐκκεκηρῦχθαι λέγω Nauck: cf.
Diog. Laert. 4. 64   206 vix dispicias utrum αἰκισθέντ' an αἰκισθέν
τ' praebeant codd.   208 τιμῇ Linwood: -ὴν codd.   προέξουσ']
προσ- KRZf   210 ἔκ γ' lRa: ἐξ Lyρ, cett.   211 ποιεῖν K (sic)
in marg., coni. F. J. Martin: Κρέον vel Κρέων codd. (etiam Λ): cf. 1098

ΣΟΦΟΚΛΕΟΥΣ

τὸν τῇδε δύcνουν καὶ τὸν εὐμενῆ πόλει·
νόμῳ δὲ χρῆcθαι παντί, τοῦτ' ἔνεcτί cοι
καὶ τῶν θανόντων χὤπόcοι ζῶμεν πέρι.

Κρ. ὡc ἂν cκοποί νυν ἦτε τῶν εἰρημένων—   215
Χο. νεωτέρῳ τῳ τοῦτο βαcτάζειν πρόθεc.
Κρ. ἀλλ' εἴc' ἕτοῖμοι τοῦ νεκροῦ γ' ἐπίcκοποι.
Χο. τί δῆτ' ἂν ἄλλ' ἐκ τοῦδ' ἐπεντέλλοιc ἔτι;
Κρ. τὸ μὴ 'πιχωρεῖν τοῖc ἀπιcτοῦcιν τάδε.
Χο. οὐκ ἔcτιν οὕτω μῶροc ὃc θανεῖν ἐρᾷ.   220
Κρ. καὶ μὴν ὁ μιcθόc γ' οὗτοc. ἀλλ' ὑπ' ἐλπίδων
     ἄνδραc τὸ κέρδοc πολλάκιc διώλεcεν.

ΦΥΛΑΞ

ἄναξ, ἐρῶ μὲν οὐχ ὅπωc τάχουc ὕπο
δύcπνουc ἱκάνω κοῦφον ἐξάραc πόδα.
πολλὰc γὰρ ἔcχον φροντίδων ἐπιcτάcειc,   225
ὁδοῖc κυκλῶν ἐμαυτὸν εἰc ἀναcτροφήν·
ψυχὴ γὰρ ηὔδα πολλά μοι μυθουμένη,
"τάλαc, τί χωρεῖc οἷ μολὼν δώcειc δίκην;
τλήμων, μένειc αὖ; κεἰ τάδ' εἴcεται Κρέων
ἄλλου παρ' ἀνδρόc, πῶc cὺ δῆτ' οὐκ ἀλγυνῇ;" 230
τοιαῦθ' ἑλίccων ἤνυτον cχολῇ βραδύc,
χοὕτωc ὁδὸc βραχεῖα γίγνεται μακρά.
τέλοc γε μέντοι δεῦρ' ἐνίκηcεν μολεῖν

212 καὶ] κᾶc Dindorf   post hunc v. lacunam statuit Bruhn
213 τοῦτ' Platt: πού τ' codd. plerique: ποτ' KS: πού γ' Erfurdt
ἔνεcτι] πάρεcτι Dindorf   215 ὡc ἄν... ἦτε] ὡc οὖν... ἦτε
Schneidewin: πῶc ἄν ... εἴτε Dindorf   νυν edd.: νύν codd.
217 γ' Brunck: τ' codd.   218 ἄλλο L s.l.: ἄλλῳ cett.   ἐκ
τοῦδ' Pallis: τοῦτ' codd.   219 'πιχωρεῖν fort. Lᵃᶜ, az: 'πιχειρεῖν
LᵖᶜKRS   220 οὕτω] -ωc L   221 γ' codd. plerique: om.
KRZf   223 ΦΥΛΑΞ Brunck: ΦΥΛΑΞ ΑΓΓΕΛΟC t:
ΑΓΓΕΛΟC cett.   τάχουc] cπουδῆc Arist. Rhet. 1415ᵇ 20
225 ἔcχον LRa: εὗρον Szt   226 ὁδοῖc] ποδοῖν Seyf-
fert   post ὁδοῖc, non post ἐπιcτάcειc, interpunxit Jackson
229 τλήμων] -ον Y, T s.l.   μένειc Kᵃᶜ: μὲν εἰc L: μενεῖc cett.
231 βραδύc] ταχύc γρ in LKS

ΑΝΤΙΓΟΝΗ

        σοί· κεἰ τὸ μηδὲν ἐξερῶ, φράσω δ' ὅμως.

        τῆς ἐλπίδος γὰρ ἔρχομαι δεδραγμένος,   235

        τὸ μὴ παθεῖν ἂν ἄλλο πλὴν τὸ μόρσιμον.

Κρ. τί δ' ἐςτὶν ἄνθ' οὗ τήνδ' ἔχεις ἀθυμίαν;

Φυ. φράςαι θέλω ςοι πρῶτα τἀμαυτοῦ· τὸ γὰρ

        πρᾶγμ' οὔτ' ἔδρας' οὔτ' εἶδον ὅςτις ἦν ὁ δρῶν,

        οὐδ' ἂν δικαίως ἐς κακὸν πέςοιμί τι.   240

Κρ. εὖ γε ςτοχάζῃ κἀποφάργνυςαι κύκλῳ

        τὸ πρᾶγμα. δηλοῖς δ' ὥς τι ςημανῶν νέον.

Φυ. τὰ δεινὰ γάρ τοι προςτίθης' ὄκνον πολύν.

Κρ. οὔκουν ἐρεῖς ποτ', εἶτ' ἀπαλλαχθεὶς ἄπει;

Φυ. καὶ δὴ λέγω ςοι. τὸν νεκρόν τις ἀρτίως   245

        θάψας βέβηκε κἀπὶ χρωτὶ διψίαν

        κόνιν παλύνας κἀφαγιςτεύςας ἃ χρή.

Κρ. τί φής; τίς ἀνδρῶν ἦν ὁ τολμήςας τάδε;

Φυ. οὐκ οἶδ'· ἐκεῖ γὰρ οὔτε του γενῆδος ἦν

        πλῆγμ', οὐ δικέλλης ἐκβολή· ςτύφλος δὲ γῆ   250

        καὶ χέρςος, ἀρρὼξ οὐδ' ἐπημαξευμένη

        τροχοῖςιν, ἀλλ' ἄςημος οὑργάτης τις ἦν.

        ὅπως δ' ὁ πρῶτος ἡμὶν ἡμεροςκόπος

        δείκνυςι, πᾶςι θαῦμα δυςχερὲς παρῆν.

        ὁ μὲν γὰρ ἠφάνιςτο, τυμβήρης μὲν οὔ,   255

        λεπτὴ δ' ἄγος φεύγοντος ὣς ἐπῆν κόνις.

        ςημεῖα δ' οὔτε θηρὸς οὔτε του κυνῶν

        ἐλθόντος, οὐ ςπάςαντος ἐξεφαίνετο.

---

234 σοί· κεἰ] κεἲ ςοι Erfurdt   φράςω δ'] φράςονθ' Bergk:
φράςαι δ' Wunder   235 δεδραγμένος aZft: πεπραγμένος IS:
πεφραγμένος cett.   238 πρῶτα] πάντα zt   241 εὖ γε
ςτοχάζῃ] τί φροιμιάζῃ Arist. *Rhet.* 1415[b]21; cf. sch. ad loc. ed. H. Rabe,
Comm. in Arist. gr. 21/2 (Berolini, 1896), 328: εὖ γε ςτιχίζῃ anon. ap. Jebb
(cf. Housman, *CR* 39 (1925), 77): εὖ γε ςτεγάζῃ F. Jacobs   κἀπο-
φάργνυςαι Dindorf: -φράγνυςαι codd.   242 ςημανῶν Szt:
ςημαίνων cett. et P.Oxy. 875   247 χρή LRa: χρῆν cett.
250 ἐκβολή] ἐμβολή γρ in sch. Zc   251 ἀρρὼξ codd. plerique:
ἀρῶξ ISZf: ἀρρώξ ⟨τ'⟩ Blaydes   254 πᾶςι post θαῦμα praebet
R   258 ἐλθόντος, οὐ] ἕλκοντος ἤ Naber

λόγοι δ' ἐν ἀλλήλοισιν ἐρρόθουν κακοί,
φύλαξ ἐλέγχων φύλακα, κἂν ἐγίγνετο   260
πληγὴ τελευτῶς', οὐδ' ὁ κωλύcων παρῆν.
εἰς γάρ τις ἦν ἕκαστος οὐξειργαςμένος,
κοὐδεὶς ἐναργής, ἀλλ' ἔφευγε μὴ εἰδέναι.
ἦμεν δ' ἑτοῖμοι καὶ μύδρους αἴρειν χεροῖν,
καὶ πῦρ διέρπειν, καὶ θεοὺς ὁρκωμοτεῖν   265
τὸ μήτε δρᾶcαι μήτε τῳ ξυνειδέναι
τὸ πρᾶγμα βουλεύcαντι μήτ' εἰργαcμένῳ.
τέλος δ' ὅτ' οὐδὲν ἦν ἐρευνῶcιν πλέον,
λέγει τις εἷς, ὃς πάντας ἐς πέδον κάρα
νεῦcαι φόβῳ προὔτρεψεν· οὐ γὰρ εἴχομεν   270
οὔτ' ἀντιφωνεῖν οὔθ' ὅπως δρῶντες καλῶς
πράξαιμεν. ἦν δ' ὁ μῦθος ὡς ἀνοιστέον
σοὶ τοὔργον εἴη τοῦτο κοὐχὶ κρυπτέον.
καὶ ταῦτ' ἐνίκα, κἀμὲ τὸν δυcδαίμονα
πάλος καθαιρεῖ τοῦτο τἀγαθὸν λαβεῖν.   275
πάρειμι δ' ἄκων οὐχ ἑκοῦcιν, οἶδ' ὅτι·
cτέργει γὰρ οὐδεὶς ἄγγελον κακῶν ἐπῶν.
Χο.   ἄναξ, ἐμοί τοι μή τι καὶ θεήλατον
τοὔργον τόδ' ἡ ξύννοια βουλεύει πάλαι.
Κρ.   παῦcαι, πρὶν ὀργῆς καί με μεcτῶcαι λέγων,   280
μὴ 'φευρεθῇς ἄνους τε καὶ γέρων ἅμα.
λέγεις γὰρ οὐκ ἀνεκτὰ δαίμονας λέγων
πρόνοιαν ἴcχειν τοῦδε τοῦ νεκροῦ πέρι.
πότερον ὑπερτιμῶντες ὡς εὐεργέτην
ἔκρυπτον αὐτόν, ὅcτις ἀμφικίονας   285
ναοὺς πυρώcων ἦλθε κἀναθήματα

259 post hunc v. aliquid forsitan interciderit (cf. 412–13)
263 μὴ Erfurdt: τὸ μὴ codd.   264 αἴρειν] ἔχειν l in linea
267 μήτ'] μηδ' Blaydes   269 εἷς ὅc] εἷς ὁ Nauck: ἔπος ὁ
Blaydes   276 post ἑκοῦcιν add. δ' Lᵖᶜ   278–9 choro tribu-
unt KRSzt: custodi continuant LVa   279 ἡ] ἦ olim Nauck
280 καί με edd.: κἀμὲ codd.   284 ὑπερτιμῶντες] -ας l

καὶ γῆν ἐκείνων καὶ νόμους διασκεδῶν;
ἢ τοὺς κακοὺς τιμῶντας εἰσορᾷς θεούς;
οὐκ ἔστιν. ἀλλὰ ταῦτα καὶ πάλαι πόλεως
ἄνδρες μόλις φέροντες ἐρρόθουν ἐμοὶ   290
κρυφῇ, κάρα σείοντες, οὐδ' ὑπὸ ζυγῷ
λόφον δικαίως εἶχον, ὡς στέργειν ἐμέ.
ἐκ τῶνδε τούτους ἐξεπίσταμαι καλῶς
παρηγμένους μισθοῖσιν εἰργάσθαι τάδε.
οὐδὲν γὰρ ἀνθρώποισιν οἷον ἄργυρος   295
κακὸν νόμισμ' ἔβλαστε. τοῦτο καὶ πόλεις
πορθεῖ, τόδ' ἄνδρας ἐξανίστησιν δόμων·
τόδ' ἐκδιδάσκει καὶ παραλλάσσει φρένας
χρηστὰς πρὸς αἰσχρὰ πράγμαθ' ἵστασθαι βροτῶν·
πανουργίας δ' ἔδειξεν ἀνθρώποις ἔχειν   300
καὶ παντὸς ἔργου δυσσέβειαν εἰδέναι.
ὅσοι δὲ μισθαρνοῦντες ἤνυσαν τάδε,
χρόνῳ ποτ' ἐξέπραξαν ὡς δοῦναι δίκην.
ἀλλ' εἴπερ ἴσχει Ζεὺς ἔτ' ἐξ ἐμοῦ σέβας,
εὖ τοῦτ' ἐπίστασ', ὅρκιος δέ σοι λέγω,   305
εἰ μὴ τὸν αὐτόχειρα τοῦδε τοῦ τάφου
εὑρόντες ἐκφανεῖτ' ἐς ὀφθαλμοὺς ἐμούς,
οὐχ ὑμὶν Ἅιδης μοῦνος ἀρκέσει, πρὶν ἂν
ζῶντες κρεμαστοὶ τήνδε δηλώσηθ' ὕβριν,
ἵν' εἰδότες τὸ κέρδος ἔνθεν οἰστέον   310
τὸ λοιπὸν ἁρπάζητε, καὶ μάθηθ' ὅτι
οὐκ ἐξ ἅπαντος δεῖ τὸ κερδαίνειν φιλεῖν.
ἐκ τῶν γὰρ αἰσχρῶν λημμάτων τοὺς πλείονας
ἀτωμένους ἴδοις ἂν ἢ σεσωμένους.

287 νόμους] δόμους Vat. gr. 57, coni. Herwerden   291 κρυφῇ]
σιγῇ Meineke e Plut. Mor. 170ε   292 λόφον δικαίως εἶχον]
νῶτ' εὐλόφως ἔχοντες Hartung (cf. Eust. 824. 32, 1313. 32, 1536. 49,
1653. 5)   299 βροτῶν] -ους L in linea: -ος ut vid. Λ: -οῖς Pallis,
qui etiam φρένας (298) et βροτῶν permutavit   300 ἔχειν]
ἄγειν Wecklein   300–1 del. Herwerden   307 ἐς a: εἰς
cett.   313–14 del. Bergk   314 σεσωμένους Ta, coni.
Wecklein: σεσωσμένους cett.

Φυ. εἰπεῖν τι δώσεις, ἢ στραφεὶς οὕτως ἴω;   315
Κρ. οὐκ οἶσθα καὶ νῦν ὡς ἀνιαρῶς λέγεις;
Φυ. ἐν τοῖσιν ὡσὶν ἢ ʼπὶ τῇ ψυχῇ δάκνῃ;
Κρ. τί δὲ ῥυθμίζεις τὴν ἐμὴν λύπην ὅπου;
Φυ. ὁ δρῶν σʼ ἀνιᾷ τὰς φρένας, τὰ δʼ ὦτʼ ἐγώ.
Κρ. οἴμʼ ὡς λάλημα, δῆλον, ἐκπεφυκὸς εἶ.   320
Φυ. οὔκουν τό γʼ ἔργον τοῦτο ποιήσας ποτέ.
Κρ. καὶ ταῦτʼ ἐπʼ ἀργύρῳ γε τὴν ψυχὴν προδούς.
Φυ. φεῦ·
     ἦ δεινόν, ᾧ δοκεῖ γε, καὶ ψευδῆ δοκεῖν.
Κρ. κόμψευέ νυν τὴν δόξαν· εἰ δὲ ταῦτα μὴ
     φανεῖτέ μοι τοὺς δρῶντας, ἐξερεῖθʼ ὅτι   325
     τὰ δειλὰ κέρδη πημονὰς ἐργάζεται.
Φυ. ἀλλʼ εὑρεθείη μὲν μάλιστʼ· ἐὰν δέ τοι
     ληφθῇ τε καὶ μή, τοῦτο γὰρ τύχη κρινεῖ,
     οὐκ ἔσθʼ ὅπως ὄψῃ σὺ δεῦρʼ ἐλθόντα με.
     καὶ νῦν γὰρ ἐκτὸς ἐλπίδος γνώμης τʼ ἐμῆς   330
     σωθεὶς ὀφείλω τοῖς θεοῖς πολλὴν χάριν.

Χο. πολλὰ τὰ δεινὰ κοὐδὲν ἀν-   στρ. αʹ
     θρώπου δεινότερον πέλει·
     τοῦτο καὶ πολιοῦ πέραν
     πόντου χειμερίῳ νότῳ   335
     χωρεῖ, περιβρυχίοισιν
     περῶν ὑπʼ οἴδμασιν, θεῶν
     τε τὰν ὑπερτάταν, Γᾶν

315 τι codd. plerique: δὲ L in linea, ΛSΖf   318 δὲ SVRz, Plut.
Mor. 509c: δαὶ lat   319 σʼ om. a   320 λάλημα codd.
ʼ(etiam Λ): ἄλημα fort. novit sch. L   δῆλον] δεινὸν Burges:
an ἀλγεινόν?   321 τό γʼ Reiske: τόδʼ codd.   τοῦτο] εἰμὶ Ζf
ποτέ] ἐγὼ t   322 ταῦτʼ] τοῦτʼ Kuiper   323 ᾧ L in linea,
Ζf: ἦν codd. plerique   δοκεῖ L in linea, RΖf: δοκῇ cett.   δοκεῖν]
δοκεῖ l   ἦν δοκῇ γε καὶ ψευδῆ, δοκεῖν Vauvilliers
324 νυν Dindorf: νῦν codd.   νυν τὴν δόξαν] τὴν δόκησιν Moscho-
poulos   326 τὰ δειλὰ γρ ap. sch.: τὰ δεινὰ codd. (etiam Λ):
τἄδηλα Wecklein   327 τοι] σοι L in linea   334 πέραν]
πέρα SΖf   337 ὑπʼ] ἐπʼ Blaydes

ΑΝΤΙΓΟΝΗ

ἄφθιτον, ἀκαμάταν ἀποτρύεται,
ἱλλομένων ἀρότρων ἔτος εἰς ἔτος,   340
ἱππείῳ γένει πολεύων.

κουφονόων τε φῦλον ὀρ-   ἀντ. α'
νίθων ἀμφιβαλὼν ἄγει
καὶ θηρῶν ἀγρίων ἔθνη
πόντου τ' εἰναλίαν φύσιν   345
σπείραισι δικτυοκλώστοις,
περιφραδὴς ἀνήρ· κρατεῖ
δὲ μηχαναῖς ἀγραύλου
θηρὸς ὀρεσσιβάτα, λασιαύχενά θ'   350
ἵππον ὀχμάζεται ἀμφὶ λόφον ζυγῷ
οὔρειόν τ' ἀκμῆτα ταῦρον.

καὶ φθέγμα καὶ ἀνεμόεν φρόνημα καὶ
    ἀστυνόμους   στρ. β'
ὀργὰς ἐδιδάξατο καὶ δυσαύλων   356
πάγων ὑπαίθρεια καὶ
δύσομβρα φεύγειν βέλη
παντοπόρος· ἄπορος ἐπ' οὐδὲν ἔρχεται   360
τὸ μέλλον· Ἅιδα μόνον
φεῦξιν οὐκ ἐπάξεται·

340 ἱλλομένων lγρ: ἀπλομένων l: τ' ἱλλομένων S: παλλομένων
a: εἱλομένων vel sim. cett.   341 πολεύων a, lm. sch. L: πολεῦον
fere cett.   342 κουφονόων ΛᵃᶜS, Zf in linea: κουφονέων fere
cett.   343 ἄγει codd. (etiam Λ): ἀγρεῖ olim Nauck: ἀγρεύει
interpretatio scholiastae est   345 εἰναλίαν t: ἐναλίαν cett., etiam
Λ   348 περιφραδὴς] ἀριφραδὴς ἀνήρ e Soph. citat Eustathius
135. 25   349 μηχαναῖς] μα- Erfurdt   350 ὀρεσσιβάτα
Kat: ὀρεσι- cett.   351 ὀχμάζεται Schöne: ἕξεται l: ἕξετ' SV:
ἄξεται codd. plerique   ἀμφὶ λόφον ζυγῷ Schöne et Franz: ἀμφί-
λοφον ζυγόν codd.: ἀμφιλόφῳ ζυγῷ Kayser   352 ἀκμῆτα l:
ἀδμῆτα cett.   356 ὀργὰς] ὁρμὰς V testibus Campbell et Jebb
357 ὑπαίθρεια Boeckh: αἴθρια codd.   358 φεύγειν] -ει K
361 μόνον codd. plerique et L s.l.: -ῳ l: -ου Nauck   362 ἐπά-
ξεται] ἐπεύξεται Heindorf

197

ΣΟΦΟΚΛΕΟΥΣ

νόςων δ' ἀμηχάνων φυγὰς
ξυμπέφραςται.　　　　　　　　　　　　　364

ςοφόν τι τὸ μηχανόεν τέχνας ὑπὲρ ἐλπίδ'
　　ἔχων　　　　　　　　　　　　　　ἀντ. β'
τοτὲ μὲν κακόν, ἄλλοτ' ἐπ' ἐςθλὸν ἔρπει.
νόμους παρείρων χθονὸς
θεῶν τ' ἔνορκον δίκαν
ὑψίπολις· ἄπολις ὅτῳ τὸ μὴ καλὸν　　　370
ξύνεςτι τόλμας χάριν.
μήτ' ἐμοὶ παρέςτιος
γένοιτο μήτ' ἴςον φρονῶν
ὃς τάδ' ἔρδοι.　　　　　　　　　　　　375

εἰ δαιμόνιον τέρας ἀμφινοῶ
τόδε· πῶς ⟨δ'⟩ εἰδὼς ἀντιλογήςω
τήνδ' οὐκ εἶναι παῖδ' Ἀντιγόνην;
ὦ δύςτηνος καὶ δυςτήνου
πατρὸς Οἰδιπόδα,　　　　　　　　　380
τί ποτ'; οὐ δή που ςέ γ' ἀπιςτοῦςαν
τοῖς βαςιλείοις ἀπάγουςι νόμοις
καὶ ἐν ἀφροςύνῃ καθελόντες;

Φυ.　ἥδ' ἔςτ' ἐκείνη τοὔργον ἡ 'ξειργαςμένη·
　　　τήνδ' εἵλομεν θάπτουςαν. ἀλλὰ ποῦ Κρέων;　385
Χο.　ὅδ' ἐκ δόμων ἄψορρος ἐς δέον περᾷ.
Κρ.　τί δ' ἔςτι; ποίᾳ ξύμμετρος προὔβην τύχῃ;

---

363 ἀμηχάνων] ἀμα- Erfurdt　　365 ςοφόν] δεινόν t, coni.
Heimsoeth　　μηχανόεν] μα- Erfurdt　　367 τοτὲ LV: ποτὲ fere
cett.　　368 παρείρων fere codd.: γεραίρων Reiske: περαίνων
Pflugk: τ' ἀείρων Schneidewin　　375 ἔρδοι Λ: -ει cett.
376 εἰ Reiske: ἐς codd.　　377 τόδε] τὸ δὲ Platt　　⟨δ'⟩ suppl.
Reiske　　378 τήνδ' οὐκ] μὴ οὐ τήνδ' Hermann　　379 καὶ]
παῖ vel κἀκ Meineke　　382 ἀπάγουςι Boeckh: ἄγουςι codd.
384 ἡ Zo, coni. Brunck: om. cett.　　385 εἵλομεν] εἴδομεν K; cf. 404
386 δέον] μέσον IR　　387 προὔβην L s.l.: προὔβη codd.
plerique: ἐξέβην l: ἐξέβη R

198

ΑΝΤΙΓΟΝΗ

Φυ.   ἄναξ, βροτοῖϲιν οὐδέν ἐϲτ' ἀπώμοτον.
      ψεύδει γὰρ ἡ 'πίνοια τὴν γνώμην· ἐπεὶ
      ϲχολῇ ποθ' ἥξειν δεῦρ' ἄν ἐξηύχουν ἐγὼ   390
      ταῖϲ ϲαῖϲ ἀπειλαῖϲ, αἷϲ ἐχειμάϲθην τότε.
      ἀλλ' ἡ γὰρ εὐκτὸϲ καὶ παρ' ἐλπίδαϲ χαρὰ
      ἔοικεν ἄλλῃ μῆκος οὐδὲν ἡδονῇ,
      ἥκω, δι' ὅρκων καίπερ ὢν ἀπώμοτοϲ,
      κόρην ἄγων τήνδ', ἣ καθῃρέθη τάφον   395
      κοσμοῦϲα. κλῆρος ἐνθάδ' οὐκ ἐπάλλετο,
      ἀλλ' ἔϲτ' ἐμὸν θοὔρμαιον, οὐκ ἄλλου, τόδε.
      καὶ νῦν, ἄναξ, τήνδ' αὐτόϲ, ὡϲ θέλειϲ, λαβὼν
      καὶ κρῖνε κἀξέλεγχ'· ἐγὼ δ' ἐλεύθεροϲ
      δίκαιόϲ εἰμι τῶνδ' ἀπηλλάχθαι κακῶν.   400
Κρ.   ἄγειϲ δὲ τήνδε τῷ τρόπῳ πόθεν λαβών;
Φυ.   αὐτὴ τὸν ἄνδρ' ἔθαπτε· πάντ' ἐπίϲταϲαι.
Κρ.   ἦ καὶ ξυνίηϲ καὶ λέγειϲ ὀρθῶϲ ἃ φήϲ;
Φυ.   ταύτην γ' ἰδὼν θάπτουϲαν ὃν ϲὺ τὸν νεκρὸν
      ἀπεῖπαϲ. ἆρ' ἔνδηλα καὶ ϲαφῆ λέγω;   405
Κρ.   καὶ πῶϲ ὁρᾶται κἀπίληπτοϲ ᾑρέθη;
Φυ.   τοιοῦτον ἦν τὸ πρᾶγμ'. ὅπωϲ γὰρ ἥκομεν,
      πρὸϲ ϲοῦ τὰ δείν' ἐκεῖν' ἐπηπειλημένοι,
      πᾶϲαν κόνιν ϲήραντεϲ ἣ κατεῖχε τὸν
      νέκυν, μυδῶν τε ϲῶμα γυμνώϲαντεϲ εὖ,   410
      καθήμεθ' ἄκρων ἐκ πάγων ὑπήνεμοι,
      ὀϲμὴν ἀπ' αὐτοῦ μὴ βάλῃ πεφευγότεϲ,

390 ποθ'] γ' ἄν t, coni. Erfurdt   392 εὐκτὸϲ Bothe (?),
A. Y. Campbell: ἐκτὸϲ codd.   ἐλπίδαϲ] -α LᵃᶜVᵃᶜ Zfᵃᶜ
394 ὅρκων] -ου l s.l., R   395 καθῃρέθη anon. (1818): καθευ-
ρέθη codd.   396 post κλῆροϲ add. δ' Zf, coni. G. Müller
402 αὐτὴ nos: αὕτη codd. ἐπίϲταϲαιLV: -αϲο cett.   403 ξυνίηϲ
UᵃᶜZft: -ίειϲ cett.   404 ἰδὼν Paris. gr. 2886 (i.e. Aristobulus Aposto-
lides), coni. Brunck: ἴδον codd. plerique   405 ἆρ' La: ὡϲ ἆρ' R: ὡϲ
L s.l., t: ὣϲ ρ'KSZo   406 ᾑρέθη fort. Lᵖᶜ, legit sch. ut videtur: ηὑρέθη
Lᵃᶜ: εὑρέθη cett.   410 εὖ] αὖ V, coni. Reiske   412 βάλῃ] -οι
H. Stephanus   post hunc v. lacunam statuit Meineke; cf. 259–60

ἐγερτὶ κινῶν ἄνδρ' ἀνὴρ ἐπιρρόθοις
κακοῖσιν, εἴ τις τοῦδ' ἀφειδήσοι πόνου.
χρόνον τάδ' ἦν τοσοῦτον, ἔστ' ἐν αἰθέρι   415
μέσῳ κατέστη λαμπρὸς ἡλίου κύκλος
καὶ καῦμ' ἔθαλπε· καὶ τότ' ἐξαίφνης χθονὸς
τυφὼς ἀγείρας σκηπτόν, οὐράνιον ἄχος,
πίμπλησι πεδίον, πᾶσαν αἰκίζων φόβην
ὕλης πεδιάδος, ἐν δ' ἐμεστώθη μέγας   420
αἰθήρ· μύσαντες δ' εἴχομεν θείαν νόσον.
καὶ τοῦδ' ἀπαλλαγέντος ἐν χρόνῳ μακρῷ,
ἡ παῖς ὁρᾶται κἀνακωκύει πικρῶς
ὄρνιθος ὀξὺν φθόγγον, ὡς ὅταν κενῆς
εὐνῆς νεοσσῶν ὀρφανὸν βλέψῃ λέχος·   425
οὕτω δὲ χαὕτη, ψιλὸν ὡς ὁρᾷ νέκυν,
γόοισιν ἐξώμωξεν, ἐκ δ' ἀρὰς κακὰς
ἠρᾶτο τοῖσι τοὔργον ἐξειργασμένοις.
καὶ χερσὶν εὐθὺς διψίαν φέρει κόνιν,
ἔκ τ' εὐκροτήτου χαλκέας ἄρδην πρόχου   430
χοαῖσι τρισπόνδοισι τὸν νέκυν στέφει.
χἠμεῖς ἰδόντες ἱέμεσθα, σὺν δέ νιν
θηρώμεθ' εὐθὺς οὐδὲν ἐκπεπληγμένην,
καὶ τάς τε πρόσθεν τάς τε νῦν ἠλέγχομεν
πράξεις· ἄπαρνος δ' οὐδενὸς καθίστατο,   435
ἅμ' ἡδέως ἔμοιγε κἀλγεινῶς ἅμα.
τὸ μὲν γὰρ αὐτὸν ἐκ κακῶν πεφευγέναι
ἥδιστον, ἐς κακὸν δὲ τοὺς φίλους ἄγειν

413 κινῶν] κεῖνον L: νεικῶν Nauck   414 ἀφειδήσοι]
ἀκηδήσοι Bonitz   418 ἀγείρας Radermacher: ἀείρας codd.
420 δ'] θ' LR   421 εἴχομεν] εἴργομεν Blaydes
422 ἀπαλλαγέντος codd. plerique: -έντες R, S in linea, coni. Schaefer
423 πικρῶς Bothe: -ᾶς codd.: -ά Dawe   429 εὐθὺς] αὖθις
Reiske   διψίαν φέρει] δίψαν ἐκφέρει LR (verum Lγρ): gl. ξηρὰν s.l.
praebet L, in linea Λ   430 χαλκέας] -έως Ka   432 post
ἰδόντες add. δ' a   434 πρόσθεν Razt: πρόσθε LSV
436 ἅμ' Dindorf: ἀλλ' codd.

ἀλγεινόν. ἀλλὰ πάντα ταῦθ' ἥccω λαβεῖν
ἐμοὶ πέφυκε τῆc ἐμῆc cωτηρίαc.   440

Κρ.   cὲ δή, cὲ τὴν νεύουcαν ἐc πέδον κάρα,
φήc, ἢ καταρνῇ μὴ δεδρακέναι τάδε;
Αν.   καὶ φημὶ δρᾶcαι κοὐκ ἀπαρνοῦμαι τὸ μή.
Κρ.   cὺ μὲν κομίζοιc ἂν cεαυτὸν ᾗ θέλειc
ἔξω βαρείαc αἰτίαc ἐλεύθερον·   445
cὺ δ' εἰπέ μοι μὴ μῆκοc, ἀλλὰ cυντόμωc,
ᾔδηcθα κηρυχθέντα μὴ πράccειν τάδε;
Αν.   ᾔδη· τί δ' οὐκ ἔμελλον; ἐμφανῆ γὰρ ἦν.
Κρ.   καὶ δῆτ' ἐτόλμαc τούcδ' ὑπερβαίνειν νόμουc;
Αν.   οὐ γάρ τί μοι Ζεὺc ἦν ὁ κηρύξαc τάδε,   450
οὐδ' ἡ ξύνοικοc τῶν κάτω θεῶν Δίκη
τοιούcδ' ἐν ἀνθρώποιcιν ὥριcεν νόμουc,
οὐδὲ cθένειν τοcοῦτον ᾠόμην τὰ cὰ
κηρύγμαθ' ὥcτ' ἄγραπτα κἀcφαλῆ θεῶν
νόμιμα δύναcθαι θνητά γ' ὄνθ' ὑπερδραμεῖν.   455
οὐ γάρ τι νῦν γε κἀχθέc, ἀλλ' ἀεί ποτε
ζῇ ταῦτα, κοὐδεὶc οἶδεν ἐξ ὅτου 'φάνη.
τούτων ἐγὼ οὐκ ἔμελλον, ἀνδρὸc οὐδενὸc
φρόνημα δείcαc', ἐν θεοῖcι τὴν δίκην
δώcειν· θανουμένη γὰρ ἐξῄδη, τί δ' οὔ;   460

439 πάντα ταῦθ' LaZot: ταῦτα πάνθ' SVRZf: τἄλλα πάνθ' Blaydes
440 πέφυκε] -εν l   444 ᾗ] οἱ Zo, coni. Meineke
445 ἐλεύθερον] -οc Pallis   446 cυντόμωc LZc: -ομον Zc s.l.:
-ομα cett.   447 ᾔδηcθα Cobet: ᾔδειc τὰ codd.   κηρυχθέντα]
κηρυχθὲν τὸ K. Walter   πράccειν] δράcειν S   448 ᾔδη
Brunck: ᾔδειν codd. (etiam Λ)   ἐμφανῆ] ἐκφανῆ L in linea
449 νόμουc] ὅρουc S   450 κηρύξαc codd. et Clem. Al. Strom. 5.
84. 3: κηρύccων idem 4. 48. 2   451 κάτω] ἄνω Blaydes
452 del. Wunder   τοιούcδ' . . . ὥριcεν Valckenaer: οἳ τούcδ' . . .
ὥριcαν codd.   454 ὥcτ' ἄγραπτα] ὡc τἄγραπτα Boeckh
455 θνητά γ' ὄνθ' Bruhn (θνητὰ φύνθ' iam Bothe): θνητὸν ὄνθ' codd.
456 γάρ] μήν Plut. Mor. 731 C   457 ταῦτα] τοῦτο Arist. Rhet.
1373ᵇ13   458 τούτων] ταῦτ' οὖν Arist. Rhet. 1375ᵇ2   ἐγὼ a:
ἔγωγ' RZo: ἔγ' cett.   460 ἐξῄδη Brunck: -ῄδειν codd. (etiam Λ)

ΣΟΦΟΚΛΕΟΥΣ

κεἰ μὴ σὺ προὐκήρυξας. εἰ δὲ τοῦ χρόνου
πρόσθεν θανοῦμαι, κέρδος αὔτ᾿ ἐγὼ λέγω.
ὅστις γὰρ ἐν πολλοῖσιν ὡς ἐγὼ κακοῖς
ζῇ, πῶς ὅδ᾿ οὐχὶ κατθανὼν κέρδος φέρει;
οὕτως ἔμοιγε τοῦδε τοῦ μόρου τυχεῖν   465
παρ᾿ οὐδὲν ἄλγος· ἀλλ᾿ ἄν, εἰ τὸν ἐξ ἐμῆς
μητρὸς θανόντ᾿ ἄθαπτον ⟨ὄντ᾿⟩ ἠνεσχόμην,
κείνοις ἂν ἤλγουν· τοῖσδε δ᾿ οὐκ ἀλγύνομαι.
σοὶ δ᾿ εἰ δοκῶ νῦν μῶρα δρῶσα τυγχάνειν,
σχεδόν τι μώρῳ μωρίαν ὀφλισκάνω.   470

Χο.   δῆλον· τὸ γέννημ᾿ ὠμὸν ἐξ ὠμοῦ πατρὸς
τῆς παιδός· εἴκειν δ᾿ οὐκ ἐπίσταται κακοῖς.

Κρ.   ἀλλ᾿ ἴσθι τοι τὰ σκλήρ᾿ ἄγαν φρονήματα
πίπτειν μάλιστα, καὶ τὸν ἐγκρατέστατον
σίδηρον ὀπτὸν ἐκ πυρὸς περισκελῆ   475
θραυσθέντα καὶ ῥαγέντα πλεῖστ᾿ ἂν εἰσίδοις.
σμικρῷ χαλινῷ δ᾿ οἶδα τοὺς θυμουμένους
ἵππους καταρτυθέντας· οὐ γὰρ ἐκπέλει
φρονεῖν μέγ᾿ ὅστις δοῦλός ἐστι τῶν πέλας.
αὕτη δ᾿ ὑβρίζειν μὲν τότ᾿ ἐξηπίστατο,   480
νόμους ὑπερβαίνουσα τοὺς προκειμένους·
ὕβρις δ᾿, ἐπεὶ δέδρακεν, ἥδε δευτέρα,
τούτοις ἐπαυχεῖν καὶ δεδρακυῖαν γελᾶν.
ἦ νῦν ἐγὼ μὲν οὐκ ἀνήρ, αὕτη δ᾿ ἀνήρ,
εἰ ταῦτ᾿ ἀνατεὶ τῇδε κείσεται κράτη.   485
ἀλλ᾿ εἴτ᾿ ἀδελφῆς εἴθ᾿ ὁμαιμονεστέρα
τοῦ παντὸς ἡμῖν Ζηνὸς ἑρκείου κυρεῖ,

462 αὔτ᾿ zt: αὐτ᾿ cett.   467 ⟨ὄντ᾿⟩ ἠνεσχόμην Blaydes:
ἠνεσχόμην νέκυν Zo: ἠνσχόμην νέκυν a: ᾐσχόμην νέκυν LRS: ἠνει-
χόμην νέκυν V: ᾔσχυνον κύνες Blaydes   471 δῆλον Nauck
(post quod interpunximus): δηλοῖ codd.   γέννημ᾿ codd. plerique et
γρ in a: φώνημ᾿ a   478 καταρτυθέντας] -ισθέντας Blaydes
480 τότ᾿] τόδ᾿ K, coni. Sehrwald: ποτ᾿ R   484 post νῦν add. γ᾿ t
485 ἀνατεὶ] -τὶ L, sed syllaba nusquam pro brevi habenda est
486 ὁμαιμονεστέρα IRZf^{ac}: -ας cett.   487 ἑρκείου KZf,
Eustathius 1930. 30: -κίου cett.

αὐτή τε χἠ ξύναιμος οὐκ ἀλύξετον
μόρου κακίστου· καὶ γὰρ οὖν κείνην ἴcον
ἐπαιτιῶμαι τοῦδε βουλεῦcαι τάφου.　　　　490
καί νιν καλεῖτ'· ἔcω γὰρ εἶδον ἀρτίωc
λυccῶcαν αὐτὴν οὐδ' ἐπήβολον φρενῶν.
φιλεῖ δ' ὁ θυμὸc πρόcθεν ᾑρῆcθαι κλοπεὺc
τῶν μηδὲν ὀρθῶc ἐν cκότῳ τεχνωμένων.
μιcῶ γε μέντοι χῶταν ἐν κακοῖcί τιc　　　　495
ἁλοὺc ἔπειτα τοῦτο καλλύνειν θέλῃ.

Αν.　θέλειc τι μεῖζον ἢ κατακτεῖναί μ' ἑλών;
Κρ.　ἐγὼ μὲν οὐδέν· τοῦτ' ἔχων ἅπαντ' ἔχω.
Αν.　τί δῆτα μέλλειc; ὡc ἐμοὶ τῶν cῶν λόγων
ἀρεcτὸν οὐδέν, μηδ' ἀρεcθείη ποτέ,　　　　500
οὕτω δὲ καὶ cοὶ τἄμ' ἀφανδάνοντ' ἔφυ.
καίτοι πόθεν κλέοc γ' ἂν εὐκλεέcτερον
κατέcχον ἢ τὸν αὐτάδελφον ἐν τάφῳ
τιθεῖcα; τούτοιc τοῦτο πᾶcιν ἁνδάνειν
λέγοιμ' ἄν, εἰ μὴ γλῶccαν ἐγκλῄοι φόβοc.　　　505
ἀλλ' ἡ τυραννὶc πολλά τ' ἄλλ' εὐδαιμονεῖ
κἄξεcτιν αὐτῇ δρᾶν λέγειν θ' ἃ βούλεται.
Κρ.　cὺ τοῦτο μούνη τῶνδε Καδμείων ὁρᾷc.
Αν.　ὁρῶcι χοὖτοι· cοὶ δ' ὑπίλλουcι cτόμα.
Κρ.　cὺ δ' οὐκ ἐπαιδῇ, τῶνδε χωρὶc εἰ φρονεῖc;　　510
Αν.　οὐδὲν γὰρ αἰcχρὸν τοὺc ὁμοcπλάγχνουc cέβειν.
Κρ.　οὔκουν ὅμαιμοc χὠ καταντίον θανών;
Αν.　ὅμαιμοc ἐκ μιᾶc τε καὶ ταὐτοῦ πατρόc.

490 τοῦδε . . . τάφου] τόνδε . . . τάφον Blaydes
493 κλοπεὺc LSRa: κλοπαῖc Vzt　　494 ὀρθῶc] ὀρθὸν e sch.
Tournier　　500 ἀρεcθείη] -είην Hermann: ἀρέcτ' εἴη Elmsley
504 τούτοιc] τοὔργον Hense　　ἀνδάνειν a: -ει cett. (etiam Λ)
505 λέγοιμ' nos (λέγοιc iam Blaydes): λέγοιτ' codd.　　ἐγκλῄοι
Schaefer: ἐγκλῄcοι vel ἐγκλείcοι codd.　　506-7 del. A. Jacob
508 μούνη Lat, v.l. in z: μόνη cett.　　an μόνη cὺ τοῦτο?
509 χοὖτοι] χοῖδε a　　ὑπίλλουcι] ἱπ- L　　512 καταντίον a:
καταναντίον L: κατὰ χθονόc codd. plerique　　513 τε] γε
Hermann

ΣΟΦΟΚΛΕΟΥΣ

Κρ. πῶς δῆτ' ἐκείνῳ δυσσεβῆ τιμᾷς χάριν;

Αν. οὐ μαρτυρήσει ταῦθ' ὁ κατθανὼν νέκυς. 515

Κρ. εἴ τοί σφε τιμᾷς ἐξ ἴσου τῷ δυσσεβεῖ.

Αν. οὐ γάρ τι δοῦλος, ἀλλ' ἀδελφὸς ὤλετο.

Κρ. πορθῶν δὲ τήνδε γῆν· ὁ δ' ἀντιστὰς ὕπερ.

Αν. ὅμως ὅ γ' Ἅιδης τοὺς νόμους τούτους ποθεῖ.

Κρ. ἀλλ' οὐχ ὁ χρηστὸς τῷ κακῷ λαχεῖν ἴσος. 520

Αν. τίς οἶδεν εἰ κάτω 'στιν εὐαγῆ τάδε;

Κρ. οὔτοι ποθ' οὑχθρός, οὐδ' ὅταν θάνῃ, φίλος.

Αν. οὔτοι συνέχθειν, ἀλλὰ συμφιλεῖν ἔφυν.

Κρ. κάτω νυν ἐλθοῦσ', εἰ φιλητέον, φίλει
κείνους· ἐμοῦ δὲ ζῶντος οὐκ ἄρξει γυνή. 525

Χο. καὶ μὴν πρὸ πυλῶν ἥδ' Ἰσμήνη,
φιλάδελφα κάτω δάκρυ' εἰβομένη·
νεφέλη δ' ὀφρύων ὕπερ αἱματόεν
ῥέθος αἰσχύνει,
τέγγους' εὐῶπα παρειάν. 530

Κρ. σὺ δ', ἢ κατ' οἴκους ὡς ἔχιδν' ὑφειμένη
λήθουσά μ' ἐξέπινες, οὐδ' ἐμάνθανον
τρέφων δύ' ἄτα κἀπαναστάσεις θρόνων,
φέρ', εἰπὲ δή μοι, καὶ σὺ τοῦδε τοῦ τάφου
φήσεις μετασχεῖν, ἢ 'ξομῇ τὸ μὴ εἰδέναι; 535

Ισ. δέδρακα τοὔργον, εἴπερ ἥδ' ὁμορροθεῖ,
καὶ ξυμμετίσχω καὶ φέρω τῆς αἰτίας.

Αν. ἀλλ' οὐκ ἐάσει τοῦτό γ' ἡ δίκη σ', ἐπεὶ
οὔτ' ἠθέλησας οὔτ' ἐγὼ 'κοινωσάμην.

514 δυσσεβῆ SVz: -εῖ KRa: -ῳ L in linea, -ῇ s.l.   516 τοι
codd. plerique: τοῖς L: τι RA, v.l. in z   δυσσεβεῖ] δυσμενεῖ R
518 δὲ LR: γε cett.   519 τούτους] ἴσους Lγρ   520 λαχεῖν]
λαβεῖν zt   ἴσος LSVRa: ἴσον zt: ἴσους Nauck: ἴσα Bergk
521 κάτω 'στιν] κάτωθεν γρ in L et S   522 οὐδ' LRV: οὔθ' cett.
527 φιλάδελφα κάτω] φιλάδελφ' οἴκτῳ dubitanter Bruhn   δάκρυ]
δάκρυ Wex   εἰβομένη t: λειβομένη (vel -α) cett.   531 ὑφει-
μένη] ὑφημένη Brunck e sch.   533 ἄτα] ἄτας Sa   535 μὴ]
μ' Ι   536 ὁμορροθεῖ] -θῶ Nauck

Ιϲ. ἀλλ' ἐν κακοῖϲ τοῖϲ ϲοῖϲιν οὐκ αἰϲχύνομαι   540
      ξύμπλουν ἐμαυτὴν τοῦ πάθουϲ ποιουμένη.
Αν. ὧν τοὔργον Ἅιδηϲ χοἰ κάτω ξυνίϲτορεϲ·
      λόγοιϲ δ' ἐγὼ φιλοῦϲαν οὐ ϲτέργω φίλην.
Ιϲ. μήτοι, καϲιγνήτη, μ' ἀτιμάϲῃϲ τὸ μὴ οὐ
      θανεῖν τε ϲὺν ϲοὶ τὸν θανόντα θ' ἁγνίϲαι.   545
Αν. μὴ 'μοὶ θάνῃϲ ϲὺ κοινά, μηδ' ἃ μὴ 'θιγεϲ
      ποιοῦ ϲεαυτῆϲ. ἀρκέϲω θνῄϲκουϲ' ἐγώ.
Ιϲ. καὶ τίϲ βίου μοι ϲοῦ λελειμμένῃ πόθοϲ;
Αν. Κρέοντ' ἐρώτα· τοῦδε γὰρ ϲὺ κηδεμών.
Ιϲ. τί ταῦτ' ἀνιᾷϲ μ' οὐδὲν ὠφελουμένη;   550
Αν. ἀλγοῦϲα μὲν δῆτ', εἰ γελῶ γ', ἐν ϲοὶ γελῶ.
Ιϲ. τί δῆτ' ἂν ἀλλὰ νῦν ϲ' ἔτ' ὠφελοῖμ' ἐγώ;
Αν. ϲῶϲον ϲεαυτήν. οὐ φθονῶ ϲ' ὑπεκφυγεῖν.
Ιϲ. οἴμοι τάλαινα, κἀμπλάκω τοῦ ϲοῦ μόρου;
Αν. ϲὺ μὲν γὰρ εἵλου ζῆν, ἐγὼ δὲ κατθανεῖν.   555
Ιϲ. ἀλλ' οὐκ ἐπ' ἀρρήτοιϲ γε τοῖϲ ἐμοῖϲ λόγοιϲ.
Αν. καλῶϲ ϲὺ μὲν τοῖϲ, τοῖϲ δ' ἐγὼ 'δόκουν φρονεῖν.
Ιϲ. καὶ μὴν ἴϲη νῷν ἐϲτιν ἡ 'ξαμαρτία.
Αν. θάρϲει. ϲὺ μὲν ζῇϲ, ἡ δ' ἐμὴ ψυχὴ πάλαι
      τέθνηκεν, ὥϲτε τοῖϲ θανοῦϲιν ὠφελεῖν.   560
Κρ. τὼ παῖδέ φημι τώδε τὴν μὲν ἀρτίωϲ
      ἄνουν πεφάνθαι, τὴν δ' ἀφ' οὗ τὰ πρῶτ' ἔφυ.
Ιϲ. οὐ γάρ ποτ', ὦναξ, οὐδ' ὃϲ ἂν βλάϲτῃ μένει
      νοῦϲ τοῖϲ κακῶϲ πράϲϲουϲιν, ἀλλ' ἐξίϲταται.
Κρ. ϲοὶ γοῦν, ὅθ' εἵλου ϲὺν κακοῖϲ πράϲϲειν
      κακά.   565

546 'μοὶ nos: μοι codd.   μηδ' LRZf: μήθ' cett.   ἃ] ὧν Blaydes
548 βίου . . . πόθοϲ R: βίοϲ . . . φίλοϲ cett.   λελειμμένῃ] -ηϲ R
551 γελῶ γ' Heath: γελῶτ' LSR: γέλωτ' cett.   557 prius τοῖϲ
a: τοι L: τ' οὐ R: τ' οἴου SV: θοῦ Κzt: fortasse novit ϲοι sch.
559 θάρϲει LRaZf: θάρρει cett.   560 ὠφελεῖν] -εῖϲ Dobree
563 οὐ γάρ ποτ' codd.: ἀλλ' οὐ γάρ Plut. Phoc. 1, Mor. 460ε
βλάϲτῃ Zc: βλαϲτῇ cett.   564 πράϲϲουϲιν] πράττ- a,
Gregorius Corinthius 417: πράξαϲιν Plut. Mor. 460ε   565 κακοῖϲ
LSVR: -ῇ L s.l., cett.

Ιc.   τί γὰρ μόνη μοι τῆςδ' ἄτερ βιώςιμον;
Κρ.   ἀλλ' ἥδε μέντοι—μὴ λέγ'· οὐ γὰρ ἔςτ' ἔτι.
Ιc.   ἀλλὰ κτενεῖς νυμφεῖα τοῦ cαυτοῦ τέκνου;
Κρ.   ἀρώcιμοι γὰρ χἀτέρων εἰcὶν γύαι.
Ιc.   οὐχ ὧc γ' ἐκείνῳ τῇδέ τ' ἦν ἡρμοcμένα.   570
Κρ.   κακὰc ἐγὼ γυναῖκαc υἱέcι cτυγῶ.
Ιc.   ὦ φίλταθ' Αἷμον, ὥc c' ἀτιμάζει πατήρ.
Κρ.   ἄγαν γε λυπεῖc καὶ cὺ καὶ τὸ cὸν λέχοc.
Ιc.   ἦ γὰρ cτερήcειc τῆcδε τὸν cαυτοῦ γόνον;
Κρ.   Ἅιδηc ὁ παύcων τούcδε τοὺc γάμουc ἐμοί.   575
Ιc.   δεδογμέν', ὡc ἔοικε, τήνδε κατθανεῖν.
Κρ.   καὶ cοί γε κἀμοί. μὴ τριβὰc ἔτ', ἀλλά νιν
       κομίζετ' εἴcω, δμῶεc· ἐκ δὲ τοῦδε χρὴ
       γυναῖκαc εἶναι τάcδε μηδ' ἀνειμέναc.
       φεύγουcι γάρ τοι χοἰ θραcεῖc, ὅταν πέλαc   580
       ἤδη τὸν Ἅιδην εἰcορῶcι τοῦ βίου.

Χο.   εὐδαίμονεc οἷcι κακῶν ἄγευcτοc αἰών.   cτρ. α'
       οἷc γὰρ ἂν cειcθῇ θεόθεν δόμοc, ἄταc
       οὐδὲν ἐλλείπει γενεᾶc ἐπὶ πλῆθοc ἕρπον·   585
       ὥcτε ποντίαc ἁλὸc
       οἶδμα δυcπνόοιc ὅταν
       Θρήccηcιν ἔρεβοc ὕφαλον ἐπιδράμῃ πνοαῖc,

567 μέντοι S, coni. Brunck: μέντοι coι Zf: μέν coι cett.   sic inter-
punxit Bellermann   568 νυμφεῖα Vazt: νυμφία ISR
569 ἀρώcιμοι LSV: -μαι a: ἀρόcιμα cett.   γύαι Lazt: γυίαι KSVR
570 γ' om. KR   571 υἱέcι Zot: υἱάcι(ν) cett. (etiam Λ)
572 Ismenae tribuunt codd., Antigonae ed. Aldina   Αἷμον Vaz:
Αἷμων ISRt   573 γε] με Zf in linea, coni. Blaydes
574 Ismenae tribuunt codd., choro Boeckh   575 ἐμοί l: ἔφυ cett.
576 Ismenae tribuunt Kat, choro cett., Antigonae Boeckh   578 ἐκ
δὲ τοῦδε] ἐκ δὲ τᾶcδε l: ἐκδετὰc δὲ Engelmann: ἐκδέτουc δὲ Bruhn
584 cειcθῇ post θεόθεν transp. t   ἄταc] ἄτᾳ B. Thiersch
585 γενεᾶc] -ᾶν Blaydes   ἕρπον] -ων L s.l., SRZf: ἕρπειν Blaydes
586 ante ὥcτε add. ὁμοῖον codd.: del. Seidler   ποντίαc ἁλὸc codd.
(etiam Λ), nisi quod ποντίαιc ἁλὸc Lᵖᶜ et sch.: ποντίαιc Elmsley: πόν-
τιον Schneidewin   589 Θρήccηcιν] -αιc t: -αιcιν Ellendt

κυλίνδει βυccόθεν   590
κελαινὰν θῖνα καὶ δυcάνεμοι
cτόνῳ βρέμουcιν ἀντιπλῆγεc ἀκταί.

ἀρχαῖα τὰ Λαβδακιδᾶν οἴκων ὁρῶμαι   ἀντ. α′
πήματα φθιτῶν ἐπὶ πήμαcι πίπτοντ′,   595
οὐδ′ ἀπαλλάccει γενεὰν γένοc, ἀλλ′ ἐρείπει
θεῶν τιc, οὐδ′ ἔχει λύcιν.
νῦν γὰρ ἐcχάταc ὑπὲρ
ῥίζαc ἐτέτατο φάοc ἐν Οἰδίπου δόμοιc·   600
κατ′ αὖ νιν φοινία
θεῶν τῶν νερτέρων ἀμᾷ κοπίc,
λόγου τ′ ἄνοια καὶ φρενῶν Ἐρινύc.

τεάν, Ζεῦ, δύναcιν τίc ἀν-   cτρ. β′
δρῶν ὑπερβαcία κατάcχοι;   605
τὰν οὔθ′ ὕπνοc αἱρεῖ ποθ′ ὁ †παντογήρωc†
οὔτ′ ἀκάματοι θεῶν
μῆνεc, ἀγήρωc δὲ χρόνῳ δυνάcταc
κατέχειc Ὀλύμπου
μαρμαρόεccαν αἴγλαν.   610
τό τ′ ἔπειτα καὶ τὸ μέλλον
καὶ τὸ πρὶν ἐπαρκέcει

591 δυcάνεμοι Hartung: -ον codd.: -ῳ Jacobs   592 βρέμουcιν
Zo, coni. Jacobs: βρέμουcι δ′ cett.   ἀντιπλῆγεc] ἀμφιπλῆγεc Bergk
595 φθιτῶν Hermann: φθιμένων codd.   596 γενεὰν] γενεᾷ
Bruhn   599 ὑπὲρ] ὅπερ K s.l. (ex sch.), coni. Hermann   600 ἐτέ-
τατο Brunck: τέτατο codd.: ⟨δ⟩ τέτατο Hermann   601 κατ′
L^{pc}KSV^{ac}t: κᾶτ′ vel κᾱτ′ aZf   φοινία] φονία Ra   602 κοπίc
Jortin: κόνιc codd.   603 Ἐρινύc LRS: -ιννύc cett.
604 τεάν] τὰν cάν t: τίc cάν Meineke   δύναcιν L s.l., Ra: δύναμιν
cett.   605 ὑπερβαcία] -ίᾳ Sa: ὑπέρβαcιc ἂν Meineke
606 παντογήρωc fere codd.: πάντ′ ἀγρεύων Jebb: παντοθήρας
Bamberger   607 οὔτ′ LSZf: om. t: οὐδ′ cett.   ἀκάματοι
θεῶν] ἀκάματοί τε θεῶν t: θεῶν ἄκματοι Hermann: ἐτέων ἄκματοι
Schneidewin   608 ἀγήρωc L^{pc}, codd. plerique: -ῳ L^{ac}a, sch.

ΣΟΦΟΚΛΕΟΥΣ

νόμος ὅδ᾽· οὐδέν᾽ ἕρπει
θνατῶν βίοτος πάμπολυς ἐκτὸς ἄτας.

ἁ γὰρ δὴ πολύπλαγκτος ἐλ-   ἀντ. β΄
πὶς πολλοῖς μὲν ὄνησις ἀνδρῶν,   616
πολλοῖς δ᾽ ἀπάτα κουφονόων ἐρώτων·
εἰδότι δ᾽ οὐδὲν ἕρπει,
πρὶν πυρὶ θερμῷ πόδα τις προσαύσῃ.
σοφίᾳ γὰρ ἔκ του   620
κλεινὸν ἔπος πέφανται,
τὸ κακὸν δοκεῖν ποτ᾽ ἐσθλὸν
τῷδ᾽ ἔμμεν ὅτῳ φρένας
θεὸς ἄγει πρὸς ἄταν·
πράσσει δ᾽ ὀλίγος τὸν χρόνον ἐκτὸς ἄτας.   625

ὅδε μὴν Αἵμων, παίδων τῶν σῶν
νέατον γέννημ᾽· ἆρ᾽ ἀχνύμενος
[τῆς μελλογάμου νύμφης]
τάλιδος ἥκει μόρον Ἀντιγόνης,
ἀπάτης λεχέων ὑπεραλγῶν;   630

Κρ.   τάχ᾽ εἰσόμεσθα μάντεων ὑπέρτερον.
ὦ παῖ, τελείαν ψῆφον ἆρα μὴ κλυὼν
τῆς μελλονύμφου πατρὶ λυσσαίνων πάρει;
ἦ σοὶ μὲν ἡμεῖς πανταχῇ δρῶντες φίλοι;

613–14 οὐδέν᾽... πάμπολυς Lloyd-Jones (οὐδέν᾽ iam ed. Aldina, πάμπολυς Musgrave): οὐδὲν ἕρπει θνατῶν βιότῳ πάμπολις codd. (πάμπολιν Zo)   ἕρπει] ἕρπειν Heath, qui etiam πάμπολύ γ᾽ coni. βίοτον τὸν πολὺν Schneidewin   615 πολύπλαγκτος] -ακτος SRZo   616 ὄνησις] ὄνασις Brunck   618 εἰδότι δ᾽] εὖ εἰδόσιν Wilamowitz, deleto ἕρπει   619 προσαύσῃ L: προσψαύσῃ a: προψαύσει R: προσαίρει vel -ῃ L s.l., sch.: προσάρῃ Kzt   625 ὀλίγος τὸν Lloyd-Jones: ὀλιγοστὸν codd.: ὀλίγιστον Bergk   628 om. Zot (cf. 633)   νύμφης om. Livineius (‘p’) et Pollux 3. 45; interpretationem sapit   629 μόρον] μόρῳ Blaydes 630 ἀπάτης edd.: -ας codd.   632 κλυὼν West: -ύων codd. 633 λυσσαίνων] θυμαίνων Lγρ

ΑΝΤΙΓΟΝΗ

ΑΙΜΩΝ

πάτερ, cὸς εἰμι· καὶ cύ με γνώμας ἔχων   635
χρηστὰς ἀπορθοῖς, αἷς ἔγωγ᾽ ἐφέψομαι.
ἐμοὶ γὰρ οὐδεὶς ἀξιώσεται γάμος
μείζων φέρεςθαι coῦ καλῶς ἡγουμένου.

Κρ.   οὕτω γάρ, ὦ παῖ, χρὴ διὰ cτέρνων ἔχειν,
γνώμης πατρῴας πάντ᾽ ὄπιςθεν ἑςτάναι.   640
τούτου γὰρ οὕνεκ᾽ ἄνδρες εὔχονται γονὰς
κατηκόους φύςαντες ἐν δόμοις ἔχειν,
ὡς καὶ τὸν ἐχθρὸν ἀνταμύνωνται κακοῖς,
καὶ τὸν φίλον τιμῶςιν ἐξ ἴςου πατρί.
ὅςτις δ᾽ ἀνωφέλητα φιτύει τέκνα,   645
τί τόνδ᾽ ἂν εἴποις ἄλλο πλὴν αὑτῷ πόνους
φῦςαι, πολὺν δὲ τοῖςιν ἐχθροῖςιν γέλων;
μή νύν ποτ᾽, ὦ παῖ, τὰς φρένας γ᾽ ὑφ᾽ ἡδονῆς
γυναικὸς οὕνεκ᾽ ἐκβάλῃς, εἰδὼς ὅτι
ψυχρὸν παραγκάλιςμα τοῦτο γίγνεται,   650
γυνὴ κακὴ ξύνευνος ἐν δόμοις. τί γὰρ
γένοιτ᾽ ἂν ἕλκος μεῖζον ἢ φίλος κακός;
ἀποπτύςας οὖν ὥςτε δυςμενῆ μέθες
τὴν παῖδ᾽ ἐν Ἅιδου τήνδε νυμφεύειν τινί.
ἐπεὶ γὰρ αὐτὴν εἷλον ἐμφανῶς ἐγὼ   655
πόλεως ἀπιςτήςαςαν ἐκ πάςης μόνην,
ψευδῆ γ᾽ ἐμαυτὸν οὐ καταςτήςω πόλει,
ἀλλὰ κτενῶ. πρὸς ταῦτ᾽ ἐφυμνείτω Δία
ξύναιμον· εἰ γὰρ δὴ τά γ᾽ ἐγγενῆ φύςει

635 με Blaydes: μοι Sazt: μου LRV   637 ἀξιώςεται
Musgrave: ἄξιος ἔςται KᵖᶜV: ἀξίως ἔςται cett.   640 ἑςτάναι]
ἱςτάναι Musgrave   645 φιτεύει Livineius ('p'), coni. Bentley:
φυτεύει codd. (nisi quod προςφύει K)   646 πόνους] πέδας
Lγρ, gl. in Zc   648 τὰς φρένας] τόν γε νοῦν Blaydes   γ᾽ Zot:
om. cett.   653 ἀποπτύςας Blaydes: ἀλλ᾽ ἀποπτύςας KRZc:
ἀλλὰ πτύςας cett.   οὖν ὥςτε Blaydes: ὡςεί τε codd.   654 νυμ-
φεύειν] -εύςειν Ka   τινί LRVaZf: τινά KᵃᶜSZot   655 εἷλον
codd. plerique: εἶδον KRZot   656 πάςης] -ας l   659 τά γ᾽
Erfurdt: τάδ᾽ a: τά τ᾽ cett. (etiam Λ)

ΣΟΦΟΚΛΕΟΥΣ

ἄκοϲμα θρέψω, κάρτα τοὺϲ ἔξω γένουϲ.　　　660
ἐν τοῖϲ γὰρ οἰκείοιϲιν ὅϲτιϲ ἔϲτ' ἀνὴρ
χρηϲτόϲ, φανεῖται κἀν πόλει δίκαιοϲ ὤν.
ὅϲτιϲ δ' ὑπερβὰϲ ἢ νόμουϲ βιάζεται,
ἢ τοὐπιτάϲϲειν τοῖϲ κρατύνουϲιν νοεῖ,
οὐκ ἔϲτ' ἐπαίνου τοῦτον ἐξ ἐμοῦ τυχεῖν.　　　665
[ἀλλ' ὃν πόλιϲ ϲτήϲειε, τοῦδε χρὴ κλύειν
καὶ ϲμικρὰ καὶ δίκαια καὶ τἀναντία.]
καὶ τοῦτον ἂν τὸν ἄνδρα θαρϲοίην ἐγὼ
καλῶϲ μὲν ἄρχειν, εὖ δ' ἂν ἄρχεϲθαι θέλειν,
δορόϲ τ' ἂν ἐν χειμῶνι προϲτεταγμένον　　　670
μένειν δίκαιον κἀγαθὸν παραϲτάτην.
ἀναρχίαϲ δὲ μεῖζον οὐκ ἔϲτιν κακόν.
αὕτη πόλειϲ ὄλλυϲιν, ἥδ' ἀναϲτάτουϲ
οἴκουϲ τίθηϲιν, ἥδε ϲυμμάχου δορὸϲ
τροπὰϲ καταρρήγνυϲι· τῶν δ' ὀρθουμένων　　　675
ϲῴζει τὰ πολλὰ ϲώμαθ' ἡ πειθαρχία.
οὕτωϲ ἀμυντέ' ἐϲτὶ τοῖϲ κοϲμουμένοιϲ,
κοὔτοι γυναικὸϲ οὐδαμῶϲ ἡϲϲητέα.
κρεῖϲϲον γάρ, εἴπερ δεῖ, πρὸϲ ἀνδρὸϲ ἐκπεϲεῖν,
κοὐκ ἂν γυναικῶν ἥϲϲονεϲ καλοίμεθ' ἄν.　　　680

Χο.　ἡμῖν μέν, εἰ μὴ τῷ χρόνῳ κεκλέμμεθα,
　　　λέγειν φρονούντωϲ ὧν λέγειϲ δοκεῖϲ πέρι.

Αι.　πάτερ, θεοὶ φύουϲιν ἀνθρώποιϲ φρέναϲ,

---

660 post τούϲ add. γ' KSZot　　663–7 post 671 traiecit Seidler: versus
fortasse spurios esse censet Blaydes　　664 τοὐπιτάϲϲειν] τἀπιτάϲϲειν
R: κἀπιτάϲϲειν Blaydes　　κρατύνουϲι(ν) L^ac V: κρατοῦϲιν cett.　　νοεῖ
L^ac VR: ἐννοεῖ cett. (etiam Λ)　　666–7 del. Dawe　　666 ϲτήϲειε]
ϲτήϲῃ γε Seyffert　　667 ϲμικρὰ] πικρὰ van Eldik　　672 δὲ
1Zf, Stobaeus 4. 7. 12: γὰρ L s.l., cett.　　673 πόλειϲ SZot: πόλιϲ τ' l
s.l., Zf: πόλιϲ θ' l: πόλειϲ τ' VRa　　674 ϲυμμάχου Reiske:
ϲυμμάχῃ lR: ϲὺν μάχῃ cett.: κἂν μάχῃ Held: τ' ἐν μάχῃ Pearson
676 πειθαρχία VaZo: πιθ- cett. (etiam Λ)　　678 γυναικὸϲ] -ῶν
K et fort. novit Eustathius 759. 39　　οὐδαμῶϲ] μη- RZf　　681 κε-
κλέμμεθα a: -ήμεθα LS: -ίμεθα cett. (ϲεϲυλήμεθα L gl. et sch.)

210

ΑΝΤΙΓΟΝΗ

πάντων ὅc' ἐcτὶ κτημάτων ὑπέρτατον,
ἐγὼ δ' ὅπωc cὺ μὴ λέγειc ὀρθῶc τάδε,　　　　685
οὔτ' ἂν δυναίμην μήτ' ἐπιcταίμην λέγειν·
[γένοιτο μέντἂν χἀτέρᾳ καλῶc ἔχον.]
cὺ δ' οὐ πέφυκαc πάντα προcκοπεῖν ὅcα
λέγει τιc ἢ πράccει τιc ἢ ψέγειν ἔχει.
τὸ γὰρ còν ὄμμα δεινὸν ἀνδρὶ δημότῃ　　　　690
λόγοιc τοιούτοιc οἷc cὺ μὴ τέρψῃ κλύων·
ἐμοὶ δ' ἀκούειν ἔcθ' ὑπὸ cκότου τάδε,
τὴν παῖδα ταύτην οἷ' ὀδύρεται πόλιc,
παcῶν γυναικῶν ὡc ἀναξιωτάτη
κάκιcτ' ἀπ' ἔργων εὐκλεεcτάτων φθίνει·　　　　695
ἥτιc τὸν αὑτῆc αὐτάδελφον ἐν φοναῖc
πεπτῶτ' ἄθαπτον μήθ' ὑπ' ὠμηcτῶν κυνῶν
εἴαc' ὀλέcθαι μήθ' ὑπ' οἰωνῶν τινοc·
οὐχ ἥδε χρυcῆc ἀξία τιμῆc λαχεῖν;
τοιάδ' ἐρεμνὴ cῖγ' ὑπέρχεται φάτιc.　　　　700
ἐμοὶ δὲ coῦ πράccοντοc εὐτυχῶc, πάτερ,
οὐκ ἔcτιν οὐδὲν κτῆμα τιμιώτερον.
τί γὰρ πατρὸc θάλλοντοc εὐκλείᾳ τέκνοιc
ἄγαλμα μεῖζον, ἢ τί πρὸc παίδων πατρί;
μή νυν ἓν ἦθοc μοῦνον ἐν cαυτῷ φόρει,　　　　705
ὡc φὴc cύ, κοὐδὲν ἄλλο, τοῦτ' ὀρθῶc ἔχειν.

684 ὅc' codd. plerique: ὅcc' L: νόοc KV: ὅ γ' Zf　　κτημάτων L s.l.,
RZf: χρημάτων cett.　　ὑπέρτατον] -τερον KRV　　685 λέγειc
codd. plerique: -ηc IVA　　687 del. Heimreich　　χἀτέρᾳ
K in linea, coni. Musgrave: χἀτέρωc R et fortasse novit sch., coni.
Hermann: χἀτέρῳ cett.　　688 cὺ LγρY: coῦ LSVᵃᶜZf: coὶ L s.l.,
RVᵖᶜAUZot　　οὐ πέφυκαc Lγρ: οὐ̂ν πέφυκα codd.　　690 post
hunc v. lacunam unius versus statuit Dindorf　　691 del. Nauck
695 ἀπ'] ἐπ' A　　φθίνει] φθίνειν Nauck　　697 κυνῶν]
λύκων Lγρ　　698 μήθ' KSaZo: μηδ' cett.　　699 τιμῆc]
-αῖc L: cτήληc γρ in LS　　700 ὑπέρχεται Herwerden, Pallis: ἐπ-
codd.　　703 εὐκλείᾳ Johnson: -αc codd.　　705 φόρει]
φρόνει KᵃᶜS　　706 ὡc] ὃ Blaydes　　τοῦτ'] ταῦτ' LᵃᶜK: ταῦθ' V
ἔχειν Va: ἔχει cett.

211

ὅστις γὰρ αὐτὸς ἢ φρονεῖν μόνος δοκεῖ,
ἢ γλῶςςαν, ἣν οὐκ ἄλλος, ἢ ψυχὴν ἔχειν,
οὗτοι διαπτυχθέντες ὤφθηςαν κενοί.
ἀλλ' ἄνδρα, κεἴ τις ᾖ σοφός, τὸ μανθάνειν   710
πόλλ' αἰςχρὸν οὐδὲν καὶ τὸ μὴ τείνειν ἄγαν.
ὁρᾷς παρὰ ῥείθροιςι χειμάρροις ὅςα
δένδρων ὑπείκει, κλῶνας ὡς ἐκςῴζεται,
τὰ δ' ἀντιτείνοντ' αὐτόπρεμν' ἀπόλλυται.
αὕτως δὲ ναὸς ὅστις ἐν κράτει πόδα   715
τείνας ὑπείκει μηδέν, ὑπτίοις κάτω
στρέψας τὸ λοιπὸν ςέλμαςιν ναυτίλλεται.
ἀλλ' εἶκε θυμοῦ καὶ μετάςταςιν δίδου.
γνώμη γὰρ εἴ τις κἀπ' ἐμοῦ νεωτέρου
πρόςεςτι, φήμ' ἔγωγε πρεςβεύειν πολὺ   720
φῦναι τὸν ἄνδρα πάντ' ἐπιςτήμης πλέων·
εἰ δ' οὖν, φιλεῖ γὰρ τοῦτο μὴ ταύτῃ ῥέπειν,
καὶ τῶν λεγόντων εὖ καλὸν τὸ μανθάνειν.

Χο.   ἄναξ, ςέ τ' εἰκός, εἴ τι καίριον λέγει,
μαθεῖν, ςέ τ' αὖ τοῦδ'· εὖ γὰρ εἴρηται διπλῇ.   725

Κρ.   οἱ τηλικοίδε καὶ διδαξόμεςθα δὴ
φρονεῖν πρὸς ἀνδρὸς τηλικοῦδε τὴν φύςιν;

Αι.   μηδέν γ' ὃ μὴ δίκαιον· εἰ δ' ἐγὼ νέος,
οὐ τὸν χρόνον χρὴ μᾶλλον ἢ τἄργα ςκοπεῖν.

Κρ.   ἔργον γάρ ἐςτι τοὺς ἀκοςμοῦντας ςέβειν;   730

707 αὐτὸς] αὐτῶν Priscianus 17. 157, unde ἀςτῶν Nauck   ἢ]
εὖ Priscianus   710 ἄνδρα] ἀνδρὶ Blaydes   κεἴ] κῆν a   ἢ
codd. plerique: εἰ LSV: ἢν R   715 αὕτως edd.: αὔτως codd.
plerique: οὕτως LᵖᶜK   ὅςτις] εἴ τις L in linea   ἐν κράτει
Lloyd-Jones: ἐγκρατῆ L s.l. SVZot: -ῆς a, Rγρ: -εῖ L in linea, RZf
718 θυμοῦ KVZot: -ᾶ S: -ῷ cett.   720 πρόςεςτι] χρηςτή 'ςτι
Blaydes   721 τὸν] τιν' Blaydes   πλέων KᵃᶜV: -ω codd.
725 αὖ τοῦδ' SatZo: αὐτοῦ δ' LV: αὐτοῦ R   διπλῇ Hermann: -ᾶς
V: -ᾷ cett.: -ᾶ Jebb   726 οἱ] ᾖ L s.l.: ἢ Zf   διδαξόμεςθα δή]
-εςθ' ἃ δεῖ Semitelos (δεῖ pro δή R)   727 πρὸς] ὑπ' LR: παρ'
V   728 γ' ὃ Tournier (ὃ Vat. gr. 57): τὸ codd. nostri,
sed ὃ sch.

Αι.   οὐδ᾽ ἂν κελεύcαιμ᾽ εὐcεβεῖν ἐc τοὺc κακούc.

Κρ.   οὐχ ἥδε γὰρ τοιᾷδ᾽ ἐπείληπται νόcῳ;

Αι.   οὔ φηcι Θήβηc τῆcδ᾽ ὁμόπτολιc λεώc.

Κρ.   πόλιc γὰρ ἡμῖν ἁμὲ χρὴ τάccειν ἐρεῖ;

Αι.   ὁρᾷc τόδ᾽ ὡc εἴρηκαc ὡc ἄγαν νέοc;   735

Κρ.   ἄλλῳ γὰρ ἢ 'μοὶ χρή με τῆcδ᾽ ἄρχειν χθονόc;

Αι.   πόλιc γὰρ οὐκ ἔcθ᾽ ἥτιc ἀνδρόc ἐcθ᾽ ἑνόc.

Κρ.   οὐ τοῦ κρατοῦντοc ἡ πόλιc νομίζεται;

Αι.   καλῶc ἐρήμηc γ᾽ ἂν cὺ γῆc ἄρχοιc μόνοc.

Κρ.   ὅδ᾽, ὡc ἔοικε, τῇ γυναικὶ cυμμαχεῖ.   740

Αι.   εἴπερ γυνὴ cύ· cοῦ γὰρ οὖν προκήδομαι.

Κρ.   ὦ παγκάκιcτε, διὰ δίκηc ἰὼν πατρί;

Αι.   οὐ γὰρ δίκαιά c᾽ ἐξαμαρτάνονθ᾽ ὁρῶ.

Κρ.   ἁμαρτάνω γὰρ τὰc ἐμὰc ἀρχὰc cέβων;

Αι.   οὐ γὰρ cέβειc, τιμάc γε τὰc θεῶν πατῶν.   745

Κρ.   ὦ μιαρὸν ἦθοc καὶ γυναικὸc ὕcτερον.

Αι.   οὔ τἂν ἕλοιc ἥccω γε τῶν αἰcχρῶν ἐμέ.

Κρ.   ὁ γοῦν λόγοc cοι πᾶc ὑπὲρ κείνηc ὅδε.

Αι.   καὶ cοῦ γε κἀμοῦ, καὶ θεῶν τῶν νερτέρων.

Κρ.   ταύτην ποτ᾽ οὐκ ἔcθ᾽ ὡc ἔτι ζῶcαν γαμεῖc.   750

Αι.   ἥδ᾽ οὖν θανεῖται καὶ θανοῦc᾽ ὀλεῖ τινα.

Κρ.   ἦ κἀπαπειλῶν ὧδ᾽ ἐπεξέρχῃ θραcύc;

Αι.   τίc δ᾽ ἔcτ᾽ ἀπειλὴ πρόc c᾽ ἐμὰc γνώμαc λέγειν;

Κρ.   κλαίων φρενώcειc, ὢν φρενῶν αὐτὸc κενόc.

Αι.   εἰ μὴ πατὴρ ἦcθ᾽, εἶπον ἄν c᾽ οὐκ εὖ φρονεῖν. 755

Κρ.   γυναικὸc ὢν δούλευμα, μὴ κώτιλλέ με.

Αι.   βούλῃ λέγειν τι καὶ λέγων μηδὲν κλύειν;

731 οὐδ᾽ ἄν] οὔ τἂν Schneidewin   734 ἁμὲ] ἄν με at
736 με Dobree: om. K: γε cett.   739 γ᾽ ἂν LRVaZf: γὰρ KSZot
741–57 ordinem sunt qui turbent   742 παγκάκιcτε] παῖ
κάκιcτε Plut. *Mor.* 483 в   notam interrogationis posuit Hermann
745 οὐ] εὖ Musgrave   747 οὔ τἂν Erfurdt: οὐκ ἂν γ᾽ at: οὐκ
ἂν cett.   748 cοι] cοῦ KᵃᶜRZo   749 γε LVZf: τε RSaZot
751 ἥδ᾽ οὖν] ἡ δ᾽ οὖν Hartung: εἰ δ᾽ οὖν Nauck   753 πρόc c᾽
ἐμὰc Lloyd-Jones: πρὸc κενὰc codd.   754 φρενώcειc ⟨μ᾽⟩
Blaydes   αὐτὸc ante ὢν traiecit Erfurdt   757 κλύειν] λέγειν l

213

ΣΟΦΟΚΛΕΟΥΣ

Κρ. ἄληθες; ἀλλ' οὐ, τόνδ' Ὄλυμπον, ἴσθ' ὅτι,
χαίρων ἔτι ψόγοισι δεννάσεις ἐμέ.
ἄγετε τὸ μῖσος, ὡς κατ' ὄμματ' αὐτίκα   760
παρόντι θνῄσκῃ πλησία τῷ νυμφίῳ.

Αι. οὐ δῆτ' ἔμοιγε, τοῦτο μὴ δόξῃς ποτέ,
οὔθ' ἥδ' ὀλεῖται πλησία, σύ τ' οὐδαμὰ
τοὐμὸν προσόψῃ κρᾶτ' ἐν ὀφθαλμοῖς ὁρῶν,
ὡς τοῖς θέλουσι τῶν φίλων μαίνῃ συνών.   765

Χο. ἀνήρ, ἄναξ, βέβηκεν ἐξ ὀργῆς ταχύς·
νοῦς δ' ἐστὶ τηλικοῦτος ἀλγήσας βαρύς.

Κρ. δράτω, φρονείτω μεῖζον ἢ κατ' ἄνδρ' ἰών·
τὰ δ' οὖν κόρα τάδ' οὐκ ἀπαλλάξει μόρου.

Χο. ἄμφω γὰρ αὐτὰ καὶ κατακτεῖναι νοεῖς;   770

Κρ. οὐ τήν γε μὴ θιγοῦσαν· εὖ γὰρ οὖν λέγεις.

Χο. μόρῳ δὲ ποίῳ καί σφε βουλεύῃ κτανεῖν;

Κρ. ἄγων ἐρῆμος ἔνθ' ἂν ᾖ βροτῶν στίβος
κρύψω πετρώδει ζῶσαν ἐν κατώρυχι,
φορβῆς τοσοῦτον ὅσον ἄγος φεύγειν προθείς,   775
ὅπως μίασμα πᾶσ' ὑπεκφύγῃ πόλις.
κἀκεῖ τὸν Ἅιδην, ὃν μόνον σέβει θεῶν,
αἰτουμένη που τεύξεται τὸ μὴ θανεῖν,
ἢ γνώσεται γοῦν ἀλλὰ τηνικαῦθ' ὅτι
πόνος περισσός ἐστι τὰν Ἅιδου σέβειν.   780

Χο. Ἔρως ἀνίκατε μάχαν,   στρ. α´
Ἔρως, ὃς ἐν κτήμασι πίπτεις,
ὃς ἐν μαλακαῖς παρειαῖς

759 ἔτι Dobree: ἐπὶ codd.   ψόγοισι] ψόφοισι Zot
760 ἄγετε] ἄγαγε l   763 οὐδαμὰ] -ὼς L s.l., V: -οῦ Zo
764 προσόψῃ] ποτ' ὄψῃ Nauck   765 μαίνῃ Lᵖᶜ et sch., S in
linea, V, γρ in U: μένεις Λα: μενεῖς Zf: μένῃς K, lm. sch. L
769 μόρου] -ων Zot   771 τήν γε KaZot: τήνδε cett.
λέγεις] λέγοις L s.l.   775 ὅσον Blaydes: ὡς codd.   φεύγειν
Hartung: μόνον codd.   776 del. Dindorf   πᾶς'] πᾶν Eggert
778 τὸ] τοῦ Zf   782 post ὃς add. τ' LV   κτήμασι saepe
frustra temptatum   783 μαλακαῖς LRt: -αῖσι cett.

ΑΝΤΙΓΟΝΗ

νεάνιδος ἐννυχεύεις,
φοιτᾷς δ' ὑπερπόντιος ἔν τ'   785
ἀγρονόμοις αὐλαῖς·
καί σ' οὔτ' ἀθανάτων φύξιμος οὐδεὶς
οὔθ' ἀμερίων σέ γ' ἀν-
θρώπων, ὁ δ' ἔχων μέμηνεν.   790

σὺ καὶ δικαίων ἀδίκους   ἀντ. α'
φρένας παρασπᾷς ἐπὶ λώβᾳ·
σὺ καὶ τόδε νεῖκος ἀνδρῶν
ξύναιμον ἔχεις ταράξας·
νικᾷ δ' ἐναργὴς βλεφάρων   795
ἵμερος εὐλέκτρου
νύμφας, τῶν μεγάλων πάρεδρος ἐν ἀρχαῖς
θεσμῶν· ἄμαχος γὰρ ἐμ-
παίζει θεὸς Ἀφροδίτα.   800

νῦν δ' ἤδη 'γὼ καὐτὸς θεσμῶν
ἔξω φέρομαι τάδ' ὁρῶν, ἴσχειν δ'
οὐκέτι πηγὰς δύναμαι δακρύων,
τὸν παγκοίτην ὅθ' ὁρῶ θάλαμον
τήνδ' Ἀντιγόνην ἀνύτουσαν.   805

Αν.   ὁρᾶτέ μ', ὦ γᾶς πατρίας πολῖται   στρ. β'
τὰν νεάταν ὁδὸν
στείχουσαν, νέατον δὲ φέγ-
γος λεύσσουσαν ἀελίου,
κοὔποτ' αὖθις· ἀλλά μ' ὁ παγ-   810
κοίτας Ἅιδας ζῶσαν ἄγει
τὰν Ἀχέροντος

786 ἀγρονόμοις] πατρονόμοις L^{ac}Zc   789 σέ γ' Blaydes:
ἐπ' codd. (ἀπ' Zo teste Campbell)   790 ἔχων] ἐρῶν Reiske
797 πάρεδρος ἐν ἀρχαῖς propter metrum suspectum: σύνθρονος
ἀρχαῖς Arndt: ἀρχιπάρεδρος Meineke   799 ἐμπαίζει]
ἐμπαίει Livineius ut videtur (cf. Pearson, CQ 22 (1928), 185), Blaydes
804 παγκοίτην G. Wolff: -αν codd.   806 μ' Sazt: ἔμ' LRV
810 παγκοίτας] πάγκοινος anon. (1818)

215

ΣΟΦΟΚΛΕΟΥΣ

ἀκτάν, οὔθ' ὑμεναίων
ἔγκληρον, οὔτ' ἐπὶ νυμ-
φείοις πώ μέ τις ὕμνος ὕ-   815
μνησεν, ἀλλ' Ἀχέροντι νυμφεύσω.

Χο.   οὔκουν κλεινὴ καὶ ἔπαινον ἔχουσ'
ἐς τόδ' ἀπέρχῃ κεῦθος νεκύων;
οὔτε φθινάσιν πληγεῖσα νόσοις
οὔτε ξιφέων ἐπίχειρα λαχοῦσ',   820
ἀλλ' αὐτόνομος ζῶσα μόνη δὴ
θνητῶν Ἀίδην καταβήσῃ.

Αν.   ἤκουσα δὴ λυγροτάταν ὀλέσθαι   ἀντ. β'
τὰν Φρυγίαν ξέναν
Ταντάλου Σιπύλῳ πρὸς ἄ-   825
κρῳ, τὰν κισσὸς ὡς ἀτενὴς
πετραία βλάστα δάμασεν,
καί νιν ὄμβροι τακομέναν,
ὡς φάτις ἀνδρῶν,
χιών τ' οὐδαμὰ λείπει,   830
τέγγει δ' ὑπ' ὀφρύσι παγ-
κλαύτοις δειράδας· ᾇ με δαί-
μων ὁμοιοτάταν κατευνάζει.

Χο.   ἀλλὰ θεός τοι καὶ θεογεννής,
ἡμεῖς δὲ βροτοὶ καὶ θνητογενεῖς.   835
καίτοι φθιμένῃ μέγα κἀκοῦσαι

814 ἐπὶ νυμφείοις Bergk: ἐπὶ νυμφίδιος fere codd.: ἐπινύμφειος
Dindorf   817 οὔκουν Denniston: οὐκοῦν codd.   822 θνητῶν
Dindorf: θνα- codd.   Ἀίδην Dindorf: -αν codd.   828 ὄμβροι
Musgrave: -ος Zc s.l., coni. Gleditsch: -ῳ cett.   830 χιών τ']
χειμών τ' fort. Zf^{ac}, coni. Gleditsch   831 τέγγει at: τάκει LSV:
τέγκει cett.   δ' KS, coni. Bothe: θ' cett.   παγκλαύτοις KS, coni.
Bothe: -αύτους L: -αύστοις cett.   834 θεογεννής LSVat:
-γενής cett.   835 θνητογενεῖς] -εννεῖς LS   836 φθιμένῃ Zf^{pc}:
-ᾳ La: -ῳ L s.l., SVZf^{ac}: -αν RZo   μέγα κἀκοῦσαι Seyffert: μέγ'
ἀκοῦσαι codd.: μέγα τἀκοῦσαι Wecklein

216

τοῖς ἰσοθέοις ἔγκληρα λαχεῖν
ζῶσαν καὶ ἔπειτα θανοῦσαν.

Αν.   οἴμοι γελῶμαι.   στρ. γ'
τί με, πρὸς θεῶν πατρῴων,
οὐκ οἰχομέναν ὑβρίζεις,   840
ἀλλ' ἐπίφαντον;
ὦ πόλις, ὦ πόλεως
πολυκτήμονες ἄνδρες·
ἰὼ Διρκαῖαι κρῆναι Θή-
βας τ' εὐαρμάτου ἄλσος, ἔμ-   845
πας ξυμμάρτυρας ὔμμ' ἐπικτῶμαι,
οἷα φίλων ἄκλαυτος, οἵοις νόμοις
πρὸς ἔρμα τυμβόχωστον ἔρ-
χομαι τάφου ποταινίου·
ἰὼ δύστανος, βροτοῖς   850
οὔτε ⟨νεκρὸς⟩ νεκροῖσιν
μέτοικος, οὐ ζῶσιν, οὐ θανοῦσιν.

Χο.   προβᾶσ' ἐπ' ἔσχατον θράσους
ὑψηλὸν ἐς Δίκας βάθρον
προσέπεσες, ὦ τέκνον, ποδί.   855
πατρῷον δ' ἐκτίνεις τιν' ἆθλον.

Αν.   ἔψαυσας ἀλγει-   ἀντ. γ'
νοτάτας ἐμοὶ μερίμνας,

837 ἔγκληρα] σύγκληρα Schaefer   post hunc v. lacunam statuit
G. Wolff (cf. 817–22)   838 om. a   840 οἰχομέναν J. F.
Martin: ὀλλομέναν z: ὀλλυμέναν t: ὀλομέναν cett.   844 post
Διρκαῖαι add. καὶ L   846 ἐπικτῶμαι] ἐπιβοῶμαι Lγρ
847 οἵοις t: οἷοισι(ν) cett.   848 ἔρμα S, lm. sch. L, coni.
Hermann: ἔργμα Vt: ἔργμα fere cett., sed fortasse ἔρυμα L
850 post δύστανος add. οὔτ' ἐν codd.: del. Boeckh   βροτοῖς t: -οῖσιν
cett.   851 οὔτε ⟨νεκρὸς⟩ Gleditsch: οὔτε S: οὔτ' ἐν cett.: alii alia
855 προσέπεσες] -έπαισας Zot   ποδί Bruhn: πολύν LSV: πολύ
fere cett.: ποδοῖν Schneidewin   856 δ' om. KRt   ἐκτίνεις]
-είνεις Lz

ΣΟΦΟΚΛΕΟΥΣ

πατρὸς τριπολίστου οἴτου
τοῦ τε πρόπαντος   860
ἀμετέρου πότμου
κλεινοῖς Λαβδακίδαισιν.
ἰὼ ματρῷαι λέκτρων ἄ-
ται κοιμήματά τ' αὐτογέν-
νητ' ἐμῷ πατρὶ δυσμόρου ματρός·   865
οἵων ἐγώ ποθ' ἁ ταλαίφρων ἔφυν·
πρὸς οὓς ἀραῖος ἄγαμος ἅδ'
ἐγὼ μέτοικος ἔρχομαι.
ἰὼ δυσπότμων κασί-
γνητε γάμων κυρήσας,   870
θανὼν ἔτ' οὖσαν κατήναρές με.

Χο. σέβειν μὲν εὐσέβειά τις,
κράτος δ', ὅτῳ κράτος μέλει,
παραβατὸν οὐδαμᾷ πέλει,
σὲ δ' αὐτόγνωτος ὤλεσ' ὀργά.   875

Αν. ἄκλαυτος, ἄφιλος, ἀνυμέναι-   ἐπ.
ος ⟨ἁ⟩ ταλαίφρων ἄγομαι
τὰν ἑτοίμαν ὁδόν.
οὐκέτι μοι τόδε λαμπάδος ἱερὸν
ὄμμα θέμις ὁρᾶν ταλαίνα·   880
τὸν δ' ἐμὸν πότμον ἀδάκρυτον
οὐδεὶς φίλων στενάζει.

859 τριπολίστου nos: -ιστον codd.   οἴτου nos: οἶτον Kᵖᶜ, coni.
Brunck: οἶκον lm. sch. L: οἶκτον cett.   861 ἀμετέρου] αἰνοτά-
του M. Schmidt   863 ματρῷαι] πατρ- LR   864 τ' Zo:
om. cett.   αὐτογέννητ' t: -γένητ' cett.   865 ἐμῷ] ἀμῷ t
δυσμόρου] -ῳ L   866 οἵων] ἐξ ὧν vel ἀφ' ὧν Blaydes
869 ἰὼ semel t, bis cett.   870 γάμων] τάφων Morstadt
γάμων ante κασίγνητε traiecit Erfurdt   874 οὐδαμᾷ LR: -ῇ
codd. plerique   876 ἄκλαυτος] -αυστος Vz   877 ⟨ἁ⟩
suppl. Erfurdt (ἀταλαίφρων S)   878 τὰν] τάνδ' t   ἑτοίμαν]
πυμάταν Reiske

218

ΑΝΤΙΓΟΝΗ

Κρ. ἀρ' ἴστ' ἀοιδὰς καὶ γόους πρὸ τοῦ θανεῖν
ὡς οὐδ' ἂν εἰς παύσαιτ' ἄν, εἰ χρείη, χέων;
οὐκ ἄξεθ' ὡς τάχιστα, καὶ κατηρεφεῖ   885
τύμβῳ περιπτύξαντες, ὡς εἴρηκ' ἐγώ,
ἄφετε μόνην ἐρῆμον, εἴτε χρῇ θανεῖν
εἴτ' ἐν τοιαύτῃ ζῶσα τυμβεύειν στέγῃ·
ἡμεῖς γὰρ ἁγνοὶ τοὐπὶ τήνδε τὴν κόρην·
μετοικίας δ' οὖν τῆς ἄνω στερήσεται.   890

Αν. ὦ τύμβος, ὦ νυμφεῖον, ὦ κατασκαφὴς
οἴκησις ἀείφρουρος, οἷ πορεύομαι
πρὸς τοὺς ἐμαυτῆς, ὧν ἀριθμὸν ἐν νεκροῖς
πλεῖστον δέδεκται Φερσέφασσ' ὀλωλότων·
ὧν λοισθία 'γὼ καὶ κάκιστα δὴ μακρῷ   895
κάτειμι, πρίν μοι μοῖραν ἐξήκειν βίου.
ἐλθοῦσα μέντοι κάρτ' ἐν ἐλπίσιν τρέφω
φίλη μὲν ἥξειν πατρί, προσφιλὴς δὲ σοί,
μῆτερ, φίλη δὲ σοί, κασίγνητον κάρα.
ἐπεὶ θανόντας αὐτόχειρ ὑμᾶς ἐγὼ   900
ἔλουσα κἀκόσμησα κἀπιτυμβίους
χοὰς ἔδωκα· νῦν δέ, Πολύνεικες, τὸ σὸν
δέμας περιστέλλουσα τοιάδ' ἄρνυμαι.
καίτοι σ' ἐγὼ 'τίμησα τοῖς φρονοῦσιν εὖ.
οὐ γάρ ποτ' οὔτ' ἂν εἰ τέκν' ὧν μήτηρ ἔφυν   905
οὔτ' εἰ πόσις μοι κατθανὼν ἐτήκετο,

884 χρείη Dawes: χρεῖ' ἤ codd.: 'ξείη Blaydes   χέων Blaydes:
λέγειν codd.: λέγων Vauvilliers   887 ἄφετε Zo: ἄπιτε αγρ:
ἀφεῖτε LSRZft: ἀφῆτε KV: ἀφῆτ' (post μόνην) a   χρῇ Din-
dorf: χρὴ codd. (χρῄζει καὶ θέλει sch.)   888 ζῶσα codd.
plerique: -αν KSRZo   τυμβεύειν LSVRz: -εύει a: -εύσει t:
νυμφεύειν Morstadt   892 ἀείφρουρος LSVR: αἰεί- azt
894 Φερσέφασσ' LVRZft: Περσέ- cett.   899 δὲ σοί codd. (nisi
quod δὲ καὶ σοί R): καὶ σοί Dawe   901 κἀπιτυμβίους] -ία Zo,
Zcᵃᶜ   903 περιστέλλουσα] -στείλασα Rottmanner   904–20 del.
Lehrs (905–13 iam A. Jacob); 911–12 laudat Arist. Rhet. 1417ᵃ32–3
905 τέκν' ὧν C. Winckelmann: τέκνων codd.

219

ΣΟΦΟΚΛΕΟΥΣ

βίᾳ πολιτῶν τόνδ' ἂν ἠρόμην πόνον.
τίνος νόμου δὴ ταῦτα πρὸς χάριν λέγω;
πόσις μὲν ἄν μοι κατθανόντος ἄλλος ἦν,
καὶ παῖς ἀπ' ἄλλου φωτός, εἰ τοῦδ'
ἤμπλακον,   910
μητρὸς δ' ἐν Ἅιδου καὶ πατρὸς κεκευθότοιν
οὐκ ἔστ' ἀδελφὸς ὅστις ἂν βλάστοι ποτέ.
τοιῷδε μέντοι σ' ἐκπροτιμήσασ' ἐγὼ
νόμῳ, Κρέοντι ταῦτ' ἔδοξ' ἁμαρτάνειν
καὶ δεινὰ τολμᾶν, ὦ κασίγνητον κάρα.   915
καὶ νῦν ἄγει με διὰ χερῶν οὕτω λαβὼν
ἄλεκτρον, ἀνυμέναιον, οὔτε του γάμου
μέρος λαχοῦσαν οὔτε παιδείου τροφῆς,
ἀλλ' ὧδ' ἐρῆμος πρὸς φίλων ἡ δύσμορος
ζῶσ' ἐς θανόντων ἔρχομαι κατασκαφάς·   920
ποίαν παρεξελθοῦσα δαιμόνων δίκην;
τί χρή με τὴν δύστηνον ἐς θεοὺς ἔτι
βλέπειν; τίν' αὐδᾶν ξυμμάχων; ἐπεί γε δὴ
τὴν δυσσέβειαν εὐσεβοῦσ' ἐκτησάμην.
ἀλλ' εἰ μὲν οὖν τάδ' ἐστὶν ἐν θεοῖς καλά, 925
παθόντες ἂν ξυγγνοῖμεν ἡμαρτηκότες·
εἰ δ' οἵδ' ἁμαρτάνουσι, μὴ πλείω κακὰ
πάθοιεν ἢ καὶ δρῶσιν ἐκδίκως ἐμέ.

Χο.   ἔτι τῶν αὐτῶν ἀνέμων αὐταὶ

907 ἂν ἠρόμην fort. voluit Zf^ac: ἀνηρόμην fere cett.
909 πόσις] πόσεως Blaydes   910 sunt qui post παῖς virgula
interpungant   911 κεκευθότοιν] -ων sch. ad OT 968: βεβη-
κότων Arist. Rhet. 1417ᵃ32: τετευχότων Clem. Al. Str. 6. 19. 3
912 ἀδελφὸς ὅστις] ὅπως ἀδελφὸς Dindorf   βλάστοι Arist. Rhet.
1417ᵃ33: βλαστοῖ codd.   917 ἄλεκτρον] ἄτεκνον R   του]
πω Schneidewin   918 παιδείου Vzt: -δίου cett.
920 κατασκαφάς] κατασφαγάς L   922 ἐς θεοὺς LVᵃᶜZo: ἐν
θεοῖς KVᵖᶜ: εἰς θεοὺς cett.   923 ξυμμάχων] -μαχεῖν
C. Winckelmann   927 πλείω] μείω Vauvilliers   928 ἐκδίκως]
ἐν- L in linea, Uᵃᶜ   929 αὐταὶ Erfurdt: αὐταὶ codd.: αὐταὶ
Radt

	ψυχῆς ῥιπαὶ τήνδε γ' ἔχουσιν.	930
Κρ.	τοιγὰρ τούτων τοῖσιν ἄγουσιν	
	κλαύμαθ' ὑπάρξει βραδυτῆτος ὕπερ.	
Αν.	οἴμοι, θανάτου τοῦτ' ἐγγυτάτω	
	τοὖπος ἀφῖκται.	
Κρ.	θαρσεῖν οὐδὲν παραμυθοῦμαι	935
	μὴ οὐ τάδε ταύτῃ κατακυροῦσθαι.	
Αν.	ὠ γῆς Θήβης ἄστυ πατρῷον	
	καὶ θεοὶ προγενεῖς,	
	ἄγομαι δὴ 'γὼ κοὐκέτι μέλλω.	
	λεύσσετε, Θήβης οἱ κοιρανίδαι,	940
	τὴν βασιλειδῶν μούνην λοιπήν,	
	οἷα πρὸς οἵων ἀνδρῶν πάσχω,	
	τὴν εὐσεβίαν σεβίσασα.	

Χο.	ἔτλα καὶ Δανάας οὐράνιον φῶς	στρ. α΄
	ἀλλάξαι δέμας ἐν χαλκοδέτοις αὐλαῖς·	945
	κρυπτομένα δ' ἐν τυμβή-	
	ρει θαλάμῳ κατεζεύχθη·	
	καίτοι ⟨καὶ⟩ γενεᾷ τίμιος, ὠ παῖ παῖ,	
	καὶ Ζηνὸς ταμιεύεσκε γονὰς χρυσορύτους.	950
	ἀλλ' ἁ μοιριδία τις δύνασις δεινά·	
	οὔτ' ἄν νιν ὄλβος οὔτ' Ἄρης,	
	οὐ πύργος, οὐχ ἁλίκτυποι	
	κελαιναὶ νᾶες ἐκφύγοιεν.	

930 γ' ἔχουσιν] ἐπέχουσιν Dindorf   931 τοιγὰρ t: τοιγάρ-
τοι cett.   τούτων] ταύτην Bothe   τοῖσιν SRaZot: τοῖς LVZf
933–4 Antigonae tribuunt codd., choro Lehrs   935–6 Creonti
tribuunt codd., choro Boeckh: utrumque agnovit sch.   938 προ-
γενεῖς L: πατρογενεῖς codd. plerique   939 'γὼ om. a
μέλλω] μελλώ Meineke   941 del. Dindorf   βασιλει-
δῶν G. Wolff (-δᾶν C. Winckelmann): βασιλείαν t: βασιλίδα cett.
943 εὐσεβίαν t: -ειαν cett.   948 suppl. Hermann
950 χρυσορύτους t: χρυσορρ- cett.   951 ἀλλ' ἁ a: ἀλλὰ cett.
δύνασις LRa: δύναμις cett.   952 ὄλβος Scaliger: ὄμβρος
codd.

ΣΟΦΟΚΛΕΟΥΣ

ζεύχθη δ᾽ ὀξύχολος παῖς ὁ Δρύαντος,   ἀντ. α᾽
Ἠδωνῶν βασιλεύς, κερτομίοις ὀργαῖς   956
ἐκ Διονύσου πετρώ-
δει κατάφαρκτος ἐν δεσμῷ.
οὕτω τᾶς μανίας δεινὸν ἀποστάζει
ἀνθηρόν τε μένος. κεῖνος ἐπέγνω μανίαις   960
ψαύων τὸν θεὸν ἐν κερτομίοις γλώσσαις.
παύεσκε μὲν γὰρ ἐνθέους
γυναῖκας εὔιόν τε πῦρ,
φιλαύλους τ᾽ ἠρέθιζε μούσας.   965

παρὰ δὲ κυανέων †πελαγέων πετρῶν† διδύμας
ἁλὸς   στρ. β᾽
ἀκταὶ Βοσπόριαι ⟨∪∪ –⟩ ὁ Θρηίκων
Cαλμυδησσός, ἵν᾽ ἀγχίπτολις Ἄ-   970
ρης δισσοῖσι Φινεΐδαις
εἶδεν ἀρατὸν ἕλκος
τυφλωθὲν ἐξ ἀγρίας δάμαρτος
ἀλαὸν ἀλαστόροισιν ὀμμάτων κύκλοις
ἀραχθέντων ὑφ᾽ αἱματηραῖς   975
χείρεσσι καὶ κερκίδων ἀκμαῖσιν.

κατὰ δὲ τακόμενοι μέλεοι μελέαν πάθαν   ἀντ. β᾽
κλαῖον, ματρὸς ἔχοντες ἀνυμφεύτου γονάν·   980

955 ὀξύχολος Scaliger: -όλως codd.   958 κατάφαρκτος L:
-φρακτος cett.   960 μανίαις LSa: -ίας cett.   962 κερ-
τομίοις LV: -ίαις(ι) cett.   965 τ᾽ om. L   μούσας nos: Μούσας
vulgo   966 κυανέων] -έοις K s.l.: -εᾶν Wieseler   πελαγέων
fere codd.: -ίων UZc: -εςι K s.l.: om. t: πελάγει Jebb: cπιλάδων
Wieseler   πετρῶν] πέτραις K: del. Brunck   post ἁλός add. τ᾽ t
969 ἀκταὶ Βοσπόριαι codd.: an -ᾷ -ᾳ?   post quae add. ἠδ᾽ codd.
plerique (ἠδ᾽ L, ἵδ᾽ t): an ⟨τόπος⟩ ἦν legendum?   Θρηίκων Herken-
rath: Θρηκῶν codd., post quod ⟨ἄξενος⟩ Boeckh, ⟨ἠιών⟩ Meineke
970 Cαλμυδησσός codd. plerique: -ισσός LSZf   ἀγχίπτολις RSzt:
-ίπολις cett.   972 ἀρατὸν] ἄρακτον Hermann
974 ἀλαστόροισιν] -οις t   975 ἀραχθέντων Seidler: ἀραχθὲν
ἐγχέων fere codd.   980 ματρὸς] πατρὸς L   ἀνυμφεύτου
Meineke: -ευτον codd.

ΑΝΤΙΓΟΝΗ

ἁ δὲ σπέρμα μὲν ἀρχαιογόνων
⟨ἦν⟩ ἄνασσ' Ἐρεχθεϊδᾶν,
τηλεπόροις δ' ἐν ἄντροις
τράφη θυέλλησιν ἐν πατρῴαις
Βορεὰς ἄμιππος ὀρθόποδος ὑπὲρ πάγου   985
θεῶν παῖς· ἀλλὰ κἀπ' ἐκείνᾳ
Μοῖραι μακραίωνες ἔσχον, ὦ παῖ.

ΤΕΙΡΕϹΙΑϹ

    Θήβης ἄνακτες, ἥκομεν κοινὴν ὁδὸν
    δύ' ἐξ ἑνὸς βλέποντε· τοῖς τυφλοῖσι γὰρ
    αὕτη κέλευθος ἐκ προηγητοῦ πέλει.   990

Κρ. τί δ' ἔστιν, ὦ γεραιὲ Τειρεσία, νέον;

Τε. ἐγὼ διδάξω, καὶ σὺ τῷ μάντει πιθοῦ.

Κρ. οὔκουν πάρος γε σῆς ἀπεστάτουν φρενός.

Τε. τοιγὰρ δι' ὀρθῆς τήνδ' ἐναυκλήρεις πόλιν.

Κρ. ἔχω πεπονθὼς μαρτυρεῖν ὀνήσιμα.   995

Τε. φρόνει βεβὼς αὖ νῦν ἐπὶ ξυροῦ τύχης.

Κρ. τί δ' ἔστιν; ὡς ἐγὼ τὸ σὸν φρίσσω στόμα.

Τε. γνώσῃ, τέχνης σημεῖα τῆς ἐμῆς κλυών.
    ἐς γὰρ παλαιὸν θᾶκον ὀρνιθοσκόπον
    ἵζων, ἵν' ἦν μοι παντὸς οἰωνοῦ λιμήν,   1000
    ἀγνῶτ' ἀκούω φθόγγον ὀρνίθων, κακῷ
    κλάζοντας οἴστρῳ καὶ βεβαρβαρωμένῳ·
    καὶ σπῶντας ἐν χηλαῖσιν ἀλλήλους φοναῖς
    ἔγνων· πτερῶν γὰρ ῥοῖβδος οὐκ ἄσημος ἦν.
    εὐθὺς δὲ δείσας ἐμπύρων ἐγευόμην   1005

---

982 ⟨ἦν⟩ ἄνασσ' anon. ap. Wilamowitz: ἄντας' codd.   989 βλέ-
ποντε LᵖᶜKa, coni. M. Schmidt: -ες cett.   990 ἐκ] ἤ 'κ Blaydes
991 γεραιέ] γηραιέ RZf   993 σῆς] τῆσδ' Zot
994 ἐναυκλήρεις Valckenaer: ναυκληρεῖς codd. plerique: -οις a
995 πεπονθὼς] πεποιθὼς Zc   997 φρίσσω] φρίττω SZot
998 τῆς ἐμῆς ante σημεῖα praebent LVZf   κλυών G. Müller:
κλύων codd.   999 θάκον] θῶκον az   1000 ἦν μοι]
ἡμῖν Naber   1001 ὀρνίθων] ὄρνιθας Blaydes, virgula anteposita
1002 βεβαρβαρωμένῳ] -ένους Earle

223

ΣΟΦΟΚΛΕΟΥΣ

βωμοῖϲι παμφλέκτοιϲιν· ἐκ δὲ θυμάτων
Ἥφαιϲτοϲ οὐκ ἔλαμπεν, ἀλλ᾽ ἐπὶ ϲποδῷ
μυδῶϲα κηκὶϲ μηρίων ἐτήκετο
κἄτυφε κἀνέπτυε, καὶ μετάρϲιοι
χολαὶ διεϲπείροντο, καὶ καταρρυεῖϲ   1010
μηροὶ καλυπτῆϲ ἐξέκειντο πιμελῆϲ.
τοιαῦτα παιδὸϲ τοῦδ᾽ ἐμάνθανον πάρα
φθίνοντ᾽ ἀϲήμων ὀργίων μαντεύματα.
ἐμοὶ γὰρ οὗτος ἡγεμών, ἄλλοιϲ δ᾽ ἐγώ.
καὶ ταῦτα τῆϲ ϲῆϲ ἐκ φρενὸϲ νοϲεῖ πόλιϲ.   1015
βωμοὶ γὰρ ἡμῖν ἐϲχάραι τε παντελεῖϲ
πλήρειϲ ὑπ᾽ οἰωνῶν τε καὶ κυνῶν βορᾶϲ
τοῦ δυϲμόρου πεπτῶτοϲ Οἰδίπου γόνου.
κᾆτ᾽ οὐ δέχονται θυϲτάδαϲ λιτὰϲ ἔτι
θεοὶ παρ᾽ ἡμῶν οὐδὲ μηρίων φλόγα,   1020
οὐδ᾽ ὄρνιϲ εὐϲήμουϲ ἀπορροιβδεῖ βοάϲ,
ἀνδροφθόρου βεβρῶτεϲ αἵματοϲ λίποϲ.
ταῦτ᾽ οὖν, τέκνον, φρόνηϲον. ἀνθρώποιϲι γὰρ
τοῖϲ πᾶϲι κοινόν ἐϲτι τοὐξαμαρτάνειν·
ἐπεὶ δ᾽ ἁμάρτῃ, κεῖνοϲ οὐκέτ᾽ ἔϲτ᾽ ἀνὴρ   1025
ἄβουλοϲ οὐδ᾽ ἄνολβοϲ, ὅϲτιϲ ἐϲ κακὸν
πεϲὼν ἀκεῖται μηδ᾽ ἀκίνητοϲ πέλει.
αὐθαδία τοι ϲκαιότητ᾽ ὀφλιϲκάνει.
ἀλλ᾽ εἶκε τῷ θανόντι, μηδ᾽ ὀλωλότα
κέντει. τίϲ ἀλκὴ τὸν θανόντ᾽ ἐπικτανεῖν;   1030
εὖ ϲοι φρονήϲαϲ εὖ λέγω· τὸ μανθάνειν δ᾽
ἥδιϲτον εὖ λέγοντοϲ, εἰ κέρδοϲ λέγοι.

1013 del. anon. (1903) 1018 δυϲμόρου] δυϲπότμου S fortasse lacuna post 1021 statuenda est s.l., Y λίποϲ] λίβοϲ Blomfield 1027 ἀκεῖται] ἀκῆται Wunder ατοϲ Blaydes: ἀῦνητοϲ ΙS in Laz 1029 τῷ θανόντι] φθίνοντ᾽] φανέντ᾽ Wecklein 1021 del. Reeve, 1021–2 Paley; 1022 βεβρῶτεϲ] -τοϲ L 1025 οὐκέτ᾽] οὐκ IRVZf ἀκίνητοϲ azt: ἀνίητοϲ VR: ἀνίπέλει (etiam Λ)] πέλῃ v.l. νουθετοῦντι Wecklein 1032 λέγοι IRV: -ει Sa: φέρει Kzt: φέροι Monac. gr. 500 et v.l. in Livinei 'V'

224

Κρ. ὦ πρέcβυ, πάντεc ὥcτε τοξόται cκοποῦ
τοξεύετ' ἀνδρὸc τοῦδε, κοὐδὲ †μαντικῆc
ἄπρακτοc ὑμῖν εἰμι· τῶν δ' ὑπαὶ γένουc†   1035
ἐξημπόλημαι κἀκπεφόρτιcμαι πάλαι.
κερδαίνετ', ἐμπολᾶτε τἀπὸ Cάρδεων
ἤλεκτρον, εἰ βούλεcθε, καὶ τὸν Ἰνδικὸν
χρυcόν· τάφῳ δ' ἐκεῖνον οὐχὶ κρύψετε,
οὐδ' εἰ θέλουc' οἱ Ζηνὸc αἰετοὶ βορὰν   1040
φέρειν νιν ἁρπάζοντεc ἐc Διὸc θρόνουc·
οὐδ' ὣc μίαcμα τοῦτο μὴ τρέcαc ἐγὼ
θάπτειν παρήcω κεῖνον· εὖ γὰρ οἶδ' ὅτι
θεοὺc μιαίνειν οὔτιc ἀνθρώπων cθένει.
πίπτουcι δ', ὦ γεραιὲ Τειρεcία, βροτῶν   1045
χοἰ πολλὰ δεινοὶ πτώματ' αἴcχρ', ὅταν λόγουc
αἰcχροὺc καλῶc λέγωcι τοῦ κέρδουc χάριν.

Τε. φεῦ·
ἆρ' οἶδεν ἀνθρώπων τιc, ἆρα φράζεται—

Κρ. τί χρῆμα; ποῖον τοῦτο πάγκοινον λέγειc;

Τε. ὅcῳ κράτιcτον κτημάτων εὐβουλία;   1050

Κρ. ὅcῳπερ, οἶμαι, μὴ φρονεῖν πλείcτη βλάβη.

Τε. ταύτηc cὺ μέντοι τῆc νόcου πλήρηc ἔφυc.

Κρ. οὐ βούλομαι τὸν μάντιν ἀντειπεῖν κακῶc.

Τε. καὶ μὴν λέγειc, ψευδῆ με θεcπίζειν λέγων.

Κρ. τὸ μαντικὸν γὰρ πᾶν φιλάργυρον γένοc.   1055

Τε. τὸ δ' αὖ τυράννων αἰcχροκέρδειαν φιλεῖ.

Κρ. ἆρ' οἶcθα ταγοὺc ὄνταc οὓc ψέγειc λέγων;

1034-5 κοὐδὲ . . . γένουc obscura; de μαντικῇ cogitavit Jebb: κοὐδ'
⟨ἐκ⟩ μαντικῆc Wecklein   1035 ἄπρακτοc] ἄτρωτοc Pallis
δ' del. Brunck (om. Laur. 31. 1ᵃᶜ)   1036 κἀκπεφόρτιcμαι L s.l., Λ,
cett.: κάμπε- L in linea, sch.   1037 τἀπὸ Blaydes: τὰ πρὸ L in
linea: τὸν πρὸ L s.l., ΛaZo: τὸν πρὸc SVRZf Eustathius 368. 30, 1483. 27
1040 οὐδ' εἰ codd. plerique (etiam Λ): οὐ δὴ L   θέλουc'] θέλωc'
Bergk, quo recepto οὐδ' ἦν Blaydes   οἱ om. aZo   1041 Διὸc]
Δίουc Wecklein   1045 γεραιὲ] γηραιὲ Zft   1056 δ' αὖ
Hartung: δ' ἐκ codd.: δέ γε Saeger   1057 οὓc Kapsomenos: ἃ
SVR: ἂν cett.   ψέγειc Wecklein: λέγειc (vel -ηc) codd.

ΣΟΦΟΚΛΕΟΥΣ

Τε. οἶδ᾿· ἐξ ἐμοῦ γὰρ τήνδ᾿ ἔχεις σώσας πόλιν.

Κρ. σοφὸς σὺ μάντις, ἀλλὰ τἀδικεῖν φιλῶν.

Τε. ὅρσεις με τἀκίνητα διὰ φρενῶν φράσαι.   1060

Κρ. κίνει, μόνον δὲ μὴ 'πὶ κέρδεσιν λέγων.

Τε. οὕτω γὰρ ἤδη καὶ δοκῶ τὸ σὸν μέρος;

Κρ. ὡς μὴ 'μπολήσων ἴσθι τὴν ἐμὴν φρένα.

Τε. ἀλλ᾿ εὖ γέ τοι κάτισθι μὴ πολλοὺς ἔτι
τρόχους ἁμιλλητῆρας ἡλίου τελῶν,   1065
ἐν οἷσι τῶν σῶν αὐτὸς ἐκ σπλάγχνων ἕνα
νέκυν νεκρῶν ἀμοιβὸν ἀντιδοὺς ἔσῃ,
ἀνθ᾿ ὧν ἔχεις μὲν τῶν ἄνω βαλὼν κάτω,
ψυχήν γ᾿ ἀτίμως ἐν τάφῳ κατοικίσας,
ἔχεις δὲ τῶν κάτωθεν ἐνθάδ᾿ αὖ θεῶν   1070
ἄμοιρον, ἀκτέριστον, ἀνόσιον νέκυν.
ὧν οὔτε σοὶ μέτεστιν οὔτε τοῖς ἄνω
θεοῖσιν, ἀλλ᾿ ἐκ σοῦ βιάζονται τάδε.
τούτων σε λωβητῆρες ὑστεροφθόροι
λοχῶσιν Ἅιδου καὶ θεῶν Ἐρινύες,   1075
ἐν τοῖσιν αὐτοῖς τοῖσδε ληφθῆναι κακοῖς.
καὶ ταῦτ᾿ ἄθρησον εἰ κατηργυρωμένος
λέγω· φανεῖ γὰρ οὐ μακροῦ χρόνου τριβὴ
ἀνδρῶν γυναικῶν σοῖς δόμοις κωκύματα.
ἔχθρᾳ δὲ πᾶσαι συνταράσσονται πόλεις   1080

. . . . .

1060 διὰ φρενῶν suspectum   1062 interrogationis notam
habent L et sch.   1064 πολλοὺς] -ὰς l (sed verum L s.l.)
1065 τρόχους hoc accentu Erfurdt, oxytone codd.   ἡλίου τελῶν]
ἥλιον τελεῖν C. Winckelmann   1068 βαλὼν] βάλλων l
1069 γ᾿ Dawe: τ᾿ codd.: om. Bothe, post ἀτίμως traiecit Bergk
κατοικίσαι K, coni. Herwerden: κατῴκισας cett.   1070 θεῶν]
θυῶν Dawe: ταφῆς Blaydes   1073 βιάζονται] βιάζεται Dawe
1075 Ἐρινύες LR: Ἐρινν- cett.   1080 ἔχθρᾳ Reiske:
ἐχθραὶ codd.   συνταράσσονται] -άξονται Bergk   post
hunc v. lacunam statuimus: 1080-3 del. A. Jacob, post 1022 traiecit
Kvičala

226

ΑΝΤΙΓΟΝΗ

ὅcων cπαράγματ᾽ ἢ κύνες καθήγνιcαν
ἢ θῆρες, ἤ τις πτηνὸς οἰωνός, φέρων
ἀνόcιον ὀcμὴν ἑcτιοῦχον ἐc πόλιν.
τοιαῦτά cοι, λυπεῖc γάρ, ὥcτε τοξότης
ἀφῆκα θυμῷ καρδίαc τοξεύματα   1085
βέβαια, τῶν cὺ θάλπος οὐχ ὑπεκδραμῇ.
ὦ παῖ, cὺ δ᾽ ἡμᾶc ἄπαγε πρὸc δόμουc, ἵνα
τὸν θυμὸν οὗτοc ἐc νεωτέρουc ἀφῇ,
καὶ γνῷ τρέφειν τὴν γλῶccαν ἡcυχαιτέραν
τὸν νοῦν τ᾽ ἀμείνω τῶν φρενῶν ὧν νῦν φέρει.   1090
Χο. ἀνήρ, ἄναξ, βέβηκε δεινὰ θεcπίcαc.
ἐπιcτάμεcθα δ᾽, ἐξ ὅτου λευκὴν ἐγὼ
τήνδ᾽ ἐκ μελαίνηc ἀμφιβάλλομαι τρίχα,
μή πώ ποτ᾽ αὐτὸν ψεῦδοc ἐc πόλιν λακεῖν.
Κρ. ἔγνωκα καὐτὸc καὶ ταράccομαι φρέναc·   1095
τό τ᾽ εἰκαθεῖν γὰρ δεινόν, ἀντιcτάντα δὲ
Ἄτηc πατάξαι θυμὸν ἐν λίνῳ πάρα.
Χο. εὐβουλίαc δεῖ, παῖ Μενοικέωc, †λαβεῖν†.
Κρ. τί δῆτα χρὴ δρᾶν; φράζε· πείcομαι δ᾽ ἐγώ.
Χο. ἐλθὼν κόρην μὲν ἐκ κατώρυχος cτέγηc   1100
ἄνεc, κτίcον δὲ τῷ προκειμένῳ τάφον.
Κρ. καὶ ταῦτ᾽ ἐπαινεῖc καὶ δοκεῖ παρεικαθεῖν;

1081 ὅcων] ὅcαιc Frederking   καθήγνιcαν] καθήγιcαν VᵃᶜZc,
coni. Burton, cf. Hsch. s.v. καθαγίζω: καθύβριcαν Tournier
1083 πόλιν] πόλον Nauck: cποδόν Dobree   1084 cοι ZfZc:
cου cett.   1089 γλῶccαν KSa: γλῶτταν cett.   ἡcυχαιτέραν
Zg, Laur. 31. 1, coni. Schaefer: -ωτέραν cett.   1090 ὧν Brunck: ἢ
codd.   φέρει] τρέφει Herwerden   1091 ἀνὴρ edd.: ἀνὴρ
codd.   1092 ἐπιcτάμεcθα KSaZoᵖᶜt: -εθα cett. (etiam Λ)
1094 λακεῖν ISVRzt: λαβεῖν a   1096 εἰκαθεῖν Elmsley: -άθειν
codd.   δεινόν] δειλόν Brunck   δὲ] τε L s.l.   1097 Ἄτηc
. . . λίνω Lloyd-Jones: Ἄτῃ . . . δεινῷ codd.   locum sic refecit Jack-
son: δειλὸν ἀντιcτάντα τε | ἄτῃ 'μπαλάξαι τοὐμὸν ἐν δεινῷ κάρα
1098 εὐβουλίαc codd.: an -αν?   λαβεῖν IV: λακεῖν K: λαχεῖν
Zf: Κρέον SaZot, K in marg.: Κρέων R: τὰ νῦν Rauchenstein
1102 δοκεῖ Rauchenstein: δοκεῖc codd.   παρεικαθεῖν Elmsley:
-άθειν codd.

227

ΣΟΦΟΚΛΕΟΥΣ

Χο. ὅσον γ᾽, ἄναξ, τάχιστα· συντέμνουσι γὰρ
θεῶν ποδώκεις τοὺς κακόφρονας Βλάβαι.

Κρ. οἴμοι· μόλις μέν, καρδίας δ᾽ ἐξίσταμαι   1105
τὸ δρᾶν· ἀνάγκῃ δ᾽ οὐχὶ δυσμαχητέον.

Χο. δρᾶ νυν τάδ᾽ ἐλθὼν μηδ᾽ ἐπ᾽ ἄλλοισιν τρέπε.

Κρ. ὧδ᾽ ὡς ἔχω στείχοιμ᾽ ἄν· ἴτ᾽ ἴτ᾽ ὀπάονες,
οἵ τ᾽ ὄντες οἵ τ᾽ ἀπόντες, ἀξίνας χεροῖν
ὁρμᾶσθ᾽ ἑλόντες εἰς ἐπόψιον τόπον.   1110
ἐγὼ δ᾽, ἐπειδὴ δόξα τῇδ᾽ ἐπεστράφη,
αὐτός τ᾽ ἔδησα καὶ παρὼν ἐκλύσομαι.
δέδοικα γὰρ μὴ τοὺς καθεστῶτας νόμους
ἄριστον ᾖ σῴζοντα τὸν βίον τελεῖν.

Χο. πολυώνυμε, Καδμείας   στρ. α΄
νύμφας ἄγαλμα   1116
καὶ Διὸς βαρυβρεμέτα
γένος, κλυτὰν ὃς ἀμφέπεις
Ἰταλίαν, μέδεις δὲ
παγκοίνοις Ἐλευσινίας   1120
Δηοῦς ἐν κόλποις, ὦ Βακχεῦ,
Βακχᾶν ματρόπολιν Θήβαν
ναιετῶν παρ᾽ ὑγρὸν
Ἰσμηνοῦ ῥέεθρον, ἀγρίου τ᾽
ἐπὶ σπορᾷ δράκοντος.   1125

σὲ δ᾽ ὑπὲρ διλόφου πέτρας   ἀντ. α΄
στέροψ ὄπωπε
λιγνύς, ἔνθα Κωρύκιαι

1105 καρδίας SV: -αν Zf: -ίᾳ cett.   1107 τρέπε] -που RZf
1108 ἴτ᾽ ἴτ᾽ T: ἴτ᾽ codd. plerique: οἵ τ᾽ a   1111 δόξα] -αι L
ἐπεστράφη aZot: -ην cett. (etiam Λ)   1114 τὸν βίον ante
σῴζοντα praebent lVRZf   1116 νύμφας post ἄγαλμα traiecit
Nauck   1120 παγκοίνοις KᵖᶜSZot: -ους LZf: -ου VRa
1122 ὦ om. t   ματρόπολιν Dindorf, cf. OC 708: μητρ- codd.,
probat Björck   1123 ναιετῶν Dindorf: ναίων codd.   ὑγρὸν]
-ῶν t: ὑγρόν ⟨τ᾽⟩ Dain   1124 ῥέεθρον] ῥεέθρων t: ῥεῖθρόν
⟨τ᾽⟩ Jebb post Benedict

ΑΝΤΙΓΟΝΗ

cτείχουcι Νύμφαι Βακχίδεc
Καcταλίαc τε νᾶμα.   1130
καί cε Νυcαίων ὀρέων
κιccήρειc ὄχθαι χλωρά τ' ἀ-
κτὰ πολυcτάφυλοc πέμπει
ἀμβρότων ἐπέων
εὐαζόντων Θηβαῖαc   1135
ἐπιcκοποῦντ' ἀγυιάc.

τὰν ἐκ παcᾶν τιμᾷc   cτρ. β'
ὑπερτάταν πόλεων
ματρὶ cὺν κεραυνίᾳ·
νῦν δ', ὡc βιαίαc ἔχεται   1140
πάνδαμοc πόλιc ἐπὶ νόcου,
μολεῖν καθαρcίῳ ποδὶ Παρναcίαν
ὑπὲρ κλειτὺν ἢ cτονόεντα πορθμόν.   1145

ἰὼ πῦρ πνεόντων   ἀντ. β'
χοράγ' ἄcτρων, νυχίων
φθεγμάτων ἐπίcκοπε,
Ζηνὸc γένεθλον, προφάνηθ',
ὦναξ, caῖc ἅμα περιπόλοιc   1150
Θυίαcιν, αἵ cε μαινόμεναι πάννυχοι
χορεύουcι τὸν ταμίαν Ἴακχον.

1129 cτείχουcι post νύμφαι praebent codd.: corr. Meineke
1131 Νυcαίων IZo: Νιc- a: Νυcc- RVt   ὀρέων] οὐρέων t
1133 post ἀκτὰ add. καὶ t   1134 ἀμβρότων LVaZo: ἀβρ- cett.
ἐπέων] ἐπετᾶν Pallis post Hartung   1135 Θηβαῖαc Hermann:
-αίαc codd.   1136 ἀγυιάc] γυίαc Lγρ   1140 νῦν δ' nos:
καὶ νῦν codd.   1141 πάνδαμοc Dindorf: -δῆμοc codd. (etiam Λ)
ἐπὶ] ὑπὸ Musgrave   1143 Παρναcίαν K: -ηcίαν cett. (etiam Λ)
1145 κλειτὺν edd.: κλι- codd.   1146 πνεόντων] πνείοντων
Brunck   1147 post ἄcτρων add. καὶ codd. (praeter Vat. gr. 57): del.
Brunck   1149 post ἐπίcκοπε add. παῖ codd.: del. Schubert
Ζηνὸc Bothe: Διὸc codd.: Δῖον Seyffert   προφάνηθ' ὦναξ Bergk:
προφάνηθι ναξίαιc codd.   1151 Θυίαcιν Holford-Strevens:
Θυιάcιν codd.: Θυίαιcιν Boeckh

ΣΟΦΟΚΛΕΟΥΣ

ΑΓΓΕΛΟΣ

Κάδμου πάροικοι καὶ δόμων Ἀμφίονος,　　1155
οὐκ ἔσθ' ὁποῖον στάντ' ἂν ἀνθρώπου βίον
οὔτ' αἰνέσαιμ' ἂν οὔτε μεμψαίμην ποτέ.
τύχη γὰρ ὀρθοῖ καὶ τύχη καταρρέπει
τὸν εὐτυχοῦντα τόν τε δυςτυχοῦντ' ἀεί·
καὶ μάντις οὐδεὶς τῶν καθεστώτων
βροτοῖς.　　1160
Κρέων γὰρ ἦν ζηλωτός, ὡς ἐμοί, ποτέ,
σώσας μὲν ἐχθρῶν τήνδε Καδμείαν χθόνα,
λαβών τε χώρας παντελῆ μοναρχίαν
ηὔθυνε, θάλλων εὐγενεῖ τέκνων σπορᾷ·
καὶ νῦν ἀφεῖται πάντα. καὶ γὰρ ἡδοναὶ　　1165
ὅταν προδῶσιν ἀνδρός, οὐ τίθημ' ἐγὼ
ζῆν τοῦτον, ἀλλ' ἔμψυχον ἡγοῦμαι νεκρόν.
πλούτει τε γὰρ κατ' οἶκον, εἰ βούλῃ, μέγα,
καὶ ζῆ τύραννον σχῆμ' ἔχων, ἐὰν δ' ἀπῇ
τούτων τὸ χαίρειν, τἄλλ' ἐγὼ καπνοῦ σκιᾶς　　1170
οὐκ ἂν πριαίμην ἀνδρὶ πρὸς τὴν ἡδονήν.

Χο.　τί δ' αὖ τόδ' ἄχθος βασιλέων ἥκεις φέρων;
Αγ.　τεθνᾶσιν· οἱ δὲ ζῶντες αἴτιοι θανεῖν.
Χο.　καὶ τίς φονεύει; τίς δ' ὁ κείμενος; λέγε.
Αγ.　Αἵμων ὄλωλεν· αὐτόχειρ δ' αἱμάσσεται.　　1175
Χο.　πότερα πατρῴας, ἢ πρὸς οἰκείας χερός;

1156 στάντ'] πάντ' Nauck　　1158 καταρρέπει] -έπειν γρ in
LS　　1159 τόν ⟨τ'⟩ εὐτυχοῦντα Blaydes　　1160 καθε-
cτώτων] ἐφεcτώτων Blaydes　　1164 ηὔθυνε Dindorf: εὔ- codd.
post θάλλων add. τε Lᵃᶜ　　εὐγενεῖ] -ῆ Lt　　1165 καὶ γὰρ
ἡδοναὶ Seyffert post Hartung (cf. sch. ad 1167 laudatum): τὰς γὰρ
ἡδονὰς codd.　　1166 ἀνδρός] ἄνδρας Zot: ἄνδρες Athenaeus
280 c, 547 c: ἄνδρα Eustathius 957. 17 supra lineam in libro autographo (cf.
van der Valk ad loc.)　　οὐ τίθημ'] οὔτι φημ' Meineke
1167 om. codd., praebent Athenaeus et Eustathius, qui dicit exstare apud
τὰ ἀκριβῆ ἀντίγραφα: οὐ νομίζω ζῆν ἐκεῖνον τὸν ἄνδρα ὃν ἂν
προδῶσιν αἱ ἡδοναί sch. L　　1171 πριαίμην] ποιοίμην
Gleditsch

ΑΝΤΙΓΟΝΗ

Αγ.   αὐτὸc πρὸc αὑτοῦ, πατρὶ μηνίcαc φόνου.

Χο.   ὦ μάντι, τοὔποc ὡc ἄρ' ὀρθὸν ἤνυcαc.

Αγ.   ὡc ὧδ' ἐχόντων τἆλλα βουλεύειν πάρα.

Χο.   καὶ μὴν ὁρῶ τάλαιναν Εὐρυδίκην ὁμοῦ   1180
   δάμαρτα τὴν Κρέοντοc· ἐκ δὲ δωμάτων
   ἤτοι κλυοῦcα παιδὸc ἢ τύχῃ περᾷ.

ΕΥΡΥΔΙΚΗ

   ὦ πάντεc ἀcτοί, τῶν λόγων ἐπῃcθόμην
   πρὸc ἔξοδον cτείχουcα, Παλλάδοc θεᾶc
   ὅπωc ἱκοίμην εὐγμάτων προcήγοροc.   1185
   καὶ τυγχάνω τε κλῇθρ' ἀναcπαcτοῦ πύληc
   χαλῶcα, καί με φθόγγοc οἰκείου κακοῦ
   βάλλει δι' ὤτων· ὑπτία δὲ κλίνομαι
   δείcαcα πρὸc δμωαῖcι κἀποπλήccομαι.
   ἀλλ' ὅcτιc ἦν ὁ μῦθοc αὖθιc εἴπατε·   1190
   κακῶν γὰρ οὐκ ἄπειροc οὖc' ἀκούcομαι.

Αγ.   ἐγώ, φίλη δέcποινα, καὶ παρὼν ἐρῶ,
   κοὐδὲν παρήcω τῆc ἀληθείαc ἔποc.
   τί γάρ cε μαλθάccοιμ' ἂν ὧν ἐc ὕcτερον
   ψεῦcται φανούμεθ'; ὀρθὸν ἀλήθει' ἀεί.   1195
   ἐγὼ δὲ cῷ ποδαγὸc ἑcπόμην πόcει
   πεδίον ἐπ' ἄκρον, ἔνθ' ἔκειτο νηλεὲc
   κυνοcπάρακτον cῶμα Πολυνείκουc ἔτι·
   καὶ τὸν μέν, αἰτήcαντεc ἐνοδίαν θεὸν
   Πλούτωνά τ' ὀργὰc εὐμενεῖc καταcχεθεῖν,   1200
   λούcαντεc ἁγνὸν λουτρόν, ἐν νεοcπάcιν

1177 αὐτοῦ codd. plerique: αὑ- aZot   φόνου] φόνῳ L in linea:
κόρηc Keck   1182 κλυοῦcα West: κλύουcα codd.   περᾷ
Brunck: πάρα codd.   1183 τῶν λόγων] τοῦ λόγου γ' a: τοῦ
λόγου Zf   1186 τε LSZot: δὲ K: γε L s.l., cett.: 'γὼ vel τὰ
Blaydes   κλῇθρ' L: κλεῖθρ' cett.   1189 δμωαῖcι] δμώεccι L
s.l., VZf   κἀποπλήccομαι] κἀπι- KRZot   1195 ἀλήθει'
Hermann: ἡ ἀλ- codd.   1196 ἑcπόμην] εἱπόμην R
1197 πεδίον La: πεδίων cett.   ἄκρον a: -ων cett.   νηλεὲc] -εὼc
Elmsley   1200 καταcχεθεῖν Elmsley: -έθειν codd.

ΣΟΦΟΚΛΕΟΥΣ

θαλλοῖς ὃ δὴ 'λέλειπτο συγκατήθομεν,
καὶ τύμβον ὀρθόκρανον οἰκείας χθονὸς
χώσαντες αὖθις πρὸς λιθόστρωτον κόρης
νυμφεῖον Ἅιδου κοῖλον εἰςεβαίνομεν.   1205
φωνῆς δ' ἄπωθεν ὀρθίων κωκυμάτων
κλύει τις ἀκτέριστον ἀμφὶ παστάδα,
καὶ δεςπότῃ Κρέοντι ςημαίνει μολών·
τῷ δ' ἀθλίας ἄςημα περιβαίνει βοῆς
ἕρποντι μᾶλλον ἆςςον, οἰμώξας δ' ἔπος   1210
ἵηςι δυςθρήνητον, "ὢ τάλας ἐγώ,
ἆρ' εἰμὶ μάντις; ἆρα δυςτυχεςτάτην
κέλευθον ἕρπω τῶν παρελθουςῶν ὁδῶν;
παιδός με ςαίνει φθόγγος. ἀλλά, πρόςπολοι,
ἴτ' ἆςςον ὠκεῖς, καὶ παραςτάντες τάφῳ   1215
ἀθρήςατ', ἀγμὸν χώματος λιθοςπαδῆ
δύντες πρὸς αὐτὸ ςτόμιον, εἰ τὸν Αἵμονος
φθόγγον ςυνίημ', ἢ θεοῖςι κλέπτομαι. "
τάδ' ἐξ ἀθύμου δεςπότου κελεύμαςιν
ἠθροῦμεν· ἐν δὲ λοιςθίῳ τυμβεύματι   1220
τὴν μὲν κρεμαςτὴν αὐχένος κατείδομεν,
βρόχῳ μιτώδει ςινδόνος καθημμένην,
τὸν δ' ἀμφὶ μέςςῃ περιπετῆ προςκείμενον,
εὐνῆς ἀποιμώζοντα τῆς κάτω φθορὰν
καὶ πατρὸς ἔργα καὶ τὸ δύςτηνον λέχος.   1225
ὁ δ' ὡς ὁρᾷ ςφε, ςτυγνὸν οἰμώξας ἔςω

1202 'λέλειπτο Dindorf: λέ- codd.   1205 εἰςεβαίνομεν]
fortasse εἰςεπαίομεν: ἐξωρμώμεθα (vel εἰς-) Blaydes: possis etiam
ἐξωρμήςαμεν   1208 μολών] μαθών L s.l., VR
1216 ἀγμὸν Lloyd-Jones: ἁρμὸν codd.   λιθοςπαδῆ] λιθοςχαδῆ
West   1217 εἰ LaZfᵃᶜ: ἤ t: ἤ cett.   1219 τάδ'] τοῖςδ'
Hermann   ἐξ] οὖν Heath   κελεύμαςιν edd.: -εύςμαςι codd.:
-ευςμάτων Burton   post hunc v. lacunam statuit Hermann
1222 μιτώδει] μιτρ- IVa   1223-4 fortasse spurios esse censet
Blaydes   1223 μέςςῃ La: μέςῃ cett.   1225 λέχος] λάχος
Bergk   v. fort. delendus

ΑΝΤΙΓΟΝΗ

χωρεῖ πρὸς αὐτὼ κἀνακωκύcαc καλεῖ·
"ὦ τλῆμον, οἷον ἔργον εἴργαcαι· τίνα
νοῦν ἔcχεc; ἐν τῷ cυμφορᾶc διεφθάρηc;
ἔξελθε, τέκνον, ἱκέcιόc cε λίccομαι." 1230
τὸν δ᾽ ἀγρίοιc ὄccοιcι παπτήναc ὁ παῖc,
πτύcαc προcώπῳ κοὐδὲν ἀντειπών, ξίφουc
ἕλκει διπλοῦc κνώδονταc, ἐκ δ᾽ ὁρμωμένου
πατρὸc φυγαῖcιν ἤμπλακ᾽· εἶθ᾽ ὁ δύcμοροc
αὑτῷ χολωθείc, ὥcπερ εἶχ᾽, ἐπενταθεὶc 1235
ἤρειcε πλευραῖc μέccον ἔγχοc, ἐc δ᾽ ὑγρὸν
ἀγκῶν᾽ ἔτ᾽ ἔμφρων παρθένῳ προcπτύccεται·
καὶ φυcιῶν ὀξεῖαν ἐκβάλλει ῥοὴν
λευκῇ παρειᾷ φοινίου cταλάγματοc.
κεῖται δὲ νεκρὸc περὶ νεκρῷ, τὰ νυμφικὰ 1240
τέλη λαχὼν δείλαιοc ἔν γ᾽ Ἅιδου δόμοιc,
δείξαc ἐν ἀνθρώποιcι τὴν ἀβουλίαν
ὅcῳ μέγιcτον ἀνδρὶ πρόcκειται κακόν.

Χο. τί τοῦτ᾽ ἂν εἰκάcειαc; ἡ γυνὴ πάλιν
φρούδη, πρὶν εἰπεῖν ἐcθλὸν ἢ κακὸν λόγον. 1245

Αγ. καὐτὸc τεθάμβηκ᾽· ἐλπίcιν δὲ βόcκομαι
ἄχη τέκνου κλυοῦcαν ἐc πόλιν γόου
οὐκ ἀξιώcειν, ἀλλ᾽ ὑπὸ cτέγηc ἔcω
δμωαῖc προθήcειν πένθοc οἰκεῖον cτένειν.

1227 αὐτὼ Broadhead, qui etiam αὐτοὺc temptavit: αὐτὸν codd.:
αὐτὴν Ledbetter   1228 οἷον KSat: ποῖον cett.
1232 ξίφουc l s. l., Saz: ὅλωc lVR   1236 μέccον a: μέcον cett.
ἐc codd. plerique: ἐν SZot, coni. Wecklein   1237 παρθένῳ] παρ-
θένον Zf, coni. Brunck   1238 καὶ φυcιῶν] κἀκφυcιῶν Blaydes
ἐκβάλλει] ἐμβάλλει Berol. Phillipps 1588, coni. Mitchell: ἐμβάλλει Laur.
31. 1 et Zg   ῥοὴν lVR: πνοὴν cett.   1241 ἔν γ᾽ Heath: εἰν Kat:
ἐν cett. (etiam Λ)   1244 πάλιν] πάλαι R ('nuper')
1247 κλυοῦcαν West: κλύουcαν codd. nostri: κλαίουcαν Vat. gr. 910,
Livinei 'V' (si modo hic liber alius atque ille est)   γόου Pearson: γόουc
codd. plerique: λόγουc Zo: γόων Postgate   1248 ἀξιώcειν]
ἐξιύξειν J. U. Powell

233

γνώμης γὰρ οὐκ ἄπειρος, ὥσθ᾽ ἁμαρτάνειν.   1250
Χο. οὐκ οἶδ᾽· ἐμοὶ δ᾽ οὖν ἥ τ᾽ ἄγαν ϲιγὴ βαρὺ
δοκεῖ προϲεῖναι χἠ μάτην πολλὴ βοή.
Αγ. ἀλλ᾽ εἰϲόμεϲθα, μή τι καὶ κατάϲχετον
κρυφῇ καλύπτει καρδίᾳ θυμουμένῃ,
δόμους παραϲτείχοντες· εὖ γὰρ οὖν λέγεις.   1255
καὶ τῆς ἄγαν γάρ ἐϲτί που ϲιγῆς βάρος.

Χο. καὶ μὴν ὅδ᾽ ἄναξ αὐτὸς ἐφήκει
μνῆμ᾽ ἐπίϲημον διὰ χειρὸς ἔχων,
εἰ θέμις εἰπεῖν, οὐκ ἀλλοτρίαν
ἄτην, ἀλλ᾽ αὐτὸς ἁμαρτών.   1260
Κρ. ἰὼ   ϲτρ. α´
φρενῶν δυϲφρόνων ἁμαρτήματα
ϲτερεὰ θανατόεντ᾽,
ὦ κτανόντας τε καὶ
θανόντας βλέποντες ἐμφυλίους.
ὤμοι ἐμῶν ἄνολβα βουλευμάτων.   1265
ἰὼ παῖ, νέος νέῳ ξὺν μόρῳ,
αἰαῖ αἰαῖ,
ἔθανες, ἀπελύθης,
ἐμαῖς οὐδὲ ϲαῖϲι δυϲβουλίαις.
Χο. οἴμ᾽ ὡς ἔοικας ὀψὲ τὴν δίκην ἰδεῖν.   1270
Κρ. οἴμοι,
ἔχω μαθὼν δείλαιος· ἐν δ᾽ ἐμῷ κάρᾳ
θεὸς τότ᾽ ἄρα τότε με μέγα βάρος ἔχων
ἔπαισεν, ἐν δ᾽ ἔϲειϲεν ἀγρίαις ὁδοῖς,

1250 ἄπειρος] ἄμοιρος Schneidewin   1254 καλύπτει] -ῃ
SY   θυμουμένῃ] -η codd. recc. teste Jebb   1258 ἔχων]
ἄγων V   1259–60 ἀλλοτρίαν ἄτην] -ίας -ης Musgrave
1265 ὤμοι t: ἰὼ μοι cett.   1266 παῖ iterat t   ξὺν μόρῳ
SRZot: ξυμμόρῳ cett.   1267 αἱ quater V, ter codd. plerique
1268 ἀπελύθης] ἀπεύθης Pallis   1270 ἰδεῖν] ἔχειν Lγρ
1271 οἴμοι om. a   1272 μαθὼν] μαθεῖν S   1273 με
huc traiecit Meineke: post βάρος praebent LRa: om. cett.

234

ΑΝΤΙΓΟΝΗ

οἴμοι λακπάτητον ἀντρέπων χαράν.　　　　1275
φεῦ φεῦ, ἰὼ πόνοι βροτῶν δύcπονοι.

ΕΞΑΓΓΕΛΟC

　　ὦ δέcποθ', ὡc ἔχων τε καὶ κεκτημένοc,
　　τὰ μὲν πρὸ χειρῶν τάδε φέρειc, τὰ δ' ἐν δόμοιc
　　ἔοικαc ἥκειν καὶ τάχ' ὄψεcθαι κακά.　　　　1280
Κρ.　τί δ' ἔcτιν αὖ κάκιον ἐκ κακῶν ἔτι;
Εξ.　γυνὴ τέθνηκε, τοῦδε παμμήτωρ νεκροῦ,
　　δύcτηνοc, ἄρτι νεοτόμοιcι πλήγμαcιν.

Κρ.　ἰώ,　　　　　　　　　　　　　　　ἀντ. α'
　　ἰὼ δυcκάθαρτοc Ἅιδου λιμήν,
　　τί μ' ἄρα τί μ' ὀλέκειc;　　　　　　1285
　　ὦ κακάγγελτά μοι
　　προπέμψαc ἄχη, τίνα θροεῖc λόγον;
　　αἰαῖ, ὀλωλότ' ἄνδρ' ἐπεξειργάcω.
　　τί φήc, παῖ, τί δ' αὖ λέγειc μοι νέον,
　　αἰαῖ αἰαῖ,　　　　　　　　　　　　1290
　　cφάγιον ἐπ' ὀλέθρῳ,
　　γυναικεῖον ἀμφικεῖcθαι μόρον;
Χο.　ὁρᾶν πάρεcτιν· οὐ γὰρ ἐν μυχοῖc ἔτι.
Κρ.　οἴμοι,
　　κακὸν τόδ' ἄλλο δεύτερον βλέπω τάλαc.　　1295

1275 λακπάτητον IZo: λεωπάτητον a (λαο- a γρ): λαξπά-
τητον cett. et Eustathius 625. 21, 796. 5　　　　1276 ἰὼ]
ὦ t　　　1278 ΕΞΑΓΓΕΛΟC t: ΑΓΓΕΛΟC Zo: ΟΙΚΕΤΗC
cett.　　　1279 φέρειc Brunck: φέρων codd.: φέρειν Hartung
1280 ἥκειν] ἥκων Brunck　　καὶ τάχ' LVZf: καὶ τά γ' AZo: καὶ τάδ'
RUY: καὶ τά τ' S: αὐτίκ' Blaydes　　　1281 ἐκ Canter: ἢ codd.
1282 παμμήτωρ] δυcμήτωρ Herwerden　　　1286 ὦ Turnebus:
ἰὼ codd.　　　1287 τίνα θροεῖc] τίν' αὐδᾷc e coniectura t
1289 παῖ codd. recc. recensionis Triclinianae, teste Dawe: ὦ παῖ codd.
nostri　　　τί δ' αὖ Lloyd-Jones (τίν' αὖ iam Enger): τίνα codd.　　μοι
codd.: del. t　　post νέον add. λόγον codd. (λόγον νέον S): om. codd.
recc. Tricliniani, del. Seidler　　　1290 αἰ quater Zo, ter codd. plerique
1293 choro Erfurdt, nuntio codd. tribuunt

235

ΣΟΦΟΚΛΕΟΥΣ

τίς ἄρα, τίς με πότμος ἔτι περιμένει;
ἔχω μὲν ἐν χείρεσσιν ἀρτίως τέκνον,
τάλας, τὰν δ' ἔναντα προσβλέπω νεκρόν.
φεῦ φεῦ μᾶτερ ἀθλία, φεῦ τέκνον.   1300

Εξ.   †ἥ δ' ὀξύθηκτος ἥδε βωμία πέριξ†
· · · · · · · · ·
λύει κελαινὰ βλέφαρα, κωκύσασα μὲν
τοῦ πρὶν θανόντος Μεγαρέως κενὸν λέχος,
αὖθις δὲ τοῦδε, λοίσθιον δὲ coὶ κακὰς
πράξεις ἐφυμνήσασα τῷ παιδοκτόνῳ.   1305

Κρ.   αἰαῖ αἰαῖ,   στρ. β'
ἀνέπταν φόβῳ. τί μ' οὐκ ἀνταίαν
ἔπαιcέν τις ἀμφιθήκτῳ ξίφει;
δείλαιος ἐγώ, αἰαῖ,   1310
δειλαίᾳ δὲ cυγκέκραμαι δύᾳ.

Εξ.   ὡς αἰτίαν γε τῶνδε κἀκείνων ἔχων
πρὸς τῆς θανούςης τῆςδ' ἐπεςκήπτου μόρων.

Κρ.   ποίῳ δὲ κἀπελύετ' ἐν φοναῖς τρόπῳ;

Εξ.   παίcαc' ὑφ' ἧπαρ αὐτόχειρ αὑτήν, ὅπως   1315
παιδὸς τόδ' ἥcθετ' ὀξυκώκυτον πάθος.

1297 χείρεccιν] ταῖc χερcὶν Blaydes   1298 τὰν δ' Postgate:
τήνδ' R: τάδ' LZf: τόνδ' VaZot: τόδ' S   ἔναντα Lγρ, a: ἔναντι t:
ἐναντία cett.   1301 Ἐξάγγελοc Zot: Χορὸc R: Χορὸc ἢ
Ἄγγελοc cett.   ὀξύθηκτοc . . . πέριξ] ὀξυθήκτῳ βωμία
περὶ ξίφει Arndt, qui postea πτώcιμοc pro βωμία temptavit;
post hunc v. lacunam statuit Brunck   1302 λύει] μύει Bergk
1303 κενὸν Seyffert: κλεινὸν codd.: αἰνὸν Blaydes   λέχοc] λάχοc
Bothe   1304 τοῦδε] τόνδε Dawe   1305 πράξειc] ἀρὰc
Nauck   1308 ἀνταίαν] καιρίαν Lγρ, S in linea
1310 δείλαιοc] ἄθλιοc t   αἰαῖ Erfurdt: φεῦ φεῦ codd.
1312 Ἐξάγγελοc Zot: Οἰκέτηc a: Ἄγγελοc cett.   1313 μόρων
KSt: μόρῳ cett.   1314 κἀπελύετ' Pearson (ἐλύετο καὶ ἐφέρετο
εἰc φονάc sch. L): κἀπελύcατ' codd.   ἐν φοναῖc] εἰc φονὰc L s.l.
1315 Ἐξάγγελοc Zot: Ἄγγελοc cett.

ΑΝΤΙΓΟΝΗ

Κρ.　ὤμοι μοι, τάδ' οὐκ ἐπ' ἄλλον βροτῶν
　　　ἐμᾶς ἁρμόσει ποτ' ἐξ αἰτίας.
　　　ἐγὼ γάρ ς', ἐγώ ς' ἔκανον, ὦ μέλεος,
　　　ἐγώ, φάμ' ἔτυμον. ἰὼ πρόσπολοι,　　　　　　1320
　　　ἄγετέ μ' ὅτι τάχιστ', ἄγετέ μ' ἐκποδών,
　　　τὸν οὐκ ὄντα μᾶλλον ἢ μηδένα.　　　　　　　　1325

Χο.　κέρδη παραινεῖς, εἴ τι κέρδος ἐν κακοῖς·
　　　βράχιστα γὰρ κράτιστα τὰν ποσὶν κακά.

Κρ.　ἴτω ἴτω,　　　　　　　　　　　　　　　　　ἀντ. β'
　　　φανήτω μόρων ὁ κάλλιστ' ἔχων
　　　ἐμοὶ τερμίαν ἄγων ἁμέραν　　　　　　　　　　1330
　　　ὕπατος· ἴτω ἴτω,
　　　ὅπως μηκέτ' ἆμαρ ἄλλ' εἰςίδω.

Χο.　μέλλοντα ταῦτα. τῶν προκειμένων τι χρὴ
　　　πράςςειν. μέλει γὰρ τῶνδ' ὅτοιςι χρὴ μέλειν.　1335
Κρ.　ἀλλ' ὧν ἐρῶ μέν, ταῦτα ςυγκατηυξάμην.
Χο.　μή νυν προςεύχου μηδέν· ὡς πεπρωμένης
　　　οὐκ ἔςτι θνητοῖς ςυμφορᾶς ἀπαλλαγή.

Κρ.　ἄγοιτ' ἂν μάταιον ἄνδρ' ἐκποδών,
　　　ὅς, ὦ παῖ, ςέ τ' οὐχ ἑκὼν κατέκανον　　　　　1340

1317 ἐπ' ἄλλον] ἐπ' ἄλλῳ Pallis　　　1318 post ἐμᾶς add. γ'
Neapolitanus II. F. 36　　　1319 ς' ἔκανον ὦ Hermann: ἔκανον ὦ
fere codd.: 'κανον ἰὼ Bruhn　　　1322 ἄγετε] ἀπάγετε Schoene
τάχιςτ' Erfurdt: τάχος codd.　　　1327 βράχιςτα] κράτιςτα Lγρ
κράτιςτα] τάχιςτα Lγρ: κάκιςτα Zot　　　τὰν] τὰμ KV　　　1329 ἔχων
Pallis: ἐμῶν codd.　　　1334-5 choro tribuit Buttmann; ἐξάγγελος
Zot: ἄγγελος cett.　　　1336 ἐρῶ μέν codd. plerique: ἐρῶ LZf:
ἐρῶμεν V: ἐρῶ νυν Laur. 31. 1 et Zg: ἐρῶ 'γώ F. W. Schmidt
ταῦτα] πάντα Dawe post Seyffert: τοιαῦτα (om. μὲν) Dindorf
ςυγκατηυξάμην] καὶ κατηυξάμην Blaydes　　　1337-8 choro
tribuunt Ambr. C. 24 sup., Monac. gr. 500, coni. Buttmann: Ἐξάγγελος
Zot: Ἄγγελος cett.　　　προςεύχου] κατ- Zc, coni. Benedict
1340 τ' Ra: γ' cett.　　　κατέκανον W. Schneider: κατέκτανον codd.:
κατέκτα t

237

ΣΟΦΟΚΛΕΟΥΣ ΑΝΤΙΓΟΝΗ

σέ τ' αὖ τάνδ', ὤμοι μέλεος, οὐδ' ἔχω
πρὸς πότερον ἴδω, πᾷ κλιθῶ· πάντα γὰρ
λέχρια τὰν χεροῖν, τὰ δ' ἐπὶ κρατί μοι   1345
πότμος δυσκόμιστος εἰσήλατο.

Χο.   πολλῷ τὸ φρονεῖν εὐδαιμονίας
πρῶτον ὑπάρχει· χρὴ δὲ τά γ' ἐς θεοὺς
μηδὲν ἀσεπτεῖν· μεγάλοι δὲ λόγοι   1350
μεγάλας πληγὰς τῶν ὑπεραύχων
ἀποτείσαντες
γήρᾳ τὸ φρονεῖν ἐδίδαξαν.

1341 σέ Hermann: ὃς σέ codd.   αὖ τάνδ' Seidler: αὐτάν codd.
1343 πρὸς Seidler: ὅπᾳ πρὸς codd.   πότερον Vat: πρότερον cett.
κλιθῶ Musgrave: καὶ θῶ codd.   πάντα γὰρ codd.: del. Nauck
1345 λέχρια om. t   τὰν Brunck: τάδ' ἐν codd.: τά τ' ἐν t   τὰ δ']
γὰρ τά τ' t   1349 γ' t: τ' cett.   1351 μεγάλας πληγὰς
post ὑπεραύχων traiecit Halbertsma

238

ΤΡΑΧΙΝΙΑΙ

ΤΑ ΤΟΥ ΔΡΑΜΑΤΟΣ ΠΡΟΣΩΠΑ

Δηάνειρα
Δούλη τροφός
Ὕλλος
Χορὸς γυναικῶν Τραχινίων
Ἄγγελος
Λίχας
Πρέσβυς
Ἡρακλῆς

ΤΡΑΧΙΝΙΑΙ

ΔΗΙΑΝΕΙΡΑ

Λόγος μὲν ἔστ' ἀρχαῖος ἀνθρώπων φανεὶς
ὡς οὐκ ἂν αἰῶν' ἐκμάθοις βροτῶν, πρὶν ἂν
θάνῃ τις, οὔτ' εἰ χρηστὸς οὔτ' εἴ τῳ κακός·
ἐγὼ δὲ τὸν ἐμόν, καὶ πρὶν εἰς Ἅιδου μολεῖν,
ἔξοιδ' ἔχουσα δυστυχῆ τε καὶ βαρύν,   5
ἥτις πατρὸς μὲν ἐν δόμοισιν Οἰνέως
ναίους' ἔτ' ἐν Πλευρῶνι νυμφείων ὄτλον
ἄλγιστον ἔσχον, εἴ τις Αἰτωλὶς γυνή.
μνηστὴρ γὰρ ἦν μοι ποταμός, Ἀχελῷον λέγω,
ὅς μ' ἐν τρισὶν μορφαῖσιν ἐξῄτει πατρός,   10
φοιτῶν ἐναργὴς ταῦρος, ἄλλοτ' αἰόλος
δράκων ἑλικτός, ἄλλοτ' ἀνδρείῳ κύτει
βούπρῳρος· ἐκ δὲ δασκίου γενειάδος
κρουνοὶ διερραίνοντο κρηναίου ποτοῦ.
τοιόνδ' ἐγὼ μνηστῆρα προσδεδεγμένη   15
δύστηνος ἀεὶ κατθανεῖν ἐπηυχόμην,
πρὶν τῆσδε κοίτης ἐμπελασθῆναί ποτε.
χρόνῳ δ' ἐν ὑστέρῳ μέν, ἀσμένῃ δέ μοι,
ὁ κλεινὸς ἦλθε Ζηνὸς Ἀλκμήνης τε παῖς·

---

1 ἀνθρώπων] -οις sch. ad Dion. Thr. (Gr. gr. I 3 p. 514. 27)
2 ἐκμάθοις LVt: -ης Zo: -οι cett.   βροτῶν post ἂν praebent VRZg
3 θάνῃ lZo, Stobaeus 4. 41. 38: -ει R: -οι cett.   7 ἔτ' ἐν Vitus
Winshemius: ἐν L: ἐνὶ VRa: γ' ἐν z: om. t, qui Πλευρῶνι ναίουσα
praebet   νυμφείων] -φίων lZoTa   ὄτλον Lγρ: ὄγκον Zo: ὄκνον
cett.   8 Αἰτωλὶς] -λὴ KR: -λὸς v.l. ap. z et t   10 ἐξῄτει
LVRat: ἐζήτει Kz   12–13 κύτει βούπρῳρος Strabo 10. 458, et
vox βούπρῳρα occurrit ap. Philostr. jun. Imag. 4. 1: τύπῳ βούκρανος
codd.   16 ἐπηυχόμην AU: ἐπευ- cett.   17 τῆσδε
κοίτης] τοῦδε κοίτης Wunder: ταῖσδε κοίταις Schneidewin
18 δέ μοι] δ' ἐμοὶ Zot

241

ὃς εἰς ἀγῶνα τῷδε συμπεςὼν μάχης   20
ἐκλύεταί με. καὶ τρόπον μὲν ἂν πόνων
οὐκ ἂν διείποιμ'· οὐ γὰρ οἶδ'· ἀλλ' ὅςτις ἦν
θακῶν ἀταρβὴς τῆς θέας, ὅδ' ἂν λέγοι.
ἐγὼ γὰρ ἤμην ἐκπεπληγμένη φόβῳ
μή μοι τὸ κάλλος ἄλγος ἐξεύροι ποτέ.   25
τέλος δ' ἔθηκε Ζεὺς ἀγώνιος καλῶς,
εἰ δὴ καλῶς. λέχος γὰρ Ἡρακλεῖ κριτὸν
ξυστᾶς' ἀεί τιν' ἐκ φόβου φόβον τρέφω,
κείνου προκηραίνουσα. νὺξ γὰρ εἰσάγει
καὶ νὺξ ἀπωθεῖ διαδεδεγμένη πόνον.   30
κἀφύσαμεν δὴ παῖδας, οὓς κεῖνός ποτε,
γῄτης ὅπως ἄρουραν ἔκτοπον λαβών,
σπείρων μόνον προσεῖδε κἀξαμῶν ἅπαξ·
τοιοῦτος αἰὼν εἰς δόμους τε κἀκ δόμων
ἀεὶ τὸν ἄνδρ' ἔπεμπε λατρεύοντά τῳ.   35
νῦν δ' ἡνίκ' ἄθλων τῶνδ' ὑπερτελὴς ἔφυ,
ἐνταῦθα δὴ μάλιστα ταρβήσας' ἔχω.
ἐξ οὗ γὰρ ἔκτα κεῖνος Ἰφίτου βίαν,
ἡμεῖς μὲν ἐν Τραχῖνι τῇδ' ἀνάστατοι
ξένῳ παρ' ἀνδρὶ ναίομεν, κεῖνος δ' ὅπου   40
βέβηκεν οὐδεὶς οἶδε· πλὴν ἐμοὶ πικρὰς
ὠδῖνας αὐτοῦ προσβαλὼν ἀποίχεται.
σχεδὸν δ' ἐπίσταμαί τι πῆμ' ἔχοντά νιν·
χρόνον γὰρ οὐχὶ βαιόν, ἀλλ' ἤδη δέκα
μῆνας πρὸς ἄλλοις πέντ' ἀκήρυκτος μένει.   45

20–1 μάχης et πόνων permutavit Herwerden   23 θακῶν
L^{ac}KRZo: θώκων L^{pc}: θακὼν cett.   24 ἤμην L s.l.: ἤμην cett.
26 ἔθηκε] -εν L   27 λέχος] λάχος Harleianus 5743
28 ξυστᾶς'] ξυνστᾶς' Lt   30 ἀπωθεῖ διαδεδεγμένη]
ἀπωθεῖται δεδεγμένον Suda s.v. πόνος πόνῳ πόνον φέρει
31 κἀφύσαμεν LRa: κἄφυσα μὲν zt   32 γῄτης L: γῆ- cett.
34 εἰς ... δόμων] ἐκ δόμων τε κεἰς δόμους Zn, probat Brunck
40 ὅπου] ὅποι Brunck   42 αὐτοῦ] αὐ- Hermann
43–8 del. Reeve (43 iam Dindorf, 44–8 Wunder)

ΤΡΑΧΙΝΙΑΙ

κἄστιν τι δεινὸν πῆμα· τοιαύτην ἐμοὶ
δέλτον λιπὼν ἔστειχε· τὴν ἐγὼ θαμὰ
θεοῖς ἀρῶμαι πημονῆς ἄτερ λαβεῖν.

ΤΡΟΦΟΣ

δέσποινα Δῃάνειρα, πολλὰ μέν σ' ἐγὼ
κατεῖδον ἤδη πανδάκρυτ' ὀδύρματα   50
τὴν Ἡράκλειον ἔξοδον γοωμένην·
νῦν δ', εἰ δίκαιον τοὺς ἐλευθέρους φρενοῦν
γνώμαισι δούλαις, κἀμὲ χρὴ φράσαι τὸ σόν·
πῶς παισὶ μὲν τοσοῖσδε πληθύεις, ἀτὰρ
ἀνδρὸς κατὰ ζήτησιν οὐ πέμπεις τινά,   55
μάλιστα δ' ὄνπερ εἰκὸς Ὕλλον, εἰ πατρὸς
νέμοι τιν' ὥραν τοῦ καλῶς πράσσειν δοκεῖν;
ἐγγὺς δ' ὅδ' αὐτὸς ἀρτίπους θρῴσκει δόμοις,
ὥστ' εἴ τί σοι πρὸς καιρὸν ἐννέπειν δοκῶ,
πάρεστι χρῆσθαι τἀνδρὶ τοῖς τ' ἐμοῖς λόγοις.   60
Δη. ὦ τέκνον, ὦ παῖ, κἀξ ἀγεννήτων ἄρα
μῦθοι καλῶς πίπτουσιν· ἥδε γὰρ γυνὴ
δούλη μέν, εἴρηκεν δ' ἐλεύθερον λόγον.

ΥΛΛΟΣ

ποῖον; δίδαξον, μῆτερ, εἰ διδακτά μοι.
Δη. σὲ πατρὸς οὕτω δαρὸν ἐξενωμένου   65
τὸ μὴ πυθέσθαι ποῦ 'στιν αἰσχύνην φέρειν.
Υλ. ἀλλ' οἶδα, μύθοις γ' εἴ τι πιστεύειν χρεών.
Δη. καὶ ποῦ κλύεις νιν, τέκνον, ἱδρῦσθαι χθονός;

46 πῆμα] χρῆμα Wilamowitz   47 ἔστειχε τὴν] ἔστειχεν ἦν
Dindorf   51 Ἡράκλειον] -είαν Hermann   53 τὸ σόν
LRUz: τόσον AYt, novit sch. L   55 ἀνδρὸς] τἀνδρὸς Wecklein
57 νέμοι] -ει Zo   ὥραν L: ὥραν cett.   καλῶς] κακῶς Roscher
δοκεῖν] -εῖ z   58 fort. interpungendum post αὐτός   ἀρτί-
πους θρῴσκει] ἄρτι που 'σθρῴσκει Shilleto et Westcott   δόμοις
Wakefield: -ους codd.   60 τ' LRa: om. zt: γ' Hermann
66 φέρειν Valckenaer: -εν Zo: -ει cett.   67 γ' Ra: om. cett.
68 νιν post τέκνον praebent zt

ΣΟΦΟΚΛΕΟΥΣ

Υλ.   τὸν μὲν παρελθόντ' ἄροτον ἐν μήκει χρόνου
       Λυδῇ γυναικί φασί νιν λάτριν πονεῖν.   70

Δη.   πᾶν τοίνυν, εἰ καὶ τοῦτ' ἔτλη, κλύοι τις ἄν.

Υλ.   ἀλλ' ἐξαφεῖται τοῦδέ γ', ὡς ἐγὼ κλύω.

Δη.   ποῦ δῆτα νῦν ζῶν ἢ θανὼν ἀγγέλλεται;

Υλ.   Εὐβοῖδα χώραν φασίν, Εὐρύτου πόλιν,
       ἐπιστρατεύειν αὐτόν, ἢ μέλλειν ἔτι.   75

Δη.   ἆρ' οἶσθα δῆτ', ὦ τέκνον, ὡς ἔλειπέ μοι
       μαντεῖα πιστὰ τῆσδε τῆς χρείας πέρι;

Υλ.   τὰ ποῖα, μῆτερ; τὸν λόγον γὰρ ἀγνοῶ.

Δη.   ὡς ἢ τελευτὴν τοῦ βίου μέλλει τελεῖν,
       ἢ τοῦτον ἄρας ἆθλον εἰς τό γ' ὕστερον   80
       τὸν λοιπὸν ἤδη βίοτον εὐαίων' ἔχειν.
       ἐν οὖν ῥοπῇ τοιᾷδε κειμένῳ, τέκνον,
       οὐκ εἶ ξυνέρξων, ἡνίκ' ἢ σεσώμεθα
       [ἢ πίπτομεν σοῦ πατρὸς ἐξολωλότος]
       κείνου βίον σώσαντος, ἢ οἰχόμεσθ' ἅμα;   85

Υλ.   ἀλλ' εἶμι, μῆτερ· εἰ δὲ θεσφάτων ἐγὼ
       βάξιν κατῄδη τῶνδε, κἂν πάλαι παρῆ.
       ἀλλ' ὁ ξυνήθης πότμος οὐκ εἴα πατρὸς
       ἡμᾶς προταρβεῖν οὐδὲ δειμαίνειν ἄγαν.
       νῦν δ' ὡς ξυνίημ', οὐδὲν ἐλλείψω τὸ μὴ   90
       πᾶσαν πυθέσθαι τῶνδ' ἀλήθειαν πέρι.

Δη.   χώρει νυν, ὦ παῖ· καὶ γὰρ ὑστέρῳ, τό γ' εὖ
       πράσσειν ἐπεὶ πύθοιτο, κέρδος ἐμπολᾷ.

---

69 ἄροτον] ἄροτρον L   71 κλύοι] τλαίη K. Walter
73 post θανὼν add. γ' z   76 ὦ LRaz: om. t   77 χρείας
Hense: χώρας codd.: ὥρας Dronke   79 ἢ] οἱ L: οἵ R   μέλ-
λει] μέλλοι Blaydes   80 τό γ' Reiske: τὸν codd.   81 τὸν
La: τὸ Rz: utrumque novit t   83 σεσώμεθα Wecklein: -ώσμεθα
codd.   84 del. Bentley, 85 Vauvilliers   87 κατῄδη Brunck:
-δην L: -δειν cett.   παρῇ Elmsley: -ῆν codd.   88–9 del.
Hermann, post 91 traiecit Brunck   88 ἀλλ' Brunck: νῦν δ' codd.:
πρὶν δ' Wakefield   εἴα Vauvilliers: ἐᾷ codd.   90–1 del.
Dindorf   90 μὴ ⟨οὐ⟩ Brunck   93 πύθοιτο] πύθοιο Earle

ΧΟΡΟΣ

δν αἰόλα νὺξ ἐναριζομένα   στρ. α'
τίκτει κατευνάζει τε φλογιζόμενον,   95
Ἅλιον Ἅλιον αἰτῶ
τοῦτο, καρῦξαι τὸν Ἀλκμή-
νας· πόθι μοι πόθι μοι
ναίει ποτ', ὦ λαμπρᾷ στεροπᾷ φλεγέθων;
ἢ Ποντίας αὐλῶνας, ἢ   100
διccαῖcιν ἀπείροιc κλιθείc;
εἴπ', ὦ κρατιστεύων κατ' ὄμμα.

ποθουμένᾳ γὰρ φρενὶ πυνθάνομαι   ἀντ. α'
τὰν ἀμφινεικῆ Δηιάνειραν ἀεί,
οἷά τιν' ἄθλιον ὄρνιν,   105
οὔποτ' εὐνάζειν ἀδάκρυ-
τον βλεφάρων πόθον, ἀλλ'
εὔμναστον ἀνδρὸς δεῖμα τρέφουcαν ὁδοῦ
ἐνθυμίοιc εὐναῖc ἀναν-
δρώτοιcι τρύχεcθαι, κακὰν   110
δύcτανον ἐλπίζουcαν αἶcαν.

πολλὰ γὰρ ὥcτ' ἀκάμαντοc   στρ. β'
ἢ νότου ἢ βορέα τιc
κύματ' ⟨ἂν⟩ εὑρέι πόντῳ
βάντ' ἐπιόντα τ' ἴδοι,   115
οὕτω δὲ τὸν Καδμογενῆ
τρέφει, τὸ δ' αὔξει βιότου

97 τοῦτο Rzt: τούτῳ La   97–8 sic interpunximus post Dover
98 μοι Wunder: μοι παῖc LRaz: παῖc t: γᾶc Schneidewin
100 Ποντίαc Lloyd-Jones (cf. sch. ἢ πρὸc τὰ ἑῷα ἢ πρὸc τὰ δυτικά):
ποντίαc L: -ίουc L s.l., -ίοc R: -ίουc cett.   αὐλῶναc] -οc
Margoliouth   105 ἄθλιον] ἄλιον Lyp   106 ἀδάκρυτον
Dawe: -ύτων codd.   108 τρέφουcαν Casaubon: φέρουcαν
codd.   109 εὐναῖc add. τ' zt   113 βορέα LRa:
βορέου z, v.l. in a   114 ⟨ἂν⟩ Wakefield: ⟨ἐν⟩ Erfurdt: om. codd.
116 post Καδμογενῆ add. τὸ μὲν z   117 τρέφει] cτρέφει
Reiske

πολύπονον ὥσπερ πέλαγος
Κρήcιον· ἀλλά τις θεῶν
αἰὲν ἀναμπλάκητον "Αι-   120
δα cφε δόμων ἐρύκει.

ὧν ἐπιμεμφομένας ἁ-   ἀντ. β'
δεῖα μέν, ἀντία δ' οἴcω.
φαμὶ γὰρ οὐκ ἀποτρύειν
ἐλπίδα τὰν ἀγαθὰν   125
χρῆναί c'· ἀνάλγητα γὰρ οὐδ'
ὁ πάντα κραίνων βασιλεὺς
ἐπέβαλε θνατοῖς Κρονίδας·
ἀλλ' ἐπὶ πῆμα καὶ χαρὰν
πᾶcι κυκλοῦcιν οἷον ἄρ-   130
κτου cτροφάδες κέλευθοι.

μένει γὰρ οὔτ' αἰόλα   ἐπ.
νὺξ βροτοῖcιν οὔτε κῆ-
ρες οὔτε πλοῦτος, ἀλλ' ἄφαρ
βέβακε, τῷ δ' ἐπέρχεται   134
χαίρειν τε καὶ cτέρεcθαι.
ἃ καὶ cὲ τὰν ἄναccαν ἐλπίcιν λέγω
τάδ' αἰὲν ἴcχειν· ἐπεὶ τίς ὧδε
τέκνοιcι Ζῆν' ἄβουλον εἶδεν;   140

Δη.   πεπυcμένη μέν, ὡc ἀπεικάcαι, πάρει
πάθημα τοὐμόν· ὡc δ' ἐγὼ θυμοφθορῶ
μήτ' ἐκμάθοις παθοῦcα, νῦν δ' ἄπειρος εἶ.

---

118 ὥσπερ **a**: ὥcτε codd. plerique   120 ἀναμπλάκητον sch.
L^{pc}: ἀμπλάκητον codd.   "Αιδα Zn: 'Αΐδα cett.   121 ἐρύκει]
-οι **t**   122 ἐπιμεμφομένας LRaZg: -μένας γ' Zo: -μέναι c' T
(cοι T^{gl}): -μένα c' Ta   ἀδεῖα] αἰδοῖα Musgrave   128 ἐπέ-
βαλε UZgt: -αλλε cett.   129 ἐπὶ] ἔτι Pearson   πῆμα]
πήματι sch. L; de L^{ac} non liquet   χαρὰν K: de L^{ac} non liquet: χαρὰ vel
χαρᾷ fere cett.   134 βέβακε **a**: βέβηκε cett.   140 εἶδεν
LaZo: οἶδε(ν) cett.   141 ἀπεικάcαι] ἐπεικάcαι Hermann: cάφ'
εἰκάcαι Wunder   143 δ'] τ' Harleianus 5743 et coni. Dobree

ΤΡΑΧΙΝΙΑΙ

τὸ γὰρ νεάζον ἐν τοιοῖσδε βόσκεται
χώροισιν αὑτοῦ, καί νιν οὐ θάλπος θεοῦ,   145
οὐδ' ὄμβρος, οὐδὲ πνευμάτων οὐδὲν κλονεῖ,
ἀλλ' ἡδοναῖς ἄμοχθον ἐξαίρει βίον
ἐς τοῦθ', ἕως τις ἀντὶ παρθένου γυνὴ
κληθῇ, λάβῃ τ' ἐν νυκτὶ φροντίδων μέρος,
ἤτοι πρὸς ἀνδρὸς ἢ τέκνων φοβουμένη.   150
τότ' ἄν τις εἰσίδοιτο, τὴν αὑτοῦ σκοπῶν
πρᾶξιν, κακοῖσιν οἷς ἐγὼ βαρύνομαι.
πάθη μὲν οὖν δὴ πόλλ' ἔγωγ' ἐκλαυσάμην·
ἓν δ', οἷον οὔπω πρόσθεν, αὐτίκ' ἐξερῶ.
ὁδὸν γὰρ ἦμος τὴν τελευταίαν ἄναξ   155
ὡρμᾶτ' ἀπ' οἴκων Ἡρακλῆς, τότ' ἐν δόμοις
λείπει παλαιὰν δέλτον ἐγγεγραμμένην
ξυνθήμαθ', ἁμοὶ πρόσθεν οὐκ ἔτλη ποτέ,
πολλοὺς ἀγῶνας ἐξιών, οὕτω φράσαι,
ἀλλ' ὥς τι δράσων εἷρπε κοὐ θανούμενος.   160
νῦν δ' ὡς ἔτ' οὐκ ὢν εἶπε μὲν λέχους ὅ τι
χρείη μ' ἑλέσθαι κτῆσιν, εἶπε δ' ἣν τέκνοις
μοῖραν πατρῴας γῆς διαίρετον νέμοι,
χρόνον προτάξας ὡς τρίμηνος ἡνίκ' ἂν
χώρας ἀπείη κἀνιαύσιος βεβώς,   165
τότ' ἢ θανεῖν χρείη σφε τῷδε τῷ χρόνῳ,
ἢ τοῦθ' ὑπεκδραμόντα τοῦ χρόνου τέλος
τὸ λοιπὸν ἤδη ζῆν ἀλυπήτῳ βίῳ.

145 χώροισιν αὑτοῦ] verba frustra vexata   148 τις] ἂν
Blaydes   150 del. Dindorf   151 αὑτοῦ Y et fort. T: αὐτοῦ
cett.   158 ἁμοὶ edd.: ἅ μοι codd.   159 οὕτω Harleianus
5743, coni. Tournier: οὔπω LRU: οὔπω cett.   161 λέχους]
λάχους Naber   162 χρείη Brunck: χρειὴ K: χρεί᾽ ἢ vel sim.
cett.   163 πατρῴας] -αν Zot   διαίρετον hoc accentu
Hermann et Lobeck: oxytone codd.: -ὴν v.l. in a   νέμοι] μένειν a
164 τρίμηνος Wakefield: -ον codd.   ἂν codd.: del. Dawes
165 ἀπείη L s.l., z: ἀπήει LRt: ἀπίη a   κἀνιαύσιος] -ιον Brunck
166–8 del. Dobree   166 χρείη Brunck: χρεί᾽ ἢ vel sim. codd.
167 τοῦθ'] τοῦδ' Wunder   ὑπεκδραμόντα] ὑπερ- Burges

247

ΣΟΦΟΚΛΕΟΥΣ

τοιαῦτ' ἔφραζε πρὸς θεῶν εἱμαρμένα
τῶν Ἡρακλείων ἐκτελευτᾶcθαι πόνων,　　170
ὡς τὴν παλαιὰν φηγὸν αὐδῆcαί ποτε
Δωδῶνι διccῶν ἐκ πελειάδων ἔφη.
καὶ τῶνδε ναμέρτεια cυμβαίνει χρόνου
τοῦ νῦν παρόντος ὡς τελεcθῆναι χρεών·
ὥcθ' ἡδέως εὔδουcαν ἐκπηδᾶν ἐμὲ　　175
φόβῳ, φίλαι, ταρβοῦcαν, εἴ με χρὴ μένειν
πάντων ἀρίcτου φωτὸς ἐcτερημένην.

Χο.　εὐφημίαν νῦν ἴcχ'· ἐπεὶ καταcτεφῆ
cτείχονθ' ὁρῶ τιν' ἄνδρα πρὸς χάριν λόγων.

ΑΓΓΕΛΟΣ

δέcποινα Δῃάνειρα, πρῶτος ἀγγέλων　　180
ὄκνου cε λύcω· τὸν γὰρ Ἀλκμήνης τόκον
καὶ ζῶντ' ἐπίcτω καὶ κρατοῦντα κἀκ μάχης
ἄγοντ' ἀπαρχὰς θεοῖcι τοῖc ἐγχωρίοιc.

Δη.　τίν' εἶπαc, ὦ γεραιέ, τόνδε μοι λόγον;
Αγ.　τάχ' ἐc δόμους cοὺς τὸν πολύζηλον πόcιν　　185
ἥξειν, φανέντα cὺν κράτει νικηφόρῳ.
Δη.　καὶ τοῦ τόδ' ἀcτῶν ἢ ξένων μαθὼν λέγειc;
Αγ.　ἐν βουθερεῖ λειμῶνι πρὸς πολλοὺς θροεῖ
Λίχαc ὁ κῆρυξ ταῦτα· τοῦ δ' ἐγὼ κλυὼν
ἀπῇξ', ὅπως cοι πρῶτος ἀγγείλαc τάδε　　190
πρὸς cοῦ τι κερδάναιμι καὶ κτώμην χάριν.
Δη.　αὐτὸς δὲ πῶς ἄπεcτιν, εἴπερ εὐτυχεῖ;

169-70 del. Bergk, 170 Wunder　　169 an θείμαρμένα?
170 τῶν Ἡρακλείων . . . πόνων] τὸν -ειον . . . πόνον Hense
171 ὡc] ὣc Blaydes　　174 ὡc] ᾧ Hense　　178 νῦν] νυν
Blaydes　　179 χάριν KR: χαρὰν cett.: χρείαν Margoliouth
181 τόκον] γόνον RZg　　182 κἀκ] καὶ R　　184 γεραιέ]
γηραιέ ZoT　　185 τὸν] cὸν Blaydes　　187 τοῦ τόδ'
Brunck: ποῦ τόδ' R: τοῦτο δ' cett.　　λέγειc] ἔχειc Zo, coni. Blaydes
188 πρὸς πολλοὺς Hermann: πρόcπολος codd.　　189 κλυὼν
Lloyd-Jones: κλύων codd.　　190 cοι Brunck: τοι codd.
191 πρὸς cοῦ τι] πρός cού τι Blaydes

Αγ.   οὐκ εὐμαρείᾳ χρώμενος πολλῇ, γύναι.
      κύκλῳ γὰρ αὐτὸν Μηλιεὺς ἅπας λεὼς
      κρίνει περιστάς, οὐδ᾽ ἔχει βῆναι πρόσω.   195
      †τὸ γὰρ ποθοῦντ† ἕκαστος ἐκμαθεῖν θέλων
      οὐκ ἂν μεθεῖτο, πρὶν καθ᾽ ἡδονὴν κλύειν.
      οὕτως ἐκεῖνος οὐχ ἑκὼν ἑκουσίοις
      ξύνεστιν· ὄψῃ δ᾽ αὐτὸν αὐτίκ᾽ ἐμφανῆ.
Δη.   ὦ Ζεῦ, τὸν Οἴτης ἄτομον ὃς λειμῶν᾽ ἔχεις,   200
      ἔδωκας ἡμῖν ἀλλὰ σὺν χρόνῳ χαράν.
      φωνήσατ᾽, ὦ γυναῖκες, αἵ τ᾽ εἴσω στέγης
      αἵ τ᾽ ἐκτὸς αὐλῆς, ὡς ἄελπτον ὄμμ᾽ ἐμοὶ
      φήμης ἀνασχὸν τῆσδε νῦν καρπούμεθα.

Χο.   ἀνολολυξάτω δόμος   205
      ἐφεστίοις ἀλαλαγαῖς
      ὁ μελλόνυμφος· ἐν δὲ κοινὸς ἀρσένων
      ἴτω κλαγγὰ τὸν εὐφαρέτραν
      Ἀπόλλω προστάταν,
      ὁμοῦ δὲ παιᾶνα παι-   210
      ᾶν᾽ ἀνάγετ᾽, ὦ παρθένοι,
      βοᾶτε τὰν ὁμόσπορον
      Ἄρτεμιν Ὀρτυγίαν, ἐλαφαβόλον, ἀμφίπυρον,
      γείτονάς τε Νύμφας.   215

195 περιστὰς Paley: παραστὰς codd.   196 τὸ γὰρ ποθοῦν
codd.: ὃ γὰρ ποθοῦς᾽ Jebb: τοῦ γὰρ ποθῶν J. Král: an πόθῳ γὰρ εἷς?
198 ἐκεῖνος] ἐκείνοις M. Schmidt   ἑκουσίοις Nauck: ἑκοῦσι δὲ
codd.   199 αὐτὸν post αὐτίκ᾽ traiecit t   204 ἀνασχὸν]
-ὼν L in linea, R   καρπούμεθα] -ώμεθα Margoliouth
205 ἀνολολυξάτω Burges: ἀνολολύξετε LRa: -ξατε KZg: -ζετε Zo:
-ξον t   δόμος Burges (cf. sch. L ὁ πᾶς οἶκος κτλ.): δόμοις codd.
206 ἀλαλαγαῖς z: ἀλλαλαγαῖς t: ἀλαλαῖς LRa, quo recepto
ἐφεστίοισιν Blaydes   207 ὁ] ἁ Erfurdt   209 Ἀπόλλω
Dindorf: -ωνα codd.   παιᾶνα utrubique codd.: an -ῶνα?
210 post δὲ add. καὶ t   212 τάν ⟨θ᾽⟩ Musgrave
213 ἐλαφαβόλον LZo: -ηβόλον KRZg: -οβόλον at

ΣΟΦΟΚΛΕΟΥΣ

αἴρομαι οὐδ' ἀπώσομαι
τὸν αὐλόν, ὦ τύραννε τᾶς ἐμᾶς φρενός.
ἰδού μ' ἀναταράccει,
εὐοῖ,
ὁ κιccὸc ἄρτι Βακχίαν
ὑποcτρέφων ἅμιλλαν.   220
ἰὼ ἰὼ Παιάν·
ἴδε ἴδ', ὦ φίλα γύναι·
τάδ' ἀντίπρωρα δή coι
βλέπειν πάρεcτ' ἐναργῆ.

Δη.   ὁρῶ, φίλαι γυναῖκεc, οὐδέ μ' ὄμματοc   225
φρουρὰν παρῆλθε, τόνδε μὴ λεύccειν cτόλον·
χαίρειν δὲ τὸν κήρυκα προὐννέπω, χρόνῳ
πολλῷ φανέντα, χαρτὸν εἴ τι καὶ φέρειc.

ΛΙΧΑΣ
       ἀλλ' εὖ μὲν ἵγμεθ', εὖ δὲ προcφωνούμεθα,
γύναι, κατ' ἔργου κτῆcιν· ἄνδρα γὰρ καλῶc   230
πράccοντ' ἀνάγκη χρηcτὰ κερδαίνειν ἔπη.
Δη.   ὦ φίλτατ' ἀνδρῶν, πρῶθ' ἃ πρῶτα βούλομαι
δίδαξον, εἰ ζῶνθ' Ἡρακλῆ προcδέξομαι.
Λι.   ἔγωγέ τοί cφ' ἔλειπον ἰcχύοντά τε
καὶ ζῶντα καὶ θάλλοντα κοὐ νόcῳ βαρύν.   235
Δη.   ποῦ γῆc; πατρῴαc, εἴτε βαρβάρου, λέγε.
Λι.   ἀκτή τιc ἔcτ' Εὐβοιίc, ἔνθ' ὁρίζεται
βωμοὺc τέλη τ' ἔγκαρπα Κηναίῳ Διί.

216 αἴρομαι οὐδ' Lloyd-Jones: ἀείρομ' οὐδ' codd.: ἀείρομαι, οὐδ'
Erfurdt: ἄειρέ μ', οὐκ Margoliouth   219 εὐοῖ Wilamowitz: εὐοῖ μ'
codd.: εὐοῖ εὐοῖ Dindorf   Βακχίαν Dindorf: -είαν codd.
221 an Παιών (cf. ad 210)?   222 ἴδε ἴδ' ὦ] ἴδ' ἴδε Schütz: ἰδού
ἴδ' ὦ Schroeder   226 φρουρὰν Musgrave: -ρὰ codd.   post
παρῆλθε add. ἐc Zot   μὴ ⟨οὐ⟩ Hermann   228 φέρειc IR
Suda s.v. χαρτόν: -ει cett.   233 Ἡρακλῆ Dindorf: -κλέα codd.
235 καὶ ζῶντα] χλωρόν τε Housman   237 Εὐβοιίc UYZot:
Εὐβοῖc cett.   238 τέλη IRzt: τελεῖ a

250

ΤΡΑΧΙΝΙΑΙ

Δη. εὐκταῖα φαίνων, ἦ 'πὸ μαντείας τινός;
Λι. εὐχαῖς, ὅθ' ᾖρει τῶνδ' ἀνάστατον δορὶ   240
χώραν γυναικῶν ὧν ὁρᾷς ἐν ὄμμασιν.
Δη. αὗται δέ, πρὸς θεῶν, τοῦ ποτ' εἰσὶ καὶ τίνες;
οἰκτραὶ γάρ, εἰ μὴ ξυμφοραὶ κλέπτουσί με.
Λι. ταύτας ἐκεῖνος Εὐρύτου πέρσας πόλιν
ἐξείλεθ' αὑτῷ κτῆμα καὶ θεοῖς κριτόν.   245
Δη. ἦ κἀπὶ ταύτῃ τῇ πόλει τὸν ἄσκοπον
χρόνον βεβὼς ἦν ἡμερῶν ἀνήριθμον;
Λι. οὔκ, ἀλλὰ τὸν μὲν πλεῖστον ἐν Λυδοῖς χρόνον
κατείχεθ', ὥς φης' αὐτός, οὐκ ἐλεύθερος,
ἀλλ' ἐμποληθείς. τῷ λόγῳ δ' οὐ χρὴ φθόνον,   250
γύναι, προσεῖναι, Ζεὺς ὅτου πράκτωρ φανῇ.
κεῖνος δὲ πραθεὶς Ὀμφάλῃ τῇ βαρβάρῳ
ἐνιαυτὸν ἐξέπλησεν, ὡς αὐτὸς λέγει,
χοὔτως ἐδήχθη τοῦτο τοὔνειδος λαβὼν
ὥσθ' ὅρκον αὑτῷ προσβαλὼν διώμοσεν,   255
ἦ μὴν τὸν ἀγχιστῆρα τοῦδε τοῦ πάθους
ξὺν παιδὶ καὶ γυναικὶ δουλώσειν ἔτι.
κοὐχ ἡλίωσε τοὔπος, ἀλλ' ὅθ' ἁγνὸς ἦν,
στρατὸν λαβὼν ἐπακτὸν ἔρχεται πόλιν
τὴν Εὐρυτείαν. τόνδε γὰρ μεταίτιον   260
μόνον βροτῶν ἔφασκε τοῦδ' εἶναι πάθους·
ὃς αὐτὸν ἐλθόντ' ἐς δόμους ἐφέστιον,
ξένον παλαιὸν ὄντα, πολλὰ μὲν λόγοις
ἐπερρόθησε, πολλὰ δ' ἀτηρᾷ φρενί,
λέγων χεροῖν μὲν ὡς ἄφυκτ' ἔχων βέλη   265
τῶν ὧν τέκνων λείποιτο πρὸς τόξου κρίσιν,

---

239 φαίνων] κραίνων Nauck   240 εὐχαῖς Lzt: εὐχ' R:
εὐκταῖ'a   243 ξυμφοραὶ a: -ᾷ cett.   247 ἀνήριθμον a:
ἀρίθμιον cett. et γρ in a: ἀνηρίθμων Wakefield   250 τῷ λόγῳ
Margoliouth: τοῦ λόγου codd.   251 ὅτου] ὅταν Margoliouth
252-3 del. Wunder   254 ἐδήχθη Kazt: ἐδείχθη LR
257 παιδὶ] παισὶ Turnebus   264 φρενί] χερί Blaydes: post
hunc v. lacunam statuit Bergk   266 λείποιτο Kat: λίποιτο cett.

251

ΣΟΦΟΚΛΕΟΥΣ

†φώνει δέ, δοῦλος ἀνδρὸς ὡς ἐλευθέρου,
ῥαίοιτο·† δείπνοις δ᾽ ἡνίκ᾽ ἦν ὠνωμένος,
ἔρριψεν ἐκτὸς αὐτόν. ὧν ἔχων χόλον,
ὡς ἵκετ᾽ αὖθις Ἴφιτος Τιρυνθίαν   270
πρὸς κλειτύν, ἵππους νομάδας ἐξιχνοσκοπῶν,
τότ᾽ ἄλλοσ᾽ αὐτὸν ὄμμα, θητέρᾳ δὲ νοῦν
ἔχοντ᾽, ἀπ᾽ ἄκρας ἧκε πυργώδους πλακός.
ἔργου δ᾽ ἕκατι τοῦδε μηνίσας ἄναξ,
ὁ τῶν ἁπάντων Ζεὺς πατὴρ Ὀλύμπιος,   275
πρατόν νιν ἐξέπεμψεν, οὐδ᾽ ἠνέσχετο,
ὁθούνεκ᾽ αὐτὸν μοῦνον ἀνθρώπων δόλῳ
ἔκτεινεν. εἰ γὰρ ἐμφανῶς ἠμύνατο,
Ζεύς τἂν συνέγνω ξὺν δίκῃ χειρουμένῳ.
ὕβριν γὰρ οὐ στέργουσιν οὐδὲ δαίμονες.   280
κεῖνοι δ᾽ ὑπερχλίοντες ἐκ γλώσσης κακῆς
αὐτοὶ μὲν Ἅιδου πάντες εἴσ᾽ οἰκήτορες,
πόλις δὲ δούλη· τάσδε δ᾽ ἅσπερ εἰσορᾷς
ἐξ ὀλβίων ἄζηλον εὑροῦσαι βίον
χωροῦσι πρὸς σέ· ταῦτα γὰρ πόσις τε σὸς   285
ἐφεῖτ᾽, ἐγὼ δέ, πιστὸς ὢν κείνῳ, τελῶ.
αὐτὸν δ᾽ ἐκεῖνον, εὖτ᾽ ἂν ἁγνὰ θύματα
ῥέξῃ πατρῴῳ Ζηνὶ τῆς ἁλώσεως,
φρόνει νιν ὡς ἥξοντα· τοῦτο γὰρ λόγου
πολλοῦ καλῶς λεχθέντος ἥδιστον κλύειν.   290

Χο. ἄνασσα, νῦν σοι τέρψις ἐμφανὴς κυρεῖ,

267 φώνει] φωνεῖ Vat. Pal. gr. 287, coni. Koechly: φωνῇ Conradt:
φανεὶς Hermann   ὡς] ἀντ᾽ Wunder: ἐξ Nauck   268 ὠνωμένος
Porson: οἰν- codd.   269 ἐκτὸς αὐτόν] αὐτὸν ἐκτός Zot
271 κλειτύν edd.: κλιτύν codd.   272 θητέρᾳ LRa: θἀτέρᾳ zt
273 ἧκε] ἔδικε Meineke (ἐδίσκευσε sch.)   274–5 an ἄναξ et
πατὴρ permutanda?   275 Ὀλύμπιος Laz: Οὐλ- Rt: Ὀλυμ-
πίων P.Oxy. 1805ᵃᶜ   280 del. van Deventer   281 ὑπερ-
χλίοντες LᵃᶜKR, lm. sch. L: -χλιδῶντες cett.   283 δούλη·
τάσδε] δούλη ᾽σθ᾽· αἵδε Blaydes   286 δέ] τε
P.Amst. inv. 68 s.l., coni. Turnebus   289 φρόνει] φρονεῖν Pap.,
Lᵃᶜ

252

τῶν μὲν παρόντων, τὰ δὲ πεπυσμένη λόγῳ.

Δη. πῶς δ' οὐκ ἐγὼ χαίροιμ' ἄν, ἀνδρὸς εὐτυχῆ
κλύουσα πρᾶξιν τήνδε, πανδίκῳ φρενί;
πολλή 'cτ' ἀνάγκη τῇδε τοῦτο cυντρέχειν.   295
ὅμως δ' ἔνεcτι τοῖcιν εὖ cκοπουμένοιc
ταρβεῖν τὸν εὖ πράccοντα, μὴ cφαλῇ ποτε.
ἐμοὶ γὰρ οἶκτος δεινὸς εἰcέβη, φίλαι,
ταύτας ὁρώcῃ δυcπότμους ἐπὶ ξένηc
χώρας ἀοίκους ἀπάτοράς τ' ἀλωμέναc,   300
αἳ πρὶν μὲν ἦcαν ἐξ ἐλευθέρων ἴcωc
ἀνδρῶν, τανῦν δὲ δοῦλον ἴcχουcιν βίον.
ὦ Ζεῦ τροπαῖε, μή ποτ' εἰcίδοιμί cε
πρὸς τοὐμὸν οὕτω cπέρμα χωρήcαντά ποι,
μηδ', εἴ τι δράcειc, τῆcδέ γε ζώcηc ἔτι.   305
οὕτως ἐγὼ δέδοικα τάcδ' ὁρωμένη.
ὦ δυcτάλαινα, τίc ποτ' εἶ νεανίδων;
ἄνανδρος, ἢ τεκνοῦccα; πρὸς μὲν γὰρ φύcιν
πάντων ἄπειρος τῶνδε, γενναία δέ τιc.
Λίχα, τίνος ποτ' ἐcτὶν ἡ ξένη βροτῶν;   310
τίc ἡ τεκοῦcα, τίc δ' ὁ φιτύcας πατήρ;
ἔξειπ'· ἐπεί νιν τῶνδε πλεῖcτον ᾤκτιcα
βλέπουc', ὅcῳπερ καὶ φρονεῖν οἶδεν μόνη.

Λι. τί δ' οἶδ' ἐγώ; τί δ' ἄν με καὶ κρίνοιc; ἴcωc
γέννημα τῶν ἐκεῖθεν οὐκ ἐν ὑcτάτοιc.   315

Δη. μὴ τῶν τυράννων; Εὐρύτου cπορά τιc ἦν;

Λι. οὐκ οἶδα· καὶ γὰρ οὐδ' ἀνιcτόρουν μακράν.

Δη. οὐδ' ὄνομα πρός του τῶν ξυνεμπόρων ἔχειc;

Λι. ἥκιcτα· cιγῇ τοὐμὸν ἔργον ἤνυτον.

---

292 τὰ Scaliger: τῶν codd.   λόγῳ La: -ων cett.   295 del.
Wunder   πολλή 'cτ' a, Sudae cod. G s.v. ταρβεῖ: πολλῆcτ' L: πολλή
τ' fere cett.   296 ὅμως δ'] καὶ μὴν Suda   τοῖcιν] τοῖcί γ'
Dawe   301 ἐλευθέρων] ἀριcτέων Schubert   308 τεκ-
νοῦccα Brunck: τεκνοῦca v.l. in L et a: τεκοῦca codd.   311 post
prius τίc add. δ' Zgt   313 οἶδεν μόνη] an εἶδον μόνην?
316 τῶν LRaZo: του Zgt, coni. Dobree   Εὐρύτου] τῶν ἐκεῖ Heim-
soeth, puncto post τυράννων deleto   317 οὐδ' Laz: οὐκ Rt

ΣΟΦΟΚΛΕΟΥΣ

Δη.   εἴπ᾽, ὦ τάλαιν᾽, ἀλλ᾽ ἡμὶν ἐκ cαυτῆc· ἐπεὶ   320
    καὶ ξυμφορά τοι μὴ εἰδέναι cέ γ᾽ ἥτις εἶ.

Λι.   οὔ τἄρα τῷ γε πρόcθεν οὐδὲν ἐξ ἴcου
    χρόνῳ διήcει γλῶccαν, ἥτις οὐδαμὰ
    προὔφηνεν οὔτε μεῖζον᾽ οὔτ᾽ ἐλάccονα,
    ἀλλ᾽ αἰὲν ὠδίνουcα cυμφορᾶc βάροc   325
    δακρυρροεῖ δύcτηνος, ἐξ ὅτου πάτραν
    διήνεμον λέλοιπεν. ἡ δέ τοι τύχη
    κακὴ μὲν αὐτή γ᾽, ἀλλὰ cυγγνώμην ἔχει.

Δη.   ἡ δ᾽ οὖν ἐάcθω, καὶ πορευέcθω cτέγαc
    οὕτως ὅπως ἥδιcτα, μηδὲ πρὸc κακοῖc   330
    τοῖc οὖcιν ἄλλην πρόc γ᾽ ἐμοῦ λύπην λάβῃ·
    ἅλιc γὰρ ἡ παροῦcα. πρὸc δὲ δώματα
    χωρῶμεν ἤδη πάντεc, ὡc cύ θ᾽ οἷ θέλειc
    cπεύδῃc, ἐγὼ δὲ τἄνδον ἐξαρκῆ τιθῶ.

Αγ.   αὐτοῦ γε πρῶτον βαιὸν ἀμμείναc᾽, ὅπωc   335
    μάθῃc, ἄνευ τῶνδ᾽, οὕcτινάc γ᾽ ἄγειc ἔcω
    ὧν τ᾽ οὐδὲν εἰcήκουcαc ἐκμάθῃc ἃ δεῖ.
    τούτων—ἔχω γὰρ πάντ᾽—ἐπιcτήμων ἐγώ.

Δη.   τί δ᾽ ἔcτι; τοῦ με τήνδ᾽ ἐφίcταcαι βάcιν;

Αγ.   cταθεῖc᾽ ἄκουcον· καὶ γὰρ οὐδὲ τὸν πάροc   340

320 ἡμὶν at: ἡμὶν L: ἡμῖν cett.   321 ξυμφορά τοι μὴ] ξύμ-
φορόν coί μ᾽ Madvig post Roscher   323 διήcει Wakefield:
διοίcει codd.   οὐδαμὰ Hermann: οὐδαμᾶ(ι) codd. plerique
326 δακρυρροεῖ K et fort. Lᵃᶜ: -ρόει cett.   328 αὐτή KZg:
αὕτη Zo: αὐτῇ cett.   γ᾽, ἀλλὰ] τἄλλα Reiske, quem secutus κακὴ
μὲν αὐτῇ τἄλλα, cυγγνώμην ⟨δ᾽⟩ ἔχει temptavit Stinton   ἔχει] ἔχοι
K: ἔχε Hilberg   331 οὖcιν] οἶcιν R   ἄλλην Zo: λύπην LRa:
λοιπὴν Zgt, γρ in a: καινὴν C. Schenkl   λύπην] διπλῆν F. W.
Schmidt   λάβῃ Blaydes: λάβοι codd.   334 δὲ] τε Turnebus
335 ἀμμείναc᾽] ἐμμείναc᾽ a   336 γ᾽ a: τ᾽ t: om. cett.
337 ἃ t: γ᾽ ἃ a: θ᾽ ἃ cett.   338 ἐπιcτήμων post Herwerden Jack-
son, qui v. sic interpunxit: ἐπιcτήμην codd.   339 τί δ᾽ ἔcτι; τοῦ
codd.: τί δ᾽; ἀντὶ τοῦ Hartung post Wunder (τίνος ἕνεκα sch.)   με]
μοι Madvig   ἐφίcταcαι LᴾᶜK, v.l. in a: ἐπίcταcαι cett.: ὑφίcταcαι
Dobree   340–1 οὐδὲ ... οὐδὲ codd.: οὔτε ... οὔτε
Blaydes

μῦθον μάτην ἤκουσας, οὐδὲ νῦν δοκῶ.

Δη. πότερον ἐκείνους δῆτα δεῦρ᾽ αὖθις πάλιν
καλῶμεν, ἢ 'μοὶ ταῖσδέ τ᾽ ἐξειπεῖν θέλεις;

Αγ. coì ταῖσδέ τ᾽ οὐδὲν εἴργεται, τούτουc δ᾽ ἔα.

Δη. καὶ δὴ βεβᾶcι, χὠ λόγος cημαινέτω. 345

Αγ. ἀνὴρ ὅδ᾽ οὐδὲν ὧν ἔλεξεν ἀρτίωc
φωνεῖ δίκης ἐς ὀρθόν, ἀλλ᾽ ἢ νῦν κακόc,
ἢ πρόcθεν οὐ δίκαιοc ἄγγελοc παρῆν.

Δη. τί φήc; cαφῶc μοι φράζε πᾶν ὅcον νοεῖc·
ἃ μὲν γὰρ ἐξείρηκας ἀγνοία μ᾽ ἔχει. 350

Αγ. τούτου λέγοντος τἀνδρὸς εἰcήκουc᾽ ἐγώ,
πολλῶν παρόντων μαρτύρων, ὡc τῆc κόρηc
ταύτης ἕκατι κεῖνος Εὔρυτόν θ᾽ ἕλοι
τήν θ᾽ ὑψίπυργον Οἰχαλίαν, Ἔρωc δέ νιν
μόνος θεῶν θέλξειεν αἰχμάcαι τάδε, 355
οὐ τἀπὶ Λυδοῖc οὐδ᾽ ὑπ᾽ Ὀμφάλῃ πόνων
λατρεύματ᾽, οὐδ᾽ ὁ ῥιπτὸc Ἰφίτου μόροc·
ὃν νῦν παρώcαc οὗτος ἔμπαλιν λέγει.
ἀλλ᾽ ἡνίκ᾽ οὐκ ἔπειθε τὸν φυτοσπόρον
τὴν παῖδα δοῦναι, κρύφιον ὡc ἔχοι λέχοc, 360
ἔγκλημα μικρὸν αἰτίαν θ᾽ ἑτοιμάcαc
ἐπιcτρατεύει πατρίδα [τὴν ταύτηc, ἐν ᾗ
τὸν Εὔρυτον τόνδ᾽ εἶπε δεcπόζειν θρόνων,
κτείνει τ᾽ ἄνακτα πατέρα] τῆcδε καὶ πόλιν
ἔπερcε. καὶ νῦν, ὡc ὁρᾷc, ἥκει δόμουc 365

343 ἢ 'μοὶ Groddeck: ἤ μοι codd.   344 εἴργεται] εἴργομαι
Hense   346 ἀνὴρ Hermann: ἀνὴρ codd.   347 φωνεῖ]
φώνει K et sch. L   δίκηc ἐc] δικαίωc Blaydes, coll. OT 853
350 ἀγνοία A et fort. t: ἄγνοια codd. plerique   356-7 del.
Wunder   356 οὐδ᾽ ὑπ᾽ Herwerden: οὐδ᾽ ἐπ᾽ aZo: οὔτ᾽ ἐπ᾽ L: οὔτ᾽
ἀπ᾽ RZgt   358 ὃν] ὃ Erfurdt: ἃ Koechly   360 ἔχοι
P.Oxy.1805 et a: ἔχει LᵃᶜR: ἔχῃ cett.   362-4 τὴν . . . πατέρα del.
Dobree   362-3 del. Wunder   363 τὸν Εὔρυτον] τὸν
ἐργάτην Wecklein: ἀναξίωc Dawe   τόνδ᾽ Zg: τῶνδ᾽ cett.
365 νῦν] νιν Brunck: νῦν γ᾽ Zn: νῦν ⟨cφ᾽⟩ Blaydes

CОФOKΛEOYC

ἐς τούσδε πέμπων οὐκ ἀφροντίστως, γύναι,
οὐδ' ὥστε δούλην· μηδὲ προσδόκα τόδε·
οὐδ' εἰκός, εἴπερ ἐντεθέρμανται πόθῳ.
ἔδοξεν οὖν μοι πρὸς σὲ δηλῶσαι τὸ πᾶν,
δέσποιν', ὃ τοῦδε τυγχάνω μαθὼν πάρα.   370
καὶ ταῦτα πολλοὶ πρὸς μέσῃ Τραχινίων
ἀγορᾷ συνεξήκουον ὡσαύτως ἐμοί,
ὥστ' ἐξελέγχειν· εἰ δὲ μὴ λέγω φίλα,
οὐχ ἥδομαι, τὸ δ' ὀρθὸν ἐξείρηχ' ὅμως.

Δη. οἴμοι τάλαινα, ποῦ ποτ' εἰμὶ πράγματος;   375
τίν' ἐσδέδεγμαι πημονὴν ὑπόστεγον
λαθραῖον; ὦ δύστηνος· ἆρ' ἀνώνυμος
πέφυκεν, ὥσπερ οὑπάγων διώμνυτο,
ἡ κάρτα λαμπρὰ καὶ κατ' ὄμμα καὶ φύσιν;

Αγ. πατρὸς μὲν οὖσα γένεσιν Εὐρύτου †ποτὲ†   380
Ἰόλη 'καλεῖτο, τῆς ἐκεῖνος οὐδαμὰ
βλάστας ἐφώνει δῆθεν οὐδὲν ἱστορῶν.

Χο. ὅλοιντο μή τι πάντες οἱ κακοί, τὰ δὲ
λαθραῖ' ὃς ἀσκεῖ μὴ πρέπονθ' αὑτῷ κακά.

Δη. τί χρὴ ποεῖν, γυναῖκες; ὡς ἐγὼ λόγοις   385
τοῖς νῦν παροῦσιν ἐκπεπληγμένη κυρῶ.

Χο. πεύθου μολοῦσα τἀνδρός, ὡς τάχ' ἂν σαφῆ
λέξειεν, εἴ νιν πρὸς βίαν κρίνειν θέλοις.

366 ἐς τούσδε Brunck: ὡς τούσδε codd.: πρὸς τούσδε Schneidewin:
σοὺς τήνδε Blaydes   367 τόδε La: τάδε Rzt   368 ἐν-
τεθέρμανται] ἐκ- Dindorf (ἐκκέκαυται interpretatio in L)
370 ὃ] ἃ P.Oxy. 1805 et U   372 post hunc v. deficit R
373 ὥστ' ἐξελέγχειν] οὓς ἔστ' ἐλέγχειν Tournier   377 ὦ Zo et
corr. Matthiae: ὤ cett.   379 hunc v. nuntio tribuit a   ἡ κάρτα
Heath: ἡ καὶ τὰ codd.: ἡ κάρτα Canter: ἦν κάρτα Wilamowitz
ὄμμα] ὄνομα Fröhlich   380 γένεσιν La: -σις zt   ποτὲ]
σπορά Blaydes   post hunc v. lacunam statuit Radermacher
381 'καλεῖτο edd.: καλεῖτο codd.   οὐδαμὰ Hermann: -ᾶ(ι) codd.
383 τι] τοι Zgᵃᶜt   384 πρεπόνθ' αὑτῷ Harleianus 5743: -όντ'
αὐτῷ codd.   385 ποεῖν L: ποιεῖν cett.   387 πεύθου]
πυθοῦ Nauck   388 νιν Brunck: μιν codd.

Δη. ἀλλ᾽ εἰμι· καὶ γὰρ οὐκ ἀπὸ γνώμης λέγεις.

Αγ. ἡμεῖς δὲ προσμένωμεν; ἢ τί χρὴ ποεῖν; 390

Δη. μίμν᾽, ὡς ὅδ᾽ ἀνὴρ οὐκ ἐμῶν ὑπ᾽ ἀγγέλων
ἀλλ᾽ αὐτόκλητος ἐκ δόμων πορεύεται.

Λι. τί χρή, γύναι, μολόντα μ᾽ Ἡρακλεῖ λέγειν;
δίδαξον, ὡς ἕρποντος, εἰςορᾷς, ἐμοῦ.

Δη. ὡς ἐκ ταχείας ςὺν χρόνῳ βραδεῖ μολὼν 395
ᾄςςεις, πρὶν ἡμᾶς κἀννεώςαςθαι λόγους.

Λι. ἀλλ᾽ εἴ τι χρῄζεις ἱςτορεῖν, πάρειμ᾽ ἐγώ.

Δη. ἦ καὶ τὸ πιςτὸν τῆς ἀληθείας νεμεῖς;

Λι. ἴςτω μέγας Ζεύς, ὧν γ᾽ ἂν ἐξειδὼς κυρῶ.

Δη. τίς ἡ γυνὴ δῆτ᾽ ἐςτὶν ἣν ἥκεις ἄγων; 400

Λι. Εὐβοιίς· ὧν δ᾽ ἔβλαςτεν οὐκ ἔχω λέγειν.

Αγ. οὗτος, βλέφ᾽ ὧδε. πρὸς τίν᾽ ἐννέπειν δοκεῖς;

Λι. ςὺ δ᾽ ἐς τί δή με τοῦτ᾽ ἐρωτήςας ἔχεις;

Αγ. τόλμηςον εἰπεῖν, εἰ φρονεῖς, ὅ ς᾽ ἱςτορῶ.

Λι. πρὸς τὴν κρατοῦςαν Δηάνειραν, Οἰνέως 405
κόρην, δάμαρτά θ᾽ Ἡρακλέους, εἰ μὴ κυρῶ
λεύςςων μάταια, δεςπότιν τε τὴν ἐμήν.

Αγ. τοῦτ᾽ αὖτ᾽ ἔχρῃζον, τοῦτό ςου μαθεῖν. λέγεις
δέςποιναν εἶναι τήνδε ςήν; Λι. δίκαια γάρ.

Αγ. τί δῆτα; ποίαν ἀξιοῖς δοῦναι δίκην, 410
ἢν εὑρεθῇς ἐς τήνδε μὴ δίκαιος ὤν;

Λι. πῶς μὴ δίκαιος; τί ποτε ποικίλας ἔχεις;

Αγ. οὐδέν. ςὺ μέντοι κάρτα τοῦτο δρῶν κυρεῖς.

Λι. ἄπειμι. μῶρος δ᾽ ἦ πάλαι κλύων ςέθεν.

389 οὐκ] οὖν Viketos   ἀπὸ Kz: ἄπο cett.   390 nuntio
tribuit Hermann, Deianirae **a**: choro cett.   ποεῖν L: ποιεῖν cett.
391 ἀνήρ Hermann: ἀνὴρ codd.   393 μολόντα Lzt: μολοῦντά
a   394 εἰcορᾷς] ὡς ὁρᾷς Wakefield   396 κἀν-
νεώςαςθαι Hermann: καὶ νεώςαςθαι codd.: ἀνανεώςαςθαι testatur
Eustathius 811. 20, novit sch. ut videtur: κἀνακοινοῦςθαι Blaydes
397–433 personarum vices in codd. varie turbatas restituit Tyrwhitt
398 νεμεῖς Nauck e sch.: νέμεις codd.   403 ἐρωτήςας Tyr-
whitt: -ήςας᾽ codd.   404 ὅ ς᾽Ka: ὃς L: ἅ ς᾽zt   412 ποι-
κίλας Tyrwhitt: -ίλας᾽ LZg^{ac}: -ίλλας᾽ cett.   414 ἤ Elmsley: ἦν codd.

ΣΟΦΟΚΛΕΟΥΣ

Αγ.   οὔ, πρίν γ' ἂν εἴπῃς ἱστορούμενος βραχύ.   415
Λι.   λέγ' εἴ τι χρῇζεις· καὶ γὰρ οὐ σιγηλὸς εἶ.
Αγ.   τὴν αἰχμάλωτον, ἣν ἔπεμψας ἐς δόμους,
      κάτοιςθα δήπου; Λι. φημί· πρὸς τί δ' ἱστορεῖς;
Αγ.   οὔκουν cὺ ταύτην, ἣν ὑπ' ἀγνοίας ὁρᾷς,
      Ἰόλην ἔφαςκες Εὐρύτου cπορὰν ἄγειν;   420
Λι.   ποίοις ἐν ἀνθρώποιςι; τίς πόθεν μολὼν
      cοὶ μαρτυρήςει ταῦτ' ἐμοῦ κλυεῖν παρών;
Αγ.   πολλοῖςιν ἀςτῶν. ἐν μέςῃ Τραχινίων
      ἀγορᾷ πολύς cου ταῦτά γ' εἰςήκους' ὄχλος.
Λι.   ναί·
      κλυεῖν γ' ἔφαςκον. ταὐτὸ δ' οὐχὶ γίγνεται   425
      δόκηςιν εἰπεῖν κἀξακριβῶςαι λόγον.
Αγ.   ποίαν δόκηςιν; οὐκ ἐπώμοτος λέγων
      δάμαρτ' ἔφαςκες Ἡρακλεῖ ταύτην ἄγειν;
Λι.   ἐγὼ δάμαρτα; πρὸς θεῶν, φράςον, φίλη
      δέςποινα, τόνδε τίς ποτ' ἐςτὶν ὁ ξένος.   430
Αγ.   ὃς cοῦ παρὼν ἤκουςεν ὡς ταύτης πόθῳ
      πόλις δαμείη πᾶςα, κοὐχ ἡ Λυδία
      πέρςειεν αὐτήν, ἀλλ' ὁ τῆςδ' ἔρως φανείς.
Λι.   ἄνθρωπος, ὦ δέςποιν', ἀποςτήτω· τὸ γὰρ
      νοςοῦντι ληρεῖν ἀνδρὸς οὐχὶ ςώφρονος.   435
Δη.   μή, πρός ςε τοῦ κατ' ἄκρον Οἰταῖον νάπος
      Διὸς καταςτράπτοντος, ἐκκλέψῃς λόγον.
      οὐ γὰρ γυναικὶ τοὺς λόγους ἐρεῖς κακῇ,
      οὐδ' ἥτις οὐ κάτοιδε τἀνθρώπων, ὅτι

418 δήπου] δῆτ'; ΛΙ. οὔ Turnebus   419 ἣν ὑπ' ἀγνοίας
ὁρᾷς] ἧς cύ γ' ἀγνοεῖς cποράς Wecklein post Schneidewin: μή μ'
ὑπ' ἀγνοίας ὅρα Jackson   422 κλυεῖν West: κλύειν codd.
παρών] πάρα Bothe   424 γ' at: om. lz   425 ναί
codd.: del. Dindorf   κλυεῖν West: κλύειν codd.   427 οὐκ
LaZo: οὐδ' KZgt   432 κοὐχ ἡ a: κοὐχὶ cett.
434 ἄνθρωπος Brunck: ἄ- codd.   435 νοςοῦντι] -τα Heath:
νοςοῦν τι H. Stephanus   ληρεῖν suspectum: (νοςοῦντ') ἐλέγχειν
Heimsoeth   436 ςε Hermann: cὲ lzt: cὺ a

χαίρειν πέφυκεν οὐχὶ τοῖς αὐτοῖς ἀεί.　　　440
Ἔρωτι μέν νυν ὅστις ἀντανίσταται
πύκτης ὅπως ἐς χεῖρας, οὐ καλῶς φρονεῖ.
οὗτος γὰρ ἄρχει καὶ θεῶν ὅπως θέλει,
κἀμοῦ γε· πῶς δ' οὐ χἀτέρας οἵας γ' ἐμοῦ;
ὥστ' εἴ τι τὠμῷ γ' ἀνδρὶ τῇδε τῇ νόσῳ　　　445
ληφθέντι μεμπτός εἰμι, κάρτα μαίνομαι,
ἢ τῇδε τῇ γυναικί, τῇ μεταιτίᾳ
τοῦ μηδὲν αἰσχροῦ μηδ' ἐμοὶ κακοῦ τινος.
οὐκ ἔστι ταῦτ'. ἀλλ' εἰ μὲν ἐκ κείνου μαθὼν
ψεύδῃ, μάθησιν οὐ καλὴν ἐκμανθάνεις·　　　450
εἰ δ' αὐτὸς αὑτὸν ὧδε παιδεύεις, ὅταν
θέλῃς λέγεσθαι χρηστός, ὀφθήσῃ κακός.
ἀλλ' εἰπὲ πᾶν τἀληθές· ὡς ἐλευθέρῳ
ψευδεῖ καλεῖσθαι κὴρ πρόσεστιν οὐ καλή.
ὅπως δὲ λήσεις, οὐδὲ τοῦτο γίγνεται·　　　455
πολλοὶ γὰρ οἷς εἴρηκας, οἳ φράσουσ' ἐμοί.
κεἰ μὲν δέδοικας, οὐ καλῶς ταρβεῖς, ἐπεὶ
τὸ μὴ πυθέσθαι, τοῦτό μ' ἀλγύνειεν ἄν·
τὸ δ' εἰδέναι τί δεινόν; οὐχὶ χἀτέρας
πλείστας ἀνὴρ εἷς Ἡρακλῆς ἔγημε δή;　　　460
κοὔπω τις αὐτῶν ἔκ γ' ἐμοῦ λόγον κακὸν
ἠνέγκατ' οὐδ' ὄνειδος· ἥδε τ' οὐδ' ἂν εἰ
κάρτ' ἐντακείη τῷ φιλεῖν, ἐπεί σφ' ἐγὼ
ᾤκτιρα δὴ μάλιστα προσβλέψασ', ὅτι
τὸ κάλλος αὐτῆς τὸν βίον διώλεσεν,　　　465
καὶ γῆν πατρῴαν οὐχ ἑκοῦσα δύσμορος

440 πέφυκεν] πεφύκας· Nauck　　　441 νυν edd.: νῦν La: οὖν
zt et Stobaei codd. MA 4. 20. 23　　　444 del. Wunder　　　γ' Laz: om.
t　　　445 γ' ἀνδρὶ Schaefer: τἀνδρὶ codd.: τ' ἀνδρὶ edd. plerique
447 μεταιτίᾳ a: μετ' αἰτίᾳ l: μετ' αἰτίῳ L s.l., K: μήτ' αἰτίῳ zt
451 αὑτὸν L: αὐ- cett.　　　452 λέγεσθαι nos: γενέσθαι codd.:
νέμεσθαι Blaydes　　　455–6 del. Eva Eicken-Iselin, probante
Fraenkel　　　455 λήσεις] -ῃς l　　　460 ἀνὴρ εἷς
codd.: ἀνάνδρους interpretabantur quidam teste sch., unde ἀνήρεις
Bergk

ἔπερσε κἀδούλωσεν. ἀλλὰ ταῦτα μὲν
ῥείτω κατ' οὖρον· σοὶ δ' ἐγὼ φράζω κακὸν
πρὸς ἄλλον εἶναι, πρὸς δ' ἔμ' ἀψευδεῖν ἀεί.

Χο. πείθου λεγούσῃ χρηστά, κού μέμψῃ χρόνῳ   470
γυναικὶ τῇδε, κἀπ' ἐμοῦ κτήσῃ χάριν.

Λι. ἀλλ', ὦ φίλη δέσποιν', ἐπεί σε μανθάνω
θνητὴν φρονοῦσαν θνητὰ κοὐκ ἀγνώμονα,
πᾶν σοι φράσω τἀληθὲς οὐδὲ κρύψομαι.
ἔστιν γὰρ οὕτως ὥσπερ οὗτος ἐννέπει.   475
ταύτης ὁ δεινὸς ἵμερός ποθ' Ἡρακλῆ
διῆλθε, καὶ τῆσδ' οὕνεχ' ἡ πολύφθορος
καθῃρέθη πατρῷος Οἰχαλία δορί.
καὶ ταῦτα, δεῖ γὰρ καὶ τὸ πρὸς κείνου λέγειν,
οὔτ' εἶπε κρύπτειν οὔτ' ἀπηρνήθη ποτέ,   480
ἀλλ' αὐτός, ὦ δέσποινα, δειμαίνων τὸ σὸν
μὴ στέρνον ἀλγύνοιμι τοῖσδε τοῖς λόγοις,
ἥμαρτον, εἴ τι τῶνδ' ἁμαρτίαν νέμεις.
ἐπεί γε μὲν δὴ πάντ' ἐπίστασαι λόγον,
κείνου τε καὶ σὴν ἐξ ἴσου κοινὴν χάριν   485
καὶ στέργε τὴν γυναῖκα καὶ βούλου λόγους
οὓς εἶπας ἐς τήνδ' ἐμπέδως εἰρηκέναι.
ὡς τἄλλ' ἐκεῖνος πάντ' ἀριστεύων χεροῖν
τοῦ τῆσδ' ἔρωτος εἰς ἅπανθ' ἥσσων ἔφυ.

Δη. ἀλλ' ὧδε καὶ φρονοῦμεν ὥστε ταῦτα δρᾶν,   490
κοὔτοι νόσον γ' ἐπακτὸν ἐξαρούμεθα,
θεοῖσι δυσμαχοῦντες. ἀλλ' εἴσω στέγης
χωρῶμεν, ὡς λόγων τ' ἐπιστολὰς φέρῃς,
ἅ τ' ἀντὶ δώρων δῶρα χρὴ προσαρμόσαι,
καὶ ταῦτ' ἄγῃς. κενὸν γὰρ οὐ δίκαιά σε   495
χωρεῖν· προσελθόνθ' ὧδε σὺν πολλῷ στόλῳ.

468 φράζω] φράσω K   470 πείθου] πιθοῦ Dindorf
472 μανθάνω] ἐκμανθάνω t   476 Ἡρακλῆ Ka: -εῖ cett.
483 τῶνδ' Dawe: τήνδ' codd.   487 ἐμπέδως] -ους Nauck
488–9 post 478 traiecit Bergk, del. alii   491 γ' azt: om. l
ἐξαρούμεθα Zot: ἐξαιρούμεθα cett.   495 κενὸν L s.l., UZg:
κεινὸν vel κεῖνον cett.

ΤΡΑΧΙΝΙΑΙ

Χο. μέγα τι cθένοc ἁ Κύπριc· ἐκφέρεται νίκαc
    ἀεί.   στρ.
    καὶ τὰ μὲν θεῶν
    παρέβαν, καὶ ὅπωc Κρονίδαν ἀπάταcεν οὐ
        λέγω   500
    οὐδὲ τὸν ἔννυχον Ἅιδαν,
    ἢ Ποcειδάωνα τινάκτορα γαίαc·
    ἀλλ' ἐπὶ τάνδ' ἄρ' ἄκοιτιν
    ⟨τίνεc⟩ ἀμφίγυοι κατέβαν πρὸ γάμων,
    τίνεc πάμπληκτα παγκόνιτά τ' ἐξ-   505
    ῆλθον ἄεθλ' ἀγώνων;

    ὁ μὲν ἦν ποταμοῦ cθένοc, ὑψίκερω
        τετραόρου   ἀντ.
    φάcμα ταύρου,
    Ἀχελῷοc ἀπ' Οἰνιαδᾶν, ὁ δὲ Βακχίαc ἄπο   510
    ῆλθε παλίντονα Θήβαc
    τόξα καὶ λόγχαc ῥόπαλόν τε τινάccων,
    παῖc Διόc· οἳ τότ' ἀολλεῖc
    ἴcαν ἐc μέcον ἱέμενοι λεχέων·
    μόνα δ' εὔλεκτροc ἐν μέcῳ Κύπριc   515
    ῥαβδονόμει ξυνοῦcα.

    τότ' ἦν χερόc, ἦν δὲ τό-   ἐπ.
    ξων πάταγοc,
    ταυρείων τ' ἀνάμιγδα κεράτων·
    ἦν δ' ἀμφίπλεκτοι κλίμακεc, ἦν δὲ μετώ-   520
    πων ὀλόεντα
    πλήγματα καὶ cτόνοc ἀμφοῖν.

497 post Κύπριc interpunxit Wakefield, qui etiam νικῶc' pro νίκαc
coniecit   501 Ἅιδαν edd.: Ἀΐδαν codd.   502 Ποcει-
δάωνα a: -δῶνα LZg: -δάονα Zot   504 suppl. Her-
mann   505 τίνεc] τίνων Zieliński   ἐξῆλθον] ἐξῆνον
Wakefield   507 τετραόρου Lat: -αώρου z: -άορον Eustathius
573. 27 (recte alibi)   510 Βακχίαc Brunck: -είαc codd.
520 ἀμφίπλεκτοι] -πλικτοι Headlam (πλίγματα in 521 iam Wunder)

ΣΟΦΟΚΛΕΟΥΣ

ἁ δ' εὐῶπις ἁβρὰ
τηλαυγεῖ παρ' ὄχθῳ
ᾗστο τὸν ὃν προσμένους' ἀκοίταν.   525
†ἐγὼ δὲ μάτηρ μὲν οἷα φράζω·†
τὸ δ' ἀμφινείκητον ὄμμα νύμφας
ἐλεινὸν ἀμμένει ⟨τέλος⟩·
κἀπὸ ματρὸς ἄφαρ βέβαχ᾽,
ὥστε πόρτις ἐρήμα.   530

Δη. ἦμος, φίλαι, κατ' οἶκον ὁ ξένος θροεῖ
ταῖς αἰχμαλώτοις παισὶν ὡς ἐπ' ἐξόδῳ,
τῆμος θυραῖος ἦλθον ὡς ὑμᾶς λάθρᾳ,
τὰ μὲν φράσουσα χερσὶν ἀτεχνησάμην,
τὰ δ' οἷα πάσχω συγκατοικτιουμένη.   535
κόρην γάρ, οἶμαι δ' οὐκέτ᾽, ἀλλ' ἐζευγμένην,
παρεσδέδεγμαι, φόρτον ὥστε ναυτίλος,
λωβητὸν ἐμπόλημα τῆς ἐμῆς φρενός.
καὶ νῦν δύ' οὖσαι μίμνομεν μιᾶς ὑπὸ
χλαίνης ὑπαγκάλισμα. τοιάδ' Ἡρακλῆς,   540
ὁ πιστὸς ἡμῖν κἀγαθὸς καλούμενος,
οἰκούρι' ἀντέπεμψε τοῦ μακροῦ χρόνου.
ἐγὼ δὲ θυμοῦσθαι μὲν οὐκ ἐπίσταμαι
νοσοῦντι κείνῳ πολλὰ τῇδε τῇ νόσῳ,
τὸ δ' αὖ ξυνοικεῖν τῇδ' ὁμοῦ τίς ἂν γυνὴ   545
δύναιτο, κοινωνοῦσα τῶν αὐτῶν γάμων;
ὁρῶ γὰρ ἥβην τὴν μὲν ἕρπουσαν πρόσω,
τὴν δὲ φθίνουσαν· ὧν ⟨δ'⟩ ἀφαρπάζειν φιλεῖ

526–30 del. Wunder   526 μάτηρ] θατὴρ Zieliński   suspicionem movent et sensus et collocatio verborum; exspectares ut de pugna adhuc ancipiti diceretur   527 ἀμφινείκητον] -νίκητον LZg
528 ἐλεινὸν Porson: ἐλεεινὸν codd.   ⟨τέλος⟩ suppl. Gleditsch:
⟨λάχος⟩ olim Gleditsch   529 βέβαχ᾽ Dobree: βέβακεν codd.
530 ὥστε] ὥσπερ LZg   ἐρήμα] -ας Meineke   531 θροεῖ
Lᵖᶜzt: θρόει LᵃᶜKa   539 οὖσαι] οὖσα Blaydes   ὑπὸ Brunck:
ὕπο codd.   541 καλούμενος] τελούμενος t   547–8 τὴν
... τὴν] τῇ ... τῇ Musgrave: τῆς ... τῆς Nauck   548 suppl.
Zippmann

ὀφθαλμὸς ἄνθος, τῶνδ' ὑπεκτρέπει πόδα.
ταῦτ' οὖν φοβοῦμαι μὴ πόσις μὲν Ἡρακλῆς   550
ἐμὸς καλῆται, τῆς νεωτέρας δ' ἀνήρ.
ἀλλ' οὐ γάρ, ὥσπερ εἶπον, ὀργαίνειν καλὸν
γυναῖκα νοῦν ἔχουσαν· ἧ δ' ἔχω, φίλαι,
λυτήριον λύπημα, τῆδ' ὑμῖν φράσω.
ἦν μοι παλαιὸν δῶρον ἀρχαίου ποτὲ   555
θηρός, λέβητι χαλκέῳ κεκρυμμένον,
ὃ παῖς ἔτ' οὖσα τοῦ δασυστέρνου παρὰ
Νέσσου φθίνοντος ἐκ φονῶν ἀνειλόμην,
ὃς τὸν βαθύρρουν ποταμὸν Εὔηνον βροτοὺς
μισθοῦ 'πόρευε χερσίν, οὔτε πομπίμοις   560
κώπαις ἐρέσσων οὔτε λαίφεσιν νεώς.
ὃς κἀμέ, τὸν πατρῷον ἡνίκα στόλον
ξὺν Ἡρακλεῖ τὸ πρῶτον εὖνις ἑσπόμην,
φέρων ἐπ' ὤμοις, ἡνίκ' ἦ 'ν μέσῳ πόρῳ,
ψαύει ματαίαις χερσίν· ἐκ δ' ἤυσ' ἐγώ,   565
χὠ Ζηνὸς εὐθὺς παῖς ἐπιστρέψας χεροῖν
ἧκεν κομήτην ἰόν· ἐς δὲ πλεύμονας
στέρνων διερροίζησεν. ἐκθνῄσκων δ' ὁ θὴρ
τοσοῦτον εἶπε· "παῖ γέροντος Οἰνέως,
τοσόνδ' ὀνήσῃ τῶν ἐμῶν, ἐὰν πίθῃ,   570
πορθμῶν, ὁθούνεχ' ὑστάτην σ' ἔπεμψ' ἐγώ·
ἐὰν γὰρ ἀμφίθρεπτον αἷμα τῶν ἐμῶν
σφαγῶν ἐνέγκῃ χερσίν, ᾗ μελάγχολος

549 τῶνδ' Zippmann: τῶν δ' codd.   ὑπεκτρέπει l: -ειν cett.
551 καλῆται AᵖᶜYZgᵖᶜ: -εῖται cett.   553 ἔχω] ἔχει Wratislaw
554 λύπημα] λώφημα Jebb   555 et 557 ποτὲ et παρὰ per-
mutavit Kayser   557 παρὰ Brunck: πάρα codd.
558 Νέσσου az: Νέσου Lt   φονῶν Bergk: φόνων codd.
560 'πόρευε edd.: πόρευε codd.   562 τὸν πατρῷον στόλον: i.e.
ὑπὸ τοῦ πατρὸς ἐσταλμένη   564 ἦ 'ν Cobet: ἦν fere codd.: ἦ
Dindorf   567 πλεύμονας Lat: πν- L s.l. z   570 πίθῃ
Colinaeus: πιθῇ Lγρa: πυθῇ L: πύθῃ cett.   571 σ' zt: om. La
573 ᾗ] ᾧ Page   573–4 μελάγχολος . . . ἰὸς Dobree: -ούς . . .
ἰοὺς codd.: -ου . . . ἰοῦ Wunder

ΣΟΦΟΚΛΕΟΥΣ

ἔβαψεν ἰὸς θρέμμα Λερναίας ὕδρας,
ἔσται φρενός σοι τοῦτο κηλητήριον 575
τῆς Ἡρακλείας, ὥστε μῆτιν' εἰσιδὼν
στέρξει γυναῖκα κεῖνος ἀντὶ σοῦ πλέον. "
τοῦτ' ἐννοήσασ', ὦ φίλαι, δόμοις γὰρ ἦν
κείνου θανόντος ἐγκεκλημένον καλῶς,
χιτῶνα τόνδ' ἔβαψα, προσβαλοῦσ' ὅσα 580
ζῶν κεῖνος εἶπε· καὶ πεπείρανται τάδε.
κακὰς δὲ τόλμας μήτ' ἐπισταίμην ἐγὼ
μήτ' ἐκμάθοιμι, τάς τε τολμώσας στυγῶ.
φίλτροις δ' ἐάν πως τήνδ' ὑπερβαλώμεθα
τὴν παῖδα καὶ θέλκτροισι τοῖς ἐφ' Ἡρακλεῖ, 585
μεμηχάνηται τοὔργον, εἴ τι μὴ δοκῶ
πράσσειν μάταιον· εἰ δὲ μή, πεπαύσομαι.
Χο. ἀλλ' εἴ τις ἐστὶ πίστις ἐν τοῖς δρωμένοις,
δοκεῖς παρ' ἡμῖν οὐ βεβουλεῦσθαι κακῶς.
Δη. οὕτως ἔχει γ' ἡ πίστις, ὡς τὸ μὲν δοκεῖν 590
ἔνεστι, πείρᾳ δ' οὐ προσωμίλησά πω.
Χο. ἀλλ' εἰδέναι χρὴ δρῶσαν· ὡς οὐδ' εἰ δοκεῖς
ἔχειν, ἔχοις ἂν γνῶμα, μὴ πειρωμένη.
Δη. ἀλλ' αὐτίκ' εἰσόμεσθα· τόνδε γὰρ βλέπω
θυραῖον ἤδη· διὰ τάχους δ' ἐλεύσεται. 595
μόνον παρ' ὑμῶν εὖ στεγοίμεθ'· ὡς σκότῳ
κἂν αἰσχρὰ πράσσῃς, οὔποτ' αἰσχύνῃ πεσῇ.
Λι. τί χρὴ ποεῖν; σήμαινε, τέκνον Οἰνέως·
ὡς ἐσμὲν ἤδη τῷ μακρῷ χρόνῳ βραδεῖς.
Δη. ἀλλ' αὐτὰ δή σοι ταῦτα καὶ πράσσω, Λίχα, 600
ἕως σὺ ταῖς ἔσωθεν ἠγορῶ ξέναις,

577 στέρξει] στέρξαι a in linea   579 θανόντος] τὸ δῶρον
Hense   ἐγκεκλημένον P.Oxy. 1805, coni. Dindorf: -ειμένον L:
-εισμένον cett.   581 πεπείρανται La: -αται zt   585 om.
Eustathius 799. 4, del. Wunder   587 πεπαύσομαι] -σεται v.l. in a
591 πω] που Zgt   592 οὐδ' εἰ] οὐ l   596 ὑμῶν] ὑμῖν
Zg, t s.l.   στεγοίμεθ'] -ώμεθ' Blaydes   598 ποιεῖν LK: ποεῖν
cett.   601 post hunc v. lacunam statuit Dawe: del. Nauck

ΤΡΑΧΙΝΙΑΙ

ὅπως φέρῃς μοι τόνδε ταναϋφῆ πέπλον,
δώρημ' ἐκείνῳ τἀνδρὶ τῆς ἐμῆς χερός.
διδοὺς δὲ τόνδε φράζ' ὅπως μηδεὶς βροτῶν
κείνου πάροιθεν ἀμφιδύσεται χροΐ,   605
μηδ' ὄψεταί νιν μήτε φέγγος ἡλίου
μήθ' ἕρκος ἱερὸν μήτ' ἐφέστιον σέλας,
πρὶν κεῖνος αὐτὸν φανερὸς ἐμφανῶς σταθεὶς
δείξῃ θεοῖσιν ἡμέρᾳ ταυροσφάγῳ.
οὕτω γὰρ ηὔγμην, εἴ ποτ' αὐτὸν ἐς δόμους   610
ἴδοιμι σωθέντ' ἢ κλύοιμι, πανδίκως
στελεῖν χιτῶνι τῷδε, καὶ φανεῖν θεοῖς
θυτῆρα καινῷ καινὸν ἐν πεπλώματι.
καὶ τῶνδ' ἀποίσεις σῆμ', ὃ κεῖνος εὐμαθὲς
σφραγῖδος ἕρκει τῷδ' ἐπὸν μαθήσεται.   615
ἀλλ' ἕρπε, καὶ φύλασσε πρῶτα μὲν νόμον,
τὸ μὴ 'πιθυμεῖν πομπὸς ὢν περισσὰ δρᾶν·
ἔπειθ' ὅπως ἂν ἡ χάρις κείνου τέ σοι
κἀμοῦ ξυνελθοῦσ' ἐξ ἁπλῆς διπλῆ φανῇ.
Λι. ἀλλ' εἴπερ Ἑρμοῦ τήνδε πομπεύω τέχνην   620
βέβαιον, οὔ τι μὴ σφαλῶ γ' ἐν σοί ποτε,
τὸ μὴ οὐ τόδ' ἄγγος ὡς ἔχει δεῖξαι φέρων,
λόγων τε πίστιν ὧν λέγεις ἐφαρμόσαι.
Δη. στείχοις ἂν ἤδη. καὶ γὰρ ἐξεπίστασαι
τά γ' ἐν δόμοισιν ὡς ἔχοντα τυγχάνει.   625
Λι. ἐπίσταμαί τε καὶ φράσω σεσωμένα.
Δη. ἀλλ' οἶσθα μὲν δὴ καὶ τὰ τῆς ξένης ὁρῶν

602 φέρῃς] -εις a   ταναϋφῆ Wunder: γ' εὐϋφῆ codd. plerique
(etiam Λ): γρ(άφεται) δὲ ἀϋφῆ ἀντὶ τοῦ λεπτοϋφῆ sch. L
605 ἀμφιδύσεται] -ηται t   608 φανερὸς] -ῶς UZg: -ὸν t
ἐμφανῶς] -ὴς t (sed -ῶς T s.l.): -ῆ Brunck   611 sunt qui post
πανδίκως interpungant   613 ἐν] ἐμ L   615 ἐπὸν
μαθήσεται Billerbeck: ἐπ' ὄμμα θήσεται codd.   620 πομπεύω]
πρεσβεύω Nauck: ἐγὼ σπεύδω Hense   621 τι a: τοι cett.
(etiam Λ)   622 οὐ La: om. zt   623 λέγεις Wunder: ἔχεις
fere codd.   624–32 post 615 traiecit Nauck   626 τε] τοι Diggle
σεσωμένα edd.: σεσωσμένα codd.

265

προσδέγματ' αὐτός, ὥς σφ' ἐδεξάμην φίλως.

Λι. ὥστ' ἐκπλαγῆναι τοὐμὸν ἡδονῇ κέαρ.

Δη. τί δῆτ' ἂν ἄλλο γ' ἐννέποις; δέδοικα γὰρ   630
μὴ πρῷ λέγοις ἂν τὸν πόθον τὸν ἐξ ἐμοῦ,
πρὶν εἰδέναι τἀκεῖθεν εἰ ποθούμεθα.

Χο. ὦ ναύλοχα καὶ πετραῖα θερμὰ λουτρὰ καὶ
πάγους   στρ. α'
Οἴτας παραναιετάοντες, οἵ τε μέσσαν   635
Μηλίδα πὰρ λίμναν
χρυσαλακάτου τ' ἀκτὰν κόρας,
ἔνθ' Ἑλλάνων ἀγοραὶ Πυλάτιδες κλέονται,   639

ὁ καλλιβόας τάχ' ὑμῖν αὐλὸς οὐκ ἀναρσίαν   ἀντ. α'
ἀχῶν καναχὰν ἐπάνεισιν, ἀλλὰ θείας
ἀντίλυρον μούσας.
ὁ γὰρ Διὸς Ἀλκμήνας κόρος
σοῦται πάσας ἀρετᾶς λάφυρ' ἔχων ἐπ' οἴκους·   645

ὃν ἀπόπτολιν εἴχομεν πάντα   στρ. β'
δυοκαιδεκάμηνον ἀμμένουσαι
χρόνον, πελάγιον, ἴδριες οὐ-
δέν· ἁ δέ οἱ φίλα δάμαρ τάλαιναν   650
δυστάλαινα καρδίαν
πάγκλαυτος αἰὲν ὤλλυτο·

628 αὐτός Bergk, Patakis: αὐτὴν codd.: αὐτή θ' Koechly   ὥς σφ'
Dawe: ὥς θ' lzt: ὥς a   631 πρῷ Lᵃᶜa: πρὶν zt   635 παρα-
ναιετάοντες LaZo, t s.l.: πέρι ναιετάοντες Zg: περιν- t in linea   μέσ-
σαν Lt: μέσαν az   636 Μηλίδα] Μα- Blaydes   πὰρ t: παρὰ cett.
639 κλέονται Musgrave: καλέονται codd.   640 ὑμῖν Itsumi:
ὑμὶν codd.   642 ἀχῶν Elmsley: ἰάχων codd.   644 post
Ἀλκμήνας add. τε Laz: del. t   κόρος Lzt: κούρος a
645 σοῦται Elmsley: σεῦται codd.   647 πάντα] πάντᾳ Bothe
650 ἁ δέ οἱ at et fortasse voluit z: ἃ δέοι L   τάλαιναν Dindorf: -να
codd.: fortasse τάλαιν', ἁ,

νῦν δ' Ἄρης οἰcτρηθεὶc
ἐξέλυc' ἐπιπόνων ἀμερᾶν.

ἀφίκοιτ' ἀφίκοιτο·μὴ cταίη   ἀντ. β'
πολύκωπον ὄχημα ναὸc αὐτῷ,   656
πρὶν τάνδε πρὸc πόλιν ἀνύcει-
ε, ναcιῶτιν ἑcτίαν ἀμείψαc,
ἔνθα κλῄζεται θυτήρ·
ὅθεν μόλοι †πανάμεροc,   660
τᾶc Πειθοῦc παγχρίcτῳ
cυγκραθεὶc ἐπὶ προφάcει θηρόc†.

Δη. γυναῖκεc, ὡc δέδοικα μὴ περαιτέρω
     πεπραγμέν' ᾖ μοι πάνθ' ὅc' ἀρτίωc ἔδρων.
Χο. τί δ' ἔcτι, Δῃάνειρα, τέκνον Οἰνέωc;   665
Δη. οὐκ οἶδ'· ἀθυμῶ δ' εἰ φανήcομαι τάχα
     κακὸν μέγ' ἐκπράξαc' ἀπ' ἐλπίδοc καλῆc.
Χο. οὐ δή τι τῶν cῶν Ἡρακλεῖ δωρημάτων;
Δη. μάλιcτά γ'· ὥcτε μήποτ' ἂν προθυμίαν
     ἄδηλον ἔργου τῳ παραινέcαι λαβεῖν.   670
Χο. δίδαξον, εἰ διδακτόν, ἐξ ὅτου φοβῇ.
Δη. τοιοῦτον ἐκβέβηκεν, οἷον, ἢν φράcω,
     γυναῖκεc, ὑμῖν θαῦμ' ἀνέλπιcτον βαλεῖν.
     ᾧ γὰρ τὸν ἐνδυτῆρα πέπλον ἀρτίωc
     ἔχριον, ἀργῆc οἰὸc εὐείρῳ πόκῳ,   675
     τοῦτ' ἠφάνιcται διάβορον πρὸc οὐδενὸc

653 οἰcτρηθεὶc codd. plerique: -ωθεὶc Zo, T s.l.: αὖ cτρωθεὶc
Musgrave: οἱ cτρωθεὶc Hermann   654 ἐξέλυc'] -cεν Pearson
ἐπιπόνων ἀμερᾶν Erfurdt: -ον -αν codd.   657 ἀνύcειν az:
-ειεν t: -εις LᵃᶜK   659 κλῄζεται Ka: κλῃίζεται cett.
660 πανάμεροc] πανίμεροc Mudge   662 cυγκραθεὶc]
cυντακεὶc Paley, quo recepto θηρὸc ὕπο παρφάcει Pearson   θηρόc]
φάρουc Haupt: alii alia temptaverunt   670 τῳ] του Blaydes
672 ἦν Erfurdt (et Paris. gr. 2886 teste Subkoff): ἂν codd.
673 βαλεῖν nos: λαβεῖν l: παθεῖν Kzt: μαθεῖν a, s.l. in L et Zo
675 ἀργῆc Bergk: ἀργῆτ' codd.   εὐείρῳ] -είρου Valckenaer: -έρου
Lobeck   676 ἠφάνιcται La: -το zt

ΣΟΦΟΚΛΕΟΥΣ

τῶν ἔνδον, ἀλλ' ἐδεcτὸν ἐξ αὐτοῦ φθίνει,
καὶ ψῇ κατ' ἄκρας cπιλάδοc. ὡc δ' εἰδῇc ἅπαν,
ᾖ τοῦτ' ἐπράχθη, μεῖζον' ἐκτενῶ λόγον.

ἐγὼ γὰρ ὢν ὁ θήρ με Κένταυροc, πονῶν   680
πλευρὰν πικρᾷ γλωχῖνι, προὐδιδάξατο
παρῆκα θεcμῶν οὐδέν, ἀλλ' ἐcῳζόμην,
χαλκῆc ὅπωc δύcνιπτον ἐκ δέλτου γραφήν·
[καί μοι τάδ' ἦν πρόρρητα καὶ τοιαῦτ' ἔδρων·]
τὸ φάρμακον τοῦτ' ἄπυρον ἀκτῖνόc τ' ἀεὶ   685
θερμῆc ἄθικτον ἐν μυχοῖc cῴζειν ἐμέ,
ἕωc ἂν ἀρτίχριcτον ἁρμόcαιμί που.
κἄδρων τοιαῦτα. νῦν δ', ὅτ' ἦν ἐργαcτέον,
ἔχριcα μὲν κατ' οἶκον ἐν δόμοιc κρυφῇ
μαλλῷ, cπάcαcα κτηcίου βοτοῦ λάχνην,   690
κἄθηκα cυμπτύξαc' ἀλαμπὲc ἡλίου
κοίλῳ ζυγάcτρῳ δῶρον, ὥcπερ εἴδετε.
εἴcω δ' ἀποcτείχουcα δέρκομαι φάτιν
ἄφραcτον, ἀξύμβλητον ἀνθρώπῳ μαθεῖν.
τὸ γὰρ κάταγμα τυγχάνω ῥίψαcά πωc   695
[τῆc οἰόc, ᾧ προὔχριον, ἐc μέcην φλόγα,]
ἀκτῖν' ἐc ἡλιῶτιν· ὡc δ' ἐθάλπετο,
ῥεῖ πᾶν ἄδηλον καὶ κατέψηκται χθονί,
μορφῇ μάλιcτ' εἰκαcτὸν ὥcτε πρίονοc
ἐκβρώμαθ' ἂν βλέψειαc ἐν τομῇ ξύλου.   700
τοιόνδε κεῖται προπετέc. ἐκ δὲ γῆc, ὅθεν
προὔκειτ', ἀναζέουcι θρομβώδειc ἀφροί,
γλαυκῆc ὀπώραc ὥcτε πίονοc ποτοῦ
χυθέντοc ἐc γῆν Βακχίαc ἀπ' ἀμπέλου.

677 ἔνδον] ἐκτόc Herwerden   678 v. fortasse corruptus   καὶ
ψῇ] ψηκτὸν Wecklein   682 οὐδέν] οὐδέν' Wakefield
684 del. Wunder   685 τ'azt:om.l   686 θερμῆc zt: θέρμηc
La   687 ἄν] νιν Elmsley   692 ὥcπερ] ᾧπερ Herwerden,
Blaydes   693 φάτιν] θέαν Blaydes (φάcμα interpretatio in l)
696 del. Dobree   φλόγα] πλάκα G. Wolff   700 -αθ' ἂν βλέ-
ψειαc Tyrell ad E. Ba. 1066: -ατ' ἂν βλέψειαc a: -ατ' ἐκβλέψειαc Lt: -ατ'
ἐμβλέψειαc z   704 Βακχίαc t v.l. in a: -είαc cett.

ὥςτ' οὐκ ἔχω τάλαινα ποῖ γνώμης πέςω·　705
ὁρῶ δέ μ' ἔργον δεινὸν ἐξειργαςμένην.
πόθεν γὰρ ἄν ποτ', ἀντὶ τοῦ θνῄςκων ὁ θὴρ
ἐμοὶ παρέςχ' εὔνοιαν, ἧς ἔθνῃςχ' ὕπερ;
οὐκ ἔςτιν, ἀλλὰ τὸν βαλόντ' ἀποφθίςαι
χρῄζων ἔθελγέ μ'· ὧν ἐγὼ μεθύςτερον,　710
ὅτ' οὐκέτ' ἀρκεῖ, τὴν μάθηςιν ἄρνυμαι.
μόνη γὰρ αὐτόν, εἴ τι μὴ ψευςθήςομαι
γνώμης, ἐγὼ δύςτηνος ἐξαποφθερῶ·
τὸν γὰρ βαλόντ' ἄτρακτον οἶδα καὶ θεὸν
Χείρωνα πημήναντα, χὦνπερ ἄν θίγῃ,　715
φθείρει τὰ πάντα κνώδαλ'· ἐκ δὲ τοῦδ' ὅδε
ςφαγῶν διελθὼν ἰὸς αἵματος μέλας
πῶς οὐκ ὀλεῖ καὶ τόνδε; δόξῃ γοῦν ἐμῇ.
καίτοι δέδοκται, κεῖνος εἰ ςφαλήςεται,
ταὐτῇ ςὺν ὁρμῇ κἀμὲ ςυνθανεῖν ἅμα.　720
ζῆν γὰρ κακῶς κλύουςαν οὐκ ἀναςχετόν,
ἥτις προτιμᾷ μὴ κακὴ πεφυκέναι.
Χο.　ταρβεῖν μὲν ἔργα δείν' ἀναγκαίως ἔχει,
τὴν δ' ἐλπίδ' οὐ χρὴ τῆς τύχης κρίνειν πάρος.
Δη.　οὐκ ἔςτιν ἐν τοῖς μὴ καλοῖς βουλεύμαςιν　725
οὐδ' ἐλπίς, ἥτις καὶ θράςος τι προξενεῖ.
Χο.　ἀλλ' ἀμφὶ τοῖς ςφαλεῖςι μὴ 'ξ ἑκουςίας
ὀργὴ πέπειρα, τῆς ςε τυγχάνειν πρέπει.
Δη.　τοιαῦτά τἂν λέξειεν οὐχ ὁ τοῦ κακοῦ
κοινωνός, ἀλλ' ᾧ μηδὲν ἔςτ' οἴκοι βαρύ.　730

707 θνῄςκων] θνῄςκειν Wakefield　　708 ἧς ⟨γ'⟩ Blaydes
710 ἔθελγέ μ'] -γεν a　　715 χὦνπερ Wakefield: χὦςπερ La:
χὦςαπερ zt　　716 φθείρει τὰ] φθείροντα Faehse　　πάντα
κνώδαλ'· ἐκ] πάντα· κνωδάλου δὲ Hense　　τοῦδ' ὅδε] τοῦδε δὴ
Meineke　　717 αἵματος] αἱματοὺς Wunder　　718 δόξῃ
. . . ἐμῇ] δόξει . . . ἐμοί fere cett.　　720 ταὐτῇ H. Stephanus:
ταύτῃ codd.　　ὁρμῇ Lzt: ὀργῇ L s.l. et lm. sch., a　　723 ἔργα
δείν'] ἔργ' ἄδηλ' Tournier　　729 τἂν Blaydes: δ' ἂν
codd.　　730 ἔςτ' aZg: ἐςτιν cett.　　οἴκοι Wakefield: οἴκοις
codd.

ΣΟΦΟΚΛΕΟΥΣ

Χο. σιγᾶν ἂν ἁρμόζοι σε τὸν πλείω λόγον,
     εἰ μή τι λέξεις παιδὶ τῷ σαυτῆς· ἐπεὶ
     πάρεστι, μαστὴρ πατρὸς ὃς πρὶν ᾤχετο.

Υλ. ὢ μῆτερ, ὥς ἂν ἐκ τριῶν c' ἓν εἱλόμην,
     ἢ μηκέτ᾽ εἶναι ζῶcαν, ἢ cεcωμένην   735
     ἄλλου κεκλῆcθαι μητέρ᾽, ἢ λῴους φρέναc
     τῶν νῦν παρουcῶν τῶνδ᾽ ἀμείψαcθαί ποθεν.

Δη. τί δ᾽ ἔcτιν, ὦ παῖ, πρόc γ᾽ ἐμοῦ cτυγούμενον;

Υλ. τὸν ἄνδρα τὸν cὸν ἴcθι, τὸν δ᾽ ἐμὸν λέγω
     πατέρα, κατακτείναcα τῇδ᾽ ἐν ἡμέρᾳ.   740

Δη. οἴμοι, τίν᾽ ἐξήνεγκαc, ὦ τέκνον, λόγον;

Υλ. ὃν οὐχ οἷόν τε μὴ τελεcθῆναι· τὸ γὰρ
     φανθὲν τίc ἂν δύναιτ᾽ ⟨ἂν⟩ ἀγένητον ποεῖν;

Δη. πῶc εἶπαc, ὦ παῖ; τοῦ παρ᾽ ἀνθρώπων μαθὼν
     ἄζηλον οὕτωc ἔργον εἰργάcθαι με φήc;   745

Υλ. αὐτὸc βαρεῖαν ξυμφορὰν ἐν ὄμμαcιν
     πατρὸc δεδορκὼc κοὐ κατὰ γλῶccαν κλυών.

Δη. ποῦ δ᾽ ἐμπελάζειc τἀνδρὶ καὶ παρίcταcαι;

Υλ. εἰ χρὴ μαθεῖν cε, πάντα δὴ φωνεῖν χρεών.
     ὅθ᾽ εἷρπε κλεινὴν Εὐρύτου πέρcαc πόλιν,   750
     νίκηc ἄγων τροπαῖα κἀκροθίνια,
     ἀκτή τιc ἀμφίκλυcτοc Εὐβοίαc ἄκρον
     Κήναιόν ἐcτιν, ἔνθα πατρῴῳ Διὶ
     βωμοὺc ὁρίζει τεμενίαν τε φυλλάδα·

731 λόγον Lγρ: χρόνον codd.   735 cεcωμένην edd.: cεcωc-
cett.   736 μητέρ᾽ aZg: μητέρα c' cett.   737 τῶνδ᾽
ἀμείψαcθαι] ἀνταμείψαcθαι Nauck   739 δ᾽] γ᾽ Wakefield
742 μὴ ⟨οὐ⟩ Nauck   743 alterum ἂν suppl. edd., licet Suda s.v.
οἴμοι (ΟΙ 101) perperam freti   ἀγένητον L, Sudae codd. AGM: ἀγένν-
cett.   ποεῖν L: ποιεῖν cett.   744 ἀνθρώπων]
ἀνθρώπου P.Oxy. 1805 in margine   μαθὼν] παρὼν P.Oxy. 1805ᵃᶜ
746–7 αὐτὸc et πατρὸc permutavit Nauck   747 κοὐ Zg et
manus recentior in L: καὶ cett.   κλυών West: κλύων codd.
748 ἐμπελάζειc] -ηc LᵃᶜK: -η Bergk   749 χρὴ μαθεῖν cε]
χρῇc μαθεῖν cύ Bergk   751 τροπαῖα hoc accentu Dindorf: pro-
paroxytone codd.   753 Κήναιόν] Κηναιόν LZo

οὔ νιν τὰ πρῶτ᾽ ἐcεῖδον ἄcμενοc πόθῳ.   755
μέλλοντι δ᾽ αὐτῷ πολυθύτουc τεύχειν cφαγὰc
κῆρυξ ἀπ᾽ οἴκων ἵκετ᾽ οἰκεῖοc Λίχαc,
τὸ còν φέρων δώρημα, θανάcιμον πέπλον·
ὃν κεῖνοc ἐνδύc, ὡc cὺ προὐξεφίεcο,
ταυροκτονεῖ μὲν δώδεκ᾽ ἐντελεῖc ἔχων   760
λείαc ἀπαρχὴν βοῦc· ἀτὰρ τὰ πάνθ᾽ ὁμοῦ
ἑκατὸν προcῆγε cυμμιγῆ βοcκήματα.
καὶ πρῶτα μὲν δείλαιοc ἵλεῳ φρενὶ
κόcμῳ τε χαίρων καὶ cτολῇ κατηύχετο·
ὅπωc δὲ cεμνῶν ὀργίων ἐδαίετο   765
φλὸξ αἱματηρὰ κἀπὸ πιείραc δρυόc,
ἱδρὼc ἀνῄει χρωτί, καὶ προcπτύccεται
πλευραῖcιν ἀρτίκολλοc, ὥcτε τέκτονοc
χιτών, ἅπαν κατ᾽ ἄρθρον· ἦλθε δ᾽ ὀcτέων
ὀδαγμὸc ἀντίcπαcτοc· εἶτα φοίνιοc   770
ἐχθρᾶc ἐχίδνηc ἰὸc ὣc ἐδαίνυτο.
ἐνταῦθα δὴ ᾽βόηcε τὸν δυcδαίμονα
Λίχαν, τὸν οὐδὲν αἴτιον τοῦ coῦ κακοῦ,
ποίαιc ἐνέγκοι τόνδε μηχαναῖc πέπλον·
ὁ δ᾽ οὐδὲν εἰδὼc δύcμοροc τὸ còν μόνηc   775
δώρημ᾽ ἔλεξεν, ὥcπερ ἦν ἐcταλμένον.
κἀκεῖνοc ὡc ἤκουcε καὶ διώδυνοc
cπαραγμὸc αὐτοῦ πλευμόνων ἀνθήψατο,
μάρψαc ποδόc νιν, ἄρθρον ᾗ λυγίζεται,
ῥίπτει πρὸc ἀμφίκλυcτον ἐκ πόντου πέτραν·   780

757 κῆρυξ L: paroxytone cett.   οἰκεῖοc] οὐ κενὸc F. W. Schmidt
760 ἔχων] ἄγων Blaydes: an ἑλὼν?   764 κατηύχετο]
κατήρχετο Meineke   767 ἀνῄει a, T s.l.: ἂν ᾔει L: ἀνίει KZgt
προcπτύccεται Musgrave: -ετο codd.   768–9 sic interpunxit
Zijderveld   770 ὀδαγμὸc] ἀδαγμὸc Brunck ex Photio   φοί-
νιοc Pierson: -ίαc codd.   771 ὣc Wakefield: ὡc codd. (etiam K)
772 ᾽βόηcε Harleianus 5743, Brunck: βόηcε codd.   774 ἐνέγκοι
lt: -αι a: -αιc Zg: -οιc Zo   778 αὐτοῦ] αὐτῶν Wille
πλευμόνων Ka: πν- lzt   780 ῥίπτει Elmsley: ῥιπτεῖ
codd.

κόμης δὲ λευκὸν μυελὸν ἐκραίνει, μέσου
κρατὸς διασπαρέντος αἵματός θ᾽ ὁμοῦ.
ἅπας δ᾽ ἀνηυφήμησεν οἰμωγῇ λεώς,
τοῦ μὲν νοσοῦντος, τοῦ δὲ διαπεπραγμένου·
κοὐδεὶς ἐτόλμα τἀνδρὸς ἀντίον μολεῖν.   785
ἐσπᾶτο γὰρ πέδονδε καὶ μετάρσιος,
βοῶν, ἰύζων· ἀμφὶ δ᾽ ἐκτύπουν πέτραι,
Λοκρῶν τ᾽ ὄρειοι πρῶνες Εὐβοίας τ᾽ ἄκραι.
ἐπεὶ δ᾽ ἀπεῖπε, πολλὰ μὲν τάλας χθονὶ
ῥίπτων ἑαυτόν, πολλὰ δ᾽ οἰμωγῇ βοῶν,   790
τὸ δυσπάρευνον λέκτρον ἐνδατούμενος
σοῦ τῆς ταλαίνης καὶ τὸν Οἰνέως γάμον
οἷον κατακτήσαιτο λυμαντὴν βίου,
τότ᾽ ἐκ προσέδρου λιγνύος διάστροφον
ὀφθαλμὸν ἄρας εἶδέ μ᾽ ἐν πολλῷ στρατῷ   795
δακρυρροοῦντα, καί με προσβλέψας καλεῖ·
"ὦ παῖ, πρόσελθε, μὴ φύγῃς τοὐμὸν κακόν,
μηδ᾽ εἴ σε χρὴ θανόντι συνθανεῖν ἐμοί·
ἀλλ᾽ ἆρον ἔξω, καὶ μάλιστα μέν με θὲς
ἐνταῦθ᾽ ὅπου με μή τις ὄψεται βροτῶν·   800
εἰ δ᾽ οἶκτον ἴσχεις, ἀλλά μ᾽ ἔκ γε τῆσδε γῆς
πόρθμευσον ὡς τάχιστα, μηδ᾽ αὐτοῦ θάνω. "
τοσαῦτ᾽ ἐπισκήψαντος, ἐν μέσῳ σκάφει
θέντες σφε πρὸς γῆν τήνδ᾽ ἐκέλσαμεν μόλις
βρυχώμενον σπασμοῖσι. καί νιν αὐτίκα   805

781 κόμης] κομη P.Oxy. 1805   783 δ᾽ Lazt: om. K et P.Oxy.
1805^ac ἀνηυφήμησεν Dindorf: ἀνευ- P.Oxy. 1805, sch. E. Tro. 573:
ἀνευφημήσει Hesychius: ἀνευφώνησεν KA: ἄνευ φωνῆς ἐν Lt:
ἀνεφώνησεν UYz   787 βοῶν] δάκνων Diog. Laert. 10. 137,
unde λάσκων Dobree   ἐκτύπουν] ἔστενον Diog. Laert.   788 prius
τ᾽ Diog. Laert.: om. codd.   ἄκραι] ἄκρα Diog. cod. F   790 ῥίπτων]
ριπτῶν P.Oxy. 1805   791 ἐνδατούμενος] ἐμματούμενος γρ
ap. sch. L   793 οἷον] οἵαν P.Oxy. 1805 s.l.   796 καλεῖ
H. Stephanus: κάλει codd.   798 θανόντι] θνήσκοντι Herwerden
799 ἆρον] αἶρον L   με θὲς Wakefield: μέθες codd.   801 οἶκτον
ἴσχεις] οἶκτος ἴσχει c᾽ Kuiper

ἢ ζῶντ' ἐςόψεςθ' ἢ τεθνηκότ' ἀρτίως.
τοιαῦτα, μῆτερ, πατρὶ βουλεύςας' ἐμῷ
καὶ δρῶς' ἐλήφθης, ὧν ϲε ποίνιμος Δίκη
τείςαιτ' Ἐρινύς τ'. εἰ θέμις δ', ἐπεύχομαι·
θέμις δ', ἐπεί μοι τὴν θέμιν ϲὺ προὔβαλες,   810
πάντων ἄριςτον ἄνδρα τῶν ἐπὶ χθονὶ
κτείνας', ὁποῖον ἄλλον οὐκ ὄψῃ ποτέ.

Χο. τί ϲῖγ' ἀφέρπεις; οὐ κάτοιςθ' ὁθούνεκα
ξυνηγορεῖς ϲιγῶϲα τῷ κατηγόρῳ;

Υλ. ἐᾶτ' ἀφέρπειν. οὖρος ὀφθαλμῶν ἐμῶν   815
αὐτῇ γένοιτ' ἄπωθεν ἑρπούςῃ καλός.
ὄγκον γὰρ ἄλλως ὀνόματος τί δεῖ τρέφειν
μητρῷον, ἥτις μηδὲν ὡς τεκοῦϲα δρᾷ;
ἀλλ' ἑρπέτω χαίρουςα· τὴν δὲ τέρψιν ἣν
τὠμῷ δίδωςι πατρί, τήνδ' αὐτὴ λάβοι.   820

Χο. ἴδ' οἷον, ὦ παῖδες, προςέμειξεν ἄφαρ   στρ. α'
τοὔπος τὸ θεοπρόπον ἡμῖν
τᾶς παλαιφάτου προνοίας,
ὅ τ' ἔλακεν, ὁπότε τελεόμηνος ἐκφέροι
δωδέκατος ἄροτος, ἀναδοχὰν τελεῖν πόνων   825
τῷ Διὸς αὐτόπαιδι·
καὶ τάδ' ὀρθῶς
ἔμπεδα κατουρίζει.
πῶς γὰρ ἂν ὁ μὴ λεύςςων
ἔτι ποτ' ἔτ' ἐπίπονον
ἔχοι θανὼν λατρείαν;   830

806 ἐϲόψεϲθ'] ἔτ' ὄψεϲθ' Meineke   809 Ἐρινύϲ L: -ιννύϲ
azt: -ιννέϲ K   δ' Lat: om. z: γ' Wakefield   v. varie temptatus:
ἐπεύχομαι=glorior, ut ap. A. Ag. 1394   810 προὔβαλεϲ az:
-λαβεϲ lt   816 καλόϲ t et sch. L: καλῶϲ cett.
823 παλαιφάτου] παλαιφοίβου γρ ap. sch.   825 ἄροτοϲ az:
ἄροτροϲ L: τ' ἄροτοϲ t   ἀναδοχὰν] ἀνοκωχὰν Zg: ἀναπνοὰν
Meineke   829 ἐπίπονόν ⟨γ'⟩ Brunck   830 ἔχοι post
θανὼν traiecit Wilamowitz, nimirum lapsu memoriae

ΣΟΦΟΚΛΕΟΥΣ

εἰ γάρ cφε Κενταύρου φονίᾳ νεφέλᾳ   ἀντ. α'
χρίει δολοποιὸс ἀνάγκα
πλευρά, προστακέντοс ἰοῦ,
ὃν τέκετο θάνατος, ἔτεκε δ' αἰόλος δράκων,
πῶς ὅδ' ἂν ἀέλιον ἕτερον ἢ τανῦν ἴδοι,   835
δεινοτέρῳ μὲν ὕδρας
προστετακὼс
φάсματι; μελαγχαίτα τ'
ἄμμιγά νιν αἰκίζει
ὑπόφονα δολόμυ-
θα κέντρ' ἐπιζέσαντα.   840

ὧν ἅδ' ἁ τλάμων ἄοκνος   στρ. β'
μεγάλαν προсορῶсα δόμοιсι
βλάβαν νέων ἀίссου-
σαν γάμων τὰ μὲν αὐτὰ
προсέβαλεν, τὰ δ' ἀπ' ἀλλόθρου
γνώμαс μολόντ' ὀλεθρίαιсι συναλλαγαῖс   845
ἦ που ὀλοὰ στένει,
ἦ που ἀδινῶν χλωρὰν
τέγγει δακρύων ἄχναν.
ἁ δ' ἐρχομένα μοῖρα προφαίνει δολίαν
καὶ μεγάλαν ἄταν.   850

831 φονίᾳ Aᵃᶜt: φοινίᾳ codd. plerique   833 πλευρὰ t: -ρᾷ cett.
834 ἔτεκε] ἔτρεφε Lobeck   835 ἀέλιον] ἄλιον L: post ἕτερον
traiecit Seidler   836 δεινοτέρῳ Lloyd-Jones: -τάτῳ codd.
837 φάсματι multis suspectum   μελαγχαίτα Lat: -αс z: -ου a s.l.,
T s.l.   τ'] δ' Wakefield   838 post αἰκίζει add. Νέс(с)ου θ'
codd.: del. Erfurdt   839 ὑπόφονα Hermann: ὕπο φοίνια Laz:
ὕπο t   841 ἄοκνος Musgrave: -ον codd.
842 προсορῶсα] προσ- Blaydes   δόμοιсι t: -οιс cett.
843 ἀίссουσαν Nauck: ἀιссόντων codd.   αὐτὰ Blaydes post Nauck:
οὔ τι codd.   844 προсέβαλεν Lᵖᶜ: -έβαλλεν LᵃᶜK: -έβαλε cett.
ἀπ' L s.l., aZo: ἐπ' LZgt   ἀλλόθρου Erfurdt: -θρόου codd.
845 ὀλεθρίαιсι t: -ίαις cett.: οὐλίαιсι Wunder   συναλλαγαῖс t:
ξυν- cett.   846 ὀλοὰ στένει] ὀλό' αἰάζει Blaydes; cf. ad 857

274

ἔρρωγεν παγὰ δακρύων, ἀντ. β΄
κέχυται νόσος, ὦ πόποι, οἷον
ἀναρcίων ⟨ὕπ᾿⟩ οὔπω
⟨τοῦδε cῶμ᾿⟩ ἀγακλειτὸν
ἐπέμολεν πάθος οἰκτίcαι. 855
ἰὼ κελαινὰ λόγχα προμάχου δορός,
ἃ τότε θοὰν νύμφαν
ἄγαγες ἀπ᾿ αἰπεινᾶς
τάνδ᾿ Οἰχαλίας αἰχμᾷ·
ἁ δ᾿ ἀμφίπολος Κύπρις ἄναυδος φανερὰ 860
τῶνδ᾿ ἐφάνη πράκτωρ.

⟨Τρ. ἰώ μοι.⟩
Χο. πότερον ἐγὼ μάταιος, ἢ κλύω τινὸς
οἴκτου δι᾿ οἴκων ἀρτίως ὁρμωμένου;
τί φημι; 865
ἠχεῖ τις οὐκ ἄcημον, ἀλλὰ δυcτυχῆ
κωκυτὸν εἴcω, καί τι καινίζει cτέγη.
ξύνες δὲ
τήνδ᾿ ὡς ἀγηθὴς καὶ cυνωφρυωμένη
χωρεῖ πρὸς ἡμᾶς γραῖα cημανοῦcά τι. 870
Τρ. ὦ παῖδες, ὡς ἄρ᾿ ἡμὶν οὐ cμικρῶν κακῶν
ἦρξεν τὸ δῶρον Ἡρακλεῖ τὸ πόμπιμον.
Χο. τί δ᾿, ὦ γεραιά, καινοποιηθὲν λέγεις;
Τρ. βέβηκε Δηάνειρα τὴν πανυcτάτην
ὁδῶν ἁπαcῶν ἐξ ἀκινήτου ποδός. 875
Χο. οὐ δή ποθ᾿ ὡς θανοῦcα; Τρ. πάντ᾿ ἀκήκοας.

854 ⟨ὕπ᾿⟩ et ⟨τοῦδε cῶμ᾿⟩ suppl. Jebb: οὐπώ⟨ποτ᾿ ἄνδρ᾿⟩ G. H.
Müller post ἀγάκλειτον add. Ἡρακλέους codd. (-κλέ᾿ t): del.
Dindorf 855 ἐπέμολεν Wunder: ἐπέμολε t: ἀπέ- cett. post
πάθος add. ὥcτ᾿ t 857 νύμφαν] κόραν Blaydes (cτένει in 846
servato) 862 suppl. Meineke 865 φημι] φῶμεν Nauck
866 δυcτυχῆ] an δύcτονον? 869 ἀγηθὴς M. Schmidt: ἀήθης
codd.: ἀηδὴς ed. Londiniensis a. 1722: κατηφὴς Blaydes e Choric. Gaz. 1.
93 870 cημανοῦcα t: cημαίνουcα cett. 871 ἡμὶν
aZoᵖᶜt: -ίν cett.

ΣΟΦΟΚΛΕΟΥΣ

Χο. τέθνηκεν ἡ τάλαινα;   Τρ. δεύτερον κλύεις.

Χο. τάλαιν'· ὀλέθρου τίνι τρόπῳ θανεῖν cφε φῄς;

Τρ. cχετλίῳ τὰ πρός γε πρᾶξιν.   Χο. εἰπέ, τῷ
μόρῳ,
γύναι, ξυντρέχει;   880

Τρ. ταύτην διηίcτωcεν ⟨ἄμφηκες ξίφος⟩.

Χο. τίc θυμόc, ἢ τίνεc νόcοι,
τάνδ' αἰχμᾷ βέλεοc κακοῦ
ξυνεῖλε; πῶc ἐμήcατο
πρὸc θανάτῳ θάνατον   885
ἀνύcαcα μόνα cτονόεντοc
ἐν τομᾷ cιδάρου;
ἐπεῖδεc—ὦ μάταια—τάνδε ⟨τὰν⟩ ὕβριν;

Τρ. ἐπεῖδον, ὡc δὴ πληcία παραcτάτιc.

Χο. τίc ἦνεν; φέρ' εἰπέ.   890

Τρ. αὐτὴ πρὸc αὑτῆc χειροποιεῖται τάδε.

Χο. τί φωνεῖc;   Τρ. cαφηνῆ.

Χο. ἔτεκ' ἔτεκε μεγάλαν
ἀνέορτοc ἅδε νύμφα
δόμοιcι τοῖcδ' Ἐρινύν.   895

Τρ. ἄγαν γε· μᾶλλον δ' εἰ παροῦcα πληcία
ἔλευccεc οἷ' ἔδραcε, κάρτ' ἂν ᾤκτιcαc.

Χο. καὶ ταῦτ' ἔτλη τιc χεὶρ γυναικεία κτίcαι;

---

878 ὀλέθρου Blaydes: ὀλεθρία codd.   879 cχετλίῳ τὰ
Hermann: cχετλιώτατα codd.   πρός γε πρᾶξιν] ἐξέπραξεν Nauck:
ἅπερ ἔπραξεν L. D. J. Henderson   881 ταύτην nos: αὐτὴν codd.
⟨ἄμφηκες ξίφος⟩ nos (iam temptaverat ⟨ἀμφήκει ξίφει⟩ L. D. J.
Henderson)   883 αἰχμᾷ Hermann: -ὰ t, qui τάνδ'... ξυνεῖλε
nutrici tribuit: -ὰν cett.   886–7 cτονόεντοc ... cιδάρου choro
tribuit Maas, nutrici codd.   887 cιδάρου Erfurdt: cιδήρου codd.
888 ὦ μάταια Dawe: ὦ ματαῖα L: ὦ ματαία cett.: ὦ μαῖα Conington
⟨τὰν⟩ suppl. Blaydes   890 τίc ἦνεν; Wunder: τίc ἦν; πῶc; codd.
891 αὑτῆc Uz: αὐ- cett.   894 ἀνέορτοc codd.: ἁ νέορτοc sch.
895 Ἐρινύν K: -ινῦν L: -ιννῦν cett.   897 ἔλευccεc a: ἔλευcαc
t: ἔλευcεc cett.   898 τιc Laz: om. t

276

Τρ.   δεινῶc γε· πεύcῃ δ᾽, ὥcτε μαρτυρεῖν ἐμοί.
     ἐπεὶ παρῆλθε δωμάτων εἴcω μόνη,   900
     καὶ παῖδ᾽ ἐν αὐλαῖc εἶδε κοῖλα δέμνια
     cτορνύνθ᾽, ὅπωc ἄψορρον ἀντῴη πατρί,
     κρύψαc᾽ ἑαυτὴν ἔνθα μή τιc εἰcίδοι,
     βρυχᾶτο μὲν βωμοῖcι προcπίπτουc᾽ ὅτι
     γένοιντ᾽ ἐρῆμοι, κλαῖε δ᾽ ὀργάνων ὅτου   905
     ψαύcειεν οἷc ἐχρῆτο δειλαία πάροc·
     ἄλλῃ δὲ κἄλλῃ δωμάτων cτρωφωμένη,
     εἴ του φίλων βλέψειεν οἰκετῶν δέμαc,
     ἔκλαιεν ἡ δύcτηνοc εἰcορωμένη,
     αὐτὴ τὸν αὑτῆc δαίμον᾽ ἀνακαλουμένη.   910
     [καὶ τὰc ἄπαιδαc ἐc τὸ λοιπὸν οὐcίαc.]
     ἐπεὶ δὲ τῶνδ᾽ ἔληξεν, ἐξαίφνηc cφ᾽ ὁρῶ
     τὸν Ἡράκλειον θάλαμον εἰcορμωμένην.
     κἀγὼ λαθραῖον ὄμμ᾽ ἐπεcκιαcμένη
     φρούρουν· ὁρῶ δὲ τὴν γυναῖκα δεμνίοιc   915
     τοῖc Ἡρακλείοιc cτρωτὰ βάλλουcαν φάρη.
     ὅπωc δ᾽ ἐτέλεcε τοῦτ᾽, ἐπενθοροῦc᾽ ἄνω
     καθέζετ᾽ ἐν μέcοιcιν εὐνατηρίοιc,
     καὶ δακρύων ῥήξαcα θερμὰ νάματα
     ἔλεξεν, "ὦ λέχη τε καὶ νυμφεῖ᾽ ἐμά,   920
     τὸ λοιπὸν ἤδη χαίρεθ᾽, ὡc ἔμ᾽ οὔποτε
     δέξεcθ᾽ ἔτ᾽ ἐν κοίταιcι ταῖcδ᾽ εὐνάτριαν."
     τοcαῦτα φωνήcαcα cυντόνῳ χερὶ

---

900 παρῆλθε] γὰρ ἦλθε Schaefer   901–3 del. T. von
Wilamowitz-Moellendorff, 903 Meineke   901 κοῖλα codd. (etiam
Λ): κοινὰ γρ ap. T et sch.   902 cτορνύνθ᾽ LaZo: cτρωννύνθ᾽
KZgt   ἄψορρον] -οc Zo, coni. Blaydes   ἀντῴη Zgt: ἀντοίη cett.
903 del. Meineke   905 γένοιντ᾽ ἐρῆμοι Nauck: γένοιτ᾽ ἐρήμη
codd.   907–11 del. Wecklein   908 του Lzt: που a
910 αὑτῆc Lzt: αὐ- a   911 del. L. Dindorf   ἄπαιδαc] ἀνάν-
δρουc Blaydes   οὐcίαc] ἑcτίαc Reiske   914 ὄμμ᾽] cῶμ᾽
Meineke   918 εὐνατηρίοιc Dindorf: εὐναcτ- codd.
922 εὐνάτριαν Nauck: εὐνη- codd.

λύει τὸν αὐτῆς πέπλον, οὗ χρυσήλατος
προὔκειτο μαστῶν περονίς, ἐκ δ' ἐλώπισεν   925
πλευρὰν ἅπασαν ὠλένην τ' εὐώνυμον.
κἀγὼ δρομαία βᾶϲ', ὅϲονπερ ἔϲθενον,
τῷ παιδὶ φράζω τῆϲ τεχνωμένηϲ τάδε.
κἀν ᾧ τὸ κεῖϲε δεῦρό τ' ἐξορμώμεθα,
ὁρῶμεν αὐτὴν ἀμφιπλῆγι φαϲγάνῳ   930
πλευρὰν ὑφ' ἧπαρ καὶ φρέναϲ πεπληγμένην.
ἰδὼν δ' ὁ παῖϲ ᾤμωξεν· ἔγνω γὰρ τάλαϲ
τοὔργον κατ' ὀργὴν ὡϲ ἐφάψειεν τόδε,
ὄψ' ἐκδιδαχθεὶϲ τῶν κατ' οἶκον οὕνεκα
ἄκουϲα πρὸϲ τοῦ θηρὸϲ ἔρξειεν τάδε.   935
κἀνταῦθ' ὁ παῖϲ δύϲτηνοϲ οὔτ' ὀδυρμάτων
ἐλείπετ' οὐδέν, ἀμφί νιν γοώμενοϲ,
οὔτ' ἀμφιπίπτων ϲτόμαϲιν, ἀλλὰ πλευρόθεν
πλευρὰν παρεὶϲ ἔκειτο πόλλ' ἀναϲτένων,
ὥϲ νιν ματαίωϲ αἰτίᾳ βάλοι κακῇ,   940
κλαίων ὁθούνεχ' εἰϲ δυοῖν ἔϲοιθ' ἅμα,
πατρόϲ τ' ἐκείνηϲ τ', ὠρφανιϲμένοϲ βίον.
τοιαῦτα τἀνθάδ' ἐϲτίν. ὥϲτ' εἴ τιϲ δύο
ἢ κἀπὶ πλείουϲ ἡμέραϲ λογίζεται,
μάταιόϲ ἐϲτιν· οὐ γὰρ ἔϲθ' ἥ γ' αὔριον   945
πρὶν εὖ πάθῃ τιϲ τὴν παροῦϲαν ἡμέραν.

Χο.   πότερα πρότερον ἐπιϲτένω,   ϲτρ. α'

924 αὐτῆϲ a: αὐ- cett.   οὗ Schaefer: ᾧ codd.: ἢ Wakefield
927 δρομαία Zot: -αῖοϲ Zg: -αία cett.   928 τῆϲ τεχνωμένηϲ]
τῆϲδε μωμένηϲ Meineke   931 πλευρὰν] -ὰϲ sch. A in A
103   932 ὁ παῖϲ azt: om. l   932–5 del. Jernstedt
935 ἄκουϲα] ἁλοῦϲα Heimreich   ἔρξειεν LZot: ἔρ- Zga
941 κλαίων ⟨θ'⟩ Wakefield   εἰϲ Nauck: ἐκ codd.   942 βίον
Wakefield: βίου codd.   943 εἴ τιϲ] εἴπερ t   944 κἀπὶ
West: καὶ codd. et Eustathius 801. 1: κᾄτι Herwerden   post πλείουϲ
add. τιϲ codd. (etiam Λ) et Eust. ibid.: del. edd.   946 πάθῃ] παρῇ
Tournier   947 πότερα πρότερον Dindorf: πότερ' ἂν πρότερα
fere codd.

πότερα μέλεα περαιτέρω,
δύσκριτ᾽ ἔμοιγε δυστάνῳ.

τάδε μὲν ἔχομεν ὁρᾶν δόμοις,   ἀντ. α᾽
τάδε δὲ μένομεν ἐν ἐλπίσιν·   951
κοινὰ δ᾽ ἔχειν τε καὶ μέλλειν.

εἴθ᾽ ἀνεμόεσσά τις γένοιτ᾽ ἔπουρος ἑστιῶτις
    αὔρα,   στρ. β᾽
ἥτις μ᾽ ἀποικίσειεν ἐκ τόπων, ὅπως   955
τὸν Ζηνὸς ἄλκιμον γόνον
μὴ ταρβαλέα θάνοιμι
μοῦνον εἰσιδοῦσ᾽ ἄφαρ·
ἐπεὶ ἐν δυσαπαλλάκτοις ὀδύναις
χωρεῖν πρὸ δόμων λέγουσιν,   960
ἄσπετον θέαμα.

ἀγχοῦ δ᾽ ἄρα κοὺ μακρὰν προὔκλαιον,
    ὀξύφωνος ὡς ἀηδών.   ἀντ. β᾽
ξένων γὰρ ἐξόμιλος ἅδε τις στάσις.
πᾷ δ᾽ αὖ φορεῖ νιν; ὡς φίλου   965
προκηδομένα βαρεῖαν
ἄψοφον φέρει βάσιν.
αἰαῖ ὅδ᾽ ἀναύδατος φέρεται.
τί χρή, φθίμενόν νιν, ἢ καθ᾽
ὕπνον ὄντα κρῖναι;   970

948 μέλεα Musgrave: τέλεα Lazt: τὰ τελευταῖα K
951 τάδε δὲ] τὰ δ᾽ ἔτι Gleditsch   μένομεν Erfurdt: μέλλομεν
codd.: μελόμεν᾽ Hermann   ἐν Blaydes: ἐπ᾽ codd.: ἔτ᾽ Dawe
954 ἑστιῶτις] Ἱστιῶτις Blaydes   αὔρα t: αὐρα cett.   955 ἐκ
τόπων] ἐκποδῶν Herwerden: ἐκτόπιον Postgate   956 Ζηνὸς t:
Διὸς cett.: Δῖον Nauck   960 πρὸ La: πρὸς Kzt   δόμων]
δῶμα t   961 θέαμα C. Schenkl: τι θαῦμα codd.
963 προὔκλαιον] ἔκλαιον t   post ἀηδών add. ξένοι Laz: del. t
964 ἅδε Blaydes: ἥδε codd.   στάσις Meineke: βάσις codd.
966 προκηδομένα a: -αν cett. (etiam Λ) (προσ- t)   968 αἰαῖ
Erfurdt: αἰ vel αἴ quater codd.   ἀναύδατος Erfurdt: ἄναυδος codd.
969 φθίμενον Hermann: θανόντα codd.: θάνατον Bothe

ΣΟΦΟΚΛΕΟΥΣ

Υλ. οἴμοι ἐγὼ coû, πάτερ, ὦ μέλεος,
τί πάθω; τί δὲ μήcομαι; οἴμοι.

ΠΡΕCΒΥC

cίγα, τέκνον, μὴ κινήcῃc
ἀγρίαν ὀδύνην πατρὸc ὠμόφρονοc.   975
ζῇ γὰρ προπετήc. ἀλλ' ἴcχε δακὼν
cτόμα cόν. Υλ. πῶc φήc, γέρον; ἦ ζῇ;

Πρ. οὐ μὴ 'ξεγερεῖc τὸν ὕπνῳ κάτοχον
κἀκκινήcειc κἀναcτήcειc
φοιτάδα δεινὴν   980
νόcον, ὦ τέκνον. Υλ. ἀλλ' ἐπί μοι μελέῳ
βάροc ἄπλετον· ἐμμέμονεν φρήν.

ΗΡΑΚΛΗC

ὦ Ζεῦ,
ποῖ γᾶc ἥκω; παρὰ τοῖcι βροτῶν
κεῖμαι πεπονημένοc ἀλλήκτοιc   985
ὀδύναιc; οἴμοι ⟨μοι⟩ ἐγὼ τλάμων·
ἁ δ' αὖ μιαρὰ βρύκει. φεῦ.

Πρ. ἆρ' ἐξῄδη c' ὅcον ἦν κέρδοc
cιγῇ κεύθειν καὶ μὴ cκεδάcαι
τῷδ' ἀπὸ κρατὸc   990
βλεφάρων θ' ὕπνον; Υλ. οὐ γὰρ ἔχω πῶc ἂν
cτέρξαιμι κακὸν τόδε λεύccων.

Ηρ. ὦ Κηναία κρηπὶc βωμῶν,

971 et 972 οἴμοι Dindorf: ὤιμοι LUY: ὦμοι Azt   971 coû
KZo: cou cett.   972 ὦ μέλεοc Dindorf: οἴμοι ἐγὼ coû (Zo: cou
cett.) μέλεοc codd.: οἴμοι ἐγώ, πάτερ, ὦ μέλεοc dubitanter Jebb
977 γέρον a: γέρων LZo: ὦ γέρον KZgt   978 'ξεγερεῖc
Dawes: 'ξεγείρειc L: 'ξεγείρῃc L s.l., cett.   979 κἀκκινήcειc
κἀναcτήcειc LZo: -ηc -ηc cett.   982 interpunxit Vauvilliers
ἐμμέμονεν edd.: -ονε codd.   984 τοῖcι] τέοιcι H. Müller
986 οἴμοι LaZo: ὤμοι Zgt ⟨μοι⟩ suppl. Brunck   987 ἁ δ'
Dindorf: ἡ δ' codd.   988 ἐξῄδη c' Wecklein: ἐξῄδηc La:
ἐξῄδειc Kzt: ἐξῄδηcθ' Cobet: ἐξηύδηc' Blaydes   991 θ' codd.:
del. Wecklein

ἦν μή ποτ' ἐγὼ προσιδεῖν ὁ τάλας   997
ὤφελον ὅσσοις, ἱερῶν οἷαν   998a/994a
οἵων ἐπί μοι   994b
μελέῳ χάριν ἤνύςω, ὦ Ζεῦ·   995
οἷαν μ' ἄρ' ἔθου λώβαν, οἷαν,
τόδ' ἀκήλητον   998b
μανίας ἄνθος καταδερχθῆναι.
τίς γὰρ ἀοιδός, τίς ὁ χειροτέχνας   1000
ἰατορίας, ὃς τάνδ' ἄταν
χωρὶς Ζηνὸς κατακηλήσει;
θαῦμ' ἂν πόρρωθεν ἰδοίμαν.

ἐέ,   στρ.
⟨– – – ∪ –⟩
ἐᾶτέ μ' ἐᾶτέ με
δύςμορον εὐνᾶςθαι,   1005
ἐᾶτέ με δύςτανον.
πᾷ ⟨πᾷ⟩ μου ψαύεις; ποῖ κλίνεις;
ἀπολεῖς μ', ἀπολεῖς.
ἀνατέτροφας ὅ τι καὶ μύςῃ.
ἦπταί μου, τοτοτοῖ, ἅδ' αὖθ' ἕρπει. πόθεν
ἔςτ', ὦ   1010

994a–6 post 998 ὅσσοις traiecit Wunder, deletis τόδ'... καταδερ-
χθῆναι   994b οἷων J. F. Martin: ἀνθ' ὧν θυμάτων codd.
995 ἤνύςω] ἤνυςας Wakefield   999 καταδερχθῆναι] κατα-
φλεχθῆναι Wakefield   1000 ὁ codd.: del. Erfurdt   χειρο-
τέχνας Barrett: -ης codd.   1001 τάνδ' ἄταν Blaydes: τήνδ' ἄτην
codd.   1003 ἰδοίμαν t: -ην L s.l., cett.: ἴδοιμ' ἄν L
1004 lacunam indicavit Coxon   1005 alterum ἐᾶτέ μ' om. t
δύςμορον] ὕςτατον Lγρ   εὐνᾶςθαι Ellendt: εὐνᾶςαι az: εὐνᾶςαι
Lt   1006 om. zt   post δύςτανον add. εὐνᾶςαι vel εὐνᾶςαι
La: del. Dain   1007 ⟨πᾷ⟩ suppl. Seidler   ποῖ Laz:
ποῖ δὲ t: ποῖ καὶ Wakefield   1009 ἀνατέτροφας
Erfurdt: ἀντέτροφας La: de z non liquet: ἀντέςτρωφάς θ' t
1010 ἅδ' edd.: ἤδ' codd.   αὖθ' ἕρπει] αὖ 'φέρπει
Blaydes

Ἕλλανες πάντων ἀδικώτατοι ἀνέρες, οἷς δὴ
πολλὰ μὲν ἐν πόντῳ, κατά τε δρία πάντα
    καθαίρων,
ὠλεκόμαν ὁ τάλας, καὶ νῦν ἐπὶ τῷδε νοσοῦντι
οὐ πῦρ, οὐκ ἔγχος τις ὀνήσιμον οὔ ποτε τρέψει;
ἐέ,
οὐδ' ἀπαράξαι ⟨μου⟩ κρᾶτα βίου θέλει   1015
⟨– ∪∪ –⟩ μολὼν τοῦ στυγεροῦ; φεῦ φεῦ.

Πρ. ὦ παῖ τοῦδ' ἀνδρός, τοὔργον τόδε μεῖζον ἀνήκει
ἢ κατ' ἐμὰν ῥώμαν· σὺ δὲ σύλλαβε. †σοί τε γὰρ
    ὄμμα
ἔμπλεον ἢ δι' ἐμοῦ† σῴζειν.   Υλ. ψαύω μὲν
    ἔγωγε,   1020
λαθίπονον δ' ὀδύναν οὔτ' ἔνδοθεν οὔτε θύραθεν
ἔστι μοι ἐξανύσαι βιότου· τοιαῦτα νέμει Ζεύς.

Ηρ. ⟨ἒ ἔ.⟩   ἀντ.
ὦ παῖ, ποῦ ποτ' εἶ;
τᾷδέ με τᾷδέ με
πρόσλαβε κουφίσας.   1025
ἒ ἔ, ἰὼ δαῖμον.
θρῴσκει δ' αὖ, θρῴσκει δειλαία
διολοῦσ' ἡμᾶς
ἀποτίβατος ἀγρία νόσος.   1030

1011 Ἕλλανες πάντων Koechly: πάντων Ἑλλάνων codd.: πάντων
ἀνθρώπων Wunder   οἷς Wakefield: οὗς codd.   1012 ἐν]
ἐνὶ L   1014 οὔ ποτε τρέψει nos: οὐκ ἀποτρέψει laZg: οὐκ ἐπι-
τρέψει Zo: οὐκ ἀνστρέψει t: οὐ ποτιτρέψει Hense   1015 ⟨μου⟩
suppl. Blaydes   βίου] βίᾳ Wakefield   1017 ⟨παυσίπονος⟩ vel
⟨λυσίπονος⟩ ex. gr. Lloyd-Jones   1018 ἀνήκει] ἀνείκει L in
linea, Λ: ἂν εἴη Nauck   1019 σοί . . . ὄμμα] σοὶ γὰρ ἑτοίμα
Jebb   1020 ἔμπλεον] ἐς πλέον J. F. Martin   1021 ὀδύ-
ναν] ὀδυνᾶν Musgrave   θύραθεν L s.l.: θύραζ' vel θύραζε(ν) cett.
1022 ἔστι zt: ἔνεστι cett.   βιότου] βίοτον Musgrave
1023 ⟨ἒ ἔ⟩ suppl. Dain   ὦ παῖ Seidler: ὦ παῖ παῖ codd.: παῖ παῖ
Hermann   1026 ἰὼ semel codd. recc., bis cett. (etiam Λ)
δαῖμον] δαίμων Seidler

ΤΡΑΧΙΝΙΑΙ

ἰὼ ἰὼ Παλλάς, τόδε μ' αὖ λωβᾶται. ἰὼ παῖ,
τὸν φύτορ' οἰκτίρας, ἀνεπίφθονον εἴρυσον
ἔγχος,
παῖσον ἐμᾶς ὑπὸ κληδός· ἀκοῦ δ' ἄχος, ᾧ μ'
ἐχόλωσεν   1035
cὰ μάτηρ ἄθεος, τὰν ὧδ' ἐπίδοιμι πεσοῦσαν
αὔτως, ὧδ' αὔτως, ὥς μ' ὤλεσεν. ὦ γλυκὺς
"Αιδας,   1040
⟨ἔ ἔ.⟩
ὦ Διὸς αὐθαίμων, εὔνασον εὔνασόν μ'
ὠκυπέτᾳ μόρῳ τὸν μέλεον φθίσας.

Χο.   κλύουσ' ἔφριξα τάσδε συμφοράς, φίλαι,
       ἄνακτος, οἵαις οἷος ὢν ἐλαύνεται.   1045
Ηρ.   ὦ πολλὰ δὴ καὶ θερμά, καὶ λόγῳ κακά,
       καὶ χερσὶ καὶ νώτοισι μοχθήσας ἐγώ·
       κοὔπω τοιοῦτον οὔτ' ἄκοιτις ἡ Διὸς
       προὔθηκεν οὔθ' ὁ στυγνὸς Εὐρυσθεὺς ἐμοὶ
       οἷον τόδ' ἡ δολῶπις Οἰνέως κόρη   1050
       καθῆψεν ὤμοις τοῖς ἐμοῖς Ἐρινύων
       ὑφαντὸν ἀμφίβληστρον, ᾧ διόλλυμαι.
       πλευραῖσι γὰρ προσμαχθὲν ἐκ μὲν ἐσχάτας
       βέβρωκε σάρκας, πλεύμονός τ' ἀρτηρίας
       ῥοφεῖ ξυνοικοῦν· ἐκ δὲ χλωρὸν αἷμά μου   1055

1031 ἰὼ bis Bergk, semel codd.   1034 φύτορ' Dindorf:
φύσαντ' codd.   εἴρυσον] εἴρυσαι Blaydes   1035 ἐμᾶς] ἡμᾶς
l   1036 ᾧ] ὅ L   ἐχόλησεν Lγρ   1037 τὰν Seidler: ἂν
codd.   1040 ὦ γλυκὺς "Αιδας huc traiecit Seidler: post 1041
αὐθαίμων praebent codd.   1041 ⟨ἔ ἔ⟩ suppl. Dain
1042 μ' huc transp. Erfurdt: post prius εὔνασον praebent Laz: om. t
1044 τάσδε συμφοράς] τᾶσδε -ᾶς L   1045 οἵαις zt: οἵας La
1046 καὶ λόγῳ κακά codd.; 'dictu gravia' Cicero, Tusc. Disp. 2. 20: κοὐ
λόγῳ κακά Bothe: καὶ λόγῳ καλὰ Jackson   1047 χερσὶ] χειρὶ
a   1051 Ἐρινύων L: Ἐρινν- cett.   1054 πλεύμονος L,
Λ s.l.: πνεύμονος L s.l., Λzt: πνεύμονας Κ: πλεύμονας a: πλευμόνων
Süvern

πέπωκεν ἤδη, καὶ διέφθαρμαι δέμας
τὸ πᾶν, ἀφράστῳ τῇδε χειρωθεὶς πέδῃ.
κοὐ ταῦτα λόγχη πεδιάς, οὔθ' ὁ γηγενὴς
στρατὸς Γιγάντων, οὔτε θήρειος βία,
οὔθ' Ἑλλάς, οὔτ' ἄγλωσσος, οὔθ' ὅσην ἐγὼ   1060
γαῖαν καθαίρων ἱκόμην, ἔδρασέ πω·
γυνὴ δέ, θῆλυς οὖσα κἄνανδρος φύσιν,
μόνη με δὴ καθεῖλε φασγάνου δίχα.
ὦ παῖ, γενοῦ μοι παῖς ἐτήτυμος γεγώς,
καὶ μὴ τὸ μητρὸς ὄνομα πρεσβεύσῃς πλέον.   1065
δός μοι χεροῖν σαῖν αὐτὸς ἐξ οἴκου λαβὼν
ἐς χεῖρα τὴν τεκοῦσαν, ὡς εἰδῶ σάφα
εἰ τοὐμὸν ἀλγεῖς μᾶλλον ἢ κείνης ὁρῶν
λωβητὸν εἶδος ἐν δίκῃ κακούμενον.
ἴθ', ὦ τέκνον, τόλμησον· οἴκτιρόν τέ με   1070
πολλοῖσιν οἰκτρόν, ὅστις ὥστε παρθένος
βέβρυχα κλαίων, καὶ τόδ' οὐδ' ἂν εἷς ποτε
τόνδ' ἄνδρα φαίη πρόσθ' ἰδεῖν δεδρακότα,
ἀλλ' ἀστένακτος αἰὲν εἰχόμην κακοῖς.
νῦν δ' ἐκ τοιούτου θῆλυς ηὕρημαι τάλας.   1075
καὶ νῦν προσελθὼν στῆθι πλησίον πατρός,
σκέψαι δ' ὁποίας ταῦτα συμφορᾶς ὕπο
πέπονθα· δείξω γὰρ τάδ' ἐκ καλυμμάτων.
ἰδού, θεᾶσθε πάντες ἄθλιον δέμας,
ὁρᾶτε τὸν δύστηνον, ὡς οἰκτρῶς ἔχω.   1080
αἰαῖ, ὦ τάλας,

1056 διέφθαρμαι] -αρται K: 'extabuit' Cicero   1060 ὅσην]
ὅσων Blaydes: 'gens' Cicero   1062 θῆλυς οὖσα] θηλυν σχοῦσα
Reiske   κἄνανδρος Tournier: κοὐκ ἀνδρὸς codd.   1065 πρεσ-
βεύσῃς] -ςῃ K: 'superet' Cicero   1067 ἐς] εἰς a   εἰδῶ] ἴδω
Nauck: 'cernam' Cicero   1069 om. Cicero   1070 οἴκτιρον
edd.: οἴκτειρον codd.   τέ με] τ' ἐμέ Nauck   1071 ὥστε] ὥς
τις L   1074 εἰχόμην Meineke: ἐσπόμην codd.: εἱπόμην sch. ad
Aj. 318: ἐσπώμην Jackson   1075 ηὕρημαι Dindorf: εὕ- codd.
1077 δ'] θ' Nauck   1080 δύστηνον] δύστανον L in linea
1081 alterum αἰαῖ Lz: ἒ ἒ at

αἰαῖ.
ἔθαλψέ μ' ἄτης cπαсμὸс ἀρτίωc ὅδ' αὖ,
διῇξε πλευρῶν, οὐδ' ἀγύμναστόν μ' ἐᾶν
ἔοικεν ἡ τάλαινα διάβοροс νόcοс.
ὦναξ Ἀΐδη, δέξαι μ',   1085
ὦ Διὸс ἀκτίc, παῖcον.
ἔνcειcον, ὦναξ, ἐγκατάcκηψον βέλοc,
πάτερ, κεραυνοῦ. δαίνυται γὰρ αὖ πάλιν,
ἤνθηκεν, ἐξώρμηκεν. ὦ χέρεс χέρεс,
ὦ νῶτα καὶ cτέρν', ὦ φίλοι βραχίονεс,   1090
ὑμεῖс ἐκεῖνοι δὴ καθέcταθ', οἵ ποτε
Νεμέαс ἔνοικον, βουκόλων ἀλάcτορα,
λέοντ', ἄπλατον θρέμμα κἀπροcήγορον,
βίᾳ κατειργάcαcθε, Λερναίαν θ' ὕδραν,
διφυᾶ τ' ἄμεικτον ἱπποβάμονα cτρατὸν   1095
θηρῶν, ὑβριcτήν, ἄνομον, ὑπέροχον βίαν,
Ἐρυμάνθιόν τε θῆρα, τόν θ' ὑπὸ χθονὸс
Ἅιδου τρίκρανον cκύλακ', ἀπρόcμαχον τέραс,
δεινῆс Ἐχίδνηс θρέμμα, τόν τε χρυcέων
δράκοντα μήλων φύλακ' ἐπ' ἐcχάτοιс τόποιс.   1100
ἄλλων τε μόχθων μυρίων ἐγευcάμην,
κοὐδεὶс τροπαῖ' ἔcτηcε τῶν ἐμῶν χερῶν.
νῦν δ' ὧδ' ἄναρθροс καὶ κατερρακωμένοс
τυφλῆс ὑπ' ἄτηс ἐκπεπόρθημαι τάλαс,
ὁ τῆс ἀρίcτηс μητρὸс ὠνομαcμένοс,   1105
ὁ τοῦ κατ' ἄcτρα Ζηνὸс αὐδηθεὶс γόνοс.
ἀλλ' εὖ γέ τοι τόδ' ἴcτε, κἂν τὸ μηδὲν ὦ,
κἂν μηδὲν ἔρπω, τήν γε δράcαcαν τάδε

1082 ἔθαλψέ μ' K, coni. Hermann: ἔθαλψεν cett.   1085 μ' t:
με cett.   1089 ἐξώρμηκεν] ἐξώγκηκεν Dawe: ἐξώργηκεν
West: ἀνεκάχλαcεν gl. apud at, sch. L   1091 ἐκεῖνοι azt et lm.
sch. L: δὲ κεῖνοι L   1092 ἀλάcτορα] ληῖcτορα Blaydes
1093 ἄπλατον La: ἄπλαcτον Zgt: ἄπληcτον Zo   1095 διφυᾶ
Dindorf: -ῆ codd.   ἄμεικτον edd.: ἄμικτον codd.   1096 ὑπέρ-
οχον S. Clarke, Bentley: ὑπείρ- codd.   βίαν La: βίᾳ zt
1099 τὸν] τῶν t   1102 τροπαῖ' L: τρόπαι' cett.

χειρώσομαι κἀκ τῶνδε. προσμόλοι μόνον,
ἵν' ἐκδιδαχθῇ πᾶσιν ἀγγέλλειν ὅτι 1110
καὶ ζῶν κακούς γε καὶ θανὼν ἐτεισάμην.

Χο. ὦ τλῆμον Ἑλλάς, πένθος οἷον εἰσορῶ ⟨c'⟩
ἕξουσαν, ἀνδρὸς τοῦδέ γ' εἰ σφαλεῖς' ἔςῃ.

Υλ. ἐπεὶ παρέσχες ἀντιφωνῆσαι, πάτερ,
σιγὴν παρασχὼν κλῦθί μου νοcῶν ὅμως. 1115
αἰτήσομαι γάρ c' ὧν δίκαια τυγχάνειν.
δός μοι σεαυτόν, μὴ τοιοῦτον ὡς δάκνῃ
θυμῷ δύσοργος. οὐ γὰρ ἂν γνοίης ἐν οἷς
χαίρειν προθυμῇ κἂν ὅτοις ἀλγεῖς μάτην.

Ηρ. εἰπὼν ὃ χρῄζεις λῆξον· ὡς ἐγὼ νοcῶν 1120
οὐδὲν ξυνίημ' ὧν cὺ ποικίλλεις πάλαι.

Υλ. τῆς μητρὸς ἥκω τῆς ἐμῆς φράςων ἐν οἷς
νῦν ἔστ' ἐν οἷς θ' ἥμαρτεν οὐχ ἑκουσία.

Ηρ. ὦ παγκάκιστε, καὶ παρεμνήςω γὰρ αὖ
τῆς πατροφόντου μητρός, ὡς κλύειν ἐμέ; 1125

Υλ. ἔχει γὰρ οὕτως ὥστε μὴ σιγᾶν πρέπειν.

Ηρ. οὐ δῆτα τοῖς γε πρόσθεν ἡμαρτημένοις.

Υλ. ἀλλ' οὐδὲ μὲν δὴ τοῖς γ' ἐφ' ἡμέραν ἐρεῖς.

Ηρ. λέγ', εὐλαβοῦ δὲ μὴ φανῇς κακὸς γεγώς.

Υλ. λέγω. τέθνηκεν ἀρτίως νεοσφαγής. 1130

Ηρ. πρὸς τοῦ; τέρας τοι διὰ κακῶν ἐθέσπισας.

Υλ. αὐτὴ πρὸς αὑτῆς, οὐδενὸς πρὸς ἐκτόπου.

Ηρ. οἴμοι· πρὶν ὡς χρῆν cφ' ἐξ ἐμῆς θανεῖν χερός;

Υλ. κἂν σοῦ στραφείη θυμός, εἰ τὸ πᾶν μάθοις.

Ηρ. δεινοῦ λόγου κατῆρξας· εἰπὲ δ' ἧ νοεῖς. 1135

Υλ. ἅπαν τὸ χρῆμ' ἥμαρτε χρηστὰ μωμένη.

1112 εἰσορῶ ⟨c'⟩ nos: εἰσορῶ codd.: αὖ c' ὁρῶ Blaydes
1113 cφαλεῖς' ἔςῃ Meineke: cφαλήσεται codd.   1114 παρέσχες]
παρείκεις Wecklein: παρίῃς Heimsoeth   1117 τοιοῦτον
Mudge: τοσοῦτον codd.   1123 ἔστ' ἐν Harleianus 5743 (coni.
Blaydes): ἔστιν cett.   οἷς] ὡς Nauck   1131 διὰ κακῶν]
δαιμόνιον Herwerden   1132 αὐτὴ L: αὑ- cett.   1134 cοῦ
Schaefer: cου codd.   1136 post χρῆμ' sunt qui interpungant
μωμένη P.Oxy. 1805, K, coni. Heath: μνωμένη cett.

Ηρ.   χρῆϲτ', ὦ κάκιϲτε, πατέρα ϲὸν κτείναϲα δρᾷ;
Υλ.   ϲτέργημα γὰρ δοκοῦϲα προϲβαλεῖν ϲέθεν
      ἀπήμπλαχ', ὡϲ προϲεῖδε τοὺϲ ἔνδον γάμουϲ.
Ηρ.   καὶ τίϲ τοϲοῦτοϲ φαρμακεὺϲ Τραχινίων;   1140
Υλ.   Νέϲϲοϲ πάλαι Κένταυροϲ ἐξέπειϲέ νιν
      τοιῷδε φίλτρῳ τὸν ϲὸν ἐκμῆναι πόθον.
Ηρ.   ἰοὺ ἰοὺ δύϲτηνοϲ, οἴχομαι τάλαϲ.
      ὄλωλ' ὄλωλα, φέγγοϲ οὐκέτ' ἔϲτι μοι.
      οἴμοι, φρονῶ δὴ ξυμφορᾶϲ ἵν' ἔϲταμεν.   1145
      ἴθ', ὦ τέκνον· πατὴρ γὰρ οὐκέτ' ἔϲτι ϲοι·
      κάλει τὸ πᾶν μοι ϲπέρμα ϲῶν ὁμαιμόνων,
      κάλει δὲ τὴν τάλαιναν Ἀλκμήνην, Διὸϲ
      μάτην ἄκοιτιν, ὡϲ τελευταίαν ἐμοῦ
      φήμην πύθηϲθε θεϲφάτων ὅϲ' οἶδ' ἐγώ.   1150
Υλ.   ἀλλ' οὔτε μήτηρ ἐνθάδ', ἀλλ' ἐπακτίᾳ
      Τίρυνθι ϲυμβέβηκεν ὥϲτ' ἔχειν ἕδραν,
      παίδων τε τοὺϲ μὲν ξυλλαβοῦϲ' αὐτὴ τρέφει,
      τοὺϲ δ' ἂν τὸ Θήβηϲ ἄϲτυ ναίονταϲ μάθοιϲ·
      ἡμεῖϲ δ' ὅϲοι πάρεϲμεν, εἴ τι χρή, πάτερ,   1155
      πράϲϲειν, κλυόντεϲ ἐξυπηρετήϲομεν.
Ηρ.   ϲὺ δ' οὖν ἄκουε τοὔργον· ἐξήκειϲ δ' ἵνα
      φανεῖϲ ὁποῖοϲ ὢν ἀνὴρ ἐμὸϲ καλῇ.
      ἐμοὶ γὰρ ἦν πρόφαντον ἐκ πατρὸϲ πάλαι,
      πρὸϲ τῶν πνεόντων μηδενὸϲ θανεῖν ποτε,   1160
      ἀλλ' ὅϲτιϲ Ἅιδου φθίμενοϲ οἰκήτωρ πέλοι.

1137 κτείναϲα δρᾷ] κτείναϲ' ἔδρα Blaydes: an κτείνουϲα δρᾷ?
1138 ϲτέργημα] ϲτέργηθρα Nauck   προϲβαλεῖν] προϲλαβεῖν K
1141 Νέϲϲοϲ **az**: Νέϲοϲ Lt   1150 ὅϲ'] ὅϲϲ' L: ⟨θ'⟩ ὅϲ' Dawe
1151 οὔτε] οὔ γε **z**   1153 τε Reiske: δὲ codd.   1155 δ'
ὅϲοι] δέ ϲοι Nauck, Stinton   1156 del. Nauck, tuetur Stinton
πράϲϲειν Brunck: πράττειν codd.   κλυόντεϲ West: κλύ- codd.: an
κλυόντεϲ ⟨δ'⟩?   1157 δ' οὖν Lat: νῦν **z**, Τγρ: νυν Blaydes   τοὔρ-
γον] τοὔποϲ Nauck   1158 φανεῖϲ Harleianus 5743: φανῇϲ cett.
1160 πρὸϲ τῶν πνεόντων] τῶν ἐμπνεόντων Erfurdt, servato ὕπο
θανεῖν ποτε Musgrave: θανεῖν ὕπο codd.: θανεῖν ποτ' ἄν Dobree
1161 πέλοι v.l. ap. L et **z**: πέλει cett.

ΣΟΦΟΚΛΕΟΥΣ

ὅδ᾽ οὖν ὁ θὴρ Κένταυρος, ὡς τὸ θεῖον ἦν
πρόφαντον, οὕτω ζῶντά μ᾽ ἔκτεινεν θανών.
φανῶ δ᾽ ἐγὼ τούτοισι συμβαίνοντ᾽ ἴσα
μαντεῖα καινά, τοῖς πάλαι ξυνήγορα,   1165
ἃ τῶν ὀρείων καὶ χαμαικοιτῶν ἐγὼ
Cελλῶν ἐσελθὼν ἄλσος ἐξεγραψάμην
πρὸς τῆς πατρῴας καὶ πολυγλώσσου δρυός,
ἥ μοι χρόνῳ τῷ ζῶντι καὶ παρόντι νῦν
ἔφασκε μόχθων τῶν ἐφεστώτων ἐμοὶ   1170
λύσιν τελεῖσθαι· κἀδόκουν πράξειν καλῶς.
τὸ δ᾽ ἦν ἄρ᾽ οὐδὲν ἄλλο πλὴν θανεῖν ἐμέ·
τοῖς γὰρ θανοῦσι μόχθος οὐ προσγίγνεται.
ταῦτ᾽ οὖν ἐπειδὴ λαμπρὰ συμβαίνει, τέκνον,
δεῖ c᾽ αὖ γενέσθαι τῷδε τἀνδρὶ σύμμαχον,   1175
καὶ μὴ ᾽πιμεῖναι τοὐμὸν ὀξῦναι στόμα,
ἀλλ᾽ αὐτὸν εἰκαθόντα συμπράσσειν, νόμον
κάλλιστον ἐξευρόντα, πειθαρχεῖν πατρί.

Υλ.   ἀλλ᾽, ὦ πάτερ, ταρβῶ μὲν ἐς λόγου στάσιν
        τοιάνδ᾽ ἐπελθών, πείσομαι δ᾽ ἅ σοι δοκεῖ.   1180
Ηρ.   ἔμβαλλε χεῖρα δεξιὰν πρώτιστά μοι.
Υλ.   ὡς πρὸς τί πίστιν τήνδ᾽ ἄγαν ἐπιστρέφεις;
Ηρ.   οὐ θᾶσσον οἴσεις μηδ᾽ ἀπιστήσεις ἐμοί;
Υλ.   ἰδού, προτείνω, κοὐδὲν ἀντειρήσεται.
Ηρ.   ὄμνυ Διὸς νυν τοῦ με φύσαντος κάρα.   1185
Υλ.   ἦ μὴν τί δράσειν; καὶ τόδ᾽ ἐξειπεῖν cε δεῖ.

1163 ἔκτεινεν a: -νε L: ἔκτανε zt   1164 συμβαίνοντ᾽ ἴcα]
συμβαίνοντά coι Wunder   1165 del. Dobree, Nauck
1167 Cελλῶν] Ἑλλῶν γρ ap. sch. L   ἐσελθὼν ΑΥ: εἰс- LUZg:
προс- Zot   ἐξεγραψάμην Elmsley et Dobree: εἰсεγραψάμην codd.
1172 τὸ δ᾽ LᵃᶜK: τόδ᾽ cett.   1173 del. Axt   1176 ὀξῦναι]
ὠξύνθαι Herwerden   1177 εἰκαθόντα hoc accentu ΚΑᵃᶜ: pro-
paroxytone cett.   1180 ἐπελθών] ἐπελθεῖν noluit recipere Jebb
1182 post ἄγαν add. γ᾽ t: ἄγαν ⟨μ᾽⟩ Hermann   1183 ἀπι-
cτήcειc L s.l., aZg: -cηc Lt: ἀπειθήcειc Zo: προcτήcειc Lγρ
1186 ἐξειπεῖν cε δεῖ Heimsoeth (possis etiam c᾽ ἔδει): ἐξειρήcεται
codd.

Ηρ.   ἦ μὴν ἐμοὶ τὸ λεχθὲν ἔργον ἐκτελεῖν.

Υλ.   ὄμνυμ' ἔγωγε, Ζῆν' ἔχων ἐπώμοτον.

Ηρ.   εἰ δ' ἐκτὸς ἔλθοις, πημονὰς εὔχου λαβεῖν.

Υλ.   οὐ μὴ λάβω· δράςω γάρ· εὔχομαι δ' ὅμως.   1190

Ηρ.   οἶςθ' οὖν τὸν Οἴτης Ζηνὸς ὑψίςτου πάγον;

Υλ.   οἶδ', ὡς θυτήρ γε πολλὰ δὴ σταθεὶς ἄνω.

Ηρ.   ἐνταῦθά νυν χρὴ τοὐμὸν ἐξάραντά σε
      σῶμ' αὐτόχειρα καὶ ξὺν οἷς χρῄζεις φίλων,
      πολλὴν μὲν ὕλην τῆς βαθυρρίζου δρυὸς   1195
      κείραντα, πολλὸν δ' ἄρσεν' ἐκτεμόνθ' ὁμοῦ
      ἄγριον ἔλαιον, σῶμα τοὐμὸν ἐμβαλεῖν,
      καὶ πευκίνης λαβόντα λαμπάδος σέλας
      πρῆσαι. γόου δὲ μηδὲν εἰσίδω δάκρυ,
      ἀλλ' ἀστένακτος κἀδάκρυτος, εἴπερ εἶ   1200
      τοῦδ' ἀνδρός, ἔρξον· εἰ δὲ μή, μενῶ σ' ἐγὼ
      καὶ νέρθεν ὢν ἀραῖος εἰσαεὶ βαρύς.

Υλ.   οἴμοι, πάτερ, τί εἶπας; οἷά μ' εἴργασαι.

Ηρ.   ὁποῖα δραστέ' ἐστίν· εἰ δὲ μή, πατρὸς
      ἄλλου γενοῦ του μηδ' ἐμὸς κληθῇς ἔτι.   1205

Υλ.   οἴμοι μάλ' αὖθις, οἷά μ' ἐκκαλῇ, πάτερ,
      φονέα γενέσθαι καὶ παλαμναῖον σέθεν.

Ηρ.   οὐ δῆτ' ἔγωγ', ἀλλ' ὧν ἔχω παιώνιον
      καὶ μοῦνον ἰατῆρα τῶν ἐμῶν κακῶν.

Υλ.   καὶ πῶς ὑπαίθων σῶμ' ἂν ἰῴμην τὸ σόν;   1210

Ηρ.   ἀλλ' εἰ φοβῇ πρὸς τοῦτο, τἆλλα γ' ἔργασαι.

Υλ.   φορᾶς γέ τοι φθόνησις οὐ γενήσεται.

Ηρ.   ἦ καὶ πυρᾶς πλήρωμα τῆς εἰρημένης;

Υλ.   ὅσον γ' ἂν αὐτὸς μὴ ποτιψαύων χεροῖν·

1191 Οἴτης] -ῃ Musgrave   ὑψίςτου Wakefield: ὕψιστον codd.
1193 νυν t: νῦν cett.   1197 ἔλαιον] ἐλαιὸν L
1199 εἰσίδω Jackson: εἰσίτω codd.   1201 ἔρξον LZot: ἔ- cett.
1203 τί lZg: τίν' a: τί μ' t: τοῖ Zo: ποῖ' Hense   εἴργασαι] ἐργάςῃ
Blaydes   1209 τῶν ἐμῶν] δυστήνων Blaydes: an τῶν πάντων?
1211 πρὸς] τι Herwerden   γ' az: μ' Lt   1214 ποτιψαύων
La: ποτε ψαύω zt (ψαύων s.l. in T, quod coniecit Hartung): τι
προσψαύων Wunder

ΣΟΦΟΚΛΕΟΥΣ

   τὰ δ' ἄλλα πράξω κοὐ καμῇ τοὐμὸν μέρος. 1215
Ηρ. ἀλλ' ἀρκέσει καὶ ταῦτα· πρόσνειμαι δέ μοι
   χάριν βραχεῖαν πρὸς μακροῖς ἄλλοις διδούς.
Υλ. εἰ καὶ μακρὰ κάρτ' ἐστίν, ἐργασθήσεται.
Ηρ. τὴν Εὐρυτείαν οἶσθα δῆτα παρθένον;
Υλ. Ἰόλην ἔλεξας, ὥς γ' ἐπεικάζειν ἐμέ. 1220
Ηρ. ἔγνως. τοσοῦτον δή c' ἐπισκήπτω, τέκνον·
   ταύτην, ἐμοῦ θανόντος, εἴπερ εὐσεβεῖν
   βούλῃ, πατρῴων ὁρκίων μεμνημένος,
   προσθοῦ δάμαρτα, μηδ' ἀπιστήσῃς πατρί·
   μηδ' ἄλλος ἀνδρῶν τοῖς ἐμοῖς πλευροῖς
    ὁμοῦ 1225
   κλιθεῖσαν αὐτὴν ἀντὶ coῦ λάβῃ ποτέ,
   ἀλλ' αὐτός, ὦ παῖ, τοῦτο κήδευσον λέχος.
   πείθου· τὸ γάρ τοι μεγάλα πιστεύσαντ' ἐμοὶ
   cμικροῖς ἀπιστεῖν τὴν πάρος cυγχεῖ χάριν.
Υλ. οἴμοι. τὸ μὲν νοσοῦντι θυμοῦσθαι κακόν, 1230
   τὸ δ' ὧδ' ὁρᾶν φρονοῦντα τίς ποτ' ἂν φέροι;
Ηρ. ὡς ἐργαcείων οὐδὲν ὧν λέγω θροεῖς.
Υλ. τίς γάρ ποθ', ἥ μοι μητρὶ μὲν θανεῖν μόνη
   μεταίτιος, coὶ δ' αὖθις ὡς ἔχεις ἔχειν,
   τίς ταῦτ' ἄν, ὅcτις μὴ 'ξ ἀλαστόρων νοcοῖ, 1235
   ἕλοιτο; κρεῖccον κἀμέ γ', ὦ πάτερ, θανεῖν
   ἢ τοῖcιν ἐχθίcτοιcι cυνναίειν ὁμοῦ.
Ηρ. ἀνὴρ ὅδ' ὡς ἔοικεν οὐ νεμεῖν ἐμοὶ
   φθίνοντι μοῖραν· ἀλλά τοι θεῶν ἀρὰ
   μενεῖ c' ἀπιστήσαντα τοῖς ἐμοῖς λόγοις. 1240

1217 μακροῖς ἄλλοις] μακραῖς ἄλλαις Blaydes 1220 ὥς γ'
Schaefer: ὥcτ' codd. ἐπεικάζειν Lat: ἀπ- z 1224 προcθοῦ
Dindorf: paroxytone codd. 1226 λάβῃ Elmsley: -οι codd.
1228 πείθου] πιθοῦ Brunck 1229 cμικροῖς] cμικρόν c'
Blaydes 1231 ὧδ' ὁρᾶν] ὧδε δρᾶν Groddeck 1234 δ'
Schaefer: τ' codd. 1235 ταῦτ'] τήνδ' Fröhlich νοcοῖ LaZg:
-εῖ KZot 1236 ἕλοιτο La: αἱροῖτο z et fort. t
1237 τοῖcιν] τοῖcί γ' Dawe 1238 ἀνὴρ Hermann: ἀ- codd.
νεμεῖν Brunck: νέμειν codd.

Υλ. οἴμοι, τάχ', ὡς ἔοικας, ὡς νοσεῖς φανεῖς.
Ηρ. σὺ γάρ μ' ἀπ' εὐνασθέντος ἐκκινεῖς κακοῦ.
Υλ. δείλαιος, ὡς ἐς πολλὰ τἀπορεῖν ἔχω.
Ηρ. οὐ γὰρ δικαιοῖς τοῦ φυτεύσαντος κλύειν.
Υλ. ἀλλ' ἐκδιδαχθῶ δῆτα δυσσεβεῖν, πάτερ;   1245
Ηρ. οὐ δυσσέβεια, τοὐμὸν εἰ τέρψεις κέαρ.
Υλ. πράσσειν ἄνωγας οὖν με πανδίκως τάδε;
Ηρ. ἔγωγε· τούτων μάρτυρας καλῶ θεούς.
Υλ. τοιγὰρ ποήσω, κοὐκ ἀπώσομαι, τὸ σὸν
     θεοῖσι δεικνὺς ἔργον. οὐ γὰρ ἄν ποτε   1250
     κακὸς φανείην σοί γε πιστεύσας, πάτερ.
Ηρ. καλῶς τελευτᾷς, κἀπὶ τοῖσδε τὴν χάριν
     ταχεῖαν, ὦ παῖ, πρόσθες, ὡς πρὶν ἐμπεσεῖν
     σπαραγμὸν ἤ τιν' οἶστρον ἐς πυράν με θῇς.
     ἄγ' ἐγκονεῖτ', αἴρεσθε. παῦλά τοι κακῶν   1255
     αὕτη, τελευτὴ τοῦδε τἀνδρὸς ὑστάτη.
Υλ. ἀλλ' οὐδὲν εἴργει σοὶ τελειοῦσθαι τάδε,
     ἐπεὶ κελεύεις κἀξαναγκάζεις, πάτερ.

Ηρ. ἄγε νυν, πρὶν τήνδ' ἀνακινῆσαι
     νόσον, ὦ ψυχὴ σκληρά, χάλυβος   1260
     λιθοκόλλητον στόμιον παρέχουσ',
     ἀνάπαυε βοήν, ὡς ἐπίχαρτον
     τελεοῦσ' ἀεκούσιον ἔργον.
Υλ. αἴρετ', ὀπαδοί, μεγάλην μὲν ἐμοὶ
     τούτων θέμενοι συγγνωμοσύνην,   1265

1241 οἴμοι **az**: ὤμοι L   φανεῖς Axt: φράσεις codd.: φανεῖν
Hermann   1243 τἀπορεῖν] γ' ἐπαπορεῖν **t**   1249 τὸ
σὸν] σὸν ὄν Heimsoeth: τὸ δρᾶν Blaydes, ⟨σὸν⟩ ante θεοῖσι addito
1250 ἔργον] τοὔργον Dobree   1254 με θῇς] μεθείς Lᵃᶜ, μεθῇς
Lᵖᶜ   1257-78 del. Dawe olim, 1259-78 Hartung et olim Bergk,
1264-78 Bergk postea   1259 νυν **t**: νῦν cett.   ἀνακινῆσαι]
-κινεῖσθαι Blaydes   1260 σκληρὰ] -οῦ Nauck: -ὸν Blaydes
1263 τελεοῦσ' L. Dindorf: τελέως codd.   1264-74 Hyllo
tribuunt **Kzt**, personae nota carent **La**

μεγάλην δὲ θεῶν ἀγνωμοσύνην
εἰδότες ἔργων τῶν πρασσομένων,
οἳ φύσαντες καὶ κληζόμενοι
πατέρες τοιαῦτ' ἐφορῶσι πάθη.
τὰ μὲν οὖν μέλλοντ' οὐδεὶς ἐφορᾷ,   1270
τὰ δὲ νῦν ἑστῶτ' οἰκτρὰ μὲν ἡμῖν,
αἰσχρὰ δ' ἐκείνοις,
χαλεπώτατα δ' οὖν ἀνδρῶν πάντων
τῷ τήνδ' ἄτην ὑπέχοντι.

λείπου μηδὲ σύ, παρθέν', ἐπ' οἴκων,   1275
μεγάλους μὲν ἰδοῦσα νέους θανάτους,
πολλὰ δὲ πήματα ⟨καὶ⟩ καινοπαθῆ,
κοὐδὲν τούτων ὅ τι μὴ Ζεύς.

1266 δὲ] τε L   1270–8 choro tribuit Bergk   1270 ἐφορᾷ]
ἀφ- Wakefield: προ- Hartung   1273 πάντων UY: ἁπάντων lzt
1275–8 Hyllo continuant ZgT, choro tribuunt P.Oxy. 3688, KTa: partim
choro partim Hyllo cett.   1275 ἐπ' Lγρ et sch., t: ἀπ' Laz
1276 μεγάλους] μελέους Subkoff   1277 suppl. Bentley   καινο-
παθῆ L s.l., cett.: -παγῆ l, s.l. in a et T

ΦΙΛΟΚΤΗΤΗϹ

ΤΑ ΤΟΥ ΔΡΑΜΑΤΟΣ ΠΡΟΣΩΠΑ

Ὀδυσσεύς
Νεοπτόλεμος
Χορός
Φιλοκτήτης
Σκοπὸς ὡς Ἔμπορος
Ἡρακλῆς

ΦΙΛΟΚΤΗΤΗΣ

ΟΔΥΣΣΕΥΣ

Ἀκτὴ μὲν ἥδε τῆς περιρρύτου χθονὸς
Λήμνου, βροτοῖς ἄστιπτος οὐδ' οἰκουμένη,
ἔνθ', ὦ κρατίστου πατρὸς Ἑλλήνων τραφεὶς
Ἀχιλλέως παῖ Νεοπτόλεμε, τὸν Μηλιᾶ
Ποίαντος υἱὸν ἐξέθηκ' ἐγώ ποτε—   5
ταχθεὶς τόδ' ἔρδειν τῶν ἀνασσόντων ὕπο—
νόσῳ καταστάζοντα διαβόρῳ πόδα·
ὅτ' οὔτε λοιβῆς ἡμὶν οὔτε θυμάτων
παρῆν ἑκήλοις προσθιγεῖν, ἀλλ' ἀγρίαις
κατεῖχ' ἀεὶ πᾶν στρατόπεδον δυσφημίαις,   10
βοῶν, ἰύζων. ἀλλὰ ταῦτα μὲν τί δεῖ
λέγειν; ἀκμὴ γὰρ οὐ μακρῶν ἡμὶν λόγων,
μὴ καὶ μάθῃ μ' ἥκοντα κἀκχέω τὸ πᾶν
σόφισμα τῷ νιν αὐτίχ' αἱρήσειν δοκῶ.
ἀλλ' ἔργον ἤδη σὸν τὰ λοίφ' ὑπηρετεῖν,   15
σκοπεῖν θ' ὅπου 'στ' ἐνταῦθα δίστομος πέτρα
τοιάδ', ἵν' ἐν ψύχει μὲν ἡλίου διπλῆ
πάρεστιν ἐνθάκησις, ἐν θέρει δ' ὕπνον
δι' ἀμφιτρῆτος αὐλίου πέμπει πνοή.
βαιὸν δ' ἔνερθεν ἐξ ἀριστερᾶς τάχ' ἂν   20
ἴδοις ποτὸν κρηναῖον, εἴπερ ἐστὶ σῶν.
ἅ μοι προσελθὼν σῖγα †σήμαιν† εἴτ' ἔχει
χῶρον τὸν αὐτὸν τόνδ' ἔτ', εἴτ' ἄλλῃ κυρεῖ,

---

2 ἄστιπτος LrZo Suda s.v.: ἄστειπτος cett.   6 sic interpunximus: post 7 traiecit Nauck   ἔρδειν] ἔρδειν codd. plerique   ὕπο]
πάρα z   8 ὅτ'] an ὥστ'?   10 κατεῖχ' az: κατεῖχετ' cett.
11 ἰύζων voluit r: cf. Tr. 787: στενάζων cett.   13–14 del. E. A.
Richter   22 σήμαιν'] μάνθαν' Dawe   23 τὸν αὐτὸν
Blaydes: πρὸς αὐτὸν codd.: προσάντη Tournier   τόνδ' ἔτ' Elmsley:
τόνδε γ' a: τόνδ' fere cett.

295

ΣΟΦΟΚΛΕΟΥΣ

ὡς τἀπίλοιπα τῶν λόγων cὺ μὲν κλύῃς,
ἐγὼ δὲ φράζω, κοινὰ δ᾽ ἐξ ἀμφοῖν ἴῃ.　　25

ΝΕΟΠΤΟΛΕΜΟC

ἄναξ Ὀδυccεῦ, τοὔργον οὐ μακρὰν λέγειc·
δοκῶ γὰρ οἷον εἶπαc ἄντρον εἰcορᾶν.

Οδ.　　ἄνωθεν, ἢ κάτωθεν; οὐ γὰρ ἐννοῶ.
Νε.　　τόδ᾽ ἐξύπερθε, καὶ cτίβου γ᾽ οὐδεὶc κτύποc.
Οδ.　　ὅρα καθ᾽ ὕπνον μὴ καταυλιcθεὶc κυρῇ.　　30
Νε.　　ὁρῶ κενὴν οἴκηcιν ἀνθρώπων δίχα.
Οδ.　　οὐδ᾽ ἔνδον οἰκοποιόc ἐcτί τιc τροφή;
Νε.　　cτιπτή γε φυλλὰc ὡc ἐναυλίζοντί τῳ.
Οδ.　　τὰ δ᾽ ἄλλ᾽ ἐρῆμα, κοὐδέν ἐcθ᾽ ὑπόcτεγον;
Νε.　　αὐτόξυλόν γ᾽ ἔκπωμα, φλαυρουργοῦ τινοc　　35
　　　　τεχνήματ᾽ ἀνδρόc, καὶ πυρεῖ᾽ ὁμοῦ τάδε.
Οδ.　　κείνου τὸ θηcαύριcμα cημαίνειc τόδε.
Νε.　　ἰοὺ ἰού· καὶ ταῦτά γ᾽ ἄλλα θάλπεται
　　　　ράκη, βαρείαc του νοcηλείαc πλέα.
Οδ.　　ἀνὴρ κατοικεῖ τούcδε τοὺc τόπουc cαφῶc,　　40
　　　　κἄcτ᾽ οὐχ ἑκάc που. πῶc γὰρ ἂν νοcῶν ἀνὴρ
　　　　κῶλον παλαιᾷ κηρὶ προcτείχοι μακράν;
　　　　ἀλλ᾽ ἢ ᾽πὶ φορβῆc μαcτὺν ἐξελήλυθεν,
　　　　ἢ φύλλον εἴ τι νώδυνον κάτοιδέ που.
　　　　τὸν οὖν παρόντα πέμψον ἐc καταcκοπήν,　　45
　　　　μὴ καὶ λάθῃ με προcπεcών· ὡc μᾶλλον ἂν

---

24 κλύῃc Zn: -οιc fere cett. (etiam Λ)　　25 ἴῃ Camerarius: εἴη
codd.　　26 ἄναξ] ὦναξ Κ　　29 γ᾽ t: δ᾽ rS: τ᾽ cett.: 'cτ'
Mudge　　οὐδεὶc] οὔδει Bergk: οὐχ εἴc Mudge　　κτύποc l, Gγρ,
QVz: τύποc cett.　　30 καταυλιcθεὶc lSVr: κατακλιθεὶc cett.
κυρῇ] κυρεῖ Gᵃᶜ, coni. Schaefer　　32 τροφή] τρυφή Welcker
33 cτιπτή] cτειπτή V, Y s.l., t, Eustathius 778. 54　　35 γ᾽ LSQaz:
om. Vt: τ᾽ GR　　φλαυρουργοῦ] φαυλ- S, voluit r; cf. Aristoph. fr. 912
K.–A. ap. Poll. 7. 7　　40 ἀνὴρ Brunck: ἀ- codd.
42 προcτείχοι Herwerden: προcβαίη codd.: προcκάζοι Jebb
43 φορβῆc μαcτὺν Toup: φορβῆc νόcτον codd.: φορβὴν νῆcτιc
Wecklein　　45 τὸν] τόνδ᾽ Toup

296

ΦΙΛΟΚΤΗΤΗС

ἔλοιτ᾽ ἔμ᾽ ἢ τοὺς πάντας Ἀργείους λαβεῖν.

Νε. ἀλλ᾽ ἔρχεταί τε καὶ φυλάξεται στίβος.
σὺ δ᾽ εἴ τι χρῄζεις, φράζε δευτέρῳ λόγῳ.

Οδ. Ἀχιλλέως παῖ, δεῖ σ᾽ ἐφ᾽ οἷς ἐλήλυθας 50
γενναῖον εἶναι, μὴ μόνον τῷ σώματι,
ἀλλ᾽ ἢν τι καινόν, ὧν πρὶν οὐκ ἀκήκοας,
κλύῃς, ὑπουργεῖν, ὡς ὑπηρέτης πάρει.

Νε. τί δῆτ᾽ ἄνωγας; Οδ. τὴν Φιλοκτήτου σε δεῖ
ψυχὴν ὅπως λόγοισιν ἐκκλέψεις λέγων, 55
ὅταν σ᾽ ἐρωτᾷ τίς τε καὶ πόθεν πάρει,
λέγειν, Ἀχιλλέως παῖς· τόδ᾽ οὐχὶ κλεπτέον·
πλεῖς δ᾽ ὡς πρὸς οἶκον, ἐκλιπὼν τὸ ναυτικὸν
στράτευμ᾽ Ἀχαιῶν, ἔχθος ἐχθήρας μέγα,
οἵ σ᾽ ἐν λιταῖς στείλαντες ἐξ οἴκων μολεῖν, 60
μόνην γ᾽ ἔχοντες τήνδ᾽ ἅλωσιν Ἰλίου,
οὐκ ἠξίωσαν τῶν Ἀχιλλείων ὅπλων
ἐλθόντι δοῦναι κυρίως αἰτουμένῳ,
ἀλλ᾽ αὖτ᾽ Ὀδυσσεῖ παρέδοσαν· λέγων ὅσ᾽ ἂν
θέλῃς καθ᾽ ἡμῶν ἔσχατ᾽ ἐσχάτων κακά. 65
τούτῳ γὰρ οὐδέν μ᾽ ἀλγυνεῖς· εἰ δ᾽ ἐργάσῃ
μὴ ταῦτα, λύπην πᾶσιν Ἀργείοις βαλεῖς.
εἰ γὰρ τὰ τοῦδε τόξα μὴ ληφθήσεται,
οὐκ ἔστι πέρσαι σοι τὸ Δαρδάνου πέδον.
ὡς δ᾽ ἔστ᾽ ἐμοὶ μὲν οὐχί, σοὶ δ᾽ ὁμιλία 70
πρὸς τόνδε πιστὴ καὶ βέβαιος, ἔκμαθε.

47 ἔλοιτ᾽ ἔμ᾽ Buttmann: ἔλοιτό μ᾽ codd.   λαβεῖν codd. plerique
(etiam Λ): μολεῖν a: βαλεῖν Valckenaer   48 τε] τοι Blaydes
στίβος] -ον Wakefield   53 ὡς] οἷς Musgrave   54–5 δεῖ
... λέγων] δεῖν ... λέγω Matthiae   55 λόγοισιν] δόλοισιν
Gedike   ἐκκλέψεις Qᵃᶜ: -ῃς cett.   λέγων suspectum: λαθών
Faehse: ἐλών Purgold   57 λέγειν] λέξεις Blaydes
58 πλεῖς] πλεῖν Fröhlich   60 οἴκων] οἴκου zt   61 γ᾽
Seyffert: δ᾽ LSVrzt: om. a   τήνδ᾽ Lraz: τὴν KSV   63 κυρίως
⟨τ᾽⟩ Musgrave   64 λέγων] λέγ᾽ οὖν Gedike   66 τούτῳ
Buttmann: τούτων codd.   μ᾽ ἀλγυνεῖς LSVrat: -εῖ z: ἀλγυνεῖ μ᾽
Dindorf (servato τούτων)

297

ΣΟΦΟΚΛΕΟΥΣ

cὺ μὲν πέπλευκας οὔτ' ἔνορκος οὐδενὶ
οὔτ' ἐξ ἀνάγκης οὔτε τοῦ πρώτου στόλου,
ἐμοὶ δὲ τούτων οὐδέν ἐστ' ἀρνήσιμον.
ὥστ' εἴ με τόξων ἐγκρατὴς αἰσθήσεται, 75
ὄλωλα καὶ cὲ προσδιαφθερῶ ξυνών.
ἀλλ' αὐτὸ τοῦτο δεῖ σοφισθῆναι, κλοπεὺς
ὅπως γενήσῃ τῶν ἀνικήτων ὅπλων.
ἔξοιδα, παῖ, φύσει cε μὴ πεφυκότα
τοιαῦτα φωνεῖν μηδὲ τεχνᾶσθαι κακά· 80
ἀλλ' ἡδὺ γάρ τι κτῆμα τῆς νίκης λαβεῖν,
τόλμα· δίκαιοι δ' αὖθις ἐκφανούμεθα.
νῦν δ' εἰς ἀναιδὲς ἡμέρας μέρος βραχὺ
δός μοι σεαυτόν, κᾆτα τὸν λοιπὸν χρόνον
κέκλησο πάντων εὐσεβέστατος βροτῶν. 85

Νε. ἐγὼ μὲν οὓς ἂν τῶν λόγων ἀλγῶ κλύων,
Λαερτίου παῖ, τούσδε καὶ πράσσειν στυγῶ·
ἔφυν γὰρ οὐδὲν ἐκ τέχνης πράσσειν κακῆς,
οὔτ' αὐτὸς οὔθ', ὥς φασιν, οὑκφύσας ἐμέ.
ἀλλ' εἴμ' ἑτοῖμος πρὸς βίαν τὸν ἄνδρ' ἄγειν 90
καὶ μὴ δόλοισιν· οὐ γὰρ ἐξ ἑνὸς ποδὸς
ἡμᾶς τοσούσδε πρὸς βίαν χειρώσεται.
πεμφθείς γε μέντοι σοὶ ξυνεργάτης ὀκνῶ
προδότης καλεῖσθαι· βούλομαι δ', ἄναξ, καλῶς
δρῶν ἐξαμαρτεῖν μᾶλλον ἢ νικᾶν κακῶς. 95

Οδ. ἐσθλοῦ πατρὸς παῖ, καὐτὸς ὢν νέος ποτὲ
γλῶσσαν μὲν ἀργόν, χεῖρα δ' εἶχον ἐργάτιν·

73 post hunc v. habet Q ἀνὴρ γὰρ ἄνδρα καὶ πόλις σώζει πόλιν:
lacunam statuit Dawe 79 παῖ Erfurdt: καὶ codd. 80 τοι-
αῦτα φωνεῖν] τοιαῦθ' ὑφαίνειν Mehler 81 τι] τοι a
κτῆμα] χρῆμα K, coni. Tournier λαβεῖν] λαχεῖν Erfurdt
82 δ'Sraz: θ' L: τ' Vt 83 εἰς ἀναιδὲς LSrazt: -οὺς V: -εῖς K:
εἰς ὄνειδος Housman: an ὡς ἀναιδὴς (G. Klyve)? 87 πράσσειν]
πλάσσειν E. A. Richter 88 κακῆς codd. plerique: -ῶς QZg, v.l.
ap. t 97 ἀργόν LGᵃᶜRaz Suda s.v. γλῶσσαν κτλ.: -ήν cett.,
Eustathius 486. 26 et 779. 17 ἐργάτιν codd. plerique: -την GQUᵃᶜZo,
Sudae codd. AIV ibidem: ἐργάνην Blomfield

νῦν δ' εἰς ἔλεγχον ἐξιὼν ὁρῶ βροτοῖς
τὴν γλῶσσαν, οὐχὶ τἄργα, πάνθ' ἡγουμένην.

Νε.   τί οὖν μ' ἄνωγας ἄλλο πλὴν ψευδῆ λέγειν;   100

Οδ.   λέγω c' ἐγὼ δόλῳ Φιλοκτήτην λαβεῖν.

Νε.   τί δ' ἐν δόλῳ δεῖ μᾶλλον ἢ πείσαντ' ἄγειν;

Οδ.   οὐ μὴ πίθηται· πρὸς βίαν δ' οὐκ ἂν λάβοις.

Νε.   οὕτως ἔχει τι δεινὸν ἰσχύος θράσος;

Οδ.   ἰούς ⟨γ'⟩ ἀφύκτους καὶ προπέμποντας φόνον.   105

Νε.   οὐκ ἆρ' ἐκείνῳ γ' οὐδὲ προσμεῖξαι θρασύ;

Οδ.   οὔ, μὴ δόλῳ λαβόντα γ', ὡς ἐγὼ λέγω.

Νε.   οὐκ αἰσχρὸν ἡγῇ δῆτα τὸ ψευδῆ λέγειν;

Οδ.   οὔκ, εἰ τὸ σωθῆναί γε τὸ ψεῦδος φέρει.

Νε.   πῶς οὖν βλέπων τις ταῦτα τολμήσει λακεῖν;   110

Οδ.   ὅταν τι δρᾷς εἰς κέρδος, οὐκ ὀκνεῖν πρέπει.

Νε.   κέρδος δ' ἐμοὶ τί τοῦτον ἐς Τροίαν μολεῖν;

Οδ.   αἱρεῖ τὰ τόξα ταῦτα τὴν Τροίαν μόνα.

Νε.   οὐκ ἆρ' ὁ πέρσων, ὡς ἐφάσκετ', εἴμ' ἐγώ;

Οδ.   οὔτ' ἂν cὺ κείνων χωρὶς οὔτ' ἐκεῖνα coῦ.   115

Νε.   θηρατέ' ⟨ἂν⟩ γίγνοιτ' ἄν, εἴπερ ὧδ' ἔχει.

Οδ.   ὡς τοῦτό γ' ἔρξας δύο φέρῃ δωρήματα.

Νε.   ποίω; μαθὼν γὰρ οὐκ ἂν ἀρνοίμην τὸ δρᾶν.

Οδ.   σοφός τ' ἂν αὐτὸς κἀγαθὸς κεκλῇ' ἅμα.

Νε.   ἴτω· ποήσω, πᾶσαν αἰσχύνην ἀφείς.   120

Οδ.   ἦ μνημονεύεις οὖν ἅ σοι παρήνεσα;

98 ὁρῶ post βροτοῖς praebent SGR   100 οὖν μ'] μ' οὖν
Wakefield   105 ἰούς ⟨γ'⟩ Dobree   106 θρασύ] πάρα
dubitanter Blaydes   107 λαβόντα] λαθόντα Blaydes
108 δῆτα τὸ Vauvilliers: δὴ τάδε IV: δῆτα τὰ cett.   110 λακεῖν L:
λαλεῖν codd. plerique (etiam Λ)   111 εἰς LSrz: ἐς a: πρὸς Vt
112 ἐμοὶ lSVrz: μοι a   ἐς LVat: εἰς cett.   114 post πέρσων
add. γ' a: πέρσων ⟨cφ'⟩ Burges   ἐφάσκετ'] ἔφασκες G in
linea, R   116 ⟨ἂν⟩ γίγνοιτ' Elmsley: γίγνοιτ' LSVra: γένοιτ' z:
οὖν γένοιτ' t   118 τὸ δρᾶν] τὸ μὴ δρᾶν GR: τὸ μή Blaydes
119 αὐτὸς Vauvilliers: αὐ- codd.   κεκλῇ' L ut nobis quidem videtur,
Zo: κέκλῃς' cett. (etiam K)   120 ποήσω L: ποι- cett.
121 μνημονεύεις] -εύσεις Herwerden

ΣΟΦΟΚΛΕΟΥΣ

Νε.   cάφ' ἴcθ', ἐπείπερ εἰcάπαξ cυνήνεca.

Οδ.   cὺ μὲν μένων νῦν κεῖνον ἐνθάδ' ἐκδέχου,
    ἐγὼ δ' ἄπειμι, μὴ κατοπτευθῶ παρών,
    καὶ τὸν cκοπὸν πρὸc ναῦν ἀποcτελῶ πάλιν.   125
    καὶ δεῦρ', ἐάν μοι τοῦ χρόνου δοκῆτέ τι
    κατacχολάζειν, αὖθιc ἐκπέμψω πάλιν
    τοῦτον τὸν αὐτὸν ἄνδρα, ναυκλήρου τρόποιc
    μορφὴν δολώcαc, ὡc ἂν ἀγνοία προcῇ·
    οὗ δῆτα, τέκνον, ποικίλωc αὐδωμένου   130
    δέχου τὰ cυμφέροντα τῶν ἀεὶ λόγων.
    ἐγὼ δὲ πρὸc ναῦν εἶμι, cοὶ παρεὶc τάδε·
    Ἑρμῆc δ' ὁ πέμπων δόλιοc ἡγήcαιτο νῷν
    Νίκη τ' Ἀθάνα Πολιάc, ἣ cῴζει μ' ἀεί.

ΧΟΡΟС

    τί χρὴ τί χρή με, δέcποτ', ἐν ξένᾳ ξένον   cτρ. α'
    cτέγειν, ἢ τί λέγειν πρὸc ἄνδρ' ὑπόπταν;   136
    φράζε μοι.
    τέχνα γὰρ τέχναc ἑτέραc
    προὔχει καὶ γνώμα παρ' ὅτῳ τὸ θεῖον
    Διὸc cκῆπτρον ἀνάccεται.   140
    cὲ δ', ὦ τέκνον, τόδ' ἐλήλυθεν
    πᾶν κράτοc ὠγύγιον· τό μοι ἔννεπε
    τί cοι χρεὼν ὑπουργεῖν.

Νε.   νῦν μέν, ἴcωc γὰρ τόπον ἐcχατιαῖc
    προcιδεῖν ἐθέλειc ὅντινα κεῖται,   145

---

122 cυνήνεca] ξυν- Zgt   123 νῦν] νυν t: om. r   κεῖνον]
ἐκεῖνον rt   cύ νυν μένων ἐκεῖνον Blaydes   126 δοκῆτέ τι
KSz: δοκῆτ' ἔτι lVrat   127 αὖθιc Sraz: αὖτιc lV
128 τρόποιc] -ον zt   129 ἀγνοία codd. plerique: -οίᾳ KSYT
134 Ἀθάνα Sr, Eustathius 758. 44: Ἀθηνᾶ cett.   135 τί χρή bis
LVazt semel Sr   με δέcποτ' t: δέcποτά μ' cett.   139 γνώμα
aZg: -αc lSVt: γνώμα γνώμαc KrZo   141 cὲ] cοὶ t, omisso
ὦ   ἐλήλυθεν] ἐπήλυθεν Hartung   142 τὸ] τῷ r
144 ἐcχατιαῖc LSVaz: -ιάc rt   145 κεῖται] ναίει Blaydes

ΦΙΛΟΚΤΗΤΗΣ

δέρκου θαρςῶν· ὁπόταν δὲ μόλῃ
δεινὸς ὁδίτης τῶνδ᾽ οὐκ μελάθρων,
πρὸς ἐμὴν αἰεὶ χεῖρα προχωρῶν
πειρῶ τὸ παρὸν θεραπεύειν.

Χο. μέλον πάλαι μέλημά μοι λέγεις, ἄναξ,   ἀντ. α′
φρουρεῖν ὄμμ᾽ ἐπὶ ϲῷ μάλιϲτα καιρῷ·   151
νῦν δέ μοι
λέγ᾽ αὐλὰς ποίας ἔνεδρος
ναίει καὶ χῶρον τίν᾽ ἔχει. τὸ γάρ μοι
μαθεῖν οὐκ ἀποκαίριον,   155
μὴ προσπεσών με λάθῃ ποθέν·
τίς τόπος, ἢ τίς ἕδρα; τίν᾽ ἔχει ϲτίβον,
ἔναυλον ἢ θυραῖον;

Νε. οἶκον μὲν ὁρᾷς τόνδ᾽ ἀμφίθυρον
πετρίνης κοίτης.   160
Χο. ποῦ γὰρ ὁ τλήμων αὐτὸς ἄπεστιν;
Νε. δῆλον ἔμοιγ᾽ ὡς φορβῆς χρείᾳ
ϲτίβον ὀγμεύει τῇδε πέλας που.
ταύτην γὰρ ἔχειν βιοτῆς αὐτὸν
λόγος ἐϲτὶ φύσιν, θηροβολοῦντα   165
πτηνοῖς ἰοῖς ϲμυγερὸν ϲμυγερῶς,
οὐδέ τιν᾽ αὐτῷ
παιῶνα κακῶν ἐπινωμᾶν.

Χο. οἰκτίρω νιν ἔγωγ᾽, ὅπως,   ϲτρ. β′

147 οὐκ Linwood: ἐκ codd.   150 ἄναξ Vt: ἄναξ τὸ ϲὸν
LSraz: τὸ ϲὸν Benedict   153 αὐλὰς] -ᾶς LˢᶜK
156 προσπεσών huc traiecit Hermann: post λάθῃ habent codd.
157 τόπος . . . ϲτίβον] ϲτίβος . . . τόπον Herwerden   τίν᾽ . . .
ϲτίβον] τίς . . . ϲτίβος Wakefield   158 ἔναυλον ἢ θυραῖον]
-ος . . . -ος Thomas Magister, probat Porson   161 τλήμων] τλά-
GR   163 τῇδε Blaydes: τήνδε r et Sudae cod. V s.v. ὄγμος:
τόνδε cett.   166 ϲμυγερὸν ϲμυγερῶς Brunck (ἐπιπόνως sch.):
ϲτυγερὸν ϲτυγερῶς codd.: μογερὸν μογερῶς Blaydes   167 αὐτῷ
Vrzt: αὐ- LSa   169 οἰκτίρω edd.: -είρω codd.

μή του κηδομένου βροτῶν   170
μηδὲ cύντροφον ὄμμ' ἔχων,
δύcτανοc, μόνοc αἰεί,
νοcεῖ μὲν νόcον ἀγρίαν,
ἀλύει δ' ἐπὶ παντί τῳ
χρείαc ἱcταμένῳ. πῶc ποτε πῶc δύcμοροc
ἀντέχει;   175
ὦ παλάμαι θεῶν,
ὦ δύcτανα γένη βροτῶν,
οἷc μὴ μέτριοc αἰών.

οὗτοc πρωτογόνων ἴcωc   ἀντ. β'
οἴκων οὐδενὸc ὕcτεροc,   181
πάντων ἄμμοροc ἐν βίῳ
κεῖται μοῦνοc ἀπ' ἄλλων
cτικτῶν ἢ λαcίων μετὰ
θηρῶν, ἔν τ' ὀδύναιc ὁμοῦ   185
λιμῷ τ' οἰκτρὸc ἀνήκεcτ' ἀμερίμνητά τ' ἔχων
βάρη.
ἁ δ' ἀθυρόcτομοc
Ἀχὼ τηλεφανὴc πικραῖc
οἰμωγαῖc ὑπακούει.   190

Νε.   οὐδὲν τούτων θαυμαcτὸν ἐμοί·
θεῖα γάρ, εἴπερ κἀγώ τι φρονῶ,
καὶ τὰ παθήματα κεῖνα πρὸc αὐτὸν
τῆc ὠμόφρονοc Χρύcηc ἐπέβη,
καὶ νῦν ἃ πονεῖ δίχα κηδεμόνων,   195

171 μηδὲ az: μηδ' αὖ t: μὴ cett.   cύντροφον] ξύν- Brunck
172 αἰεί t: ἀεί cett.   177 θεῶν Lachmann: θνητῶν codd.
181 οἴκων] ἧκων Sudae cod. E s.v. λαcίοιc   184 μετὰ] μέτ' ὦν
Burges   187 ἀμερίμνητά τ' Page: μεριμνήματ' codd.
187–8 βάρη. ἁ δ' Hermann: βαρεῖα δ' codd.: βοᾷ· ἁ δ' Hekmeyer
188 ἀθυρόcτομοc] ἀθυρόγλωccοc Musgrave   189–90 πι-
κραῖc οἰμωγαῖc Ast: -ᾶc -ᾶc codd.   190 ὑπακούει Auratus:
ὑπόκειται codd.: alii alia   193 παθήματα κεῖνα Brunck:
παθήματ' ἐκεῖνα codd.

ΦΙΛΟΚΤΗΤΗC

οὐκ ἔcθ' ὡc οὐ θεῶν του μελέτῃ
τοῦ μὴ πρότερον τόνδ' ἐπὶ Τροίᾳ
τεῖναι τὰ θεῶν ἀμάχητα βέλη,
πρὶν ὅδ' ἐξήκοι χρόνος, ᾧ λέγεται
χρῆναί cφ' ὑπὸ τῶνδε δαμῆναι.   200

Χο.   εὔcτομ' ἔχε, παῖ. Νε. τί τόδε; Χο. προὐφάνη
       κτύπος,   cτρ. γ'
       φωτὸc cύντροφοc ὡc τειρομένου ⟨του⟩,
       ἤ που τᾷδ' ἤ τᾷδε τόπων.
       βάλλει βάλλει μ' ἐτύμα   205
       φθογγά του cτίβον κατ' ἀνάγ-
       καν ἔρποντος, οὐδέ με λά-
       θει βαρεῖα τηλόθεν αὐ-
       δὰ τρυcάνωρ· διάcημα θρηνεῖ.   209

       ἀλλ' ἔχε, τέκνον—   Νε. λέγ' ὅ τι.   Χο. φροντίδαc
       νέαc·   ἀντ. γ'
       ὡc οὐκ ἔξεδροc, ἀλλ' ἔντοποc ἀνήρ,
       οὐ μολπὰν cύριγγοc ἔχων,
       ὡc ποιμὴν ἀγροβάταc,
       ἀλλ' ἤ που πταίων ὑπ' ἀνάγ-   215
       καc βοᾷ τηλωπὸν ἰω-

196 ἔcθ' ὡc Porson: ἔcτιν ὅπωc t (omisso του): ἔcθ' ὅπωc cett.
μελέτῃ West: μελέτῃ codd.   197 Τροίᾳ LVQa: -αν SGRzt: -αc
v.l. in A   199 ἐξήκοι LSa: ἐξήκει zt: ἐξίκοι V: ἐξίκοιτο r:
ἐξήκῃ Schaefer   200 χρῆναι at: χρήν vel χρῆν cett.
203 ⟨του⟩ suppl. Porson   204 choro tribuit Hermann,
Neoptolemo codd.   τᾷδ' utrubique Blaydes: τῇδ' codd.
205 ἐτύμα VGzt: ἑτοίμα cett.   206 του L: τοῦ codd. plerique
cτίβον Sr, v.l. in U, t: -ου cett.   207 λάθει LSZot: λήθει QRaZg
209 θρηνεῖ nos (γὰρ θρηνεῖ iam Dindorf): γὰρ θροεῖ codd. plerique:
θροεῖ γάρ t   211 ἀνὴρ edd.: ἀ- codd.   213 μολπὰν]
-ὰc t   cύριγγοc ἔχων] cύριγγι χέων Blaydes   214 ἀγρο-
βάταc LSVGQZg: -βόταc RaZot   216 τηλωπὸν]
-ὰν a

303

ΣΟΦΟΚΛΕΟΥΣ

άν, ἢ ναὸς ἄξενον αὐ-
γάζων ὅρμον· προβοᾷ τι δεινόν.

ΦΙΛΟΚΤΗΤΗΣ

ἰὼ ξένοι·
τίνες ποτ᾽ ἐς γῆν τήνδε ναυτίλῳ πλάτῃ   220
κατέσχετ᾽ οὔτ᾽ εὔορμον οὔτ᾽ οἰκουμένην;
ποίας πάτρας ὑμᾶς ἂν ἢ γένους ποτὲ
τύχοιμ᾽ ἂν εἰπών; σχῆμα μὲν γὰρ Ἑλλάδος
στολῆς ὑπάρχει προσφιλεστάτης ἐμοί·
φωνῆς δ᾽ ἀκοῦσαι βούλομαι· καὶ μή μ᾽ ὄκνῳ   225
δείσαντες ἐκπλαγῆτ᾽ ἀπηγριωμένον,
ἀλλ᾽ οἰκτίσαντες ἄνδρα δύστηνον, μόνον,
ἐρῆμον ὧδε κἄφιλον κακούμενον,
φωνήσατ᾽, εἴπερ ὡς φίλοι προσήκετε.
ἀλλ᾽ ἀνταμείψασθ᾽· οὐ γὰρ εἰκὸς οὔτ᾽ ἐμὲ   230
ὑμῶν ἁμαρτεῖν τοῦτό γ᾽ οὔθ᾽ ὑμᾶς ἐμοῦ.

Νε. ἀλλ᾽, ὦ ξέν᾽, ἴσθι τοῦτο πρῶτον, οὕνεκα
"Ελληνές ἐσμεν· τοῦτο γὰρ βούλῃ μαθεῖν.

Φι. ὦ φίλτατον φώνημα· φεῦ τὸ καὶ λαβεῖν
πρόσφθεγμα τοιοῦδ᾽ ἀνδρὸς ἐν χρόνῳ
    μακρῷ.   235
τίς σ᾽, ὦ τέκνον, κατέσχε, τίς προσήγαγεν
χρεία; τίς ὁρμή; τίς ἀνέμων ὁ φίλτατος;
γέγωνέ μοι πᾶν τοῦθ᾽, ὅπως εἰδῶ τίς εἶ.

Νε. ἐγὼ γένος μέν εἰμι τῆς περιρρύτου

218 τι Hartung: γάρ τι codd.: τι γὰρ Wunder   δεινόν] αἰνόν
Burges: αἴλινον (omisso τι) Lachmann   220 ναυτίλῳ πλάτῃ
Syp, aZo: κἀκ ποίας πάτρας cett. (etiam Λ)   222 del. Rader-
macher   ὑμᾶς ἂν a: ἂν ὑμᾶς cett.   ὑμᾶς post γένους praebet t
227 δύστηνον] δύσμορον Qγρ   228 κἄφιλον] κἀφίλως
Wecklein   κακούμενον Brunck: καλούμενον codd.   229 προσ-
ήκετε LVQaZg: προσήκατε cett.   230 ἀνταμείψασθ᾽] ἀντα-
μείβεσθ᾽ L s.l.   231 τοῦτο] τοῦδε J. B. Matthaei   236 τίς
c᾽] τί c᾽ Wakefield   κατέσχε nos: προσέσχε codd.: ποτ᾽ ἔσχε Blaydes
237 ἀνέμων Qa Sudae cod. A s.v. προσέσχεν: δ᾽ ἀνέμων cett. et
Eustathius 1717. 58   ὁ] ὦ Reiske

ΦΙΛΟΚΤΗΤΗC

	Cκύρου· πλέω δ' ἐc οἶκον· αὐδῶμαι δὲ παῖc	240
	Ἀχιλλέωc, Νεοπτόλεμοc. οἶcθ' ἤδη τὸ πᾶν.	
Φι.	ὦ φιλτάτου παῖ πατρόc, ὦ φίληc χθονόc,	
	ὦ τοῦ γέροντοc θρέμμα Λυκομήδουc, τίνι	
	cτόλῳ προcέcχεc τήνδε γῆν; πόθεν πλέων;	
Νε.	ἐξ Ἰλίου τοι δὴ τανῦν γε ναυcτολῶ.	245
Φι.	πῶc εἶπαc; οὐ γὰρ δὴ cύ γ' ἦcθα ναυβάτηc	
	ἡμῖν κατ' ἀρχὴν τοῦ πρὸc Ἴλιον cτόλου.	
Νε.	ἦ γὰρ μετέcχεc καὶ cὺ τοῦδε τοῦ πόνου;	
Φι.	ὦ τέκνον, οὐ γὰρ οἶcθά μ' ὄντιν' εἰcορᾷc;	
Νε.	πῶc γὰρ κάτοιδ' ὅν γ' εἶδον οὐδεπώποτε;	250
Φι.	οὐδ' ὄνομ' ⟨ἄρ'⟩ οὐδὲ τῶν ἐμῶν κακῶν κλέοc	
	ἤcθου ποτ' οὐδέν, οἷc ἐγὼ διωλλύμην;	
Νε.	ὡc μηδὲν εἰδότ' ἴcθι μ' ὧν ἀνιcτορεῖc.	
Φι.	ὦ πόλλ' ἐγὼ μοχθηρόc, ὦ πικρὸc θεοῖc,	
	οὗ μηδὲ κληδὼν ὧδ' ἔχοντοc οἴκαδε	255
	μηδ' Ἑλλάδοc γῆc μηδαμοῦ διῆλθέ που.	
	ἀλλ' οἱ μὲν ἐκβαλόντεc ἀνοcίωc ἐμὲ	
	γελῶcι cῖγ' ἔχοντεc, ἡ δ' ἐμὴ νόcοc	
	ἀεὶ τέθηλε κἀπὶ μεῖζον ἔρχεται.	
	ὦ τέκνον, ὦ παῖ πατρὸc ἐξ Ἀχιλλέωc,	260
	ὅδ' εἴμ' ἐγώ cοι κεῖνοc, ὃν κλύειc ἴcωc	
	τῶν Ἡρακλείων ὄντα δεcπότην ὅπλων,	
	ὁ τοῦ Ποίαντοc παῖc Φιλοκτήτηc, ὃν οἱ	
	διccοὶ cτρατηγοὶ χὠ Κεφαλλήνων ἄναξ	

241 οἶcθ' ἤδη] οἶcθα δὴ A   244 πόθεν post πλέων praebent
Vzt   245 δὴ τανῦν anon. (1810): δῆτα νῦν codd.
249 μ'] γ' GR   251 οὐδ' ὄνομ' ⟨ἄρ'⟩ Erfurdt: οὐδ' ὄνομ' vel
οὐδ' οὔνομ' codd.: οὐδ' ὄνομά ⟨γ'⟩ Livineius ('p'): οὐ τοὔνομ' J. F.
Martin   κακῶν post κλέοc praebet Zg; vix credendum est librarium
vitium Byzantinum tollere voluisse   κλέοc] φήμην s.l. praebet a, quod
interpretamentum est   252 ἐγὼ] κακῶc Zo, Τγρ   253 ἀνι-
cτορεῖc KaZo: ἂν ἱcτορῇc (vel -εῖc) cett.   254 alterum ὦ] ὡc Sr
256 μηδ'] μήθ' a   μηδαμοῦ] μηδαμοῖ Blaydes   που] πω V,
coni. Blaydes   260 ἐξ] οὔξ zt   263 Ποίαντοc codd.:
Πόαντοc edd.: non amplius notatur

305

ἔρριψαν αἰςχρῶς ὦδ᾽ ἐρῆμον, ἀγρίᾳ   265
νόςῳ καταφθίνοντα, τῆς ἀνδροφθόρου
πληγέντ᾽ ἐχίδνης ἀγρίῳ χαράγματι·
ξὺν ᾗ μ᾽ ἐκεῖνοι, παῖ, προθέντες ἐνθάδε
ᾤχοντ᾽ ἐρῆμον, ἡνίκ᾽ ἐκ τῆς ποντίας
Χρύςης κατέςχον δεῦρο ναυβάτῃ στόλῳ.   270
τότ᾽ ἄςμενοί μ᾽ ὡς εἶδον ἐκ πολλοῦ ςάλου
εὕδοντ᾽ ἐπ᾽ ἀκτῆς ἐν κατηρεφεῖ πέτρᾳ,
λιπόντες ᾤχονθ᾽, οἷα φωτὶ δυςμόρῳ
ῥάκη προθέντες βαιὰ καί τι καὶ βορᾶς
ἐπωφέλημα ςμικρόν, οἷ᾽ αὐτοῖς τύχοι.   275
οὗ δή, τέκνον, ποίαν μ᾽ ἀνάςτασιν δοκεῖς
αὐτῶν βεβώτων ἐξ ὕπνου ςτῆναι τότε;
ποῖ᾽ ἐκδακρῦςαι, ποῖ᾽ ἀποιμῶξαι κακά;
ὁρῶντα μὲν ναῦς, ἃς ἔχων ἐναυςτόλουν,
πάςας βεβώςας, ἄνδρα δ᾽ οὐδέν᾽ ἔντοπον,   280
οὐχ ὅςτις ἀρκέςειεν, οὐδ᾽ ὅςτις νόςου
κάμνοντι ςυλλάβοιτο· πάντα δὲ ςκοπῶν
ηὕριςκον οὐδὲν πλὴν ἀνιᾶςθαι παρόν,
τούτου δὲ πολλὴν εὐμάρειαν, ὦ τέκνον.
ὁ μὲν χρόνος νῦν διὰ χρόνου προὔβαινέ μοι,   285
κᾆδει τι βαιᾷ τῇδ᾽ ὑπὸ ςτέγῃ μόνον
διακονεῖςθαι· γαςτρὶ μὲν τὰ ςύμφορα
τόξον τόδ᾽ ἐξηύριςκε, τὰς ὑποπτέρους
βάλλον πελείας· πρὸς δὲ τοῦθ᾽, ὅ μοι βάλοι
νευροςπαδὴς ἄτρακτος, αὐτὸς ἂν τάλας   290

---

265 ἀγρίᾳ] ἀθλίᾳ Wakefield   266 τῆς Zo^pc, coni. Auratus:
τῆςδ᾽ fere cett.: τῇδ᾽ Musgrave   267 ἀγρίῳ] φοινίῳ Schneidewin
ex Eustathio (Opusc. 324. 60)   271 ἄςμενοί] ἄςμενόν L. Dindorf
272 πέτρᾳ Q, coni. Blaydes: πέτρῳ cett.   276 οὐ Kvičala: cὺ
codd.   278 ποῖ᾽ ἀποιμῶξαι] ποῖά μ᾽ οἰμῶξαι ZoT
281 νόςου] -ον Zg: -ῳ t   282 ςυλλάβοιτο L s.l., aZot:
ςυμβάλ(λ)οιτο cett.   285 νῦν Wecklein: δὴ a: οὖν cett.: μοι
Fraenkel   χρόνου] πόνου Nauck   286 βαιᾷ KSrt: βαιῇ cett.
288 ἐξηύριςκε edd.: ἐξεύρ- ra: εὕριςκε cett.

εἰλυόμην, δύϲτηνον ἐξέλκων πόδα,
πρὸϲ τοῦτ' ἄν· εἴ τ' ἔδει τι καὶ ποτὸν λαβεῖν,
καί που πάγου χυθέντοϲ, οἷα χείματι,
ξύλον τι θραῦϲαι, ταῦτ' ἂν ἐξέρπων τάλαϲ
ἐμηχανώμην· εἶτα πῦρ ἂν οὐ παρῆν,   295
ἀλλ' ἐν πέτροιϲι πέτρον ἐκτρίβων μόλιϲ
ἔφην' ἄφαντον φῶϲ, ὃ καὶ ϲῴζει μ' ἀεί.
οἰκουμένη γὰρ οὖν ϲτέγη πυρὸϲ μέτα
πάντ' ἐκπορίζει πλὴν τὸ μὴ νοϲεῖν ἐμέ.
φέρ', ὦ τέκνον, νῦν καὶ τὸ τῆϲ νήϲου μάθηϲ.   300
ταύτῃ πελάζει ναυβάτηϲ οὐδεὶϲ ἑκών·
οὐ γάρ τιϲ ὅρμοϲ ἔϲτιν, οὐδ' ὅποι πλέων
ἐξεμπολήϲει κέρδοϲ, ἢ ξενώϲεται.
οὐκ ἐνθάδ' οἱ πλοῖ τοῖϲι ϲώφροϲιν βροτῶν.
τάχ' οὖν τιϲ ἄκων ἔϲχε· πολλὰ γὰρ τάδε   305
ἐν τῷ μακρῷ γένοιτ' ἂν ἀνθρώπων χρόνῳ·
οὗτοί μ', ὅταν μόλωϲιν, ὦ τέκνον, λόγοιϲ
ἐλεοῦϲι μέν, καί πού τι καὶ βορᾶϲ μέροϲ
προϲέδοϲαν οἰκτίραντεϲ, ἤ τινα ϲτολήν·
ἐκεῖνο δ' οὐδείϲ, ἡνίκ' ἂν μνηϲθῶ, θέλει,   310
ϲῶϲαί μ' ἐϲ οἴκουϲ, ἀλλ' ἀπόλλυμαι τάλαϲ
ἔτοϲ τόδ' ἤδη δέκατον ἐν λιμῷ τε καὶ
κακοῖϲι βόϲκων τὴν ἀδηφάγον νόϲον.
τοιαῦτ' Ἀτρεῖδαί μ' ἥ τ' Ὀδυϲϲέωϲ βία,
ὦ παῖ, δεδράκαϲ'· οἷϲ Ὀλύμπιοι θεοὶ   315
δοῖέν ποτ' αὐτοῖϲ ἀντίποιν' ἐμοῦ παθεῖν. /

Χο.   ἔοικα κἀγὼ τοῖϲ ἀφιγμένοιϲ ἴϲα

291 δύϲτηνον Canter: -οϲ codd., sch. ad 702, Suda s.v. ἄτρακτοϲ
292 ποτὸν] -οῦ Burges   294 ξύλον] -ων Harleianus 5743: -ου
Blaydes   τάλαϲ] τάχα K   296 ἐκτρίβων L s.l., VQazt: ἐκ-
θλίβων cett.: ἐντρίβων Blaydes   297 φῶϲ] πῦρ Zg, Τγρ, et
novit Eustathius 152. 13   299 ἐμέ] ἔτι Blaydes   300 καὶ]
κἂν Seyffert   μάθηϲ] -οιϲ Zgt, probat Seyffert: μάθε Zo
304 del. Bergk   305 οὖν] ἂν Hermann   306 ἀνθρώπων]
-ῳ v.l. in A, coni. Blaydes   313 τὴν] τήνδ' Blaydes
315 οἷϲ] οἵ Porson   316 ἀντίποιν' QaTᵃᶜ: ἀντάποιν' cett.

ΣΟΦΟΚΛΕΟΥΣ

ξένοις ἐποικτίρειν ϲε, Ποίαντος τέκνον.

Νε. ἐγὼ δὲ καὐτὸς τοῖϲδε μάρτυϲ ἐν λόγοιϲ,
ὡς εἴϲ' ἀληθεῖϲ οἶδα, ϲὺν τυχὼν κακῶν 320
ἀνδρῶν Ἀτρειδῶν τῆϲ τ' Ὀδυϲϲέωϲ βίαϲ.

Φι. ἦ γάρ τι καὶ ϲὺ τοῖϲ πανωλέθροιϲ ἔχειϲ
ἔγκλημ' Ἀτρείδαιϲ, ὥϲτε θυμοῦϲθαι παθών;

Νε. θυμὸν γένοιτο χειρὶ πληρῶϲαί ποτε,
ἵν' αἱ Μυκῆναι γνοῖεν ἡ Ϲπάρτη θ' ὅτι 325
χἠ Ϲκῦρος ἀνδρῶν ἀλκίμων μήτηρ ἔφυ.

Φι. εὖ γ', ὦ τέκνον· τίνος γὰρ ὧδε τὸν μέγαν
χόλον κατ' αὐτῶν ἐγκαλῶν ἐλήλυθας;

Νε. ὦ παῖ Ποίαντος, ἐξερῶ, μόλις δ' ἐρῶ,
ἅγωγ' ὑπ' αὐτῶν ἐξελωβήθην μολών. 330
ἐπεὶ γὰρ ἔϲχε μοῖρ' Ἀχιλλέα θανεῖν—

Φι. οἴμοι· φράϲῃϲ μοι μὴ πέρα, πρὶν ἂν μάθω
πρῶτον τόδ'· ἦ τέθνηχ' ὁ Πηλέως γόνος;

Νε. τέθνηκεν, ἀνδρὸς οὐδενός, θεοῦ δ' ὕπο,
τοξευτός, ὥϲ λέγουϲιν, ἐκ Φοίβου δαμείς. 335

Φι. ἀλλ' εὐγενὴς μὲν ὁ κτανών τε χὠ θανών.
ἀμηχανῶ δὲ πότερον, ὦ τέκνον, τὸ ϲὸν
πάθημ' ἐλέγχω πρῶτον, ἢ κεῖνον ϲτένω.

Νε. οἶμαι μὲν ἀρκεῖν ϲοί γε καὶ τὰ ϲ', ὦ τάλαϲ,
ἀλγήμαθ', ὥϲτε μὴ τὰ τῶν πέλαϲ ϲτένειν. 340

Φι. ὀρθῶϲ ἔλεξαϲ. τοιγαροῦν τὸ ϲὸν φράϲον
αὖθιϲ πάλιν μοι πρᾶγμ', ὅτῳ ϲ' ἐνύβριϲαν.

Νε. ἦλθόν με νηὶ ποικιλοϲτόλῳ μέτα

318 ἐποικτίρειν edd.: -είρειν codd.   319 μαρτὺϲ ἐν]
μαρτὺϲ ὢν Gernhard: μαρτυρεῖν Fröhlich   λόγοιϲ] -ῳ L s.l., t
320 ὡϲ] χὠϲ Blaydes: ὥϲ τ' Dawe   ϲὺν τυχὼν Paley: ϲυντυχὼν fere
codd.: γὰρ τυχὼν Zo   321 del. West (cf. 314); 320–1 ita
refingit Toup: κακοῖν ἀνδροῖν Ἀτρείδαιν τῇ τ' Ὀδυϲϲέωϲ βίᾳ
324 θυμὸν ... χειρὶ Lambinus: θυμῷ ... χεῖρα codd.   327 ὧδε
τὸν] ὧδ' ἔχων Erfurdt   328 ἐγκαλῶν] ἐκκ- Pearson
331 θανεῖν] παθεῖν K   333 ἦ LVGᵃᶜZoT: εἰ raZg
338 πρῶτον] πρότερον Naber   342 ὅτῳ ϲ'] ὅπωϲ r: ὅπωϲ ϲ'
Blaydes   343 ποικιλοϲτόλῳ] -ϲτόμῳ LᵃᶜA

308

δῖός τ' Ὀδυσσεὺς χὠ τροφεὺς τοὐμοῦ πατρός,
λέγοντες, εἴτ' ἀληθὲς εἴτ' ἄρ' οὖν μάτην,   345
ὡς οὐ θέμις γίγνοιτ', ἐπεὶ κατέφθιτο
πατὴρ ἐμός, τὰ πέργαμ' ἄλλον ἢ 'μ' ἑλεῖν.
ταῦτ', ὦ ξέν', οὕτως ἐννέποντες οὐ πολὺν
χρόνον μ' ἐπέσχον μή με ναυστολεῖν ταχύ,
μάλιστα μὲν δὴ τοῦ θανόντος ἱμέρῳ,   350
ὅπως ἴδοιμ' ἄθαπτον· οὐ γὰρ εἰδόμην·
ἔπειτα μέντοι χὠ λόγος καλὸς προσῆν,
εἰ τἀπὶ Τροίᾳ πέργαμ' αἱρήσοιμ' ἰών.
ἦν δ' ἦμαρ ἤδη δεύτερον πλέοντί μοι,
κἀγὼ πικρὸν Σίγειον οὐρίῳ πλάτῃ   355
κατηγόμην· καί μ' εὐθὺς ἐν κύκλῳ στρατὸς
ἐκβάντα πᾶς ἠσπάζετ', ὀμνύντες βλέπειν
τὸν οὐκέτ' ὄντα ζῶντ' Ἀχιλλέα πάλιν.
κεῖνος μὲν οὖν ἔκειτ'· ἐγὼ δ' ὁ δύσμορος,
ἐπεὶ 'δάκρυσα κεῖνον, οὐ μακρῷ χρόνῳ   360
ἐλθὼν Ἀτρείδας προσφιλῶς, ὡς εἰκὸς ἦν,
τά θ' ὅπλ' ἀπῄτουν τοῦ πατρὸς τά τ' ἄλλ' ὅσ' ἦν.
οἱ δ' εἶπον, οἴμοι, τλημονέστατον λόγον,
"ὦ σπέρμ' Ἀχιλλέως, τἄλλα μὲν πάρεστί σοι
πατρῷ' ἑλέσθαι, τῶν δ' ὅπλων κείνων ἀνὴρ   365
ἄλλος κρατύνει νῦν, ὁ Λαέρτου γόνος."
κἀγὼ 'κδακρύσας εὐθὺς ἐξανίσταμαι
ὀργῇ βαρείᾳ, καὶ καταλγήσας λέγω,
"ὦ σχέτλι', ἦ 'τολμήσατ' ἀντ' ἐμοῦ τινι

---

344 δῖος] δόλιος Valckenaer   τ' del. Nauck   τροφεὺς] τροφὸς
γρ in **r**   347 ἦ Lr: ἤ cett. (sed ἦ ἐμὲ interpretatus est Triclinius in
cod. T)   349 ἐπέσχον] ἔπασχον **a**   μή με] μὴ οὐχὶ
Blaydes   ταχύ] τάχα GR   355 πικρὸν] 'π' ἀκρὸν Burges
360 'δάκρυσα **t**: δάκρυσα cett.   361 προσφιλῶς R, et coni.
Bothe: πρὸς φίλως Q^{pc}: προσφιλὴς G s.l.: πρὸς φίλους cett.
366 Λαέρτου] Λαρτίου Qt   367 κἀγὼ 'κδακρύσας Zn:
κἀγὼ δακρύσας cett.: κἀγωγ' ἀκούσας Bothe   369 ἦ] οἱ Q^{pc}
(temptavit ὦ σχέτλιοι 'τολμήσατ' Musgrave)

δοῦναι τὰ τεύχη τἀμά, πρὶν μαθεῖν ἐμοῦ;"   370
ὁ δ' εἶπ' Ὀδυσσεύς, πλησίον γὰρ ὤν κυρεῖ,
"ναί, παῖ, δεδώκας' ἐνδίκως οὗτοι τάδε·
ἐγὼ γὰρ αὔτ' ἔσωσα κἀκεῖνον παρών."
κἀγὼ χολωθεὶς εὐθὺς ἤρασσον κακοῖς
τοῖς πᾶσιν, οὐδὲν ἐνδεὲς ποιούμενος,   375
εἰ τἀμὰ κεῖνος ὅπλ' ἀφαιρήσοιτό με.
ὁ δ' ἐνθάδ' ἥκων, καίπερ οὐ δύσοργος ὤν,
δηχθεὶς πρὸς ἀξήκουσεν ὧδ' ἠμείψατο·
"οὐκ ἦσθ' ἵν' ἡμεῖς, ἀλλ' ἀπῆσθ' ἵν' οὔ σ' ἔδει.
καὶ ταῦτ', ἐπειδὴ καὶ λέγεις θρασυστομῶν,   380
οὐ μή ποτ' ἐς τὴν Σκῦρον ἐκπλεύσῃς ἔχων."
τοιαῦτ' ἀκούσας κἀξονειδισθεὶς κακὰ
πλέω πρὸς οἴκους, τῶν ἐμῶν τητώμενος
πρὸς τοῦ κακίστου κἀκ κακῶν Ὀδυσσέως.
[κοὐκ αἰτιῶμαι κεῖνον ὡς τοὺς ἐν τέλει·   385
πόλις γάρ ἐστι πᾶσα τῶν ἡγουμένων
στρατός τε σύμπας· οἱ δ' ἀκοσμοῦντες βροτῶν
διδασκάλων λόγοισι γίγνονται κακοί.]
λόγος λέλεκται πᾶς· ὁ δ' Ἀτρείδας στυγῶν
ἐμοί θ' ὁμοίως καὶ θεοῖς εἴη φίλος.   390

Χο.   ὀρεστέρα παμβῶτι Γᾶ,   στρ.
μᾶτερ αὐτοῦ Διός,
ἃ τὸν μέγαν Πακτωλὸν εὔχρυσον νέμεις,
σὲ κἀκεῖ, μᾶτερ πότνι', ἐπηυδώμαν,   395
ὅτ' ἐς τόνδ' Ἀτρειδᾶν
ὕβρις πᾶσ' ἐχώρει,
ὅτε τὰ πάτρια τεύχεα παρεδίδοσαν,
ἰὼ μάκαιρα ταυροκτόνων   400

370 ἐμοῦ] ἐμέ Tournier post Hartung   371 κυρεῖ Porson:
κύρει codd.   376 με] μου v.l. in r   381 ἐς] εἰς QR
385–8 del. Barrett, item Fraenkel, qui olim de 386–8 dubitaverat; 387–8
del. Polle   388 λόγοισι] τρόποισι Nicolaus, Progymn. 3 (Rh. Gr. i.
274 Walz; desunt exempla apud Felten)   395 ἐπηυδώμαν] ἐξηυ- t
399 παρεδίδοσαν razt: παρα- LSV

ΦΙΛΟΚΤΗΤΗC

λεόντων ἔφεδρε, τῷ Λαρτίου,
cέβαc ὑπέρτατον.

Φι. ἔχοντες, ὡς ἔοικε, cύμβολον cαφὲς
λύπης πρὸς ἡμᾶς, ὦ ξένοι, πεπλεύκατε,
καί μοι προcάδεθ' ὥcτε γιγνώcκειν ὅτι   405
ταῦτ' ἐξ Ἀτρειδῶν ἔργα κἀξ Ὀδυccέωc.
ἔξοιδα γάρ νιν παντὸς ἂν λόγου κακοῦ
γλώccῃ θιγόντα καὶ πανουργίαc, ἀφ' ἧc
μηδὲν δίκαιον ἐc τέλοc μέλλοι ποεῖν.
ἀλλ' οὔ τι τοῦτο θαῦμ' ἔμοιγ', ἀλλ' εἰ παρὼν   410
Αἴαc ὁ μείζων ταῦθ' ὁρῶν ἠνείχετο.

Νε. οὐκ ἦν ἔτι ζῶν, ὦ ξέν'· οὐ γὰρ ἄν ποτε
ζῶντόc γ' ἐκείνου ταῦτ' ἐcυλήθην ἐγώ.

Φι. πῶc εἶπαc; ἀλλ' ἦ χοῦτοc οἴχεται θανών;

Νε. ὡc μηκέτ' ὄντα κεῖνον ἐν φάει νόει.   415

Φι. οἴμοι τάλαc. ἀλλ' οὐχ ὁ Τυδέωc γόνοc,
οὐδ' οὑμπολητὸc Cιcύφου Λαερτίῳ,
οὐ μὴ θάνωcι. τούcδε γὰρ μὴ ζῆν ἔδει.

Νε. οὐ δῆτ'· ἐπίcτω τοῦτό γ'· ἀλλὰ καὶ μέγα
θάλλοντέc εἰcι νῦν ἐν Ἀργείων cτρατῷ.   420

Φι. ⟨φεῦ·⟩ τί δ'; ὁ παλαιὸc κἀγαθὸc φίλοc τ' ἐμόc,
Νέcτωρ ὁ Πύλιος, ἔcτιν; οὗτος γὰρ τάχ' ἂν
κείνων κάκ' ἐξήρυκε, βουλεύων cοφά.

Νε. κεῖνόc γε πράccει νῦν κακῶc, ἐπεὶ θανὼν

---

401 Λαρτίου Vr: Λαερ- cett.   402 cέβαc] γέραc Nauck
405 προcάδεθ'] προcάδεcθ' r   409 μέλλοι LS: μέλοι
GQ: μέλλει G s.l., cett.   ποεῖν LᵃᶜKGR: ποιεῖν cett.
411 ἠνείχετο] ἠνέcχετο Porson   414 ἀλλ' Sraz: om. LKV, unde
ἦ γὰρ χοῦτοc Seyffert   417 Λαερτίῳ v.l. in a, Zoᵖᶜ: -ίου LᵖᶜK,
cett.   420 Ἀργείων VraZg: -είῳ cett.   421 ⟨φεῦ⟩ suppl.
Page   ὁ L s.l., SVrz: ὦ L: ὦ t: ὃc a: αὖ Hermann   τί ⟨γὰρ⟩ ὁ
Badham   422 τάχ' ἂν Hermann: τάχα GR: τά γε cett.
423 κάκ'] τάδ' GR   ἐξήρυκε] κἀξεκήρυξε(ν) γρ in LS, V:
ἐξήρυξε Hermann   cοφά LSQᵖᶜZot: cοφῶc GQᵃᶜaZg, Sγρ: cαφῶc
RV, Sγρ   424 πράccει νῦν] πράccειν ἦν A: πράccων ἦν
Blaydes

311

ΣΟΦΟΚΛΕΟΥΣ

   Ἀντίλοχος αὐτῷ φροῦδος ὃς παρῆν γόνος.   425

Φι. οἴμοι, δύ' αὖ τώδ' ἄνδρ' ἔλεξας, οἷν ἐγὼ
   ἥκιστ' ἂν ἠθέλης' ὀλωλότοιν κλύειν.
   φεῦ φεῦ· τί δῆτα δεῖ σκοπεῖν, ὅθ' οἵδε μὲν
   τεθνᾶσ', Ὀδυσσεὺς δ' ἔστιν αὖ κἀνταῦθ' ἵνα
   χρῆν ἀντὶ τούτων αὐτὸν αὐδᾶσθαι νεκρόν;   430

Νε. σοφὸς παλαιστὴς κεῖνος, ἀλλὰ χαἰ σοφαὶ
   γνῶμαι, Φιλοκτῆτ', ἐμποδίζονται θαμά.

Φι. φέρ' εἰπὲ πρὸς θεῶν, ποῦ γὰρ ἦν ἐνταῦθά σοι
   Πάτροκλος, ὃς σοῦ πατρὸς ἦν τὰ φίλτατα;

Νε. χοὖτος τεθνηκὼς ἦν· λόγῳ δέ σ᾽ ⟨ἐν⟩ βραχεῖ   435
   τοῦτ' ἐκδιδάξω. πόλεμος οὐδέν' ἄνδρ' ἑκὼν
   αἱρεῖ πονηρόν, ἀλλὰ τοὺς χρηστοὺς ἀεί.

Φι. ξυμμαρτυρῶ σοι· καὶ κατ' αὐτὸ τοῦτό γε
   ἀναξίου μὲν φωτὸς ἐξερήσομαι,
   γλώσσῃ δὲ δεινοῦ καὶ σοφοῦ, τί νῦν κυρεῖ.   440

Νε. ποίου δὲ τούτου πλήν γ' Ὀδυσσέως ἐρεῖς;

Φι. οὐ τοῦτον εἶπον, ἀλλὰ Θερσίτης τις ἦν,
   ὃς οὐκ ἂν εἵλετ' εἰσάπαξ εἰπεῖν, ὅπου
   μηδεὶς ἐῴη· τοῦτον οἶσθ' εἰ ζῶν κυρεῖ;

Νε. οὐκ εἶδον αὐτός, ᾐσθόμην δ' ἔτ' ὄντα νιν.   445

Φι. ἔμελλ'· ἐπεὶ οὐδέν πω κακόν γ' ἀπώλετο,
   ἀλλ' εὖ περιστέλλουσιν αὐτὰ δαίμονες,

---

425 ὃς παρῆν Hermann post Toup: ὅσπερ ἦν codd. γόνος]
μόνος Qᵖᶜ, novit sch., probat Toup   426 αὖ τώδ' ἄνδρ' ἔλεξας
Blaydes, Jebb: αὗτως δεῖν' ἔλεξας codd. (post δεῖν' rasuram duarum lit-
terarum praebet L): αὐτὼ τώδ' ἔλεξας Kaibel: αὐτὼ δ' ἐξέδειξας γρ in
LS: αὖ τώδ' ἐξέδειξας Porson   429 κἀνταῦθ'] fortasse καὶ
ταῦθ'   434 σοῦ Hemsterhuys: σοι codd.   435 ⟨ἐν⟩ suppl.
Erfurdt   437 αἱρεῖ Zo, Suda s.v.: αἴρει KV: αἴρει cett.
441 δὲ GR: γε Qzt: τε cett.   τούτου] τοῦτο Brunck   ἐρεῖς]
λέγεις Zo   443 ἂν εἵλετ'] ἀνείχετ' Dobree   444 ἐῴη
SGaz: ἐῶν vel sim. LVQRt   445 αὐτός Burges: -όν codd.
446 post ἐπεί add. γ' z   οὐδέν πω Riccardianus 77 (i.e. Aristobulus
Apostolides); οὐδέπω codd. plerique: οὔπω Zgt: οὐδέν fortasse novit
Suda s.v. οὐδέπω   κακόν] κακῶν Wakefield

312

καί πωс τὰ μὲν πανοῦργα καὶ παλιντριβῆ
χαίρουс· ἀναстρέφοντεс ἐξ Ἅιδου, τὰ δὲ
δίκαια καὶ τὰ χρήςτ· ἀποςτέλλουс· ἀεί.　　450
ποῦ χρὴ τίθεсθαι ταῦτα, ποῦ δ' αἰνεῖν, ὅταν
τὰ θεῖ· ἐπαθρῶν τοὺс θεοὺс εὕρω κακούς;

Νε. ἐγὼ μέν, ὦ γένεθλον Οἰταίου πατρός,
τὸ λοιπὸν ἤδη τηλόθεν τό τ' Ἴλιον
καὶ τοὺс Ἀτρείδαс εἰсορῶν φυλάξομαι·　　455
ὅπου δ' ὁ χείρων τἀγαθοῦ μεῖζον сθένει
κἀποφθίνει τὰ χρηстὰ χὠ δειλὸс κρατεῖ,
τούτουс ἐγὼ τοὺс ἄνδραс οὐ стέρξω ποτέ·
ἀλλ' ἡ πετραία Сκῦροс ἐξαρκοῦσά μοι
ἔσται τὸ λοιπόν, ὥстε τέρπεсθαι δόμῳ.　　460
νῦν δ' εἶμι πρὸс ναῦν. καὶ сύ, Ποίαντοс τέκνον,
χαῖρ' ὡс μέγιστα, χαῖρε· καί сε δαίμονεс
νόсου μεταстήсειαν, ὡс αὐτὸс θέλειс.
ἡμεῖс δ' ἴωμεν, ὡс ὁπηνίκ' ἂν θεὸс
πλοῦν ἡμὶν εἴκῃ, τηνικαῦθ' ὁρμώμεθα.　　465

Φι. ἤδη, τέκνον, стέλλεсθε;　Νε. καιρὸс γὰρ καλεῖ
πλοῦν μὴ 'ξ ἀπόπτου μᾶλλον ἢ 'γγύθεν сκοπεῖν.

Φι. πρός νύν сε πατρός, πρός τε μητρός, ὦ τέκνον,
πρός τ' εἴ τί σοι κατ' οἶκόν ἐстι προσφιλές,
ἱκέτηс ἱκνοῦμαι, μὴ λίπῃс μ' οὕτω μόνον,　　470
ἐρῆμον ἐν κακοῖсι τοῖсδ' οἵοιс ὁρᾷс
ὅсοισί τ' ἐξήκουσαс ἐνναίοντά με·
ἀλλ' ἐν παρέργῳ θοῦ με. δυсχέρεια μέν,

448–50 interpolatos esse suspicatus est Fraenkel　　452 ἐπαθρῶν
Postgate: ἐπαινῶν codd.: ἐρευνῶν Schneidewin　　κακούс] κακά
Musgrave　　455 εἰсορῶν] εἰсορᾶν r　　456 ὅπου] an ἐν
οἶс vel παρ' οἶс?　　δ' Hermann: θ' LQRa: γ' L s.l., cett.
457 δειλὸс Brunck: δεινὸс codd.　　459 πετραία] πατρῴα
GR　　460 δόμῳ] μόνῳ Suda s.v. стέρξω: μόνη F. W. Schmidt
465 πλοῦν] πλεῖν dubitanter Jebb　　εἴκῃ Vazt: ἤκη L: ἴκη δὲ Q:
ἴκει R: ἤκει SG　　471 τοῖсδ' οἵοιс] τοῖсδέ γ' οἶс Suda s.v. πρός
νυν

ΣΟΦΟΚΛΕΟΥΣ

ἔξοιδα, πολλὴ τοῦδε τοῦ φορήματος·
ὅμως δὲ τλῆθι· τοῖςι γενναίοιςί τοι　　　　475
τό τ' αἰςχρὸν ἐχθρὸν καὶ τὸ χρηςτὸν εὐκλεές.
ςοὶ δ', ἐκλιπόντι τοῦτ', ὄνειδος οὐ καλόν,
δράςαντι δ', ὦ παῖ, πλεῖςτον εὐκλείας γέρας,
ἐὰν μόλω 'γὼ ζῶν πρὸς Οἰταίαν χθόνα.
ἴθ'· ἡμέρας τοι μόχθος οὐχ ὅλης μιᾶς.　　　480
τόλμηςον, ἐμβαλοῦ μ' ὅποι θέλεις ἄγων,
ἐς ἀντλίαν, ἐς πρῶραν, ἐς πρύμναν†, ὅπου
ἥκιςτα μέλλω τοὺς ξυνόντας ἀλγυνεῖν.
νεῦςον, πρὸς αὐτοῦ Ζηνὸς ἱκεςίου, τέκνον,
πείςθητι. προςπίτνω ςε γόναςι, καίπερ ὢν　　485
ἀκράτωρ ὁ τλήμων, χωλός. ἀλλὰ μή μ' ἀφῇς
ἐρῆμον οὕτω χωρὶς ἀνθρώπων ςτίβου,
ἀλλ' ἢ πρὸς οἶκον τὸν ςὸν ἔκςωςόν μ' ἄγων,
ἢ πρὸς τὰ Χαλκώδοντος Εὐβοίας ςταθμά·
κἀκεῖθεν οὔ μοι μακρὸς εἰς Οἴτην ςτόλος　　490
Τραχινίαν τε δεράδα καὶ τὸν εὔροον
Σπερχειὸν ἔςται, πατρί μ' ὡς δείξῃς φίλῳ,
ὃν δὴ παλαιὸν ἐξότου δέδοικ' ἐγὼ
μή μοι βεβήκῃ. πολλὰ γὰρ τοῖς ἱγμένοις
ἔςτελλον αὐτὸν ἱκεςίους πέμπων λιτάς,　　495
αὐτόςτολον πλεύςαντά μ' ἐκςῶςαι δόμους.

480 ἴθ'] ὅθ' Vt　　481 ἐμβαλοῦ Vrazt: ἐκβ- LS: εἰςβ-
Meineke　　ὅποι KZo, coni. Wakefield: ὅπου Q: ὅπῃ cett.
482 πρύμναν] πρύμναν θ' KVZgt: πρύμναν μ' Bergk: πρύμνην
Elmsley　　fortasse ἄγων (481) ... πρύμναν delenda sunt　　ὅπου S, V
s.l., GR, Q s.l.: ὅπῃ Zo: ὅποι cett.　　per totum v. ἐς praebet a, εἰς cett.
485 γόναςι LVUYZg: γούναςι cett.　　489 Εὐβοίας] -οίᾳ
Musgrave　　491 δεράδα καὶ τὸν Toup: δειράδα καὶ τὸν codd.:
δειράδ' ἢ τὸν Pierson　　493 παλαιὸν T: παλαιὰν LGᵃᵉ: πάλαι
ἂν vel παλαί' ἂν fere cett.　　494 βεβήκῃ SZg: -κει T: -κοι
cett.: -κε Elmsley　　ἱγμένοις (vel ἱγμ-) VQRzt: ἱκμ- LSGa
496 αὐτόςτολον] αὖθις ςτόλον G. Wolff　　πλεύςαντα Sγρ, coni.
Blaydes: πέμψαντα codd.　　δόμους Q, coni. Wunder: δόμοις
cett.

ἀλλ' ἢ τέθνηκεν, ἢ τὰ τῶν διακόνων,
ὡς εἰκός, οἶμαι, τοὐμὸν ἐν ϲμικρῷ μέρος
ποιούμενοι τὸν οἴκαδ' ἤπειγον ϲτόλον.
νῦν δ', ἐϲ cὲ γὰρ πομπόν τε καὐτὸν ἄγγελον   500
ἥκω, cὺ cῶcον, cύ μ' ἐλέηϲον, εἰϲορῶν
ὡς πάντα δεινὰ κἀπικινδύνωϲ βροτοῖϲ
κεῖται παθεῖν μὲν εὖ, παθεῖν δὲ θἄτερα.
[χρὴ δ' ἐκτὸς ὄντα πημάτων τὰ δείν' ὁρᾶν,
χὤταν τις εὖ ζῇ, τηνικαῦτα τὸν βίον   505
ϲκοπεῖν μάλιϲτα μὴ διαφθαρεὶϲ λάθῃ.]

Χο.   οἴκτιρ', ἄναξ· πολλῶν ἔλε-   ἀντ.
ξεν δυϲοίϲτων πόνων
ἆθλ', οἷα μηδεὶϲ τῶν ἐμῶν τύχοι φίλων.
εἰ δὲ πικρούϲ, ἄναξ, ἔχθειϲ Ἀτρείδαϲ,   510
ἐγὼ μέν, τὸ κείνων
κακὸν τῷδε κέρδοϲ
μέγα τιθέμενοϲ, ἔνθαπερ ἐπιμέμονεν,   515
ἐπ' εὐϲτόλου ταχείαϲ νεὼϲ
πορεύϲαιμ' ἂν ἐϲ δόμουϲ, τὰν θεῶν
νέμεϲιν ἐκφυγών.

Νε.   ὅρα cὺ μὴ νῦν μέν τιϲ εὐχερὴϲ παρῇϲ,
ὅταν δὲ πληϲθῇϲ τῆϲ νόϲου ξυνουϲίᾳ,   520
τότ' οὐκέθ' αὑτὸϲ τοῖϲ λόγοιϲ τούτοιϲ φανῇϲ.

Χο.   ἥκιϲτα· τοῦτ' οὐκ ἔϲθ' ὅπωϲ ποτ' εἰϲ ἐμὲ
τοὔνειδοϲ ἕξειϲ ἐνδίκωϲ ὀνειδίϲαι.

---

497 τὰ] τὸ Saeger   498 μέροϲ] μέρει fortasse G^ac:
μέρειϲ A   502 δεινὰ] ἄδηλα Wakefield   504–6 del. Reeve
507 πολλῶν ⟨δ'⟩ T   509 οἷα olim Porson: ὅϲϲα vel ὅϲα codd.
plerique: ὅϲϲων s.l. in a: ἄττα Zo: ἄϲϲα Porson   τύχοι] λάχοι
Seyffert   510 ἔχθειϲ post Ἀτρείδαϲ praebet R, ut coni. Bergk
515 μέγα τιθέμενοϲ] μετατιθέμενοϲ sch. L, Tγρ   ἐπιμέμονεν
edd.: ἐπεὶ μέμονεν codd. plerique: ἐπιμέμηνεν T   517 post τὰν
add. ἐκ codd.: del. Hermann   521 οὐκέθ' LaZg: οὐκέτ' cett.
αὑτὸϲ Zg: ὡὑτὸϲ a: αὐτὸϲ cett.

ΣΟΦΟΚΛΕΟΥΣ

Νε. ἀλλ' αἰσχρὰ μέντοι cοῦ γέ μ' ἐνδεέστερον
ξένῳ φανῆναι πρὸς τὸ καίριον πονεῖν.   525
ἀλλ' εἰ δοκεῖ, πλέωμεν, ὁρμάcθω ταχύς·
χἠ ναῦς γὰρ ἄξει κοὐκ ἀπαρνηθήcεται.
μόνον θεοὶ cῴζοιεν ἔκ τε τῆcδε γῆc
ἡμᾶc ὅποι τ' ἐνθένδε βουλοίμεcθα πλεῖν.

Φι. ὦ φίλτατον μὲν ἦμαρ, ἥδιcτος δ' ἀνήρ,   530
φίλοι δὲ ναῦται, πῶc ἂν ὑμὶν ἐμφανὴc
ἔργῳ γενοίμην, ὥc μ' ἔθεcθε προcφιλῆ.
ἴωμεν, ὦ παῖ, προcκύcαντε τὴν ἔcω
ἄοικον ἐξοίκηcιν, ὥc με καὶ μάθῃc
ἀφ' ὧν διέζων, ὥc τ' ἔφυν εὐκάρδιοc.   535
οἶμαι γὰρ οὐδ' ἂν ὄμμαcιν μόνον θέαν
ἄλλον λαβόντα πλὴν ἐμοῦ τλῆναι τάδε·
ἐγὼ δ' ἀνάγκῃ προὔμαθον cτέργειν κακά.

Χο. ἐπίcχετον, cταθῶμεν· ἄνδρε γὰρ δύο,
ὁ μὲν νεὼc cῆc ναυβάτης, ὁ δ' ἀλλόθρουc,   540
χωρεῖτον, ὧν μαθόντες αὖθιc εἴcιτον.

ΕΜΠΟΡΟC

Ἀχιλλέωc παῖ, τόνδε τὸν ξυνέμπορον,
ὃc ἦν νεὼc cῆc cὺν δυοῖν ἄλλοιν φύλαξ,
ἐκέλευc' ἐμοί cε ποῦ κυρῶν εἴηc φράcαι,
ἐπείπερ ἀντέκυρcα, δοξάζων μὲν οὔ,   545
τύχῃ δέ πωc πρὸς ταὐτὸν ὁρμιcθεὶc πέδου.

---

524 γέ μ'] γ' ἔμ' S, coni. Brunck   528 τε Gernhard: δὲ lSVr:
γε L s.l., cett.   533 προcκύcαντε l: -οντεc GR, Zo s.l.: -αντεc
cett.   τὴν ἔcω] γῆν ... (sc. lacuna unius versus) ἔcω Schneidewin:
ἑcτίαν Bergk (ἀcπαcάμενοι τὴν ἑcτίαν sch. L)   534 ἐξοίκηcιν
Frederking: εἰc οἴκηcιν LU: εἰcοίκηcιν AYzt: ἐc οἴκηcιν VQ: οἴκηcιν
SGR   536 μόνον Blaydes: μόνην codd.   538 κακά γρ in
LS: τάδε codd.   v. om. YᵃᶜZo   539 cταθῶμεν Hense:
μάθωμεν codd.: μένωμεν Wakefield   δύο SzTa: δύω cett.
541 αὖθιc Sazt: αὖτιc LVr: αὐτίκ' Blaydes   546 πωc] τῳ
Blaydes   ὁρμιcθεὶc La: -ιθεὶc vel -ηθεὶc rzt: cυγκύρcαc V
πέδου Maguinness: πέδον codd.

316

ΦΙΛΟΚΤΗΤΗC

πλέω γὰρ ὡς ναύκληρος οὐ πολλῷ cτόλῳ
ἀπ' Ἰλίου πρὸς οἶκον ἐς τὴν εὔβοτρυν
Πεπάρηθον, ὡς ⟨δ'⟩ ἤκουσα τοὺς ναύτας ὅτι
cοὶ πάντες εἶεν cυννεναυcτοληκότες,   550
ἔδοξέ μοι μὴ cῖγα, πρὶν φράcαιμί cοι,
τὸν πλοῦν ποεῖcθαι, προcτυχόντι τῶν ἴcων.
οὐδὲν cύ που κάτοιcθα τῶν cαυτοῦ πέρι,
ἃ τοῖcιν Ἀργείοιcιν ἀμφὶ cοῦ νέα
βουλεύματ' ἐcτί, κοὐ μόνον βουλεύματα,   555
ἀλλ' ἔργα δρώμεν', οὐκέτ' ἐξαργούμενα.

Νε.   ἀλλ' ἡ χάρις μὲν τῆς προμηθίας, ξένε,
εἰ μὴ κακὸς πέφυκα, προcφιλὴς μενεῖ·
φράcον δὲ τἄργ' ἄλεξας, ὡς μάθω τί μοι
νεώτερον βούλευμ' ἀπ' Ἀργείων ἔχεις.   560
Εμ.   φροῦδοι διώκοντές cε ναυτικῷ cτόλῳ
Φοῖνίξ θ' ὁ πρέcβυc οἵ τε Θηcέωc κόροι.
Νε.   ὡς ἐκ βίαc μ' ἄξοντες ἢ λόγοιc πάλιν;
Εμ.   οὐκ οἶδ'. ἀκούcαc δ' ἄγγελοc πάρειμί cοι.
Νε.   ἦ ταῦτα δὴ Φοῖνίξ τε χοἰ ξυνναυβάται   565
οὕτω καθ' ὁρμὴν δρῶcιν Ἀτρειδῶν χάριν;
Εμ.   ὡς ταῦτ' ἐπίcτω δρώμεν', οὐ μέλλοντ' ἔτι.
Νε.   πῶc οὖν Ὀδυccεὺc πρὸς τάδ' οὐκ αὐτάγγελοc
πλεῖν ἦν ἑτοῖμοc; ἢ φόβοc τιc εἶργέ νιν;
Εμ.   κεῖνός γ' ἐπ' ἄλλον ἄνδρ' ὁ Τυδέως τε παῖc   570
ἔcτελλον, ἡνίκ' ἐξανηγόμην ἐγώ.

547 πλέω Reiske: πλέων codd.   548 ἀπ'] ἐξ a   549 ὡς
⟨δ'⟩ Reiske   550 cυννεναυcτοληκότες Dobree: οἱ νεναυ- codd.
552 ποεῖcθαι LS: ποι- cett.   554 ἀμφὶ] ἀμφὶc GR   cοῦ νέα
Auratus: cοῦ 'νεκα a: c' οὔνεκα codd. plerique   557 τῆc]
cῆc Seyffert   προμηθίαc LS: -είαc cett.: προθυμίαc
Dawe   558 πέφυκα, προcφιλὴc] πέφυκά γ', ἀcφαλὴc
Blaydes   559 τἄργ' Dale: ἅπερ γ' a: ἅπερ cett. (etiam Λ): ἅ γ' ἔργ'
Broadhead   ἄλεξας Dale: ἔλεξαc codd.: κἄλεξαc Blaydes
560 ἔχεις] φέρεις GR, et gl. in Q   562 θ' a: om. cett.
563 λόγοιc] δόλοιc Nauck   569 ἢ Brunck: ἦ codd.   εἶργε
QRSAYt: εἱ- LGUz   571 ἐγώ QZg: ἔcω cett.

317

ΣΟΦΟΚΛΕΟΥΣ

Νε. πρὸς ποῖον αὖ τόνδ' αὐτὸς Οὑδυσσεὺς ἔπλει;

Εμ. ἦν δή τις—ἀλλὰ τόνδε μοι πρῶτον φράσον
τίς ἐστίν· ἂν λέγῃς δὲ μὴ φώνει μέγα.

Νε. ὅδ' ἔσθ' ὁ κλεινός σοι Φιλοκτήτης, ξένε.   575

Εμ. μή νύν μ' ἔρῃ τὰ πλείον', ἀλλ' ὅσον τάχος
ἔκπλει σεαυτὸν ξυλλαβὼν ἐκ τῆσδε γῆς.

Φι. τί φησιν, ὦ παῖ; τί δὲ κατὰ σκότον ποτὲ
διεμπολᾷ λόγοισι πρός σ' ὁ ναυβάτης;

Νε. οὐκ οἶδά πω τί φησι· δεῖ δ' αὐτὸν λέγειν   580
ἐς φῶς ὃ λέξει, πρὸς σὲ κἀμὲ τούσδε τε.

Εμ. ὦ σπέρμ' Ἀχιλλέως, μή με διαβάλῃς στρατῷ
λέγονθ' ἃ μὴ δεῖ· πόλλ' ἐγὼ κείνων ὕπο
δρῶν ἀντιπάσχω χρηστά θ', οἷ' ἀνὴρ πένης.

Νε. ἐγὼ μὲν αὐτοῖς δυσμενής· οὗτος δέ μοι   585
φίλος μέγιστος, οὕνεκ' Ἀτρείδας στυγεῖ.
δεῖ δή σ', ἔμοιγ' ἐλθόντα προσφιλῆ, λόγων
κρύψαι πρὸς ἡμᾶς μηδὲν ὧν ἀκήκοας.

Εμ. ὅρα τί ποιεῖς, παῖ. Νε. σκοπῶ κἀγὼ πάλαι.

Εμ. σὲ θήσομαι τῶνδ' αἴτιον. Νε. ποιοῦ λέγων.   590

Εμ. λέγω. 'πὶ τοῦτον ἄνδρε τώδ' ὥπερ κλύεις,
ὁ Τυδέως παῖς ἥ τ' Ὀδυσσέως βία,
διώμοτοι πλέουσιν ἦ μὴν ἢ λόγῳ
πείσαντες ἄξειν, ἢ πρὸς ἰσχύος κράτος.
καὶ ταῦτ' Ἀχαιοὶ πάντες ἤκουον σαφῶς   595
Ὀδυσσέως λέγοντος· οὗτος γὰρ πλέον

572 αὖ Dobree: ἂν codd.: οὖν Dissen   Οὑδυσσεὺς LᵖᶜaT: Ὀδ-
cett.   574 ἂν Markland (ad E. *Suppl.* 364): ἂν codd.
576 νύν edd.: νῦν codd.   577 ἔκπλει σεαυτὸν] ἔκπλευσον
αὐτὸν Paley   σεαυτὸν] σεαυτῷ GR: τὰ σαυτοῦ Dindorf
578 δὲ Seyffert: με codd.   584 θ' Dobree: γ' codd. plerique:
om. Q   585 μὲν r: εἰμ' LᵃᶜVat: 'μ' KSz   αὐτοῖς Blaydes:
Ἀτρείδαις codd.   587 λόγων Burges: λόγον codd.
588 μηδὲν Zo, coni. Linwood: μηδέν' cett.   590 ποιοῦ] πιθοῦ
Reiske: τίθου Wecklein   591 ὥπερ L**raz**: ὥσπερ KSVt
593 ἢ] νιν Elmsley   594 πείσαντες] -τέ γ' Zg   ἄξειν ⟨σφ'⟩
Blaydes   595 ἤκουον] ἤκουσαν Q

318

ΦΙΛΟΚΤΗΤΗC

τὸ θάρcoc εἶχε θἀτέρου δράcειν τάδε.

Νε. τίνος δ' Ἀτρεῖδαι τοῦδ' ἄγαν οὕτω χρόνῳ
τοcῷδ' ἐπεcτρέφοντο πράγματος χάριν,
ὃν γ' εἶχον ἤδη χρόνιον ἐκβεβληκότες;   600
τίc ὁ πόθοc αὐτοὺc ἵκετ'; ἦ θεῶν βία
καὶ νέμεcιc, αἵπερ ἔργ' ἀμύνουcιν κακά;

Εμ. ἐγώ cε τοῦτ', ἴcωc γὰρ οὐκ ἀκήκοαc,
πᾶν ἐκδιδάξω. μάντιc ἦν τιc εὐγενήc,
Πριάμου μὲν υἱόc, ὄνομα δ' ὠνομάζετο   605
Ἕλενοc, ὃν οὗτοc νυκτὸc ἐξελθὼν μόνοc
ὁ πάντ' ἀκούων αἰcχρὰ καὶ λωβήτ' ἔπη
δόλοιc Ὀδυccεὺc εἷλε· δέcμιόν τ' ἄγων
ἔδειξ' Ἀχαιοῖc ἐc μέcον, θήραν καλήν·
ὃc δὴ τά τ' ἄλλ' αὐτοῖcι πάντ' ἐθέcπιcεν   610
καὶ τἀπὶ Τροίᾳ πέργαμ' ὡc οὐ μή ποτε
πέρcοιεν, εἰ μὴ τόνδε πείcαντεc λόγῳ
ἄγοιντο νήcου τῆcδ' ἐφ' ἧc ναίει τὰ νῦν.
καὶ ταῦθ' ὅπωc ἤκουc' ὁ Λαέρτου τόκοc
τὸν μάντιν εἰπόντ', εὐθέωc ὑπέcχετο   615
τὸν ἄνδρ' Ἀχαιοῖc τόνδε δηλώcειν ἄγων·
οἴοιτο μὲν μάλιcθ' ἑκούcιον λαβών,
εἰ μὴ θέλοι δ', ἄκοντα· καὶ τούτων κάρα
τέμνειν ἐφεῖτο τῷ θέλοντι μὴ τυχών.
ἤκουcαc, ὦ παῖ, πάντα· τὸ cπεύδειν δέ cοι   620
καὐτῷ παραινῶ κεἴ τινος κήδῃ πέρι.

Φι. οἴμοι τάλαc. ἦ κεῖνοc, ἦ πᾶcα βλάβη,
ἔμ' εἰc Ἀχαιοὺc ὤμοcεν πείcαc cτελεῖν;
πειcθήcομαι γὰρ ὧδε κἀξ Ἅιδου θανὼν

597 δράcειν] πράccειν Q, coni. J. H. Wright   600 γ' Zg, coni.
Heath: om. Zo: τ' cett.   601 ἤ nos: ἦ codd.   βία] φθόνοc γρ
in UY, interpretatio in L: δίκη Nauck   602 αἵπερ Pallis: οἵπερ
codd. plerique: εἵπερ U: ἥπερ Dawe   608 δόλοιc Housman:
δόλιοc codd.   τ'] δ' a   612 πέρcοιεν] -cειεν QU: -cωcιν Zo:
-cειαν Elmsley   613 ἄγοιντο] ἀγάγοιντο vel ἄξοιντο Blaydes
614 ἤκουc' z: ἤκουcεν cett.   τόκοc] γόνοc VZgTa
618 τούτων] τούτου V s.l., t   619 ἐφεῖτο] ὑφεῖτο r

319

ΣΟΦΟΚΛΕΟΥΣ

πρὸς φῶς ἀνελθεῖν, ὥσπερ οὑκείνου πατήρ.　625

Εμ.　οὐκ οἶδ' ἐγὼ ταῦτ'· ἀλλ' ἐγὼ μὲν εἴμ' ἐπὶ
ναῦν, cφῷν δ' ὅπως ἄριστα cυμφέροι θεός.

Φι.　οὔκουν τάδ', ὦ παῖ, δεινά, τὸν Λαερτίου
ἔμ' ἐλπίcαι ποτ' ἂν λόγοιcι μαλθακοῖc
δεῖξαι νεὼc ἄγοντ' ἐν Ἀργείοιc μέcοιc;　630
οὔ· θᾶccον ἂν τῆc πλεῖcτον ἐχθίcτηc ἐμοὶ
κλύοιμ' ἐχίδνηc, ἥ μ' ἔθηκεν ὧδ' ἄπουν.
ἀλλ' ἔcτ' ἐκείνῳ πάντα λεκτά, πάντα δὲ
τολμητά· καὶ νῦν οἶδ' ὁθούνεχ' ἵξεται.
ἀλλ', ὦ τέκνον, χωρῶμεν, ὡc ἡμᾶc πολὺ　635
πέλαγοc ὁρίζῃ τῆc Ὀδυccέωc νεώc.
ἴωμεν· ἥ τοι καίριοc cπουδὴ πόνου
λήξαντοc ὕπνον κἀνάπαυλαν ἤγαγεν.

Νε.　οὐκοῦν ἐπειδὰν πνεῦμα τοὐκ πρῴραc ἀνῇ,
τότε cτελοῦμεν· νῦν γὰρ ἀντιοcτατεῖ.　640

Φι.　ἀεὶ καλὸc πλοῦc ἔcθ', ὅταν φεύγῃc κακά.

Νε.　οἶδ'· ἀλλὰ κἀκείνοιcι ταῦτ' ἐναντία.

Φι.　οὐκ ἔcτι λῃcταῖc πνεῦμ' ἐναντιούμενον,
ὅταν παρῇ κλέψαι τε χἀρπάcαι βίᾳ.

Νε.　ἀλλ' εἰ δοκεῖ, χωρῶμεν, ἔνδοθεν λαβὼν　645
ὅτου cε χρεία καὶ πόθοc μάλιcτ' ἔχει.

Φι.　ἀλλ' ἔcτιν ὧν δεῖ, καίπερ οὐ πολλῶν ἄπο.

Νε.　τί τοῦθ' ὃ μὴ νεώc γε τῆc ἐμῆc ἔπι;

Φι.　φύλλον τί μοι πάρεcτιν, ᾧ μάλιcτ' ἀεὶ
κοιμῶ τόδ' ἕλκοc, ὥcτε πραΰνειν πάνυ.　650

629 ἂν] ἐν GR　　630 νεὼc] λεὼc E. B. Koster　　631 οὔ·
θᾶccον] οὐ θᾶccον Turnebus: οὐ θᾶccον Welcker　　635 ὡc]
ἕωc Hermann　　636 ὁρίζῃ Lambinus: -ει codd.　νεώc] βίαc
ZoT　　639 πνεῦμα τοὐκ] πνεύματ' ἐκ VQ　πρῴραc]
πρύμναc Kr　ἀνῇ Lambinus: ἄῃ ISVrt: ἀγῇ a: ῥάῃ z
642 οἶδ'· ἀλλὰ Doederlein: οὔκ· ἀλλὰ codd.: ἀλλ' οὐχὶ . . .;
O. Heine　　644 τε] τι Bergk　　645 χωρῶμεν] χωροῖc ἂν
Jackson　λαβὼν] λαβόνθ' Wyttenbach: λαβεῖν Page　　646 ora-
tionem interrumpi censuit Fraenkel　　648 ἔπι Auratus: ἔνι codd.
650 ἕλκοc] ἄλγοc Zg　πάνυ] πόνου Vac: πόνον Reiske

ΦΙΛΟΚΤΗΤΗC

Νε.   ἀλλ' ἔκφερ' αὐτό. τί γὰρ ἔτ' ἄλλ' ἐρᾷς λαβεῖν;

Φι.   εἴ μοί τι τόξων τῶνδ' ἀπημελημένον
παρερρύηκεν, ὡς λίπω μή τῳ λαβεῖν.

Νε.   ἦ ταῦτα γὰρ τὰ κλεινὰ τόξ' ἃ νῦν ἔχεις;

Φι.   ταῦτ', οὐ γὰρ ἄλλ' ἔστ', ἀλλ' ἃ βαστάζω
χεροῖν.   655

Νε.   ἆρ' ἔστιν ὥστε κἀγγύθεν θέαν λαβεῖν,
καὶ βαστάσαι με προσκύσαι θ' ὥσπερ θεόν;

Φι.   σοί γ', ὦ τέκνον, καὶ τοῦτο κἄλλο τῶν ἐμῶν
ὁποῖον ἄν σοι ξυμφέρῃ γενήσεται.

Νε.   καὶ μὴν ἐρῶ γε· τὸν δ' ἔρωθ' οὕτως ἔχω·   660
εἴ μοι θέμις, θέλοιμ' ἄν· εἰ δὲ μή, πάρες.

Φι.   ὅσιά τε φωνεῖς ἔστι τ', ὦ τέκνον, θέμις,
ὅς γ' ἡλίου τόδ' εἰσορᾶν ἐμοὶ φάος
μόνος δέδωκας, ὃς χθόν' Οἰταίαν ἰδεῖν,
ὃς πατέρα πρέσβυν, ὃς φίλους, ὃς τῶν ἐμῶν   665
ἐχθρῶν μ' ἔνερθεν ὄντ' ἀνέστησας πέρα.
θάρσει, παρέσται ταῦτά σοι καὶ θιγγάνειν
καὶ δόντι δοῦναι κἀξεπεύξασθαι βροτῶν
ἀρετῆς ἕκατι τῶνδ' ἐπιψαῦσαι μόνῳ·
εὐεργετῶν γὰρ καὐτὸς αὔτ' ἐκτησάμην.   670

Νε.   οὐκ ἄχθομαί σ' ἰδών τε καὶ λαβὼν φίλον.
ὅστις γὰρ εὖ δρᾶν εὖ παθὼν ἐπίσταται,
παντὸς γένοιτ' ἂν κτήματος κρείσσων φίλος.
χωροῖς ἂν εἴσω.   Φι. καὶ σέ γ' εἰσάξω· τὸ γὰρ
νοσοῦν ποθεῖ σε ξυμπαραστάτην λαβεῖν.   675

652 εἴ μοι] οἴμοι T, v.l. in r et z   ἀπημελημένον LVQzt: -ένων
SGRa   654 τόξ' ἃ] τόξα a   655–747 om. S
655 ἄλλ' ἔστ', ἀλλ' Seyffert: ἀλλ' ἐσθ', ἀλλ' GR: ἐσθ' ἀλλ' Q: ἄλλα γ'
ἐσθ' a: ἀλλ' ἐσθ' IVzt   657 με] σφε vel τε Blaydes
661 μοι] μὲν Reiske   663 τόδ' azT: τότ' LVQTa: τό γ' GR
666 μ' LVQazTa: om. KGRT   πέρα] μ' ὕπερ Burges: πάρει olim
Jebb, cum ἀναστήσας   667–8 ταῦτα ... δοῦναι del. Hense
668 κἀξεπεύξασθαι] καί σ' ἐπεύξασθαι Blaydes   669 μόνῳ
Nauck: μόνον codd.   671–3 Neoptolemo tribuit Doederlein,
Philoctetae codd.

ΣΟΦΟΚΛΕΟΥΣ

Χο. λόγῳ μὲν ἐξήκους᾽, ὄπωπα δ᾽ οὐ μάλα,   στρ. α᾽
τὸν πελάταν
λέκτρων ⟨σφετέρων⟩ ποτὲ
κατ᾽ ἄμπυκα δὴ δρομάδ᾽ ⟨Ἅιδου⟩
δέςμιον ὡς ἔλαβεν
παγκρατὴς Κρόνου παῖς·
ἄλλον δ᾽ οὔτιν᾽ ἔγωγ᾽ οἶδα κλυὼν οὐδ᾽ ἐςιδὼν
μοίρᾳ   680
τοῦδ᾽ ἐχθίονι ςυντυχόντα θνατῶν,
ὃς οὔτε τι ῥέξας τιν᾽, οὔτε νοςφίςας,
ἀλλ᾽ ἴςος ἐν ἴςοις ἀνήρ,
ὤλλυνθ᾽ ὧδ᾽ ἀναξίως.   685
τόδε ⟨μὰν⟩ θαῦμά μ᾽ ἔχει,
πῶς ποτε πῶς ποτ᾽ ἀμφιπλήκτων
ῥοθίων μόνος κλύων, πῶς
ἄρα πανδάκρυτον οὕτω
βιοτὰν κατέςχεν·   690

ἵν᾽ αὐτὸς ἦν, πρόςουρον οὐκ ἔχων βάςιν,   ἀντ. α᾽
οὐδέ τιν᾽ ἐγ-
χώρων, κακογείτονα,
παρ᾽ ᾧ ςτόνον ἀντίτυπον ⟨νό-
ςον⟩ βαρυβρῶτ᾽ ἀποκλαύ-

677 πελάταν ⟨ὑπάτων⟩ West   λέκτρων ⟨σφετέρων⟩ nos
ποτὲ ⟨τῶν⟩ Porson: ποτὲ ⟨τοῦ⟩ T: ποτὲ δέςμιον Stinton   post ποτὲ
add. Διὸς Ἰξίονα codd.: Διὸς del. Stinton, Ἰξίονα iam Erfurdt
678 κατ᾽] ἀν᾽ Dindorf   ἄμπυκα] ἄντυγα Musgrave   ⟨Ἅιδου⟩
nos   ἔλαβεν Vater: ἔλαβ᾽ ὁ codd.   682 κλυὼν West: κλύων
codd.   ἐςιδὼν Wakefield: ἐςίδων L^{ac}: ἐςίδον vel ἐςεῖδον codd.
plerique   683 οὔτε τι ῥέξας Eustathius 763. 2: οὔτ᾽ ἔρξας codd.:
οὔτι ῥέξας Bergk   τιν᾽] οὔτιν᾽ Bergk   οὔτε] οὔτι Schneidewin
684 ἐν] ἔν γ᾽ Hermann: ὢν F. Schultz   686 ⟨μὰν⟩ nos: ⟨δ᾽ αὖ⟩
Hermann: ⟨τοι⟩ Dindorf   μ᾽ ἔχει Hermann: ἔχει με codd.
687 ἀμφιπλήκτων] -άκτων Erfurdt   688 κλύων GRZo:
κλύζων Gyp, codd. plerique (etiam Λ): κλυζόμενος K, gl. in G
691 πρόςουρον Bothe: -ος codd.   694 ἀντίτυπον ⟨νόςον⟩ nos

ΦΙΛΟΚΤΗΤΗС

ceιεν αἱματηρόν·   695
οὐδ' ὅς θερμοτάταν αἱμάδα κηκιομέναν ἑλκέων
ἐνθήρου ποδὸς ἠπίοιςι φύλλοις
κατευνάςειε, ⟨cπαςμὸς⟩ εἴ τις ἐμπέςοι,
φορβάδος τι γᾶς ἑλών·   700
εἴρπε δ' ἄλλοτ' ἀλλ⟨αχ⟩ᾷ
τότ' ἂν εἰλυόμενος,
παῖς ἄτερ ὡς φίλας τιθήνας,
ὅθεν εὐμάρει' ὑπάρχοι
πόρου, ἀνίκ' ἐξανείη   705
δακέθυμος ἄτα·

οὐ φορβὰν ἱερᾶς γᾶς cπόρον, οὐκ ἄλλων   cτρ. β'
αἴρων τῶν νεμόμεςθ' ἀνέρες ἀλφηςταί,
πλὴν ἐξ ὠκυβόλων εἴ ποτε τόξων   710
πτανοῖς ἰοῖς ἀνύςειε γαστρὶ φορβάν.
ὦ μελέα ψυχά,
ὃς μηδ' οἰνοχύτου πώματος ἥςθη δεκέτει
    χρόνῳ,   715
λεύccων δ' ὅπου γνοίη cτατὸν εἰς ὕδωρ,
αἰεὶ προςενώμα.

696 οὐδ' codd.: del. Hermann   post ὅς add. τὰν codd.: del. Erfurdt
θερμοτάταν] θερμορύταν Blaydes   697 ἐνθήρου] ἐμπήρου
Vauvilliers   698 φύλλοις QaT: -οιςι cett.   699 ante εἴ
add. οὐδ' Zo   ⟨cπαςμὸς⟩ Dawe: post ἐμπέςοι add. ⟨πόθος⟩ Jackson
700 τι Stinton: ἔκ τε codd.: ἔκ τι Hartung   ἑλών Turnebus: ἑλεῖν
codd.   701 εἴρπε Bothe: ἕρπει codd.   δ' Hermann: γὰρ codd.
(om. T): ἂν Stinton   ἀλλαχᾷ Campbell: ἄλλᾳ codd.
702 τότ'] πόδ' Seyffert   704 ὅθεν] ἔνθεν GR   ὑπάρχοι L:
-ει cett.   705 πόρου Wakefield: -ον l: -ων cett.   ἐξανείη
Hermann: ἐξανίηςι codd. plerique (etiam Λ)   711 πτανοῖς ἰοῖς
Erfurdt: πτανῶν πτανοῖς codd. (πτανοῖς post ἀνύςειε transp.
lGRVZgTa)   φορβάν] χρείαν Metzger   715 πώματος L s.l.,
T: πόματος cett.   δεκέτει LVZgT: δεκατεῖ r: δεκάτει Ta:
δεκέτη a   χρόνῳ] -ον a   716 λεύccων azT: λεύcων Kr: λεύc-
cειν l: λεύcειν GVTa   ὅπου] εἴ που Brunck   717 αἰεὶ T: ἀεὶ
cett.   προcενώμα] πόδ' ἐνώμα Wakefield

ΣΟΦΟΚΛΕΟΥΣ

νῦν δ' ἀνδρῶν ἀγαθῶν παιδὸς ὑπαντήσας   ἀντ. β'

    εὐδαίμων ἀνύσει καὶ μέγας ἐκ κείνων·   720
    ὅς νιν ποντοπόρῳ δούρατι, πλήθει
    πολλῶν μηνῶν, πατρίαν ἄγει πρὸς αὐλὰν
    Μηλιάδων νυμφᾶν,   725
    Cπερχειοῦ τε παρ' ὄχθας, ἵν' ὁ χάλκαςπις ἀνὴρ
       θεοῖc
    πλάθη θεὸς θείῳ πυρὶ παμφαής,
    Οἴτας ὑπὲρ ὄχθων.

Νε.   ἕρπ', εἰ θέλεις. τί δή ποθ' ὧδ' ἐξ οὐδενὸς   730
      λόγου cιωπᾷc κἀπόπληκτος ὧδ' ἔχῃ;
Φι.   ἀ ἀ ἀ ἀ.
Νε.   τί ἔcτιν;   Φι. οὐδὲν δεινόν. ἀλλ' ἴθ', ὦ τέκνον.
Νε.   μῶν ἄλγος ἴcχεις cῆς παρεcτώςης νόςου;
Φι.   οὐ δῆτ' ἔγωγ', ἀλλ' ἄρτι κουφίζειν δοκῶ.   735
      ὦ θεοί.   Νε. τί τοὺς θεοὺς ὧδ' ἀναςτένων
        καλεῖς;
Φι.   cωτῆρας αὐτοὺς ἠπίους θ' ἡμῖν μολεῖν.
      ἀ ἀ ἀ ἀ.
Νε.   τί ποτε πέπονθας; οὐκ ἐρεῖς, ἀλλ' ὧδ' ἔςῃ   740
      cιγηλός; ἐν κακῷ δέ τῳ φαίνῃ κυρῶν.
Φι.   ἀπόλωλα, τέκνον, κοὐ δυνήςομαι κακὸν
      κρύψαι παρ' ὑμῖν, ἀτταταῖ· διέρχεται,
      διέρχεται. δύςτηνος, ὦ τάλας ἐγώ.

---

719 παιδὸς ὑπαντήςας] παιδὶ cυναντήςας Fröhlich
724 πατρίαν Porson: πατρῴαν codd.   725 Μηλιάδων] Ma-
Erfurdt   726 ὄχθας Hermann: -αις codd.   728 πλάθη r,
et coni. Bergk: πλάθει cett.   θεὸς Hermann: πᾶcι codd.: πατρὸς
Jebb: πάλαι olim Hermann   θεὸς πλάθει θεοῖc Schneidewin
729 ὄχθων] -ας r   730 θέλεις] cθένεις ed. Londiniensis a. 1747
732 ἀ quater codd. plerique, ter a   733 τί ⟨δ'⟩ Erfurdt
734 ἴcχεις codd. plerique: -ει rZo   cῆς West: τῆς codd.
737 ὦ θεοί Zg, coni. anon. (1810): ἰὼ θεοί cett.   ὧδ' anon. (1810):
οὕτως aZoT: om. cett.   739 ἀ quater codd. plerique, ter a
742 ἀπόλωλα] ὄλωλα ZoT   744 ὦ Zo: ὢ cett.

ΦΙΛΟΚΤΗΤΗC

ἀπόλωλα, τέκνον· βρύκομαι, τέκνον· παπαῖ, 745
ἀπαππαπαῖ, παπᾶ παπᾶ παπᾶ παπαῖ.
πρὸς θεῶν, πρόχειρον εἴ τί σοι, τέκνον, πάρα
ξίφος χεροῖν, πάταξον εἰς ἄκρον πόδα·
ἀπάμησον ὡς τάχιστα· μὴ φείσῃ βίου.
ἴθ᾽, ὦ παῖ. 750

Νε. τί δ᾽ ἔστιν οὕτω νεοχμὸν ἐξαίφνης, ὅτου
τοςήνδ᾽ ἰυγὴν καὶ στόνον σαυτοῦ ποῇ;
Φι. οἶσθ᾽, ὦ τέκνον; **Νε.** τί ἔστιν; **Φι.** οἶσθ᾽, ὦ
παῖ; **Νε.** τί σοί;
οὐκ οἶδα. **Φι.** πῶς οὐκ οἶσθα; παππαπαππαπαῖ.
Νε. δεινόν γε τοὐπίσαγμα τοῦ νοσήματος. 755
Φι. δεινὸν γὰρ οὐδὲ ῥητόν· ἀλλ᾽ οἴκτιρέ με.
Νε. τί δῆτα δράσω; **Φι.** μή με ταρβήσας προδῷς·
ἥκει γὰρ αὐτὴ διὰ χρόνου, πλάνης ἴσως
ὡς ἐξεπλήσθη, νόσος. **Νε.** ἰὼ δύςτηνε σύ,
δύστηνε δῆτα διὰ πόνων πάντων φανείς. 760
βούλῃ λάβωμαι δῆτα καὶ θίγω τί σου;
Φι. μὴ δῆτα τοῦτό γ᾽· ἀλλά μοι τὰ τόξ᾽ ἑλὼν
τάδ᾽, ὥσπερ ᾔτου μ᾽ ἀρτίως, ἕως ἀνῇ
τὸ πῆμα τοῦτο τῆς νόσου τὸ νῦν παρόν, 765
cῷζ᾽ αὐτὰ καὶ φύλασσε. λαμβάνει γὰρ οὖν
ὕπνος μ᾽, ὅταν περ τὸ κακὸν ἐξίῃ τόδε·

---

745 βρύκομαι Zo: βρύχομαι cett.   746 ita restituit Hermann:
ἀπα cum παπᾶ quinquies repetito vel sim. codd. (v. om. ZgTa)   παπαῖ
παπαῖ extra metrum Dawe   749 βίου] βίας West: βίᾳ (cum
ἀπάμησον coniungendum) Burges   751 ἔστιν οὕτω LQVazt:
ἔστι τοῦτο GRS   ὅτου] ὅτι r   752 ποιῇ Jebb: πο(ι)εῖc codd.
753 prius τί] τί δ᾽ G   753–4 personarum vices restituit Purgold
755 δεινόν] δῆλόν Dawe   τοὐπίσαγμα Zo: τοὐπείσαγμα cett.
758 αὐτὴ F. W. Schmidt: αὕτη codd. plerique: ἄτη VTa   πλάνης r:
-οις cett.   759 νόσος ἰὼ Robertson: ἰὼ ἰὼ codd. plerique (etiam
Ta): φεῦ ἰὼ (Philoctetae continuatum) T   post cὺ add. ἰώ KVZgTa
760 Philoctetae trib. VTa, et sic coni. Lindner   ante δύστηνε add. ἰὼ
vel semel vel bis a   764 ἀνῇ LraZg: ἂν ᾗ SVZot   765 τὸ
νῦν] τὰ νῦν V   767 ἐξίῃ LSVZot: -ήῃ a: -ήκῃ Zg: -ίκῃ r

κοὐκ ἔcτι λῆξαι πρότερον· ἀλλ' ἐὰν χρεὼν
ἔκηλον εὕδειν. ἢν δὲ τῷδε τῷ χρόνῳ
μόλωc' ἐκεῖνοι, πρὸc θεῶν, ἐφίεμαι   770
ἑκόντα μήτ' ἄκοντα μήτε τῳ τέχνῃ
κείνοιc μεθεῖναι ταῦτα, μὴ cαυτόν θ' ἅμα
κἄμ', ὄντα cαυτοῦ πρόcτροπον, κτείναc γένῃ.

Νε.   θάρcει προνοίαc οὕνεκ'. οὐ δοθήcεται
πλὴν cοί τε κἀμοί· ξὺν τύχῃ δὲ πρόcφερε.   775

Φι.   ἰδού, δέχου, παῖ· τὸν φθόνον δὲ πρόcκυcον,
μή cοι γενέcθαι πολύπον' αὐτά, μηδ' ὅπωc
ἐμοί τε καὶ τῷ πρόcθ' ἐμοῦ κεκτημένῳ.

Νε.   ὦ θεοί, γένοιτο ταῦτα νῷν· γένοιτο δὲ
πλοῦc οὔριόc τε κεὐcταλὴc ὅποι ποτὲ   780
θεὸc δικαιοῖ χὠ cτόλοc πορcύνεται.

Φι.   ἇ ἇ ἇ ἇ.
δέδοικα ⟨δ'⟩, ὦ παῖ, μὴ ἀτελὴc εὐχὴ ⟨τύχῃ⟩·
cτάζει γὰρ αὖ μοι φοίνιον τόδ' ἐκ βυθοῦ
κηκῖον αἷμα, καί τι προcδοκῶ νέον.
παπαῖ, φεῦ.   785
παπαῖ μάλ', ὦ πούc, οἷά μ' ἐργάcῃ κακά.
προcέρπει,
προcέρχεται τόδ' ἐγγύc. οἴμοι μοι τάλαc.
ἔχετε τὸ πρᾶγμα· μὴ φύγητε μηδαμῇ.
ἀτταταῖ.   790
ὦ ξένε Κεφαλλήν, εἴθε cοῦ διαμπερὲc
cτέρνων ἵκοιτ' ἄλγηcιc ἥδε. φεῦ, παπαῖ.

769 ἔκηλον] εὔκηλον T   post εὕδειν add. μ' Zn   770 ⟨c'⟩
ἐφίεμαι Fröhlich   771 prius μήτ' codd.: μηδ' Eustathius 1697. 17
alterum μήτε codd. plerique: μηδέ aZg   772 ταῦτα Srazt: om.
LV   774 post προνοίαc add. γ' Zg   782 sunt qui doch-
mios restituant   ἇ quater Philp: ἀλλὰ codd. plerique: ἀλλ' οὐ Zo:
ἀλλ' οὖν ZgT   ⟨δ'⟩ Wunder   ⟨τύχῃ⟩ Wunder: ⟨πέcῃ⟩ Pflugk
783 φοίνιον aT: φόνιον cett. (etiam Λ et Ta)   786 ἐργάcῃ]
εἴργαcαι Hense   787 προcέρπει codd. plerique: om. QVTa
788 μοι codd. plerique: om. rUᵃᶜZg   792 ἵκοιτ' Wakefield:
ἔχοιτ' codd.

ΦΙΛΟΚΤΗΤΗΣ

παπαῖ μάλ' αὖθιc. ὢ διπλοῖ cτρατηλάται,
['Αγάμεμνον, ὢ Μενέλαε, πῶc ἂν ἀντ' ἐμοῦ]
τὸν ἴcον χρόνον τρέφοιτε τήνδε τὴν νόcον.   795
ὤμοι μοι.
ὢ θάνατε θάνατε, πῶc ἀεὶ καλούμενοc
οὕτω κατ' ἦμαρ οὐ δύνῃ μολεῖν ποτε;
ὢ τέκνον, ὢ γενναῖον, ἀλλὰ cυλλαβὼν
τῷ Λημνίῳ τῷδ' ἀνακαλουμένῳ πυρὶ   800
ἔμπρηcον, ὢ γενναῖε· κἀγώ τοί ποτε
τὸν τοῦ Διὸc παῖδ' ἀντὶ τῶνδε τῶν ὅπλων,
ἃ νῦν cὺ cῴζειc, τοῦτ' ἐπηξίωcα δρᾶν.
τί φήc, παῖ;
τί φήc; τί cιγᾷc; ποῦ ποτ' ὤν, τέκνον, κυρεῖc;   805
Νε.   ἀλγῶ πάλαι δὴ τἀπὶ cοὶ cτένων κακά.
Φι.   ἀλλ', ὢ τέκνον, καὶ θάρcοc ἴcχ'· ὡc ἥδε μοι
ὀξεῖα φοιτᾷ καὶ ταχεῖ' ἀπέρχεται.
ἀλλ' ἀντιάζω, μή με καταλίπῃc μόνον.
Νε.   θάρcει, μενοῦμεν.   Φι. ἦ μενεῖc;   Νε. cαφῶc
φρόνει.   810
Φι.   οὐ μήν c' ἔνορκόν γ' ἀξιῶ θέcθαι, τέκνον.
Νε.   ὡc οὐ θέμιc γ' ἐμοῦcτι cοῦ μολεῖν ἄτερ.
Φι.   ἔμβαλλε χειρὸc πίcτιν.   Νε. ἐμβάλλω μενεῖν.
Φι.   ἐκεῖcε νῦν μ', ἐκεῖcε—   Νε. ποῖ λέγειc;
Φι. ἄνω—
Νε.   τί παραφρονεῖc αὖ; τί τὸν ἄνω λεύccειc
κύκλον;   815
Φι.   μέθεc μέθεc με.   Νε. ποῖ μεθῶ;   Φι. μέθεc
ποτέ.
Νε.   οὔ φημ' ἐάcειν.   Φι. ἀπό μ' ὀλεῖc, ἢν
προcθίγῃc.

794 del. E. Philipp   798 δύνῃ] δύνᾳ Porson   800 sunt
quibus ἀνακαλουμένῳ suspectum sit   805 ὤν LVazt: ὢ KSr
811 γ' Lazt: om. SVr   812 ἐμοῦcτι Hermann: ἐμοί 'cτι fere
codd.: ἔμ' ἴcθι V   813 μενεῖν a: μένειν cett.   814 νῦν]
νυν Blaydes   μ' LaZoT: om. SVrZgTa

327

ΣΟΦΟΚΛΕΟΥΣ

Νε.   καὶ δὴ μεθίημ', εἴ τι δὴ πλέον φρονεῖς.

Φι.   ὢ γαῖα, δέξαι θανάσιμόν μ' ὅπως ἔχω·
τὸ γὰρ κακὸν τόδ' οὐκέτ' ὀρθοῦςθαί μ' ἐᾷ.   820

Νε.   τὸν ἄνδρ' ἔοικεν ὕπνος οὐ μακροῦ χρόνου
ἕξειν· κάρα γὰρ ὑπτιάζεται τόδε·
ἱδρώς γέ τοί νιν πᾶν καταστάζει δέμας,
μέλαινά τ' ἄκρου τις παρέρρωγεν ποδὸς
αἱμορραγὴς φλέψ. ἀλλ' ἐάςωμεν, φίλοι,   825
ἔκηλον αὐτόν, ὡς ἂν εἰς ὕπνον πέςῃ.

Χο.   Ὕπν' ὀδύνας ἀδαής, Ὕπνε δ' ἀλγέων,   ϲτρ.
εὐαὴς ἡμῖν ἔλθοις, εὐαίων,
εὐαίων, ὦναξ· ὄμμαςι δ' ἀντίϲχοις   830
τάνδ' αἴγλαν, ἃ τέταται τανῦν.
ἴθι ἴθι μοι, Παιών.
ὢ τέκνον, ὅρα ποῦ ϲτάϲῃ,
ποῖ δὲ βάϲῃ,
πῶς δέ ϲοι τἀντεῦθεν
φροντίδος. ὁρᾷς ἤδη.   835
πρὸς τί μένομεν πράϲϲειν;
καιρός τοι πάντων γνώμαν ἴϲχων
⟨πολύ τι⟩ πολὺ παρὰ πόδα κράτος ἄρνυται.

Νε.   ἀλλ' ὅδε μὲν κλύει οὐδέν, ἐγὼ δ' ὁρῶ οὕνεκα
θήραν
τήνδ' ἁλίως ἔχομεν τόξων, δίχα τοῦδε
πλέοντες.   840

818 εἴ τι δὴ Hermann: τί δὲ δὴ a: ϲε τί δὴ T, v.l. in z: τι δὴ cett.
823 γε] δὲ Paris. gr. 2886 (i.e. Aristobulus Apostolides), et coni. Dindorf
826 ὡς] ἕως Wecklein   827 ἀλγέων] ἄλγεος Hermann
829 εὐαὴς] εὐαὲς Hermann   829–30 εὐαίων bis T, semel cett.
(etiam Ta)   830 ὦναξ] ἄναξ VTa, coni. Wilamowitz   ὄμμαϲι
SVrzt: -ιν La   ἀντίϲχοιϲ Musgrave e sch.: ἀντέχοιϲ codd.:
ἀμπίϲχοιϲ Burges   832 post prius ἴθι add. μοι QR, δ' Hermann
834 ποῖ LSVazt: ποῦ Kr   ϲοι Blaydes: μοι codd.   835 ἤδη]
εὕδει Herwerden   836 μένομεν Erfurdt: μενοῦμεν codd.
838 ⟨πολύ τι⟩ Hermann

ΦΙΛΟΚΤΗΤΗC

τοῦδε γὰρ ὁ cτέφανοc, τοῦτον θεὸc εἶπε
κομίζειν.
κομπεῖν δ' ἔργ' ἀτελῆ cὺν ψεύδεcιν αἰcχρὸν
ὄνειδοc.

Χο.　ἀλλά, τέκνον, τάδε μὲν θεὸc ὄψεται·　　　　　　ἀντ.
ὧν δ' ἂν κἀμείβῃ μ' αὖθιc, βαιάν μοι,
βαιάν, ὦ τέκνον, πέμπε λόγων φήμαν·　　　　　845
ὡc πάντων ἐν νόcῳ εὐδρακὴc
ὕπνοc ἄυπνοc λεύccειν.
ἀλλ' ὅ τι δύνᾳ μάκιcτον,
κεῖνο ⟨δή⟩ μοι,
κεῖνό ⟨μοι⟩ λαθραίωc　　　　　　　　　　　　　850
ἐξιδοῦ ὅπωc πράξειc.
οἶcθα γὰρ ὃν αὐδῶμαι·
εἰ ταὐτᾷ τούτῳ γνώμαν ἴcχειc,
μάλα τοι ἄπορα πυκινοῖc ἐνιδεῖν πάθη.

οὖρόc τοι, τέκνον, οὖροc· ἁ-　　　　　　　　　　ἐπ.
νὴρ δ' ἀνόμματοc, οὐδ' ἔχων ἀρωγάν,　　　　　856
ἐκτέταται νύχιοc—
ἀδεὴc ὕπνοc ἐcθλόc—
οὐ χερόc, οὐ ποδόc, οὔτινοc ἄρχων,　　　　　860
ἀλλά τιc ὡc Ἀίδᾳ πάρα κείμενοc.

842 ἔργ' Blaydes: ἐcτ' codd.　　　844 ⟨κ⟩ἀμείβῃ Hermann
846 φήμαν] φάμαν ZgT: φάτιν Nauck (servato ἀντέχοιc in 830)
849 δύνᾳ ls: δύναιο cett.　　　850 ⟨δή⟩ Hermann　　⟨μοι⟩ Kuiper
λαθραίωc Campbell: λάθρᾳ codd.　　　851 ὅπωc L s.l., G s.l.: ὅτι
πῶc Q: ὅτι cett. (etiam Λ)　　　852 ὃν l s.l., codd. plerique: ὧν lSV: ᾧ
a s.l.: ὅ γ' Dawe: ἂν Hermann　　　853 ταὐτᾷ Dobree: ταυτὰν hoc
accentu codd. plerique　　　ἴcχειc v.l. in l, Sa: ἔχειc codd. plerique
854 πυκνοῖcιν vel πυκινοῖcιν fere codd.: πυκινά τ' Parker: πυκίν'
Blaydes　　　855 ἀνήρ Brunck: ἀνὴρ codd.　　　859 del. Hartung
ἀδεὴc Reiske: ἀλεὴc codd.　　　ὕπνοc hic Lᵖᶜ et sch., SVazt, post ἐcθλὸc
LᵃᶜKr　　　860 οὔτινοc] οὐ φρενὸc Todt　　　861 τιc ὡc
Wunder: ὡc τιc codd. plerique (etiam Λ)　　　πάρα κείμενοc Dindorf:
παρακείμενοc codd.

329

ΣΟΦΟΚΛΕΟΥΣ

ὅρα, βλέπ' εἰ καίρια
φθέγγῃ· τὸ δ' ἁλώcιμον
ἐμᾷ φροντίδι, παῖ, πόνος
ὁ μὴ φοβῶν κράτιστος.

Νε.   cιγᾶν κελεύω, μηδ' ἀφεcτάναι φρενῶν.   865
κινεῖ γὰρ ἀνὴρ ὄμμα κἀνάγει κάρα.

Φι.   ὦ φέγγος ὕπνου διάδοχον, τό τ' ἐλπίδων
ἄπιcτον οἰκούρημα τῶνδε τῶν ξένων.
οὐ γάρ ποτ', ὦ παῖ, τοῦτ' ἂν ἐξηύχηc' ἐγώ,
τλῆναί c' ἐλεινῶc ὧδε τἀμὰ πήματα   870
μεῖναι παρόντα καὶ ξυνωφελοῦντά μοι.
οὔκουν Ἀτρεῖδαι τοῦτ' ἔτλησαν εὐφόρωc
οὕτωc ἐνεγκεῖν, ἀγαθοὶ cτρατηλάται.
ἀλλ' εὐγενὴc γὰρ ἡ φύcιc κἀξ εὐγενῶν,
ὦ τέκνον, ἡ cή, πάντα ταῦτ' ἐν εὐχερεῖ   875
ἔθου, βοῆc τε καὶ δυcοcμίαc γέμων.
καὶ νῦν ἐπειδὴ τοῦδε τοῦ κακοῦ δοκεῖ
λήθη τιc εἶναι κἀνάπαυλα δή, τέκνον,
cύ μ' αὐτὸc ἆρον, cύ με κατάcτηcον, τέκνον,
ἵν', ἡνίκ' ἂν κόποc μ' ἀπαλλάξῃ ποτέ,   880
ὁρμώμεθ' ἐc ναῦν μηδ' ἐπίcχωμεν τὸ πλεῖν.

Νε.   ἀλλ' ἥδομαι μέν c' εἰcιδὼν παρ' ἐλπίδα
ἀνώδυνον βλέποντα κἀμπνέοντ' ἔτι·
ὡc οὐκέτ' ὄντοc γὰρ τὰ cυμβόλαιά cου
πρὸc τὰc παρούcαc ξυμφορὰc ἐφαίνετο.   885
νῦν δ' αἶρε cαυτόν· εἰ δέ cοι μᾶλλον φίλον,

862 ὅρα, βλέπ' εἰ Hermann: ὁρᾷ, βλέπει codd.   863 φθέγγῃ
v.l. in **a**: -ου KVTa: -ει fere cett. (etiam Λ)   864 πόνος . . .
κράτιστος del. Dobree, huc traiecto v. 858   866 ἀνὴρ Brunck:
ἀνὴρ codd.   871 μοι] με K in linea, R   872 τοῦτ']
γ' αὖτ' Blaydes   εὐφόρωc Brunck: εὐπόρωc codd. plerique:
εὐπόνωc K   873 ἀγαθοὶ edd.: οἱ 'γαθοὶ **a**: ἀγαθοὶ cett. (etiam Λ)
878 λήθη τιc] λώφηcιc F. W. Schmidt   879 αὐτὸc] αὖθιc
Blaydes   cύ με . . . τέκνον] καὶ κατάcτηcον cύ με Zo
881 ἐc LSra: εἰc Vzt   884 cου **a**: cοι cett.

330

ΦΙΛΟΚΤΗΤΗС

οἴκουcί c' οἵδε· τοῦ πόνου γὰρ οὐκ ὄκνοc,
ἐπείπερ οὕτω coί τ' ἔδοξ' ἐμοί τε δρᾶν.

Φι. αἰνῶ τάδ', ὦ παῖ, καί μ' ἔπαιρ', ὥcπερ νοεῖc·
τούτουc δ' ἔαcον, μὴ βαρυνθῶcιν κακῇ   890
ὀcμῇ πρὸ τοῦ δέοντοc· οὑπὶ νηὶ γὰρ
ἅλιc πόνοc τούτοιcι cυνναίειν ἐμοί.

Νε. ἔcται τάδ'· ἀλλ' ἵcτω τε καὐτὸc ἀντέχου.

Φι. θάρcει· τό τοι cύνηθεc ὀρθώcει μ' ἔθοc.

Νε. παπαῖ· τί δῆτ' ⟨ἂν⟩ δρῷμ' ἐγὼ τοὐνθένδε γε;   895

Φι. τί δ' ἔcτιν, ὦ παῖ; ποῖ ποτ' ἐξέβηc λόγῳ;

Νε. οὐκ οἶδ' ὅπῃ χρὴ τἄπορον τρέπειν ἔποc.

Φι. ἀπορεῖc δὲ τοῦ cύ; μὴ λέγ', ὦ τέκνον, τάδε.

Νε. ἀλλ' ἐνθάδ' ἤδη τοῦδε τοῦ πάθουc κυρῶ.

Φι. οὐ δή cε δυcχέρεια τοῦ νοcήματοc   900
ἔπαιcεν ὥcτε μή μ' ἄγειν ναύτην ἔτι;

Νε. ἅπαντα δυcχέρεια, τὴν αὑτοῦ φύcιν
ὅταν λιπών τιc δρᾷ τὰ μὴ προcεικότα.

Φι. ἀλλ' οὐδὲν ἔξω τοῦ φυτεύcαντοc cύ γε
δρᾷc οὐδὲ φωνεῖc, ἐcθλὸν ἄνδρ' ἐπωφελῶν.   905

Νε. αἰcχρὸc φανοῦμαι· τοῦτ' ἀνιῶμαι πάλαι.

Φι. οὔκουν ἐν οἷc γε δρᾷc· ἐν οἷc δ' αὐδᾷc ὀκνῶ.

Νε. ὦ Ζεῦ, τί δράcω; δεύτερον ληφθῶ κακόc,
κρύπτων θ' ἃ μὴ δεῖ καὶ λέγων αἴcχιcτ' ἐπῶν;

Φι. ἀνὴρ ὅδ', εἰ μὴ 'γὼ κακὸc γνώμην ἔφυν,   910
προδούc μ' ἔοικε κἀκλιπὼν τὸν πλοῦν cτελεῖν.

---

887 οἴκουcί c' codd. plerique: οἴκουcιν QSZoT   888 οὕτω]
οὕτωc **a**   892 ἐμοί] ὁμοῦ Blaydes   893 ἔcται] ἔcτω
ZoT   894 μ' ἔθοc] μέ πωc Zo, coni. Blaydes   895 ⟨ἂν⟩
suppl. Schaefer et anon. (1810)   γε **a**: λέγε cett. (etiam Λ)
896 λόγῳ] λόγων Harleianus 5743, coni. Brunck   897 ὅπῃ
GRZgt: ὅποι cett.   901 ἔπαιcεν LSr: ἔπειcεν Vazt
902 αὑτοῦ Ra: αὐ- cett.   904 φυτεύcαντοc] 'μφυτευθέντοc
Tournier   906 πάλαι] πάλιν **l** in linea, Zo   907 γε
aZgT: τε codd. plerique   alterum ἐν] ἐφ' Nauck   δ' **a**Zg: τ' cett.
909 ἐπῶν] ἔπη **r**   910 ἀνὴρ edd.: ἀνήρ codd.   μὴ 'γὼ
UYZoT: μὴ κἀγὼ LSVZgTa   911 ἔοικε] -εν L

ΣΟΦΟΚΛΕΟΥΣ

Νε. λιπὼν μὲν οὐκ ἔγωγε, λυπηρῶς δὲ μὴ
     πέμπω σε μᾶλλον, τοῦτ᾽ ἀνιῶμαι πάλαι.
Φι. τί ποτε λέγεις, ὦ τέκνον; ὡς οὐ μανθάνω.
Νε. οὐδέν σε κρύψω· δεῖ γὰρ ἐς Τροίαν σε πλεῖν   915
     πρὸς τοὺς Ἀχαιοὺς καὶ τὸν Ἀτρειδῶν στόλον.
Φι. οἴμοι, τί εἶπας; Νε. μὴ στέναζε, πρὶν μάθῃς.
Φι. ποῖον μάθημα; τί με νοεῖς δρᾶσαί ποτε;
Νε. σῶσαι κακοῦ μὲν πρῶτα τοῦδ᾽, ἔπειτα δὲ
     ξὺν σοὶ τὰ Τροίας πεδία πορθῆσαι μολών.   920
Φι. καὶ ταῦτ᾽ ἀληθῆ δρᾶν νοεῖς; Νε. πολλὴ
                 κρατεῖ
     τούτων ἀνάγκη· καὶ σὺ μὴ θυμοῦ κλύων.
Φι. ἀπόλωλα τλήμων, προδέδομαι. τί μ᾽, ὦ ξένε,
     δέδρακας; ἀπόδος ὡς τάχος τὰ τόξα μοι.
Νε. ἀλλ᾽ οὐχ οἷόν τε· τῶν γὰρ ἐν τέλει κλύειν   925
     τό τ᾽ ἔνδικόν με καὶ τὸ συμφέρον ποεῖ.
Φι. ὦ πῦρ σὺ καὶ πᾶν δεῖμα καὶ πανουργίας
     δεινῆς τέχνημ᾽ ἔχθιστον, οἷά μ᾽ εἰργάσω,
     οἷ᾽ ἠπάτηκας· οὐδ᾽ ἐπαισχύνῃ μ᾽ ὁρῶν
     τὸν προστρόπαιον, τὸν ἱκέτην, ὦ σχέτλιε;   930
     ἀπεστέρηκας τὸν βίον τὰ τόξ᾽ ἑλών.
     ἀπόδος, ἱκνοῦμαί σ᾽, ἀπόδος, ἱκετεύω, τέκνον.
     πρὸς θεῶν πατρῴων, τὸν βίον με μὴ ἀφέλῃ.
     ὤμοι τάλας. ἀλλ᾽ οὐδὲ προσφωνεῖ μ᾽ ἔτι,
     ἀλλ᾽ ὡς μεθήσων μήποθ᾽, ὧδ᾽ ὁρᾷ πάλιν.   935
     ὦ λιμένες, ὦ προβλῆτες, ὦ ξυνουσίαι
     θηρῶν ὀρείων, ὦ καταρρῶγες πέτραι,
     ὑμῖν τάδ᾽, οὐ γὰρ ἄλλον οἶδ᾽ ὅτῳ λέγω,

---

913 virgulam ante μᾶλλον ponendam esse censuit Blaydes   πάλαι
l s.l., **Vazt**: πάλιν lSr   917 τί εἶπας] τί σ᾽ εἴπω Zg: τί δ᾽ εἶπας
Jebb   922 fortasse κλυών   924 τὰ QazT: om. cett.
926 πο(ι)εῖ] ποεῖν L   928 εἰργάσω] εἴργασαι Zo, coni.
Elmsley   933 με μὴ ἀφέλῃ Elmsley: μή μου ᾽φέλῃς **a**: μή μ᾽
ἀφέλῃς cett.   934 προσφωνεῖ S**Vrz**Ta: προφωνεῖ L:
προσφωνεῖν **a**T   936 ξυνουσίαι] -ία Suda s.v. προβλῆτες

332

ΦΙΛΟΚΤΗΤΗC

ἀνακλαίομαι παρούσι τοῖς εἰωθόσιν,
οἳ ἔργ' ὁ παῖς μ' ἔδρασεν οὐξ Ἀχιλλέως· 940
ὀμόσας ἀπάξειν οἴκαδ', ἐς Τροίαν μ' ἄγει·
προσθείς τε χεῖρα δεξιάν, τὰ τόξα μου
ἱερὰ λαβὼν τοῦ Ζηνὸς Ἡρακλέους ἔχει,
καὶ τοῖσιν Ἀργείοισι φήνασθαι θέλει,
ὡς ἄνδρ' ἑλὼν ἰσχυρὸν ἐκ βίας μ' ἄγει, 945
κοὐκ οἶδ' ἐναίρων νεκρόν, ἢ καπνοῦ σκιάν,
εἴδωλον ἄλλως. οὐ γὰρ ἂν σθένοντά γε
εἷλέν μ'· ἐπεὶ οὐδ' ἂν ὧδ' ἔχοντ', εἰ μὴ δόλῳ.
νῦν δ' ἠπάτημαι δύσμορος. τί χρή με δρᾶν;
⟨ἀλλ'⟩ ἀπόδος. ἀλλὰ νῦν ἔτ' ἐν σαυτοῦ γενοῦ. 950
τί φής; σιωπᾷς. οὐδέν εἰμ' ὁ δύσμορος.
ὦ σχῆμα πέτρας δίπυλον, αὖθις αὖ πάλιν
εἴσειμι πρὸς σὲ ψιλός, οὐκ ἔχων τροφήν·
ἀλλ' αὐανοῦμαι τῷδ' ἐν αὐλίῳ μόνος,
οὐ πτηνὸν ὄρνιν, οὐδὲ θῆρ' ὀρειβάτην 955
τόξοις ἐναίρων τοισίδ', ἀλλ' αὐτὸς τάλας
θανὼν παρέξω δαῖτ' ἀφ' ὧν ἐφερβόμην,
καί μ' οὓς ἐθήρων πρόσθε θηράσουσι νῦν·
φόνον φόνου δὲ ῥύσιον τείσω τάλας
πρὸς τοῦ δοκοῦντος οὐδὲν εἰδέναι κακόν. 960
ὄλοιο—μή πω, πρὶν μάθοιμ', εἰ καὶ πάλιν
γνώμην μετοίσεις· εἰ δὲ μή, θάνοις κακῶς.
Χο. τί δρῶμεν; ἐν σοὶ καὶ τὸ πλεῖν ἡμᾶς, ἄναξ,
ἤδη 'στὶ καὶ τοῖς τοῦδε προσχωρεῖν λόγοις.

939 del. Hermann   941 post ἀπάξειν add. μ' SRZo (μ' ante
ἄγει om. Zo)   942 προσθείς LSr: προθείς **Vazt**   945 ἑλὼν
Zg, Suda s.v. κακοπινέστατον: ἑλών μ' cett.   μ' LQZg, Sudae codd.
plerique: om. cett.   de pronomine iterando cogitavit Fraenkel
946 οἶδ' ἐναίρων] οἶδεν αἴρων G in linea, Suda   949 με δρᾶν]
ποιεῖν **a**, Suda   950 suppl. Turnebus   σαυτοῦ A: σαυτῷ cett.
(etiam Λ)   951 σιωπᾷς; Blaydes   954 αὐανοῦμαι γρ in
L et S: αὖ θανοῦμαι codd.   956 τοισίδ' voluit L^(pc) (τοῖσιν L^(ac)),
SGa: τοῖσδε VQRTa: τοῖς δέ γ' ZgT: τοῖσδ' ἔτ' Burges   957 ἀφ'
Wunder: ὑφ' codd.   964 τοῖς] τὸ Blaydes

ΣΟΦΟΚΛΕΟΥΣ

Νε. ἐμοὶ μὲν οἶκτος δεινὸς ἐμπέπτωκέ τις   965
  τοῦδ᾽ ἀνδρὸς οὐ νῦν πρῶτον, ἀλλὰ καὶ πάλαι.
Φι. ἐλέησον, ὦ παῖ, πρὸς θεῶν, καὶ μὴ παρῇς
  cαυτὸν βροτοῖς ὄνειδος, ἐκκλέψας ἐμέ.
Νε. οἴμοι, τί δράcω; μή ποτ᾽ ὤφελον λιπεῖν
  τὴν Cκῦρον· οὕτω τοῖς παροῦcιν ἄχθομαι.   970
Φι. οὐκ εἶ κακὸς cύ· πρὸς κακῶν δ᾽ ἀνδρῶν μαθὼν
  ἔοικας ἥκειν αἰcχρά. νῦν δ᾽ ἄλλοιcι δοὺς
  οἷς εἰκὸς ἔκπλει, τἄμ᾽ ἐμοὶ μεθεὶς ὅπλα.
Νε. τί δρῶμεν, ἄνδρες; Οδ. ὦ κάκιcτ᾽ ἀνδρῶν, τί
   δρᾷς;
  οὐκ εἶ μεθεὶς τὰ τόξα ταῦτ᾽ ἐμοὶ πάλιν;   975
Φι. οἴμοι, τίς ἀνήρ; ἆρ᾽ Ὀδυccέως κλύω;
Οδ. Ὀδυccέως, cάφ᾽ ἴcθ᾽, ἐμοῦ γ᾽, ὃν εἰcορᾷς.
Φι. οἴμοι· πέπραμαι κἀπόλωλ᾽· ὅδ᾽ ἦν ἄρα
  ὁ ξυλλαβών με κἀπονοcφίcας ὅπλων.
Οδ. ἐγώ, cάφ᾽ ἴcθ᾽, οὐκ ἄλλος· ὁμολογῶ τάδε.   980
Φι. ἀπόδος, ἄφες μοι, παῖ, τὰ τόξα. Οδ. τοῦτο
   μέν,
  οὐδ᾽ ἢν θέλῃ, δράcει ποτ᾽· ἀλλὰ καὶ cὲ δεῖ
  cτείχειν ἅμ᾽ αὐτοῖς, ἢ βίᾳ cτελοῦcί cε.
Φι. ἔμ᾽, ὦ κακῶν κάκιcτε καὶ τολμήcτατε,
  οἵδ᾽ ἐκ βίας ἄξουcιν; Οδ. ἢν μὴ ἕρπῃς
   ἑκών.   985
Φι. ὦ Λημνία χθὼν καὶ τὸ παγκρατὲς cέλας

966 καὶ πάλαι] καὶ πάλιν l in linea: πολλάκις Vγρ
967 παρῇς] -ῇ lT   968 cαυτὸν r: -οὐ cett.   971 δ᾽
LVazt: om. Sr   972 ἥκειν] ἀcκεῖν Bergk   ἄλλοιcι] ἄλλοις
cε Wakefield   973 οἷς] οἷ᾽ Dindorf   τἄμ᾽ ἐμοὶ Platt: τἀμά
μοι codd.   975 del. West, def. Ferrari   976 ἀνήρ Brunck:
ἀνήρ codd.   977 εἰcορᾷς] ἱcτορεῖς Sγρ   983 ἅμ᾽
αὐτοῖς] ὁμοῦ τοῖcδ᾽ Doederlein: ἅμ᾽ ἡμῖν Blaydes   cτελοῦcί cε]
cτελῶ c᾽ ἐγώ Blaydes: cτελοῦcιν οἵδε cε Hermann, deleto αὐτοῖς
984 ἔμ᾽] ἢ ᾽μ᾽ Wakefield: ἢ μ᾽ Erfurdt   τολμήcτατε lSGQa:
τολμίcτατε VRzt: τόλμης πέρα Pearson: τόλμης τέρας Housman
986 τὸ] cὺ Blaydes

334

ΦΙΛΟΚΤΗΤΗС

Ἡφαιστότευκτον, ταῦτα δῆτ' ἀνασχετά,
εἴ μ' οὗτος ἐκ τῶν cῶν ἀπάξεται βίᾳ;

Οδ. Ζεύς ἐcθ', ἵν' εἰδῆς, Ζεύς, ὁ τῆcδε γῆς κρατῶν,
Ζεύς, ᾧ δέδοκται ταῦθ'· ὑπηρετῶ δ' ἐγώ.   990

Φι. ὦ μῖcoc, οἷα κἀξανευρίσκεις λέγειν·
θεοὺς προτείνων τοὺς θεοὺς ψευδεῖς τίθης.

Οδ. οὔκ, ἀλλ' ἀληθεῖς. ἡ δ' ὁδὸς πορευτέα.

Φι. οὔ φημ'. Οδ. ἐγὼ δέ φημι. πειcτέον τάδε.

Φι. οἴμοι τάλας. ἡμᾶς μὲν ὡς δούλους cαφῶς   995
πατὴρ ἄρ' ἐξέφυcεν οὐδ' ἐλευθέρους.

Οδ. οὔκ, ἀλλ' ὁμοίους τοῖc ἀριστεῦcιν, μεθ' ὧν
Τροίαν c' ἑλεῖν δεῖ καὶ κατασκάψαι βίᾳ.

Φι. οὐδέποτέ γ'· οὐδ' ἢν χρῇ με πᾶν παθεῖν κακόν,
ἕως γ' ἂν ᾖ μοι γῆς τόδ' αἰπεινὸν βάθρον.   1000

Οδ. τί δ' ἐργαcείεις; Φι. κρᾶτ' ἐμὸν τόδ' αὐτίκα
πέτρᾳ πέτρας ἄνωθεν αἱμάξω πεcών.

Οδ. ξυλλάβετον αὐτόν· μὴ 'πὶ τῷδ' ἔcτω τάδε.

Φι. ὦ χεῖρες, οἷα πάcχετ' ἐν χρείᾳ φίλης
νευρᾶς, ὑπ' ἀνδρὸς τοῦδε cυνθηρώμεναι.   1005
ὦ μηδὲν ὑγιὲς μηδ' ἐλεύθερον φρονῶν,
οἷ' αὖ μ' ὑπῆλθες, ὥc μ' ἐθηράcω, λαβὼν
πρόβλημα cαυτοῦ παῖδα τόνδ' ἀγνῶτ' ἐμοί,
ἀνάξιον μὲν cοῦ, κατάξιον δ' ἐμοῦ,
ὃς οὐδὲν ᾔδει πλὴν τὸ προcταχθὲν ποεῖν,   1010

---

990 post Ζεύς add. δ' L^{pc}VTa   992 τίθης Auratus: τιθείς vel
τιθεῖς codd.   994 οὔ φημ'. Ὀδ. ἐγὼ δὲ Gernhard post Wake-
field: οὔ φημ' ἔγωγε codd.   997 ἀριστεῦcιν Nauck: ἀριcτεῦcι
G: ἀριcτεύcαcι R: ἀρίcτοιcιν cett.   999 οὐδέποτέ γ'] οὐ δή
ποτ' Zo   χρῇ Brunck: χρή L^{ac}: χρή cett.   με] γε GR   παθεῖν
codd. plerique: μαθεῖν L s.l., SQ   1000 γ' L^{ac}Vzt: δ' K: om. lSra
1001 ἐργαcείεις] -είας zT   τόδ'] τῇδ' Burges   1002 πέτρᾳ
⟨'κ⟩ Blaydes   1003 ξυλλάβετον Bernhardy: ξυλλάβετ'
codd. plerique (etiam Λ): ξυλλάβετέ γ' a: ξυμμάρψατ' M. Schmidt
αὐτὸν] τοῦτον T: ναῦται Hense   1007 οἷ' αὖ Hermann: οἷον
Zg, v.l. in a, coni. Blaydes: οἷα fere cett.   ὥc] ὅc r, coni. Wakefield
1010 ποεῖν LS: ποιεῖν cett.

335

δῆλος δὲ καὶ νῦν ἐστιν ἀλγεινῶς φέρων
οἷς τ' αὐτὸς ἐξήμαρτεν οἷς τ' ἐγὼ 'παθον.
ἀλλ' ἡ κακὴ σὴ διὰ μυχῶν βλέπουσ' ἀεὶ
ψυχή νιν ἀφυᾶ τ' ὄντα κού θέλονθ' ὅμως
εὖ προὐδίδαξεν ἐν κακοῖς εἶναι σοφόν.   1015
καὶ νῦν ἔμ', ὦ δύστηνε, συνδήσας νοεῖς
ἄγειν ἀπ' ἀκτῆς τῆσδ', ἐν ᾗ με προὐβάλου
ἄφιλον ἐρῆμον ἄπολιν ἐν ζῶσιν νεκρόν.
φεῦ.
ὄλοιο· καίτοι πολλάκις τόδ' ηὐξάμην.
ἀλλ' οὐ γὰρ οὐδὲν θεοὶ νέμουσιν ἡδύ μοι,   1020
σὺ μὲν γέγηθας ζῶν, ἐγὼ δ' ἀλγύνομαι
τοῦτ' αὔθ' ὅτι ζῶ σὺν κακοῖς πολλοῖς τάλας,
γελώμενος πρὸς σοῦ τε καὶ τῶν Ἀτρέως
διπλῶν στρατηγῶν, οἷς σὺ ταῦθ' ὑπηρετεῖς.
καίτοι σὺ μὲν κλοπῇ τε κἀνάγκῃ ζυγεὶς   1025
ἔπλεις ἅμ' αὐτοῖς, ἐμὲ δὲ τὸν πανάθλιον
ἑκόντα πλεύσανθ' ἑπτὰ ναυσὶ ναυβάτην
ἄτιμον ἔβαλον, ὡς σὺ φής, κεῖνοι δὲ σέ.
καὶ νῦν τί μ' ἄγετε; τί μ' ἀπάγεσθε; τοῦ χάριν;
ὃς οὐδέν εἰμι καὶ τέθνηχ' ὑμῖν πάλαι.   1030
πῶς, ὦ θεοῖς ἔχθιστε, νῦν οὐκ εἰμί σοι
χωλός, δυσώδης; πῶς θεοῖς ἔξεσθ', ὁμοῦ
πλεύσαντος, αἴθειν ἱερά; πῶς σπένδειν ἔτι;
[αὕτη γὰρ ἦν σοι πρόφασις ἐκβαλεῖν ἐμέ.]
κακῶς ὄλοισθ'· ὀλεῖσθε δ' ἠδικηκότες   1035

1012 prius τ' om. SGR   'παθον edd.: πάθον codd.
1014 ἀφυᾶ L. Dindorf: -ῇ codd.   1016 ἔμ'] σύ μ' Q: δέ μ' T
1019 καίτοι Wakefield: καί σοι vel καὶ σὺ codd.   ηὐξάμην LQ: εὐ-
L s.l., cett.   1023 τε a: γε cett. (etiam Λ)   1024 διπλῶν]
διϲϲῶν a   1025 κἀνάγκῃ] κἀπάτῃ GR (lectio ex sch. orta)
1028 ἔβαλον LaZo: ἐξέβαλον Sr, T s.l.: ἔκβαλον ZgT: ἐκβάλλον Ta
1032 ἔξεσθ' Pierson: εὔξεσθ' codd.   ὁμοῦ Gγρ, coni. Gernhard:
ἐμοῦ codd.   1034 del. Mollweide   1035 ὀλεῖσθε Brunck:
ὄλοισθε codd.

ΦΙΛΟΚΤΗΤΗС

τὸν ἄνδρα τόνδε, θεοῖσιν εἰ δίκης μέλει.
ἔξοιδα δ' ὡς μέλει γ'· ἐπεὶ οὔποτ' ἂν στόλον
ἐπλεύσατ' ἂν τόνδ' οὕνεκ' ἀνδρὸς ἀθλίου—
εἰ μή τι κέντρον θεῖον ἦγ' ὑμᾶς—ἐμοῦ.
ἀλλ', ὦ πατρῷα γῆ θεοί τ' ἐπόψιοι,   1040
τείσασθε τείσασθ' ἀλλὰ τῷ χρόνῳ ποτὲ
ξύμπαντας αὐτούς, εἴ τι κἄμ' οἰκτίρετε.
ὡς ζῶ μὲν οἰκτρῶς, εἰ δ' ἴδοιμ' ὀλωλότας
τούτους, δοκοῖμ' ἂν τῆς νόσου πεφευγέναι.

Χο. βαρύς τε καὶ βαρεῖαν ὁ ξένος φάτιν   1045
τήνδ' εἶπ', Ὀδυσσεῦ, κοὐχ ὑπείκουσαν κακοῖς.

Οδ. πόλλ' ἂν λέγειν ἔχοιμι πρὸς τὰ τοῦδ' ἔπη,
εἴ μοι παρείκοι· νῦν δ' ἑνὸς κρατῶ λόγου.
οὗ γὰρ τοιούτων δεῖ, τοιοῦτός εἰμ' ἐγώ·
χὤπου δικαίων κἀγαθῶν ἀνδρῶν κρίσις,   1050
οὐκ ἂν λάβοις μου μᾶλλον οὐδέν' εὐσεβῆ.
νικᾶν γε μέντοι πανταχοῦ χρῄζων ἔφυν,
πλὴν ἐς σέ· νῦν δὲ σοί γ' ἑκὼν ἐκστήσομαι.
ἄφετε γὰρ αὐτόν, μηδὲ προσψαύσητ' ἔτι.
ἐᾶτε μίμνειν. οὐδὲ σοῦ προσχρῄζομεν,   1055
τά γ' ὅπλ' ἔχοντες ταῦτ'· ἐπεὶ πάρεστι μὲν
Τεῦκρος παρ' ἡμῖν, τήνδ' ἐπιστήμην ἔχων,
ἐγώ θ', ὃς οἶμαι σοῦ κάκιον οὐδὲν ἂν
τούτων κρατύνειν, μηδ' ἐπιθύνειν χερί.
τί δῆτα σοῦ δεῖ; χαῖρε τὴν Λῆμνον πατῶν.   1060
ἡμεῖς δ' ἴωμεν. καὶ τάχ' ἂν τὸ σὸν γέρας
τιμὴν ἐμοὶ νείμειεν, ἣν σὲ χρῆν ἔχειν.

Φι. οἴμοι· τί δράσω δύσμορος; σὺ τοῖς ἐμοῖς

1037 δ' lVzt: γ' cett.   1039 post ὑμᾶς interpunxit Brunck
1043 ὡς] ὃς Auratus   1048 παρείκοι] -ήκοι QVt
1051 μου **razt**: om. LSV   1052 χρῄζων] κρείσσων γρ in lSr
(κρείττων Vgl.)   1055 οὐδὲ] οὔτι Wakefield   σοῦ] σου **a**
1058 θ'] δ' Benedict   1059 κρατύνειν μηδ'] κρατύνων
τῇδ' Pflugk   1062 σὲ χρῆν Ellendt: σ' ἐχρῆν fere
codd.

337

ΣΟΦΟΚΛΕΟΥΣ

ὅπλοισι κοσμηθεὶς ἐν Ἀργείοις φανῇ;

Οδ. μή μ' ἀντιφώνει μηδέν, ὡς στείχοντα δή.　　　1065

Φι. ὦ σπέρμ' Ἀχιλλέως, οὐδὲ σοῦ φωνῆς ἔτι
γενήσομαι προσφθεγκτός, ἀλλ' οὕτως ἄπει;

Οδ. χώρει σύ· μὴ πρόσλευσσε, γενναῖός περ ὤν,
ἡμῶν ὅπως μὴ τὴν τύχην διαφθερεῖς.

Φι. ἦ καὶ πρὸς ὑμῶν ὧδ' ἐρῆμος, ὦ ξένοι,　　　1070
λειφθήσομαι δὴ κοὐκ ἐποικτερεῖτέ με;

Χο. ὅδ' ἐστὶν ἡμῶν ναυκράτωρ ὁ παῖς. ὅσ' ἂν
οὗτος λέγῃ σοι, ταῦτά σοι χἠμεῖς φαμεν.

Νε. ἀκούσομαι μὲν ὡς ἔφυν οἴκτου πλέως
πρὸς τοῦδ'· ὅμως δὲ μείνατ', εἰ τούτῳ δοκεῖ,　　　1075
χρόνον τοσοῦτον, εἰς ὅσον τά τ' ἐκ νεὼς
στείλωσι ναῦται καὶ θεοῖς εὐξώμεθα.
χοὗτος τάχ' ἂν φρόνησιν ἐν τούτῳ λάβοι
λῴω τιν' ἡμῖν. νὼ μὲν οὖν ὁρμώμεθον,
ὑμεῖς δ', ὅταν καλῶμεν, ὁρμᾶσθαι ταχεῖς.　　　1080

Φι. ὦ κοίλας πέτρας γύαλον　　　　　　　στρ. α'
θερμὸν καὶ παγετῶδες, ὥς
σ' οὐκ ἔμελλον ἄρ', ὦ τάλας,
λείψειν οὐδέποτ', ἀλλά μοι
καὶ θνῄσκοντι συνείσῃ.　　　　　　　　1085
ὤμοι μοί μοι.
ὦ πληρέστατον αὔλιον
λύπας τᾶς ἀπ' ἐμοῦ τάλαν,
τίπτ' αὖ μοι τὸ κατ' ἦμαρ ἔσται;

1064 ὅπλοισι ... Ἀργείοις] ὅπλοις ἐν Ἀργείοισι κοσμηθεὶς
Mekler　　　1069 post ἡμῶν add. γ' Zo　　　διαφθερεῖς Lazt:
-αρῆς Sr: -αρείς V　　　1071 λειφθήσομαι δή Wakefield: λει-
φθήσομ' ἤδη codd.　　　1073 ταῦτα] ταύτά F. Schultz
1076 τ' ἐκ] τῆς Tournier　　　1078 χοῦτος] χοῦτως v.l. in r
1079 ὁρμώμεθον] -μεθα S, G in linea, coni. Elmsley　　　1082 post
θερμὸν add. τε codd. praeter T　　　1083 ὦ Blaydes: ὧ L: ὦ vel ὁ
cett.　　　1085 συνείσῃ Reiske: συνοίσῃ codd.　　　1086 ὤμοι]
οἴμοι a　　　1089 τίπτ' Musgrave: τί ποτ' codd.

ΦΙΛΟΚΤΗΤΗС

τοῦ ποτε τεύξομαι   1090
cιτονόμου μέλεος πόθεν ἐλπίδος;
ἴθ᾽ αἱ πρόсθ᾽ ἄνω
πτωκάδες ὀξυτόνου διὰ πνεύματος·
ἅλωсιν οὐκέτ᾽ ἴсχω.

Χο.   cύ τοι κατηξίωсας, ὦ βαρύποτμε, κοὐκ   1095
ἄλλοθεν ἁ τύχα ἅδ᾽ ἀπὸ μείζονος·
εὖτέ γε παρὸν φρονῆсαι
λωίονος δαίμονος εἵλου τὸ κάκιον αἰνεῖν.   1100

Φι.   ὦ τλάμων τλάμων ἄρ᾽ ἐγὼ   ἀντ. α΄
καὶ μόχθῳ λωβατός, ὃс ἤ-
δη μετ᾽ οὐδενὸс ὕсτερον
ἀνδρῶν εἰсοπίсω τάλας
ναίων ἐνθάδ᾽ ὀλοῦμαι,   1105
αἰαῖ αἰαῖ,
οὐ φορβὰν ἔτι προсφέρων,
οὐ πτανῶν ἀπ᾽ ἐμῶν ὅπλων
κραταιαῖс μετὰ χερсὶν ἴсχων·   1110
ἀλλά μοι ἄсκοπα
κρυπτά τ᾽ ἔπη δολερᾶс ὑπέδυ φρενός·
ἰδοίμαν δέ νιν,
τὸν τάδε μηсάμενον, τὸν ἴсον χρόνον
ἐμὰс λαχόντ᾽ ἀνίαс.   1115

1092 ἴθ᾽ αἱ πρόсθ᾽ Hermann: εἴθ᾽ αἰθέρος codd.: πέλειαι δ᾽ Jebb
1093 πτωκάδεс] πτωχάδεс, πτωμάδεс, πρωτάδεс, δρομάδεс Lγρ
1094 ἅλωсιν Jeep: ἔλωсί μ᾽ codd.: ἑλώсιν Erfurdt   οὐκέτ᾽ ἴсχω
Dissen: οὐ γὰρ ἔτ᾽ ἰсχύω codd.   1095 cύ τοι semel KS, bis cett.
κοὐκ SQ, coni. Erfurdt: οὐκ cett.   1097 ἁ τύχα ἅδ᾽ Dindorf: ἔχῃ
τύχᾳ τᾷδ᾽ codd.   1100 λωίονος Bothe: τοῦ λῴονος codd.:
λῴονος ἐκ Pearson: τοῦ πλέονος Hermann (πλείονος sch.)   αἰνεῖν
Hermann: ἐλεῖν codd.: ἀντλεῖν B. Arnold   1101 ὦ ZoT: ὤ cett.
τλάμων bis codd. plerique: τλῆμον SrZg   1104 ἀνδρῶν]
φωτῶν Meineke   1109 πτανῶν LaztGγρ: πτανὸν KSVr
1111 ἄсκοπα] ἄψοφα γρ ap. t et sch. vet.   1115 ἐμὰс at: ἐμᾶс
cett.: ἐμοὶ dubitanter Blaydes

339

Χο.   πότμος ce δαιμόνων τάδ', οὐδὲ cέ γε δόλος
      ἔcχ' ὑπὸ χειρὸc ἐμᾶc· cτυγερὰν ἔχε
      δύcποτμον ἀρὰν ἐπ' ἄλλοιc.   1120
      καὶ γὰρ ἐμοὶ τοῦτο μέλει, μὴ φιλότητ' ἀπώcῃ.

Φι.   οἴμοι μοι, καί που πολιᾶc   cτρ. β'
      πόντου θινὸc ἐφήμενος,
      γελᾷ μου, χερὶ πάλλων   1125
      τὰν ἐμὰν μελέου τροφάν,
      τὰν οὐδείc ποτ' ἐβάcταcεν.
      ὦ τόξον φίλον, ὦ φίλων
      χειρῶν ἐκβεβιαcμένον,
      ἦ που ἐλεινὸν ὁρᾷc, φρέναc εἴ τιναc   1130
      ἔχειc, τὸν Ἡράκλειον
      ἄθλιον ὧδέ cοι
      οὐκέτι χρηcόμενον τὸ μεθύcτερον,
      ἀλλ' ἐν μεταλλαγᾷ ⟨χεροῖν⟩
      πολυμηχάνου ἀνδρὸc ἐρέccῃ,   1135
      ὁρῶν μὲν αἰcχρὰc ἀπάταc,
      cτυγνόν τε φῶτ' ἐχθοδοπόν,
      μυρί' ἀπ' αἰcχρῶν ἀνατέλ-
      λονθ' ὃc ἐφ' ἡμῖν κάκ' ἐμήcατ' ἔργων.

Χο.   ἀνδρόc τοι τὸ μὲν ὂν δίκαιον εἰπεῖν,   1140
      εἰπόντοc δὲ μὴ φθονερὰν
      ἐξῶcαι γλώccαc ὀδύναν.
      κεῖνοc δ' εἷc ἀπὸ πολλῶν

1116 πότμος iterat Erfurdt   γε LGRa: om. SQVzt
1120 ἀρὰν semel GR, bis cett.   1125 μου] μοι Cavallin   χερὶ
GRT: χειρὶ cett.   1130 ἐλεινὸν Brunck: ἐλεεινὸν codd.
1132 ἄθλιον LaZo: ἄθλον cett. et γρ in L et a: ἄρθμιον Erfurdt
1134 ἀλλ'] ἄλλου δ' Hermann   suppl. Stinton post Hartung
1135 ἐρέccῃ] ἑλίccῃ Wecklein   1137 τε] δὲ Turnebus
1138 μυρί' ἀπ'] μυρία τ' Fröhlich   αἰcχρῶν] ἀθρῶν Kaibel   ὃc
V, coni. Bothe: ὅc' cett.   1139 ἔργων Blaydes: Ὀδυccεύc codd.:
ὦ Ζεῦ Dindorf: οὗτοc Campbell: οὐδείc Arndt   1140 ὂν Kells:
εὖ codd. (post δίκαιον r): οἷ Axt

ΦΙΛΟΚΤΗΤΗС

ταχθεὶς τοῦδ᾽ ἐφημοςύνᾳ
κοινὰν ἤνυςεν ἐς φίλους ἀρωγάν.　1145

Φι.　ὦ πταναὶ θῆραι χαροπῶν τ᾽　　　　ἀντ. β΄
ἔθνη θηρῶν, οὓς ὅδ᾽ ἔχει
χῶρος οὐρεςιβώτας,
φυγᾷ μηκέτ᾽ ἀπ᾽ αὐλίων
ἐλᾶτ᾽· οὐ γὰρ ἔχω χεροῖν　　　　　　　1150
τὰν πρόςθεν βελέων ἀλκάν,
ὦ δύςτανος ἐγὼ τανῦν.
ἀλλ᾽ ἀνέδην—ὅδε χωλὸς ἐρύκομαι,
οὐκέτι φοβητὸς ὑμῖν—
ἕρπετε, νῦν καλὸν　　　　　　　　　　1155
ἀντίφονον κορέςαι ςτόμα πρὸς χάριν
ἐμᾶς ⟨γε⟩ ςαρκὸς αἰόλας.
ἀπὸ γὰρ βίον αὐτίκα λείψω·
πόθεν γὰρ ἔςται βιοτά;
τίς ὧδ᾽ ἐν αὔραις τρέφεται,　　　　　1160
μηκέτι μηδενὸς κρατύ-
νων ὅςα πέμπει βιόδωρος αἶα;

Χο.　πρὸς θεῶν, εἴ τι ςέβῃ ξένον, πέλαςςον,
εὐνοίᾳ πάςᾳ πελάταν·
ἀλλὰ γνῶθ᾽, εὖ γνῶθ᾽· ἐπὶ ςοὶ　　　1165

1144 τοῦδ᾽] τῶνδ᾽ Gernhard: τοῦτ᾽ Musgrave: τάνδ᾽ Blaydes
ἐφημοςύνᾳ codd. plerique: εὐφ- V: εὐφ- t: ὑφ- Zr, coni. Hermann
1146 πταναὶ a: πτη- cett.　　1148 οὐρεςιβώτας (vel -βότας)
codd. plerique: οὐρεςςι- L: -βάτας AZo　　1149 μηκέτ᾽ Auratus:
μ᾽ οὐκέτ᾽ codd.　　1150 ἐλᾶτ᾽ Canter: πελᾶτ᾽ codd.: πηδᾶτ᾽ Jebb
1151 πρόςθεν Vzt: πρόςθε cett.　　ἀλκάν] ἀκμάν Hermann
1152 ὦ edd.: ὢ codd.　　1153 ὅδε] ὅτε Wecklein　　χωλὸς
Porson: χῶρος codd.: χωρὶς Headlam　　ἐρύκομαι Blaydes: ἐρύκεται
codd.: ἄρ᾽ οὐκέτι Jebb　　1156 post κορέςαι add. τε SVGRTa
1157 ἐμᾶς ⟨γε⟩ nos: ἐμᾶς codd. nisi quod T τάςδ᾽ praebet:
ἐν δαιτὶ Stinton　　1163 πέλαςςον LAY: πέλαςον
cett.　　1165 ἐπὶ ςοὶ Seyffert: ὅτι ςοι codd.: ὅτι ςὸν
Dindorf

341

ΣΟΦΟΚΛΕΟΥΣ

κῆρα τάνδ' ἀποφεύγειν.
οἰκτρὰ γὰρ βόσκειν, ἀδαὴς δ'
ὀχεῖν μυρίον ἄχθος ᾧ ξυνοικεῖ.

Φι.　πάλιν πάλιν παλαιὸν ἄλ-　　　　　　　ἐπ.
　　γημ' ὑπέμνασας, ὦ　　　　　　　　　　1170
　　λῷστε τῶν πρὶν ἐντόπων.
　　τί μ' ὤλεσας; τί μ' εἴργασαι;
Χο.　τί τοῦτ' ἔλεξας; Φι. εἰ σὺ τὰν ἐμοὶ
　　στυγερὰν Τρῳάδα γᾶν μ' ἤλπισας ἄξειν.　　1175
Χο.　τόδε γὰρ νοῶ κράτιστον.
Φι.　ἀπό νύν με λείπετ' ἤδη.
Χο.　φίλα μοι, φίλα ταῦτα παρήγγει-
　　λας ἑκόντι τε πράσσειν.
　　ἴωμεν ἴωμεν
　　ναὸς ἵν' ἡμῖν τέτακται.　　　　　　　　1180
Φι.　μή, πρὸς ἀραίου Διός, ἔλ-
　　θῃς, ἱκετεύω. Χο. μετρίαζ'.
Φι.　ὦ ξένοι,
　　μείνατε, πρὸς θεῶν. Χο. τί θροεῖς;　　1185
Φι.　αἰαῖ αἰαῖ,
　　δαίμων δαίμων· ἀπόλωλ' ὁ τάλας·
　　ὦ πούς, πούς, τί σ' ἔτ' ἐν βίῳ
　　τεύξω τῷ μετόπιν, τάλας;
　　ὦ ξένοι, ἔλθετ' ἐπήλυδες αὖθις.　　　　1190
Χο.　τί ῥέξοντες; ἀλλόκοτος

1166 ἀποφεύγειν] -φυγεῖν zT et novit sch. L　　　1168 ὀχεῖν
Zg, novit sch. L: ἔχειν cett.　　ᾧ Sa: ὃ cett.　　1174 ἐμοὶ codd.: del.
Hartung　　1175 γᾶν] γαῖαν a　　μ' ἤλπισας a: ἤλπισάς μ' cett.
1177 ἤδη] ὧδε z　　　　　　1178 alterum φίλα del. Hartung
1179 τε] γε Nauck　　ἴωμεν bis codd. plerique: ἴομεν LS, v.l. in a
1187 δαίμων bis LSVat: δαῖμον bis rz　　ὁ LᵖᶜzT: ὦ K et cett.
1188 τί codd. plerique: τίς KGAU　　　1191 ῥέξοντες] -τος
Vauvilliers　　1191-2 ἀλλόκοτος γνώμα . . . ἂν Page: -κότῳ -ᾳ
. . . ὦν codd.

ΦΙΛΟΚΤΗΤΗΣ

γνώμα τῶν πάρος ἂν προφαίνεις.

Φι. οὔτοι νεμεσητὸν
ἀλύοντα χειμερίῳ
λύπᾳ καὶ παρὰ νοῦν θροεῖν.   1195

Χο. βᾶθί νυν, ὦ τάλαν, ὥς σε κελεύομεν.

Φι. οὐδέποτ' οὐδέποτ', ἴσθι τόδ' ἔμπεδον,
οὐδ' εἰ πυρφόρος ἀστεροπητὴς
βροντᾶς αὐγαῖς μ' εἰσι φλογίζων.
ἐρρέτω Ἴλιον, οἵ θ' ὑπ' ἐκείνῳ   1200
πάντες ὅσοι τόδ' ἔτλασαν ἐμοῦ ποδὸς
ἄρθρον ἀπῶσαι.
ὦ ξένοι, ἕν γέ μοι εὖχος ὀρέξατε.

Χο. ποῖον ἐρεῖς τόδ' ἔπος; Φι. ξίφος, εἴ ποθεν,
ἢ γένυν, ἢ βελέων τι, προπέμψατε.   1205

Χο. ὡς τίνα ⟨δὴ⟩ ῥέξῃς παλάμαν ποτέ;

Φι. κρᾶτα καὶ ἄρθρ' ἀπὸ πάντα τέμω χερί·
φονᾷ φονᾷ νόος ἤδη.

Χο. τί ποτε; Φι. πατέρα ματεύων.   1210

Χο. ποῖ γᾶς; Φι. ἐς Ἅιδου.
οὐ γάρ ἐστ' ἐν φάει γ' ἔτι.
ὦ πόλις πόλις πατρία,
πῶς ἂν εἰσίδοιμ'
ἄθλιός σ' ἀνήρ,
ὅς γε σὰν λιπὼν ἱερὰν   1215

1192 προφαίνεις Pearson: προύφαινες Srzt: προύφανες LVa
1193 νεμεσητὸν] -εσσητὸν LS: -τόν ⟨μ'⟩ Page   1194 ἀλύοντα]
σαλεύοντα Earle   1196 ὥς σε codd. plerique: οἱ σε Reiske
1199 βροντᾶς sch.: -αῖς codd.   αὐγαῖς sch.: αὐταῖς codd.
1200 ὑπ'] ἐπ' z   ἐκείνῳ] ἐκεῖνο S, v.l. in r   1203 ante ὦ
praebent ἀλλ' codd.: del. Erfurdt   1206 suppl. Hermann
1207 κρᾶτα] χρῶτα Hermann   ἀπὸ πάντα huc traiecit Bergk:
post κρᾶτα praebent codd.   τέμω LRaz: τεμῶ SVGQt
1209 νόος LSQzt: νόσος VGRa   1210 ματεύων LSVa:
μαστεύων cett.   1211 ἐς GRa: εἰς cett.   1212 ἐστ'] ἔτ' z: del.
Hermann   1213 alterum πόλις Gleditsch: ὦ πόλις codd.: ὦ Dindorf
1214 εἰσίδοιμ' ἄθλιός σ' Dindorf: εἰσίδοιμί σ' ἄθλιός γ' codd.

343

ΣΟΦΟΚΛΕΟΥΣ

λιβάδ᾽ ἐχθροῖc ἔβαν Δαναοῖc
ἀρωγόc· ἔτ᾽ οὐδέν εἰμι.

[Χο. ἐγὼ μὲν ἤδη καὶ πάλαι νεὼc ὁμοῦ
cτείχων ἂν ἦν cοι τῆc ἐμῆc, εἰ μὴ πέλαc
Ὀδυccέα cτείχοντα τόν τ᾽ Ἀχιλλέωc   1220
γόνον πρὸc ἡμᾶc δεῦρ᾽ ἰόντ᾽ ἐλεύccομεν.]

Οδ. οὐκ ἂν φράcειαc ἥντιν᾽ αὖ παλίντροποc
κέλευθον ἕρπειc ὧδε cὺν cπουδῇ ταχύc;
Νε. λύcων ὅc᾽ ἐξήμαρτον ἐν τῷ πρὶν χρόνῳ.
Οδ. δεινόν γε φωνεῖc· ἡ δ᾽ ἁμαρτία τίc ἦν;   1225
Νε. ἣν cοὶ πιθόμενοc τῷ τε cύμπαντι cτρατῷ—
Οδ. ἔπραξαc ἔργον ποῖον ὧν οὔ cοι πρέπον;
Νε. ἀπάταιcιν αἰcχραῖc ἄνδρα καὶ δόλοιc ἑλών.
Οδ. τὸν ποῖον; ὤμοι· μῶν τι βουλεύῃ νέον;
Νε. νέον μὲν οὐδέν, τῷ δὲ Ποίαντοc τόκῳ—   1230
Οδ. τί χρῆμα δράcειc; ὥc μ᾽ ὑπῆλθέ τιc φόβοc.
Νε. παρ᾽ οὗπερ ἔλαβον τάδε τὰ τόξ᾽, αὖθιc πάλιν—
Οδ. ὦ Ζεῦ, τί λέξειc; οὔ τί που δοῦναι νοεῖc;
Νε. αἰcχρῶc γὰρ αὐτὰ κοὐ δίκῃ λαβὼν ἔχω.
Οδ. πρὸc θεῶν, πότερα δὴ κερτομῶν λέγειc
     τάδε;   1235
Νε. εἰ κερτόμηcίc ἐcτι τἀληθῆ λέγειν.
Οδ. τί φήc, Ἀχιλλέωc παῖ; τίν᾽ εἴρηκαc λόγον;
Νε. δὶc ταὐτὰ βούλῃ καὶ τρὶc ἀναπολεῖν μ᾽ ἔπη;
Οδ. ἀρχὴν κλύειν ἂν οὐδ᾽ ἅπαξ ἐβουλόμην.
Νε. εὖ νῦν ἐπίcτω πάντ᾽ ἀκηκοὼc λόγον.   1240

1218–21 del. Mekler: graviter corruptas esse credidit Nauck
1218 ὁμοῦ LVazt: ἐγγὺc L s.l., Sr (λείπει ἐγγὺc interpretatio in a)
1219 ἤν] ἦ Elmsley, recte quidem, si Sophoclis v. esset   1222 οὐκ
LrazT: οὐδ᾽ L s.l., SVTa   1226 πιθόμενοc a: πειθ- codd.
plerique   1231 post χρῆμα add. τί LVr   τιc] τοι Seyffert
1233 οὔ] ἦ r   1235 δὴ a: om. cett.: cὺ Hermann
1236 ⟨γ᾽⟩ ἐcτὶ Herwerden   1238 ταὐτὰ LGRS: ταῦτα cett.
1240 punctum post ἐπίcτω habet L   ἀκηκοὼc LVQRZgt:
ἀκήκοαc cett.

ΦΙΛΟΚΤΗΤΗC

Οδ. ἔστιν τις ἔστιν ὅς ϲε κωλύϲει τὸ δρᾶν.

Νε. τί φῄς; τίϲ ἔϲται μ᾽ οὑπικωλύϲων τάδε;

Οδ. ξύμπας Ἀχαιῶν λαός, ἐν δὲ τοῖϲ ἐγώ.

Νε. ϲοφὸϲ πεφυκὼϲ οὐδὲν ἐξαυδᾷϲ ϲοφόν.

Οδ. ϲὺ δ᾽ οὔτε φωνεῖϲ οὔτε δραϲείειϲ ϲοφά.　　　　1245

Νε. ἀλλ᾽ εἰ δίκαια, τῶν ϲοφῶν κρείϲϲω τάδε.

Οδ. καὶ πῶϲ δίκαιον, ἃ γ᾽ ἔλαβεϲ βουλαῖϲ ἐμαῖϲ,
πάλιν μεθεῖναι ταῦτα; Νε. τὴν ἁμαρτίαν
αἰϲχρὰν ἁμαρτὼν ἀναλαβεῖν πειράϲομαι.

Οδ. ϲτρατὸν δ᾽ Ἀχαιῶν οὐ φοβῇ, πράϲϲων τάδε;　　1250

Νε. ξὺν τῷ δικαίῳ τὸν ϲὸν οὐ ταρβῶ ⟨ϲτρατόν.

Οδ. x – ◡ – x – ◡ – x –⟩ φόβον.

Νε. ἀλλ᾽ οὐδέ τοι ϲῇ χειρὶ πείθομαι τὸ δρᾶν.

Οδ. οὔ τἄρα Τρωϲίν, ἀλλὰ ϲοὶ μαχούμεθα.

Νε. ἔϲτω τὸ μέλλον. Οδ. χεῖρα δεξιὰν ὁρᾷϲ
κώπηϲ ἐπιψαύουϲαν; Νε. ἀλλὰ κἀμέ τοι　　　　1255
ταὐτὸν τόδ᾽ ὄψῃ δρῶντα κοὐ μέλλοντ᾽ ἔτι.

Οδ. καίτοι ϲ᾽ ἐάϲω· τῷ δὲ ϲύμπαντι ϲτρατῷ
λέξω τάδ᾽ ἐλθών, ὅϲ ϲε τιμωρήϲεται.

Νε. ἐϲωφρόνηϲαϲ· κἂν τὰ λοίφ᾽ οὕτω φρονῇϲ,
ἴϲωϲ ἂν ἐκτὸϲ κλαυμάτων ἔχοιϲ πόδα.　　　　1260
ϲὺ δ᾽, ὦ Ποίαντοϲ παῖ, Φιλοκτήτην λέγω,
ἔξελθ᾽, ἀμείψαϲ τάϲδε πετρήρειϲ ϲτέγαϲ.

Φι. τίϲ αὖ παρ᾽ ἄντροιϲ θόρυβοϲ ἵϲταται βοῆϲ;
τί μ᾽ ἐκκαλεῖϲθε; τοῦ κεχρημένοι, ξένοι;
ὤμοι· κακὸν τὸ χρῆμα. μῶν τί μοι μέγα　　　　1265
πάρεϲτε πρὸϲ κακοῖϲι πέμποντεϲ κακόν;

1242 ἔϲται] ἐϲτι Ebner　　　1243 τοῖϲ z, coni. Buttmann: τοῖϲδ᾽
cett.　　　1245 ϲοφά Brunck: ϲοφόν codd.　　　1251 ϲτρατόν
Hermann, qui lacunam indicavit: φόβον codd., quod in finem v. 1251b
traiecit Jackson　　　1252–6 personarum vices varie turbant codd.
1252 πείθομαι codd. (sed πειϲθήϲομαι sch. et T interpr.): πείϲομαι
Bothe　　　1255 ἐπιψαύουϲαν] -ϲουϲαν KSV　　　1261 ϲὺ] ϲοὶ
a, quo accepto Φιλοκτήτηϲ Matthiae　　　1265 μέγα] νέον
Schneidewin: νέα Brunck　　　1266 κακόν] κακά L in
linea

345

Νε.   θάρсει· λόγους δ' ἄκουсον οὒς ἥκω φέρων.

Φι.   δέδοικ' ἔγωγε. καὶ τὰ πρὶν γὰρ ἐκ λόγων
      καλῶν κακῶς ἔπραξα, coῖс πειсθεὶс λόγοιс.

Νε.   οὔκουν ἔνεсτι καὶ μεταγνῶναι πάλιν;   1270

Φι.   τοιοῦτος ἦсθα τοῖс λόγοιсι χὤτε μου
      τὰ τόξ' ἔκλεπτες, πιстόс, ἀτηρὸс λάθρᾳ.

Νε.   ἀλλ' οὒ τι μὴν νῦν· βούλομαι δέ сου κλύειν,
      πότερα δέδοκταί сοι μένοντι καρτερεῖν,
      ἢ πλεῖν μεθ' ἡμῶν. Φι. παῦε, μὴ λέξῃс
          πέρα.   1275
      μάτην γὰρ ἂν εἴπῃс γε πάντ' εἰρήсεται.

Νε.   οὕτω δέδοκται; Φι. καὶ πέρα γ' ἴсθ' ἢ λέγω.

Νε.   ἀλλ' ἤθελον μὲν ἄν сε πειсθῆναι λόγοιс
      ἐμοῖсιν· εἰ δὲ μή τι πρὸс καιρὸν λέγων
      κυρῶ, πέπαυμαι. Φι. πάντα γὰρ φράсειс
          μάτην·   1280
      οὐ γάρ ποτ' εὔνουν τὴν ἐμὴν κτήсῃ φρένα,
      ὅстιс γ' ἐμοῦ δόλοιсι τὸν βίον λαβὼν
      ἀπεстέρηκαс· κᾆτα νουθετεῖс ἐμὲ
      ἐλθών, ἀρίстου πατρὸс ἔχθιстοс γεγώс.
      ὄλοιсθ', Ἀτρεῖδαι μὲν μάλιст', ἔπειτα δὲ   1285
      ὁ Λαρτίου παῖс, καὶ сύ. Νε. μὴ 'πεύξῃ πέρα·
      δέχου δὲ χειρὸс ἐξ ἐμῆс βέλη τάδε.

Φι.   πῶс εἶπαс; ἆρα δεύτερον δολούμεθα;

Νε.   ἀπώμοс' ἁγνὸν Ζηνὸс ὑψίстου сέβαс.

Φι.   ὦ φίλτατ' εἰπών, εἰ λέγειс ἐτήτυμα.   1290

1267 δ' codd. (nisi quod om. Q): τ' Wakefield   1269 λόγοιс]
δόλοιс A. Grégoire   1273 μὴν lSVrZoTa: μὴ aZgT
1275 παῦε T: παῦсαι cett. (etiam Ta)   1276 ἂν aT: om. VTa: ἂν
cett.   1281 κτήсῃ] θήсῃ Wakefield   1282 γ' ἐμοῦ] γέ
μου Blaydes   βίον] βιὸν Mehler   1284 ἐλθών] ἐλθεῖν v.l. in
r, coni. Blaydes   ἔχθιстос] αἴсχιстос Pierson   1286 Λαρτίου
LQRa: Λαερτίου SVGzt   1288 ante ἆρα add. οὐκ codd.: del.
Porson: οὐ γὰρ Wakefield   1289 ἁγνὸν Wakefield: -οῦ codd.
ὑψίстου VTa, coni. Wakefield: -ιстον cett.

ΦΙΛΟΚΤΗΤΗΣ

Νε. τοὔργον παρέσται φανερόν. ἀλλὰ δεξιὰν
πρότεινε χεῖρα, καὶ κράτει τῶν σῶν ὅπλων.

Οδ. ἐγὼ δ' ἀπαυδῶ γ', ὡς θεοὶ ξυνίστορες,
ὑπέρ τ' Ἀτρειδῶν τοῦ τε σύμπαντος στρατοῦ.

Φι. τέκνον, τίνος φώνημα, μῶν Ὀδυσσέως, 1295
ἐπῃσθόμην; Οδ. σάφ' ἴσθι· καὶ πέλας γ' ὁρᾷς,
ὅς σ' ἐς τὰ Τροίας πεδί' ἀποστελῶ βίᾳ,
ἐάν τ' Ἀχιλλέως παῖς ἐάν τε μὴ θέλῃ.

Φι. ἀλλ' οὔ τι χαίρων, ἢν τόδ' ὀρθωθῇ βέλος.

Νε. ἆ, μηδαμῶς, μή, πρὸς θεῶν, μὴ 'φῇς
βέλος. 1300

Φι. μέθες με, πρὸς θεῶν, χεῖρα, φίλτατον τέκνον.

Νε. οὐκ ἂν μεθείην. Φι. φεῦ· τί μ' ἄνδρα
πολέμιον
ἐχθρόν τ' ἀφείλου μὴ κτανεῖν τόξοις ἐμοῖς;

Νε. ἀλλ' οὔτ' ἐμοὶ καλὸν τόδ' ἐστὶν οὔτε σοί.

Φι. ἀλλ' οὖν τοσοῦτόν γ' ἴσθι, τοὺς πρώτους
στρατοῦ, 1305
τοὺς τῶν Ἀχαιῶν ψευδοκήρυκας, κακοὺς
ὄντας πρὸς αἰχμήν, ἐν δὲ τοῖς λόγοις θρασεῖς.

Νε. εἶέν. τὰ μὲν δὴ τόξ' ἔχεις, κοὐκ ἔσθ' ὅτου
ὀργὴν ἔχοις ἂν οὐδὲ μέμψιν εἰς ἐμέ.

Φι. ξύμφημι. τὴν φύσιν δ' ἔδειξας, ὦ τέκνον, 1310
ἐξ ἧς ἔβλαστες, οὐχὶ Σισύφου πατρός,
ἀλλ' ἐξ Ἀχιλλέως, ὃς μετὰ ζώντων ὅτ' ἦν
ἤκου' ἄριστα, νῦν δὲ τῶν τεθνηκότων.

1291 παρέσται] πάρεστι GR: τάχ' ἔσται Blaydes   1293 ὡς]
ὦ Reiske: ᾧ Tournier   1294 τ' zT: om. cett.   1300 ἆ
semel T, bis cett.   μὴ 'φῇς Meineke: μεθῇς codd.: ἀφῇς Nauck
1302 τί μ' VaTa: τίν' cett.   1303 κτανεῖν] θανεῖν T
1304 τόδ' GRZo: τοῦτ' cett., quo servato καλὸν post coὶ traiecit
Wakefield   1306 τοὺς] τοῦ Blaydes   1308 εἶέν edd.: εἰέν
codd.   δὴ KGRa: om. cett.   ὅτου Turnebus: ὅπου codd.
1310 δ' azT: om. cett.   1311 ἐξ ἧς] ἐξ ὧν Nauck: fort. ἐξ ὧν τ'
1312 post ζώντων add. θ' a   1313 δὲ] τε Turnebus

Νε. ἥcθην πατέρα τὸν ἀμὸν εὐλογοῦντά ce
αὐτόν τ' ἔμ'· ὧν δέ cου τυχεῖν ἐφίεμαι   1315
ἄκουcον. ἀνθρώποιcι τὰc μὲν ἐκ θεῶν
τύχαc δοθείαc ἔcτ' ἀναγκαῖον φέρειν·
ὅcοι δ' ἑκουcίοιcιν ἔγκεινται βλάβαιc,
ὥcπερ cύ, τούτοιc οὔτε cυγγνώμην ἔχειν
δίκαιόν ἐcτιν οὔτ' ἐποικτίρειν τινά.   1320
cὺ δ' ἠγρίωcαι, κοὔτε cύμβουλον δέχῃ,
ἐάν τε νουθετῇ τιc εὐνοίᾳ λέγων,
cτυγεῖc, πολέμιον δυcμενῆ θ' ἡγούμενοc.
ὅμωc δὲ λέξω· Ζῆνα δ' ὅρκιον καλῶ·
καὶ ταῦτ' ἐπίcτω, καὶ γράφου φρενῶν ἔcω.   1325
cὺ γὰρ νοcεῖc τόδ' ἄλγοc ἐκ θείαc τύχηc,
Χρύcηc πελαcθεὶc φύλακοc, ὃc τὸν ἀκαλυφῆ
cηκὸν φυλάccει κρύφιοc οἰκουρῶν ὄφιc·
καὶ παῦλαν ἴcθι τῆcδε μή ποτ' ἂν τυχεῖν
νόcου βαρείαc, ἕωc ἂν αὐτὸc ἥλιοc   1330
ταύτῃ μὲν αἴρῃ, τῇδε δ' αὖ δύνῃ πάλιν,
πρὶν ἂν τὰ Τροίαc πεδί' ἑκὼν αὐτὸc μόληc,
καὶ τῶν παρ' ἡμῖν ἐντυχὼν Ἀcκληπιδῶν
νόcου μαλαχθῇc τῆcδε, καὶ τὰ πέργαμα
ξὺν τοῖcδε τόξοιc ξύν τ' ἐμοὶ πέρcαc φανῇc.   1335
ὡc δ' οἶδα ταῦτα τῇδ' ἔχοντ' ἐγὼ φράcω.

1314 post πατέρα add. τε a s.l.   ἀμὸν T: ἐμὸν cett. (etiam Ta)
1315 τ' ἔμ' KV, Ta(?), fort. v.l. in a: τέ μ' cett.   δ' ⟨ἔκ⟩ cου Blaydes
cου] coι r   1316 θεῶν] θεοῦ Suda s.v. τύχη
1318 ἑκουcίοιcιν codd. plerique: -ίηcιν VZgTa: -ίαιcιν QT
1319 τούτοιc a: -οιcιν cett.   1319–20 οὔτε . . . οὔτ'] οὐδὲ . . .
οὐδ' z   1322 εὐνοίᾳ aZg, T s.l.: -αν VZoTa: εὐνοίαν coι IrT:
εὔcοιαν Schneidewin   1324 καλῶ] καλῶν G in linea (Ζῆνά γ'
ὅρκιον καλῶν Hartung)   1327 Χρύcηc VQaTa: Χρυcῆc cett.
1329 ἂν τυχεῖν Porson: ἐντυχεῖν codd.   1330 ἕωc Q, coni.
Lambinus: ὡc cett.: ἔcτ' Brunck   αὐτὸc Heath: αὐτὸc codd.: οὗτοc
Brunck   1332 ἑκὼν hic aT, post αὐτὸc cett. (etiam Ta)
1333 Ἀcκληπιδῶν LVQᵃᶜaTa: -ιαδῶν cett.: (τοῖν) . . . -ίδαιν Dindorf
post Porson

ΦΙΛΟΚΤΗΤΗC

ἀνὴρ παρ' ἡμῖν ἐστιν ἐκ Τροίας ἁλούς,
Ἕλενος ἀριστόμαντις, ὃς λέγει σαφῶς
ὡς δεῖ γενέςθαι ταῦτα· καὶ πρὸς τοῖςδ' ἔτι,
ὡς ἔστ' ἀνάγκη τοῦ παρεςτῶτος θέρους 1340
Τροίαν ἁλῶναι πᾶςαν· ἢ δίδωc' ἑκὼν
κτείνειν ἑαυτόν, ἢν τάδε ψευςθῇ λέγων.
ταῦτ' οὖν ἐπεὶ κάτοιςθα, cυγχώρει θέλων.
καλὴ γὰρ ἡ 'πίκτηςις, Ἑλλήνων ἕνα
κριθέντ' ἄριςτον, τοῦτο μὲν παιωνίας 1345
ἐς χεῖρας ἐλθεῖν, εἶτα τὴν πολύςτονον
Τροίαν ἑλόντα κλέος ὑπέρτατον λαβεῖν.

Φι. ὦ ςτυγνὸς αἰών, τί μ' ἔτι δῆτ' ἔχεις ἄνω
βλέποντα, κοὐκ ἀφῆκας εἰς Ἅιδου μολεῖν;
οἴμοι, τί δράςω; πῶς ἀπιςτήςω λόγοις 1350
τοῖς τοῦδ', ὃς εὔνους ὢν ἐμοὶ παρήνεςεν;
ἀλλ' εἰκάθω δῆτ'; εἶτα πῶς ὁ δύςμορος
ἐς φῶς τάδ' ἔρξας εἶμι; τῷ προςήγορος;
πῶς, ὦ τὰ πάντ' ἰδόντες ἀμφ' ἐμοὶ κύκλοι,
ταῦτ' ἐξαναςχήςεςθε, τοῖςιν Ἀτρέως 1355
ἐμὲ ξυνόντα παιςίν, οἵ μ' ἀπώλεςαν;
πῶς τῷ πανώλει παιδὶ τῷ Λαερτίου;
οὐ γάρ με τἄλγος τῶν παρελθόντων δάκνει,
ἀλλ' οἷα χρὴ παθεῖν με πρὸς τούτων ἔτι
δοκῶ προλεύςςειν. οἷς γὰρ ἡ γνώμη κακῶν 1360
μήτηρ γένηται, τἄλλα παιδεύει κακούς.
καὶ coῦ δ' ἔγωγε θαυμάςας ἔχω τόδε.

1337 παρ' Elmsley: γὰρ codd.   ἡμῖν post ἐστιν transp. z, unde
ἡμὶν Τ   1342 ψευςθῇ λέγων] ψευδῇ λέγῃ r   1346 ἐc]
εἰc a   1348 μ' ἔτι δῆτ' Toup: με τί δῆτ' codd. plerique
1349 ἀφῆκας] ἐφῆκας Herwerden   1353 ἔρξας] ἔρ- aZo
τῷ] τοῦ Schaefer   1354 ἐμοί] ἐμοῦ a   1357 alterum τῷ
LVa: τοῦ rzt   1358–61 secludere voluit Dawe   1358 με
τἄλγος Vazt: μ' ἔτ' ἄλγος Lr   1360 κακῶν] κακὸν Lᵃᶜ, unde
κακοῦ Seyffert   1361 κἄλλα Cavallin: τἄλλα codd.: πάντα
Reiske   κακούς Dobree: κακά codd.   1362 δ'] γ' VQ, coni.
Blaydes   τόδε] τάδε zT: τέκος Qγρ

349

χρῆν γάρ ϲε μήτ' αὐτόν ποτ' ἐϲ Τροίαν μολεῖν,
ἡμᾶϲ τ' ἀπείργειν· οἵδε ϲου καθύβριϲαν,
πατρὸϲ γέραϲ ϲυλῶντεϲ. εἶτα τοῖϲδε ϲὺ   1365
εἰ ξυμμαχήϲων, κἄμ' ἀναγκάζειϲ τόδε;
μὴ δῆτα, τέκνον· ἀλλ' ἅ μοι ξυνώμοϲαϲ,
πέμψον πρὸϲ οἴκουϲ· καὐτὸϲ ἐν Ϲκύρῳ μένων
ἔα κακῶϲ αὐτοὺϲ ἀπόλλυϲθαι κακούϲ.
χοὕτω διπλῆν μὲν ἐξ ἐμοῦ κτήϲῃ χάριν,   1370
διπλῆν δὲ πατρόϲ· κοὐ κακοὺϲ ἐπωφελῶν
δόξειϲ ὅμοιοϲ τοῖϲ κακοῖϲ πεφυκέναι.

Νε. λέγειϲ μὲν εἰκότ', ἀλλ' ὅμωϲ ϲε βούλομαι
θεοῖϲ τε πιϲτεύϲαντα τοῖϲ τ' ἐμοῖϲ λόγοιϲ
φίλου μετ' ἀνδρὸϲ τοῦδε τῆϲδ' ἐκπλεῖν
χθονόϲ.   1375

Φι. ἦ πρὸϲ τὰ Τροίαϲ πεδία καὶ τὸν Ἀτρέωϲ
ἔχθιϲτον υἱὸν τῷδε δυϲτήνῳ ποδί;

Νε. πρὸϲ τοὺϲ μὲν οὖν ϲε τήνδε τ' ἔμπυον βάϲιν
παύϲονταϲ ἄλγουϲ κἀποϲώϲονταϲ νόϲου.

Φι. ὦ δεινὸν αἶνον αἰνέϲαϲ, τί φῄϲ ποτε;   1380

Νε. ἃ ϲοί τε κἀμοὶ λῷϲθ' ὁρῶ τελούμενα.

Φι. καὶ ταῦτα λέξαϲ οὐ καταιϲχύνῃ θεούϲ;

Νε. πῶϲ γάρ τιϲ αἰϲχύνοιτ' ἂν ὠφελῶν φίλουϲ;

Φι. λέγειϲ δ' Ἀτρείδαιϲ ὄφελοϲ, ἦ 'π' ἐμοὶ τόδε;

1363 μολεῖν] καλεῖν v.l. in r   1364 οἵδε nos: οἵ τε codd.: οἱ
δὲ West: οἵ γε Heath   1365 γέραϲ] γέρα z: γέραϲ ante
πατρὸϲ praebet t   inter ϲυλῶντεϲ et εἶτα add. οἳ τὸν ἄθλιον |
Αἴανθ' ὅπλων ϲοῦ πατρὸϲ ὕϲτερον δίκῃ | Ὀδυϲϲέωϲ ἔκριναν codd.:
del. Brunck   1366 κἄμ' Brunck: καί μ' codd.   τόδε lVzt:
τάδε a: utrumque r   1367 ἀλλ' ἅ μοι ξυνώμοϲαϲ] ἀλλά μ', ὃ
ξυνήνεϲαϲ Blaydes post Herwerden   1369 κακὼϲ ... κακούϲ]
κακοὺϲ ... κακῶϲ Wakefield   αὐτοὺϲ] ϲὺ τούϲδ' Polle
αὐτοὺϲ ἀπόλλυϲθαι] αὐτοῦ 'ξαπόλλυϲθαι Dawe post Doederlein et
Hartung   1371 δὲ] τε K   1379 κἀποϲώϲονταϲ Heath:
-ϲώζονταϲ codd.   1381 λῷϲθ' Dindorf: κάλ' a: καλῶϲ cett.
1383 ὠφελῶν φίλουϲ Buttmann: ὠφελούμενοϲ codd.: ὠφελῶν τινα
Wecklein   1384 ἦ 'π' ἐμοὶ] ἦ κἀμοὶ Hermann   τόδε GQ:
τάδε cett.

Νε.   coί που φίλoc γ' ὤν· χὠ λόγoc τoιόcδε μoυ.   1385

Φι.   πῶc, ὅc γε τoῖc ἐχθρoῖcί μ' ἐκδoῦναι θέλειc;

Νε.   ὢ τᾶν, διδάcκoυ μὴ θραcύνεcθαι κακoῖc.

Φι.   ὀλεῖc με, γιγνώcκω cε, τoῖcδε τoῖc λόγoιc.

Νε.   oὔκoυν ἔγωγε· φημὶ δ' oὔ cε μανθάνειν.

Φι.   ἐγὼ oὐκ 'Ατρείδαc ἐκβαλόνταc oἶδά με;   1390

Νε.   ἀλλ' ἐκβαλόντεc εἰ πάλιν cώcουc' ὅρα.

Φι.   oὐδέπoθ' ἑκόντα γ' ὥcτε τὴν Τρoίαν ἰδεῖν.

Νε.   τί δῆτ' ἂν ἡμεῖc δρῷμεν, εἰ cέ γ' ἐν λόγoιc
    πείcειν δυνηcόμεcθα μηδὲν ὧν λέγω;
    ὥρα 'cτ' ἐμoὶ μὲν τῶν λόγων λῆξαι, cὲ δὲ   1395
    ζῆν, ὥcπερ ἤδη ζῇc, ἄνευ cωτηρίαc.

Φι.   ἔα με πάcχειν ταῦθ' ἅπερ παθεῖν με δεῖ·
    ἃ δ' ᾔνεcάc μoι δεξιᾶc ἐμῆc θιγών,
    πέμπειν πρὸc oἴκoυc, ταῦτά μoι πρᾶξoν, τέκνoν,
    καὶ μὴ βράδυνε μηδ' ἐπιμνηcθῇc ἔτι   1400
    Τρoίαc· ἅλιc γάρ μoι τεθρύληται λόγoc.

Νε.   εἰ δoκεῖ, cτείχωμεν.   Φι. ὢ γενναῖoν εἰρηκὼc
    ἔπoc.

Νε.   ἀντέρειδέ νυν βάcιν cήν.   Φι. εἰc ὅcoν γ' ἐγὼ
    cθένω.

1385 μoυ **a**, v.l. in **r**: μoι cett.   1386 ἐχθρoῖcί μ' Valckenaer:
ἐχθρoῖcιν codd.   1387 μὴ θραcύνεcθαι] μὴ 'νθραcύνεcθαι
Tournier   ⟨'ν⟩ κακoῖc Blaydes   1389 oὔκoυν] oὐ δῆτ' Nauck
1390 ἐγὼ Hermann: ἔγωγ' codd.   oὐκ LVrTa: om. **az**T
1392 ἰδεῖν L s.l., V**a**zt: ἐλεῖν L, V**γρ**, **r**: μoλεῖν Burges (ἐλθεῖν G**γρ**):
με πλεῖν Pallis   1394 πείcειν] πεῖcαι Nauck: πείθειν Schaefer
1395 ὥρα 'cτ' ἐμoὶ Bergk: ὡc ὥρα ἔcτ(α)ι 'μoι **z**: ὡc ῥᾷcτ' ἐμoὶ cett.
μὲν **ra**: om. LVzTa: γε T   cὲ δὲ] cὲ δ' ἐάν F. W. Schmidt
1398–9 ἃ . . . ταῦτα] ὃ . . . τoῦτo Wecklein   1399 πέμπειν]
πέμψειν G, coni. Blaydes   1401 μoι] τoι **z**   τεθρύληται
voluit Paris. gr. 2886 (i.e. Aristobulus Apostolides), coni. Hermann:
τεθρήνηται codd. nostri   λόγoc K**a**: λόγoιc LVrzt: γόoιc **γρ** in
L**ra**T   1402–3 del. Dawe   1402 εἰ δoκεῖ codd.: del.
Porson, ut v. iambicus fieret   1403 νυν Matthaei: νῦν
codd.

ΣΟΦΟΚΛΕΟΥΣ

Νε. αἰτίαν δὲ πῶс Ἀχαιῶν φεύξομαι; Φι. μὴ
φροντίсῃс.

Νε. τί γάρ, ἐὰν πορθῶсι χώραν τὴν ἐμήν; Φι. ἐγὼ
παρὼν—   1405

Νε. τίνα προсωφέληсιν ἔρξειс; Φι. βέλεсι τοῖс
Ἡρακλέοιс—

Νε. πῶс λέγειс; Φι. εἴρξω πελάζειν. [сῆс πάτραс.
Νε. ἀλλ᾿ εἰ ⟨∪ –
– ∪⟩ δρᾷс ταῦθ᾿ ὥсπερ αὐδᾷс,] Νε. сτεῖχε
προсκύсαс χθόνα.

ΗΡΑΚΛΗΣ

μήπω γε, πρὶν ἂν τῶν ἡμετέρων
ἀΐῃс μύθων, παῖ Ποίαντοс·   1410
φάсκειν δ᾿ αὐδὴν τὴν Ἡρακλέουс
ἀκοῇ τε κλύειν λεύссειν τ᾿ ὄψιν.
τὴν сὴν δ᾿ ἥκω χάριν οὐρανίαс
ἕδραс προλιπών,
τὰ Διόс τε φράсων βουλεύματά сοι,   1415
κατερητύсων θ᾿ ὁδὸν ἣν сτέλλῃ·
сὺ δ᾿ ἐμῶν μύθων ἐπάκουсον.

καὶ πρῶτα μέν сοι τὰс ἐμὰс λέξω τύχαс,
ὅсουс πονήсαс καὶ διεξελθὼν πόνουс
ἀθάνατον ἀρετὴν ἔсχον, ὡс πάρεсθ᾿ ὁρᾶν.   1420
καὶ сοί, сάφ᾿ ἴсθι, τοῦτ᾿ ὀφείλεται παθεῖν,
ἐκ τῶν πόνων τῶνδ᾿ εὐκλεᾶ θέсθαι βίον.
ἐλθὼν δὲ сὺν τῷδ᾿ ἀνδρὶ πρὸс τὸ Τρωικὸν
πόλιсμα πρῶτον μὲν νόсου παύсῃ λυγρᾶс,

1406 ἔρξειс] ἔξειс anon. (1810) Ἡρακλέοιс Wackernagel:
-είοιс codd.: -έουс Brunck   1407 εἴρξω] εἴ- ΚΤ   1407–8 сῆс
... αὐδᾷс del. Dindorf   ἀλλ᾿ ⟨εἰ δοκεῖ ταῦτα⟩ δρᾶν ὅπωсπερ
αὐδᾷс Porson   1408 ταῦθ᾿ ὥсπερ] τάδ᾿ ὡс z   1409 γε
post πρίν traiecit Blaydes   1418 λέξω] δείξω Bergk: сκέψαι
Schneidewin, μέντοι pro μέν сοι reposito   1421 τοῦτ᾿] ταῦτ᾿
Blaydes   1424 πόλιсμα] πτόλ- Κr

ΦΙΛΟΚΤΗΤΗC

ἀρετῇ τε πρῶτος ἐκκριθεὶς cτρατεύματος,   1425
Πάριν μέν, ὃς τῶνδ' αἴτιος κακῶν ἔφυ,
τόξοιcι τοῖc ἐμοῖcι νοcφιεῖc βίου,
πέρcειc τε Τροίαν, cκῦλά τ' ἐc μέλαθρα cὰ
πέμψειc, ἀριcτεῖ' ἐκλαβὼν cτρατεύματος,
Ποίαντι πατρὶ πρὸc πάτρας Οἴτης πλάκα.   1430
ἃ δ' ἂν λάβῃc cὺ cκῦλα τοῦδε τοῦ cτρατοῦ,
τόξων ἐμῶν μνημεῖα πρὸc πυρὰν ἐμὴν
κόμιζε. καὶ cοὶ ταῦτ', Ἀχιλλέωc τέκνον,
παρῄνεc'· οὔτε γὰρ cὺ τοῦδ' ἄτερ cθένειc
ἑλεῖν τὸ Τροίαc πεδίον οὔθ' οὗτος cέθεν·   1435
ἀλλ' ὡς λέοντε cυννόμω φυλάccετον
οὗτος cὲ καὶ cὺ τόνδ'. ἐγὼ δ' Ἀcκληπιὸν
παυcτῆρα πέμψω cῆς νόcου πρὸc Ἴλιον.
τὸ δεύτερον γὰρ τοῖc ἐμοῖc αὐτὴν χρεὼν
τόξοιc ἁλῶναι. τοῦτο δ' ἐννοεῖθ', ὅταν   1440
πορθῆτε γαῖαν, εὐcεβεῖν τὰ πρὸc θεούc·
ὡς τἄλλα πάντα δεύτερ' ἡγεῖται πατὴρ
Ζεύc. οὐ γὰρ ηὐcέβεια cυνθνῄcκει βροτοῖc·
κἂν ζῶcι κἂν θάνωcιν, οὐκ ἀπόλλυται.

Φι.   ὦ φθέγμα ποθεινὸν ἐμοὶ πέμψαc,   1445
       χρόνιόc τε φανείc,
       οὐκ ἀπιθήcω τοῖc cοῖc μύθοις.
Νε.   κἀγὼ γνώμην ταύτῃ τίθεμαι.
Ηρ.   μή νυν χρόνιοι μέλλετε πράccειν.

1425 τε] δὲ Wakefield   1427 νοcφιεῖc **ra**: -ίcειc cett.
1429 ἐκλαβὼν Zo^pc, coni. Turnebus: ἐκβαλὼν cett.: ἐκλαχὼν
Valckenaer   1430 πλάκα] -ας VAU^ac   1431 cτρατοῦ]
cτόλου Hermann: alii alia   1433 cοὶ **rat**: cὺ Lz   ταῦτ' Heath:
ταῦτ' codd.   1440 ἐννοεῖθ' Elmsley: ἐννοεῖc VTa: ἐννοεῖcθ' cett.
1441 θεούc] θεόν Suda s.v. εὐcεβεῖν   1442–4 del. Dindorf,
1443–4 F. Peters   1443 οὐ Gataker: ἡ codd.   ηὐcέβεια Dawes:
εὐ- codd.   1448 γνώμην Lambinus: γνώμῃ codd.   ταύτῃ
Dobree: ταύτῃ codd.   1449 πράccειν Brunck: πράττειν codd.

ΣΟΦΟΚΛΕΟΥΣ ΦΙΛΟΚΤΗΤΗΣ

     ὅδ᾽ ἐπείγει γὰρ   1450
     καιρὸς καὶ πλοῦς κατὰ πρύμναν.

Φι.   φέρε νῦν cτείχων χώραν καλέcω.
     χαῖρ᾽, ὦ μέλαθρον ξύμφρουρον ἐμοί,
     Νύμφαι τ᾽ ἔνυδροι λειμωνιάδες,
     καὶ κτύπος ἄρςην πόντου προβολῆς,   1455
     οὗ πολλάκι δὴ τοὐμὸν ἐτέγχθη
     κρᾶτ᾽ ἐνδόμυχον πληγῇcι νότου,
     πολλὰ δὲ φωνῆς τῆς ἡμετέρας
     Ἑρμαῖον ὄρος παρέπεμψεν ἐμοὶ
     cτόνον ἀντίτυπον χειμαζομένῳ.   1460
     νῦν δ᾽, ὦ κρῆναι Λύκιόν τε ποτόν,
     λείπομεν ὑμᾶς, λείπομεν ἤδη,
     δόξης οὔ ποτε τῆςδ᾽ ἐπιβάντες.
     χαῖρ᾽, ὦ Λήμνου πέδον ἀμφίαλον,
     καί μ᾽ εὐπλοίᾳ πέμψον ἀμέμπτως,   1465
     ἔνθ᾽ ἡ μεγάλη Μοῖρα κομίζει,
     γνώμη τε φίλων χὠ πανδαμάτωρ
     δαίμων, ὃς ταῦτ᾽ ἐπέκρανεν.

Χο. χωρῶμεν δὴ πάντες ἀολλεῖς,
     Νύμφαις ἁλίαιςιν ἐπευξάμενοι   1470
     νόστου cωτῆρας ἱκέσθαι.

1450–1 ὅδ᾽ ἐπείγει γὰρ huc traiecit Burges: post πλοῦς habent codd.
1451 πρύμναν] -ην Hermann   1452 νῦν] νυν T   1455 προ-
βολῆς Hermann: προβλῆς Zo: προβλῆς cett.: προβλῆς θ᾽ Musgrave
1457 πληγῇcι] -αῖcι Dindorf   1459 Ἑρμαῖον r, Eustathius
1809. 42: Ἕρμαιον cett.   1461 Λύκιον L^pc et sch.: γλύκιον cett.
1465 εὐπλοίᾳ πέμψον] εὐπλοίαν πέμψατ᾽ K   1469–71 del.
Ritter   1469 δὴ T gl., coni. Hermann: νυν T: ἰδοὺ a: ἤδη cett.
(etiam Λ et Ta)   ἀολλεῖς a: -έες cett.

ΟΙΔΙΠΟΥC
ΕΠΙ
ΚΟΛΩΝΩΙ

ΤΑ ΤΟΥ ΔΡΑΜΑΤΟΣ ΠΡΟΣΩΠΑ

Οἰδίπους
Ἀντιγόνη
Ξένος
Χορὸς Ἀττικῶν γερόντων
Ἰσμήνη
Θησεύς
Κρέων
Πολυνείκης
Ἄγγελος

ΟΙΔΙΠΟΥC ΕΠΙ ΚΟΛΩΝΩΙ

ΟΙΔΙΠΟΥC

Τέκνον τυφλοῦ γέροντος Ἀντιγόνη, τίνας
χώρους ἀφίγμεθ᾽ ἢ τίνων ἀνδρῶν πόλιν;
τίς τὸν πλανήτην Οἰδίπουν καθ᾽ ἡμέραν
τὴν νῦν cπανιcτοῖc δέξεται δωρήμαcιν,
cμικρὸν μὲν ἐξαιτοῦντα, τοῦ cμικροῦ δ᾽ ἔτι   5
μεῖον φέροντα, καὶ τόδ᾽ ἐξαρκοῦν ἐμοί;
cτέργειν γὰρ αἱ πάθαι με χὠ χρόνος ξυνὼν
μακρὸς διδάcκει καὶ τὸ γενναῖον τρίτον.
ἀλλ᾽, ὦ τέκνον, θάκηcιν εἴ τινα βλέπεις
ἢ πρὸς βεβήλοιc ἢ πρὸς ἄλcεcιν θεῶν,   10
cτῆcόν με κἀξίδρυcον, ὡc πυθώμεθα
ὅπου ποτ᾽ ἐcμέν· μανθάνειν γὰρ ἥκομεν
ξένοι πρὸς ἀcτῶν, ἂν δ᾽ ἀκούcωμεν τελεῖν.

ΑΝΤΙΓΟΝΗ

πάτερ ταλαίπωρ᾽ Οἰδίπους, πύργοι μὲν οἳ
πόλιν cτέφουcιν, ὡc ἀπ᾽ ὀμμάτων, πρόcω·   15
χῶρος δ᾽ ὅδ᾽ ἱερός, ὡc cάφ᾽ εἰκάcαι, βρύων
δάφνης, ἐλαίας, ἀμπέλου· πυκνόπτεροι δ᾽
εἴcω κατ᾽ αὐτὸν εὐcτομοῦc᾽ ἀηδόνεc·

5 cμικροῦ Qzt: μικροῦ LRa   δ᾽ ἔτι LQaz: δέ τι Rt
7 χρόνος ξυνὼν La: ξυνὼν χρόνος r: χρόνος παρὼν zt   9 θάκη-
cιν Riccardianus gr. 34 s.l. (i.e. Zacharias Callierges), coni. Seidler: θάκοιcιν
codd. nostri   10 prius ἢ πρὸc] χώροιc Hartung: an τόποιc?
11 κἀξίδρυcον] κἀν- Blaydes: κἀφ- Meineke   πυθώμεθα Brunck:
-οίμεθα codd.   13 ἂν δ᾽ Elmsley: χἂν Znt: ἂν vel ἃν cett. (etiam
Λ)   τελεῖν] ποεῖν L s.l.   14 Οἰδίπους Lra: -που zt
15 cτέφουcιν Wakefield: cτέγουcιν codd.   ἀπ᾽ ὀμμάτων] ἀνομ-
μάτῳ v.l. ap. sch. L   16 ἱερός azt: ἱρόc Lr   cάφ᾽ εἰκάcαι a:
ἀπεικάcαι l s.l., rzt: ἀφεικάcαι l in linea

ΣΟΦΟΚΛΕΟΥΣ

ου κῶλα κάμψον τοῦδ' ἐπ' ἀξέστου πέτρου·
μακρὰν γὰρ ὡς γέροντι προύστάλης ὁδόν.　　20
Οι.　κάθιζέ νύν με καὶ φύλασσε τὸν τυφλόν.
Αν.　χρόνου μὲν οὕνεκ' οὐ μαθεῖν με δεῖ τόδε.
Οι.　ἔχεις διδάξαι δή μ' ὅποι καθέσταμεν;
Αν.　τὰς γοῦν Ἀθήνας οἶδα, τὸν δὲ χῶρον οὔ.
Οι.　πᾶς γάρ τις ηὔδα τοῦτό γ' ἡμὶν ἐμπόρων.　　25
Αν.　ἀλλ' ὅστις ὁ τόπος ἢ μάθω μολοῦσά ποι;
Οι.　ναί, τέκνον, εἴπερ ἐστί γ' ἐξοικήσιμος.
Αν.　ἀλλ' ἐστὶ μὴν οἰκητός· οἶομαι δὲ δεῖν
οὐδέν· πέλας γὰρ ἄνδρα τόνδε νῷν ὁρῶ.
Οι.　ἢ δεῦρο προστείχοντα κἀξωρμημένον;　　30
Αν.　καὶ δὴ μὲν οὖν παρόντα· χὤ τι σοι λέγειν
εὔκαιρόν ἐστιν, ἔννεφ', ὡς ἀνὴρ ὅδε.
Οι.　ὦ ξεῖν', ἀκούων τῆσδε τῆς ὑπέρ τ' ἐμοῦ
αὐτῆς θ' ὁρώσης οὕνεχ' ἡμὶν αἴσιος
σκοπὸς προσήκεις ὧν ἀδηλοῦμεν φράσαι—　　35

ΞΕΝΟΣ

πρὶν νῦν τὰ πλείον' ἱστορεῖν, ἐκ τῆσδ' ἕδρας
ἔξελθ'· ἔχεις γὰρ χῶρον οὐχ ἁγνὸν πατεῖν.
Οι.　τίς δ' ἔσθ' ὁ χῶρος; τοῦ θεῶν νομίζεται;
Ξε.　ἄθικτος οὐδ' οἰκητός. αἱ γὰρ ἔμφοβοι
θεαί σφ' ἔχουσι, Γῆς τε καὶ Σκότου κόραι.　　40
Οι.　τίνων τὸ σεμνὸν ὄνομ' ἂν εὐξαίμην κλυών;

---

19 πέτρου] πάγου v.l. ap. sch. L　　　　21 νυν Brunck: νῦν codd.
22 με δεῖ] μ' ἔδει dubitanter Dawe　　25 τοῦτό γ' Paris. gr. 2886
(i.e. Aristobulus Apostolides): τοῦτον cett.　　27 ἐστί γ' Lra: ἐστὶν
zt　　ἐξοικήσιμος] εἰς- Hartung　　28 μὴν LrUY: μὲν Az: μέν
γ' t　　　　30 προστείχοντα LraZo: προσστ- KᵖᶜZnt
κἀξωρμημένον J. F. Davies: κἀξορμώμενον codd.: κἀφ- Meineke
32 ἀνὴρ Brunck: ἀ- codd.　　33 ἀκούων] ἀκούω QᵃᶜRt, coni.
Lindner　　34 θ' azt: om. Lr　　35 ὧν Elmsley: τῶν codd.
ἀδηλοῦμεν Lᵖᶜ: ἃ δηλοῦμεν cett.: ἀδημοῦμεν Bergk　　36 νῦν]
νυν Elmsley: ἢ zt　　　　40 Σκότου AYt: -ους lrUz
41 κλυών Lloyd-Jones: κλύων codd.: καλῶν Herwerden

ΟΙΔΙΠΟΥС ΕΠΙ ΚΟΛΩΝΩΙ

Ξε.   τὰc πάνθ' ὁρώcαc Εὐμενίδαc ὅ γ' ἐνθάδ' ἂν
      εἴποι λεώc νιν· ἄλλα δ' ἀλλαχοῦ καλά.

Οι.   ἀλλ' ἵλεῳ μὲν τὸν ἱκέτην δεξαίατο·
      ὡc οὐχ ἕδραc γε τῆcδ' ἂν ἐξέλθοιμ' ἔτι.   45

Ξε.   τί δ' ἐcτὶ τοῦτο; Οι. ξυμφορᾶc ξύνθημ' ἐμῆc.

Ξε.   ἀλλ' οὐδ' ἐμοί τοι τοὐξανιcτάναι πόλεωc
      δίχ' ἐcτὶ θάρcοc, πρίν γ' ἂν ἐνδείξω τί δρᾷc.

Οι.   πρόc νυν θεῶν, ὦ ξεῖνε, μή μ' ἀτιμάcῃc,
      τοιόνδ' ἀλήτην, ὧν cε προcτρέπω φράcαι.   50

Ξε.   cήμαινε, κοὐκ ἄτιμοc ἔκ γ' ἐμοῦ φανῇ.

Οι.   τίc ἔcθ' ὁ χῶροc δῆτ' ἐν ᾧ βεβήκαμεν;

Ξε.   ὅc' οἶδα κἀγὼ πάντ' ἐπιcτήcῃ κλυών.
      χῶροc μὲν ἱερὸc πᾶc ὅδ' ἔcτ·' ἔχει δέ νιν
      cεμνὸc Ποcειδῶν· ἐν δ' ὁ πυρφόροc θεὸc   55
      Τιτὰν Προμηθεύc· ὃν δ' ἐπιcτείβειc τόπον
      χθονὸc καλεῖται τῆcδε χαλκόπουc ὁδόc,
      ἔρειcμ' Ἀθηνῶν· οἱ δὲ πληcίοι γύαι
      τόνδ' ἱππότην Κολωνὸν εὔχονται cφίcιν
      ἀρχηγὸν εἶναι, καὶ φέρουcι τοὔνομα   60
      τὸ τοῦδε κοινὸν πάντεc ὠνομαcμένοι.
      τοιαῦτά cοι ταῦτ' ἐcτίν, ὦ ξέν', οὐ λόγοιc
      τιμώμεν', ἀλλὰ τῇ ξυνουcίᾳ πλέον.

Οι.   ἦ γάρ τινεc ναίουcι τούcδε τοὺc τόπουc;

Ξε.   καὶ κάρτα, τοῦδε τοῦ θεοῦ γ' ἐπώνυμοι.   65

---

42 ἂν Vauvilliers: ὦν codd.   44 ἵλεῳ Kzt: -ωc Lra   μὲν]
'μὲ Blaydes   τὸν editio Londiniensis a. 1747: τόνδ' codd.   45 ὡc
Vauvilliers: ὥcτ' codd.   γε Musgrave: γῆc codd.: ἐκ Henneberger: γ'
ἐκ Tournier   47 ἐμοί τοι Seidler: ἐμόν τοι IR: ἐμόν τι Qzt:
μέντοι a   48 γ' ἂν Lzt: γὰρ r: ἂν UY: om. A   ἐνδείξω] -η
Schneidewin   δρᾷc Zo, coni. L. Peters: δρῶ Lra: δρᾶν Znt
51 ἔκ γ' Lra: ἐξ zt   52 τίc rZo, coni. Blaydes: τίc δ' laZnt
53 κλυών West: κλύων codd.   57 ὁδόc Brunck: ὀδόc codd.
58 οἱ δὲ πληcίοι Lra: αἱ δὲ πληcίον zt et manus recentior in L
59 τόνδ'] τὸν Reiske   60 φέρουcι] φορούcι Nauck
61 ὠνομαcμένοι αγρ, Zo et sch. ut videtur: -ένον lraZnt   62 coι]
τοι Blaydes   63 πλέον lazt: πλέω l s.l., r

ΣΟΦΟΚΛΕΟΥΣ

Οι. ἄρχει τις αὐτῶν, ἢ 'πὶ τῷ πλήθει λόγος;

Ξε. ἐκ τοῦ κατ' ἄςτυ βασιλέως τάδ' ἄρχεται.

Οι. οὗτος δὲ τίς λόγῳ τε καὶ ςθένει κρατεῖ;

Ξε. Θηςεὺς καλεῖται, τοῦ πρὶν Αἰγέως τόκος.

Οι. ἆρ' ἄν τις αὐτῷ πομπὸς ἐξ ὑμῶν μόλοι;   70

Ξε. ὡς πρὸς τί; λέξων ἢ καταρτύςων τί ςοι;

Οι. ὡς ἂν προσαρκῶν ςμικρὰ κερδάνῃ μέγα.

Ξε. καὶ τίς πρὸς ἀνδρὸς μὴ βλέποντος ἄρκεςις;

Οι. ὅς' ἂν λέγωμεν πάνθ' ὁρῶντα λέξομεν.

Ξε. οἶςθ', ὦ ξέν', ὡς νῦν μὴ ςφαλῇς; ἐπείπερ εἶ   75
γενναῖος, ὡς ἰδόντι, πλὴν τοῦ δαίμονος,
αὐτοῦ μέν', οὗπερ κἀφάνης, ἕως ἐγὼ
τοῖς ἐνθάδ' αὐτοῦ μὴ κατ' ἄςτυ δημόταις
λέξω τάδ' ἐλθών. οἵδε γὰρ κρινοῦςί ςοι
εἰ χρή ςε μίμνειν, ἢ πορεύεςθαι πάλιν.   80

Οι. ὦ τέκνον, ἦ βέβηκεν ἡμὶν ὁ ξένος;

Αν. βέβηκεν, ὥςτε πᾶν ἐν ἡςύχῳ, πάτερ,
ἔξεςτι φωνεῖν, ὡς ἐμοῦ μόνης πέλας.

Οι. ὦ πότνιαι δεινῶπες, εὖτε νῦν ἕδρας
πρώτων ἐφ' ὑμῶν τῆςδε γῆς ἔκαμψ' ἐγώ,   85
Φοίβῳ τε κἀμοὶ μὴ γένηςθ' ἀγνώμονες,
ὅς μοι, τὰ πόλλ' ἐκεῖν' ὅτ' ἐξέχρη κακά,
ταύτην ἔλεξε παῦλαν ἐν χρόνῳ μακρῷ,
ἐλθόντι χώραν τερμίαν, ὅπου θεῶν
ςεμνῶν ἕδραν λάβοιμι καὶ ξενόςταςιν,   90
ἐνταῦθα κάμψειν τὸν ταλαίπωρον βίον,

66 τις edd.: τίς codd.   λόγος] τέλος Bergk   69 τόκος]
τέκνον r   70 ἄν a: οὖν lrzt   ὑμῶν LrYz: ἡ- AU
71 post πρὸς τί interpunxit Musgrave   τί ςοι nos: μόλοι lzt: μολεῖν
ra   72 ςμικρὰ UY, coni. Elmsley: μικρὰ cett.   75 οἶςθ']
ἴςθ' Paris. gr. 2886 (i.e. Aristobulus Apostolides)   78 τοῖς
Turnebus: τοῖςδ' codd.   79 ςοι lr: γε l s.l., azt: τοι Wecklein
80 εἰ Turnebus: ἢ codd.   83 del. Nauck   84 νῦν] γυῖ' vel
κῶλ' Blaydes   85 γῆς] γυῖ' Burges   87 πόλλ' Lazt:
πλεῖςτ' r   89 ἐλθόντι] -α Elmsley   90 ξενόςταςιν]
κατάςταςιν Lγρ   91 κάμψειν lrzt: κάμπτειν a

ΟΙΔΙΠΟΥΣ ΕΠΙ ΚΟΛΩΝΩΙ

κέρδη μὲν οἰκήσαντα τοῖc δεδεγμένοιc,
ἄτην δὲ τοῖc πέμψαcιν, οἵ μ᾽ ἀπήλαcαν·
cημεῖα δ᾽ ἥξειν τῶνδέ μοι παρηγγύα,
ἢ cειcμόν, ἢ βροντήν τιν᾽, ἢ Διὸc cέλαc.   95
ἔγνωκα μέν νυν ὥc με τήνδε τὴν ὁδὸν
οὐκ ἔcθ᾽ ὅπωc οὐ πιcτὸν ἐξ ὑμῶν πτερὸν
ἐξήγαγ᾽ ἐc τόδ᾽ ἄλcοc. οὐ γὰρ ἄν ποτε
πρώταιcιν ὑμῖν ἀντέκυρc᾽ ὁδοιπορῶν,
νήφων ἀοίνοιc, κἀπὶ cεμνὸν ἑζόμην   100
βάθρον τόδ᾽ ἀcκέπαρνον. ἀλλά μοι, θεαί,
βίου κατ᾽ ὀμφὰc τὰc Ἀπόλλωνοc δότε
πέραcιν ἤδη καὶ καταcτροφήν τινα,
εἰ μὴ δοκῶ τι μειόνωc ἔχειν, ἀεὶ
μόχθοιc λατρεύων τοῖc ὑπερτάτοιc βροτῶν.   105
ἴτ᾽, ὦ γλυκεῖαι παῖδεc ἀρχαίου Cκότου,
ἴτ᾽, ὦ μεγίcτηc Παλλάδοc καλούμεναι
παcῶν Ἀθῆναι τιμιωτάτη πόλιc,
οἰκτίρατ᾽ ἀνδρὸc Οἰδίπου τόδ᾽ ἄθλιον
εἴδωλον· οὐ γὰρ δὴ τό γ᾽ ἀρχαῖον δέμαc.   110

Αν. cίγα. πορεύονται γὰρ οἵδε δή τινεc
χρόνῳ παλαιοί, cῆc ἕδραc ἐπίcκοποι.

Οι. cιγήcομαί τε καὶ cύ μ᾽ ἐξ ὁδοῦ 'κποδὼν
κρύψον κατ᾽ ἄλcοc, τῶνδ᾽ ἕωc ἂν ἐκμάθω
τίναc λόγουc ἐροῦcιν. ἐν γὰρ τῷ μαθεῖν   115
ἔνεcτιν ηὐλάβεια τῶν ποιουμένων.

92 κέρδη] κέρδοc dubitanter Pearson   οἰκήcαντα] οἰκίcαντα
Hermann   94 παρηγγύα Λ s.l. (?), **a** s.l., zt: παρεγγύα lra:
φερέγγυα Herwerden   99 ὑμῖν Sudae codd. GM s.v. νηφάλιοc
θυcία, novit sch.: ὑμῶν codd.   109 οἰκτίρατ᾽ edd.: οἰκτείρατ᾽
codd.   110 τό γ᾽ UY: τόδ᾽ cett.   111 οἵδε Lra: ὥδε zt
113 τε] τοι Nauck   ἐξ ὁδοῦ 'κποδὼν Tournier: ἐξ ὁδοῦ πόδα
codd.: ἐκποδὼν ὁδοῦ Keck: ἐξ ὁδοῦ τόδε J. F. Martin   114 κρύ-
ψον] τρέψον Karsten   115 ἐν γὰρ τῷ] ἐν δὲ τῷ vel ἐν τῷ γὰρ
Elmsley

ΣΟΦΟΚΛΕΟΥΣ

ΧΟΡΟΣ

ὅρα. τίς ἄρ' ἦν; ποῦ ναίει;   στρ. α'
ποῦ κυρεῖ ἐκτόπιος cυθεὶc ὁ πάντων,
ὁ πάντων ἀκορέcτατος;   120
προcδέρκου, προcφθέγγου,
προcπεύθου πανταχᾷ. πλανάτας,
πλανάτας τις ὁ πρέcβυς, οὐδ'
ἔγχωρος· προcέβα γὰρ οὐκ   125
ἄν ποτ' ἀcτιβὲc ἄλcοc ἐc
τᾶνδ' ἀμαιμακετᾶν κορᾶν,
ἃc τρέμομεν λέγειν,
καὶ παραμειβόμεcθ' ἀδέρκτωc,   130
ἀφώνωc, ἀλόγωc τὸ τᾶc
εὐφήμου cτόμα φροντίδος
ἱέντεc· τὰ δὲ νῦν τιν' ἥκειν
λόγος οὐδὲν ἅζονθ',
ὃν ἐγὼ λεύccων περὶ πᾶν οὔπω   135
δύναμαι τέμενος
γνῶναι ποῦ μοί ποτε ναίει.

Οι.   ὅδ' ἐκεῖνος ἐγώ· φωνῇ γὰρ ὁρῶ,
     τὸ φατιζόμενον.

Χο.   ἰὼ ἰώ,   140
     δεινὸς μὲν ὁρᾶν, δεινὸς δὲ κλύειν.

Οι.   μή μ', ἱκετεύω, προcίδητ' ἄνομον.

117 ναίει] κυρεῖ Nauck; cf. 150   119 cυθεὶc] cωθεὶc r
120 ἀκορέcτατος Lazt: -εcτοc Kr   121 ante προcδέρκου add.
λεύcατ' (λεύccατ' a: λεύccετ' zt) αὐτόν codd.: del. Dawe: λεύccε
νιν (vel τόν) Schneidewin: λεύcc' αὐτόν, προcδρακού Meineke:
προcδέρκου—λεύccετ' αὖ— Kamerbeek   προcφθέγγου a: om.
cett.   122 προcπεύθου Lrzt: om. a   πανταχᾷ edd.: -χῇ codd.
125 ἔγχωρος Bothe: -ώριος codd.   127 τᾶνδ'] τοῦτ' Blaydes
132 εὐφήμου] -άμου Doederlein   133 ἱέντεc] τιθέντες
Meineke   134 οὐδὲν ἅζονθ' Lraz: οὐδὲν ἄγονθ' t: οὐδὲν
λιάζοντα Lγρ: οὐκ ἀλέγονθ' Blaydes   138 ἐγώ a et
P.Mich. 3. 140: ὁρᾶν ἐγώ Lz   142 προcίδητ'] νομίcητ'
Meineke

ΟΙΔΙΠΟΥΣ ΕΠΙ ΚΟΛΩΝΩΙ

Χο. Ζεῦ ἀλεξῆτορ, τίς ποθ' ὁ πρέσβυς;

Οι. οὐ πάνυ μοίρας εὐδαιμονίσαι
πρώτης, ὦ τῆςδ' ἔφοροι χώρας.   145
δηλῶ δ'· οὐ γὰρ ἂν ὧδ' ἀλλοτρίοις
ὄμμασιν εἷρπον
κἀπὶ cμικροῖc μέγας ὥρμουν.

Χο. ἐή· ἀλαῶν ὀμμάτων   ἀντ. α'
ἆρα καὶ ἦcθα φυτάλμιος; δυcαίων   151
μακραίων θ', ὅc' ἐπεικάcαι.
ἀλλ' οὐ μὰν ἔν γ' ἐμοὶ
προcθήcειc τάcδ' ἀράc. περᾷς γάρ,   155
περᾷς· ἀλλ' ἵνα τῷδ' ἐν ἀ-
φθέγκτῳ μὴ προπέcῃc νάπει
ποιάεντι, κάθυδρος οὗ
κρατὴρ μειλιχίων ποτῶν
ῥεύματι cυντρέχει,   160
τῶν, ξένε πάμμορ'—εὖ φύλαξαι—
μετάcταθ', ἀπόβαθι. πολ-
λὰ κέλευθος ἐρατύοι·
κλύειc, ὦ πολύμοχθ' ἀλᾶτα;   165
λόγον εἴ τιν' οἴcειc
πρὸς ἐμὰν λέcχαν, ἀβάτων ἀποβάς,
ἵνα πᾶcι νόμος
φώνει· πρόcθεν δ' ἀπερύκου.

---

143 ἀλεξῆτορ a: -ήτωρ cett. et P.Mich.   146 δηλῶ Lra:
δῆλον zt   γὰρ ἂν rat: γὰρ Lz: τᾶν Nauck   148 cμικροῖc]
-ᾶc Reiske   ὥρμουν Krazt: ὥρμων Lᴾᶜ, t s.l.   150 ἐή
Dindorf: ἒ ἒ codd.   post ὀμμάτων interpunxit Coraës   152 θ',
ὅc' Bonitz post Bothe: θ' ὡc rZo: τε θ' ὡc LaZn: τ' ἔθ' ὡc t
153 ἀλλά ⟨γ'⟩ t   ἐμοὶ Lraz: ἡμῖν t   155 προcθήcειc] -ήcῃ
olim Hermann   τάcδ'] τἀνδ' Blaydes   157 προπέcῃc
Hermann: προc- codd.   158 κάθυδρος Lraz: κάθυγρος t
161 τῶν Lrat: τὸν z, T s.l.: τὸ Heath   164 ἐρατύοι Musgrave:
-ύει codd.   166 οἴcειc L s.l., r: ἔχειc Lazt: ἴcχειc Reisig
167 ἀβάτων Lᴾᶜzt: ἀποβάτων Lᵃᶜr: ἀπ' ἀβάτων a

363

ΣΟΦΟΚΛΕΟΥΣ

Οι. θύγατερ, ποῖ τις φροντίδος ἔλθῃ;　　　　　170
Αν. ὦ πάτερ, ἀστοῖς ἴσα χρὴ μελετᾶν,
　　　εἴκοντας ἃ δεῖ κἀκούοντας.
Οι. πρόσθιγέ νύν μου. Αν. ψαύω καὶ δή.
Οι. ὦ ξεῖνοι, μὴ δῆτ' ἀδικηθῶ,
　　　σοὶ πιστεύσας, μεταναστάς.　　　　　　175

Χο. οὔ τοι μήποτέ σ' ἐκ τῶνδ' ἑδράνων, ὦ γέρον,
　　　ἄκοντά τις ἄξει.　　　　　　　στρ. β'
Οι. ἔτ' οὖν; Χο. ἔτι βαῖνε πόρσω.
Οι. ἔτι; Χο. προβίβαζε, κούρα,　　　　　180
　　　πόρσω· σὺ γὰρ ἀίεις.
Αν. ἕπεο μάν, ἕπε' ὧδ' ἀμαυ-
　　　ρῷ κώλῳ, πάτερ, ᾷ σ' ἄγω.
Οι. ⟨– – – –
Αν. ○ ○ – ∪∪ – ∪ –
　　　○ ○ – ∪∪ – ∪ –
Οι. ○ ○ – ∪∪ – –⟩
Χο. τόλμα ξεῖνος ἐπὶ ξένας,
　　　ὦ τλάμων, ὅ τι καὶ πόλις　　　　　　185

---

170 ἔλθῃ a: -οι cett.　　　172 εἴκοντας] εἰπόντας G. Krüger, cf.
190 κἀκούοντας Musgrave: κοὐκ ἀκούοντας Lra: κοὐκ ἄκοντας
zt　　　173 καὶ δὴ ante ψαύω transp. Herwerden　　　174 ὦ
codd.: del. Reisig　　ξεῖνοι at: ξένοι Lrz: ξένε Nauck　　　175 σοὶ
Lrat: ὑμῖν z: del. Brunck　　μεταναστάς Hermann: καὶ μεταναστάς
codd.: μετανάστας Meineke　　　177 ἄξει] ἄρῃ Elmsley
178 post ἔτ' οὖν add. ἔτι προβῶ codd.: del. Bothe　　ἔτι βαῖνε Reiske:
ἐπίβαινε codd.　　πόρσω Bothe: πρόσω codd.　　　180 ἔτι] ἔτ'
οὖν Wecklein: προβῶ Reisig　　personae notam add. Hermann et Reisig
προβίβαζε r: προσ- Lat: προσβίαζε z　　　181 πόρσω Dindorf:
πρόσω codd.　　　182 ἕπεο ra, L in margine: ἔσπεο Lzt　　μάν]
μοι L in margine　　ἕπε' ra: ἔσπε' L: ἔσπεο δ' zt　　post ἀμαυρῷ
add. ⟨Οἰδ. ἰώ μοί μοι⟩ Dain　　　183 post hunc v. lacunam statuit
Hermann, ante 182 et post 183 Jebb　　　184 ξένας Elmsley: ξένης
interpretatio in T, coni. Bothe: ξείνης codd.　　　185 τλάμων Bothe:
τλᾶμον codd.

τέτροφεν ἄφιλον ἀποστυγεῖν
καὶ τὸ φίλον cέβεcθαι.

Οι. ἄγε νυν cύ με, παῖc,
ἵν' ἂν εὐcεβίαc ἐπιβαίνοντεc
τὸ μὲν εἴποιμεν, τὸ δ' ἀκούcαιμεν,   190
καὶ μὴ χρείᾳ πολεμῶμεν.

Χο. αὐτοῦ· μηκέτι τοῦδ' αὐτοπέτρου βήματοc ἔξω
πόδα κλίνῃc.   ἀντ. β'
Οι. οὕτωc; Χο. ἅλιc, ὡc ἀκούειc.
Οι. ἦ ἐcθῶ; Χο. λέχριόc γ' ἐπ' ἄκρου   195
λάου βραχὺc ὀκλάcαc.
Αν. πάτερ, ἐμὸν τόδ'· ἐν ἡcυχαί-
ᾳ βάcει βάcιν ἅρμοcαι—   199
Οι. ἰώ μοί μοι.   198
Αν. γεραὸν ἐc χέρα cῶμα còν   200
προκλίναc φιλίαν ἐμάν.
Οι. ὤμοι δύcφρονοc ἄταc.
Χο. ὦ τλάμων, ὅτε νῦν χαλᾷc,
αὔδαcον, τίc ἔφυc βροτῶν;
τίc ὁ πολύπονοc ἄγῃ; τίν' ἂν   205
coῦ πατρίδ' ἐκπυθοίμαν;

186 ἄφιλον] ἄθλιον Zn, t in linea   187 καὶ τὸ] χῶτι Blaydes
188 παῖc Musgrave synapheae causa: παῖ codd.   189 εὐcεβίαc
at: -είαc cett.   190 εἴποιμεν L in linea, t: -ωμεν L s.l., T s.l., raz
ἀκούcαιμεν L in linea, r, T s.l.: -ωμεν L s.l., az   192 αὐτοπέ-
τρου Musgrave: ἀντιπέτρου codd.   193 κλίνῃc] κινήcῃc Lγρ: κίνει
Meineke   195 ἦ ἐcθῶ Brunck: ἦ 'cθῶ La: ἦ cτῶ r et voluit Lγρ:
ἦcθῶ zt   197 ἡcυχαίᾳ] ἁ- Hermann: -χίᾳ codd.: ἡcύχῳ Elmsley
199 βάcιν Lazt: βάcιμον r   ἅρμοcαι Elmsley: ἁρμόcαι codd.
198 ἰώ μοί μοι lazt: om. r: del. Wilamowitz: huc traiecit Hermann:
post ἡcυχίᾳ praebent codd.   200 γεραὸν Dindorf: γεραιὸν
codd.   201 προκλίναc Lra: προκρίναc z: πρόcκλινον t
202 δύcφρονοc] δυcφόρου Blaydes   203 τλάμων L: τλᾶμον
rzt: utrumque novit a   post χαλᾷc add. θαυμάζῃ r   204 τίc
r, Lγρ: τίc c' cett.: τοῦ Schneidewin   ἔφυc Lγρ: ἔφυ Lra: ἔφυcε z:
ἔφηcε t   205 ὁ Lγρ: ὧν cett.   τίν' ἂν Vauvilliers: τίνα codd.

Οι. ὦ ξένοι, ἀπόπολις· ἀλλὰ μή—   ἐπ.

Χο. τί τόδ᾽ ἀπεννέπεις, γέρον;

Οι. μὴ μή μ᾽ ἀνέρῃ τίς εἰ-   210
μι, μηδ᾽ ἐξετάσῃς πέρα ματεύων.

Χο. τί δέ; Οι. δεινὰ φύσις. Χο. αὔδα.

Οι. τέκνον, ὤμοι, τί γεγώνω;

Χο. τίνος εἶ σπέρματος, ⟨ὦ⟩
ξένε, φώνει, πατρόθεν;   215

Οι. ὤμοι ἐγώ, τί πάθω, τέκνον ἐμόν;

Χο. λέγ᾽, ἐπείπερ ἐπ᾽ ἔσχατα βαίνεις.

Οι. ἀλλ᾽ ἐρῶ· οὐ γὰρ ἔχω κατακρυφάν.

Χο. μακρὰ μέλλεται· ἀλλὰ τάχυνε.

Οι. Λαΐου ἴστε τιν᾽— Χο. ὤ· ἰοὺ ἰού.   220

Οι. τό τε Λαβδακιδᾶν γένος; Χο. ὦ Ζεῦ.

Οι. ἄθλιον Οἰδιπόδαν; Χο. σὺ γὰρ ὅδ᾽ εἶ;

Οι. δέος ἴσχετε μηδὲν ὅσ᾽ αὐδῶ.

Χο. ἰὼ ὤ ὤ. Οι. δύσμορος. Χο. ὤ ὤ.

Οι. θύγατερ, τί ποτ᾽ αὐτίκα κύρσει;   225

Χο. ἔξω πόρσω βαίνετε χώρας.

Οι. ἃ δ᾽ ὑπέσχεο ποῖ καταθήσεις;

Χο. οὐδενὶ μοιριδία τίσις ἔρχεται
ὧν προπάθῃ τὸ τίνειν· ἀπάτα δ᾽ ἀπά-   230

208 ἀπόπολις Ebeling: ἀπόπτολις codd.   210 μή bis
Hartung: ter Lazt: semel r   211 ματεύων Lra: μαστ- zt
212 τί δέ; Elmsley: τί τόδε codd.   δεινὰ] αἰνὰ Wunder
213 γεγώνω hoc accentu LR (deficit Q): -ῶ azt   214 suppl.
Heath   215 ξένε t: ξεῖνε cett.   217 choro tribuit
R. Meridor, Antigonae codd.   βαίνεις t: μένεις codd.
219 μέλλεται nos: μέλλετ᾽ Laz: μέλλετέ γ᾽ t: γε μέλλετ᾽ r: μέλλετον
Hermann   τάχυνε Elmsley: -ετε LZnt: -ατε raZo   220 post
τιν᾽ add. ἀπόγονον codd.: del. Reisig: ἔκγονον Pearson   ὤ· ἰού, ἰού
Hermann et Reisig: ὤ ὤ, ἰού fere codd.   223 ὅσ᾽ Lazt: ὧν r
224 ἰὼ iterat a   ὤ bis t, ter plerique   δύσμορος Lrat: δύσμωμος
z, T s.l.   post ὤ ὤ add. ἴθι z   225 ante θύγατερ add. ὦ r
226 πόρσω t: πρόσω cett.   227 ὑπέσχεο Qa: -ετο L: -ες R: -εν
Zn: -ου Zo   ποῖ Lrat: ποῦ z   228 μοιριδία zt: μοὶ ῥᾳδία
Lra: μοίραι διὰ Lᵖᶜ   ἔρχεται] εἴργεται Campe   230 ὧν]
ἂν Wunder   προπάθῃ] προμάθῃ L in linea, π supra μ addito

ταιc ἑτέραιc ἑτέρα παραβαλλομέ-
να πόνον, οὐ χάριν, ἀντιδίδωcιν ἔ-
χειν. cὺ δὲ τῶνδ' ἑδράνων πάλιν ἔκτοπος
αὖθιc ἄφορμος ἐμᾶc χθονὸc ἔκθορε,
μή τι πέρα χρέος   235
ἐμᾷ πόλει προcάψῃc.

Αν. ὦ ξένοι αἰδόφρονες,
ἀλλ' ἐπεὶ γεραὸν πατέρα
τόνδ' ἐμὸν οὐκ ἀνέτλατ' ἔργων
ἀκόντων ἀίοντεc αὐδάν,   240
ἀλλ' ἐμὲ τὰν μελέαν, ἱκετεύομεν,
ὦ ξένοι, οἰκτίραθ', ἃ
πατρὸc ὑπὲρ τοῦ τλάμονοc ἄντομαι,
ἄντομαι οὐκ ἀλαοῖc προcορωμένα
ὄμμα cὸν ὄμμαcιν, ὥc τιc ἀφ' αἵματος   245
ὑμετέρου προφανεῖcα, τὸν ἄθλιον
αἰδοῦc κύρcαι· ἐν ὑμῖν ὡc θεῷ
κείμεθα τλάμονεc· ἀλλ' ἴτε, νεύcατε
τὰν ἀδόκητον χάριν,
πρόc c' ὅ τι cοι φίλον οἴκοθεν ἄντομαι,   250
ἢ τέκνον, ἢ λέχοc, ἢ χρέος, ἢ θεόc.
οὐ γὰρ ἴδοιc ἂν ἀθρῶν βροτὸν ὅcτιc ἄν,
εἰ θεὸc ἄγοι,
ἐκφυγεῖν δύναιτο.

---

233 δὲ t: δ' ἐκ cett. ἔκτοποc lazt: ἔκτροποc r 234 αὖθιc
r: αὖτιc lazt: αὐτίκ' Halbertsma 237 τὸ τῆc Ἀντιγόνηc
πρόcωπον ὅλον καὶ τοῦ χοροῦ τὸ τετράcτιχον ἀθετοῦνται sch. ad
237–57; quem sequuntur Cobet et alii 238 post γεραὸν add.
ἀλαὸν L^{pc}rzt 243 τοῦ τλάμονοc Hense: τοῦ μόνου La:
τοὐμοῦ rzt 244 οὐκ ἀλαοῖc L^{ac}ra: οὐ καλοῖc zt et sch. L
247 κύρcαι hoc accentu t: κύρcαι codd. ὑμῖν Brunck: ὑμῖν γὰρ
codd.: ὕμμι γὰρ Bergk: ὑμῖν δ' Blaydes 250 οἴκοθεν Elmsley
(cf. *Ph.* 469): ἐκ cέθεν Lrat: ἔκαθεν z 251 λέχοc Reiske: λόγοc
codd. 252 βροτὸν t: βροτῶν codd. ὅcτιc Lra: ὃc zt
253 ἄγοι LQa: ἄγει z: ἄγει ⟨γ'⟩ t: ἄγοι ⟨cφ'⟩ Dawe

ΣΟΦΟΚΛΕΟΥΣ

Χο. ἀλλ' ἴσθι, τέκνον Οἰδίπου, σέ τ' ἐξ ἴσου
οἰκτίρομεν καὶ τόνδε συμφορᾶς χάριν· 255
τὰ δ' ἐκ θεῶν τρέμοντες οὐ σθένοιμεν ἂν
φωνεῖν πέρα τῶν πρὸς σὲ νῦν εἰρημένων.

Οι. τί δῆτα δόξης, ἢ τί κληδόνος καλῆς
μάτην ῥεούσης ὠφέλημα γίγνεται,
εἰ τάς γ' Ἀθήνας φασὶ θεοσεβεστάτας 260
εἶναι, μόνας δὲ τὸν κακούμενον ξένον
σῴζειν οἵας τε καὶ μόνας ἀρκεῖν ἔχειν;
κἄμοιγε ποῦ ταῦτ' ἐστίν, οἵτινες βάθρων
ἐκ τῶνδέ μ' ἐξάραντες εἶτ' ἐλαύνετε,
ὄνομα μόνον δείσαντες; οὐ γὰρ δὴ τό γε 265
σῶμ' οὐδὲ τἄργα τἄμ'· ἐπεὶ τά γ' ἔργα με
πεπονθότ' ἴσθι μᾶλλον ἢ δεδρακότα,
εἴ σοι τὰ μητρὸς καὶ πατρὸς χρείη λέγειν,
ὧν οὕνεκ' ἐκφοβῇ με· τοῦτ' ἐγὼ καλῶς
ἔξοιδα. καίτοι πῶς ἐγὼ κακὸς φύσιν, 270
ὅστις παθὼν μὲν ἀντέδρων, ὥστ' εἰ φρονῶν
ἔπρασσον, οὐδ' ἂν ὧδ' ἐγιγνόμην κακός;
νῦν δ' οὐδὲν εἰδὼς ἱκόμην ἵν' ἱκόμην,
ὑφ' ὧν δ' ἔπασχον, εἰδότων ἀπωλλύμην.

ἀνθ' ὧν ἱκνοῦμαι πρὸς θεῶν ὑμᾶς, ξένοι, 275
ὥσπερ με κἀνεστήσαθ' ὧδε σώσατε,
καὶ μὴ θεοὺς τιμῶντες εἶτα τοὺς θεοὺς
ποιεῖσθ' ἀμαυροὺς μηδαμῶς· ἡγεῖσθε δὲ
βλέπειν μὲν αὐτοὺς πρὸς τὸν εὐσεβῆ βροτῶν,
βλέπειν δὲ πρὸς τοὺς δυσσεβεῖς, φυγὴν δέ του 280
μήπω γενέσθαι φωτὸς ἀνοσίου ποτέ.

260 γ' Janus Lascaris: τ' Lra: om. zt   261 κακούμενον]
καλούμενον t   ξένον] ξένων Blaydes   265 τό γε Lra, v.l. in
z: τότε Kzt, v.l. in r   266–7 με ... ἴσθι T. Hertel: μου ... ἐστὶ
codd.   268 χρείη Heath: χρεῖ' ἢ vel sim. codd. (etiam Λ)
272 ὧδ'] ὧς Herwerden   278 ποιεῖσθ' ἀμαυροὺς Fraenkel post
Nauck: μώρους ποιεῖσθε KR, coni. Blaydes: μωροὺς π. Q: μοίραις π.
La: μοῖραν π. zt   279 βροτῶν] -ὸν t   281 ποτέ
Tournier et Desrousseaux: βροτῶν codd.: θεῶν Wecklein: alii alia

368

ΟΙΔΙΠΟΥΣ ΕΠΙ ΚΟΛΩΝΩΙ

ξὺν οἷc cὺ μὴ κάλυπτε τὰc εὐδαίμονας
ἔργοιc Ἀθήνας ἀνοcίοιc ὑπηρετῶν.
ἀλλ' ὥσπερ ἔλαβεc τὸν ἱκέτην ἐχέγγυον,
ῥύου με κἀκφύλαccε· μηδέ μου κάρα   285
τὸ δυcπρόcοπτον εἰcορῶν ἀτιμάcῃc.
ἥκω γὰρ ἱερὸc εὐcεβής τε καὶ φέρων
ὄνηcιν ἀcτοῖc τοῖcδ'· ὅταν δ' ὁ κύριος
παρῇ τιc, ὑμῶν ὅcτιc ἐcτὶν ἡγεμών,
τότ' εἰcακούων πάντ' ἐπιcτήcῃ· τὰ δὲ   290
μεταξὺ τούτου μηδαμῶc γίγνου κακόc.

Χο. ταρβεῖν μέν, ὦ γεραιέ, τἀνθυμήματα
πολλή 'cτ' ἀνάγκη τἀπὸ cοῦ· λόγοιcι γὰρ
οὐκ ὠνόμαcται βραχέcι. τοὺc δὲ τῆcδε γῆc
ἄνακταc ἀρκεῖ ταῦτά μοι διειδέναι.   295

Οι. καὶ ποῦ 'cθ' ὁ κραίνων τῆcδε τῆc χώραc, ξένοι;

Χο. πατρῷον ἄcτυ γῆc ἔχει· cκοπὸc δέ νιν,
ὃc κἀμὲ δεῦρ' ἔπεμψεν, οἴχεται cτελῶν.

Οι. ἦ καὶ δοκεῖτε τοῦ τυφλοῦ τιν' ἐντροπὴν
ἢ φροντίδ' ἕξειν, αὐτὸν ὥcτ' ἐλθεῖν πέλαc;   300

Χο. καὶ κάρθ', ὅταν περ τοὔνομ' αἴcθηται τὸ cόν.

Οι. τίc δ' ἔcθ' ὁ κείνῳ τοῦτο τοὔποc ἀγγελῶν;

Χο. μακρὰ κέλευθοc· πολλὰ δ' ἐμπόρων ἔπη
φιλεῖ πλανᾶcθαι, τῶν ἐκεῖνοc ἀίων,
θάρcει, παρέcται. πολὺ γάρ, ὦ γέρον, τὸ cὸν   305
ὄνομα διήκει πάνταc, ὥcτε κεἰ βραδὺc
εὕδει, κλυών cου δεῦρ' ἀφίξεται ταχύc.

Οι. ἀλλ' εὐτυχὴc ἵκοιτο τῇ θ' αὑτοῦ πόλει

284 ἱκέτην ⟨μ'⟩ Blaydes   286 δυcπρόcοπτον LUY:
-πρόcωπον rAzt   288 δ' ὁ LZo: ὁ raZn: δὲ t   293 'cτ'
L: τ' ra: γ' zt   294 τῆcδε azt: τῆc Lr   298 ἔπεμψεν
lQzt: ἔπεμπεν l s.l., Ra   299–307 del. Wecklein (301–4
H. Hirzel)   300 αὐτὸν ὥcτ' Porson: ἀπόνωc τ' LaZnt: ἀπόντ' r:
ἐμπόνωc τ' Zo   302 δ' raz: om. L   303 μακρὰ] μικρὰ
Bothe   307 εὕδει] ἕρπει Brunck: cπεύδει van Eldik   κλυών
Lloyd-Jones: κλύων codd.   308 θ' aZo: τ' cett.

ΣΟΦΟΚΛΕΟΥΣ

     ἐμοί τε· τίς γὰρ ἐcθλὸc οὐχ αὑτῷ φίλος;

Αν. ὦ Ζεῦ, τί λέξω; ποῖ φρενῶν ἔλθω, πάτερ;   310

Οι. τί δ' ἔcτι, τέκνον Ἀντιγόνη; Αν. γυναῖχ' ὁρῶ
     cτείχουcαν ἡμῶν ἆccον, Αἰτναίαc ἐπὶ
     πώλου βεβῶcαν· κρατὶ δ' ἡλιοcτερὴc
     κυνῆ πρόcωπα Θεccαλίc νιν ἀμπέχει.
     τί φωνῶ;   315
     ἆρ' ἔcτιν; ἆρ' οὐκ ἔcτιν; ἢ γνώμη πλανᾷ;
     καὶ φημὶ κἀπόφημι κοὐκ ἔχω τί φῶ.
     τάλαινα,
     οὐκ ἔcτιν ἄλλη. φαιδρὰ γοῦν ἀπ' ὀμμάτων
     cαίνει με προcτείχουcα· cημαίνει δ' ὅτι   320
     μόνηc τόδ' ἐcτί, δῆλον, Ἰcμήνηc κάρα.

Οι. πῶc εἶπαc, ὦ παῖ; Αν. παῖδα cήν, ἐμὴν δ'
     ὁρᾶν
     ὅμαιμον· αὐδῇ δ' αὐτίκ' ἔξεcτιν μαθεῖν.

ΙΣΜΗΝΗ

     ὦ διccὰ πατρὸc καὶ καcιγνήτηc ἐμοὶ
     ἥδιcτα προcφωνήμαθ', ὡc ὑμᾶc μόλιc   325
     εὑροῦcα λύπῃ δεύτερον μόλιc βλέπω.

Οι. ὦ τέκνον, ἥκειc; Ic. ὦ πάτερ δύcμορφ' ὁρᾶν.

Οι. τέκνον, πέφηναc; Ic. οὐκ ἄνευ μόχθου γ'
     ἐμοῦ.

Οι. πρόcψαυcον, ὦ παῖ. Ic. θιγγάνω δυοῖν ὁμοῦ.

309 ἐcθλὸc] ἔcθ' ὃc Nauck   οὐχ αὑτῷ Lt Suda s.v. φίλος: οὐ
χαὑτῷ **ra**Zn: οὐκ αὐτῷ Zo   313 ἡλιοcτερὴc] -cτεγὴc Coraës:
-cκεπὴc Nauck   315 φωνῶ Meineke: φῶ codd.: φημι Elmsley
316 ἤ Hartung: ἢ codd.: ἤ Spengel et Wecklein   πλανᾷ] πλανῶ **l** in
linea   319 φαιδρὰ γοῦν L**raz**: φαιδρὸν οὖν **t**   320 cαίνει **z**t:
cημαίνει **lra**   προcτείχουcα] προcc- K s.l., coni. Dindorf   δ'
ὅτι] δέ τι· Jackson   321 δῆλον] φίλιον Hermann: ἀδελφὸν
Jacobs   323 ὅμαιμον] ὁμαίμον' K   ἔξεcτιν] ἐξέcται
dubitanter Dobree   327 δύcμορφ' Bücheler: δύcμοιρ' **a**:
δύcμορ' cett.   328 γ' ἐμοῦ K: γέ μοι: γέ του
Herwerden

ΟΙΔΙΠΟΥΣ ΕΠΙ ΚΟΛΩΝΩΙ

Οι. ὦ σπέρμ' ὅμαιμον. Ις. ὦ δυσάθλιαι τροφαί. 330
Οι. ἦ τῆσδε κἀμοῦ; Ις. δυσμόρου τ' ἐμοῦ τρίτης.
Οι. τέκνον, τί δ' ἦλθες; Ις. σῇ, πάτερ, προμηθίᾳ.
Οι. πότερα πόθοισι; Ις. καὶ λόγων γ' αὐτάγγελος,
ξὺν ᾧπερ εἶχον οἰκετῶν πιστῷ μόνῳ.
Οι. οἱ δ' αὐθόμαιμοι ποῦ νεανίαι πονεῖν; 335
Ις. εἴς' οὗπέρ εἰσι· δεινὰ τὰν κείνοις τανῦν.
Οι. ὦ πάντ' ἐκείνω τοῖς ἐν Αἰγύπτῳ νόμοις
φύσιν κατεικασθέντε καὶ βίου τροφάς·
ἐκεῖ γὰρ οἱ μὲν ἄρσενες κατὰ στέγας
θακοῦσιν ἱστουργοῦντες, αἱ δὲ σύννομοι 340
τἄξω βίου τροφεῖα πορσύνουσ' ἀεί.
σφῷν δ', ὦ τέκν', οὓς μὲν εἰκὸς ἦν πονεῖν τάδε,
κατ' οἶκον οἰκουροῦσιν ὥστε παρθένοι,
σφὼ δ' ἀντ' ἐκείνοιν τἀμὰ δυστήνου κακὰ
ὑπερπονεῖτον. ἡ μὲν ἐξ ὅτου νέας 345
τροφῆς ἔληξε καὶ κατίσχυσεν δέμας,
ἀεὶ μεθ' ἡμῶν δύσμορος πλανωμένη,
γεροντ\αγωγεῖ, πολλὰ μὲν κατ' ἀγρίαν
ὕλην ἄσιτος νηλίπους τ' ἀλωμένη,
πολλοῖσι δ' ὄμβροις ἡλίου τε καύμασι 350
μοχθοῦσα τλήμων δεύτερ' ἡγεῖται τὰ τῆς
οἴκοι διαίτης, εἰ πατὴρ τροφὴν ἔχοι.
σὺ δ', ὦ τέκνον, πρόσθεν μὲν ἐξίκου πατρὶ
μαντεῖ' ἄγουσα πάντα, Καδμείων λάθρᾳ,
ἃ τοῦδ' ἐχρήσθη σώματος, φύλαξ δέ μοι 355

---

330 post 327 habent codd.: ordinem restituit Musgrave τροφαί]
σποραί K 331 τ' Markland: δ' codd. ἐμοῦ LQ^pc zT: ἐμοὶ r:
ἐμῆς a Ta 333 λόγων l s.l., Rt: -οις lQaz γ' l: om. rt: τ' az
335 αὐθόμαιμοι a: αὐθ' ὅμαιμοι cett. ποῦ KZo: ποῖ cett.
πονεῖν LrAzt: πονεῖ UY: κυρεῖν K 336 τὰν κείνοις Schaefer e
sch. L νῦν δὲ τὰ ἐν ἐκείνοις δεινά: δ' ἐν κείνοις L^pc Kra: τἀκείνοις zt
344 ἐκείνοιν rZo: -ων La, T s.l.: -ου Znt 349 νηλίπους]
νήλιπος Wakefield, sed cf. P.Oxy. 2256 (A. fr. 451p 21 Radt)
351 δεύτερ' azt: δεῦρο Lr 352 ἔχοι] ἔχει in linea ZnT
355 δέ] τε Elmsley μοι Jebb: μου codd.

371

πιστὴ κατέςτης, γῆς ὅτ' ἐξηλαυνόμην·
νῦν δ' αὖ τίν' ἥκεις μῦθον, Ἰσμήνη, πατρὶ
φέρουςα; τίς c' ἐξῆρεν οἴκοθεν ςτόλος;
ἥκεις γὰρ οὐ κενή γε, τοῦτ' ἐγὼ ςαφῶς
ἔξοιδα· μή που δεῖμ' ἐμοὶ φέρουςά τι;   360

Ic. ἐγὼ τὰ μὲν παθήμαθ' ἅπαθον, πάτερ,
ζητοῦςα τὴν cὴν ποῦ κατοικοίης τροφήν,
παρεῖς' ἐάςω. δὶς γὰρ οὐχὶ βούλομαι
πονοῦςά τ' ἀλγεῖν καὶ λέγους' αὖθις πάλιν.
ἃ δ' ἀμφὶ τοῖν coῖν δυςμόροιν παίδοιν κακὰ   365
νῦν ἐςτι, ταῦτα ςημανοῦς' ἐλήλυθα.

πρὶν μὲν γὰρ αὐτοῖς ἥρεςεν Κρέοντί τε
θρόνους ἐᾶςθαι μηδὲ χραίνεςθαι πόλιν,
λόγῳ ςκοποῦςι τὴν πάλαι γένους φθοράν,
οἷα κατέςχε τὸν cὸν ἄθλιον δόμον·   370
νῦν δ' ἐκ θεῶν του κἀξ ἀλειτηροῦ φρενὸς
εἰςῆλθε τοῖν τριςαθλίοιν ἔρις κακή,
ἀρχῆς λαβέςθαι καὶ κράτους τυραννικοῦ.
χὠ μὲν νεάζων καὶ χρόνῳ μείων γεγὼς
τὸν πρόςθε γεννηθέντα Πολυνείκη θρόνων   375
ἀποςτερίςκει κἀξελήλακεν πάτρας.
ὁ δ', ὡς καθ' ἡμᾶς ἐςθ' ὁ πληθύων λόγος,
τὸ κοῖλον Ἄργος βὰς φυγάς, προςλαμβάνει
κῆδός τε καινὸν καὶ ξυναςπιςτὰς φίλους,

358 ἐξῆρεν Lrat: -ῆκεν z   360 μή που Housman: μὴ οὐχὶ
codd.   366 cημανοῦς' AUzt: cημαίνουc' L: cημαίνουc' r:
cημαινοῦc' Y   367 ἥρεςεν Bergk: ἦν ἔρις codd.   τε] δὴ
Paley: γε Nauck   368 ἐᾶςθαι] ἐᾶςαι Campe
369 λόγῳ] λοιγῷ Madvig   370 οἷα] οἷαν a   371 κἀξ
ἀλειτηροῦ codd. plerique, nisi quod ι pro ει habent et accentum alii alium
praebent: κἀξ ἀλιτηρίου t: κἀλιτήριου Toup   371 τρις-
αθλίοιν] τρὶς ἀθλίοιν Porson   373 κράτους post τυραννικοῦ r
374 χρόνῳ] γονῇ Blaydes   375 Πολυνείκη La: -κην rzt
θρόνων] -ον a   376 ἀποςτερίςκει] -ίζει z   377 πλη-
θύων Lra: -ύνων zt   379 τε] τι Dawe   καινὸν] κλεινὸν
Elmsley

ΟΙΔΙΠΟΥϹ ΕΠΙ ΚΟΛΩΝΩΙ

ὡς αὐτίκ᾽ αὐτὸς ἦ τὸ Καδμείων πέδον　　　　380
τιμῇ καθέξων, ἦ πρὸς οὐρανὸν βιβῶν.
ταῦτ᾽ οὐκ ἀριθμός ἐστιν, ὦ πάτερ, λόγων,
ἀλλ᾽ ἔργα δεινά· τοὺς δὲ coὺς ὅπῃ θεοὶ
πόνους κατοικτιοῦϲιν οὐκ ἔχω μαθεῖν.

Οι.　ἤδη γὰρ ἔϲχες ἐλπίδ᾽ ὡς ἐμοῦ θεοὺς　　　385
ὥραν τιν᾽ ἕξειν, ὥϲτε ϲωθῆναί ποτε;

Ιϲ.　ἔγωγε τοῖϲ νῦν, ὦ πάτερ, μαντεύμαϲιν.

Οι.　ποίοιϲι τούτοιϲ; τί δὲ τεθέϲπιϲται, τέκνον;

Ιϲ.　ϲὲ τοῖϲ ἐκεῖ ζητητὸν ἀνθρώποιϲ ποτὲ
θανόντ᾽ ἔϲεϲθαι ζῶντά τ᾽ εὐϲοίας χάριν.　　　390

Οι.　τίς δ᾽ ἂν τοιοῦδ᾽ ὑπ᾽ ἀνδρὸς εὖ πράξειεν ἄν;

Ιϲ.　ἐν ϲοὶ τὰ κείνων φαϲὶ γίγνεϲθαι κράτη.

Οι.　ὅτ᾽ οὐκέτ᾽ εἰμί, τηνικαῦτ᾽ ἄρ᾽ εἴμ᾽ ἀνήρ;

Ιϲ.　νῦν γὰρ θεοί ϲ᾽ ὀρθοῦϲι, πρόϲθε δ᾽ ὤλλυϲαν.

Οι.　γέροντα δ᾽ ὀρθοῦν φλαῦρον ὃϲ νέος πέϲῃ.　　395

Ιϲ.　καὶ μὴν Κρέοντά γ᾽ ἴϲθι ϲοι τούτων χάριν
ἥξοντα βαιοῦ κοὐχὶ μυρίου χρόνου.

Οι.　ὅπως τί δράϲῃ, θύγατερ; ἑρμήνευέ μοι.

Ιϲ.　ὥϲ ϲ᾽ ἄγχι γῆς ϲτήϲωϲι Καδμείαϲ, ὅπως
κρατῶϲι μὲν ϲοῦ, γῆϲ δὲ μὴ ᾽μβαίνῃϲ ὅρων.　　400

Οι.　ἡ δ᾽ ὠφέληϲιϲ τίϲ θύραϲι κειμένου;

Ιϲ.　κείνοιϲ ὁ τύμβος δυϲτυχῶν ὁ ϲὸϲ βαρύϲ.

Οι.　κἄνευ θεοῦ τιϲ τοῦτό γ᾽ ἂν γνώμῃ μάθοι.

---

380 αὐτὸς Nauck: Ἄργος codd.　　locus varie temptatus
381 τιμῇ Lazt: τι δή r: τύμβῳ Arndt: ταφῇ Schubert　καθέξων
codd. (etiam Λ): καθέλξων Reiske　　383 ὅπῃ Zo, coni. Halm:
ὅποι cett.: ὅπου Elmsley　　384 κατοικτιοῦϲιν] κατοικιοῦϲιν
Paris. gr. 2886 (i.e. Aristobulus Apostolides), et coni. Purgold　　385 ὡς]
ὧδ᾽ Hartung: ὥϲτ᾽ Jebb　　386 ὥραν l, coni. Turnebus: ὥραν
cett.　　387 νῦν Krt: νῦν γ᾽ Laz　390 εὐϲοίαϲ Suda s.v., v.l.
ap. t et sch. L: εὐνοίαϲ codd.　　391 δ᾽ ἂν Lazt: γὰρ r　　ὑπ᾽ azt:
om. l: γ᾽ r　　alterum ἄν om. r　　395 φλαῦρον LraZnT:
φαῦλον ZoTa, quod si recipias, nota interrogationis post πέϲῃ ponenda
est　ὀρθοῦν γέροντ᾽ οὐ φαῦλον Blaydes　　401 θύραϲι Elmsley:
θύραιϲι codd.　　402 δυϲτυχῶν] δυϲμενῶν L. Peters: an δυϲφορῶν?

ΣΟΦΟΚΛΕΟΥΣ

Ιс.   τούτου χάριν τοίνυν ce προcθέcθαι πέλας
      χώρας θέλουcι, μηδ' ἵν' ἂν cαυτοῦ κρατοῖc.   405
Οι.   ἡ καὶ κατασκιῶcι Θηβαίᾳ κόνει;
Ιс.   ἀλλ' οὐκ ἐᾷ τοὔμφυλον αἷμά γ', ὦ πάτερ.
Οι.   οὐκ ἄρ' ἐμοῦ γε μὴ κρατήcωcίν ποτε.
Ιс.   ἔcται ποτ' ἄρα τοῦτο Καδμείοιc βάρος.
Οι.   ποίαc φανείσηc, ὦ τέκνον, cυναλλαγῆς;   410
Ιс.   τῆς cῆς ὑπ' ὀργῆς, coîc ὅταν cτῶcιν τάφοιc.
Οι.   ἃ δ' ἐννέπειc, κλυούcα τοῦ λέγειc, τέκνον;
Ιс.   ἀνδρῶν θεωρῶν Δελφικῆς ἀφ' ἑcτίαс.
Οι.   καὶ ταῦτ' ἐφ' ἡμῖν Φοῖβος εἰρηκὼς κυρεῖ;
Ιс.   ὥς φαcιν οἱ μολόντες ἐc Θήβης πέδον.   415
Οι.   παίδων τιc οὖν ἤκουσε τῶν ἐμῶν τάδε;
Ιс.   ἄμφω γ' ὁμοίωc, κἀξεπίcταcθον καλῶc.
Οι.   κᾆθ' οἱ κάκιcτοι τῶνδ' ἀκούcαντες πάρος
      τοὐμοῦ πόθου προὔθεντο τὴν τυραννίδα;
Ιс.   ἀλγῶ κλύουcα ταῦτ' ἐγώ, φέρω δ' ὅμωc.   420
Οι.   ἀλλ' οἱ θεοί cφιν μήτε τὴν πεπρωμένην
      ἔριν καταcβέcειαν, ἐν δ' ἐμοὶ τέλος
      αὐτοῖν γένοιτο τῆcδε τῆc μάχης πέρι,
      ἧς νῦν ἔχονται κἀπαναίρονται δόρυ·
      ὡς οὔτ' ἂν ὃς νῦν cκῆπτρα καὶ θρόνους ἔχει   425
      μείνειεν, οὔτ' ἂν οὐξεληλυθὼς πάλιν
      ἔλθοι ποτ' αὖθιc· οἵ γε τὸν φύcαντ' ἐμὲ

---

405 κρατοῖc Brunck: -ῆc codd.   407 γ', ὦ Blaydes: c', ὦ
codd.: cου Meineke   v. ita reficit Blaydes: ἀλλ' οὐκ ἐάcει τοῦτό γ'
αἷμ' ἐμφύλιον   411 ὅταν cτῶcιν] ὅτ' ἀντῶcιν dubitanter
Lloyd-Jones   412 κλυούcα Fraenkel: κλύουcα codd.
414 ἡμῖν Lra: ἡμῶν zt   415 φαcιν] φαcί γ' Herwerden
416 τιc edd.: τίc codd.   417 γ' zt: θ' Lra   420 κλύουcα]
φέρουcα Wecklein: λέγουcα Blaydes et Nauck   φέρω] λέγω
Nauck   421 cφιν Elmsley: cφι Lra: cφε Kzt   τὴν πεπρω-
μένην zt et γρ in a et Q: τὴν πεπραγμένην l s.l.: τῶν πεπραγμένων
lra   422 δ'] τ' Elmsley   423 αὐτοῖν a: -ῶν lrzt
424 κἀπαναίρονται Hermann: -οῦνται codd.   426 οὐξελη-
λυθὼς azt: ἐξ- lr   πάλιν Lrzt: πόλιν a et γρ in Q

374

ΟΙΔΙΠΟΥϹ ΕΠΙ ΚΟΛΩΝΩΙ

οὕτως ἀτίμως πατρίδος ἐξωθούμενον
οὐκ ἔϲχον οὐδ' ἤμυναν, ἀλλ' ἀνάϲτατος
αὐτοῖν ἐπέμφθην κἀξεκηρύχθην φυγάς.   430
εἴποις ἂν ὡς θέλοντι τοῦτ' ἐμοὶ τότε
πόλις τὸ δῶρον εἰκότως κατήνεϲεν;
οὐ δῆτ', ἐπεί τοι τὴν μὲν αὐτίχ' ἡμέραν,
ὁπηνίκ' ἔζει θυμός, ἥδιστον δέ μοι
τὸ κατθανεῖν ἦν καὶ τὸ λευϲθῆναι πέτροις,   435
οὐδεὶς ἔρωτ' ἐς τόνδ' ἐφαίνετ' ὠφελῶν·
χρόνῳ δ', ὅτ' ἤδη πᾶς ὁ μόχθος ἦν πέπων,
κἀμάνθανον τὸν θυμὸν ἐκδραμόντα μοι
μείζω κολαστὴν τῶν πρὶν ἡμαρτημένων,
τὸ τηνίκ' ἤδη τοῦτο μὲν πόλις βίᾳ   440
ἤλαυνέ μ' ἐκ γῆς χρόνιον, οἱ δ' ἐπωφελεῖν,
οἱ τοῦ πατρός, τῷ πατρὶ δυνάμενοι, τὸ δρᾶν
οὐκ ἠθέλησαν, ἀλλ' ἔπους ϲμικροῦ χάριν
φυγάς ϲφιν ἔξω πτωχὸς ἠλώμην ἀεί·
ἐκ ταῖνδε δ', οὔϲαιν παρθένοιν, ὅϲον φύϲις   445
δίδωϲιν αὐταῖν, καὶ τροφὰς ἔχω βίου
καὶ γῆς ἄδειαν καὶ γένους ἐπάρκεϲιν·
τὼ δ' ἀντὶ τοῦ φύϲαντος εἱλέϲθην θρόνους
καὶ ϲκῆπτρα κραίνειν καὶ τυραννεύειν χθονός.
ἀλλ' οὔ τι μὴ λάχωϲι τοῦδε ϲυμμάχου,   450
οὐδέ ϲφιν ἀρχῆς τῆϲδε Καδμείας ποτὲ

---

429 ἤμυναν Lrzt: -ον a   432 sic interpunximus κατήνεϲεν (sic)
zt: -ήνυϲεν L: -ήνυϲεν ra   434 δέ] τε Hermann   436 ἔρωτ' ἐς
τόνδ' Blaydes: ἔρωτος τοῦδ' codd. (nisi quod ἔρως τοῦδ' z): ἀρωγὸς
τόνδ' Broadhead   441 ἤλαυνέ μ' Lra: -εν zt   443 ἀλλ' ἔπους
Kra: ἀλλά που lt: ἀλλ' ἐπ' οὐ vel sim. L^{ac}z   ϲμικροῦ lrzt: μικροῦ
Ka   444 ἀεί lr: ἐγώ Q s.l., azt   445 ἐκ Lra: κἀκ zt
ταῖνδε Lrat: τῶνδε z   δ' οὔϲαιν] διϲϲαῖν Pierson (recepto κἀκ
ταῖνδε)   post παρθένοιν add. δ' r   446 αὐταῖν Lra: -ῶν zt
447 καὶ γῆς] ϲτέγης τ' Nauck   γένους] ξένων Q: τέγους Madvig
448 εἱλέϲθην] -ον r   449 κραίνειν] νωμᾶν Blaydes
450 οὔ τι] οὔτε Elmsley   λάχωϲι] τύχωϲι Brunck
451 οὐδέ Hermann: οὔτε LRazt: οὔτ' ἂν Q

ΣΟΦΟΚΛΕΟΥΣ

ὄνηcιc ἥξει· τοῦτ' ἐγᾦδα, τῇcδέ τε
μαντεῖ' ἀκούων, cυννοῶν τε θέcφατα
παλαίφαθ' ἀμοὶ Φοῖβος ἥνυcέν ποτε.
πρὸc ταῦτα καὶ Κρέοντα πεμπόντων ἐμοῦ   455
μαcτῆρα, κεἴ τιc ἄλλοc ἐν πόλει cθένει.
ἐὰν γὰρ ὑμεῖc, ὦ ξένοι, θέλητ' ἐμοὶ
cὺν ταῖcδε ταῖc cεμναῖcι δημούχοιc θεαῖc
ἀλκὴν ποεῖcθαι, τῇδε μὲν πόλει μέγαν
cωτῆρ' ἀρεῖcθε, τοῖc δ' ἐμοῖc ἐχθροῖc πόνουc.   460
Χο. ἐπάξιοc μέν, Οἰδίπουc, κατοικτίcαι,
αὐτόc τε παῖδέc θ' αἵδ'· ἐπεὶ δὲ τῇcδε γῆc
cωτῆρα cαυτὸν τῷδ' ἐπεμβάλλειc λόγῳ,
παραινέcαι cοι βούλομαι τὰ cύμφορα.
Οι. ὦ φίλταθ', ὡc νῦν πᾶν τελοῦντι προξένει.   465
Χο. θοῦ νῦν καθαρμὸν τῶνδε δαιμόνων, ἐφ' ἃc
τὸ πρῶτον ἵκου καὶ κατέcτειψαc πέδον.
Οι. τρόποιcι ποίοιc; ὦ ξένοι, διδάcκετε.
Χο. πρῶτον μὲν ἱερὰc ἐξ ἀειρύτου χοὰc
κρήνηc ἐνεγκοῦ, δι' ὁcίων χειρῶν θιγών.   470
Οι. ὅταν δὲ τοῦτο χεῦμ' ἀκήρατον λάβω;
Χο. κρατῆρέc εἰcιν, ἀνδρὸc εὔχειροc τέχνη,
ὧν κρᾶτ' ἔρεψον καὶ λαβὰc ἀμφιcτόμουc.
Οι. θαλλοῖcιν, ἢ κρόκαιcιν, ἢ ποίῳ τρόπῳ;

---

452 τε zt: γε Lra   453 τε θέcφατα Heimsoeth: τά τ' ἐξ
ἐμοῦ codd.: τε τἀπ' ἐμοὶ Rauchenstein   454 ἀμοὶ Heath: ἅ μοι
codd.   ἥνυcεν] ἥνεcεν Wunder: ἔχρηcεν Nauck   456 πόλει]
δόμοιc K   457 ἐμοὶ Pearson: μοι K: μου cett.: ἐμοῦ Brunck:
ὁμοῦ Dindorf   458 cὺν ταῖcδε Canter: πρὸc ταῖcι L: cὺν ταῖcι
L s.l., razt: cεπταῖcι K: προcτάτιcι Dindorf   459 ποιεῖcθαι (sic)
azt: πο(ι)εῖcθε Lr   μὲν rzt: τῇ a: μὲν τῇ L   460 ἐμοῖc razt:
ἐμῆc L: δὲ γῆc Nauck   461 ἐπάξιοc L s.l., azt: -ον Lr
464 cύμφορα Lra: ξύμ- zt   465, 466 νῦν] νυν t
467 κατέcτειψαc Qat: -ιψαc L: -εψαc z: κατάcτεψον γρ in l, lm.
Sudae s.v.   469–71 post 476 traiecit Bergk   469 ἀειρύτου
Q et coni. Livineius ('p'): ἀειρρ- cett.   470 ἐνεγκοῦ hoc accentu
Elmsley: paroxytone codd.   474 κρόκαιcιν Lra: -οιcιν zt

376

ΟΙΔΙΠΟΥC ΕΠΙ ΚΟΛΩΝΩΙ

Χο.   οἰὸc νεώρουc νεοπόκῳ μαλλῷ λαβών.   475
Οι.   εἰέν· τὸ δ᾽ ἔνθεν ποῖ τελευτῆcαί με χρή;
Χο.   χοὰc χέαcθαι cτάντα πρὸc πρώτην ἕω.
Οι.   ἦ τοῖcδε κρωccοῖc οἷc λέγειc χέω τάδε;
Χο.   τριccάc γε πηγάc· τὸν τελευταῖον δ᾽ ὅλον—
Οι.   τοῦ τόνδε πλήcαc; προcδίδαcκε καὶ τόδε.   480
Χο.   ὕδατοc, μελίccηc· μηδὲ προcφέρειν μέθυ.
Οι.   ὅταν δὲ τούτων γῆ μελάμφυλλοc τύχῃ;
Χο.   τρὶc ἐννέ᾽ αὐτῇ κλῶναc ἐξ ἀμφοῖν χεροῖν
      τιθεὶc ἐλαίαc τάcδ᾽ ἐπεύχεcθαι λιτάc—
Οι.   τούτων ἀκοῦcαι βούλομαι· μέγιcτα γάρ.   485
Χο.   ὥc cφαc καλοῦμεν Εὐμενίδαc, ἐξ εὐμενῶν
      cτέρνων δέχεcθαι τὸν ἱκέτην cωτηρίουc
      αἰτοῦ cύ τ᾽ αὐτὸc κεἴ τιc ἄλλοc ἀντὶ cοῦ,
      ἄπυcτα φωνῶν μηδὲ μηκύνων βοήν.
      ἔπειτ᾽ ἀφέρπειν ἄcτροφοc. καὶ ταῦτά cοι   490
      δράcαντι θαρcῶν ἂν παραcταίην ἐγώ,
      ἄλλωc δὲ δειμαίνοιμ᾽ ἄν, ὦ ξέν᾽, ἀμφὶ cοί.
Οι.   ὦ παῖδε, κλύετον τῶνδε προcχώρων ξένων;
Ιc.   ἠκούcαμέν τε χὦ τι δεῖ πρόcταccε δρᾶν.
Οι.   ἐμοὶ μὲν οὐχ ὁδωτά· λείπομαι γὰρ ἐν   495
      τῷ μὴ δύναcθαι μηδ᾽ ὁρᾶν, δυοῖν κακοῖν·
      cφῷν δ᾽ ἡτέρα μολοῦcα πραξάτω τάδε.

475 νεώρουc Musgrave: νεαρὰc codd.: γε νεαρὰc Heath   νεο-
πόκῳ Canter: νεοτόκῳ a: οἰνεοτόκῳ vel sim. lr: οἰοπόκῳ l s.l., zt
λαβών lrzt: βαλών a   476 εἰέν cdd.: εἶεν codd.   ποῖ] ποῦ
Zo: πῇ Dawe   478 τάδε Lra: τόδε zt   479 γε Lzt: τε a: δὲ r
δ᾽ ὅλον] δὲ χοῦν Heimsoeth: δ᾽ ἐλὼν Schneidewin   480 προcδί-
δαcκε nos: θῶ; δίδαcκε Lra: τῷ δίδαcκε zt: ἐκδίδαcκε Herwerden
484 ἐλαίαc] ἐλάαc Dindorf, forma in titulis usitata, sed vide Threatte I
278   487 cωτηρίουc Bake: -ιον codd.   488 τ᾽ Riccardianus
gr. 34 (i.e. Zacharias Callierges): γ᾽ codd. nostri   491 θαρcῶν
Brunck: θαρρῶν codd.   παραcταίην z: -αίμην cett.   493 παῖδ᾽
ἐκλύετον Fraenkel   494 Ismenae tribuunt Kr, sororibus ambabus
at (de z non liquet: paragraphum habet L), Antigonae Brunck   τε] γε
Nauck   496 μηδ᾽ Elmsley: μήθ᾽ codd.   497 ἡτέρα vel
sim. codd.: ἀτέρα Elmsley

377

ΣΟΦΟΚΛΕΟΥΣ

ἀρκεῖν γὰρ οἶμαι κἀντὶ μυρίων μίαν
ψυχὴν τάδ᾽ ἐκτίνουσαν, ἣν εὔνους παρῇ.
ἀλλ᾽ ἐν τάχει τι πράσσετον· μόνον δέ με   500
μὴ λείπετ᾽. οὐ γὰρ ἂν cθένοι τοὐμὸν δέμας
ἐρῆμον ἕρπειν οὐδ᾽ ὑφηγητοῦ δίχα.

Ιc.   ἀλλ᾽ εἶμ᾽ ἐγὼ τελοῦσα· τὸν τόπον δ᾽ ἵνα
χρῇcται μ᾽ ὑπουργεῖν, τοῦτο βούλομαι μαθεῖν.

Χο.   τοὐκεῖθεν ἄλcους, ὦ ξένη, τοῦδ᾽. ἢν δέ του   505
cπάνιν τιν᾽ ἴcχῃc, ἔcτ᾽ ἔποικος, ὃc φράcει.

Ιc.   χωροῖμ᾽ ἂν ἐc τόδ᾽· Ἀντιγόνη, cὺ δ᾽ ἐνθάδε
φύλαccε πατέρα τόνδε· τοῖc τεκοῦcι γὰρ
οὐδ᾽ εἰ πονῇ τιc, δεῖ πόνου μνήμην ἔχειν.   509

Χο.   δεινὸν μὲν τὸ πάλαι κείμενον ἤδη κακόν, ὦ
       ξεῖν᾽, ἐπεγείρειν·   cτρ. α´
    ὅμως δ᾽ ἔραμαι πυθέcθαι—

Οι.   τί τοῦτο;

Χο.   τᾶc δειλαίαc ἀπόρου φανείcαc
    ἀλγηδόνος, ᾇ ξυνέcταc.

Οι.   μὴ πρὸc ξενίαc ἀνοίξῃc   515
    τᾶc cᾶc ἃ πέπονθ᾽ ἀναιδῶc.

Χο.   τό τοι πολὺ καὶ μηδαμὰ λῆγον
    χρῄζω, ξεῖν᾽, ὀρθὸν ἄκουcμ᾽ ἀκοῦcαι.

Οι.   ὤμοι.

Χο.   cτέρξον, ἱκετεύω.

499 ἐκτίνουcαν Canter: ἐκτεί- codd.   500 τι Lrat: om. z: τοι
Livineius ('p') et Bornemann   502 δίχα Hermann: δ᾽ ἄνευ LraZn:
γ᾽ ἄνευ Zot   503 τὸν τόπον Lrat: τοῖc τόποιc z
504 χρῇcται Lᵃᶜ: χρῇ 'cται vel sim. Lᵖᶜat: χρῆcταί r: χρηcταί z: χρῆ
cτέμμ᾽ (om. μ᾽) Elmsley   ὑπουργεῖν Reiske: ἐφευρεῖν codd.
505 ἄλcουc Lazt: ἄλcοc r, quo recepto τόδ᾽ pro τοῦδ᾽ Elmsley
506 ἴcχῃc Lzt: -εις ra   509 πονῇ l: -εῖ cett.
514 ἀλγηδόνος LᵖᶜKra: -ας Lᵃᶜzt   516 ἃ πέπονθ᾽ Reisig:
πέπονθ᾽ ἔργ᾽ codd.: πέπον, ἔργ᾽ Bothe: γέγον᾽ ἔργ᾽ Jackson   ἀναι-
δῶc nos: ἀναιδῆ codd.: ἄναυδα Nauck   517 μηδαμὰ Brunck:
-ᾶ Lraz: -ῶc t   518 ξεῖν᾽ Reisig: ξέν᾽ codd.

Οι. φεῦ φεῦ.
Χο. πείθου· κἀγὼ γὰρ ὅσον σὺ προσχρῄζεις. 520

Οι. ἤνεγκον κακότατ', ὦ ξένοι, ἤνεγκον ἑκὼν μέν,
θεὸς ἴστω·   ἀντ. α'
τούτων δ' αὐθαίρετον οὐδέν.
Χο. ἀλλ' ἐς τί;
Οι. κακᾷ μ' εὐνᾷ πόλις οὐδὲν ἴδριν 525
γάμων ἐνέδησεν ἄτᾳ.
Χο. ἦ μητρόθεν, ὡς ἀκούω,
δυσώνυμα λέκτρ' ἐπλήσω;
Οι. ὤμοι, θάνατος μὲν τάδ' ἀκούειν,
ὦ ξεῖν'· αὗται δὲ δύ' ἐξ ἐμοῦ ⟨μὲν⟩— 530
Χο. πῶς φῄς;
Οι. παῖδε, δύο δ' ἄτα—
Χο. ὦ Ζεῦ.
Οι. ματρὸς κοινᾶς ἀπέβλαστον ὠδῖνος.

Χο. σοί γ' ἄρ' ἀπόγονοί τ' εἰσὶ καὶ— στρ. β'
Οι. κοιναί γε πατρὸς ἀδελφεαί. 535
Χο. ἰώ. Οι. ἰὼ δῆτα μυ-
ρίων γ' ἐπιστροφαὶ κακῶν.
Χο. ἔπαθες— Οι. ἔπαθον ἄλαστ' ἔχειν.

519 ὤμοι Hermann: ἰώ μοι codd.   520 προσχρῄζεις aZot:
προ- LrZn   521 ἤνεγκον] ἤνεγκ', ὦ, Dawe   κακότατ'] i.e.
ἐκάκωσα ἐμαυτόν, ut vidit Wilamowitz   ἑκὼν Bothe: ἄκων codd.:
ἀέκων Martin: ἄγαν Pohlenz   523 δ' Lazt: om. r
525 μ' Κ: δ' ἐν r: μὲν lazt   ἴδριν Mudge: -ις codd.
527 μητρόθεν] μα- Elsmley, fort. recte   528 ἐπλήσω Lrat:
-σαν z, t s.l.   530 suppl. Elmsley   531 παῖδε Elmsley: -ες
codd.   ἄτα LRt: ἄτᾳ vel ἄται cett.   534 σοί γ' ἄρ' nos: σοί τ'
ἄρ' Κ: σαί τ' ἄρ' Lra: αὗτ' ἄρ' z: αὐτὰρ t: σαί τἄρ' Bothe   ἀπό-
γονοί τ' εἰσὶ Bothe: εἰσὶν ἀπόγονοι Lrzt: εἴσ' ἀπόγονοι Κα
535-8 personarum vices indicavit Solger   535 ἀδελφεαί Lra:
-φαί Λz   537 γ' LQz: δ' R: om. at   538 ἔχειν] ὀχεῖν
Wecklein: ἄχη Blaydes

ΣΟΦΟΚΛΕΟΥΣ

Χο.   ἔρεξας— Οι. οὐκ ἔρεξα. Χο. τί γάρ;
Οι. ἐδεξάμην
δῶρον, ὃ μήποτ' ἐγὼ ταλακάρδιος   540
ἐπωφελήϲαϲ ὄφελον ἐξελέϲθαι.

Χο.   δύϲτανε, τί γάρ; ἔθου φόνον—   ἀντ. β'
Οι.   τί τοῦτο; τί δ' ἐθέλεις μαθεῖν;
Χο.   πατρός; Οι. παπαῖ, δευτέραν
ἔπαιϲαϲ, ἐπὶ νόϲῳ νόϲον.
Χο.   ἔκανεϲ— Οι. ἔκανον. ἔχει δέ μοι—   545
Χο.   τί τοῦτο; Οι. πρὸϲ δίκαϲ τι. Χο. τί γάρ;
Οι. ἐγὼ φράϲω·
ἄτᾳ ἁλοὺϲ ἐφόνευϲ' ἀπό τ' ὤλεϲα,
νόμῳ δὲ καθαρόϲ· ἄιδριϲ ἐϲ τόδ' ἦλθον.

Χο.   καὶ μὴν ἄναξ ὅδ' ἡμὶν Αἰγέωϲ γόνοϲ
Θηϲεὺϲ κατ' ὀμφὴν ϲὴν ἀποϲταλεὶϲ πάρα.   550

ΘΗΣΕΥΣ

πολλῶν ἀκούων ἔν τε τῷ πάροϲ χρόνῳ
τὰϲ αἱματηρὰϲ ὀμμάτων διαφθορὰϲ
ἔγνωκά ϲ', ὦ παῖ Λαΐου, τανῦν θ' ὁδοῖϲ
ἐν ταῖϲδε λεύϲϲων μᾶλλον ἐξεπίϲταμαι.
ϲκευή τε γάρ ϲε καὶ τὸ δύϲτηνον κάρα   555
δηλοῦτον ἡμῖν ὄνθ' ὃϲ εἶ, καί ϲ' οἰκτίϲαϲ
θέλω 'περέϲθαι, δύϲμορ' Οἰδίπουϲ, τίνα
πόλεωϲ ἐπέϲτηϲ προϲτροπὴν ἐμοῦ τ' ἔχων,

---

541 ἐπωφελήϲαϲ Meineke: -έληϲα codd.   ὄφελον Rauchenstein:
πόλεωϲ codd.   ἐξελέϲθαι Lazt: ἐξαίρεϲθαι r   547 ἄτᾳ
Lloyd-Jones: καὶ γὰρ codd.: μοίρᾳ J. F. Martin   ἁλοὺϲ Hermann:
ἄλλουϲ codd.: ἄνουϲ Porson   ἀπό τ' ὤλεϲα Platt: καὶ ἀπώλεϲα
Lra: κἀπώλεϲα zt: καὶ ὤλεϲα Bothe   548 νόμῳ] νόῳ Karsten
549 γόνοϲ Lazt: τόκοϲ r   550 ἀποϲταλεὶϲ
Turnebus: ἀπεϲτάλη codd.: ἐφ' ἀϲτάλη Dindorf   554 λεύϲ-
ϲων Nauck: ἀκούων codd.: ὁρῶν ϲε Blaydes   557 'περέ-
ϲθαι Reisig: ϲ' ἐρέϲθαι zt: τι ἔρεϲθαι LᵃᶜKra   Οἰδίπουϲ Reisig: -ου
codd.

αὐτός τε χἠ cἠ δύcμοροc παραcτάτιc.

δίδαcκε· δεινὴν γάρ τιν' ἂν πρᾶξιν τύχοιc   560
λέξαc ὁποίαc ἐξαφιcταίμην ἐγώ·
ὡc οἶδα γ' αὐτὸc ὡc ἐπαιδεύθην ξένοc,
ὥcπερ cύ, χὡc εἰc πλεῖcτ' ἀνὴρ ἐπὶ ξένηc
ἤθληcα κινδυνεύματ' ἐν τὠμῷ κάρᾳ,
ὥcτε ξένον γ' ἂν οὐδέν' ὄνθ', ὥcπερ cὺ νῦν,   565
ὑπεκτραποίμην μὴ οὐ cυνεκcῴζειν· ἐπεὶ
ἔξοιδ' ἀνὴρ ὢν χὥτι τῆc εἰc αὔριον
οὐδὲν πλέον μοι cοῦ μέτεcτιν ἡμέραc.

Οι.   Θηcεῦ, τὸ còν γενναῖον ἐν cμικρῷ λόγῳ
παρῆκεν ὥcτε βραχέ' ἐμοὶ δεῖcθαι φράcαι.   570
cὺ γάρ μ' ὅc εἰμι κἀφ' ὅτου πατρὸc γεγὼc
καὶ γῆc ὁποίαc ἦλθον, εἰρηκὼc κυρεῖc·
ὥcτ' ἐcτί μοι τὸ λοιπὸν οὐδὲν ἄλλο πλὴν
εἰπεῖν ἃ χρῄζω, χὡ λόγοc διοίχεται.

Θη.   τοῦτ' αὐτὸ νῦν δίδαcχ', ὅπωc ἂν ἐκμάθω.   575

Οι.   δώcων ἱκάνω τοὐμὸν ἄθλιον δέμαc
cοί, δῶρον οὐ cπουδαῖον εἰc ὄψιν· τὰ δὲ
κέρδη παρ' αὐτοῦ κρείccον' ἢ μορφὴ καλή.

Θη.   ποῖον δὲ κέρδοc ἀξιοῖc ἥκειν φέρων;

Οι.   χρόνῳ μάθοιc ἄν, οὐχὶ τῷ παρόντι που.   580

Θη.   ποίῳ γὰρ ἡ cὴ προcφορὰ δηλώcεται;

Οι.   ὅταν θάνω 'γὼ καὶ cύ μου ταφεὺc γένῃ.

Θη.   τὰ λοίcθι' αἰτῇ τοῦ βίου, τὰ δ' ἐν μέcῳ
ἢ λῆcτιν ἴcχειc ἢ δι' οὐδενὸc ποιῇ.

561 post ὁποίαc add. c' L^pc   562 ὡc] ὃc Dindorf   γ'
αὐτὸc Lazt: αὐτὸc r: καὐτὸc Doederlein   563 χὡc εἰc Blom-
field: χὥcτιc codd.   565 ὥcτ' ⟨οὐ⟩ Hermann   γ' ἂν Vauvil-
liers: γὰρ codd.   οὐδέν' raZo: οὐδὲν LZnt   566 οὐ Lazt:
om. r   post cυνεκcῴζειν add. c' codd. praeter Ka   570 ἐμοὶ
δεῖcθαι] μοι δεῖν coι Herwerden   571 κἀφ' ὅτου Lrzt: κἀπὸ
τοῦ a   572 καὶ] κἀκ Blaydes   574 διοίχεται Kr, αγρ:
διέρχεται Laz   575 νῦν] νυν t   577 sic interpunximus
580 που] πω Schaefer   583 λοίcθι'] λοῖcθ' ἄρ' Lγρ
584 λῆcτιν ἴcχειc] λῆcτιc ἴcχει c' Keck

ΣΟΦΟΚΛΕΟΥΣ

Οι.   ἐνταῦθα γάρ μοι κεῖνα συγκομίζεται.   585
Θη.   ἀλλ' ἐν βραχεῖ δὴ τήνδε μ' ἐξαιτῇ χάριν.
Οι.   ὅρα γε μήν· οὐ cμικρόc, οὐχ, ἀγὼν ὅδε.
Θη.   πότερα τὰ τῶν cῶν ἐκγόνων ἢ τοῦ λέγειc;
Οι.   κεῖνοι βαδίζειν ᾑεῖc· ἀναγκάcουcί με.
Θη.   ἀλλ' εἰ θέλοντά γ', οὐδὲ cοὶ φεύγειν καλόν.   590
Οι.   ἀλλ' οὐδ', ὅτ' αὐτὸc ἤθελον, παρίεcαν.
Θη.   ὦ μῶρε, θυμὸc δ' ἐν κακοῖc οὐ ξύμφορον.
Οι.   ὅταν μάθῃc μου, νουθέτει, τανῦν δ' ἔα.
Θη.   δίδαcκ'. ἄνευ γνώμηc γὰρ οὔ με χρὴ ψέγειν.
Οι.   πέπονθα, Θηcεῦ, δεινὰ πρὸc κακοῖc κακά.   595
Θη.   ἦ τὴν παλαιὰν ξυμφορὰν γένουc ἐρεῖc;
Οι.   οὐ δῆτ· ἐπεὶ πᾶc τοῦτό γ' Ἑλλήνων θροεῖ.
Θη.   τί γὰρ τὸ μεῖζον ἢ κατ' ἄνθρωπον νοcεῖc;
Οι.   οὕτωc ἔχει μοι· γῆc ἐμῆc ἀπηλάθην
        πρὸc τῶν ἐμαυτοῦ cπερμάτων· ἔcτιν δέ μοι   600
        πάλιν κατελθεῖν μήποθ', ὡc πατροκτόνῳ.
Θη.   πῶc δῆτά c' ἂν πεμψαίαθ', ὥcτ' οἰκεῖν δίχα;
Οι.   τὸ θεῖον αὐτοὺc ἐξαναγκάcει cτόμα.
Θη.   ποῖον πάθοc δείcανταc ἐκ χρηcτηρίων;
Οι.   ὅτι cφ' ἀνάγκη τῇδε πληγῆναι χθονί.   606
Θη.   καὶ πῶc γένοιτ' ἂν τἀμὰ κἀκ κείνων πικρά;
Οι.   ὦ φίλτατ' Αἰγέωc παῖ, μόνοιc οὐ γίγνεται

587 οὐ] ω l s.l.: ὡc K   οὐχ L^ac: οὖν L^pcΛr: κοὐκ Ka: ἔcτ' Zo: γὰρ
Znt   ἀγὼν Elmsley: ἀ- codd.   588 τὰ La: δὲ rzt   ἐκγόνων]
ἐγγενῶν Hartung   ἢ τοῦ Bake: ἢ 'μοῦ codd.: κἀμοῦ Schneidewin
post hunc v. lacunam statuit Dawe   589 βαδίζειν Maehly: κομί-
ζειν codd.   ἀναγκάcουcί zt: -άζουcι Lra: ἄναξ, χρῇζουcι Kayser
με] cε Hartung   590 θέλοντά γ' K: θέλοντ' ἄν γ' Lra: θέλοιντ'
ἄν Znt, unde θέλοιεν ἄν Zo   592 δ' Lazt: om. Kr et Stobaeus 3.
20. 27: δὴ Blaydes   ξύμφορον] -οc Stobaeus et Zr
594 ψέγειν Bergk: λέγειν codd.   595 κακοῖc Lazt: δεινοῖc r:
κακῶν Maehly   596 γένουc post ἐρεῖc praebet r
602 δίχα] πέλαc vel μέτα Reiske   603 ἐξαναγκάcει lRzt:
-άζει Qa   604 δείcανταc Lra: -εc zt   606 τἀμὰ κἀκ
κείνων Lloyd-Jones: τἀμὰ κἀκείνων codd.: κἀμὰ τἀκείνων Dawe

ΟΙΔΙΠΟΥC ΕΠΙ ΚΟΛΩΝΩΙ

θεοῖcι γῆρας οὐδὲ κατθανεῖν ποτε,
τὰ δ' ἄλλα cυγχεῖ πάνθ' ὁ παγκρατὴc χρόνοc.
φθίνει μὲν ἰcχὺc γῆc, φθίνει δὲ cώματοc,   610
θνῄcκει δὲ πίcτιc, βλαcτάνει δ' ἀπιcτία,
καὶ πνεῦμα ταὐτὸν οὔποτ' οὔτ' ἐν ἀνδράcιν
φίλοιc βέβηκεν οὔτε πρὸc πόλιν πόλει.
τοῖc μὲν γὰρ ἤδη, τοῖc δ' ἐν ὑcτέρῳ χρόνῳ
τὰ τερπνὰ πικρὰ γίγνεται καὖθιc φίλα.   615
καὶ ταῖcι Θήβαιc εἰ τανῦν εὐημερεῖ
καλῶc τὰ πρὸc cέ, μυρίαc ὁ μυρίοc
χρόνοc τεκνοῦται νύκταc ἡμέραc τ' ἰών,
ἐν αἷc τὰ νῦν ξύμφωνα δεξιώματα
δόρει διαcκεδῶcιν ἐκ cμικροῦ λόγου·   620
ἵν' οὑμὸc εὕδων καὶ κεκρυμμένοc νέκυc
ψυχρόc ποτ' αὐτῶν θερμὸν αἷμα πίεται,
εἰ Ζεὺc ἔτι Ζεὺc χὠ Διὸc Φοῖβοc cαφήc.

ἀλλ' οὐ γὰρ αὐδᾶν ἡδὺ τἀκίνητ' ἔπη,
ἔα μ' ἐν οἷcιν ἠρξάμην, τὸ cὸν μόνον   625
πιcτὸν φυλάccων· κοὔποτ' Οἰδίπουν ἐρεῖc
ἀχρεῖον οἰκητῆρα δέξαcθαι τόπων
τῶν ἐνθάδ', εἴπερ μὴ θεοὶ ψεύδουcί με.

Χο.   ἄναξ, πάλαι καὶ ταῦτα καὶ τοιαῦτ' ἔπη
γῇ τῇδ' ὅδ' ἀνὴρ ὡc τελῶν ἐφαίνετο.   630

Θη.   τίc δῆτ' ἂν ἀνδρὸc εὐμένειαν ἐκβάλοι
τοιοῦδ', ὅτῳ πρῶτον μὲν ἡ δορύξενοc
κοινὴ παρ' ἡμῖν αἰέν ἐcτιν ἑcτία;

608 θεοῖcι a: θεοῖc L: θεοῖc τὸ rzt   κατθανεῖν] μὴν θανεῖν
Philostratus, Vit. Apoll. 8. 7. 16   613 βέβηκεν] βέβαιον
Campe   617 τὰ ed. Londiniensis a. 1722: τε codd.: τὸ Hermann
619 δεξιώματα rYZot: -άματα LAUZn   620 δόρει Hermann:
δορὶ Lraz: ἐν δορὶ t   cμικροῦ Lra et γρ ap. t: μακροῦ z
λόγου L, γρ ap. a et t: χρόνου raz   628 ψεύδουcι K: ψεύcουcι cett.
με KΛazt: μοι r: de L non liquet   630 ἀνὴρ Reisig: ἁ- codd.
ἐφαίνετο] ἔφαινέ μοι Herwerden   632 ὅτῳ r Suda s.v.
δορύξενοc: ὅτου Lazt   δορύξενοc] -ένοιc Kuster: φιλόξενοc
l s.l.

383

ΣΟΦΟΚΛΕΟΥΣ

ἔπειτα δ' ἱκέτης δαιμόνων ἀφιγμένος
γῇ τῇδε κἀμοὶ δασμὸν οὐ σμικρὸν τίνει.　　635
ἀγὼ σέβας θεὶς οὔποτ' ἐκβαλῶ χάριν
τὴν τοῦδε, χώρᾳ δ' ἔμπολιν κατοικιῶ.
εἰ δ' ἐνθάδ' ἡδὺ τῷ ξένῳ μίμνειν, σέ νιν
τάξω φυλάσσειν, εἴτ' ἐμοῦ στείχειν μέτα.
τί δ' ἡδὺ τούτων, Οἰδίπους, δίδωμί σοι　　640
κρίναντι χρῆσθαι· τῇδε γὰρ ξυνοίσομαι.

Οι.　ὦ Ζεῦ, διδοίης τοῖσι τοιούτοισιν εὖ.
Θη.　τί δῆτα χρῄζεις; ἢ δόμους στείχειν ἐμούς;
Οι.　εἴ μοι θέμις γ' ἦν. ἀλλ' ὁ χῶρός ἐσθ' ὅδε—
Θη.　ἐν ᾧ τί πράξεις; οὐ γὰρ ἀντιστήσομαι.　　645
Οι.　ἐν ᾧ κρατήσω τῶν ἔμ' ἐκβεβληκότων.
Θη.　μέγ' ἂν λέγοις δώρημα τῆς ξυνουσίας.
Οι.　εἰ σοί γ' ἅπερ φῂς ἐμμενεῖ τελοῦντί μοι.
Θη.　θάρσει τὸ τοῦδέ γ' ἀνδρός· οὔ σε μὴ προδῶ.
Οι.　οὔτοι σ' ὑφ' ὅρκου γ' ὡς κακὸν πιστώσομαι.　　650
Θη.　οὔκουν πέρα γ' ἂν οὐδὲν ἢ λόγῳ φέροις.
Οι.　πῶς οὖν ποήσεις;　Θη. τοῦ μάλιστ' ὄκνος σ'
　　　ἔχει;
Οι.　ἥξουσιν ἄνδρες—　Θη. ἀλλὰ τοῖσδ' ἔσται μέλον.
Οι.　ὅρα με λείπων—　Θη. μὴ δίδασχ' ἃ χρή με
　　　δρᾶν.
Οι.　ὀκνοῦντ' ἀνάγκη—　Θη. τοὐμὸν οὐκ ὀκνεῖ
　　　κέαρ.　　655

---

635 γῇ τῇδε Lra: τῇ γῇ τε zt　　σμικρὸν La: μικρὸν rzt
636 σέβας θεὶς Mekler: σὲ βιασθεὶς K: σεβισθεὶς Lra: σεβασθεὶς zt
637 ἔμπολιν Musgrave: ἔμπαλιν codd.　　638–41 del. Dindorf,
640–1 Nauck　　638 τῷ ξένῳ Lra, T s.l.: τὸν ξένον zt
639 εἴτ'] εἰ δ' a　　640 τί δ' Fraenkel: τόδ' codd.　　Οἰδίπους
azt: -ου Lr　　643 ἢ Paris. gr. 2886 (i.e. Aristobulus Apostolides): ἢ
Lra: ἐς zt　　645 οὐ] σοῦ Nauck　　646 κρατήσω]
κρατήσεις Nauck　　647 ξυνουσίας] συν- a　　652 σ' azt:
om. l: μ' r　　653 ἄνδρες] ἄνδρες Herwerden
655 ὀκνοῦντ'] ὀκνεῖν Zo: ὀκνεῖν γ' Wecklein: ὀκνεῖν μ' Blaydes
κέαρ] κάρα r

384

ΟΙΔΙΠΟΥΣ ΕΠΙ ΚΟΛΩΝΩΙ

Οι. οὐκ οἶcθ' ἀπειλὰc—   Θη. οἶδ' ἐγώ cε μή τινα
    ἐνθένδ' ἀπάξοντ' ἄνδρα πρὸc βίαν ἐμοῦ.
    [πολλαὶ δ' ἀπειλαὶ πολλὰ δὴ μάτην ἔπη
    θυμῷ κατηπείληcαν· ἀλλ' ὁ νοῦc ὅταν
    αὑτοῦ γένηται, φροῦδα τἀπειλήματα.]   660
    κείνοιc δ' ἴcωc κεἰ δείν' ἐπερρώcθη λέγειν
    τῆc cῆc ἀγωγῆc, οἶδ' ἐγώ, φανήcεται
    μακρὸν τὸ δεῦρο πέλαγοc οὐδὲ πλώcιμον.
    θαρcεῖν μὲν οὖν ἔγωγε κἄνευ τῆc ἐμῆc
    γνώμηc ἐπαινῶ, Φοῖβοc εἰ προὔπεμψέ cε·   665
    ὅμωc δὲ κἀμοῦ μὴ παρόντοc οἶδ' ὅτι
    τοὐμὸν φυλάξει c' ὄνομα μὴ πάcχειν κακῶc.

Χο. εὐίππου, ξένε, τᾶcδε χώ-   cτρ. α'
    ραc ἵκου τὰ κράτιcτα γᾶc ἔπαυλα,
    τὸν ἀργῆτα Κολωνόν, ἔνθ'   670
    ἁ λίγεια μινύρεται
    θαμίζουcα μάλιcτ' ἀη-
    δὼν χλωραῖc ὑπὸ βάccαιc,
    τὸν οἰνωπὸν ἔχουcα κιc-
    cὸν καὶ τὰν ἄβατον θεοῦ   675
    φυλλάδα μυριόκαρπον ἀνήλιον
    ἀνήνεμόν τε πάντων
    χειμώνων· ἵν' ὁ βακχιώ-

658-60 del. Wecklein   661 κείνοιc fere codd.: -ῳ Blaydes
ἐπερρώcθη Lazt: -ώθη Κ: -όθη r   662 οἶδ' ἐγώ] Οἰδίπουc
Heimreich   663 πλώcιμον] πλώιμον Herwerden: πλεύcιμον
Meineke   664 ἔγωγε . . . ἐμῆc] ἔγωγε κἄν ἐμῆc ἄνευ
Hermann: κἄνευ γε τῆc ἐμῆc ἐγὼ Porson   665 προὔπεμψε]
προὔτρεψε t   667 ὄνομα] ὄμμα Heimreich   670 post
τὸν add. γὰρ t: τόνδ' Livineius ('p')   670-1 ἔνθ' ἁ Porson: ἔνθα
codd.   671 μινύρεται] μύρεται a   674 οἰνωπὸν
ἔχουcα Erfurdt: οἴνωπ' ἀνέχουcα vel sim. Lrat: οἰνώπαν ἔχουcα z:
οἰνώπα νέμουcα Dindorf   676 ἀνήλιον] ἀνάλιον t
677 ἀνήνεμον] ἀνά- Elmsley   678 βακχιώταc Κ: βακχει-
cett.

ΣΟΦΟΚΛΕΟΥΣ

τας ἀεὶ Διόνυσος ἐμβατεύει
θείαις ἀμφιπολῶν τιθήναις.   680

θάλλει δ᾽ οὐρανίας ὑπ᾽ ἄ-   ἀντ. α᾽
χνας ὁ καλλίβοτρυς κατ᾽ ἦμαρ αἰεὶ
νάρκισσος, μεγάλαιν θεαῖν
ἀρχαῖον στεφάνωμ᾽, ὅ τε
χρυσαυγὴς κρόκος· οὐδ᾽ ἄυ-   685
πνοι κρῆναι μινύθουσιν
Κηφισοῦ νομάδες ῥεέ-
θρων, ἀλλ᾽ αἰὲν ἐπ᾽ ἤματι
ὠκυτόκος πεδίων ἐπινίσεται
ἀκηράτῳ ξὺν ὄμβρῳ   690
στερνούχου χθονός· οὐδὲ Μου-
σᾶν χοροί νιν ἀπεστύγησαν, οὐδ᾽ αὖθ᾽
ἁ χρυσάνιος Ἀφροδίτα.

ἔστιν δ᾽ οἷον ἐγὼ γᾶς Ἀσίας οὐκ ἐπακούω,   στρ. β᾽
οὐδ᾽ ἐν τᾷ μεγάλᾳ Δωρίδι νάσῳ Πέλοπος
πώποτε βλαστὸν   696
φύτευμ᾽ ἀχείρωτον αὐτοποιόν,
ἐγχέων φόβημα δαΐων,
ὃ τᾷδε θάλλει μέγιστα χώρᾳ,   700
γλαυκᾶς παιδοτρόφου φύλλον ἐλαίας.
τὸ μέν τις οὐ νεαρὸς οὐδὲ γήρᾳ

680 θείαις] θεαῖς Elmsley   ἀμφιπολῶν t: -όλων cett.
682 αἰεὶ t: ἀεὶ cett.   683 μεγάλαιν θεαῖν] -οιν -οῖν Nauck:
-ων -ῶν Plut. Mor. 647 в et Clem. Alex. Paed. 2. 72. 3   687 Κηφισοῦ
La: -ισσοῦ rzt   689 ἐπινίσεται Lr: -ίσσεται zt: -είσεται a
690 ξὺν] cὺν L   691 στερνούχου Lat: στέρνου rz
692–3 οὐδ᾽ αὖθ᾽ ἁ nos: οὐδ᾽ αὖ ἁ t: οὐδ᾽ αὖ ἁ L: οὐδ᾽ ἁ Krz: οὐδὲ a:
οὐδὲ ἁ Wilamowitz   698 ἀχείρωτον] ἀχείρητον L   αὐτο-
ποιόν hoc accentu Blaydes: proparoxytone codd.   699 ἐγχέων
LᵖᶜKt: ἐκχέων raz   700 μέγιστα Qt: μεγίστα fere cett.
702 τὸ] τὴν t   οὐ Porson: οὔτε Lrat: οὐδὲν z   νεαρὸς] νέος t,
coni. Elmsley   οὐδὲ Jebb: οὔτε codd.

386

ΟΙΔΙΠΟΥC ΕΠΙ ΚΟΛΩΝΩΙ

cυνναίων ἁλιώcει χερὶ πέρcαc·
ὁ δ' αἰὲν ὁρῶν κύκλοc
λεύccει νιν Μορίου Διὸc   705
χἀ γλαυκῶπιc Ἀθάνα.

ἄλλον δ' αἶνον ἔχω ματροπόλει τᾷδε
    κράτιστον,   ἀντ. β'
δῶρον τοῦ μεγάλου δαίμονος, εἰπεῖν, ⟨χθονὸc⟩
    αὔχημα μέγιcτον,   710
εὔιππον, εὔπωλον, εὐθάλαccον.
ὦ παῖ Κρόνου, cὺ γάρ νιν ἐc
τόδ' εἷcαc αὔχημ', ἄναξ Ποcειδάν,
ἵπποιcιν τὸν ἀκεcτῆρα χαλινὸν
πρώταιcι ταῖcδε κτίcαc ἀγυιαῖc.   715
ἁ δ' εὐήρετμος ἔκπαγλα χοροῖcιν
παραπετομένα πλάτα
θρῴcκει τᾶν ἑκατομπόδων
Νηρῄδων ἀκόλουθοc.

Αν.   ὦ πλεῖcτ' ἐπαίνοιc εὐλογούμενον πέδον,   720
         νῦν coὶ τὰ λαμπρὰ ταῦτα δεῖ φαίνειν ἔπη.
Οι.   τί δ' ἔcτιν, ὦ παῖ, καινόν;   Αν. ἇccον ἔρχεται
         Κρέων ὅδ' ἡμῖν οὐκ ἄνευ πομπῶν, πάτερ.
Οι.   ὦ φίλτατοι γέροντες, ἐξ ὑμῶν ἐμοὶ
         φαίνοιτ' ἂν ἤδη τέρμα τῆς cωτηρίας.   725

---

703 cυνναίων Blaydes: cημαίνων codd.   χερὶ Livineius ('p'):
χειρὶ codd.   704 δ' Ritschl: γὰρ codd.   αἰὲν ὁρῶν Hermann:
εἰc αἰὲν ὁρῶν Lr: εἰcορῶν a: εἰcαιὲν ὁρῶν zt   705 λεύccει
at: λεύcει Lrz   710 suppl. Porson   713 εἷcαc a et
fortasse Lᵃᶜ: εἵcαc fere cett. (etiam K)   Ποcειδάν La, T s.l.: -ῶν cett.
714 ἵπποιcιν t: -cι cett.   715 ταῖcδε κτίcαc Canter: ταῖcδ'
ἐκτίcαc t: ταῖcδ' ἔκτιcαc cett.   716 ἁ] cἁ Musgrave
ἔκπαγλα χοροῖcιν nos: ἔκπαγλ' ἁλία χερcὶ codd.   717 παρα-
πετομένα nos: παραπτομένα Lraz: παραπεπταμένα t   718 τᾶν
Platt: τῶν codd.   721 coὶ] cὸν Nauck   δεῖ] δὴ t
φαίνειν] κραίνειν Nauck

387

Χο.   θάρςει, παρέςται· καὶ γὰρ εἰ γέρων ἐγώ,
       τὸ τῆςδε χώρας οὐ γεγήρακε ςθένος.

ΚΡΕΩΝ
       ἄνδρες χθονὸς τῆςδ᾽ εὐγενεῖς οἰκήτορες,
       ὁρῶ τιν᾽ ὑμᾶς ὀμμάτων εἰληφότας
       φόβον νεώρη τῆς ἐμῆς ἐπειςόδου·   730
       ὃν μήτ᾽ ὀκνεῖτε μήτ᾽ ἀφῆτ᾽ ἔπος κακόν.
       ἥκω γὰρ οὐχ ὡς δρᾶν τι βουληθείς, ἐπεὶ
       γέρων μέν εἰμι, πρὸς πόλιν δ᾽ ἐπίςταμαι
       ςθένουςαν ἥκων, εἴ τιν᾽ Ἑλλάδος, μέγα.
       ἀλλ᾽ ἄνδρα τόνδε τηλικόςδ᾽ ἀπεςτάλην   735
       πείςων ἕπεςθαι πρὸς τὸ Καδμείων πέδον,
       οὐκ ἐξ ἑνὸς ςτείλαντος, ἀλλ᾽ ἀςτῶν ὑπὸ
       πάντων κελευςθείς, οὕνεχ᾽ ἧκέ μοι γένει
       τὰ τοῦδε πενθεῖν πήματ᾽ εἰς πλεῖςτον πόλεως.
       ἀλλ᾽, ὦ ταλαίπωρ᾽ Οἰδίπους, κλυὼν ἐμοῦ   740
       ἱκοῦ πρὸς οἴκους. πᾶς ςε Καδμείων λεὼς
       καλεῖ δικαίως, ἐκ δὲ τῶν μάλιςτ᾽ ἐγώ·
       [ὅςωπερ, εἰ μὴ πλεῖςτον ἀνθρώπων ἔφυν]
       μάλιςτα δ᾽ ἀλγῶ τοῖςι ςοῖς κακοῖς, γέρον,
       ὁρῶν ςε τὸν δύςτηνον ὄντα μὲν ξένον,   745
       ἀεὶ δ᾽ ἀλήτην κἀπὶ προςπόλου μιᾶς
       βιοςτερῆ χωροῦντα, τὴν ἐγὼ τάλας
       οὐκ ἄν ποτ᾽ ἐς τοςοῦτον αἰκίας πεςεῖν
       ἔδοξ᾽, ὅςον πέπτωκεν ἥδε δύςμορος,

726 ἐγώ Lr: κυρῶ L s.l., azt: ἐγὼ κυρῶ K   727 χώρας]
χειρὸς Naber   729 εἰληφότας] -ό+α Blaydes   735 τηλικό-
ςδε Brunck: τηλικόνδε fere codd.   736 Καδμείων LrUYZnt:
-είον KAZo   737 ἀςτῶν rzt: ἀνδρῶν La   739 del.
Dobree   εἰς Lr: ἢ azt   740 κλυὼν West: κλύων codd.
741 ἱκοῦ Elmsley: ἵκου codd.(ἧκου L in linea)   Καδμείων Lra, Zn s.l.,
T s.l.: -είος zt   742 μάλιςτ᾽ Lra: πάντων zt   743 del.
Nauck   744 μάλιςτα δ᾽ t: μάλιςτα z: κάκιςτος Lra: μάλιςθ᾽
ὃς Nauck   γέρον] πλέον van Eldik   748 ἐς] εἰς r
αἰκίας] -είας Paris. gr. 2886 (i.e. Aristobulus Apostolides), probat Elmsley
749 ἥδε lra: ἥδ᾽ ἡ zt

ΟΙΔΙΠΟΥΣ ΕΠΙ ΚΟΛΩΝΩΙ

ἀεί ϲε κηδεύουϲα καὶ τὸ ϲὸν κάρα   750
πτωχῷ διαίτῃ, τηλικοῦτοϲ, οὐ γάμων
ἔμπειροϲ, ἀλλὰ τοὐπιόντοϲ ἁρπάϲαι.
ἆρ' ἄθλιον τοὔνειδοϲ, ὦ τάλαϲ ἐγώ,
ὠνείδιϲ' ἐϲ ϲὲ κἀμὲ καὶ τὸ πᾶν γένοϲ;
ἀλλ' οὐ γὰρ ἔϲτι τἀμφανῆ κρύπτειν, ϲὺ νῦν   755
πρὸϲ θεῶν πατρῴων, Οἰδίπουϲ, πειϲθεὶϲ ἐμοὶ
†κρύψον† θελήϲαϲ ἄϲτυ καὶ δόμουϲ μολεῖν
τοὺϲ ϲοὺϲ πατρῴουϲ, τήνδε τὴν πόλιν φίλωϲ
εἰπών· ἐπαξία γάρ· ἡ δ' οἴκοι πλέον
δίκῃ ϲέβοιτ' ἄν, οὖϲα ϲὴ πάλαι τροφόϲ.   760

Οι. ὦ πάντα τολμῶν κἀπὸ παντὸϲ ἂν φέρων
λόγου δικαίου μηχάνημα ποικίλον,
τί ταῦτα πειρᾷ κἀμὲ δεύτερον θέλειϲ
ἑλεῖν, ἐν οἷϲ μάλιϲτ' ἂν ἀλγοίην ἁλούϲ;
πρόϲθεν τε γάρ με τοῖϲιν οἰκείοιϲ κακοῖϲ   765
νοϲοῦνθ', ὅτ' ἦν μοι τέρψιϲ ἐκπεϲεῖν χθονόϲ,
οὐκ ἤθελεϲ θέλοντι προϲθέϲθαι χάριν,
ἀλλ' ἡνίκ' ἤδη μεϲτὸϲ ἦ θυμούμενοϲ,
καὶ τοὐν δόμοιϲιν ἦν διαιτᾶϲθαι γλυκύ,
τότ' ἐξεώθειϲ κἀξέβαλλεϲ, οὐδέ ϲοι   770
τὸ ϲυγγενὲϲ τοῦτ' οὐδαμῶϲ τότ' ἦν φίλον·
νῦν τ' αὖθιϲ, ἡνίκ' εἰϲορᾷϲ πόλιν τέ μοι
ξυνοῦϲαν εὔνουν τήνδε καὶ γένοϲ τὸ πᾶν,
πειρᾷ μεταϲπᾶν, ϲκληρὰ μαλθακῶϲ λέγων.
καὶ τίϲ τοϲαύτη τέρψιϲ, ἄκονταϲ φιλεῖν;   775

---

751 πτωχῷ **l** in linea: -ῇ **l** s.l., cett.   755 νῦν codd. (etiam Λ):
νυν edd.: νιν Linwood   757 κρύψον Lra: κύψον **zt**: κάμψον
Hermann: ϲτρέψον Kunhardt: εἶξον Fraenkel: ἔπου Holford-Strevens:
possis et τόλμα   759 οἴκοι] ἐκεῖ Wecklein   760 ϲὴ]
ϲου **r**   761 ἂν φέρων] ἀμφέρων **l**   763 πειρᾷ codd.: πείρᾳ
Didymus ap. sch.   767 χάριν] χέρα **r**   768 ἡ Elmsley: ἦν
codd.   769 post hunc v. iterant 438 codd. (etiam Λ): del. Valckenaer
771 ϲυγγενὲϲ Lra: ξυγ- **zt**   773 γένοϲ post πᾶν praebet **r**
775 καὶ τίϲ τοϲαύτη Blaydes: καίτοι τοϲαύτη lra: καίτοι τίϲ αὕτη
Kzt

389

ὥσπερ τις εἴ coι λιπαροῦντι μὲν τυχεῖν
μηδὲν διδοίη μηδ' ἐπαρκέςαι θέλοι,
πλήρη δ' ἔχοντι θυμὸν ὧν χρῄζοιc, τότε
δωροῖθ', ὅτ' οὐδὲν ἡ χάρις χάριν φέροι·
ἆρ' ἂν ματαίου τῆςδ' ἂν ἡδονῆς τύχοις;   780
τοιαῦτα μέντοι καὶ cὺ προςφέρεις ἐμοί,
λόγῳ μὲν ἐςθλά, τοῖςι δ' ἔργοιςιν κακά.
φράςω δὲ καὶ τοῖςδ', ὥς ςε δηλώςω κακόν.
ἥκεις ἔμ' ἄξων, οὐχ ἵν' ἐς δόμους ἄγῃς,
ἀλλ' ὡς πάραυλον οἰκίςῃς, πόλις δέ coι   785
κακῶν ἄνατος τῆςδ' ἀπαλλαχθῇ χθονός.
οὐκ ἔςτι coι ταῦτ', ἀλλά coι τάδ' ἔςτ', ἐκεῖ
χώρας ἀλάςτωρ οὑμὸς ἐνναίων ἀεί·
ἔςτιν δὲ παιςὶ τοῖς ἐμοῖςι τῆς ἐμῆς
χθονὸς λαχεῖν τοςοῦτον, ἐνθανεῖν μόνον.   790
ἆρ' οὐκ ἄμεινον ἢ cὺ τὰν Θήβαις φρονῶ;
πολλῷ γ', ὅςῳπερ κἀκ ςαφεςτέρων κλύω,
Φοίβου τε καὐτοῦ Ζηνός, ὃς κείνου πατήρ.
τὸ còν δ' ἀφῖκται δεῦρ' ὑπόβλητον ςτόμα,
πολλὴν ἔχον ςτόμωςιν· ἐν δὲ τῷ λέγειν   795
κάκ' ἂν λάβοις τὰ πλείον' ἢ ςωτήρια.
ἀλλ' οἶδα γάρ ςε ταῦτα μὴ πείθων, ἴθι·
ἡμᾶς δ' ἔα ζῆν ἐνθάδ'· οὐ γὰρ ἂν κακῶς
οὐδ' ὧδ' ἔχοντες ζῶμεν, εἰ τερποίμεθα.

778 χρῄζοις K: -εις cett. (etiam Λ)   779 δωροῖθ'] -οῖνθ' Lᵖᶜ
οὐδὲν] οὐκέθ' Herwerden   φέροι l s.l., R s.l., Qzt: φέρει lRa
780 ἆρ' ἂν] ἆρ' οὐ Nauck   alterum ἂν ra: om. L: γ' zt
783 τοῖςδ' azt: τοῖς Lr: τάδ' Blaydes   κακόν] τίς εἴ Hense
784 ἔμ' ἄξων] μ' ἀπάξων Blaydes   786 ἄνατος a: ἄναιτος
fere cett.   τῆςδ' Scaliger et fortasse sch.: τῶνδ' codd.   789–90 del.
Reeve, coll. A. Suppl. 731–3   790 τοςοῦτον] τοςοῦτό γ' Brunck
post Valckenaer   792 ὅςῳπερ] ὅςονπερ K   κἀκ Doederlein:
καὶ ra: ἐκ lzt   797 οἶδα . . . ςε] ἴςθι . . . με Meineke: οἶςθα
. . . με anon. ap. Musgrave   πείθων] πείςοντ' Saeger: πείθοντ' Paris.
gr. 2886ᵖᶜ (fort. alia manu), coni. Matthiae: πείςων Nauck
799 ζῶμεν Turnebus: ζώμεν codd.   εἰ] ἢ l s.l., T s.l.

Κρ. πότερα νομίζεις δυστυχεῖν ἔμ' ἐς τὰ σά,   800
     ἢ c' ἐς τὰ cαυτοῦ μᾶλλον ἐν τῷ νῦν λόγῳ;

Οι. ἐμοὶ μέν ἐcθ' ἥδιcτον, εἰ cὺ μήτ' ἐμὲ
     πείθειν οἷόc τ' εἶ μήτε τούcδε τοὺc πέλαc.

Κρ. ὦ δύcμορ', οὐδὲ τῷ χρόνῳ φύcαc φανῇ
     φρένας ποτ', ἀλλὰ λῦμα τῷ γήρᾳ τρέφῃ;   805

Οι. γλώccῃ cὺ δεινόc· ἄνδρα δ' οὐδέν' οἶδ' ἐγὼ
     δίκαιον ὅcτιc ἐξ ἅπαντοc εὖ λέγει.

Κρ. χωρὶc τό τ' εἰπεῖν πολλὰ καὶ τὸ καίρια.

Οι. ὡc δὴ cὺ βραχέα, ταῦτα δ' ἐν καιρῷ λέγειc.

Κρ. οὐ δῆθ' ὅτῳ γε νοῦc ἴcοc καὶ cοὶ πάρα.   810

Οι. ἄπελθ', ἐρῶ γὰρ καὶ πρὸ τῶνδε, μηδέ με
     φύλαcc' ἐφορμῶν ἔνθα χρὴ ναίειν ἐμέ.

Κρ. μαρτύρομαι τούcδ', οὐ cέ, πρὸc δὲ τοὺc φίλουc
     οἷ' ἀνταμείβῃ ῥήματ'· ἢν δ' ἕλω ποτέ—

Οι. τίc δ' ἄν με τῶνδε cυμμάχων ἕλοι βίᾳ;   815

Κρ. ἦ μὴν cὺ κἄνευ τοῦδε λυπηθεὶc ἔcῃ.

Οι. ποίῳ cὺν ἔργῳ τοῦτ' ἀπειλήcαc ἔχειc;

Κρ. παίδοιν δυοῖν cοι τὴν μὲν ἀρτίωc ἐγὼ
     ξυναρπάcαc ἔπεμψα, τὴν δ' ἄξω τάχα.

Οι. οἴμοι. Κρ. τάχ' ἕξειc μᾶλλον οἰμώζειν
     τάδε.   820

Οι. τὴν παῖδ' ἔχειc; Κρ. καὶ τήνδε γ' οὐ μακροῦ
     χρόνου.

Οι. ἰὼ ξένοι. τί δράcετ'; ἦ προδώcετε,
     κοὐκ ἐξελᾶτε τὸν ἀcεβῆ τῆcδε χθονόc;

Χο. χώρει, ξέν', ἔξω θᾶccον· οὔτε γὰρ τανῦν

805 τρέφῃ] τρέφεις Kvíčala   808 alterum τὸ Suda s.v. χωρίc
et fortasse sch.: τὰ codd.   810 ὅτῳ] ὅcῳ l s.l.   ad ἴcοc inter-
pretationem οἷοc praebet l   812 φύλαcc'] πρόταcc' Blaydes
813 δὲ La Suda s.v. μαρτύρομαι: τε r: γε zt   814 δ' Musgrave:
c' codd.   816 τοῦδε Musgrave: τῶνδε codd. (etiam Λ)
818 coι l s.l., azt: cου r, coni. Blaydes: ce l   820 οἴμοι Brunck:
ὤμοι fere codd.   821 Κρ. καὶ τήνδε Jebb: μου; Κρ. τήνδε
codd.   γ' codd.: τ' Bothe   823 τῆcδ' ⟨ἐκ⟩ Blaydes
824 post χώρει add. νυν r

ΣΟΦΟΚΛΕΟΥΣ

δίκαια πράσσεις οὔτε πρόσθεν εἴργασαι. 825
Κρ. ὑμῖν ἂν εἴη τήνδε καιρὸς ἐξάγειν
ἄκουσαν, εἰ θέλουσα μὴ πορεύσεται.
Αν. οἴμοι τάλαινα, ποῖ φύγω; ποίαν λάβω
θεῶν ἄρηξιν ἢ βροτῶν; Χο. τί δρᾷς, ξένε;
Κρ. οὐχ ἅψομαι τοῦδ᾽ ἀνδρός, ἀλλὰ τῆς ἐμῆς. 830
Οι. ὢ γῆς ἄνακτες. Χο. ὢ ξέν᾽, οὐ δίκαια δρᾷς.
Κρ. δίκαια. Χο. πῶς δίκαια; Κρ. τοὺς ἐμοὺς
ἄγω.

Οι. ἰὼ πόλις. στρ.
Χο. τί δρᾷς, ὦ ξέν᾽; οὐκ ἀφήσεις; τάχ᾽ ἐς βάσανον
εἶ χερῶν. 835
Κρ. εἴργου. Χο. σοῦ μὲν οὔ, τάδε γε μωμένου.
Κρ. πόλει μαχῇ γάρ, εἴ τι πημανεῖς ἐμέ.
Οι. οὐκ ἠγόρευον ταῦτ᾽ ἐγώ; Χο. μέθες χεροῖν
τὴν παῖδα θᾶσσον. Κρ. μὴ ᾽πίτασσ᾽ ἃ μὴ
κρατεῖς.
Χο. χαλᾶν λέγω σοι. Κρ. σοὶ δ᾽ ἔγωγ᾽
ὁδοιπορεῖν. 840
Χο. προβᾶθ᾽ ὧδε, βᾶτε βᾶτ᾽, ἔντοποι.
πόλις ἐναίρεται, πόλις ἐμά, σθένει.
προβᾶθ᾽ ὧδέ μοι.

---

825 δίκαια] δίκαι᾽ ἃ Meineke   οὔτε Koen: οὔθ᾽ ἃ codd.
εἴργασαι] εἰργάσω Reisig   827 πορεύσεται a: -εύεται lrzt
830 ἐμῆς] γ᾽ ἐμῆς Dawe: κόρης Tournier   832 τοὺς ἐμοὺς]
τὰς ἐμὰς Blaydes   833 Oedipodi tribuit Wunder, Antigonae
codd.   ἰὼ πόλις iterat r   837 Creonti tribuit Reisig, Oedipodi
codd.   μαχῇ . . . πημανεῖς Porson: μάχη . . . πημαίνεις codd.
γάρ] τἄρ᾽ Blaydes   838–9 personarum vices ita restituit Mudge
840 ἔγωγ᾽ az: ἐγὼ δ᾽ Lr   841 ὧδε βᾶτε t: ὧδ᾽ ἐμβᾶτε cett.
ἔντοποι Brunck: ἐντόπιοι codd.   842 ἐναίρεται codd.:
ἐπαίρεται Lloyd-Jones: ἐγείρεται Jackson   πόλις ἐμά] πολεμίῳ
Wecklein   843 πρόβαθ᾽ ὧδέ μοι Lraz: προβᾶτε μ᾽ ὧδε t:
προβᾶτέ μοι Wilamowitz

392

ΟΙΔΙΠΟΥС ΕΠΙ ΚΟΛΩΝΩΙ

Αν. ἀφέλκομαι δύστηνος, ὦ ξένοι ξένοι.

Οι. ποῦ, τέκνον, εἶ μοι; Αν. πρὸς βίαν
     πορεύομαι.   845

Οι. ὄρεξον, ὦ παῖ, χεῖρας. Αν. ἀλλ᾽ οὐδὲν cθένω.

Κρ. οὐκ ἄξεθ᾽ ὑμεῖς; Οι. ὦ τάλας ἐγώ, τάλας.

Κρ. οὔκουν ποτ᾽ ἐκ τούτοιν γε μὴ cκήπτροιν ἔτι
     ὁδοιπορήcῃc· ἀλλ᾽ ἐπεὶ νικᾶν θέλεις
     πατρίδα τε τὴν cὴν καὶ φίλους, ὑφ᾽ ὧν ἐγὼ   850
     ταχθεὶς τάδ᾽ ἔρδω, καὶ τύραννος ὢν ὅμως,
     νίκα. χρόνῳ γάρ, οἶδ᾽ ἐγώ, γνώcῃ τάδε,
     ὁθούνεκ᾽ αὐτὸς αὐτὸν οὔτε νῦν καλὰ
     δρᾷς οὔτε πρόcθεν εἰργάcω, βίᾳ φίλων
     ὀργῇ χάριν δούς, ἥ c᾽ ἀεὶ λυμαίνεται.   855

Χο. ἐπίcχες αὐτοῦ, ξεῖνε. Κρ. μὴ ψαύειν λέγω.

Χο. οὔτοι c᾽ ἀφήcω, τῶνδέ γ᾽ ἐcτερημένος.

Κρ. καὶ μεῖζον ἆρα ῥύcιον πόλει τάχα
     θήcεις· ἐφάψομαι γὰρ οὐ ταύταιν μόναιν.

Χο. ἀλλ᾽ ἐc τί τρέψῃ; Κρ. τόνδ᾽ ἀπάξομαι
     λαβών.   860

Χο. δεινὸν λέγεις. Κρ. καὶ τοῦτο νῦν πεπράξεται,
     ἢν μή μ᾽ ὁ κραίνων τῆσδε γῆς ἀπειργάθῃ.

Οι. ὦ φθέγμ᾽ ἀναιδές, ἦ cὺ γὰρ ψαύcεις ἐμοῦ;

Κρ. αὐδῶ cιωπᾶν. Οι. μὴ γὰρ αἵδε δαίμονες
     θεῖέν μ᾽ ἄφωνον τῆσδε τῆς ἀρᾶς ἔτι,   865
     ὅς γ᾽, ὦ κάκιστε, ψιλὸν ὄμμ᾽ ἀποσπάσας
     πρὸς ὄμμαcιν τοῖς πρόcθεν ἐξοίχῃ βίᾳ.

---

844 ἀφέλκομαι t: -ομ᾽ ὦ Lraz: -όμεcθ᾽ ὦ Κ   849 ὁδοι-
πορήcῃc a: -cειc cett.   850 τε t: om. cett.   853 αὐτὸν
LrZnt: cαυτὸν aZo   857 τῶνδε] ταῖνδε Brunck
859 μόναιν] μόνων v.l. in r   861 λέγειc rzt, a s.l.: λέγοιc La
καὶ r: ὡc t: om. Laz: ἄν Hermann: cύ Heimsoeth   καὶ τοῦτο] τοῦτ᾽
αὐτὸ H. Stadtmüller   862 ἦν] εἶ r   μ᾽] c᾽ Piderit, qui v. choro
tribuit: γ᾽ Wecklein post Enger   863 φθέγμ᾽] θρέμμ᾽ Brunck
ψαύcειc rZnt: ψαύειc LaZo   865 τῆc ed. Londiniensis a. 1747:
γῆc codd.   866 γ᾽ Blaydes: μ᾽ codd.   ψιλὸν] φίλιον Meineke
866–7 ψιλὸν ὄντ᾽ ἀποcπάcειν . . . ἐξεύχει dubitanter Jebb

393

τοιγὰρ σὲ καὐτὸν καὶ γένος τὸ σὸν θεῶν
ὁ πάντα λεύσσων Ἥλιος δοίη βίον
τοιοῦτον οἷον κἀμὲ γηρᾶναί ποτε.   870

Κρ. ὁρᾶτε ταῦτα, τῆσδε γῆς ἐγχώριοι;
Οι. ὁρῶσι κἀμὲ καὶ σέ, καὶ φρονοῦσ᾽ ὅτι
ἔργοις πεπονθὼς ῥήμασίν σ᾽ ἀμύνομαι.
Κρ. οὔτοι καθέξω θυμόν, ἀλλ᾽ ἄξω βίᾳ
κεἰ μοῦνός εἰμι τόνδε κεἰ χρόνῳ βραδύς.   875

Οι. ἰὼ τάλας.   ἀντ.
Χο. ὅσον λῆμ᾽ ἔχων ἀφίκου, ξέν᾽, εἰ τάδε δοκεῖς
τελεῖν.
Κρ. δοκῶ.   Χο. τάνδ᾽ ἄρ᾽ οὐκέτι νέμω πόλιν.
Κρ. τοῖς τοι δικαίοις χὠ βραχὺς νικᾷ μέγαν.   880
Οι. ἀκούεθ᾽ οἷα φθέγγεται;   Χο. τά γ᾽ οὐ τελεῖ,
⟨Ζεύς μοι ξυνίστω.⟩   Κρ. Ζεύς γ᾽ ἂν εἰδείη,
σὺ δ᾽ οὔ.

Χο. ἆρ᾽ οὐχ ὕβρις τάδ᾽;   Κρ. ὕβρις; ἀλλ᾽ ἀνεκτέα.
Χο. ἰὼ πᾶς λεώς, ἰὼ γᾶς πρόμοι,
μόλετε σὺν τάχει, μόλετ᾽· ἐπεὶ πέραν   885
περῶσ᾽ ⟨οἵδε⟩ δή.

Θη. τίς ποθ᾽ ἡ βοή; τί τοὔργον; ἐκ τίνος φόβου
ποτὲ
βουθυτοῦντά μ᾽ ἀμφὶ βωμὸν ἔσχετ᾽ ἐναλίῳ θεῷ
τοῦδ᾽ ἐπιστάτῃ Κολωνοῦ; λέξαθ᾽, ὡς εἰδῶ
τὸ πᾶν,

868 καὐτὸν **ra**: χαὐτὸν L: γ᾽ αὐτὸν **zt**: τ᾽ αὐτὸν Brunck   θεῶν]
θεὸς Jebb   870 γηρᾶναι] -άναι **r**   875 alterum κεἰ Page:
καὶ codd.   βραδύς L**ra**: βραχύς **zt** (γηρῶν βαρύς L s.l., unde γήρᾳ
βραδύς O. Pauli)   877 λῆμ᾽ **Lat**: δεῖμ᾽ **rz**   879 νέμω]
νεμῶ Reisig e sch. (νομιῶ)   880 βραχὺς] βραδὺς **r**
882 ita supplevit Jebb: ⟨Ζεύς μοι ξυνίστωρ⟩ Campbell   γ᾽ Hartung:
ταῦτ᾽ codd.   883 ita post alterum ὕβρις interpunximus
885 πέραν] πέρα Elmsley   886 ⟨οἵδε⟩ suppl. Elmsley   δή]
δῆτα **t**   887 ποθ᾽ **rat**: πόθεν Lz   889 εἰδῶ **zt**:
ἴδω cett.

ΟΙΔΙΠΟΥΣ ΕΠΙ ΚΟΛΩΝΩΙ

οὗ χάριν δεῦρ' ἦξα θᾶccον ἢ καθ' ἡδονὴν
ποδός.   890

Οι. ὦ φίλτατ', ἔγνων γὰρ τὸ προcφώνημά cου,
πέπονθα δεινὰ τοῦδ' ὑπ' ἀνδρὸc ἀρτίωc.

Θη. τὰ ποῖα ταῦτα; τίc δ' ὁ πημήναc; λέγε.

Οι. Κρέων ὅδ', ὃν δέδορκαc, οἴχεται τέκνων
ἀποcπάcαc μου τὴν μόνην ξυνωρίδα.   895

Θη. πῶc εἶπαc;   Οι. οἷα καὶ πέπονθ' ἀκήκοαc.

Θη. οὔκουν τιc ὡc τάχιcτα προcπόλων μολὼν
πρὸc τούcδε βωμοὺc πάντ' ἀναγκάcει λεὼν
ἄνιππον ἱππότην τε θυμάτων ἄπο
cπεύδειν ἀπὸ ῥυτῆροc, ἔνθα δίcτομοι   900
μάλιcτα cυμβάλλουcιν ἐμπόρων ὁδοί,
ὡc μὴ παρέλθωc' αἱ κόραι, γέλωc δ' ἐγὼ
ξένῳ γένωμαι τῷδε, χειρωθεὶc βίᾳ;
ἴθ', ὡc ἄνωγα, cὺν τάχει. τοῦτον δ' ἐγώ,
εἰ μὲν δι' ὀργῆc ἧκον, ἧc ὅδ' ἄξιοc,   905
ἄτρωτον οὐ μεθῆκ' ἂν ἐξ ἐμῆc χερόc·
νῦν δ' οὕcπερ αὐτὸc τοὺc νόμουc εἰcῆλθ' ἔχων,
τούτοιcι κοὐκ ἄλλοιcιν ἁρμοcθήcεται.
οὐ γάρ ποτ' ἕξει τῆcδε τῆc χώραc, πρὶν ἂν
κείναc ἐναργεῖc δεῦρό μοι cτήcῃc ἄγων·   910
ἐπεὶ δέδρακαc οὔτ' ἐμοῦ κατάξια
οὔθ' ὧν πέφυκαc αὐτὸc οὔτε cῆc χθονόc,
ὅcτιc δίκαι' ἀcκοῦcαν εἰcελθὼν πόλιν
κἄνευ νόμου κραίνουcαν οὐδέν, εἶτ' ἀφεὶc
τὰ τῆcδε τῆc γῆc κύρι' ὧδ' ἐπεcπεcὼν   915

---

890 del. Nauck   ποδός] πόδα Housman   893 δ' **Lazt**:
om. **r**: c' A. de Jongh   896 καὶ Jebb: περ codd.
897 οὔκουν Kra: οὐκοῦν Lzt   902 δ' ἐγὼ **zt**: ἐγὼ Lr: τ' ἐγὼ
K: δ' ἐμῷ **a**   906 οὐ μεθῆκ' L in margine, **a**: οὐκ ἀφῆκ' **Krzt**:
οὐδ' ἀφῆκ' L   907 οὕcπερ Reiske: ὥcπερ codd.   τοὺc . . .
εἰcῆλθ'] ἥλυθεν νόμουc Nauck   909 ἕξει **aZn**: ἕξει vel ἕξειc
fere cett.   911 ἐμοῦ **raZnt**: ἐμοὶ Zo: μου L: cοῦ Nauck
κατάξια Elmsley: καταξίωc codd.   914 κραίνουcαν]
κρίνουcαν Meineke

ΣΟΦΟΚΛΕΟΥΣ

ἄγεις θ' ἃ χρῄζεις καὶ παρίστασαι βίᾳ·
καί μοι πόλιν κένανδρον ἢ δούλην τινὰ
ἔδοξας εἶναι, κἄμ' ἴσον τῷ μηδενί.
καίτοι σε Θῆβαί γ' οὐκ ἐπαίδευσαν κακόν·
οὐ γὰρ φιλοῦσιν ἄνδρας ἐκδίκους τρέφειν,   920
οὐδ' ἄν σ' ἐπαινέσειαν, εἰ πυθοίατο
συλῶντα τἀμὰ καὶ τὰ τῶν θεῶν, βίᾳ
ἄγοντα φωτῶν ἀθλίων ἱκτήρια.
οὔκουν ἔγωγ' ἂν σῆς ἐπεμβαίνων χθονός,
οὐδ' εἰ τὰ πάντων εἶχον ἐνδικώτατα,   925
ἄνευ γε τοῦ κραίνοντος, ὅστις ἦν, χθονὸς
οὔθ' εἷλκον οὔτ' ἂν ἦγον, ἀλλ' ἠπιστάμην
ξένον παρ' ἀστοῖς ὡς διαιτᾶσθαι χρεών.
σὺ δ' ἀξίαν οὐκ οὖσαν αἰσχύνεις πόλιν
τὴν αὐτὸς αὑτοῦ, καί σ' ὁ πληθύων χρόνος   930
γέρονθ' ὁμοῦ τίθησι καὶ τοῦ νοῦ κενόν.
εἶπον μὲν οὖν καὶ πρόσθεν, ἐννέπω δὲ νῦν,
τὰς παῖδας ὡς τάχιστα δεῦρ' ἄγειν τινά,
εἰ μὴ μέτοικος τῆσδε τῆς χώρας θέλεις
εἶναι βίᾳ τε κοὐχ ἑκών· καὶ ταῦτά σοι   935
τοῦ νοῦ θ' ὁμοίως κἀπὸ τῆς γλώσσης λέγω.

Χο. ὁρᾷς ἵν' ἥκεις, ὦ ξέν'; ὡς ἀφ' ὧν μὲν εἶ
      φαίνῃ δίκαιος, δρῶν δ' ἐφευρίσκῃ κακά.

Κρ. ἐγὼ οὔτ' ἄνανδρον τήνδε τὴν πόλιν λέγω,
      ὦ τέκνον Αἰγέως, οὔτ' ἄβουλον, ὡς σὺ φῄς,   940
      τοὔργον τόδ' ἐξέπραξα, γιγνώσκων δ' ὅτι
      οὐδείς ποτ' αὐτοῖς τῶν ἐμῶν ἂν ἐμπέσοι
      ζῆλος ξυναίμων, ὥστ' ἐμοῦ τρέφειν βίᾳ.

918 κἄμ'] καί μ' a   924 ἐπεμβαίνων rzt: ἐπίβ- La
926 del. Schneidewin   928 ξένον Zo: ξεῖ- cett.
930 αὐτοῦ] αὑ- a   πληθύων Lra: -ύνων zt   931 κενόν] an
κενοῖ?   936 τοῦ νοῦ Meineke: τῷ νῷ Lrazt: τὸν νῶον K: νοῶν
Blaydes: νοῶ Hartung   938 δ' az: τ' Lrt   939 λέγω Lr:
νέμων Schneidewin: λέγων azt   941 τόδ' rzt: τότ' K: τό γ' la
δ' LaZnt: om. rZo   942 αὐτοῖς Kr, coni. Scaliger: -οὺς
cett.

ΟΙΔΙΠΟΥΣ ΕΠΙ ΚΟΛΩΝΩΙ

ἤδη δ' ὁθούνεκ' ἄνδρα καὶ πατροκτόνον
κἄναγνον οὐ δεξοίατ', οὐδ' ὅτῳ γάμοι　　　945
ξυνόντες ηὑρέθηcαν ἀνοcιώτατοι.
τοιοῦτον αὐτοῖc Ἄρεοc εὔβουλον πάγον
ἐγὼ ξυνῄδη χθόνιον ὄνθ', ὃc οὐκ ἐᾷ
τοιούcδ' ἀλήταc τῇδ' ὁμοῦ ναίειν πόλει·
ᾧ πίcτιν ἴcχων τήνδ' ἐχειρούμην ἄγραν.　　950
καὶ ταῦτ' ἂν οὐκ ἔπραccον, εἰ μή μοι πικρὰc
αὐτῷ τ' ἀρὰc ἠρᾶτο καὶ τὠμῷ γένει·
ἀνθ' ὧν πεπονθὼc ἠξίουν τάδ' ἀντιδρᾶν.
[θυμοῦ γὰρ οὐδὲν γῆράc ἐcτιν ἄλλο πλὴν
θανεῖν· θανόντων δ' οὐδὲν ἄλγοc ἅπτεται.]　955
πρὸc ταῦτα πράξειc οἷον ἂν θέλῃc· ἐπεὶ
ἐρημία με, κεἰ δίκαι' ὅμωc λέγω,
cμικρὸν τίθηcι· πρὸc δὲ τὰc πράξειc ἔτι,
καὶ τηλικόcδ' ὤν, ἀντιδρᾶν πειράcομαι.

Οι. ὦ λῆμ' ἀναιδέc, τοῦ καθυβρίζειν δοκεῖc,　　960
πότερον ἐμοῦ γέροντοc, ἢ cαυτοῦ, τόδε;
ὅcτιc φόνουc μοι καὶ γάμουc καὶ cυμφορὰc
τοῦ cοῦ διῆκαc cτόματοc, ἃc ἐγὼ τάλαc
ἤνεγκον ἄκων· θεοῖc γὰρ ἦν οὕτω φίλον,
τάχ' ἄν τι μηνίουcιν ἐc γένοc πάλαι.　　　965
ἐπεὶ καθ' αὑτόν γ' οὐκ ἂν ἐξεύροιc ἐμὲ
ἁμαρτίαc ὄνειδοc οὐδὲν ἀνθ' ὅτου
τάδ' εἰc ἐμαυτὸν τοὺc ἐμούc θ' ἡμάρτανον.
ἐπεὶ δίδαξον, εἴ τι θέcφατον πατρὶ
χρηcμοῖcιν ἱκνεῖθ' ὥcτε πρὸc παίδων θανεῖν,　970

945 κἄναγνον **ra**: κἄνανδρον **lKzt**　　δεξοίατ' Elmsley: δεξαίατ'
codd.　　946 ἀνοcιώτατοι Kr: ἀνόcιοι τέκνων cett.　　γάμοι
... τέκνων] γάμου ξυνόντ' ἐφηυρέθηcαν ἀνοcίου τέκνα Lloyd-
Jones　　948 ξυνῄδη Brunck: -ῄδειν codd.　　χθόνιον]
χρόνιον Bergk　　954-5 del. Blaydes, post 959 traiecit Dawe
957 λέγω ante δίκαι' traiecit Blaydes　　958 ἔτι nos: ὅμωc codd.:
ποτέ Campe　　960 λῆμ'] δεῖμ' **r** (cf. 877)　　966 κατ'
αὑτόν... ἐμὲ Wecklein: καθ' αὑτόν... ἐμοὶ codd.　　970 ἱκνεῖθ'
Lra: ἱκνοῖθ' **zt**: ἵκεθ' Herwerden

397

πῶc ἂν δικαίωc τοῦτ' ὀνειδίζοιc ἐμοί,
ὃc οὔτε βλάcταc πω γενεθλίουc πατρόc,
οὐ μητρὸc εἶχον, ἀλλ' ἀγέννητοc τότ' ἦ;
εἰ δ' αὖ φανεὶc δύcτηνοc, ὡc ἐγὼ 'φάνην,
ἐc χεῖραc ἦλθον πατρὶ καὶ κατέκτανον,   975
μηδὲν ξυνιεὶc ὧν ἔδρων εἰc οὔc τ' ἔδρων,
πῶc ἂν τό γ' ἆκον πρᾶγμ' ἂν εἰκότωc ψέγοιc;
μητρὸc δέ, τλῆμον, οὐκ ἐπαιcχύνῃ γάμουc
οὔcηc ὁμαίμου cῆc μ' ἀναγκάζων λέγειν
οἵουc ἐρῶ τάχ'· οὐ γὰρ οὖν cιγήcομαι,   980
cοῦ γ' ἐc τόδ' ἐξελθόντοc, ἀνόcιον cτόμα.
ἔτικτε γάρ μ' ἔτικτεν, ὤμοι μοι κακῶν,
οὐκ εἰδότ' οὐκ εἰδυῖα, καὶ τεκοῦcά με
αὑτῆc ὄνειδοc παῖδαc ἐξέφυcέ μοι.
ἀλλ' ἓν γὰρ οὖν ἔξοιδα, cὲ μὲν ἑκόντ' ἐμὲ   985
κείνην τε ταῦτα δυccτομεῖν· ἐγὼ δέ νιν
ἄκων τ' ἔγημα, φθέγγομαί τ' ἄκων τάδε.
ἀλλ' οὐ γὰρ οὔτ' ἐν τοῖcδ' ἀκούcομαι κακὸc
γάμοιcιν οὔθ' οὓc αἰὲν ἐμφορεῖc cύ μοι
φόνουc πατρῴουc ἐξονειδίζων πικρῶc.   990
ἓν γάρ μ' ἄμειψαι μοῦνον ὧν c' ἀνιcτορῶ·
εἴ τίc cε τὸν δίκαιον αὐτίκ' ἐνθάδε
κτείνοι παραcτάc, πότερα πυνθάνοι' ἂν εἰ
πατήρ c' ὁ καίνων, ἢ τίνοι' ἂν εὐθέωc;
δοκῶ μέν, εἴπερ ζῆν φιλεῖc, τὸν αἴτιον   995
τίνοι' ἄν, οὐδὲ τοὐνδικον περιβλέποιc.

971 ὀνειδίζοιc AY: -ειc cett.   972 πω Paris. gr. 2886 (i.e.
Aristobulus Apostolides): πωc vel πῶc codd.   γενεθλίουc LᵖᶜKa:
-ίαc Lᵃᶜ: -ιον r: -ίου zt   973 εἶχον La: ἔcχον zt: ἴcχον r   ἢ
Lᵖᶜ: ἢν codd. plerique   977 πῶc Elmsley: πῶc γ' codd.: πῶc δ'
Bake   978 τλῆμον rat: τλήμων Lz   981 ἀνόcιον
cτόμα vocativum esse vidit Maehly   984 αὑτῆc aZo: αὐ- cett.
986 δυccτομεῖν Vauvilliers: δυcτ- vel διcτ- codd.   987 prius τ'
Zo: om. cett.   988 ἀκούcομαι] ἀλώcομαι Walter et Herwerden
989 ἐμφορεῖc L s.l., r: -φέρειc vel -φερεῖc cett.   990 ἐξονει-
δίζων] -ειc t   996 περιβλέποιc Lra: -ειc zt et in linea KRU

τοιαῦτα μέντοι καὐτὸς εἰcέβην κακά,
θεῶν ἀγόντων· ὥcτ' ἐγὼ οὐδὲ τὴν πατρὸc
ψυχὴν ἄν οἶμαι ζῶcαν ἀντειπεῖν ἐμοί.
cὺ δ', εἰ γὰρ οὐ δίκαιοc, ἀλλ' ἅπαν καλὸν   1000
λέγειν νομίζων, ῥητὸν ἄρρητόν τ' ἔποc,
τοιαῦτ' ὀνειδίζειc με τῶνδ' ἐναντίον.
καί coι τὸ Θηcέωc ὄμμα θωπεῦcαι φίλον,
καὶ τὰc Ἀθήναc, ὡc κατῴκηνται καλῶc·
κᾆθ' ὧδ' ἐπαινῶν πολλὰ τοῦδ' ἐκλανθάνῃ,   1005
ὁθούνεκ' εἴ τιc γῇ θεοὺc ἐπίcταται
τιμαῖc cεβίζειν, ἥδε τῷδ' ὑπερφέρει,
ἀφ' ἧc cὺ κλέψαc τὸν ἱκέτην γέροντ' ἐμὲ
αὐτόν τ' ἐχειροῦ τὰc κόραc τ' οἴχῃ λαβών.
ἀνθ' ὧν ἐγὼ νῦν τάcδε τὰc θεὰc ἐμοὶ   1010
καλῶν ἱκνοῦμαι καὶ καταcκήπτω λιταῖc
ἐλθεῖν ἀρωγοὺc ξυμμάχουc θ', ἵν' ἐκμάθῃc
οἴων ὑπ' ἀνδρῶν ἥδε φρουρεῖται πόλιc.

Χο.   ὁ ξεῖνοc, ὦναξ, χρηcτόc· αἱ δὲ cυμφοραὶ
αὐτοῦ πανώλειc, ἄξιαι δ' ἀμυναθεῖν.   1015

Θη.   ἅλιc λόγων· ὡc οἱ μὲν ἐξηρπαcμένοι
cπεύδουcιν, ἡμεῖc δ' οἱ παθόντεc ἕcταμεν.

Κρ.   τί δῆτ' ἀμαυρῷ φωτὶ προcτάccειc ποεῖν;

Θη.   ὁδοῦ κατάρχειν τῆc ἐκεῖ, πομπὸν δ' ἐμὲ   1019

998 ὥcτ' Blaydes: οἷc codd.: ὡc Reiske   999 ἐμοί] ἔχειν
Nauck   1003 ὄμμα K: ὄνομα cett.   φίλον Tournier: καλόν
codd.: μέλει Wecklein   1007 τιμαῖc Turnebus: τιμὰc codd.
τῷδ' Kunhardt: τοῦδ' Lr, a s.l., zt: τοῦθ' Ka   1009 τ' ἐχειροῦ
Paris. gr. 2886 (i.e. Aristobulus Apostolides): τε χειροῦ codd.
1010 τὰc **rat**: om. Lz   1011 καὶ καταcκήπτω]
κἀξεπιcκήπτω Wecklein   1012 ἀρωγοὺc] ἀρῶμαι Nauck, v.
1011 deleto   ξυμμάχουc **lra**: cυμ- **zt**   θ' suppl. Paris. gr. 2886 s.l.,
fort. alia manu: om. codd. (etiam Λ)   1015 ἄξιαι] ἄξιοc Platt
ἀμυναθεῖν Elmsley: -άθειν codd.   1016 ἐξηρπαcμένοι
LᵃᶜKQa: -μένην LᵖᶜΛzt: -μένου R: ἐξειργαcμένοι F. W. Schmidt
1018 ἀμαυρῷ] ἀφαυρῷ Turnebus   ποεῖν L: ποι- cett.   1019 δ'
ἐμὲ Hermann: δέ με codd.: δ' ἐμοὶ Brunck: δέ μοι Heath

ΣΟΦΟΚΛΕΟΥΣ

κοὐκ ἄλλον ἕξεις ἐς τόδ᾽· ὡς ἔξοιδά σε   1028
οὐ ψιλὸν οὐδ᾽ ἄσκευον ἐς τοσήνδ᾽ ὕβριν
ἥκοντα τόλμης τῆς παρεστώσης τανῦν,   1030
ἀλλ᾽ ἔσθ᾽ ὅτῳ σὺ πιστὸς ὢν ἔδρας τάδε.
ἃ δεῖ μ᾽ ἀθρῆσαι, μηδὲ τήνδε τὴν πόλιν
ἑνὸς ποῆσαι φωτὸς ἀσθενεστέραν.   1033
χώρει δ᾽ ἵν᾽, εἰ μὲν ἐν τόποισι τοῖσδ᾽ ἔχεις   1020
τὰς παῖδας ἡμῖν, αὐτὸς ἐκδείξῃς ἐμοί·
εἰ δ᾽ ἐγκρατεῖς φεύγουσιν, οὐδὲν δεῖ πονεῖν·
ἄλλοι γὰρ οἱ σπεύσοντες, οὓς οὐ μή ποτε
χώρας φυγόντες τῆςδ᾽ ἐπεύξωνται θεοῖς.
ἀλλ᾽ ἐξυφηγοῦ· γνῶθι δ᾽ ὡς ἔχων ἔχῃ   1025
καί σ᾽ εἷλε θηρῶνθ᾽ ἡ τύχη· τὰ γὰρ δόλῳ
τῷ μὴ δικαίῳ κτήματ᾽ οὐχὶ σῴζεται.   1027
νοεῖς τι τούτων, ἢ μάτην τὰ νῦν τέ σοι   1034
δοκεῖ λελέχθαι χὦτε ταῦτ᾽ ἐμηχανῶ;   1035

Κρ.   οὐδὲν σὺ μεμπτὸν ἐνθάδ᾽ ὢν ἐρεῖς ἐμοί·
     οἴκοι δὲ χἠμεῖς εἰσόμεσθ᾽ ἃ χρὴ ποεῖν.

Θη.   χωρῶν ἀπείλει νῦν· σὺ δ᾽ ἡμῖν, Οἰδίπους,
     ἔκηλος αὐτοῦ μίμνε, πιστωθεὶς ὅτι,
     ἢν μὴ θάνω 'γὼ πρόσθεν, οὐχὶ παύσομαι   1040
     πρὶν ἄν σε τῶν σῶν κύριον στήσω τέκνων.

Οι.   ὄναιο, Θησεῦ, τοῦ τε γενναίου χάριν
     καὶ τῆς πρὸς ἡμᾶς ἐνδίκου προμηθίας.

1028-33 post 1019 traiecit Housman   1028 τόδ᾽ L^{ac}ra: τάδ᾽
lzt   1031 πιστὸς] πίσυνος Blaydes   τάδε] τόδε **a**
1033 ποῆσαι L: ποι- cett.   1020 χώρει δ᾽ nos: χωρεῖν codd.
1021 ἡμῖν Elmsley: ἡμῶν codd.: αὐτίκ᾽ Hense   1022 ἐγ-
κρατεῖς] οὐγκρατεῖς Housman   φεύγουσιν] σφ᾽ ἄγουσιν C. Otto
1023 σπεύσοντες Meineke: σπεύδοντες codd.   1024 ἐπεύξων-
ται Ta, s.l. in Zn et T: -εύχονται **lr**: -εύχωνται **azt**   1026 τύχη]
Δίκη Doederlein   1035 δοκεῖ Lra: -εῖς **zt**   1036 ὢν...
ἐμοί] ὄντ᾽... ἐμέ Blaydes   1037 ποεῖν **l**: ποιεῖν **az**: πονεῖν **r**
1038 νῦν] νυν Elmsley   ἡμῖν edd.: ἡμῖν codd.   1043 προμη-
θίας] προθυμίας Herwerden

ΟΙΔΙΠΟΥΣ ΕΠΙ ΚΟΛΩΝΩΙ

Χο. εἴην ὅθι δαΐων   στρ. α'
     ἀνδρῶν τάχ' ἐπιστροφαὶ   1045
     τὸν χαλκοβόαν Ἄρη
     μείξουσιν, ἢ πρὸς Πυθίαις
     ἢ λαμπάσιν ἀκταῖς,
     οὗ πότνιαι σεμνὰ τιθηνοῦνται τέλη   1050
     θνατοῖσιν, ὧν καὶ χρυσέα
     κλῄς ἐπὶ γλώσσᾳ βέβα-
     κε προσπόλων Εὐμολπιδᾶν·
     ἔνθ' οἶμαι τὸν ἐγρεμάχαν
     Θησέα καὶ τὰς διστόλους   1055
     ἀδμῆτας ἀδελφὰς
     αὐτάρκει τάχ' ἐμμείξειν βοᾷ
     τούςδ' ἀνὰ χώρους·

     ἦ που τὸν ἐφέσπερον   ἀντ. α'
     πέτρας νιφάδος πελῶς'   1060
     Οἰάτιδος ἐκ νομοῦ
     πώλοισιν ἢ ῥιμφαρμάτοις
     φεύγοντες ἁμίλλαις.
     ἁλώσεται· δεινὸς ὁ προσχώρων Ἄρης,   1065
     δεινὰ δὲ Θησειδᾶν ἀκμά.
     πᾶς γὰρ ἀστράπτει χαλι-
     νος, πᾶσα δ' ὁρμᾶται †κατ'
     ἀμπυκτήρια φάλαρα πώλων†
     ἄμβασις, οἳ τὰν ἱππίαν   1070

1046 Ἄρη LaZnt: -ην KrZo   1050 σεμνὰ Valckenaer: -αὶ
codd.   1052 γλώσσᾳ] -αν z   1054 ἐγρεμάχαν Lrz:
ὀρειοβάταν Lγρ: ὀρειβάταν a: ὀρσιμάχαν Bury   1055 καὶ =
etiam   διστόλους LraT: -ας Ta: διαστ- L s.l., z
1056 ἀδελφὰς LᵃᶜKt: -εὰς cett. (etiam Λ)   1057 ἐμμείξειν]
ἐμμίξας r   1059 ἦ Lazt: ᾗ Kr   1060 πελῶς'] πελά-
ζουσι Lγρ: περῶς' Hartung   1061 ἐκ νομοῦ] εἰς νομὸν
Hartung   1068 κατ'] καθεῖς' Schneidewin: χαλῶς' Hermann
1069 φάλαρα πώλων] πωλικὰ Hermann: στομίων Dindorf: ἀντι-
πάλων Pearson: an ἀμφιπόλων?

401

ΣΟΦΟΚΛΕΟΥΣ

τιμῶϲιν Ἀθάναν
καὶ τὸν πόντιον γαιάοχον
Ῥέαϲ φίλον υἱόν.

ἔρδουϲιν ἢ μέλλουϲιν; ὡϲ   στρ. β'
προμνᾶταί τί μοι   1075
γνώμα τάχ' ἀνδώϲειν
τᾶν δεινὰ τλαϲᾶν, δεινὰ δ' εὑ-
ρουϲᾶν πρὸϲ αὐθαίμων πάθη.
τελεῖ τελεῖ Ζεύϲ τι κατ' ἦμαρ.
μάντιϲ εἴμ' ἐϲθλῶν ἀγώνων.   1080
εἴθ' ἀελλαία ταχύρρωϲτοϲ πελειὰϲ
αἰθερίαϲ νεφέλαϲ κύρϲαιμ' ἄνωθ' ἀγώνων
αἰωρήϲαϲα τοὐμὸν ὄμμα.   1084

ἰὼ θεῶν πάνταρχε παντ-   ἀντ. β'
όπτα Ζεῦ, πόροιϲ
γᾶϲ τᾶϲδε δαμούχοιϲ
ϲθένει 'πινικείῳ τὸν εὔ-
αγρον τελειῶϲαι λόχον,
ϲεμνά τε παῖϲ Παλλὰϲ Ἀθάνα,   1090
καὶ τὸν ἀγρευτὰν Ἀπόλλω
καὶ καϲιγνήταν πυκνοϲτίκτων ὀπαδὸν
ὠκυπόδων ἐλάφων ϲτέργω διπλᾶϲ ἀρωγὰϲ
μολεῖν γᾷ τᾷδε καὶ πολίταιϲ.   1095

1074 ἔρδουϲιν L: ἔρ- cett.: ἔρδουϲ' Elmsley   1076 ἀνδώϲειν
lm. sch.: ἐνδώϲειν interpretatio ap. sch. L: ἂν δώϲειν Lazt: ἂν δώϲει r
1077–8 τᾶν . . . τλαϲᾶν . . . εὑρουϲᾶν sch.: τὰν . . . τλᾶϲαν . . .
εὑροῦϲαν codd.   1078 πρὸϲ αὐθαίμων Bothe: πρὸϲ
αὐθομαίμων Lazt: προϲανθομέναν r   1079 ἦμαρ Azt: ἆμαρ
LrUY   1083 ἄνωθ' Hermann: αὐτῶν δ' codd.
1084 αἰωρήϲαϲα Dindorf post Wunder: θεωρήϲαϲα codd.   ὄμμα]
οἶμα Meineke   1085–6 ἰὼ . . . πόροιϲ post Brunck et Hermann
restituit Jebb: ἰὼ Ζεῦ πάνταρχε θεῶν παντόπτα πόροιϲ codd.: alii alia
1088 ϲθένει huc revocavit Hermann: ante τὸν codd.   ἐπινικείῳ L:
-κίῳ cett.   τὸν] τιν' Dawe   1093 ὠκυπόδων] -πόρων z

ΟΙΔΙΠΟΥϹ ΕΠΙ ΚΟΛΩΝΩΙ

ὦ ξεῖν' ἀλῆτα, τὸν σκοπὸν μὲν οὐκ ἐρεῖς
ὡς ψευδόμαντις· τὰς κόρας γὰρ εἰϲορῶ
τάϲδ' ἆϲϲον αὖθις ὧδε προϲπολουμέναϲ.

Οι. ποῦ ποῦ; τί φῄς; πῶϲ εἶπαϲ; Αν. ὦ πάτερ
πάτερ,
τίϲ ἂν θεῶν ϲοι τόνδ' ἄριστον ἄνδρ' ἰδεῖν   1100
δοίη, τὸν ἡμᾶϲ δεῦρο προϲπέμψαντά ϲοι;

Οι. ὦ τέκνον, ἦ πάρεϲτον; Αν. αἵδε γὰρ χέρεϲ
Θηϲέωϲ ἔϲωϲαν φιλτάτων τ' ὀπαόνων.

Οι. προϲέλθετ', ὦ παῖ, πατρί, καὶ τὸ μηδαμὰ
ἐλπιϲθὲν ἥξειν ϲῶμα βαϲτάϲαι δότε.   1105

Αν. αἰτεῖϲ ἃ τεύξῃ· ϲὺν πόθῳ γὰρ ἡ χάριϲ.

Οι. ποῦ δῆτα, ποῦ 'ϲτον; Αν. αἵδ' ὁμοῦ
πελάζομεν.

Οι. ὦ φίλτατ' ἔρνη. Αν. τῷ τεκόντι πᾶν φίλον.

Οι. ὦ ϲκῆπτρα φωτόϲ— Αν. δυϲμόρου γε
δύϲμορα.

Οι. ἔχω τὰ φίλτατ', οὐδ' ἔτ' ἂν πανάθλιοϲ   1110
θανὼν ἂν εἴην ϲφῷν παρεϲτώϲαιν ἐμοί.
ἐρείϲατ', ὦ παῖ, πλευρὸν ἀμφιδέξιον
ἐμφύντε τῷ φύϲαντι, κἀναπαύϲατον
τὸν πρόϲθ' ἐρῆμον τοῦδε δυϲτήνου πλάνου.
καί μοι τὰ πραχθέντ' εἴπαθ' ὡϲ βράχιϲτ', ἐπεὶ   1115

1096 τὸν ϲκοπὸν Elmsley: τῷ ϲκοπῷ codd.   1098 προϲ-
πολουμέναϲ codd., hoc sensu unicum: προϲπελωμέναϲ Hartung
1099 ante alterum πάτερ add. ὦ La   1100 τόνδ'] τῶνδ' L
1102 πάρεϲτον] πάρεϲτιν r   1104 προϲέλθετ'] πρόϲελθ' L
μηδαμὰ Zn, v.l. in Zo: -μᾶ vel -μᾷ cett.   1105 δότε raz: τόδε
Lt   1107 ποῦ 'ϲτον] ποὔϲτιν r   1109 γε ed. Londiniensis
a. 1747: τε codd.   1110 ἔτ' ἂν a: ὅταν cett.   1111 θανὼν
ἂν εἴην] αἰὼν ἂν εἴη Mekler   1112 πλευρὸν azt: -ρὰν Lr
ἀμφιδέξιον r, coni. Mudge: -δεξιὸν L: ἀμφὶ δεξιὸν azt: ἀμφιδέξιοι
Madvig   1113 ἐμφύντε Mudge: ἐμφῦτε a: ἐμφῦϲα fere cett.
κἀναπαύϲατον zt: -ϲετον cett.: κἀναπνεύϲατον Jebb   1114 τὸν
πρόϲθ' ἐρῆμον Sehrwald: τοῦ πρόϲθ' ἐρήμου codd.   τοῦδε Lrt:
τοῦ τε az, s.l. in LT   τοῦδε δυϲτήνου] τόνδε δύϲτηνον
Herwerden

403

ταῖς τηλικαῖςδε ςμικρὸς ἐξαρκεῖ λόγος.

Αν. ὅδ᾽ ἔςθ᾽ ὁ ςώςας· τοῦδε χρὴ κλύειν, πάτερ,
οὐ κᾄςτι τοὔργον· τοὐμὸν ⟨ὧδ᾽⟩ ἔςται βραχύ.

Οι. ὦ ξεῖνε, μὴ θαύμαζε, πρὸς τὸ λιπαρὲς
τέκν᾽ εἰ φανέντ᾽ ἄελπτα μηκύνω λόγον.   1120
ἐπίςταμαι γὰρ τήνδε τὴν ἐς τάςδε μοι
τέρψιν παρ᾽ ἄλλου μηδενὸς πεφαςμένην.
cὺ γάρ νιν ἐξέςωςας, οὐκ ἄλλος βροτῶν.
καί coι θεοὶ πόροιεν ὡς ἐγὼ θέλω,
αὐτῷ τε καὶ γῇ τῇδ᾽· ἐπεὶ τό γ᾽ εὐcεβὲς   1125
μόνοις παρ᾽ ὑμῖν ηὗρον ἀνθρώπων ἐγὼ
καὶ τοὐπιεικὲς καὶ τὸ μὴ ψευδοςτομεῖν.
εἰδὼς δ᾽ ἀμύνω τοῖςδε τοῖς λόγοις τάδε.
ἔχω γὰρ ἅχω διὰ cὲ κοὐκ ἄλλον βροτῶν.
καί μοι χέρ᾽, ὦναξ, δεξιὰν ὄρεξον, ὡς   1130
ψαύcω φιλήcω τ᾽, εἰ θέμις, τὸ còν κάρα.
καίτοι τί φωνῶ; πῶς c᾽ ἂν ἄθλιος γεγὼς
θιγεῖν θελήcαιμ᾽ ἀνδρὸς ᾧ τίς οὐκ ἔνι
κηλὶς κακῶν ξύνοικος; οὐκ ἔγωγέ cε,
οὐδ᾽ οὖν ἐάcω. τοῖς γὰρ ἐμπείροις βροτῶν   1135
μόνοις οἷόν τε cυνταλαιπωρεῖν τάδε.
cὺ δ᾽ αὐτόθεν μοι χαῖρε καὶ τὰ λοιπά μου
μέλου δικαίως, ὥσπερ ἐς τόδ᾽ ἡμέρας.

Θη. οὔτ᾽ εἴ τι μῆκος τῶν λόγων ἔθου πλέον,
τέκνοιςι τερφθεὶς τοῖςδε, θαυμάςας ἔχω,   1140

1116 ταῖς τηλικαῖcδε] τοῖς -οῖcδε Nauck   1117 fortasse
κλυεῖν   1118 οὐ κᾄcτι Wex: καί coί τε codd.   ⟨ὧδ᾽⟩ ἔcται
Livineius ('p'): ἔcται δὴ t: ἔcται cett.   1120 εἰ φανέντ᾽] ἐμ-
φανέντ᾽ a   μηκύνω]-υνῶ Elmsley   1121 τὴν Musgrave: cὴν
codd.   1124 πόροιεν azt: -ειεν Lᵃᶜ: -ειαν Kr   ὡς] οἳ
Hartung   1125 τό γ᾽ razt: τοῦτό γ᾽ L: τόδ᾽ K   1127 ante
1126 traiecit Nauck   1128 ἀμύνω] ἀμείβω Qγρ
1130 χέρ᾽ a: χαῖρ᾽ Lr: χαῖρέ μ᾽ zt   post δεξιὰν add. τ᾽ codd.
praeter a   1131 τ᾽ εἰ Ka: θ᾽ ἤ vel τ᾽ ἤ codd. plerique: θ᾽ ἦ Bergk
1132 c᾽ Hermann: δ᾽ codd.   1137 cὺ δ᾽] cύ τ᾽ L in linea   μου
Lra: μοι zt

ΟΙΔΙΠΟΥΣ ΕΠΙ ΚΟΛΩΝΩΙ

οὐδ' εἰ πρὸ τοὐμοῦ προὔλαβες τὰ τῶνδ' ἔπη.
βάρος γὰρ ἡμᾶς οὐδὲν ἐκ τούτων ἔχει.
οὐ γὰρ λόγοισι τὸν βίον σπουδάζομεν
λαμπρὸν ποεῖσθαι μᾶλλον ἢ τοῖς δρωμένοις.
δείκνυμι δ'· ὧν γὰρ ὤμος' οὐκ ἐψευσάμην   1145
οὐδέν σε, πρέσβυ. τάσδε γὰρ πάρειμ' ἄγων
ζώσας, ἀκραιφνεῖς τῶν κατηπειλημένων.
χὤπως μὲν ἀγὼν ᾑρέθη τί δεῖ μάτην
κομπεῖν, ἅ γ' εἴσῃ καὐτὸς ἐκ ταύταιν ξυνών;
λόγος δ' ὃς ἐμπέπτωκεν ἀρτίως ἐμοὶ   1150
στείχοντι δεῦρο, συμβαλοῦ γνώμην, ἐπεὶ
σμικρὸς μὲν εἰπεῖν, ἄξιος δὲ θαυμάσαι.
πρᾶγος δ' ἀτίζειν οὐδὲν ἄνθρωπον χρεών.

Οι.　τί δ' ἔστι, τέκνον Αἰγέως; δίδασκέ με,
ὡς μὴ εἰδότ' αὐτὸν μηδὲν ὧν σὺ πυνθάνῃ.   1155

Θη.　φασίν τιν' ἡμῖν ἄνδρα, σοὶ μὲν ἔμπολιν
οὐκ ὄντα, συγγενῆ δέ, προσπεσόντα πως
βωμῷ καθῆσθαι τῷ Ποσειδῶνος, παρ' ᾧ
θύων ἔκυρον ἡνίχ' ὡρμώμην ἐγώ.

Οι.　ποδαπόν; τί προσχρῄζοντα τῷ θακήματι;   1160

Θη.　οὐκ οἶδα πλὴν ἕν· σοῦ γάρ, ὡς λέγουσί μοι,
βραχύν τιν' αἰτεῖ μῦθον οὐκ ὄγκου πλέων.

Οι.　ποῖόν τιν'; οὐ γὰρ ἥδ' ἕδρα σμικροῦ λόγου.

Θη.　σοὶ φασὶν αὐτὸν ἐς λόγους μολεῖν μόνον
αἰτεῖν ἀπελθεῖν ⟨τ'⟩ ἀσφαλῶς τῆς δεῦρ' ὁδοῦ.   1165

Οι.　τίς δῆτ' ἂν εἴη τήνδ' ὁ προσθακῶν ἕδραν;

1141 οὐδ'] οὖτ' Elmsley   1143–4 post 1149 traiecit
Tournier   1144 ποεῖσθαι L: ποι- cett.   1148 ἀγὼν
Heath: ἀγὼν οὗτος codd.: ἄγων Nauck   μάτην codd.: del. Livineius
('p')   1150 λόγος] λόγον ed. Aldina, Brunck: λόγου
H. Stephanus   ἐμπέπτωκεν raZn: ἐκ- LZot   1153 οὐδὲν
LᵃᶜKrA: οὐδέν' cett.   ἄνθρωπον Markland (cf. sch. et Sudam s.v.
πρᾶγος): -ῳ r: -ων cett.   1160 προσχρῄζοντα] -οντι L
1162 οὐκ] οὐδ' r   1164 μολεῖν μόνον nos post Heimsoeth:
ἐλθεῖν μολόντ' codd.: ἐλθεῖν μόνον Vauvilliers   1165 ⟨τ'⟩ suppl.
Heath

ΣΟΦΟΚΛΕΟΥΣ

Θη. ὅρα κατ' Ἄργος εἴ τις ὑμὶν ἐγγενὴς
     ἔσθ', ὅστις ἄν σου τοῦτο προσχρῄζοι τυχεῖν.
Οι. ὦ φίλτατε, σχὲς οὗπερ εἶ. Θη. τί δ' ἔστι σοι;
Οι. μή μου δεηθῇς— Θη. πράγματος ποίου;
     λέγε.   1170
Οι. ἔξοιδ' ἀκούων τῶνδ' ὃς ἐσθ' ὁ προστάτης.
Θη. καὶ τίς ποτ' ἐστίν, ὅν γ' ἐγὼ ψέξαιμί τι;
Οι. παῖς οὑμός, ὦναξ, στυγνός, οὗ λόγων ἐγὼ
     ἄλγιστ' ἂν ἀνδρῶν ἐξανασχοίμην κλύων.
Θη. τί δ'; οὐκ ἀκούειν ἔστι, καὶ μὴ δρᾶν ἃ μὴ   1175
     χρῄζεις; τί σοι τοῦδ' ἐστὶ λυπηρὸν κλύειν;
Οι. ἔχθιστον, ὦναξ, φθέγμα τοῦθ' ἥκει πατρί·
     καὶ μή μ' ἀνάγκῃ προσβάλῃς τάδ' εἰκαθεῖν.
Θη. ἀλλ' εἰ τὸ θάκημ' ἐξαναγκάζει σκόπει·
     μή σοι πρόνοι' ᾖ τοῦ θεοῦ φυλακτέα.   1180
Αν. πάτερ, πιθοῦ μοι, κεἰ νέα παραινέσω.
     τὸν ἄνδρ' ἔασον τόνδε τῇ θ' αὑτοῦ φρενὶ
     χάριν παρασχεῖν τῷ θεῷ θ' ἃ βούλεται,
     καὶ νῷν ὕπεικε τὸν κασίγνητον μολεῖν.
     οὐ γάρ σε, θάρσει, πρὸς βίαν παρασπάσει   1185
     γνώμης ἃ μή σοι συμφέροντα λέξεται.
     λόγων δ' ἀκοῦσαι τίς βλάβη; τά τοι κακῶς
     ηὑρημέν' ἔργα τῷ λόγῳ μηνύεται.
     ἔφυσας αὐτόν· ὥστε μηδὲ δρῶντά σε
     τὰ τῶν κακίστων δυσσεβέστατ', ὦ πάτερ,   1190
     θέμις σέ γ' εἶναι κεῖνον ἀντιδρᾶν κακῶς.

1169 σχὲς Heath: ἴσχες Lrz: ἐπίσχες a: εἴχες t   οὗπερ ra:
οἷπερ L: ἤπερ zt   1171 προστάτης] προσστάτης Schneider (ὁ
προσεστηκὼς τῷ βωμῷ sch. L); cf. 1278   1172 ὅν γ'] ὅν τ' K:
ὅν ἄν Vauvilliers   1176 τοῦδ' Elmsley: τοῦτ' codd.
1177 τοῦθ'] τοῦδ' Blaydes   1178 εἰκαθεῖν Elmsley: -άθειν
codd.   1187 κακῶς Hermann: καλῶς Lrat: καλὰ z
1188 ηὑρημέν'] εἰρημέν' K   ἔργα] ἔργῳ z, quo recepto κοὔ pro
τῷ Bake   1189 μηδὲ Dawes: μήτε codd.   1190 δυσ-
σεβέστατ' ὦ Dawes: -εστάτων codd.   1191 θέμις] θέμιν Dawes

406

αἰδοῦ νιν. εἰсὶ χἀτέροιс γοναὶ κακαὶ
καὶ θυμὸс ὀξύс, ἀλλὰ νουθετούμενοι
φίλων ἐπῳδαῖс ἐξεπᾴδονται φύсιν.
сὺ δ᾽ εἰс ἐκεῖνα, μὴ τὰ νῦν, ἀποсκόπει   1195
πατρῷα καὶ μητρῷα πήμαθ᾽ ἅπαθεс,
κἂν κεῖνα λεύссῃс, οἶδ᾽ ἐγώ, γνώсῃ κακοῦ
θυμοῦ τελευτὴν ὡс κακὴ προсγίγνεται.
ἔχειс γὰρ οὐχὶ βαιὰ τἀνθυμήματα,
τῶν сῶν ἀδέρκτων ὀμμάτων τητώμενοс.   1200
ἀλλ᾽ ἡμῖν εἶκε. λιπαρεῖν γὰρ οὐ καλὸν
δίκαια προсχρῄζουсιν, οὐδ᾽ αὐτὸν μὲν εὖ
πάсχειν, παθόντα δ᾽ οὐκ ἐπίсταсθαι τίνειν.

Οι.   τέκνον, βαρεῖαν ἡδονὴν νικᾶτέ με
λέγοντεс· ἔсτω δ᾽ οὖν ὅπωс ὑμῖν φίλον.   1205
μόνον, ξέν᾽, εἴπερ κεῖνοс ὧδ᾽ ἐλεύсεται,
μηδεὶс κρατείτω τῆс ἐμῆс ψυχῆс ποτε.

Θη.   ἅπαξ τὰ τοιαῦτ᾽, οὐχὶ δὶс χρῄζω κλυεῖν,
ὦ πρέсβυ. κομπεῖν δ᾽ οὐχὶ βούλομαι· сὺ δ᾽ ὦν
сῶс ἴсθ᾽, ἐάν περ κἀμέ τιс сῴζῃ θεῶν.   1210

Χο.   ὅстιс τοῦ πλέονοс μέρουс   стρ.
χρῄζει τοῦ μετρίου παρεὶс
ζώειν, сκαιοсύναν φυλάс-
сων ἐν ἐμοὶ κατάδηλοс ἔсται.
ἐπεὶ πολλὰ μὲν αἱ μακραὶ   1215
ἁμέραι κατέθεντο δὴ

1192 αἰδοῦ νιν Jebb: ἀλλ᾽ αὐτὸν vel αὑτὸν codd. (сε s.l. add. **a**): ἀλλ᾽
ἔαсον ed. Londiniensis a. 1722   1194 ἐξεπᾴδονται] ἐξαπ- L
φύсιν] φρέναс Blaydes   1195 μὴ] μοι Camerarius
1197 λεύссῃс Pierson: λύсῃс codd.   1199 οὐχὶ Lr: οὐ **azt**
βαιὰ Musgrave (cf. Hsch.): βίαια codd.   1204 ἡδονὴν]
πημονὴν Housman   1208 κλυεῖν West: κλύειν codd.
1209 сὺ δ᾽ ὦν Dindorf: сὺ δὲ codd.: δέ сε L s.l.   1210 сῶс
Scaliger: сῶν codd.   1212 παρεὶс codd.: πέρα Schneidewin:
παρὲκ Badham: προθεὶс Jebb   1213 post сκαιοсύναν add. αἰεὶ **t**

λύπας ἐγγυτέρω, τὰ τέρ-
ποντα δ᾿ οὐκ ἂν ἴδοις ὅπου,
ὅταν τις ἐς πλέον πέσῃ
τοῦ δέοντος· ὁ δ᾿ ἐπίκουρος ἰσοτέλεστος,   1220
Ἄϊδος ὅτε μοῖρ᾿ ἀνυμέναιος
ἄλυρος ἄχορος ἀναπέφηνε,
θάνατος ἐς τελευτάν.

μὴ φῦναι τὸν ἅπαντα νι-   ἀντ.
κᾷ λόγον· τὸ δ᾿, ἐπεὶ φανῇ,   1225
βῆναι κεῖθεν ὅθεν περ ἥ-
κει πολὺ δεύτερον ὡς τάχιστα.
ὡς εὖτ᾿ ἂν τὸ νέον παρῇ
κούφας ἀφροσύνας φέρον,   1230
τίς πλαγὰ πολύμοχθος ἔ-
ξω; τίς οὐ καμάτων ἔνι;
φόνοι, στάσεις, ἔρις, μάχαι
καὶ φθόνος· τό τε κατάμεμπτον ἐπιλέλογχε   1235
πύματον ἀκρατὲς ἀπροσόμιλον
γῆρας ἄφιλον, ἵνα πρόπαντα
κακὰ κακῶν ξυνοικεῖ.

ἐν ᾧ τλάμων ὅδ᾿—οὐκ ἐγὼ μόνος—   ἐπ.
πάντοθεν βόρειος ὥς τις ἀκτὰ   1240
κυματοπλὴξ χειμερία κλονεῖται,

1218-19 ὅπου, ὅταν Lγρ: ὁπόταν codd.   1219 πέσῃ]
προβῇ Nauck   1220 δέοντος Reiske (ἀντὶ τοῦ μετρίου, τοῦ
ἱκανοῦ sch.): θέλοντος codd.: πρέποντος Blaydes   ὁ δ᾿ Hermann:
οὐδ᾿ codd.   ἐπίκουρος r, coni. Hermann: ἐπίκορος vel ἔπι κορος
fere cett.   1224 τὸν] τιν᾿ Blaydes   1225 φανῇ] φυῇ
Maehly   1226 κεῖθεν ὅθεν Lrat: κἀκεῖθεν ὅθεν z: κεῖς᾿ ὁπόθεν
Blaydes: an κεῖσέ γ᾿ ὅθεν?   1230 φέρον] -ων L
1231 τίς] τί r   πλαγὰ Herwerden: πλάγχθη Lazt: πλάχθη r
1234-5 φόνοι . . . φθόνος codd. plerique (sed φθόνοι pro φόνοι R,
φόνος pro φθόνος K): φθόνος . . . φόνοι Faehse   1235 κατά-
μεμπτον z, a s.l.: -πεμπτον Lrat

ΟΙΔΙΠΟΥϹ ΕΠΙ ΚΟΛΩΝΩΙ

ὡς καὶ τόνδε κατ' ἄκρας
δειναὶ κυματοαγεῖς
ἆται κλονέουσιν ἀεὶ ξυνοῦσαι,
αἱ μὲν ἀπ' ἀελίου δυσμᾶν,   1245
αἱ δ' ἀνατέλλοντος,
αἱ δ' ἀνὰ μέσσαν ἀκτῖν',
αἱ δ' ἐννυχιᾶν ἀπὸ Ῥιπᾶν.

Αν. καὶ μὴν ὅδ' ἡμῖν, ὡς ἔοικεν, ὁ ξένος·
  ἀνδρῶν γε μοῦνος, ὦ πάτερ, δι' ὄμματος   1250
  ἀστακτὶ λείβων δάκρυον ὧδ' ὁδοιπορεῖ.
Οι. τίς οὗτος; Αν. ὅνπερ καὶ πάλαι κατείχομεν
  γνώμῃ, πάρεστι δεῦρο Πολυνείκης ὅδε.

ΠΟΛΥΝΕΙΚΗϹ

οἴμοι, τί δράσω; πότερα τἀμαυτοῦ κακὰ
πρόσθεν δακρύσω, παῖδες, ἢ τὰ τοῦδ' ὁρῶν 1255
πατρὸς γέροντος; ὃν ξένης ἐπὶ χθονὸς
σὺν σφῷν ἐφηύρηκ' ἐνθάδ' ἐκβεβλημένον
ἐσθῆτι σὺν τοιᾷδε, τῆς ὁ δυσφιλὴς
γέρων γέροντι συγκατῴκηκεν πίνος
πλευρὰν μαραίνων, κρατὶ δ' ὀμματοστερεῖ 1260
κόμη δι' αὔρας ἀκτένιστος ᾄσσεται·
ἀδελφὰ δ', ὡς ἔοικε, τούτοισιν φορεῖ
τὰ τῆς ταλαίνης νηδύος θρεπτήρια.
ἀγὼ πανώλης ὄψ' ἄγαν ἐκμανθάνω·
καὶ μαρτυρῶ κάκιστος ἀνθρώπων τροφαῖς 1265
ταῖς σαῖσιν ἥκειν· τἀμὰ μὴ 'ξ ἄλλων πύθῃ.

1242 ὡς] ὣς Brunck κατ' ἄκρας] κατὰ κρᾶς Wilamowitz
1244 ἆται rat: αἵ τε Lz 1247 μέσσαν LQa: μέσαν R, A in
linea, z 1248 ἐννυχιᾶν Lachmann ex sch.: -ίαν K: νυχίαν Lra:
νυχιᾶν zt 1250 ὄμματος] -ων r 1255 παῖδες]
παιδός Von der Mühll 1258 δυσφιλὴς] δυσπινὴς Nauck
1259 πίνος Scaliger: πόνος codd. 1260 μαραίνων] μιαίνων
Herwerden 1262 φορεῖ] φέρει Zr teste Pearson, coni. Meineke
1264 post ἄγαν add. γ' Znt 1266 σαῖσιν ἥκειν] σαῖς ἀκούειν
Wecklein τἀμὰ Reiske: τἄλλα codd.

ΣΟΦΟΚΛΕΟΥΣ

ἀλλ' ἔcτι γὰρ καὶ Ζηνὶ cύνθακοc θρόνων
Αἰδὼc ἐπ' ἔργοιc πᾶcι, καὶ πρὸc coί, πάτερ,
παραcταθήτω. τῶν γὰρ ἡμαρτημένων
ἄκη μέν ἐcτι, προcφορὰ δ' οὐκ ἔcτ' ἔτι.　　　　1270
τί cιγᾷc;
φώνηcον, ὦ πάτερ, τι· μή μ' ἀποcτραφῇc.
οὐδ' ἀνταμείβῃ μ' οὐδέν; ἀλλ' ἀτιμάcαc
πέμψειc ἄναυδοc, οὐδ' ἃ μηνίειc φράcαc;
ὦ cπέρματ' ἀνδρὸc τοῦδ', ἐμαὶ δ' ὁμαίμονεc,　　1275
πειράcατ' ἀλλ' ὑμεῖc γε κινῆcαι πατρὸc
τὸ δυcπρόcοιcτον κἀπροcήγορον cτόμα,
ὡc μή μ' ἄτιμον, τοῦ θεοῦ γε προcτάτην,
οὕτωc ἀφῇ με μηδὲν ἀντειπὼν ἔποc.

Αν.　λέγ', ὦ ταλαίπωρ', αὐτὸc ὢν χρείᾳ πάρει.　　1280
τὰ πολλὰ γάρ τοι ῥήματ' ἢ τέρψαντά τι,
ἢ δυcχεράναντ', ἢ κατοικτίcαντά πωc,
παρέcχε φωνὴν τοῖc ἀφωνήτοιc τινά.

Πο.　ἀλλ' ἐξερῶ· καλῶc γὰρ ἐξηγῇ cύ μοι·
πρῶτον μὲν αὐτὸν τὸν θεὸν ποιούμενοc　　　1285
ἀρωγόν, ἔνθεν μ' ὧδ' ἀνέcτηcεν μολεῖν
ὁ τῆcδε τῆc γῆc κοίρανοc, διδοὺc ἐμοὶ
λέξαι τ' ἀκοῦcαί τ' ἀcφαλεῖ cὺν ἐξόδῳ.
καὶ ταῦτ' ἀφ' ὑμῶν, ὦ ξένοι, βουλήcομαι
καὶ ταῖνδ' ἀδελφαῖν καὶ πατρὸc κυρεῖν
ἐμοί.　　　　　　　　　　　　　　　　　　　　　1290
ἃ δ' ἦλθον ἤδη coι θέλω λέξαι, πάτερ·
γῆc ἐκ πατρῴαc ἐξελήλαμαι φυγάc,

1268 πᾶcι Lrat: om. Kz　　coί Lra, T s.l.: coῦ zt　　1270 προc-
φορὰ hoc accentu KUYt: proparoxytone cett.　　1273 ἀνταμείβῃ]
ἀνταμείψει Wecklein　　1275 cπέρματ'] cπέρμα γ' z　　ἐμαὶ]
ἐμοὶ K　　1278 τοῦ] τὸν Blaydes　　fort. προ⟨c⟩cτάτην scriben-
dum, cf. ad 1171　　1279 ἀφῇ με Dindorf: μ' ἀφῇ γε Lazt: ἀφῇ
γε r　　1282 del. Nauck, cui etiam verba ἢ τέρψαντά τι suspicionem
moverant　　1286 ἔνθεν μ' azt: ἔνθε μ' L: ἔνθεν r
1288 ἀcφαλεῖ rAY: -ῇ(ι) LUzt　　cὺν LaZo: ξὺν rZnt
1291 ἤδη Lra: ὧδε zt　　θέλω] an θέλων, puncto post πάτερ deleto?

τοῖc coῖc πάναρχοc οὕνεκ' ἐνθακεῖν θρόνοιc
γονῇ πεφυκὼc ἠξίουν γεραιτέρᾳ.
ἀνθ' ὧν μ' Ἐτεοκλῆc, ὢν φύcει νεώτεροc,   1295
γῆc ἐξέωcεν, οὔτε νικήcαc λόγῳ
οὔτ' εἰc ἔλεγχον χειρὸc οὐδ' ἔργου μολών,
πόλιν δὲ πείcαc. ὧν ἐγὼ μάλιcτα μὲν
τὴν cὴν Ἐρινὺν αἰτίαν εἶναι λέγω.
[ἔπειτα κἀπὸ μάντεων ταύτῃ κλύω.]   1300
ἐπεὶ γὰρ ἦλθον Ἄργοc ἐc τὸ Δωρικόν,
λαβὼν Ἄδραcτον πενθερόν, ξυνωμόταc
ἔcτηc· ἐμαυτῷ γῆc ὅcοιπερ Ἀπίαc
πρῶτοι καλοῦνται καὶ τετίμηνται δορί,
ὅπωc τὸν ἑπτάλογχον ἐc Θήβαc cτόλον   1305
ξὺν τοῖcδ' ἀγείραc ἢ θάνοιμι πανδίκωc,
ἢ τοὺc τάδ' ἐκπράξανταc ἐκβάλοιμι γῆc.

εἶέν· τί δῆτα νῦν ἀφιγμένοc κυρῶ;
coὶ προcτροπαίουc, ὦ πάτερ, λιτὰc ἔχων,
αὐτόc τ' ἐμαυτοῦ ξυμμάχων τε τῶν ἐμῶν,   1310
οἳ νῦν cὺν ἑπτὰ τάξεcιν cὺν ἑπτά τε
λόγχαιc τὸ Θήβηc πεδίον ἀμφεcτᾶcι πᾶν·
οἷοc δορυccοὺc Ἀμφιάρεωc, τὰ πρῶτα μὲν
δόρει κρατύνων, πρῶτα δ' οἰωνῶν ὁδοῖc·
ὁ δεύτεροc δ' Αἰτωλὸc Οἰνέωc τόκοc   1315
Τυδεύc· τρίτοc δ' Ἐτέοκλοc, Ἀργεῖοc γεγώc·
τέταρτον Ἱππομέδοντ' ἀπέcτειλεν πατὴρ
Ταλαόc· ὁ πέμπτοc δ' εὔχεται καταcκαφῇ
Καπανεὺc τὸ Θήβηc ἄcτυ δῃώcειν τάχα.

1293 πάναρχοc Fraenkel: πανάρχοιc codd.   1294 γεραι-
τέρᾳ] -οc Jacobs   1297 οὐδ' Hermann: οὔτ' codd.   ἔργου
Lra, T s.l.: -ων zt   1299 Ἐρινὺν LRYᵃᶜ: -ιννὺν cett.
1300 del. Reeve   ταύτῃ] ταύτην T s.l.   κλύω Lrzt: κλύων Ka
1301 ἐc La: εἰc rzt   1305 ἐc Lzt: εἰc ra   1308 εἶέν edd.:
εἰέν codd.   1310 τ' Reiske: γ' codd.   1311 τάξεcιν] τ'
ἀcπίcιν Bergk   1312 λόγχαιc] λόχοιc dubitanter L. Campbell
1313–25 del. Reeve   1313 δορυccοὺc Reisig: -ύccουc codd.
1314 δόρει Hermann: δορὶ codd.   1319 τάχα a: πυρί cett.

ἕκτος δὲ Παρθενοπαῖος Ἀρκὰς ὄρνυται,   1320
ἐπώνυμος τῆς πρόσθεν ἀδμήτης [χρόνῳ
μητρὸς λοχευθείς, πιστὸς Ἀταλάντης] γόνος·
ἐγὼ δ' ὁ σός, κεἰ μὴ σός, ἀλλὰ τοῦ κακοῦ
πότμου φυτευθείς, σός γέ τοι καλούμενος,
ἄγω τὸν Ἄργους ἄφοβον ἐς Θήβας στρατόν.   1325
οἵ σ' ἀντὶ παίδων τῶνδε καὶ ψυχῆς, πάτερ,
ἱκετεύομεν ξύμπαντες ἐξαιτούμενοι
μῆνιν βαρεῖαν εἰκαθεῖν ὁρμωμένῳ
τῷδ' ἀνδρὶ τοὐμοῦ πρὸς κασιγνήτου τίσιν,
ὅς μ' ἐξέωσε κἀπεσύλησεν πάτρας.   1330
εἰ γάρ τι πιστόν ἐστιν ἐκ χρηστηρίων,
οἷς ἂν σὺ προσθῇ, τοῖσδ' ἔφασκ' εἶναι κράτος.
πρός νύν σε κρηνῶν, πρὸς θεῶν ὁμογνίων
αἰτῶ πιθέσθαι καὶ παρεικαθεῖν, ἐπεὶ
πτωχοὶ μὲν ἡμεῖς καὶ ξένοι, ξένος δὲ σύ·   1335
ἄλλους δὲ θωπεύοντες οἰκοῦμεν σύ τε
κἀγώ, τὸν αὐτὸν δαίμον' ἐξειληχότες.
ὁ δ' ἐν δόμοις τύραννος, ὦ τάλας ἐγώ,
κοινῇ καθ' ἡμῶν ἐγγελῶν ἁβρύνεται·
ὅν, εἰ σὺ τῇ ἐμῇ ξυμπαραστήσῃ φρενί,   1340
βραχεῖ σὺν ὄγκῳ καὶ πόνῳ διασκεδῶ.
ὥστ' ἐν δόμοισι τοῖσι σοῖσι στήσω σ' ἄγων,
στήσω δ' ἐμαυτόν, κεῖνον ἐκβαλὼν βίᾳ.
καὶ ταῦτα σοῦ μὲν ξυνθέλοντος ἔστι μοι
κομπεῖν, ἄνευ σοῦ δ' οὐδὲ σωθῆναι σθένω.   1345

1321–2 χρόνῳ ... Ἀταλάντης Lazt: om. r, del. Gratwick
1323 δ' ὁ Brunck: δὲ codd.   1328 εἰκαθεῖν Elmsley: -άθειν
codd.   1332 κράτος] κράτει t   1333 alterum πρὸς Kra:
καὶ Lzt   1334 παρεικαθεῖν Elmsley: -άθειν codd.
1335 ξένος Lra, Zn s.l.: πτωχὸς zt   1337 ἐξειληχότες K:
-ηφότες cett.   1338 hic incipit V   ὦ r: ὤ cett.
1340 ξυμπαραστήσῃ a: -σῃς K: -σεις cett.   φρενί] χερί Blaydes
1341 σὺν ὄγκῳ] τε μόχθῳ Herwerden   πόνῳ a s.l., coni. Dobree:
χρόνῳ cett.   1342 ἄγων] ἐγώ z   1344 σοῦ post μὲν
praebent zt   1345 σθένω] θέλω r

Χο.   τὸν ἄνδρα, τοῦ πέμψαντος οὕνεκ᾽, Οἰδίπους,
     εἰπὼν ὁποῖα ξύμφορ᾽ ἔκπεμψαι πάλιν.

Οι.   ἀλλ᾽ εἰ μέν, ἄνδρες τῆςδε δημοῦχοι χθονός,
     μὴ 'τύγχαν᾽ αὐτὸν δεῦρο προσπέμψας ἐμοὶ
     Θηςεύς, δικαιῶν ὥςτ᾽ ἐμοῦ κλυεῖν λόγους,   1350
     οὔ τἄν ποτ᾽ ὀμφῆς τῆς ἐμῆς ἐπῄσθετο·
     νῦν δ᾽ ἀξιωθεὶς εἶcι κἀκούcας γ᾽ ἐμοῦ
     τοιαῦθ᾽ ἃ τὸν τοῦδ᾽ οὔ ποτ᾽ εὐφρανεῖ βίον·
     ὅς γ᾽, ὦ κάκιστε, cκῆπτρα καὶ θρόνους ἔχων,
     ἃ νῦν ὁ cὸς ξύναιμος ἐν Θήβαις ἔχει,   1355
     τὸν αὐτὸς αὑτοῦ πατέρα τόνδ᾽ ἀπήλαςας
     κἄθηκας ἄπολιν καὶ cτολὰς ταύτας φορεῖν,
     ἃς νῦν δακρύεις εἰcορῶν, ὅτ᾽ ἐν κλόνῳ
     ταὐτῷ βεβηκὼς τυγχάνεις κακῶν ἐμοί.
     οὐ κλαυτὰ δ᾽ ἐστίν, ἀλλ᾽ ἐμοὶ μὲν οἰστέα   1360
     τάδ᾽ ἕωσπερ ἂν ζῶ, cοῦ φονέως μεμνημένῳ·
     cὺ γάρ με μόχθῳ τῷδ᾽ ἔθηκας ἔντροφον,
     cύ μ᾽ ἐξέωςας, ἐκ cέθεν δ᾽ ἀλώμενος
     ἄλλους ἐπαιτῶ τὸν καθ᾽ ἡμέραν βίον.
     εἰ δ᾽ ἐξέφυςα τάςδε μὴ 'μαυτῷ τροφοὺς   1365
     τὰς παῖδας, ἦ τἄν οὐκ ἂν ἦ, τὸ cὸν μέρος·
     νῦν δ᾽ αἵδε μ᾽ ἐκcῴζουcιν, αἵδ᾽ ἐμαὶ τροφοί,
     αἵδ᾽ ἄνδρες, οὐ γυναῖκες, ἐς τὸ cυμπονεῖν·
     ὑμεῖς δ᾽ ἀπ᾽ ἄλλου κοὐκ ἐμοῦ πεφύκατον.

1346 οὕνεκ᾽ LaV: εἵνεκ᾽ rzt   Οἰδίπους Valckenaer: -που codd.
1348 δημοῦχοι LᵃᶜKr: -oc cett.   1349 αὐτὸν] αὐτὸς Paley
1350 ἐμοῦ] ἐμοὺς Blaydes   κλυεῖν nos: κλύειν codd.   1351 οὔ
τἄν Brunck: οὔτ᾽ ἄν codd.   1352 γ᾽] δέ K   ἐμοῦ at: μου cett.
1356 αὑτοῦ edd.: αὐ- codd.   1357 φορεῖν raZn: φέρειν cett.
1358 κλόνῳ J. F. Martin: πόνῳ codd.: πότμῳ Bergk   1359 κακῶν]
ἴcων Housman   1360 κλαυτὰ Kt: κλαυcτὰ cett.
1361 ἕωσπερ Reiske: ὥcπερ codd.   φονέως azt: -έος cett.
μεμνημένῳ Blaydes: -ένου A: -ένος cett.   1366 alterum ἦ Lr:
ἤν cett.   1367 ἐμαὶ] ἐμοὶ zt   1368 ἐς τὸ] εἰcὶ
Blaydes

ΣΟΦΟΚΛΕΟΥΣ

τοιγάρ c' ὁ δαίμων εἰcορᾷ μὲν οὔ τί πω   1370
ὡc αὐτίκ', εἴπερ οἴδε κινοῦνται λόχοι
πρὸc ἄcτυ Θήβηc. οὐ γὰρ ἔcθ' ὅπωc πόλιν
κείνην ἐρείψειc, ἀλλὰ πρόcθεν αἵματι
πεcῇ μιανθεὶc χὠ ξύναιμοc ἐξ ἴcου.
τοιάcδ' ἀρὰc cφῷν πρόcθε τ' ἐξανῆκ' ἐγὼ   1375
νῦν τ' ἀνακαλοῦμαι ξυμμάχουc ἐλθεῖν ἐμοί,
ἵν' ἀξιῶτον τοὺc φυτεύcανταc cέβειν,
καὶ μὴ 'ξατιμάζητον, εἰ τυφλοῦ πατρὸc
τοιῶδ' ἔφυτον. αἵδε γὰρ τάδ' οὐκ ἔδρων.
τοιγὰρ τὸ cὸν θάκημα καὶ τοὺc coὺc
θρόνουc   1380
κρατοῦcιν, εἴπερ ἐcτὶν ἡ παλαίφατοc
Δίκη ξύνεδροc Ζηνὸc ἀρχαίοιc νόμοιc.
cὺ δ' ἔρρ' ἀπόπτυcτόc τε κἀπάτωρ ἐμοῦ,
κακῶν κάκιcτε, τάcδε cυλλαβὼν ἀράc,
ἅc coι καλοῦμαι, μήτε γῆc ἐμφυλίου   1385
δόρει κρατῆcαι μήτε νοcτῆcαί ποτε
τὸ κοῖλον Ἄργοc, ἀλλὰ cυγγενεῖ χερὶ
θανεῖν κτανεῖν θ' ὑφ' οὗπερ ἐξελήλαcαι.
τοιαῦτ' ἀρῶμαι, καὶ καλῶ τὸ Ταρτάρου
cτυγνὸν πατρῷον ἔρεβοc, ὥc c' ἀποικίcῃ,   1390
καλῶ δὲ τάcδε δαίμοναc, καλῶ δ' Ἄρη
τὸν cφῷν τὸ δεινὸν μῖcοc ἐμβεβληκότα.
καὶ ταῦτ' ἀκούcαc cτεῖχε, κἀξάγγελλ' ἰὼν

1370 εἰcορᾷ] νῦν ὁρᾷ zt   πω] που L in linea, V
1371 ὡc] ὃc Dobree, cε pro c' ὁ in 1370 reposito   1373 ἐρείψειc
Turnebus: ἐρεῖ τιc codd.: ἐλεῖ τιc Livineius ('p')   1374 ξύναιμοc
azt: cύν- cett.   1375 τ' LazV: γ' t: om. Kr   1378 εἰ] οἳ
Badham   1379 τοιῶδ'] τοιοῦδ' Kunhardt   1381 ἐcτὶν]
ἔcτιν Elmsley, qui post Δίκη distinxit   1382 νόμοιc] θρόνοιc
Bergk   1385 ἐμφυλίου] -ίῳ Reiske   1386 δόρει Reisig:
δορὶ codd.   1388 κτανεῖν θ'] κτανόνθ' Blaydes   1389 τὸ
Hermann: τοὺc (et Ταρτάρουc) zt: τοῦ cett.   1390 c'ΛQ^{pc}azt:
τ' L: om. Q^{ac}RV   1391 Ἄρη LaZnt: -ην rZoV
1392 ἐμβεβληκότα Lat: ἐκ- rzV

ΟΙΔΙΠΟΥΣ ΕΠΙ ΚΟΛΩΝΩΙ

καὶ πᾶcι Καδμείοιcι τοῖc cαυτοῦ θ' ἅμα
πιστοῖc cυμμάχοιcιν, οὕνεκ' Οἰδίπους   1395
τοιαῦτ' ἔνειμε παιcὶ τοῖc αὐτοῦ γέρα.

Χο. Πολύνεικες, οὔτε ταῖc παρελθούςαιc ὁδοῖc
ξυνήδομαί cοι, νῦν τ' ἴθ' ὡc τάχος πάλιν.

Πο. οἴμοι κελεύθου τῆc τ' ἐμῆc δυcπραξίαc
οἴμοι δ' ἑταίρων· οἷον ἀρ' ὁδοῦ τέλος   1400
"Αργους ἀφωρμήθημεν, ὦ τάλας ἐγώ,
τοιοῦτον οἷον οὐδὲ φωνῆcαί τινι
ἔξεcθ' ἑταίρων, οὐδ' ἀποcτρέψαι πάλιν,
ἀλλ' ὄντ' ἄναυδον τῇδε cυγκῦρcαι τύχῃ.
ὦ τοῦδ' ὅμαιμοι παῖδες, ἀλλ' ὑμεῖc, ἐπεὶ   1405
τὰ cκληρὰ πατρὸc κλύετε ταῦτ' ἀρωμένου,
μή τοί με πρὸc θεῶν cφώ γ', ἐὰν αἱ τοῦδ' ἀραὶ
πατρὸc τελῶνται καί τιc ὑμὶν ἐc δόμους
νόcτος γένηται, μή μ' ἀτιμάcητέ γε,
ἀλλ' ἐν τάφοιcι θέcθε κἂν κτερίcμαcιν.   1410
καὶ cφῶν ὁ νῦν ἔπαινος, ὃν κομίζετον
τοῦδ' ἀνδρὸc οἷc πονεῖτον, οὐκ ἐλάccονα
ἔτ' ἄλλον οἴcει τῆc ἐμῆc ὑπουργίαc.

Αν. Πολύνεικες, ἱκετεύω cε πειcθῆναί τί μοι.

Πο. ὦ φιλτάτη, τὸ ποῖον, 'Αντιγόνη; λέγε.   1415

Αν. cτρέψαc cτράτευμ' ἐc "Αργος ὡc τάχιcτ' ἄγε,
καὶ μὴ cέ τ' αὐτὸν καὶ πόλιν διεργάcῃ.

Πο. ἀλλ' οὐχ οἷόν τε. πῶc γὰρ αὖθιc αὖ πάλιν

1394 καὶ πᾶcι] τοῖc πᾶcι Nauck: ἅπαcι Meineke   1398 cοι]
cου Wecklein   1401 ὦ edd.: ὦ codd.   1402 οἷον] ὥcτε
μ' Blaydes   τινι ed. Londiniensis a. 1747: τινα codd.
1405 ὑμεῖc ⟨γ'⟩ Blaydes   1406 ταῦτ' Sehrwald: τοῦδ' codd.
1407 cφώ γ' ἐὰν Elmsley: cφῶν γ' ἂν fere codd.   1410 κἂν a:
κἐν LRV: καὶ Qᴾᶜzt: cὺν Blaydes   1415 τὸ Ka: om. lVt: cὺ r:
μοι z   1416 cτρέψαc A. Y. Campbell: cτρέψαι codd.   ἐc]
εἰc L   τάχιcτ' ἄγε Badham et Blaydes: τάχιcτά γε codd.
1417 prius καὶ] ὡc Naber   cέ τ' αὐτὸν Brunck: cεαυτὸν r: cέ
γ' αὐτὸν cett.   1418 τε zt: γε cett.   αὖ] ἂν
Vauvilliers

415

ΣΟΦΟΚΛΕΟΥΣ

στράτευμ' ἄγοιμ' ⟨ἂν⟩ ταὐτὸν εἰσάπαξ τρέσας;

Αν. τί δ' αὖθις, ὦ παῖ, δεῖ σε θυμοῦσθαι; τί σοι   1420
πάτραν κατασκάψαντι κέρδος ἔρχεται;

Πο. αἰσχρὸν τὸ φεύγειν, καὶ τὸ πρεσβεύοντ' ἐμὲ
οὕτω γελᾶσθαι τοῦ κασιγνήτου πάρα.

Αν. ὁρᾷς τὰ τοῦδ' οὖν ὡς ἐς ὀρθὸν ἐκφέρεις
μαντεύμαθ', ὃς σφῷν θάνατον ἐξ ἀμφοῖν
θροεῖ;   1425

Πο. χρῄζει γάρ· ἡμῖν δ' οὐχὶ συγχωρητέα;

Αν. οἴμοι τάλαινα· τίς δὲ τολμήσει κλυὼν
τὰ τοῦδ' ἕπεσθαι τἀνδρός, οἷ' ἐθέσπισεν;

Πο. οὐδ' ἀγγελοῦμεν φλαῦρ'· ἐπεὶ στρατηλάτου
χρηστοῦ τὰ κρείσσω μηδὲ τἀνδεᾶ λέγειν.   1430

Αν. οὕτως ἄρ', ὦ παῖ, ταῦτά σοι δεδογμένα;

Πο. καὶ μή μ' ἐπίσχῃς γ'· ἀλλ' ἐμοὶ μὲν ἥδ' ὁδὸς
ἔσται μέλουσα δύσποτμός τε καὶ κακὴ
πρὸς τοῦδε πατρὸς τῶν τε τοῦδ' Ἐρινύων.
σφῷν δ' εὖ διδοίη Ζεύς, τάδ' εἰ τελεῖτέ μοι.   1435
[θανόντ' ἐπεὶ οὔ μοι ζῶντί γ' αὖθις ἕξετον.]
μέθεσθε δ' ἤδη, χαίρετόν τ'. οὐ γάρ μ' ἔτι
βλέποντ' ἐσόψεσθ' αὖθις.   Αν. ὦ τάλαιν' ἐγώ.

Πο. μή τοί μ' ὀδύρου.   Αν. καὶ τίς ἄν σ'
ὁρμώμενον
ἐς προῦπτον Ἅιδην οὐ καταστένοι, κάσι;   1440

Πο. εἰ χρή, θανοῦμαι.   Αν. μὴ σύ γ', ἀλλ' ἐμοὶ
πιθοῦ.

Πο. μὴ πεῖθ' ἃ μὴ δεῖ.   Αν. δυστάλαινα τἄρ' ἐγώ,

<hr>

1419 ⟨ἂν⟩ suppl. Toup   1424 ὥς ⟨σ'⟩ Dain   ἐκφέρεις
Tyrwhitt: -ει codd.   1425 ἀμφοῖν] αὐτοῖν Blaydes
1426 interrogationis notam posuit Ferrari   1427 κλυὼν West: -ύων
codd.   1429 οὐδ'] οὐκ zt   1432 γ' LVaZnt: om. rZo   μὲν
Kra: om. LV: γ' zt   1433 μέλουσα Lat: μέλλ- rVz   1434 Ἐρι-
νύων LR: Ἐρινν- cett.   1435 σφῷν] σφὼ Hermann   εὖ διδοίη
Burges: εὐοδοίη codd.   1436 del. Burges et Dindorf: εἰ θανόντι μοι
| τελεῖτ' temptavit Lobeck   ἐπεὶ Kazt: ἐπ' LrV   μοι] με K
1437 τ' a: γ' LrVt: om. z   1438 αὖθις QVzt: αὖτις LRa

416

ΟΙΔΙΠΟΥC ΕΠΙ ΚΟΛΩΝΩΙ

εἴ cου cτερηθῶ. Πο. ταῦτα δ᾽ ἐν τῷ δαίμονι
καὶ τῇδε φῦναι χἀτέρᾳ. cφῷν δ᾽ οὖν ἐγὼ
θεοῖc ἀρῶμαι μή ποτ᾽ ἀντῆcαι κακῶν·   1445
ἀνάξιαι γὰρ πᾶcίν ἐcτε δυcτυχεῖν.

Χο. νέα τάδε νεόθεν ἦλθέ μοι   cτρ. α᾽
⟨νέα⟩ βαρύποτμα κακὰ παρ᾽ ἀλαοῦ ξένου,
εἴ τι μοῖρα μὴ κιγχάνει.   1450
ματᾶν γὰρ οὐδὲν ἀξίω-
μα δαιμόνων ἔχω φράcαι.
ὁρᾷ δ᾽ ὁρᾷ πάντ᾽ ἀεὶ
χρόνοc, cτρέφων μὲν ἕτερα,
τὰ δὲ παρ᾽ ἦμαρ αὖθιc αὔξων ἄνω.   1455
ἔκτυπεν αἰθήρ, ὦ Ζεῦ.

Οι. ὦ τέκνα τέκνα, πῶc ἄν, εἴ τιc ἔντοποc,
τὸν πάντ᾽ ἄριcτον δεῦρο Θηcέα πόροι;
Αν. πάτερ, τί δ᾽ ἐcτὶ τἀξίωμ᾽ ἐφ᾽ ᾧ καλεῖc;
Οι. Διὸc πτερωτὸc ἥδε μ᾽ αὐτίκ᾽ ἄξεται   1460
βροντὴ πρὸc Ἅιδην. ἀλλὰ πέμψαθ᾽ ὡc τάχοc.

Χο. ἴδε μάλα· μέγαc ἐρείπεται   ἀντ. α᾽
κτύποc ἄφατοc ὅδε διόβολοc, ἐc δ᾽ ἄκραν
δεῖμ᾽ ὑπῆλθε κρατὸc φόβαν.   1465
ἔπταξα θυμόν· οὐρανὸν

1444 φῦναι] θεῖναι Dawe: βῆναι Papageorgiou   cφῷν] cφὼ
olim Elmsley   1445 κακῶν] κακὸν t   1449 ⟨νέα⟩ suppl.
Hermann   παρά ⟨γ᾽⟩ t   1450 κιγχάνει Hermann: κιχάνει
(vel -ῃ) codd., nisi quod τυγχάνῃ Lᵃᶜ   1451 ματᾶν Heimsoeth:
μάτην codd.   1453 ὁρᾷ δ᾽ ὁρᾷ Bergk: ὁρᾷ ὁρᾷ LVazt: ὁρῶ
ὁρῶ r   πάντ᾽ Dindorf: ταῦτ᾽ codd.   1454 cτρέφων Hartung:
ἐπεὶ codd.: alii alia: πολλὰ μὲν αὖξων παρ᾽ ἦμαρ, πολλὰ δὲ εἰc τὸ
ἔμπαλιν τρέπων sch.   1455 τὰ δὲ παρ᾽ ἦμαρ Canter e sch.:
τάδε πήματ᾽ codd. plerique: τάδ᾽ ἐπ᾽ ἦματ᾽ z   1457 ἔντοποc]
ἔνcτιμοc r   1462 sic interpunximus, L. Campbell secuti
ἐρείπεται azt: ἐρί- LVr   1466 ἔπταξα edd.: ἔπτηξα codd.
οὐρανὸν Meineke: οὐρανία codd.: οὐλία Maas

417

ΣΟΦΟΚΛΕΟΥΣ

γὰρ ἀστραπὰ φλέγει πάλιν.
τί μάν; ἀφήσει βέλος;
δέδια τόδ᾽· οὐ γὰρ ἅλιον
ἀφορμᾷ ποτ᾽, οὐδ᾽ ἄνευ ξυμφορᾶς,   1470
ὦ μέγας αἰθήρ, ὦ Ζεῦ.

Οι. ὦ παῖδες, ἥκει τῷδ᾽ ἐπ᾽ ἀνδρὶ θέσφατος
     βίου τελευτή, κοὐκέτ᾽ ἔστ᾽ ἀποστροφή.
Αν. πῶς οἶσθα; τῷ δὲ τοῦτο συμβαλὼν ἔχεις;
Οι. καλῶς κάτοιδ᾽· ἀλλ᾽ ὡς τάχιστά μοι μολὼν   1475
     ἄνακτα χώρας τῆσδέ τις πορευσάτω.

Χο. ἔα ἔα, ἰδοὺ μάλ᾽ αὖ-   στρ. β′
     θις· ἀμφίσταται διαπρύσιος ὄτοβος.
     ἵλαος, ὦ δαίμων, ἵλαος, εἴ τι γᾷ   1480
     ματέρι τυγχάνεις ἀφεγγὲς φέρων.
     ἐναισίου δὲ σοῦ τύχοι-
     μι, μηδ᾽ ἄλαστον ἄνδρ᾽ ἰδὼν
     ἀκερδῆ χάριν μετάσχοιμί πως.
     Ζεῦ ἄνα, σοὶ φωνῶ.   1485

Οι. ἆρ᾽ ἐγγὺς ἀνήρ; ἆρ᾽ ἔτ᾽ ἐμψύχου, τέκνα,
     κιχήσεταί μου καὶ κατορθοῦντος φρένα;
Αν. τί δ᾽ ἂν θέλοις τὸ πιστὸν ἐμφῦναι φρενί;

1467 ἀστραπὰ Elmsley: -ῆ codd.   1468 interrogationis notam
post μάν add. Blaydes   ἀφήσει] ἐφήσει Burges   βέλος Abresch:
τέλος codd.   1469 δέδια] δέδοικα Nauck   τόδ᾽] δ᾽ t, recepit
Nauck   1470 ἀφορμᾷ] ἐφ- L s.l.   οὐδ᾽ Heath: οὐκ codd.
1473 ἀποστροφή] ὑπο- zt   1474 Antigonae tribuit Turnebus,
choro codd.   τοῦτο ante τῷ praebent zt, om. LV, unde ⟨σῆμα⟩ suppl.
Housman: possis etiam τῷ δὲ συμβαλὼν τεκμηρίῳ;   1480 δαίμων
IRV: δαῖμον cett.   εἴ LᵖᶜVazt: εἷς Lᵃᶜr   1481 ἀφεγγὲς
rVAYZo: ἀφθεγγὲς IUZnt   1482 ἐναισίου fere codd.: ἐν αἰσίῳ
ZoT: ἐναισίῳ Ta, Suda s.v. ἐναίσιμος   σοῦ τύχοιμι Cobet: συντύ-
χοιμι codd.   1486 ἀνήρ Brunck: ἀ- codd.   1488 An-
tigonae tribuit Turnebus, choro codd.   θέλοις τὸ] θέλοντος r
ἐμφῦναι] ἐμφᾶναι r: ἐμφῆναι Nauck: ἐμφῦσαι Hermann   φρενί]
ξένῳ Wunder

418

ΟΙΔΙΠΟΥΣ ΕΠΙ ΚΟΛΩΝΩΙ

Οι.   ἀνθ' ὧν ἔπασχον εὖ τελεσφόρον χάριν
      δοῦναί σφιν, ἥνπερ τυγχάνων ὑπεσχόμην.   1490

Χο.   ἰὼ ἰώ, παῖ, βᾶθι βᾶθ',   ἀντ. β'
      †εἴτ' ἄκραν ἐπὶ† γύαλον ἐναλίῳ
      Ποσειδανίῳ θεῷ τυγχάνεις
      βούθυτον ἑστίαν ἁγίζων, ἱκοῦ.   1495
      ὁ γὰρ ξένος σε καὶ πόλι-
      cμα καὶ φίλους ἐπαξιοῖ
      δικαίαν χάριν παρασχεῖν παθών.
      cπεῦcον, ἄιcc', ὦναξ.

Θη.   τίς αὖ παρ' ὑμῶν κοινὸς ἠχεῖται κτύπος,   1500
      σαφὴς μὲν αὐτῶν, ἐμφανὴς δὲ τοῦ ξένου;
      μή τις Διὸς κεραυνός, ἤ τις ὀμβρία
      χάλαζ' ἐπιρράξασα; πάντα γὰρ θεοῦ
      τοιαῦτα χειμάζοντος εἰκάσαι πάρα.

Οι.   ἄναξ, ποθοῦντι προὔφάνης, καί σοι θεῶν   1505
      τύχην τις ἐσθλὴν τῆσδ' ἔθηκε τῆς ὁδοῦ.

Θη.   τί δ' ἐστίν, ὦ παῖ Λαΐου, νέορτον αὖ;

Οι.   ῥοπὴ βίου μοι· καί c' ἅπερ ξυνήνεσα
      θέλω πόλιν τε τήνδε μὴ ψεύσας θανεῖν.

Θη.   ἐν τῷ δὲ κεῖσαι τοῦ μόρου τεκμηρίῳ;   1510

Οι.   αὐτοὶ θεοὶ κήρυκες ἀγγέλλουσί μοι,

1490 ὑπεσχόμην] ἠνεσχόμην z   ·   1491 ἰὼ bis Bothe: semel
codd. plerique: ἰού ἰού ἰὼ t   1492 εἴτ'] ἐπ' Zo   ἄκραν]
ἄκρον Qγρ, coni. Vauvilliers, quo recepto μολὼν pro ἐπὶ Pearson: possis
etiam ἴθ' ἀκρᾶν πετρᾶν λίπε γύαλον ἐν ᾧ vel εἴ τε κατ' ἄκρον ἔτι
γύαλον κτλ.   1494 Ποσειδανίῳ Seidler: -αωνίῳ codd.
plerique: -άωνι r: -ωνίῳ Zo: -ωνίαν Jebb   1495 ἁγίζων L s.l.,
ra: ἁγιάζων LV: αἰγίζων zt   1498 παθών r: ὧν εὖ πάθοι K:
παθῶν cett.   1499 cπεῦcον t: om. cett.: ἄccον Engelmann:
θᾶccον F. W. Schmidt   1500 κοινὸς] καινὸς F. W. Schmidt
ἠχεῖται] ἡγεῖται zt   1501 αὐτῶν] ἀcτῶν Reiske
1506 τῆcδ' ἔθηκε Heath: θῆκε τῆcδε codd.   1510 ἐν τῷ δὲ
κεῖcαι] καὶ τῷ πέπειcαι Jebb post Mekler   ἐν τῷ δὲ κεῖται coὶ
μόρου τεκμήριον F. W. Schmidt

ϹΟΦΟΚΛΕΟΥϹ

ψεύδοντες οὐδὲν ϲημάτων προκειμένων.

Θη. πῶϲ εἶπαϲ, ὦ γεραιέ, δηλοῦϲθαι τάδε;

Οι. δῖαί τε βρονταὶ διατελεῖϲ τὰ πολλά τε
ϲτράψαντα χειρὸϲ τῆϲ ἀνικήτου βέλη.   1515

Θη. πείθειϲ με· πολλὰ γάρ ϲε θεϲπίζονθ' ὁρῶ
κοὐ ψευδόφημα· χὦ τι χρὴ ποεῖν λέγε.

Οι. ἐγὼ διδάξω, τέκνον Αἰγέωϲ, ἅ ϲοι
γήρωϲ ἄλυπα τῇδε κείϲεται πόλει.
χῶρον μὲν αὐτὸϲ αὐτίκ' ἐξηγήϲομαι,   1520
ἄθικτοϲ ἡγητῆροϲ, οὔ με χρὴ θανεῖν.
τοῦτον δὲ φράζε μήποτ' ἀνθρώπων τινί,
μήθ' οὗ κέκευθε μήτ' ἐν οἷϲ κεῖται τόποιϲ·
ὥϲ ϲοι πρὸ πολλῶν ἀϲπίδων ἀλκὴν ὅδε
δορόϲ τ' ἐπακτοῦ γειτονῶν ἀεὶ τιθῇ.   1525
ἃ δ' ἐξάγιϲτα μηδὲ κινεῖται λόγῳ
αὐτὸϲ μαθήϲῃ, κεῖϲ' ὅταν μόλῃϲ μόνοϲ·
ὡϲ οὔτ' ἂν ἀϲτῶν τῶνδ' ἂν ἐξείποιμί τῳ
οὔτ' ἂν τέκνοιϲι τοῖϲ ἐμοῖϲ, ϲτέργων ὅμωϲ.
ἀλλ' αὐτὸϲ αἰεὶ ϲῷζε, χὦταν ἐϲ τέλοϲ   1530
τοῦ ζῆν ἀφικνῇ, τῷ προφερτάτῳ μόνῳ
ϲήμαιν', ὁ δ' αἰεὶ τὠπιόντι δεικνύτω.
χοὔτωϲ ἀδῆον τήνδ' ἐνοικήϲειϲ πόλιν
ϲπαρτῶν ἀπ' ἀνδρῶν· αἱ δὲ μυρίαι πόλειϲ,
κἂν εὖ τιϲ οἰκῇ, ῥᾳδίωϲ καθύβριϲαν.   1535
θεοὶ γὰρ εὖ μέν, ὀψὲ δ' εἰϲορῶϲ', ὅταν

1512 ϲημάτων] ϲῆμα τῶν Dindorf   1513 γεραιέ] γη- V
1514 δῖαί τε Housman: αἱ πολλὰ azt: αἱ πολλαὶ lrV: δηλοῦϲι Reiske
1515 ϲτράψαντα Pierson: idem K, nisi quod ἀ- in fine v. 1514 habet:
ϲτρέψαντα cett.   1517 ψευδόφημα] -όθυμα zt   χρὴ KaT:
χρὴν cett.   ποεῖν LV: ποι- cett.   1519 τῇδε] ϲῇ τε Lγρ
1522 τοῦτον] τύμβον Schneidewin   1524 ὥϲ] ὅϲ zt
1525 γειτονῶν Lᵖᶜ: -όνων LᵃᶜKrVZot: utrumque aZn   1526 ἐξά-
γιϲτα] ἔϲθ' ἀγιϲτά Blaydes   1531 ἀφικνῇ a: -ίκῃ cett.
μόνῳ codd. plerique: νόμῳ K: γόνῳ Nauck   1534 ἀπ'] ὑπ'
Schaefer   αἱ ... πόλειϲ] οἱ δὲ μωρίαϲ πλέῳ Jebb post
Blaydes

τὰ θεῖ' ἀφείς τις ἐς τὸ μαίνεσθαι τραπῇ·
ὃ μὴ cύ, τέκνον Αἰγέως, βούλου παθεῖν.
τὰ μὲν τοιαῦτ' οὖν εἰδότ' ἐκδιδάcκομεν.
χῶρον δ', ἐπείγει γάρ με τοὐκ θεοῦ παρόν,   1540
cτείχωμεν ἤδη, μηδ' ἔτ' ἐντρεπώμεθα.
ὦ παῖδες, ὧδ' ἕπεcθ'. ἐγὼ γὰρ ἡγεμὼν
cφῷν αὖ πέφαcμαι καινός, ὥcπερ cφὼ πατρί.
χωρεῖτε, καὶ μὴ ψαύετ', ἀλλ' ἐᾶτέ με
αὐτὸν τὸν ἱερὸν τύμβον ἐξευρεῖν, ἵνα   1545
μοῖρ' ἀνδρὶ τῷδε τῇδε κρυφθῆναι χθονί.
τῇδ', ὧδε, τῇδε βᾶτε· τῇδε γάρ μ' ἄγει
Ἑρμῆς ὁ πομπὸς ἥ τε νερτέρα θεός.
ὦ φῶς ἀφεγγές, πρόcθε πού ποτ' ἦcθ' ἐμόν,
νῦν δ' ἔcχατόν cου τοὐμὸν ἅπτεται δέμας.   1550
ἤδη γὰρ ἕρπω τὸν τελευταῖον βίον
κρύψων παρ' Ἅιδην. ἀλλά, φίλτατε ξένων,
αὐτός τε χώρα θ' ἥδε πρόcπολοί τε coὶ
εὐδαίμονες γένοιcθε, κἀπ' εὐπραξίᾳ
μέμνηcθέ μου θανόντος εὐτυχεῖς ἀεί.   1555

Χο.   εἰ θέμις ἐcτί μοι τὰν ἀφανῆ θεὸν   cτρ.
   καὶ cὲ λιταῖc cεβίζειν,
   ἐννυχίων ἄναξ, Αἰδωνεῦ
   Αἰδωνεῦ, λίccομαι   1560
   ἐπιπόνως μήτ' ἐπὶ βαρυαχεῖ

1540 παρόν] πτερόν Matthiae   1541 μηδ' ἔτ' Reisig: μηδέ
γ' fere codd. (etiam Λ): μηδέν γ' Α   1543 ὥcπερ] ὥcτε
Wilamowitz: ὡc πρὶν Porson   1548 Ἑρμῆς ⟨θ'⟩ Elmsley
1549 πού ποτ' Lat: πού τ' V: τοῦτ' rz   ἐμόν] ἐμοί Nauck, qui post
φῶς interpunxit   1551 τὸν τελευταῖον] τὴν -αίαν Musgrave
1555 μέμνηcθέ Elmsley: -ηcθέ codd.   1559–60 Αἰδωνεῦ bis
Hermann: Ἀΐ- bis codd.   1560 λίccομαι] δίδου μοι v.l. ap. sch.:
αἰδοῦμαι Erfurdt   1561 ἐπιπόνωc nos post Jebb (ἐπιπόνῳ iam
Dindorf, ἐπὶ πόνῳ Seidler): μήτ' ἐπίπονα raz: μήτ' ἐπιπόνῳ LV:
μήποτ' ἐπὶ πόνῳ t: μὴ πόνῳ Dain   ἐπὶ βαρυαχεῖ] ἐπι-
βαρυχέα r

ΣΟΦΟΚΛΕΟΥΣ

ξένον ἐξανύcαι
μόρῳ τὰν παγκευθῆ κάτω νεκρῶν πλάκα
καὶ Cτύγιον δόμον.
πολλῶν γὰρ ἂν καὶ μάταν   1565
πημάτων ἱκνουμένων
πάλιν cφε δαίμων δίκαιος αὔξοι.

ὦ χθόνιαι θεαί, cῶμά τ' ἀνικάτου   ἀντ.
θηρός, ὃν ἐν πύλαιcι
ταῖcι πολυξένοιc εὐνᾶcθαι   1570
κνυζεῖcθαί τ' ἐξ ἄντρων
ἀδάματον φύλακα παρ' Ἀίδᾳ
λόγοc αἰὲν ἔχει.
τόν, ὦ Γᾶc παῖ καὶ Ταρτάρου, κατεύχομαι
ἐν καθαρῷ βῆναι   1575
ὁρμωμένῳ νερτέραc
τῷ ξένῳ νεκρῶν πλάκαc·
cέ τοι κικλήcκω τὸν αἰὲν ὕπνον.

ΑΓΓΕΛΟC

ἄνδρεc πολῖται, ξυντομωτάτωc μὲν ἂν
τύχοιμι λέξαc Οἰδίπουν ὀλωλότα·   1580
ἃ δ' ἦν τὰ πραχθέντ' οὔθ' ὁ μῦθοc ἐν βραχεῖ
φράcαι πάρεcτιν οὔτε τἄργ' ὅc' ἦν ἐκεῖ.

1562 ἐξανύcαι Vauvilliers (κατανύcαι sch.): ἐκτανύcαι codd.
1563 νεκρῶν t: νεκύων cett.   1566 ἱκνουμένων] -ον Jebb
1567 cφε Reiske: cε codd.   δίκαιοc] -αίωc K   αὔξοι] ἀέξοι t
1569 πύλαιcι LVaz: -αιc r: -αιcιν t   1570 ταῖcι Bergk: φαcὶ
codd.   πολυξένοιc Musgrave: -ξέcτοιc codd.   1571 κνυζεῖ-
cθαί LVra, T s.l.: -άcθαι zt   1572 ἀδάματον Brunck: -αcτον
LVrat: -αντον z   παρ' om. t   Ἀίδᾳ Lrazt: Ἀίδαν KV: Ἀίδην T
s.l.   1573 ⟨ὡc⟩ λόγοc t   ἔχει t: ἀνέχοι r: ἀνέχει cett.
1574 τόν Hermann: ὅν codd.: τόδ' Hartung   παῖ Lazt: παῖc rV
1575 ἐν καθαρῷ obscurum: ἐκ καθαροῦ Madvig   βῆναι] 'κcτῆναι
Blaydes   1578 τὸν] τίν' L   αἰὲν ὕπνον nos: αἰένυπνον LᵖᶜV,
sch., Suda s.v. αἰὲν ἄυπνον: αἰὲν ἄυπνον cett.   1579 ξυντομω-
τάτωc] -ώτατον Elmsley

422

ΟΙΔΙΠΟΥΣ ΕΠΙ ΚΟΛΩΝΩΙ

Χο.   ὄλωλε γὰρ δύστηνος;   Αγ. ὡς λελοιπότα
        κεῖνον τὸν ἀεὶ βίοτον ἐξεπίστασο.
Χο.   πῶς; ἆρα θείᾳ κἀπόνῳ τάλας τύχῃ;   1585
Αγ.   τοῦτ' ἐστὶν ἤδη κἀποθαυμάσαι πρέπον.
        ὡς μὲν γὰρ ἐνθένδ' εἶρπε, καὶ σύ που παρὼν
        ἔξοισθ', ὑφ' ἡγητῆρος οὐδενὸς φίλων,
        ἀλλ' αὐτὸς ἡμῖν πᾶσιν ἐξηγούμενος·
        ἐπεὶ δ' ἀφίκτο τὸν καταρράκτην ὁδὸν   1590
        χαλκοῖς βάθροισι γῆθεν ἐρριζωμένον,
        ἔστη κελεύθων ἐν πολυσχίστων μιᾷ,
        κοίλου πέλας κρατῆρος, οὗ τὰ Θησέως
        Περίθου τε κεῖται πίστ' ἀεὶ ξυνθήματα·
        ἀφ' οὗ μέσος στὰς τοῦ τε Θορικίου πέτρου   1595
        κοίλης τ' ἀχέρδου κἀπὶ λαΐνου τάφου
        καθέζετ'· εἶτ' ἔλυσε δυσπινεῖς στολάς.
        κἄπειτ' ἀΰσας παῖδας ἠνώγει ῥυτῶν
        ὑδάτων ἐνεγκεῖν λουτρὰ καὶ χοάς ποθεν·
        τὼ δ' εὐχλόου Δήμητρος εἰς προσόψιον   1600
        πάγον μολούσα τάσδ' ἐπιστολὰς πατρὶ
        ταχεῖ 'πόρευσαν ξὺν χρόνῳ, λουτροῖς τέ νιν

1583 λελοιπότα] λελογχότα Mudge   1584 ἀεὶ vel αἰεὶ
codd.; 'quam semper egit vitam, i.e. hanc omni tempore vitam aerumnosam'
Hermann: ἄνδρα J. Rost: ἄρτι Meineke   1585 κἀπόνῳ Kat:
καὶ πόνῳ cett.   1586 τοῦτ' a: ταῦτ' cett.   1588 ὑφ'
ἡγητῆρος LᵖᶜKRUYZot: ὑφη- VQAZn Suda s.v. οἶσθα   φίλων]
θιγών K. Walter   1590 καταρ(ρ)άκτην codd.: καταφράκτην
Suda s.v. ὁδός   ὁδόν t, Suda s.v.: ὁδόν cett.   1592 πολυ-
σχίστων Heath: -ίστῳ codd.   1594 Περίθου] Πειρ- KU Suda
s.v. ξυνθήματα   1595 ἀφ' οὗ Brunck: ἐφ' οὗ codd.: τούτου
Nauck   μέσος Brunck: μέσου codd.   τε om. Lᵃᶜz   Θορικίου]
τοῦτ' ὀρκίου vel τοῦτ' ὀρικίου r: τρικορύφου Schneidewin
1596 κἀπὶ K, coni. Canter: κἀπὸ cett.   τάφου] τάφρου Suda s.v.
ἄχερδος   1597 ἔλυσε zt: ἔδυσε fere cett.   1600 τὼ δ'
edd.: τώδ' vel sim. LVrt: τάδ' az   προσόψιον LVR Suda s.v. πρὸς
ὄψιν: ἐπόψιον fere cett.   1601 μολούσα (vel -οῦσα) azt:
-οῦσαι cett.   1602 ταχεῖ] βραχεῖ Reisig   'πόρευσαν Heath:
πόρευσαν codd.   ξὺν] σὺν r

423

ἐσθῆτί τ' ἐξήσκησαν ᾗ νομίζεται.
ἐπεὶ δὲ πᾶσαν ἔσχε δρῶντος ἡδονὴν
κοὐκ ἦν ἔτ' οὐδὲν ἀργὸν ὧν ἐφίετο,   1605
κτύπησε μὲν Ζεὺς χθόνιος, αἱ δὲ παρθένοι
ῥίγησαν, ὡς ἤκουσαν· ἐς δὲ γούνατα
πατρὸς πεσοῦσαι 'κλαιον οὐδ' ἀνίεσαν
στέρνων ἀραγμοὺς οὐδὲ παμμήκεις γόους.
ὁ δ' ὡς ἀκούει φθόγγον ἐξαίφνης πικρόν,   1610
πτύξας ἐπ' αὐταῖς χεῖρας εἶπεν, "ὦ τέκνα,
οὐκ ἔστ' ἔθ' ὑμῖν τῇδ' ἐν ἡμέρᾳ πατήρ.
ὄλωλε γὰρ δὴ πάντα τἀμά, κοὐκέτι
τὴν δυσπόνητον ἕξετ' ἀμφ' ἐμοὶ τροφήν·
σκληρὰν μέν, οἶδα, παῖδες· ἀλλ' ἓν γὰρ
    μόνον   1615
τὰ πάντα λύει ταῦτ' ἔπος μοχθήματα.
τὸ γὰρ φιλεῖν οὐκ ἔστιν ἐξ ὅτου πλέον
ἢ τοῦδε τἀνδρὸς ἔσχεθ', οὗ τητώμεναι
τὸ λοιπὸν ἤδη τὸν βίον διάξετον."
τοιαῦτ' ἐπ' ἀλλήλοισιν ἀμφικείμενοι   1620
λύγδην ἔκλαιον πάντες. ὡς δὲ πρὸς τέλος
γόων ἀφίκοντ' οὐδ' ἔτ' ὠρώρει βοή,
ἦν μὲν σιωπή, φθέγμα δ' ἐξαίφνης τινὸς
θώυξεν αὐτόν, ὥστε πάντας ὀρθίας
στῆσαι φόβῳ δείσαντας εὐθέως τρίχας·   1625
καλεῖ γὰρ αὐτὸν πολλὰ πολλαχῇ θεός·
"ὦ οὗτος οὗτος, Οἰδίπους, τί μέλλομεν
χωρεῖν; πάλαι δὴ τἀπὸ σοῦ βραδύνεται."

1604 πᾶσαν ἔσχε nos: παντὸς εἶχε codd.   1605 οὐδὲν post
ἀργὸν praebent **azt**   1617 φιλεῖν] φιλοῦν Meineke
1618 τἀνδρὸς] fortasse γ' ἀνδρὸς K   τητώμεναι] -μένα Blaydes
1619 τὸ LVt Suda s.v. τητᾶσθαι: τὸν cett.   τὸν βίον Elmsley: βίοτον
codd. plerique: βίωτον t: τοῦ βίου Suda s.v. τητᾶσθαι, coni. Fröhlich
διάξετον] -ετε Suda   1622 οὐδ' ἔτ' Turnebus: οὐδέ τ' codd.
1625 φόβῳ] φόβας K   εὐθέως Dindorf: ἐξαίφνης codd.
1626 del. Hermann   καλεῖ] κάλει t   1627–8 μέλλομεν
χωρεῖν;] μέλλομεν; χώρει· Nauck

ΟΙΔΙΠΟΥC ΕΠΙ ΚΟΛΩΝΩΙ

ὁ δ' ὡς ἐπῄϲθετ' ἐκ θεοῦ καλούμενος,
αὐδᾷ μολεῖν οἱ γῆς ἄνακτα Θηϲέα.   1630
κἀπεὶ προϲῆλθεν, εἶπεν, "ὦ φίλον κάρα,
δός μοι χερὸς ϲῆς πίϲτιν ἀρχαίαν τέκνοις,
ὑμεῖς τε, παῖδες, τῷδε· καὶ καταίνεϲον
μήποτε προδώϲειν τάϲδ' ἑκών, τελεῖν δ' ὅϲ' ἂν
μέλλῃς φρονῶν εὖ ξυμφέροντ' αὐταῖς ἀεί."   1635
ὁ δ', ὡς ἀνὴρ γενναῖος, οὐκ οἴκτου μέτα
κατῄνεϲεν τάδ' ὅρκιος δράϲειν ξένῳ.
ὅπως δὲ ταῦτ' ἔδραϲεν, εὐθὺς Οἰδίπους
ψαύϲας ἀμαυραῖς χερϲὶν ὧν παίδων λέγει,
"ὦ παῖδε, τλάϲας χρὴ †τὸ γενναῖον φέρειν†   1640
χωρεῖν τόπων ἐκ τῶνδε, μηδ' ἃ μὴ θέμις
λεύϲϲειν δικαιοῦν, μηδὲ φωνούντων κλύειν.
ἀλλ' ἕρπεθ' ὡς τάχιστα· πλὴν ὁ κύριος
Θηϲεὺς παρέϲτω μανθάνειν τὰ δρώμενα."
τοϲαῦτα φωνήϲαντος εἰϲηκούϲαμεν   1645
ξύμπαντες· ἀϲτακτεὶ δὲ ϲὺν ταῖς παρθένοις
ϲτένοντες ὡμαρτοῦμεν. ὡς δ' ἀπήλθομεν,
χρόνῳ βραχεῖ ϲτραφέντες, ἐξαπείδομεν
τὸν ἄνδρα τὸν μὲν οὐδαμοῦ παρόντ' ἔτι,
ἄνακτα δ' αὐτὸν ὀμμάτων ἐπίϲκιον   1650
χεῖρ' ἀντέχοντα κρατός, ὡς δεινοῦ τινος
φόβου φανέντος οὐδ' ἀναϲχετοῦ βλέπειν.
ἔπειτα μέντοι βαιὸν οὐδὲ ϲὺν λόγῳ
ὁρῶμεν αὐτὸν γῆν τε προϲκυνοῦνθ' ἅμα
καὶ τὸν θεῶν Ὄλυμπον ἐν ταὐτῷ χρόνῳ.   1655

1632 ἀρχαίαν] ὁρκίαν Papageorgiou   τέκνοις] -ον z
1636 οἴκτου] ὄκνου Bothe   1640 del. Nauck   τλάϲας]
τλάϲα olim Dindorf   τὸ γενναῖον suspectum; τόδ' εὐγενεῖ φρενὶ
Maehly   φέρειν IVzt: φρενὶ ra   1641 μηδ' Zn s.l.: μή μ' cett.
(etiam Λ)   1644 μανθάνειν Reiske: -ων codd.   1646 ἀϲτα-
κτεὶ (-τὶ codd.) δὲ] εἴτ' ἀϲτακτὶ Blaydes   1648 ἐξαπείδομεν]
εἴτ' ἀπείδομεν Halbertsma: αὐτίκ' εἴδομεν Nauck   1651 χεῖρ'
ἀντέχοντα] ἔχοντα χεῖρα zt   1653 λόγῳ nos: χρόνῳ codd.
1655 χρόνῳ Blaydes: λόγῳ codd.

ΣΟΦΟΚΛΕΟΥΣ

μόρῳ δ᾽ ὁποίῳ κεῖνος ὤλετ᾽ οὐδ᾽ ἂν εἰς
θνητῶν φράσειε πλὴν τὸ Θησέως κάρα.
οὐ γάρ τις αὐτὸν οὔτε πυρφόρος θεοῦ
κεραυνὸς ἐξέπραξεν οὔτε ποντία
θύελλα κινηθεῖσα τῷ τότ᾽ ἐν χρόνῳ,   1660
ἀλλ᾽ ἤ τις ἐκ θεῶν πομπός, ἢ τὸ νερτέρων
εὔνουν διαστὰν γῆς ἀλάμπετον βάθρον.
ἀνὴρ γὰρ οὐ στενακτὸς οὐδὲ σὺν νόσοις
ἀλγεινὸς ἐξεπέμπετ᾽, ἀλλ᾽ εἴ τις βροτῶν
θαυμαστός. εἰ δὲ μὴ δοκῶ φρονῶν λέγειν,   1665
οὐκ ἂν παρείμην οἷσι μὴ δοκῶ φρονεῖν.

Χο. ποῦ δ᾽ αἵ τε παῖδες χοἰ προπέμψαντες φίλων;

Αγ. αἵδ᾽ οὐχ ἑκάς· γόων γὰρ οὐκ ἀσήμονες
     φθόγγοι σφε σημαίνουσι δεῦρ᾽ ὁρμωμένας.   1669

Αν. αἰαῖ, φεῦ· ἔστιν, ἔστι νῶν δὴ   στρ. α'
     οὐ τὸ μέν, ἄλλο δὲ μή, πατρὸς ἔμφυτον
     ἄλαστον αἷμα δυσμόροιν στενάζειν,
     ᾧτινι τὸν πολὺν
     ἄλλοτε μὲν πόνον ἔμπεδον εἴχομεν,
     ἐν πυμάτῳ δ᾽ ἀλόγιστα παροίσομεν,   1675
     ἰδόντε καὶ παθούσα.

Χο. τί δ᾽ ἔστιν; Αν. ἔστιν μὲν εἰκάσαι, φίλοι.

Χο. βέβηκεν; Αν. ὡς μάλιστ᾽ ἂν ἐν πόθῳ λάβοις.

1658 αὐτὸν raZnt: -ῶν lZoV   πυρφόρος] -όρου r   θεοῦ]
θεός L^{pc}V   1659 ἐξέπραξεν] ἐξήρπαξεν Maehly (cf. gl. in l
ἀνεῖλεν)   1662 διαστὰν] διϊστὰν Madvig   ἀλάμπετον
LγρQ: ἀλύπητον cett.   1663 ἀνὴρ Brunck: ἀ- codd.
1664 ἐξεπέμπετ᾽] ἐξέπνευσεν s.l. praebent lt, sed fortasse interpretatio
est   1668 ἀσήμονες] ἀσχήμονες Nauck   1669 φθόγγοι
rUY: -oς V: -οις lazt   σφε Ka: δὲ lrzt   1670 ἔστιν] ἔστ᾽ t
1673 ᾧτινι] ὥτινε Badham et Wex   1674 εἴχομεν LVQt:
ἔχομεν cett.   1675 παροίσομεν] ἐπεράσαμεν Jebb
1676 παθούσα (vel -οὔσα) lra: -οὔσαι zt: μαθοῦσαι K: παθόντε
Brunck   1677 ante alterum ἔστιν add. οὐκ codd.: del. Hermann
1678 ἐν Canter: εἰ codd.   πόθῳ] πόθον T in linea

ΟΙΔΙΠΟΥΣ ΕΠΙ ΚΟΛΩΝΩΙ

τί γάρ; ὅτῳ μήτ' Ἄρης
μήτε πόντος ἀντέκυρσεν,   1680
ἄσκοποι δὲ πλάκες ἔμαρψαν
ἐν ἀφανεῖ τινι μόρῳ φερόμενον.
τάλαινα, νῷν δ' ὀλεθρία
νὺξ ἐπ' ὄμμασιν βέβακε·
πῶς γὰρ ἤ τιν' ἀπίαν   1685
γᾶν ἢ πόντιον
κλύδων' ἀλώμεναι βίου
δύσοιστον ἕξομεν τροφάν;

Ἰc.   οὐ κάτοιδα. κατά με φόνιος
Ἀίδας ἕλοι πατρὶ   1690
ξυνθανεῖν γεραιῷ
τάλαιναν, ὡς ἔμοιγ' ὁ μέλ-
λων βίος οὐ βιωτός.

Χο.   ὦ διδύμα τέκνων ἀρί-
cτα, τὸ θεοῦ καλῶς φέρειν,
μηδ' ἔτ' ἄγαν φλέγεcθον· οὔ-   1695
τοι κατάμεμπτ' ἔβητον.

Αν.   πόθος ⟨τοι⟩ καὶ κακῶν ἄρ' ἦν τις.   ἀντ. α'
καὶ γὰρ ὃ μηδαμὰ δὴ φίλον ἦν φίλον,

1680 πόντος] πόνος Zo: νόcος sch., unde νοῦcος Reisig
1682 φερόμενον Kunhardt: φερόμεναι t, coni. Hermann: φαινόμενοι
r: φαινόμεναι fere cett.   1683 ὀλεθρία rUYzt: -ίαν LV: -ίαι A:
-ίαιν Blaydes   1684 ὄμμαcιν t: -cι codd.   βέβακε Reisig:
βέβηκε(ν) codd.   1689–92 Ismenae tribuit Turnebus, Antigonae
codd.   1693 διδύμα . . . ἀρίcτα t: δίδυμα . . . ἄριcτα cett.
1694 τὸ θεοῦ καλῶc φέρειν nos post Bergk et Wilamowitz: τὸ φέρον
ἐκ θεοῦ καλῶc φέρειν χρή codd. (φέρειν post χρή t): φέρετε τὰκ
θεοῦ καλῶc Maehly   1695 μηδ' ἔτ' Bellermann: μηδ' codd.:
μηδὲν Dindorf   χρή. τί δ' ἄγαν φλέγεcθον; Wilamowitz   post
ἄγαν add. οὕτω codd.: del. Burton   1696 κατάμεμπτ' L s.l.,
Qat: κατάπεμπτ' L in linea, V: de z non liquet: κατάμεμπτοc sch.
ἔβητον codd.: ἔβη sch.: ἔτλητον Maehly   1697 ⟨τοι⟩ suppl.
Hartung   1698 μηδαμὰ . . . ἦν Brunck: μηδαμῇ δὴ τὸ φίλον
codd.

ΣΟΦΟΚΛΕΟΥΣ

ὁπότε γε καὶ τὸν ἐν χεροῖν κατεῖχον.

ὦ πάτερ, ὦ φίλος,   1700
ὦ τὸν ἀεὶ κατὰ γᾶς σκότον εἱμένος·
οὐδ' ἐκεῖ ὢν ἀφίλητος ἐμοί ποτε
καὶ τᾷδε μὴ κυρήσῃς.

Χο.   ἔπραξεν— Αν. ἔπραξεν οἷον ἤθελεν.

Χο.   τὸ ποῖον; Αν. ἇς ἔχρῃζε γᾶς ἐπὶ ξένας   1705
ἔθανε· κοίταν δ' ἔχει
νέρθεν εὐσκίαστον αἰέν,
οὐδὲ πένθος ἔλιπ' ἄκλαυτον.
ἀνὰ γὰρ ὄμμα σε τόδ', ὦ πάτερ, ἐμὸν
στένει δακρῦον, οὐδ' ἔχω   1710
πῶς με χρὴ τὸ σὸν τάλαιναν
ἀφανίσαι τόσον ἄχος.
ὤμοι, γᾶς ἐπὶ
ξένας θανεῖν ἔχρῃζες, ἀλλ'
ἐρῆμος ἔθανες ὧδέ μοι.

Ισ.   ὦ τάλαινα, τίς ἄρα με πότμος   1715
ἐπιμένει σέ τ', ὦ φίλα,
πατρὸς ὧδ' ἐρήμας;
⟨x – ∪ – x – ∪ –
– ∪∪ – ∪ – –⟩

1699 γε LVaZnt: om. rZo   καὶ τὸν] ἔτ' αὐτὸν Arndt
1702 ἐκεῖ ὢν Jebb dubitanter: γέρων codd.: θανὼν Elmsley: alii alia
1703 τᾷδε t: τάδε cett.   1704 post prius ἔπραξεν add. οὖν t
1705 ἇς] ὡς Wilamowitz   1708 ἄκλαυτον LUYzt: -στον rAV
1709 ἀνὰ Hermann: αἰεὶ r: ἀεὶ cett.   1710 δακρῦον Reisig:
δακρύον aZn (accentus in Zo non legitur): δάκρυον LrV: δακρύ-
ρροον t   1712 τόσον Arndt: τὸ σὸν δ' KVr: τοσόνδ' Lat (v.
om. z)   1713 ὤμοι Wecklein: ἰὼ μὴ LVrat: ἰὼ μοὶ T s.l.: μὴ z
1714 ὧδέ μοι] ὧδ' ἐμοῦ Blaydes   1715 post πότμος add.
αὖθις ὧδ' ἐρῆμος ἄπορος codd. (e v. 1735): del. Reisig   lacunam hic
statuit Lachmann   1716 ἐπιμένει ... φίλα] v. sic refinxit
Hermann: ἐπαμμένει σέ τ' ὦ φίλα ⟨τὰς⟩, lacuna post ἐρῆμος posita
1717 post hunc v. lacunam statuit Masqueray

428

Χο.   ἀλλ' ἐπεὶ ὀλβίως ἔλυ-   1720
        cεν τέλος, ὦ φίλαι, βίου,
        λήγετε τοῦδ' ἄχους· κακῶν
        γὰρ δυcάλωτος οὐδείς.

Αν.   πάλιν, φίλα, cυθῶμεν.   Ιc. ὡς τί ῥέξομεν;   cτρ. β'
Αν.   ἵμερος ἔχει μέ τις—   Ιc. ⟨τίς οὖν;⟩   1725
Αν.   τὰν χθόνιον ἑcτίαν ἰδεῖν
Ιc.   τίνος;   Αν. πατρός, τάλαιν' ἐγώ.
Ιc.   θέμις δὲ πῶς τάδ' ἐcτὶ νῷν;
        οὐχ ὁρᾷς;   Αν. τί τόδ' ἐπέπληξας;   1730
Ιc.   καὶ τόδ', ὡς—   Αν. τί τόδε μάλ' αὖθις;
Ιc.   ἄταφος ἔπιτνε δίχα τε παντός.
Αν.   ἄγε με, καὶ τότ' ἐπενάριξον.
⟨Ιc.   — — Αν. — — ᴗ — —⟩
Ιc.   αἰαῖ, δυcτάλαινα,
        πῇ δῆτ' αὖθις ὧδ' ἐρῆμος ἄπορος   1735
        αἰῶνα τλάμον' ἕξω;

Χο.   φίλαι, τρέcητε μηδέν.   Αν. ἀλλὰ ποῖ
        φύγω;   ἀντ. β'
Χο.   καὶ πάρος ἀπεφύγετον—   Αν. ⟨τὸ τί;⟩
Χο.   ⟨τὰ⟩ cφῷν τὸ μὴ πίτνειν κακῶς.   1740
Αν.   φρονῶ—   Χο. τί δῆθ' ὅπερ νοεῖς;

1720–1 ἔλυcεν Lzt: -cε Vra, post quod τὸ praebent codd.: del. Bergk
1722 λήγετε] -ετον t   1723 post γὰρ add. οὗτοι t
1724 sqq. personarum vices in codd. turbatas restituit t   1724 ῥέ-
ξομεν RᵃᶜaV: -ωμεν LQzt: -οιμεν Rᵖᶜ   1725 suppl. Gleditsch
1726 χθόνιον] -ίαν a   1728 ἐγώ Zo, coni. Nauck: ἔγωγε cett.
1729 ἐcτὶ νῷν Lloyd-Jones: ἐcτί; μῶν codd. (sed post μῶν add.⟨δῆτ'⟩t)
1733 ἐπενάριξον Elmsley: ἐξεν- K: ἐνάριξον cett.   post hunc v.
lacunam statuit Meineke: ⟨Ιc. πῶς φής; Αν. οὐ γὰρ βιωτόν⟩ ex. gr.
Wilamowitz   1735 πῇ K, coni. Halm: ποῖ cett.: ποῦ Jebb   ἄπορος
codd.: del. Nauck; cf. 1749   1736 τλάμον' r, coni. Hermann: τλά-
μων cett.   ἔξω LVazt: ἄξω K, coni. Blaydes: ἔξω r   1737–50 vv.
in codd. Antigonae ascriptos Ismenae tribuit Bergk   1739 ἀπεφύγε-
τον Heath: ἀπεφεύγετον codd.   ⟨τὸ τί;⟩ suppl. Bergk   1740 ⟨τὰ⟩
suppl. Hermann   1741 ὅπερ νοεῖς Graser: ὑπερνοεῖς codd.

ΣΟΦΟΚΛΕΟΥΣ

Αν. ὅπως μολούμεθ' ἐς δόμους
οὐκ ἔχω. Χο. μηδέ γε μάτευε.

Αν. μόγος ἔχει. Χο. καὶ πάρος ἐπεῖ⟨χε⟩.

Αν. τοτὲ μὲν ἄπορα, τοτὲ δ' ὕπερθεν.   1745

Χο. μέγ' ἄρα πέλαγος ἐλάχετόν τι.

Αν. ναὶ ναί. Χο. ξύμφημι καὐτός.

Αν. φεῦ, φεῦ· ποῖ μόλωμεν,
ὦ Ζεῦ; ἐλπίδων γὰρ ἐς τί⟨ν' ἔτι⟩ με
δαίμων τανῦν γ' ἐλαύνει;   1750

Θη. παύετε θρῆνον, παῖδες· ἐν οἷς γὰρ
χάρις ἡ χθονία νὺξ ἀπόκειται,
πενθεῖν οὐ χρή· νέμεσις γάρ.

Αν. ὦ τέκνον Αἰγέως, προσπίτνομέν σοι.

Θη. τίνος, ὦ παῖδες, χρείας ἀνύσαι;   1755

Αν. τύμβον θέλομεν
προσιδεῖν αὐταὶ πατρὸς ἡμετέρου.

Θη. ἀλλ' οὐ θεμιτὸν κεῖσ' ⟨ἐστὶ⟩ μολεῖν.

Αν. πῶς εἶπας, ἄναξ, κοίραν' Ἀθηνῶν;

Θη. ὦ παῖδες, ἀπεῖπεν ἐμοὶ κεῖνος   1760
μήτε πελάζειν ἐς τούσδε τόπους
μήτ' ἐπιφωνεῖν μηδένα θνητῶν

1742 μολούμεθ'] μολοῦμ' t   1744 ἐπεῖχε Wunder: ἐπεί
codd.   1745 ἄπορα Wunder: πατέρα r: πέρα cett.   ὕπερ-
θεν] ὑπέρφευ Blomfield   1746 πέλαγος] πένθος Housman
1747 del. Dindorf   1748 μόλωμεν rat: μέλωμεν LV: μέλ-
λομεν z: μένωμεν Schneidewin   1749 ἐς τίν' ἔτι Hermann: ἐς
τί codd.   1751 sqq. Theseo tribuit Heath, choro codd.
1751 θρῆνον KAYZnt: -ων K s.l., cett.   1752 νὺξ ἀπόκειται
J. F. Martin: ξυναπόκειται LraV: cυν- zt   1754 ὦ om. t
προσπίτνομέν Paris. gr. 2886 (i.e. Aristobulus Apostolides): προσπί-
πτομεν (vel. -ωμεν) codd.: προσπιτνοῦμεν t   1755 τίνος]
τίνας Nauck   χρείας] -αν Brunck   1757 αὐταὶ] καὐταὶ
Meineke   1758 ⟨ἐστὶ⟩ suppl. Brunck: ⟨coὶ⟩ κεῖσε Turnebus:
⟨cφῶν⟩ κεῖσε Blaydes   κεῖσε μολεῖν codd.: del. Bothe   1761 μήτε
. . . ἐς] μήποτε . . . εἰς r   1762 μηδένα] de μηδενὶ cogitavit
Jebb

430

ΟΙΔΙΠΟΥC ΕΠΙ ΚΟΛΩΝΩΙ

θήκην ἱεράν, ἣν κεῖνος ἔχει.
καὶ ταῦτά μ' ἔφη πράccοντα κακῶν
χώραν ἕξειν αἰὲν ἄλυπον.   1765
ταῦτ' οὖν ἔκλυεν δαίμων ἡμῶν
χὠ πάντ' ἀίων Διὸς Ὅρκος.

Αν.   ἀλλ' εἰ τάδ' ἔχει κατὰ νοῦν κείνῳ,
ταῦτ' ἂν ἀπαρκοῖ· Θήβας δ' ἡμᾶς
τὰς ὠγυγίους πέμψον, ἐάν πως   1770
διακωλύcωμεν ἰόντα φόνον
τοῖcιν ὁμαίμοις.

Θη.   δράcω καὶ τάδε καὶ πάνθ' ὁπόc' ἂν
μέλλω πράccειν πρόcφορά θ' ὑμῖν
καὶ τῷ κατὰ γῆς, ὃc νέον ἔρρει,   1775
πρὸς χάριν· οὐ δεῖ μ' ἀποκάμνειν.

Χο.   ἀλλ' ἀποπαύετε μηδ' ἐπὶ πλείω
θρῆνον ἐγείρετε·
πάντως γὰρ ἔχει τάδε κῦρος.

1764 κακῶν Hermann: καλῶς codd.   1766 ἔκλυεν
Riccardianus gr. 34 (i.e. Zacharias Callierges): -ε codd.   1768–79 del.
Nauck, 1777–9 Ritter   1771 ἰόντα] -ε Naber   1772 τοῖcιν]
τοῖc ἡμετέροιcιν Meineke   1773 δράcω post τάδε transp.
Mekler   ὁπόc' Porson: ὅc' vel ὅcα codd.: ὅcα γ' ed. Londiniensis a.
1722   1776 post οὐ add. γὰρ codd.: del. Hermann   1777 ἀπο-
παύετε codd. plerique: ἀπολαύετε QᵃᶜRZo   μηδ' Elmsley: μήτ'
codd.   1778 θρῆνον rat: -ων LVz   1779 τάδε] τόδε K